ROCK LEE

MASSIV VOL. 1

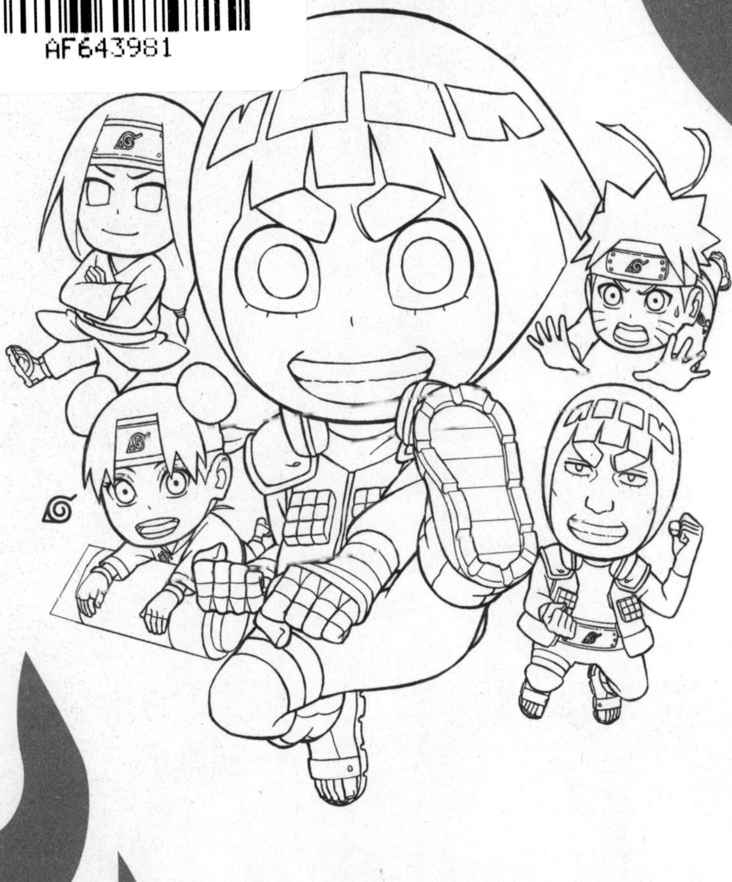

KENJI TAIRA

Originalstory NARUTO:
MASASHI KISHIMOTO

DIE HAUPTDARSTELLER

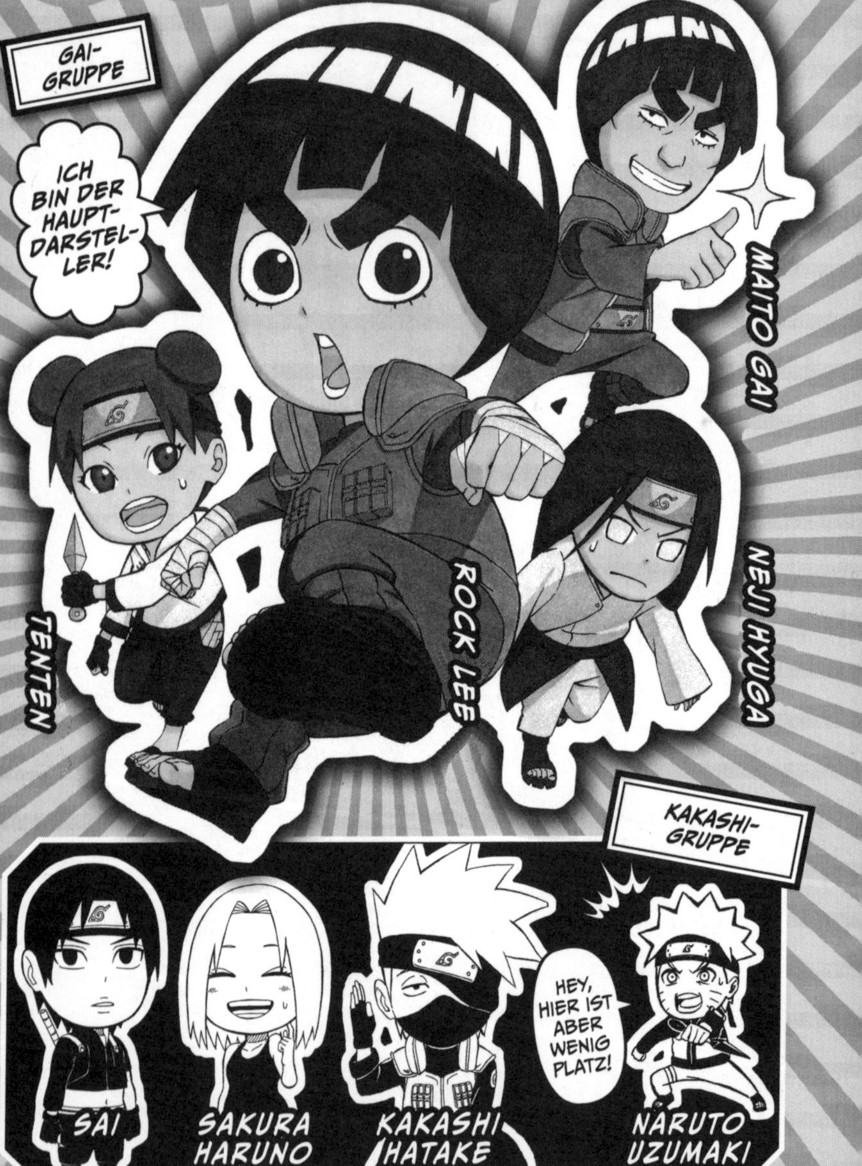

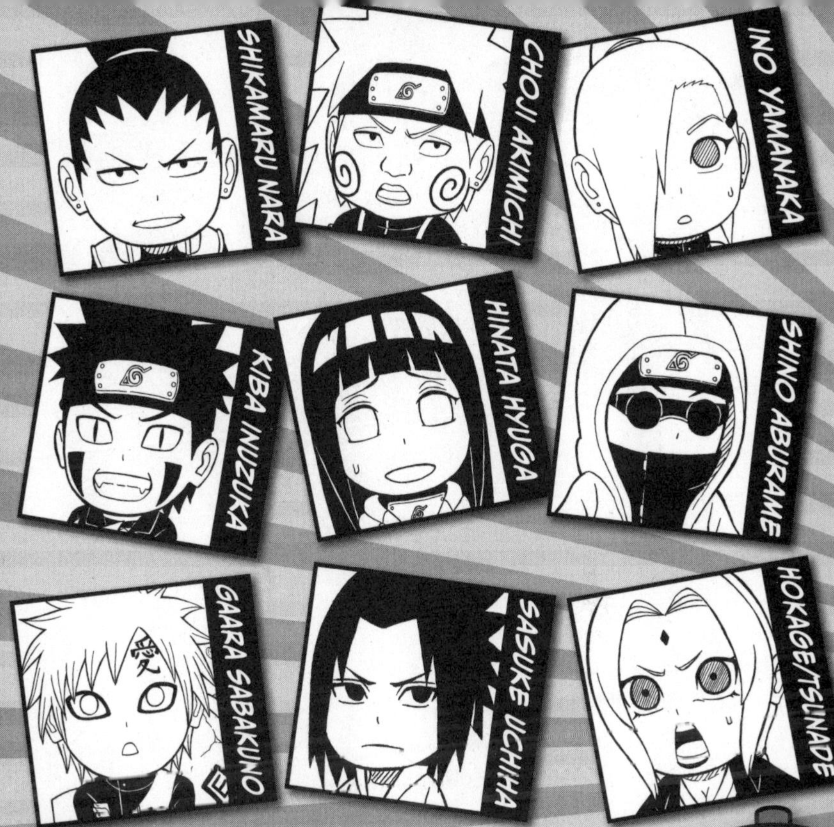

DIE STORY

Rock Lee, ein Ninja aus Konohagakure, beherrscht absolut keine Ninjutsu. Trotzdem will er ein richtiger Ninja werden und trainiert Tag für Tag, um sein Ziel über die Meisterung der Körperkünste zu erreichen. Zusammen mit seinen Kameraden Tenten und Neji in der Gruppe des heißblütigen Meister Gai setzt er im Training und im Dienst seine volle Kraft ein! Aber ganz egal was Rock Lee und seine Kameraden aus Konoha auch tun, immer geht etwas schief!

ROCK LEE

MASSIV VOL. 1

INHALT

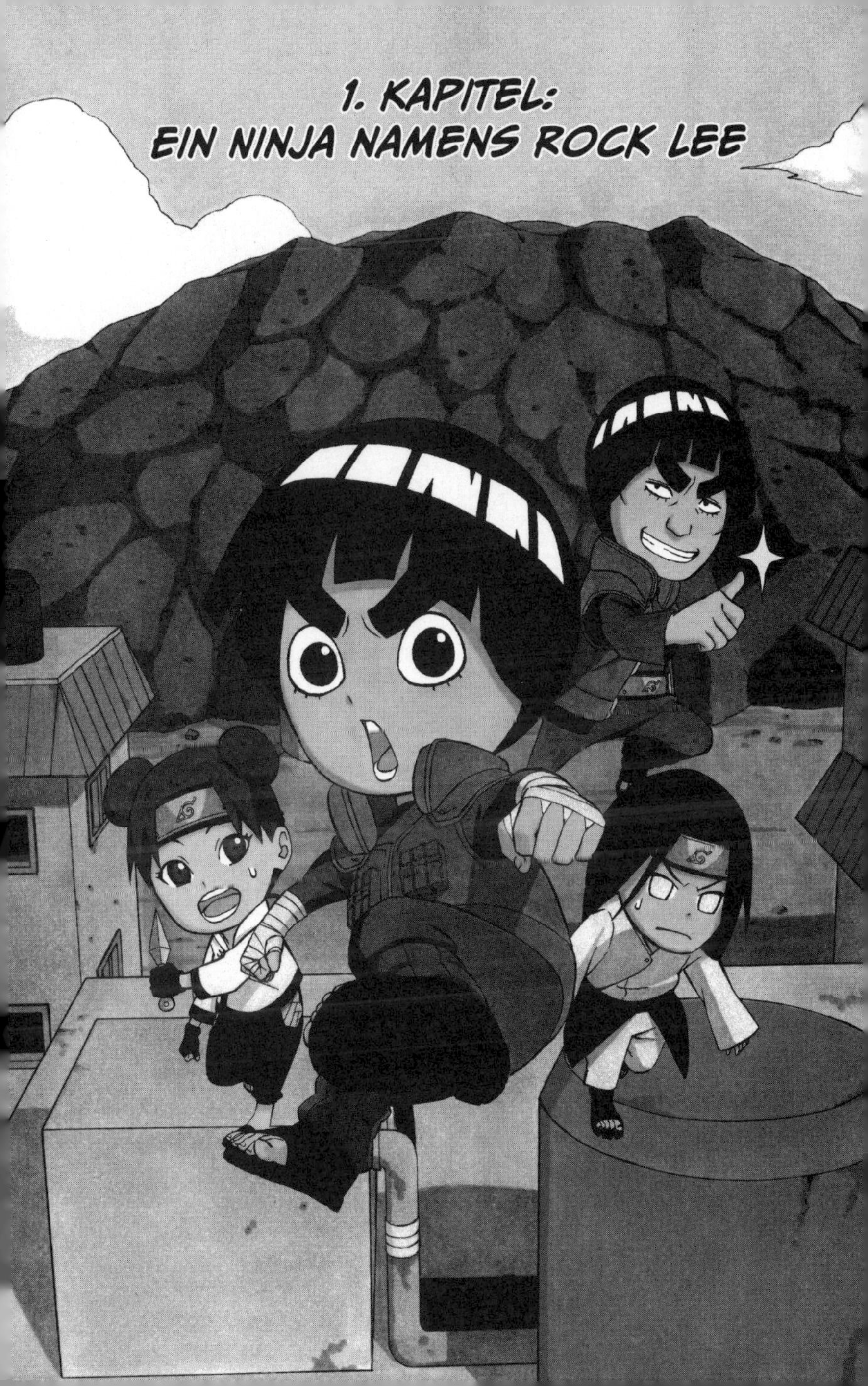
1. KAPITEL:
EIN NINJA NAMENS ROCK LEE

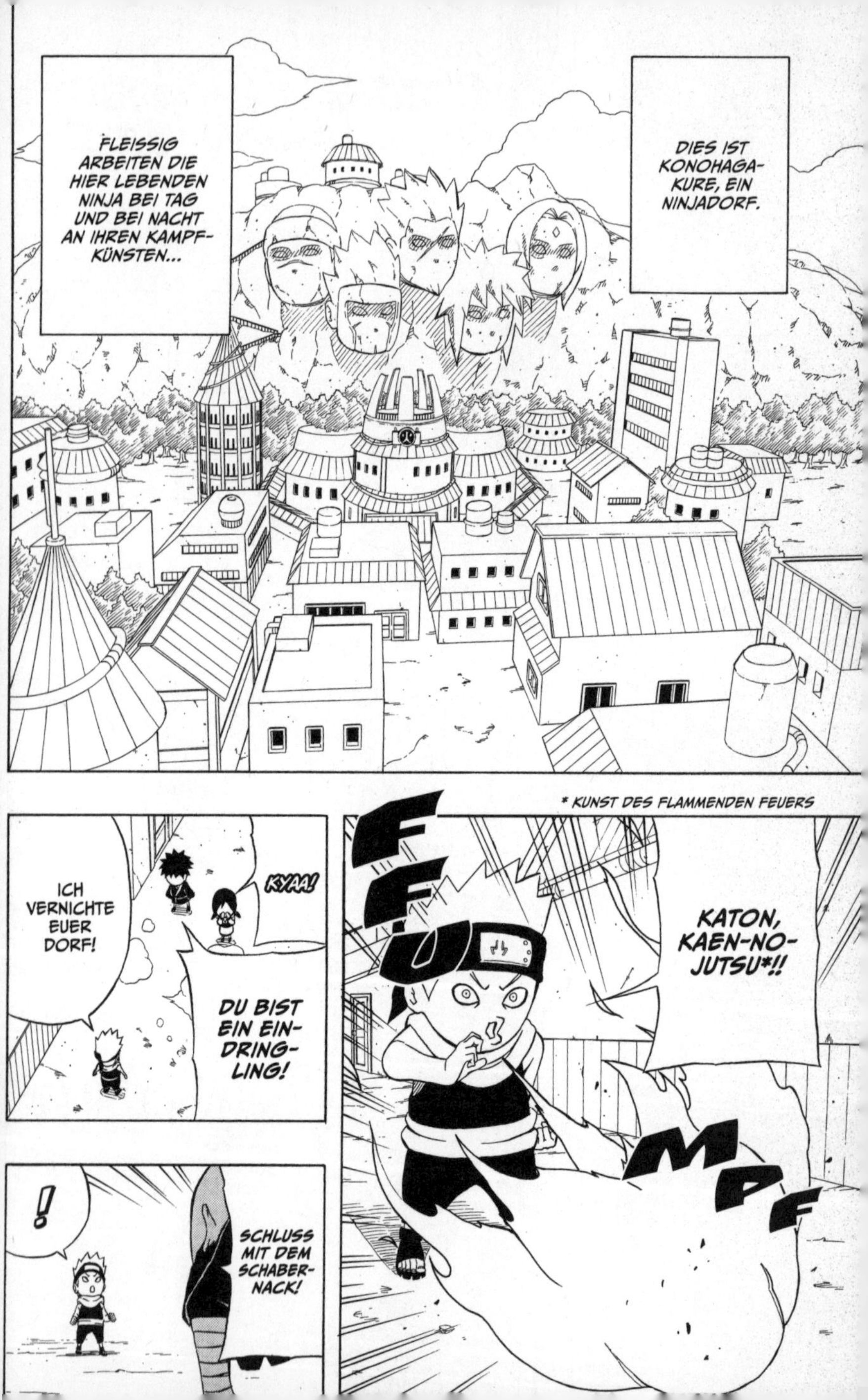
DIES IST KONOHAGA-KURE, EIN NINJADORF.
FLEISSIG ARBEITEN DIE HIER LEBENDEN NINJA BEI TAG UND BEI NACHT AN IHREN KAMPF-KÜNSTEN...
* KUNST DES FLAMMENDEN FEUERS
KATON, KAEN-NO-JUTSU*!!
FFU
MPF
KYAA!
ICH VERNICHTE EUER DORF!
DU BIST EIN EIN-DRING-LING!
SCHLUSS MIT DEM SCHABER-NACK!
!

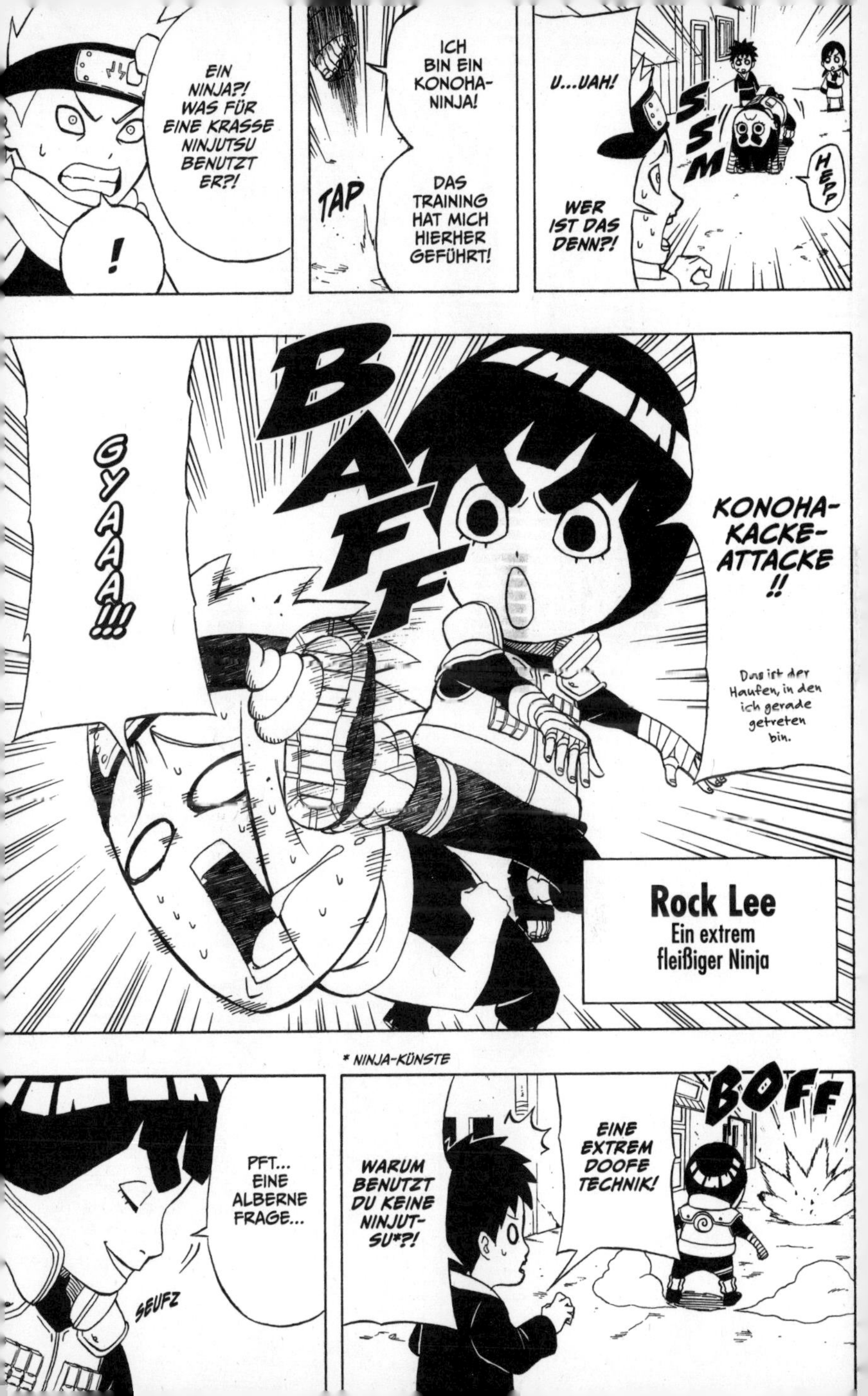
U...UAH!
WER IST DAS DENN?!
SSM
HEPP
ICH BIN EIN KONOHA-NINJA!
DAS TRAINING HAT MICH HIERHER GEFÜHRT!
TAP
EIN NINJA?! WAS FÜR EINE KRASSE NINJUTSU BENUTZT ER?!
!
KONOHA-KACKE-ATTACKE!!
BAFF
GYAAAA!!!
Das ist der Haufen, in den ich gerade getreten bin.
Rock Lee
Ein extrem fleißiger Ninja
* NINJA-KÜNSTE
BOFF
EINE EXTREM DOOFE TECHNIK!
WARUM BENUTZT DU KEINE NINJUTSU*?!
PFT... EINE ALBERNE FRAGE...
SEUFZ

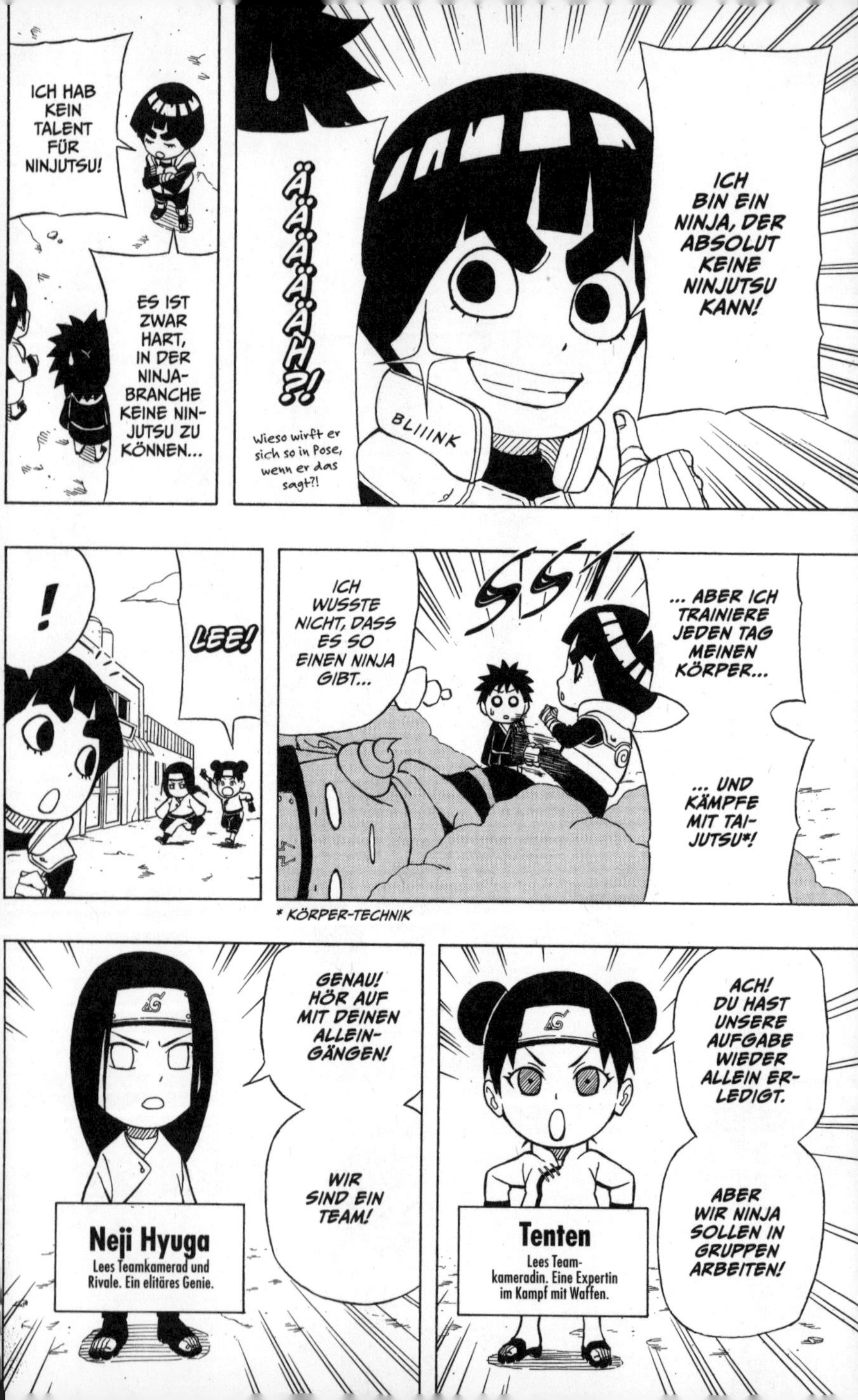

* KÖRPER-TECHNIK

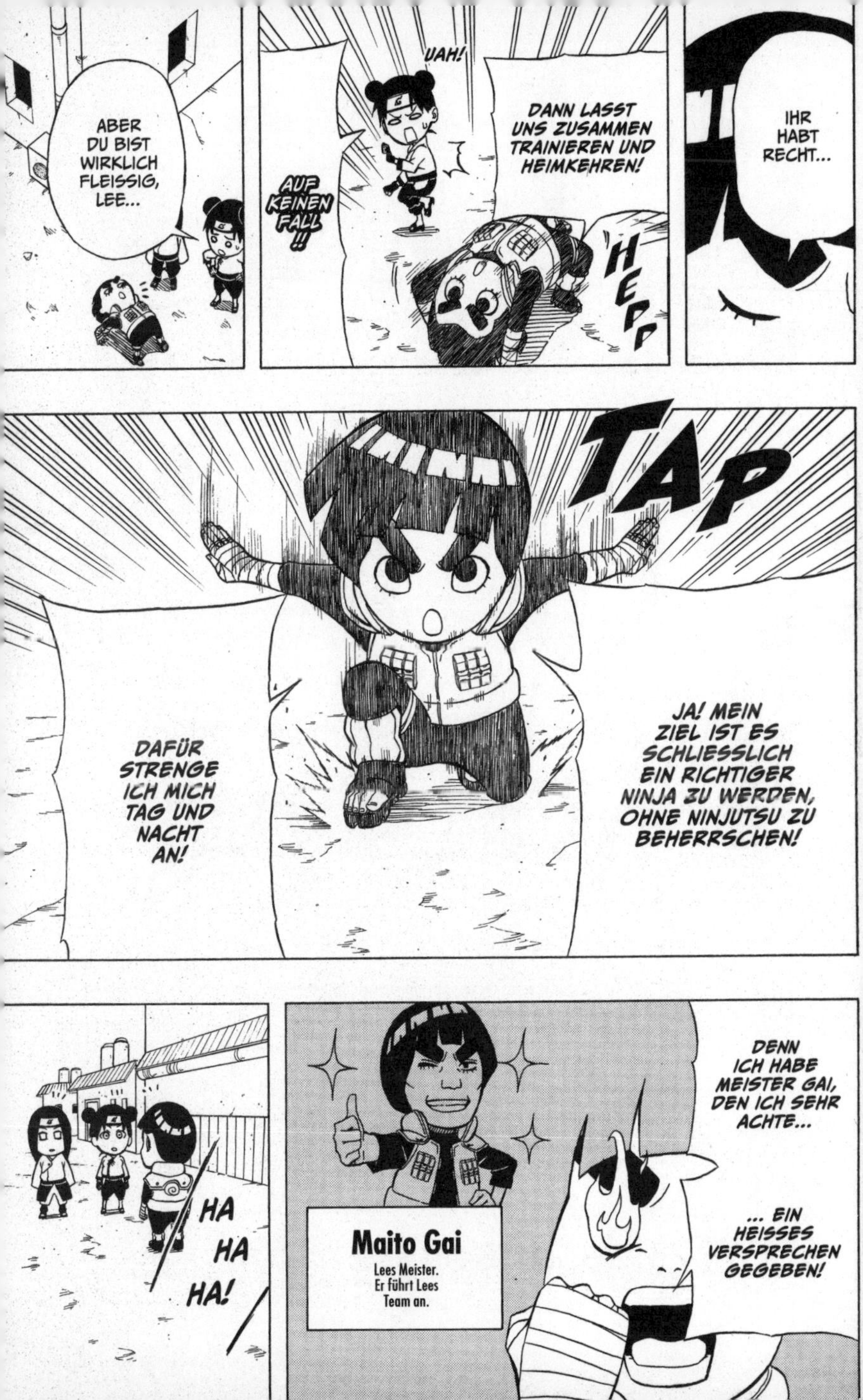
IHR HABT RECHT...
DANN LASST UNS ZUSAMMEN TRAINIEREN UND HEIMKEHREN!
HEPP
UAH!
AUF KEINEN FALL!!
ABER DU BIST WIRKLICH FLEISSIG, LEE...
TAP
JA! MEIN ZIEL IST ES SCHLIESSLICH EIN RICHTIGER NINJA ZU WERDEN, OHNE NINJUTSU ZU BEHERRSCHEN!
DAFÜR STRENGE ICH MICH TAG UND NACHT AN!
DENN ICH HABE MEISTER GAI, DEN ICH SEHR ACHTE...
... EIN HEISSES VERSPRECHEN GEGEBEN!
Maito Gai
Lees Meister. Er führt Lees Team an.
HA HA HA!

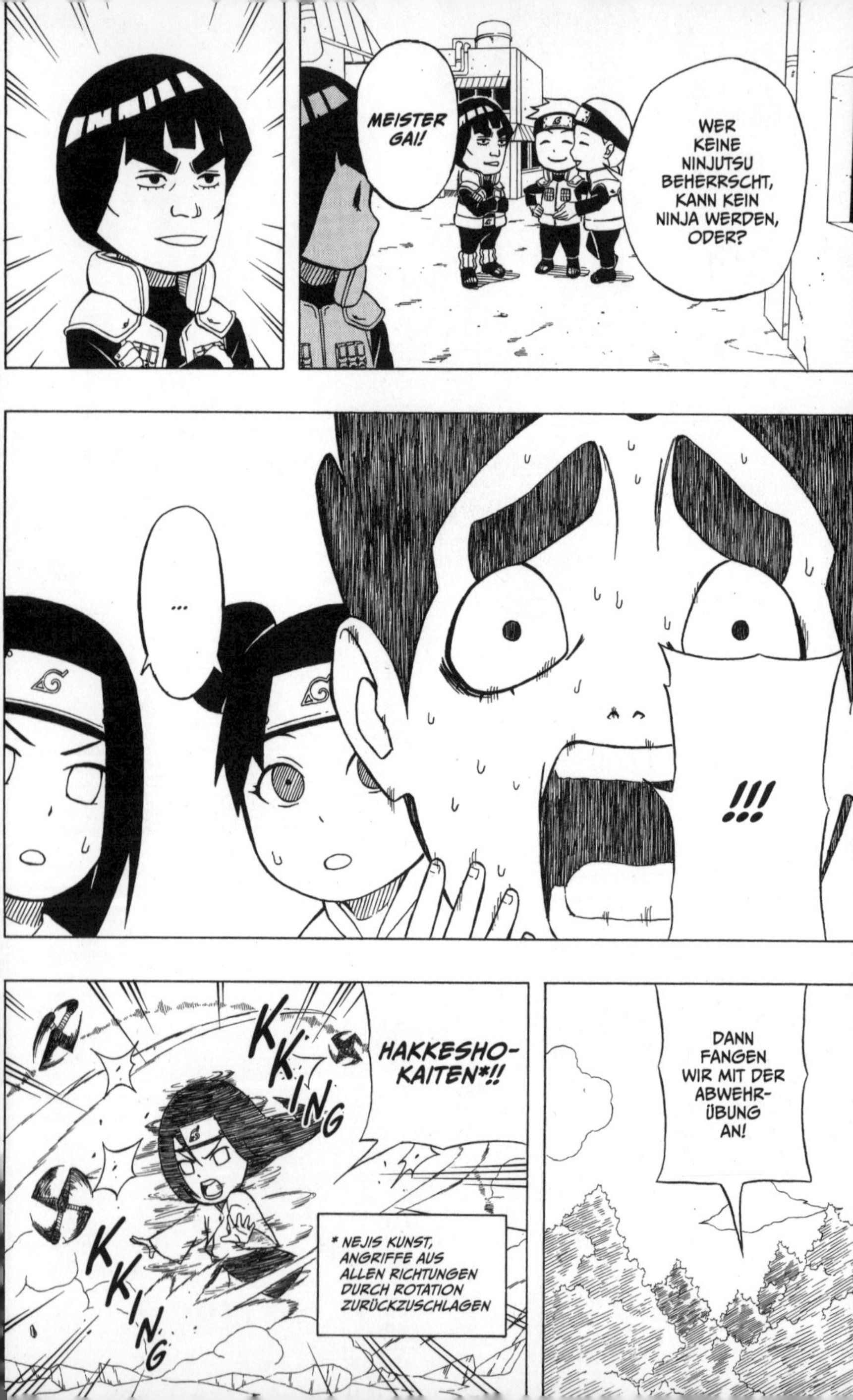
WER KEINE NINJUTSU BEHERRSCHT, KANN KEIN NINJA WERDEN, ODER?
MEISTER GAI!
...
!!!
DANN FANGEN WIR MIT DER ABWEHR-ÜBUNG AN!
HAKKESHO-KAITEN*!!
KKING
KKING
* NEJIS KUNST, ANGRIFFE AUS ALLEN RICHTUNGEN DURCH ROTATION ZURÜCKZUSCHLAGEN

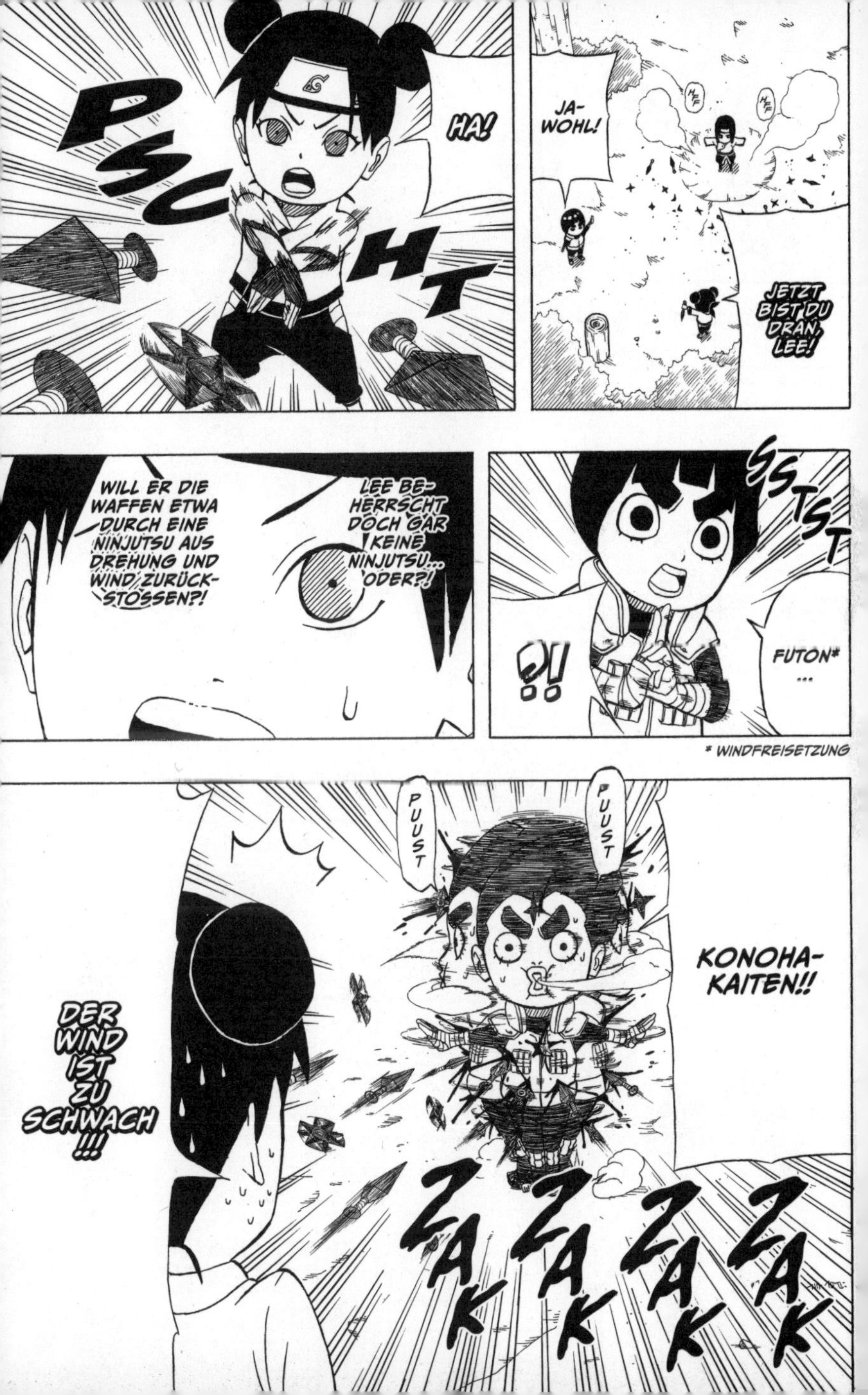

JETZT BIST DU DRAN, LEE!
JA-WOHL!
HA!
PSCHHT
LEE BE-HERRSCHT DOCH GAR KEINE NINJUTSU... ODER?!
WILL ER DIE WAFFEN ETWA DURCH EINE NINJUTSU AUS DREHUNG UND WIND ZURÜCK-STOSSEN?!
SSTST
FUTON* ...
?!
* WINDFREISETZUNG
KONOHA-KAITEN!!
PUUST
PUUST
DER WIND IST ZU SCHWACH!!!
ZAK ZAK ZAK ZAK

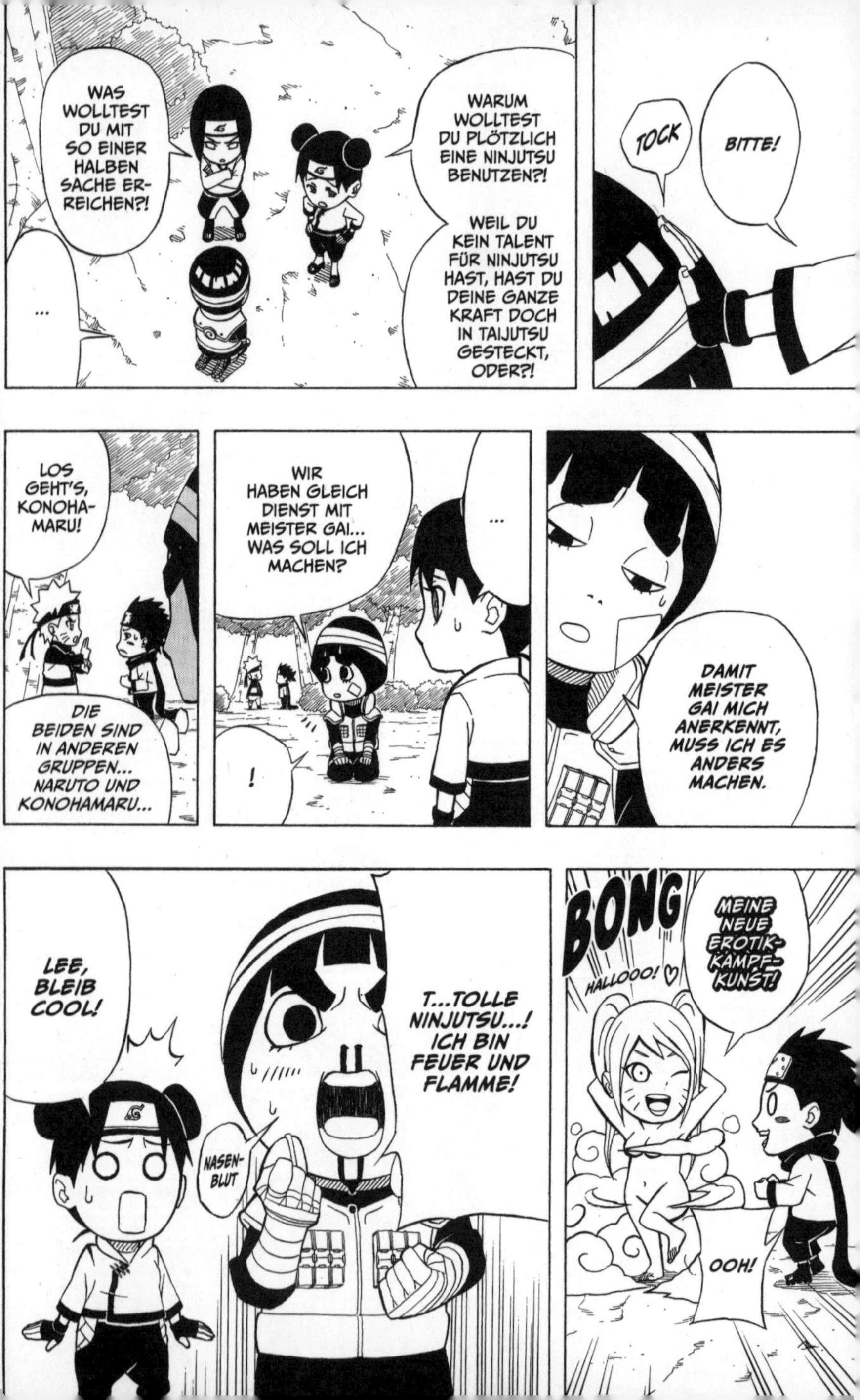
TOCK
BITTE!
WARUM WOLLTEST DU PLÖTZLICH EINE NINJUTSU BENUTZEN?!
WEIL DU KEIN TALENT FÜR NINJUTSU HAST, HAST DU DEINE GANZE KRAFT DOCH IN TAIJUTSU GESTECKT, ODER?!
WAS WOLLTEST DU MIT SO EINER HALBEN SACHE ER-REICHEN?!
...
DAMIT MEISTER GAI MICH ANERKENNT, MUSS ICH ES ANDERS MACHEN.
...
WIR HABEN GLEICH DIENST MIT MEISTER GAI... WAS SOLL ICH MACHEN?
!
LOS GEHT'S, KONOHA-MARU!
DIE BEIDEN SIND IN ANDEREN GRUPPEN... NARUTO UND KONOHAMARU...
BONG
HALLOOO! ♡
MEINE NEUE EROTIK-KAMPF-KUNST!
OOH!
T...TOLLE NINJUTSU...! ICH BIN FEUER UND FLAMME!
NASEN-BLUT
LEE, BLEIB COOL!

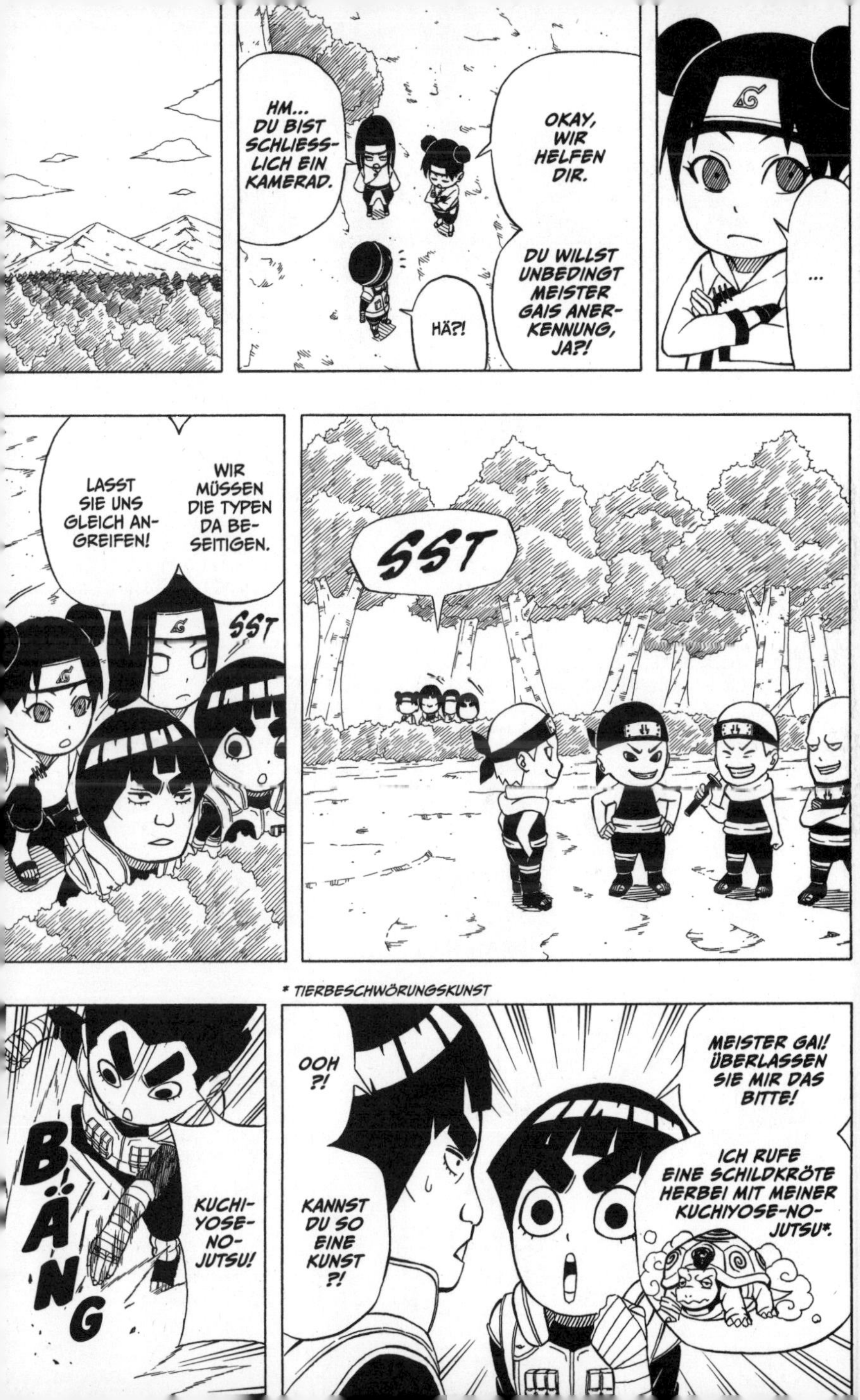
HM... DU BIST SCHLIESS-LICH EIN KAMERAD.
OKAY, WIR HELFEN DIR.
HÄ?!
DU WILLST UNBEDINGT MEISTER GAIS ANER-KENNUNG, JA?!
...
WIR MÜSSEN DIE TYPEN DA BE-SEITIGEN.
LASST SIE UNS GLEICH AN-GREIFEN!
SST
SST
* TIERBESCHWÖRUNGSKUNST
MEISTER GAI! ÜBERLASSEN SIE MIR DAS BITTE!
ICH RUFE EINE SCHILDKRÖTE HERBEI MIT MEINER KUCHIYOSE-NO-JUTSU*.
OOH ?!
KANNST DU SO EINE KUNST ?!
KUCHI-YOSE-NO-JUTSU!
BÄNG

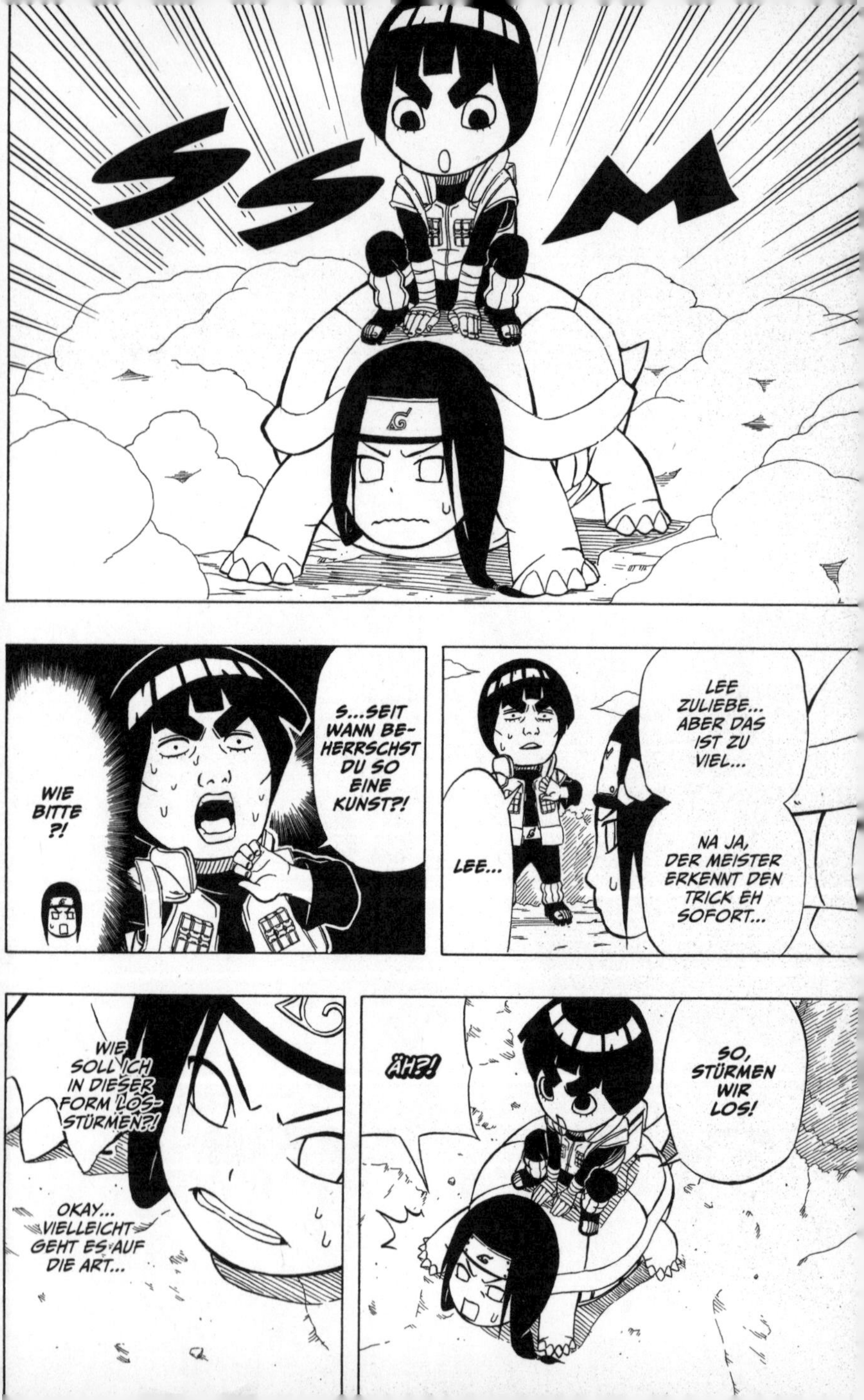
SSSM
LEE ZULIEBE... ABER DAS IST ZU VIEL...
NA JA, DER MEISTER ERKENNT DEN TRICK EH SOFORT...
LEE...
S...SEIT WANN BEHERRSCHST DU SO EINE KUNST?!
WIE BITTE ?!
SO, STÜRMEN WIR LOS!
ÄH?!
WIE SOLL ICH IN DIESER FORM LOSSTÜRMEN?!
OKAY... VIELLEICHT GEHT ES AUF DIE ART...

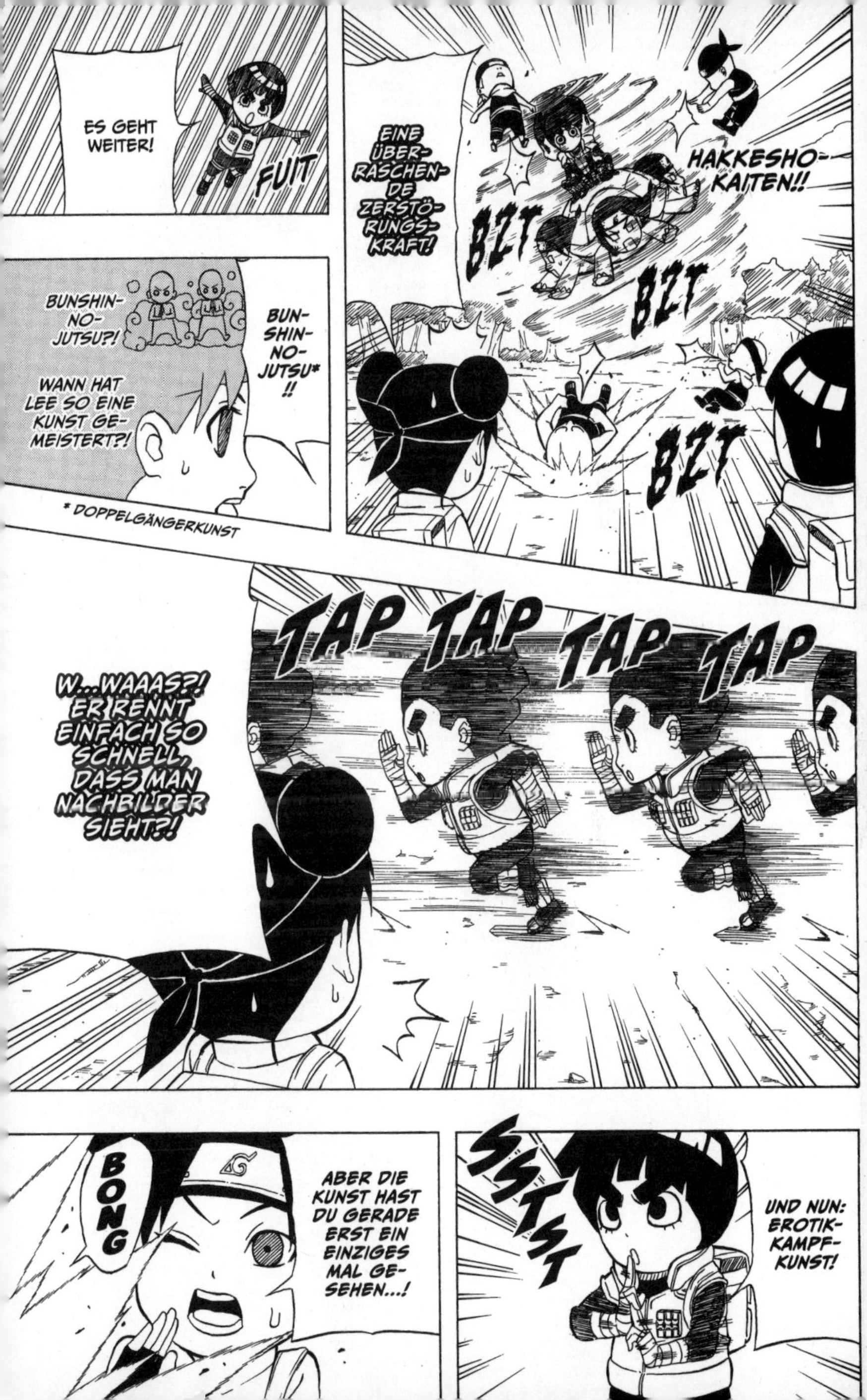
ES GEHT WEITER!
FUIT
HAKKESHO-KAITEN!!
BZT
BZT
EINE ÜBER-RASCHEN-DE ZERSTÖ-RUNGS-KRAFT!
BZT
BUN-SHIN-NO-JUTSU*!!
BUNSHIN-NO-JUTSU?!
WANN HAT LEE SO EINE KUNST GE-MEISTERT?!
* DOPPELGÄNGERKUNST
TAP TAP TAP TAP
W...WAAAS?! ER RENNT EINFACH SO SCHNELL, DASS MAN NACHBILDER SIEHT?!
SSTST
UND NUN: EROTIK-KAMPF-KUNST!
BONG
ABER DIE KUNST HAST DU GERADE ERST EIN EINZIGES MAL GE-SEHEN...!

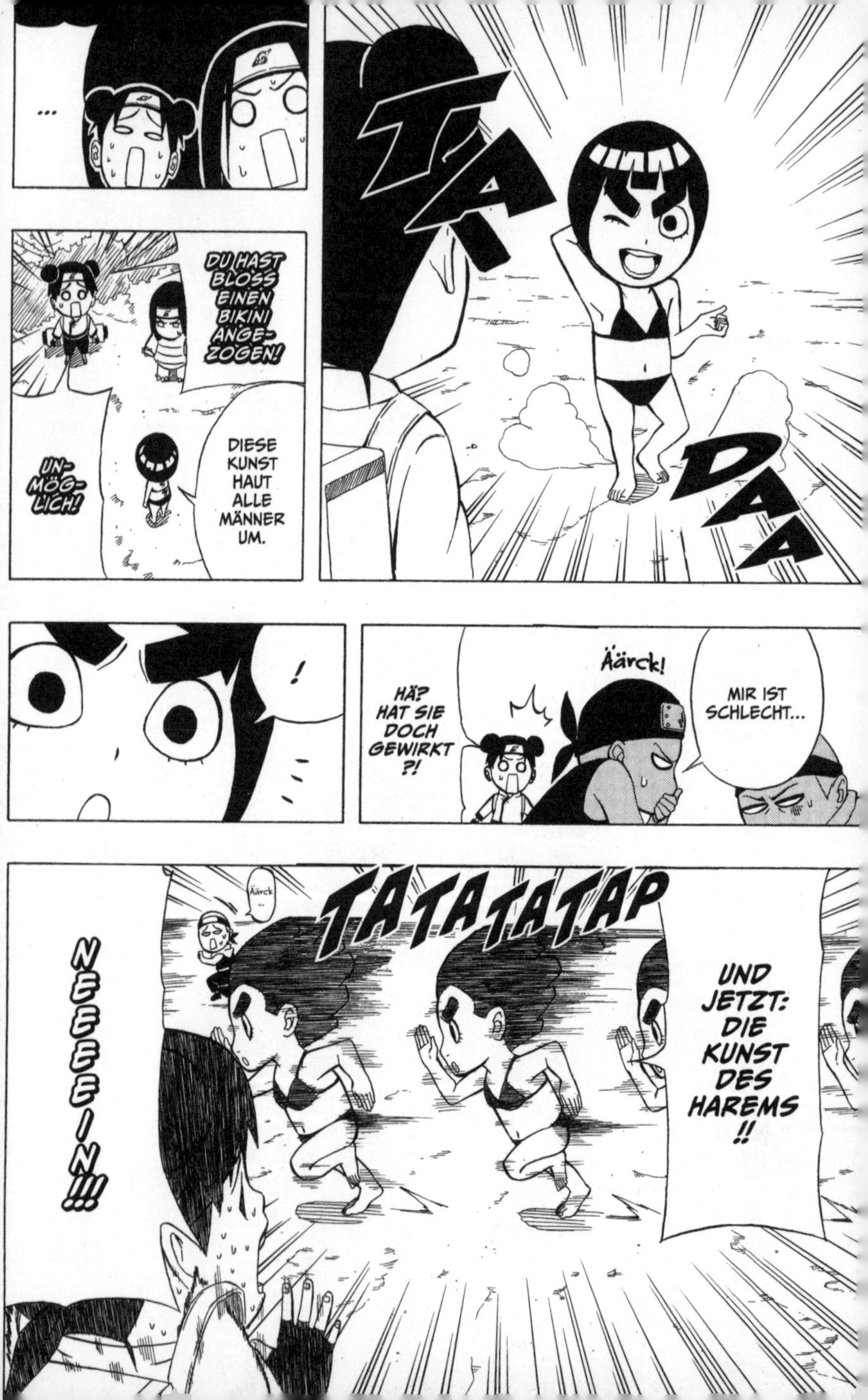
TA
DAA
...
DU HAST BLOSS EINEN BIKINI ANGE-ZOGEN!
DIESE KUNST HAUT ALLE MÄNNER UM.
UN-MÖG-LICH!
MIR IST SCHLECHT...
Äärck!
HÄ? HAT SIE DOCH GEWIRKT ?!
!
TATATATAP
UND JETZT: DIE KUNST DES HAREMS !!
Äärck ...
NEEEEEIN!!!

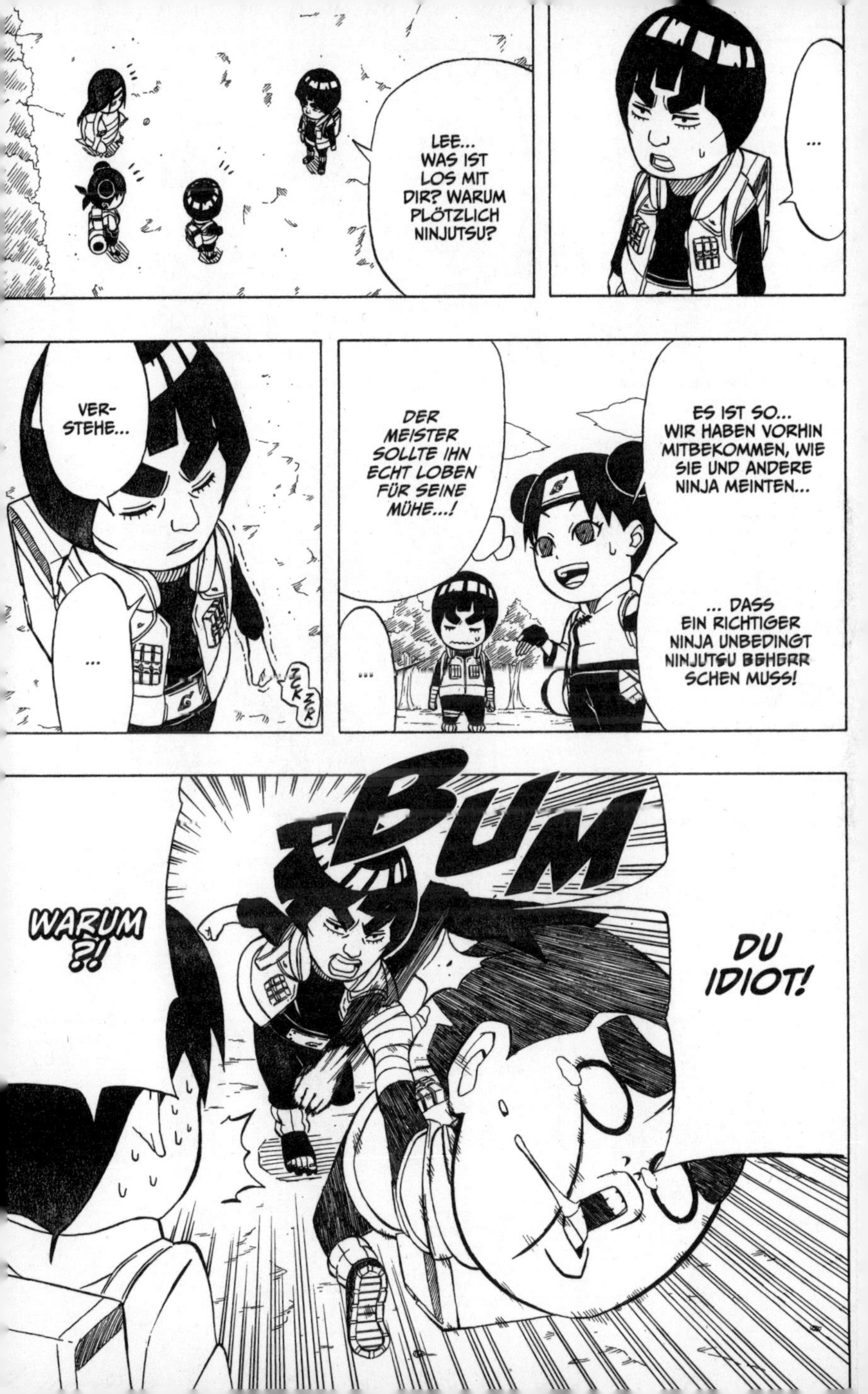
...
LEE... WAS IST LOS MIT DIR? WARUM PLÖTZLICH NINJUTSU?
ES IST SO... WIR HABEN VORHIN MITBEKOMMEN, WIE SIE UND ANDERE NINJA MEINTEN...
... DASS EIN RICHTIGER NINJA UNBEDINGT NINJUTSU BEHERR SCHEN MUSS!
DER MEISTER SOLLTE IHN ECHT LOBEN FÜR SEINE MÜHE...!
...
VER-STEHE...
...
ZCK ZCK
BUM
DU IDIOT!
WARUM ?!

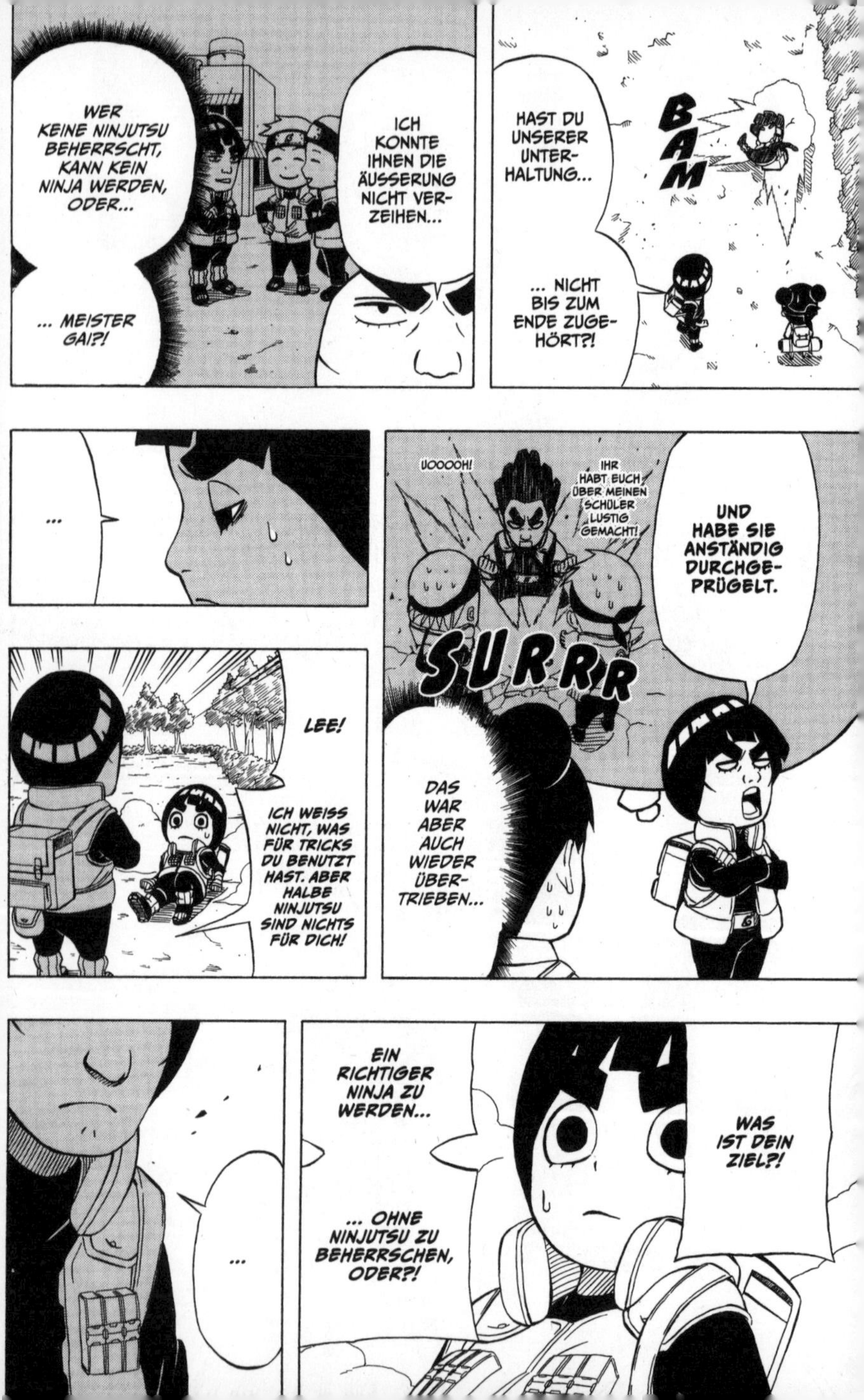
HAST DU UNSERER UNTERHALTUNG...
... NICHT BIS ZUM ENDE ZUGEHÖRT?!
BAM
ICH KONNTE IHNEN DIE ÄUSSERUNG NICHT VERZEIHEN...
WER KEINE NINJUTSU BEHERRSCHT, KANN KEIN NINJA WERDEN, ODER...
... MEISTER GAI?!
UND HABE SIE ANSTÄNDIG DURCHGEPRÜGELT.
IHR HABT EUCH ÜBER MEINEN SCHÜLER LUSTIG GEMACHT!
UOOOOH!
SURRR
DAS WAR ABER AUCH WIEDER ÜBERTRIEBEN...
...
LEE!
ICH WEISS NICHT, WAS FÜR TRICKS DU BENUTZT HAST. ABER HALBE NINJUTSU SIND NICHTS FÜR DICH!
WAS IST DEIN ZIEL?!
EIN RICHTIGER NINJA ZU WERDEN...
... OHNE NINJUTSU ZU BEHERRSCHEN, ODER?!
...

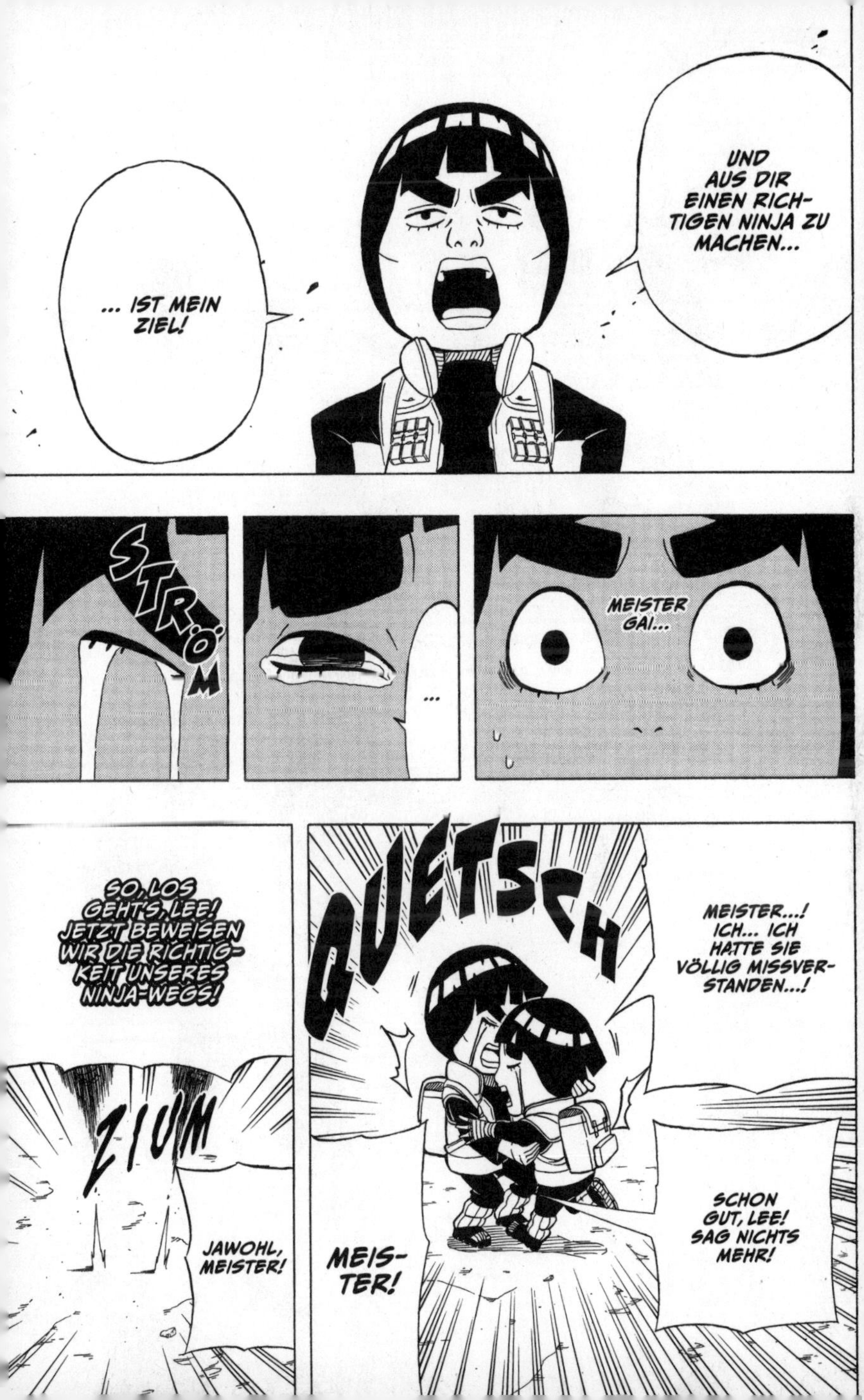
UND AUS DIR EINEN RICHTIGEN NINJA ZU MACHEN...
... IST MEIN ZIEL!
MEISTER GAI...
...
STRÖM
MEISTER...! ICH... ICH HATTE SIE VÖLLIG MISSVERSTANDEN...!
QUETSCH
SCHON GUT, LEE! SAG NICHTS MEHR!
MEISTER!
SO, LOS GEHT'S, LEE! JETZT BEWEISEN WIR DIE RICHTIGKEIT UNSERES NINJA-WEGS!
ZIUM
JAWOHL, MEISTER!

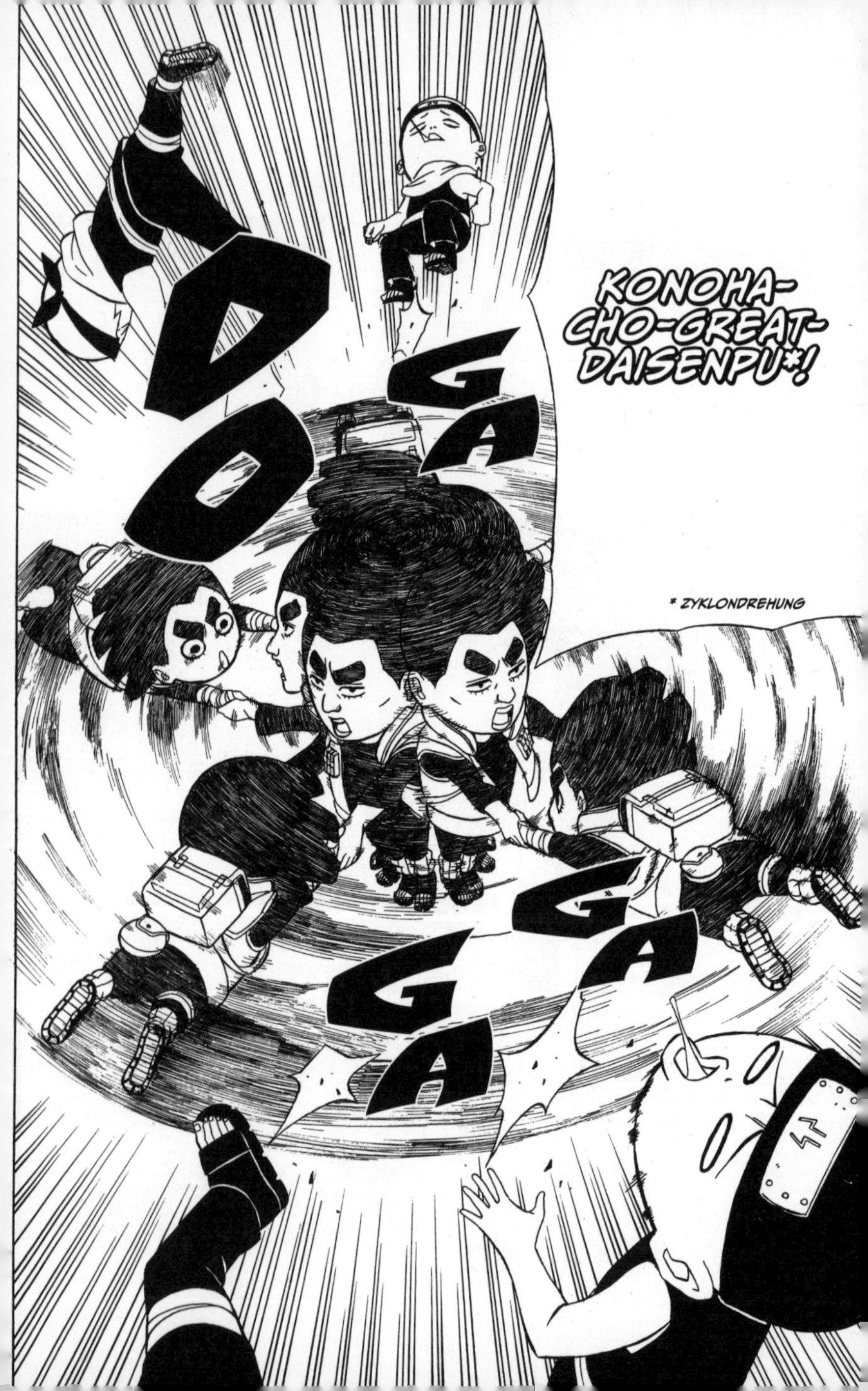
KONOHA-
CHO-GREAT-
DAISENPU*!
DOGA
GAGAGA
* ZYKLONDREHUNG

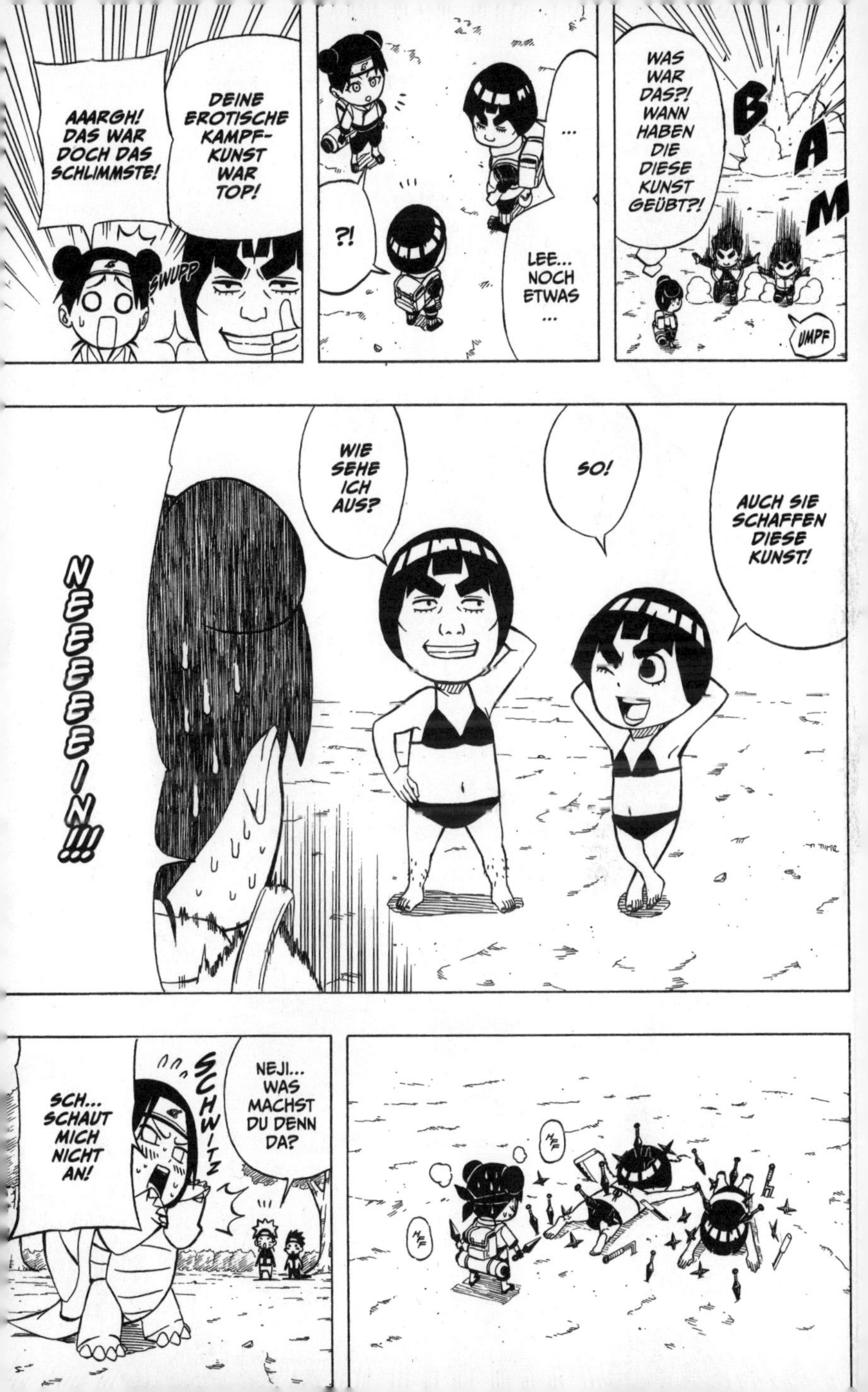
BAM
WAS WAR DAS?! WANN HABEN DIE DIESE KUNST GEÜBT?!
UMPF
LEE... NOCH ETWAS ...
?!
...
DEINE EROTISCHE KAMPF-KUNST WAR TOP!
AAARGH! DAS WAR DOCH DAS SCHLIMMSTE!
SWUPP
AUCH SIE SCHAFFEN DIESE KUNST!
SO!
WIE SEHE ICH AUS?
NEEEEEIN!!!
NEJI... WAS MACHST DU DENN DA?
SCHWITZ
SCH... SCHAUT MICH NICHT AN!

2. KAPITEL: HERZKLOPFEN UND LIEBESTAKTIKEN!

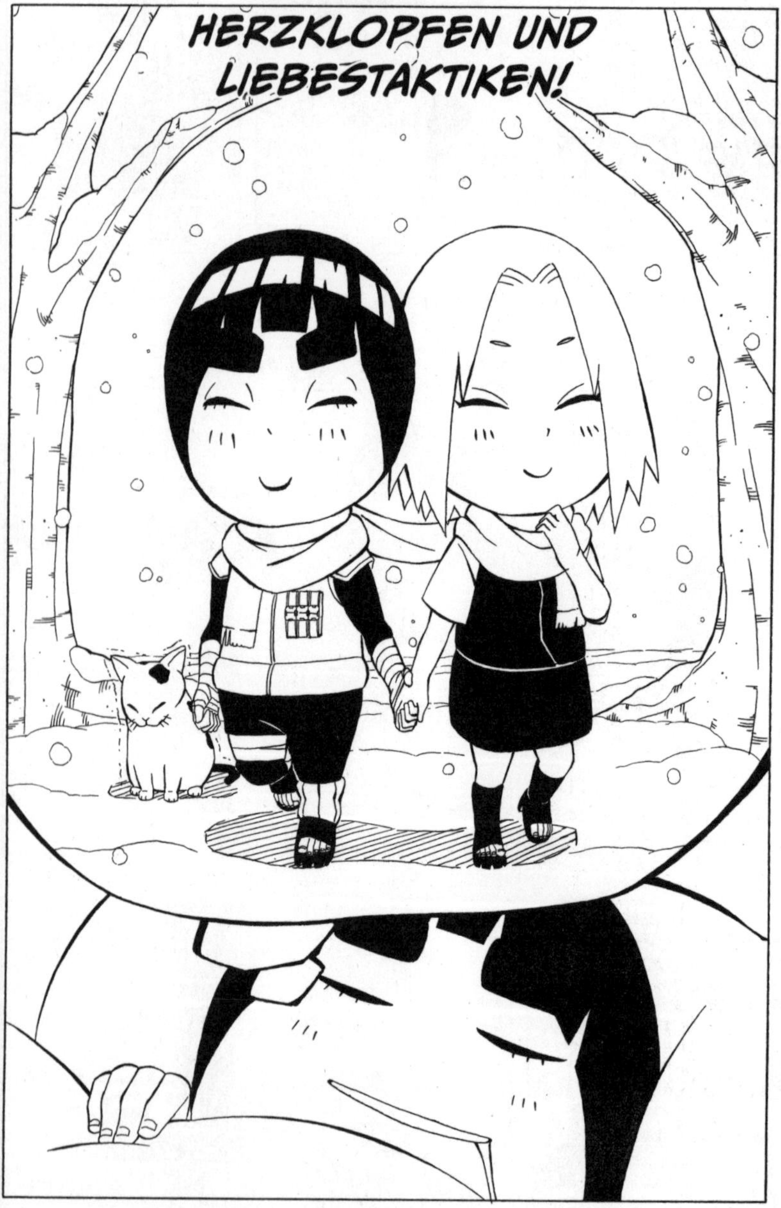

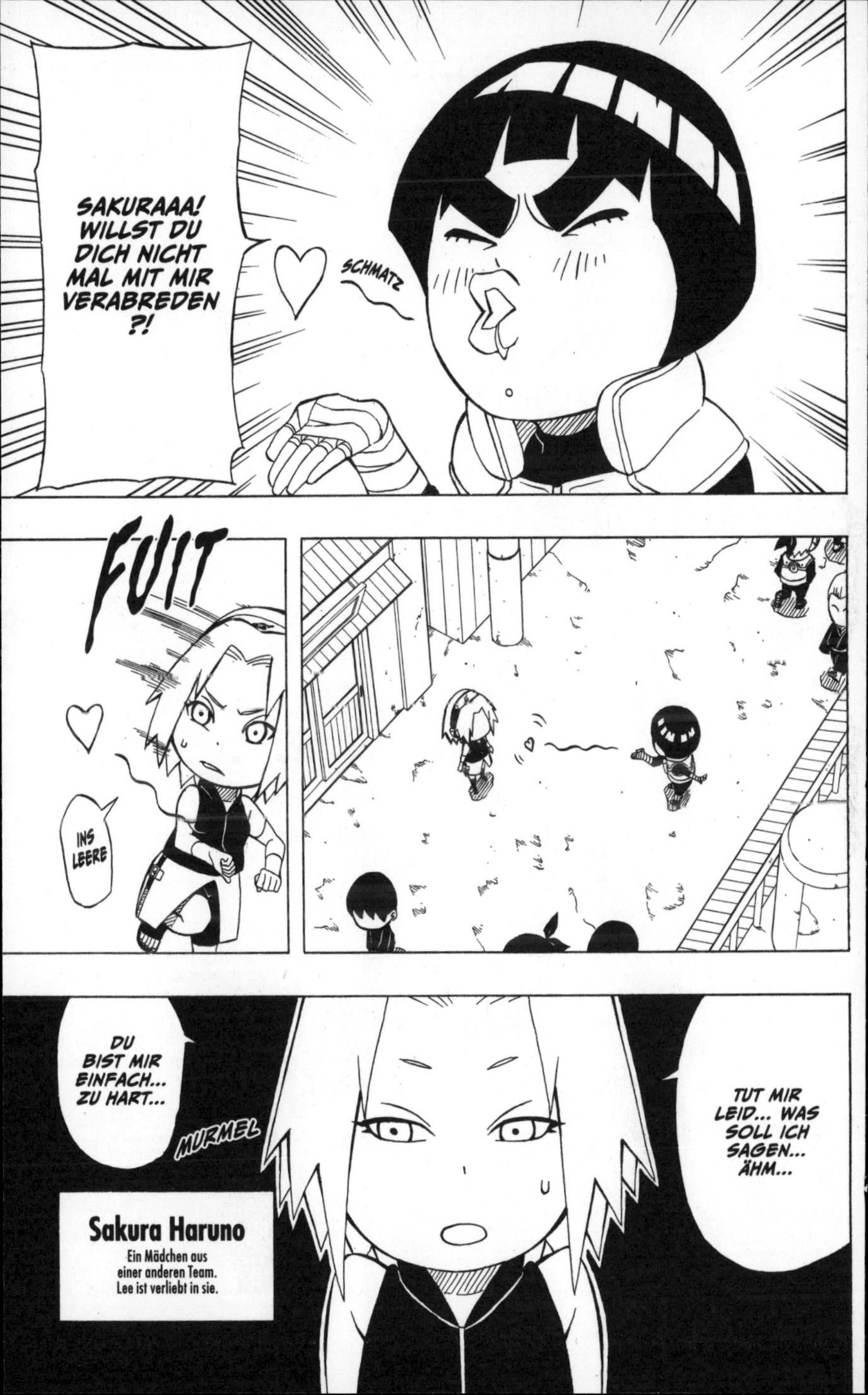
SAKURAAA! WILLST DU DICH NICHT MAL MIT MIR VERABREDEN ?!
SCHMATZ
FUIT
INS LEERE
TUT MIR LEID... WAS SOLL ICH SAGEN... ÄHM...
DU BIST MIR EINFACH... ZU HART...
MURMEL
Sakura Haruno
Ein Mädchen aus einer anderen Team. Lee ist verliebt in sie.

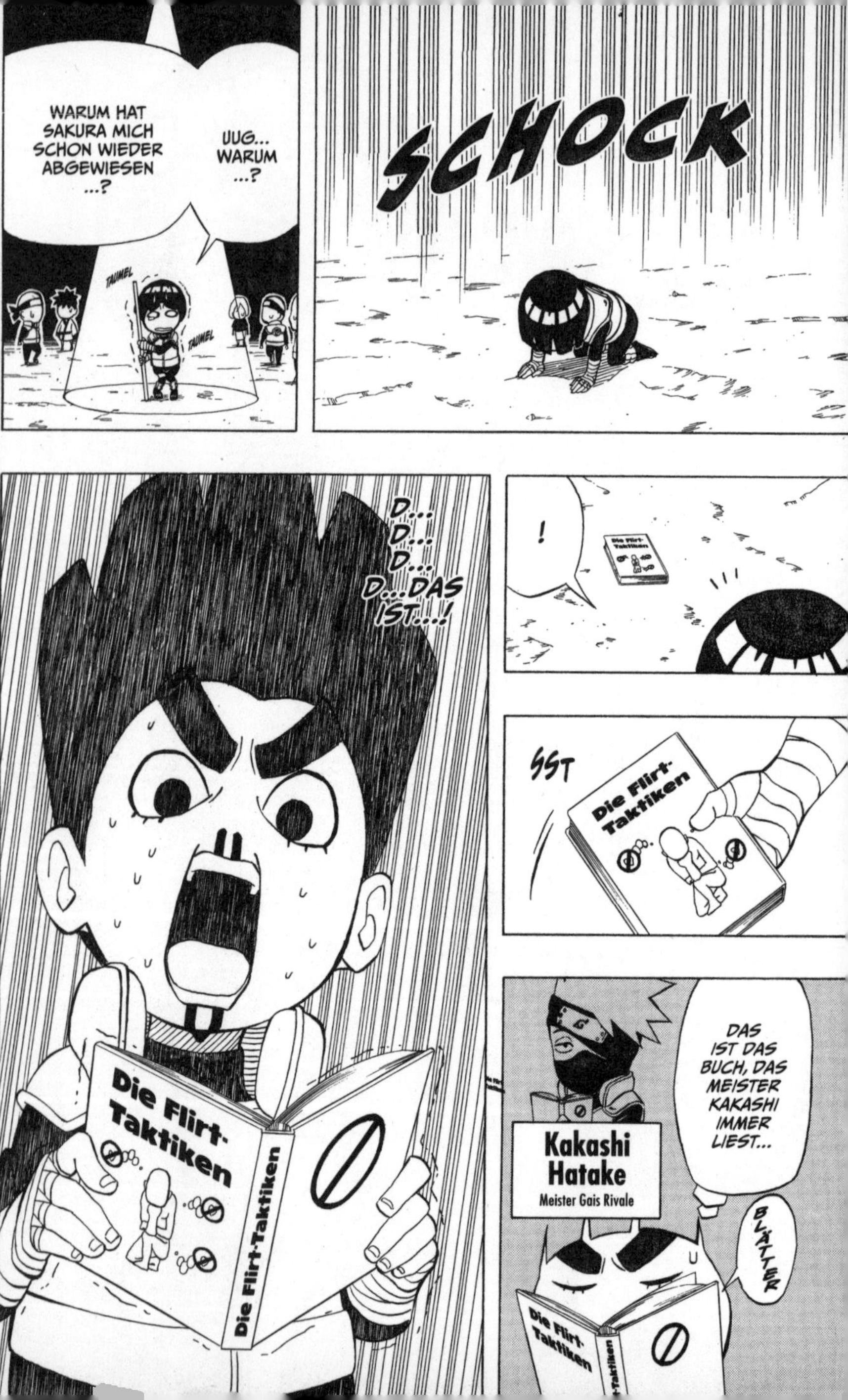
SCHOCK
UUG... WARUM ...?
WARUM HAT SAKURA MICH SCHON WIEDER ABGEWIESEN ...?
TAUMEL
TAUMEL
!
Die Flirt-Taktiken
SST
DAS IST DAS BUCH, DAS MEISTER KAKASHI IMMER LIEST...
Kakashi Hatake
Meister Gais Rivale
BLÄTTER
D... D... D... D...DAS IST...!
Die Flirt-Taktiken

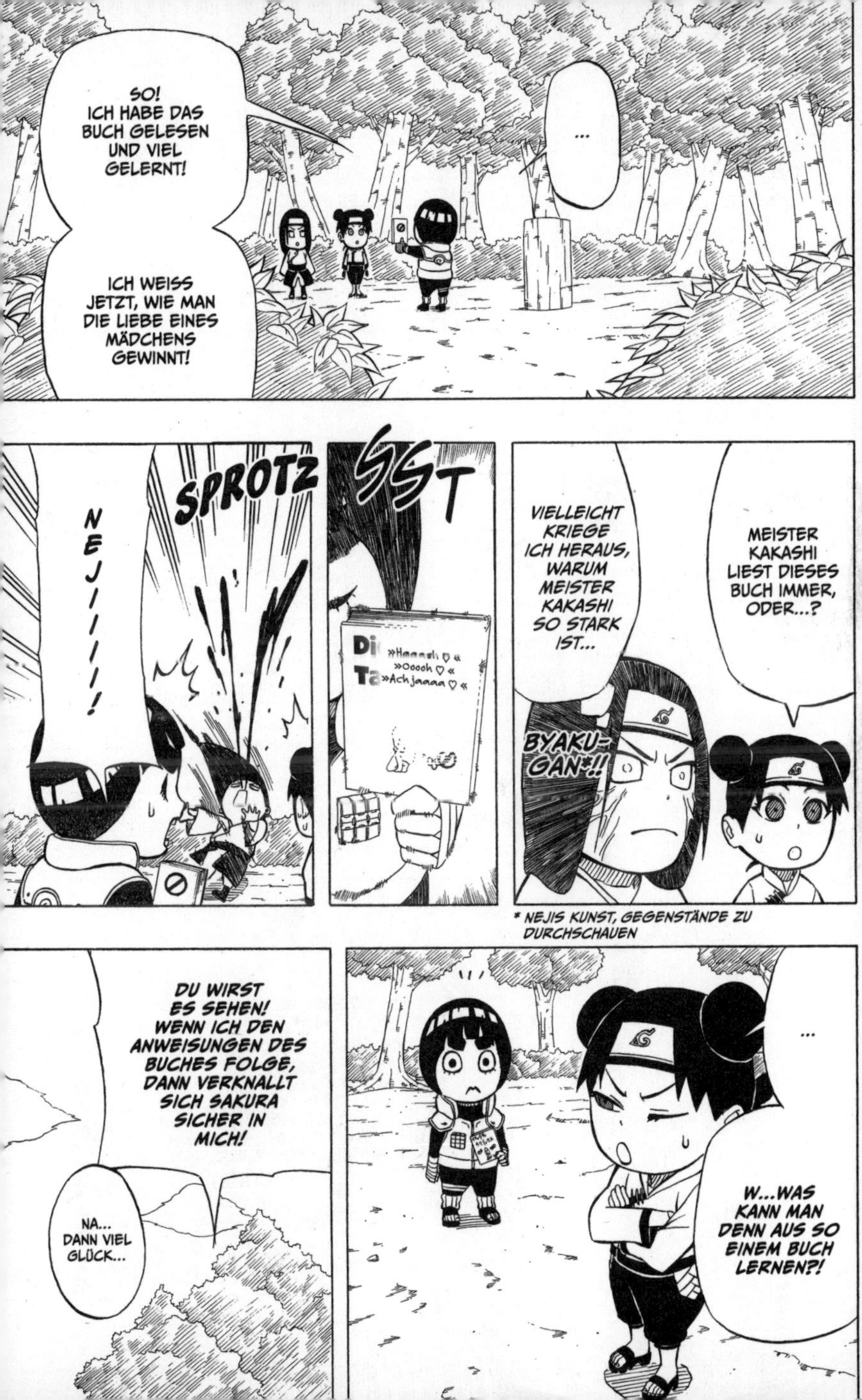
...
SO! ICH HABE DAS BUCH GELESEN UND VIEL GELERNT!
ICH WEISS JETZT, WIE MAN DIE LIEBE EINES MÄDCHENS GEWINNT!
MEISTER KAKASHI LIEST DIESES BUCH IMMER, ODER...?
VIELLEICHT KRIEGE ICH HERAUS, WARUM MEISTER KAKASHI SO STARK IST...
BYAKUGAN*!!
SSST
»Ooooh ♡«
»Achjaaaa ♡«
SPROTZ
NEJI!!!!!!
* NEJIS KUNST, GEGENSTÄNDE ZU DURCHSCHAUEN
...
W...WAS KANN MAN DENN AUS SO EINEM BUCH LERNEN?!
DU WIRST ES SEHEN! WENN ICH DEN ANWEISUNGEN DES BUCHES FOLGE, DANN VERKNALLT SICH SAKURA SICHER IN MICH!
NA... DANN VIEL GLÜCK...

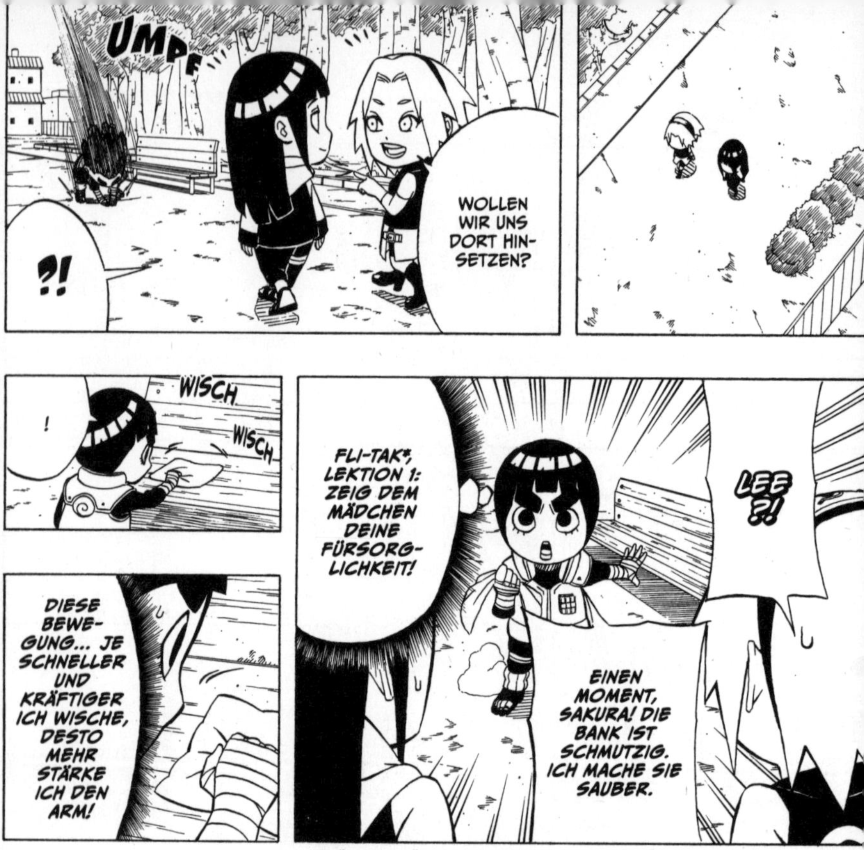

* ABKÜRZUNG FÜR FLIRT-TAKTIKEN

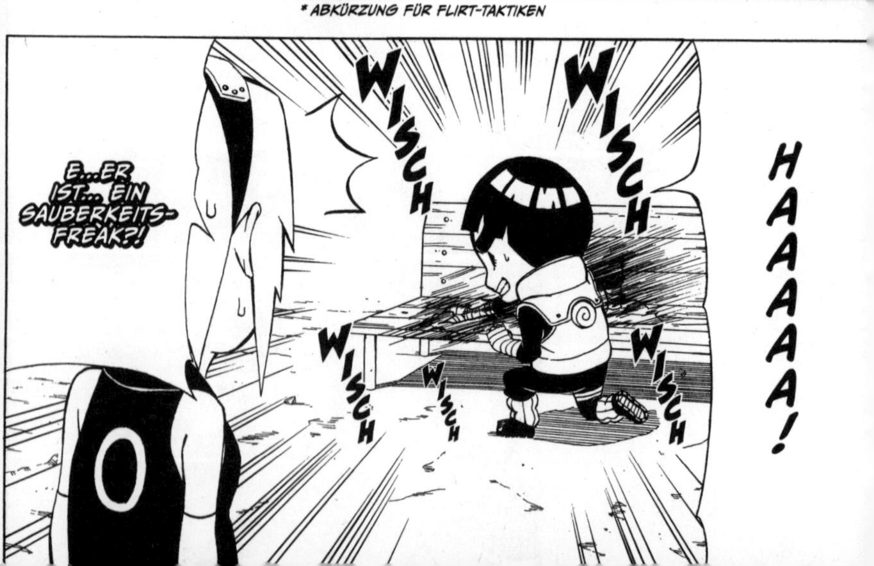

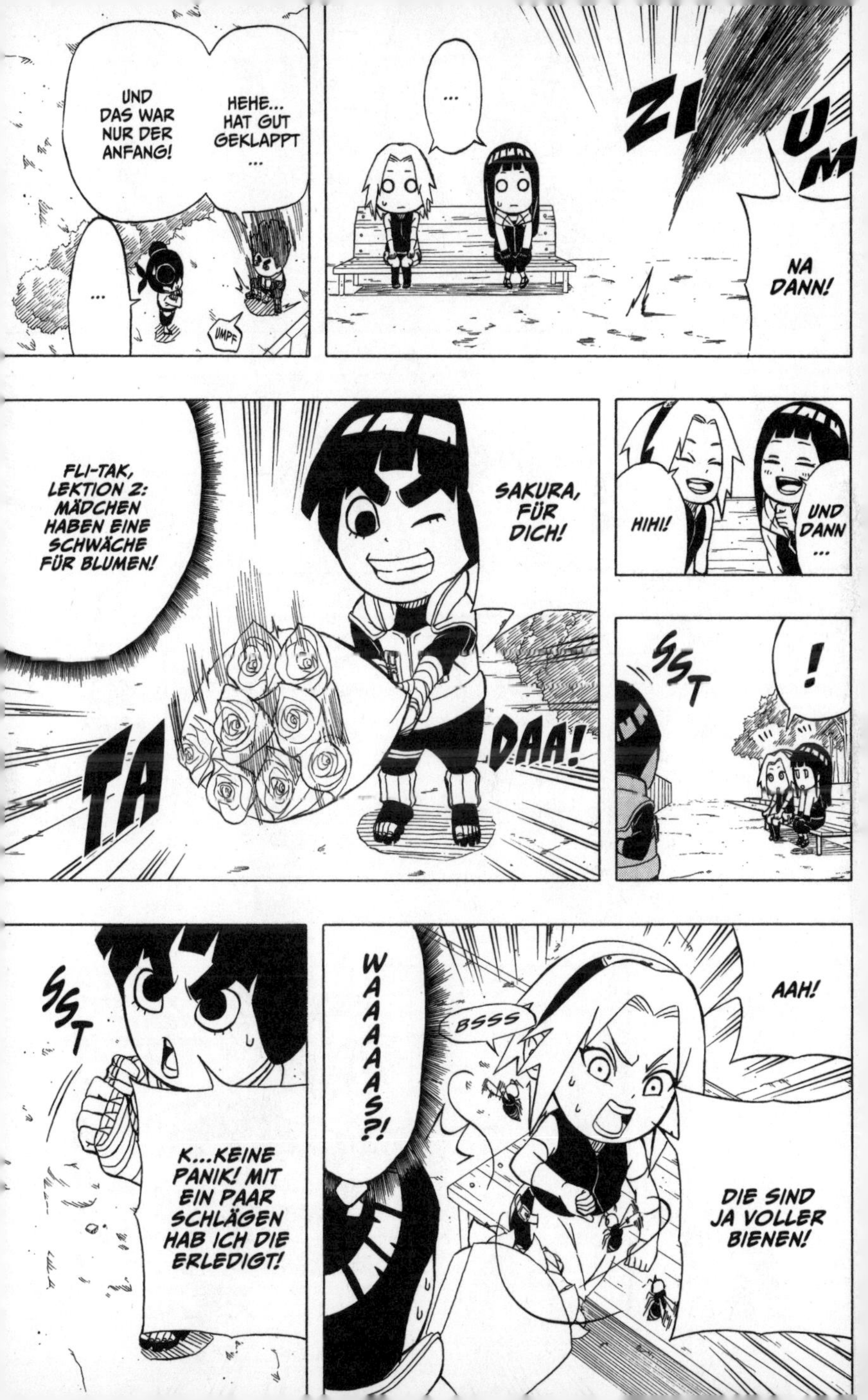
UND DAS WAR NUR DER ANFANG!
HEHE... HAT GUT GEKLAPPT ...
...
UMPF
...
ZI UM
NA DANN!
FLI-TAK, LEKTION 2: MÄDCHEN HABEN EINE SCHWÄCHE FÜR BLUMEN!
SAKURA, FÜR DICH!
TA DAA!
HIHI!
UND DANN ...
SST
!
SST
K...KEINE PANIK! MIT EIN PAAR SCHLÄGEN HAB ICH DIE ERLEDIGT!
WAAAAAAS?!
BSSS
AAH!
DIE SIND JA VOLLER BIENEN!

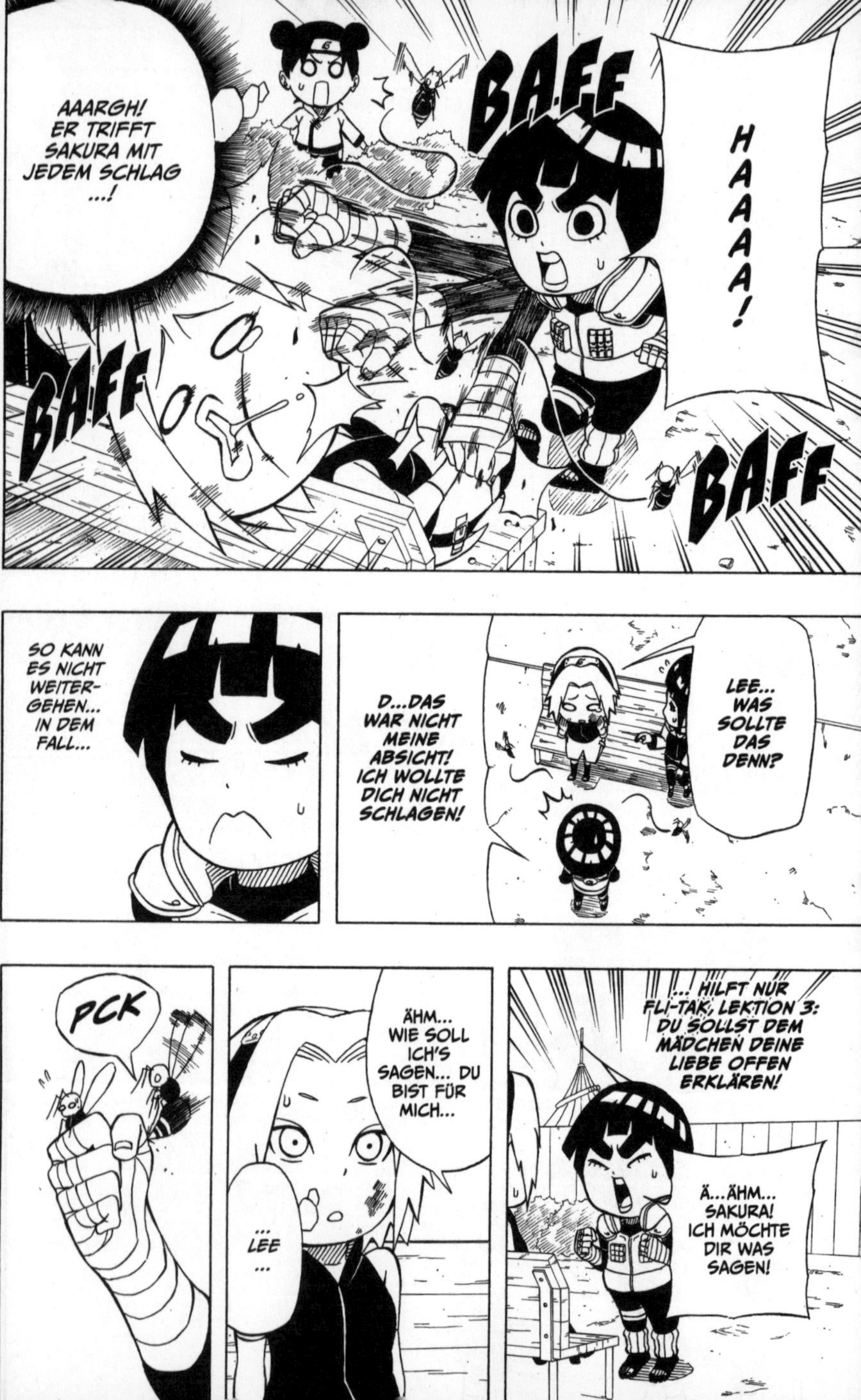
HAAAAA!
BAFF
AAARGH! ER TRIFFT SAKURA MIT JEDEM SCHLAG ...!
BAFF
BAFF
LEE... WAS SOLLTE DAS DENN?
D...DAS WAR NICHT MEINE ABSICHT! ICH WOLLTE DICH NICHT SCHLAGEN!
SO KANN ES NICHT WEITER-GEHEN... IN DEM FALL...
... HILFT NUR FLI-TAK, LEKTION 3: DU SOLLST DEM MÄDCHEN DEINE LIEBE OFFEN ERKLÄREN!
Ä...ÄHM... SAKURA! ICH MÖCHTE DIR WAS SAGEN!
ÄHM... WIE SOLL ICH'S SAGEN... DU BIST FÜR MICH...
... LEE ...
PCK

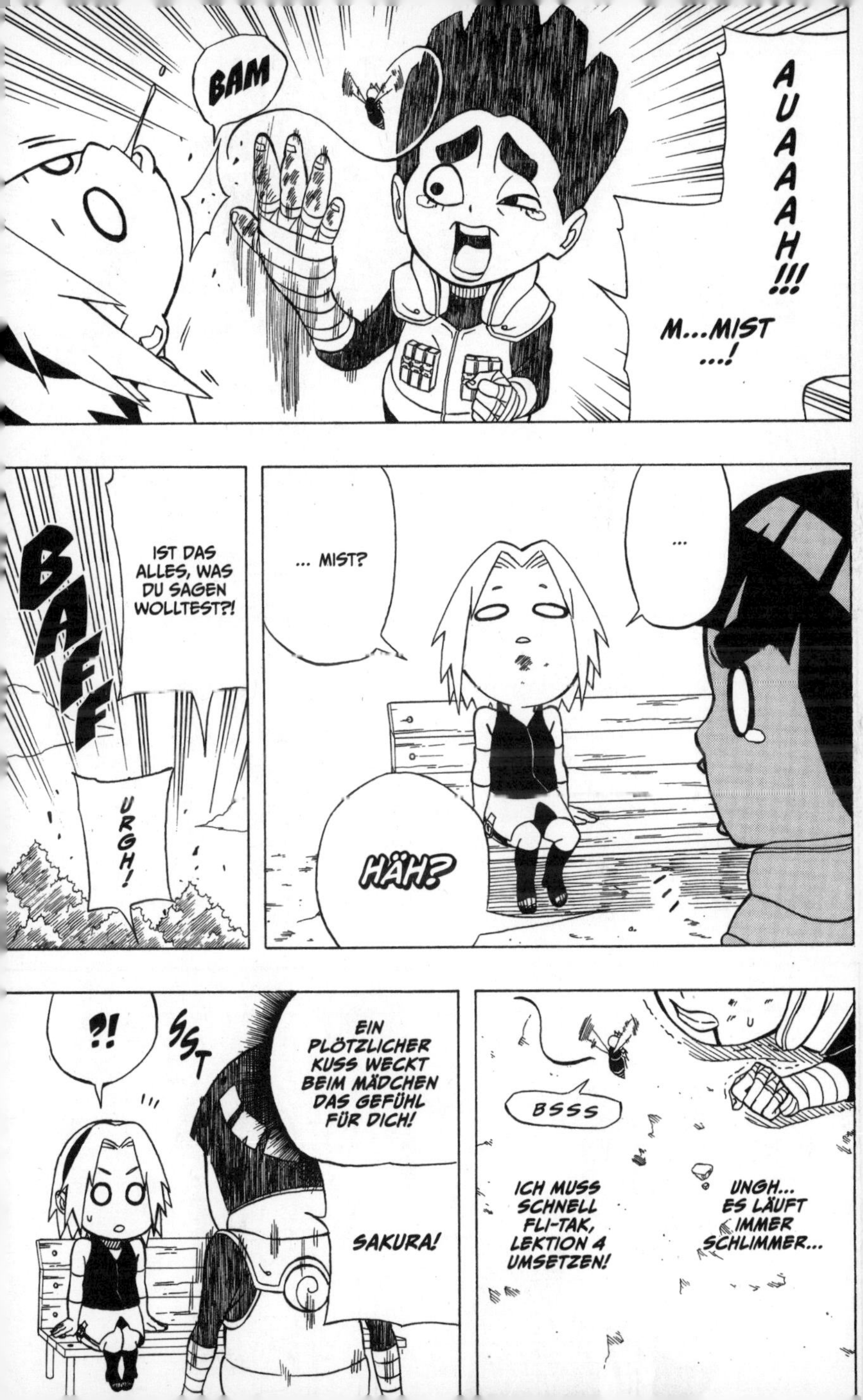
BAM
AUAAAAAH!!!
M...MIST ...!
BAFF
IST DAS ALLES, WAS DU SAGEN WOLLTEST?!
URGH!
...
... MIST?
HÄH?
EIN PLÖTZLICHER KUSS WECKT BEIM MÄDCHEN DAS GEFÜHL FÜR DICH!
SAKURA!
SST
?!
BSSS
UNGH... ES LÄUFT IMMER SCHLIMMER...
ICH MUSS SCHNELL FLI-TAK, LEKTION 4 UMSETZEN!

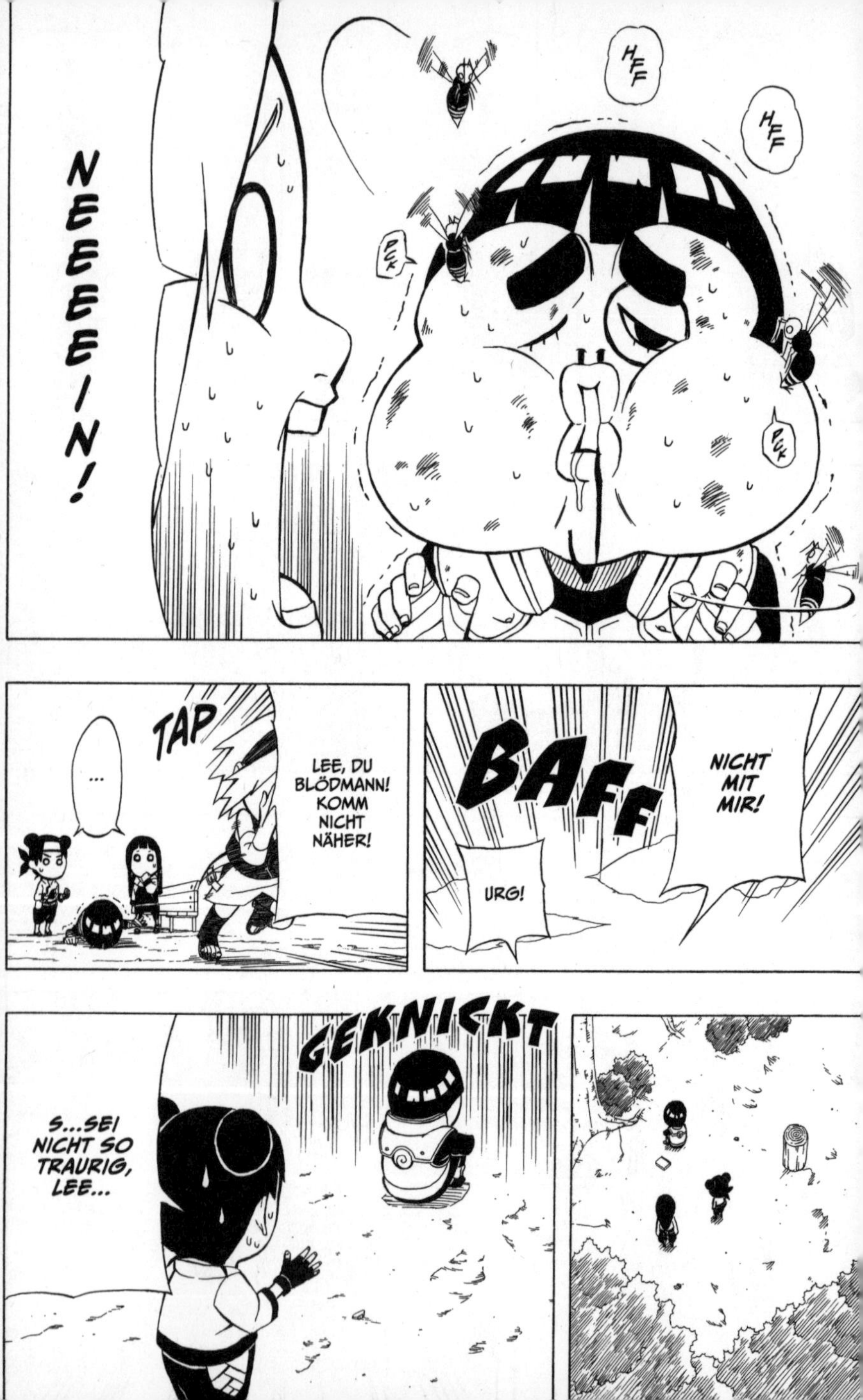
HFF
HFF
PCK
PCK
NEEEEEIN!
NICHT MIT MIR!
BAFF
URG!
LEE, DU BLÖDMANN! KOMM NICHT NÄHER!
TAP
...
GEKNICKT
S...SEI NICHT SO TRAURIG, LEE...

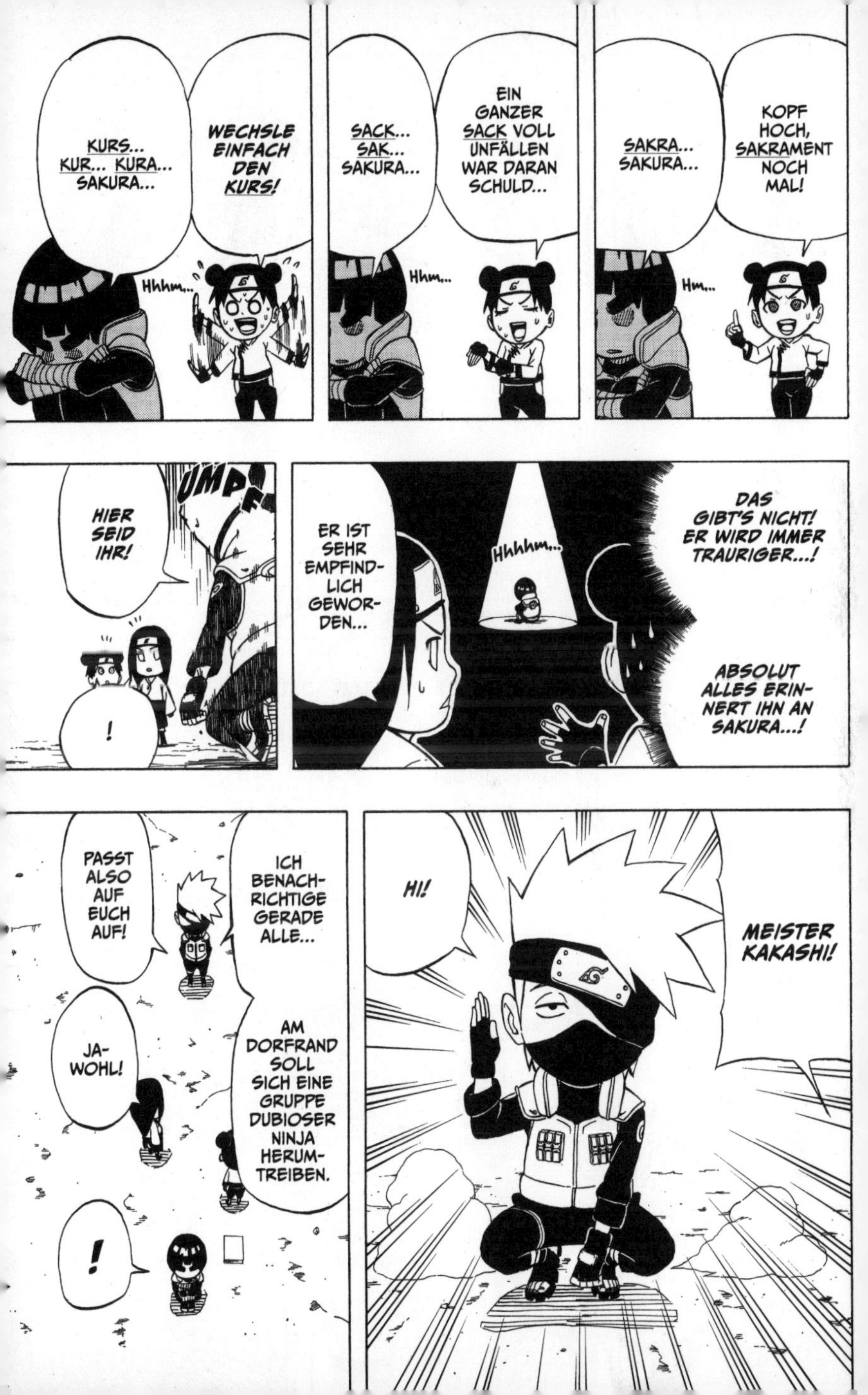
KOPF HOCH, SAKRAMENT NOCH MAL!
SAKRA... SAKURA...
Hm...
EIN GANZER SACK VOLL UNFÄLLEN WAR DARAN SCHULD...
SACK... SAK... SAKURA...
Hhm...
WECHSLE EINFACH DEN KURS!
KURS... KUR... KURA... SAKURA...
Hhhm...
DAS GIBT'S NICHT! ER WIRD IMMER TRAURIGER...!
Hhhhm...
ER IST SEHR EMPFIND-LICH GEWOR-DEN...
ABSOLUT ALLES ERIN-NERT IHN AN SAKURA...!
UMPF
HIER SEID IHR!
!
MEISTER KAKASHI!
HI!
ICH BENACH-RICHTIGE GERADE ALLE...
AM DORFRAND SOLL SICH EINE GRUPPE DUBIOSER NINJA HERUM-TREIBEN.
PASST ALSO AUF EUCH AUF!
JA-WOHL!
!

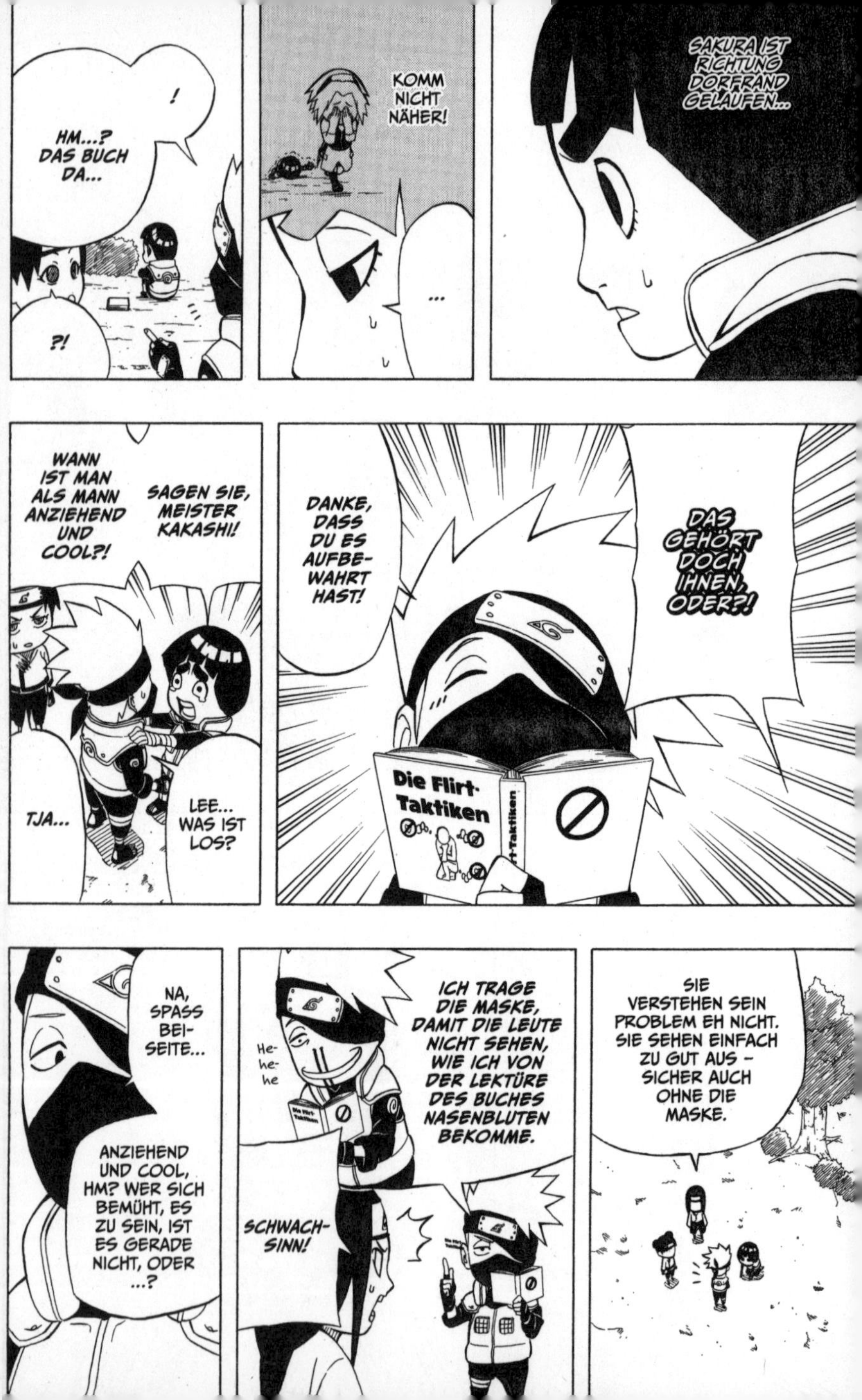
SAKURA IST RICHTUNG DORFRAND GELAUFEN...
KOMM NICHT NÄHER!
...
!
HM...? DAS BUCH DA...
?!
DAS GEHÖRT DOCH IHNEN, ODER?!
DANKE, DASS DU ES AUFBEWAHRT HAST!
Die Flirt-Taktiken
SAGEN SIE, MEISTER KAKASHI!
WANN IST MAN ALS MANN ANZIEHEND UND COOL?!
LEE... WAS IST LOS?
TJA...
SIE VERSTEHEN SEIN PROBLEM EH NICHT. SIE SEHEN EINFACH ZU GUT AUS – SICHER AUCH OHNE DIE MASKE.
ICH TRAGE DIE MASKE, DAMIT DIE LEUTE NICHT SEHEN, WIE ICH VON DER LEKTÜRE DES BUCHES NASENBLUTEN BEKOMME.
He-he-he
SCHWACHSINN!
NA, SPASS BEISEITE...
ANZIEHEND UND COOL, HM? WER SICH BEMÜHT, ES ZU SEIN, IST ES GERADE NICHT, ODER ...?

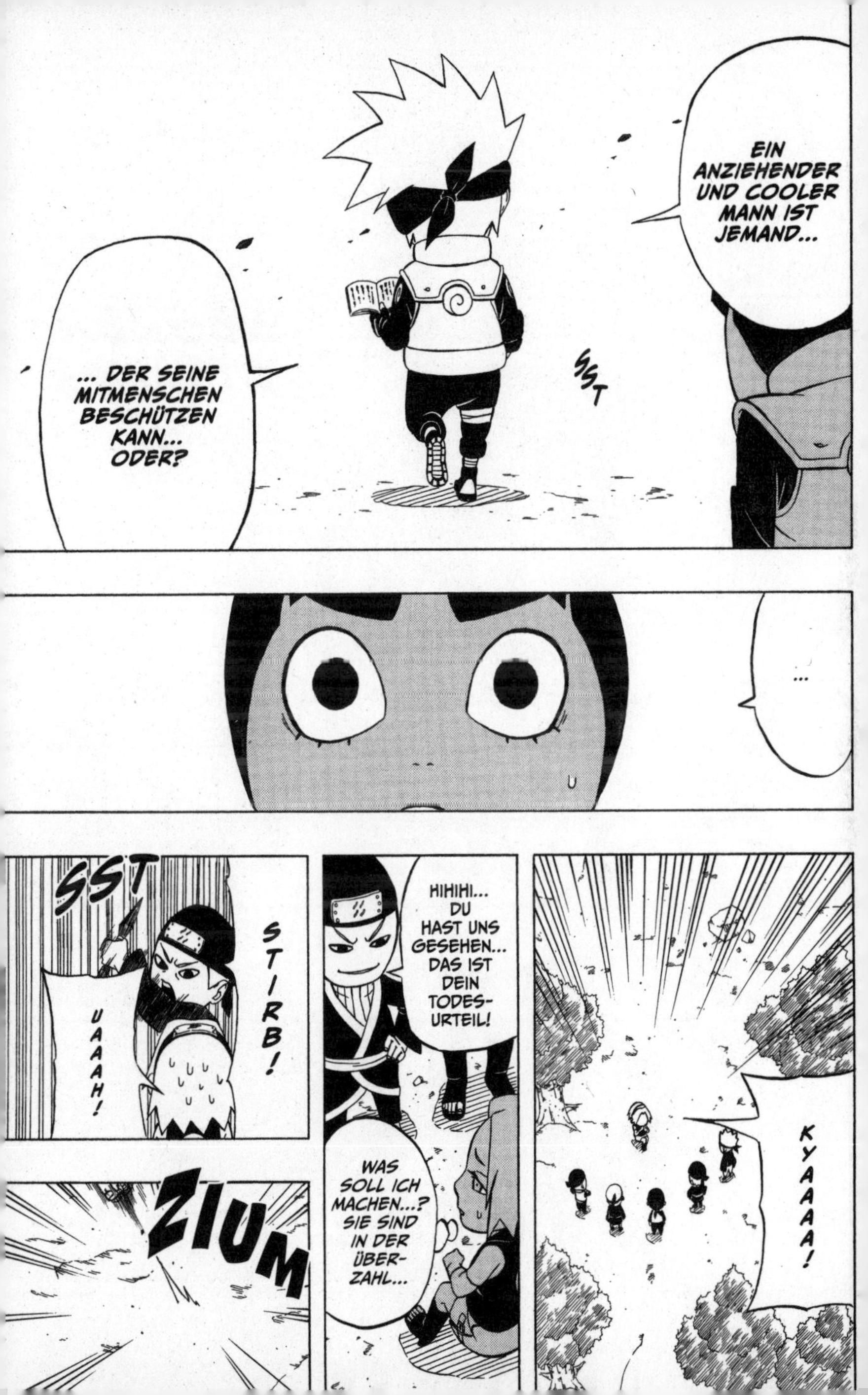
EIN ANZIEHENDER UND COOLER MANN IST JEMAND...
... DER SEINE MITMENSCHEN BESCHÜTZEN KANN... ODER?
SST
...
KYAAAAA!
HIHIHI... DU HAST UNS GESEHEN... DAS IST DEIN TODES-URTEIL!
WAS SOLL ICH MACHEN...? SIE SIND IN DER ÜBER-ZAHL...
SST
STIRB!
UAAAAH!
ZIUM

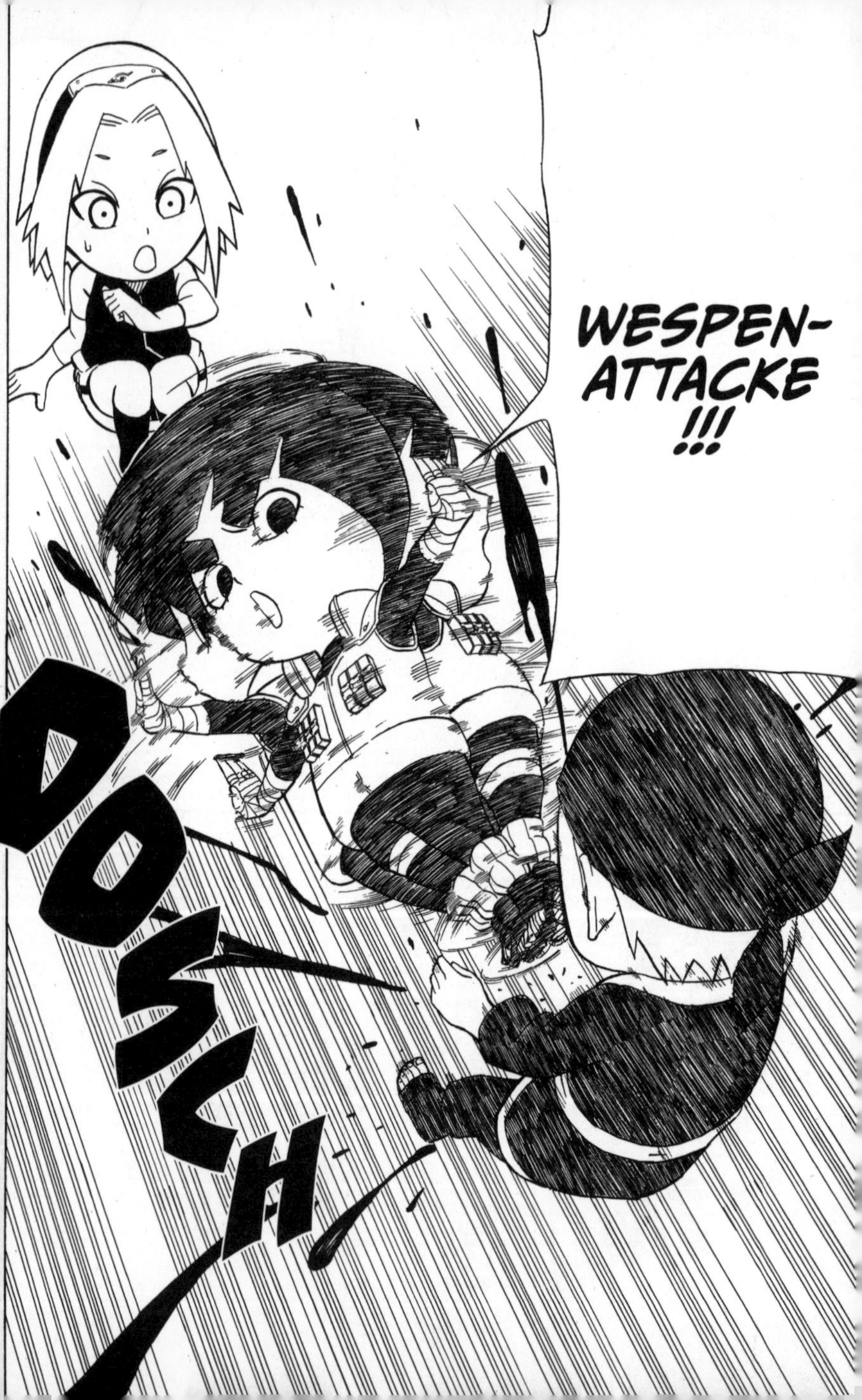
WESPEN-
ATTACKE
!!!
DOOSCH

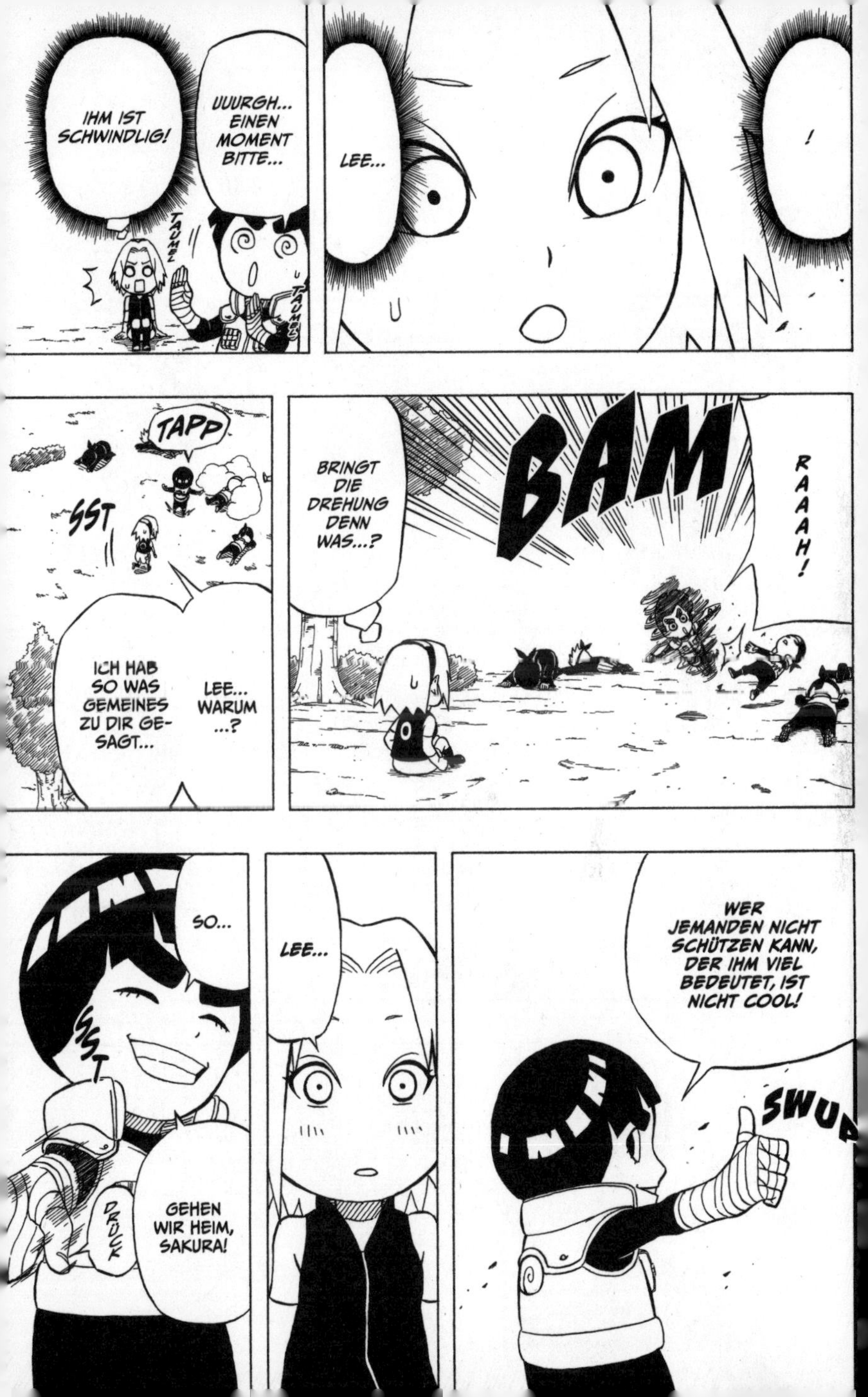

!
LEE...
UUURGH... EINEN MOMENT BITTE...
IHM IST SCHWINDLIG!
TAUMEL
TAUMEL
RAAAAH!
BAM
BRINGT DIE DREHUNG DENN WAS...?
TAPP
SST
LEE... WARUM ...?
ICH HAB SO WAS GEMEINES ZU DIR GE-SAGT...
WER JEMANDEN NICHT SCHÜTZEN KANN, DER IHM VIEL BEDEUTET, IST NICHT COOL!
SWUP
LEE...
SO...
SST
GEHEN WIR HEIM, SAKURA!
DRÜCK

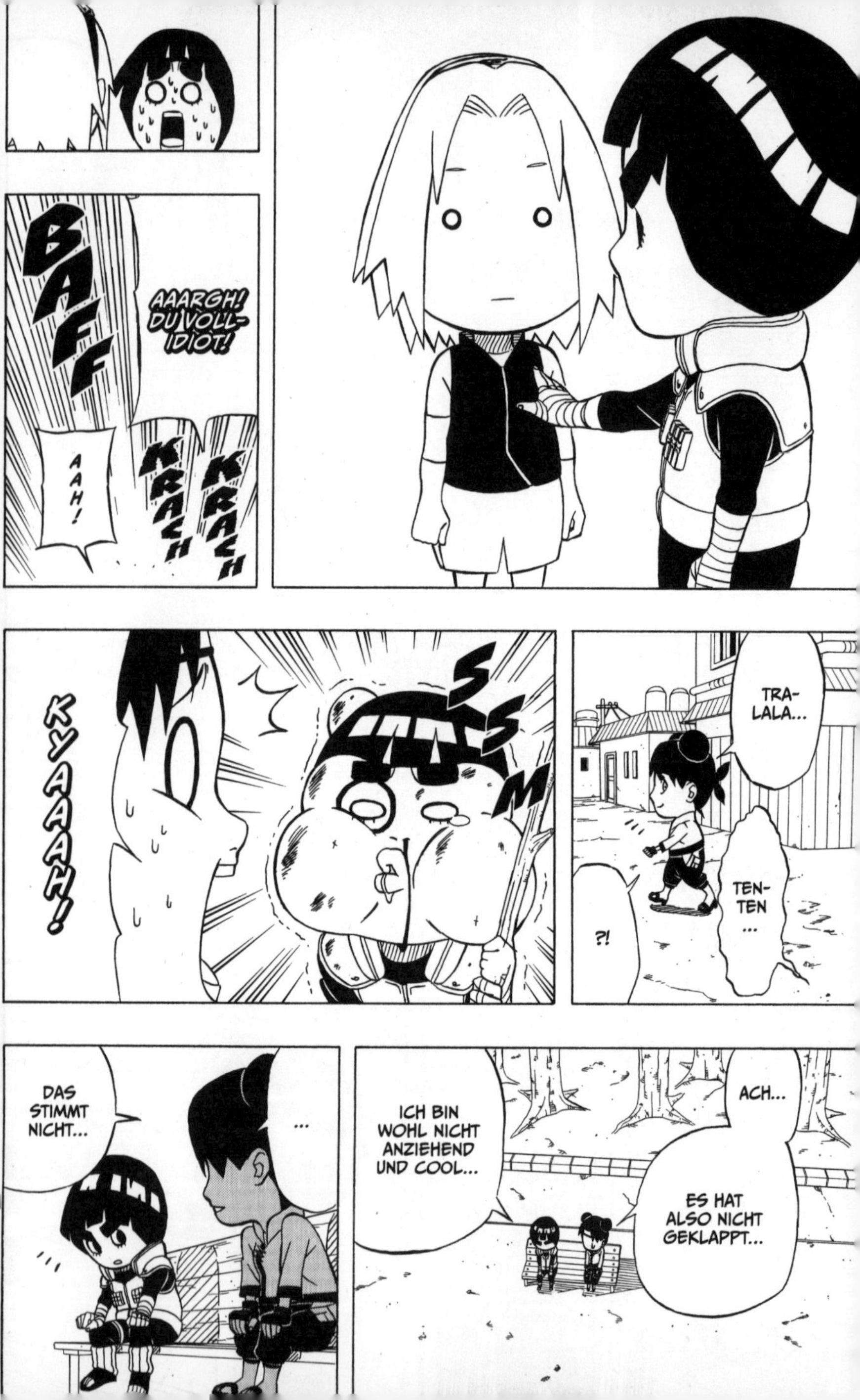
BAFF
AAARGH! DU VOLL-IDIOT!
AAH!
KRACH
KRACH
TRA-LALA...
TEN-TEN ...
?!
SSM
KYAAAAAH!
ACH...
ES HAT ALSO NICHT GEKLAPPT...
ICH BIN WOHL NICHT ANZIEHEND UND COOL...
...
DAS STIMMT NICHT...

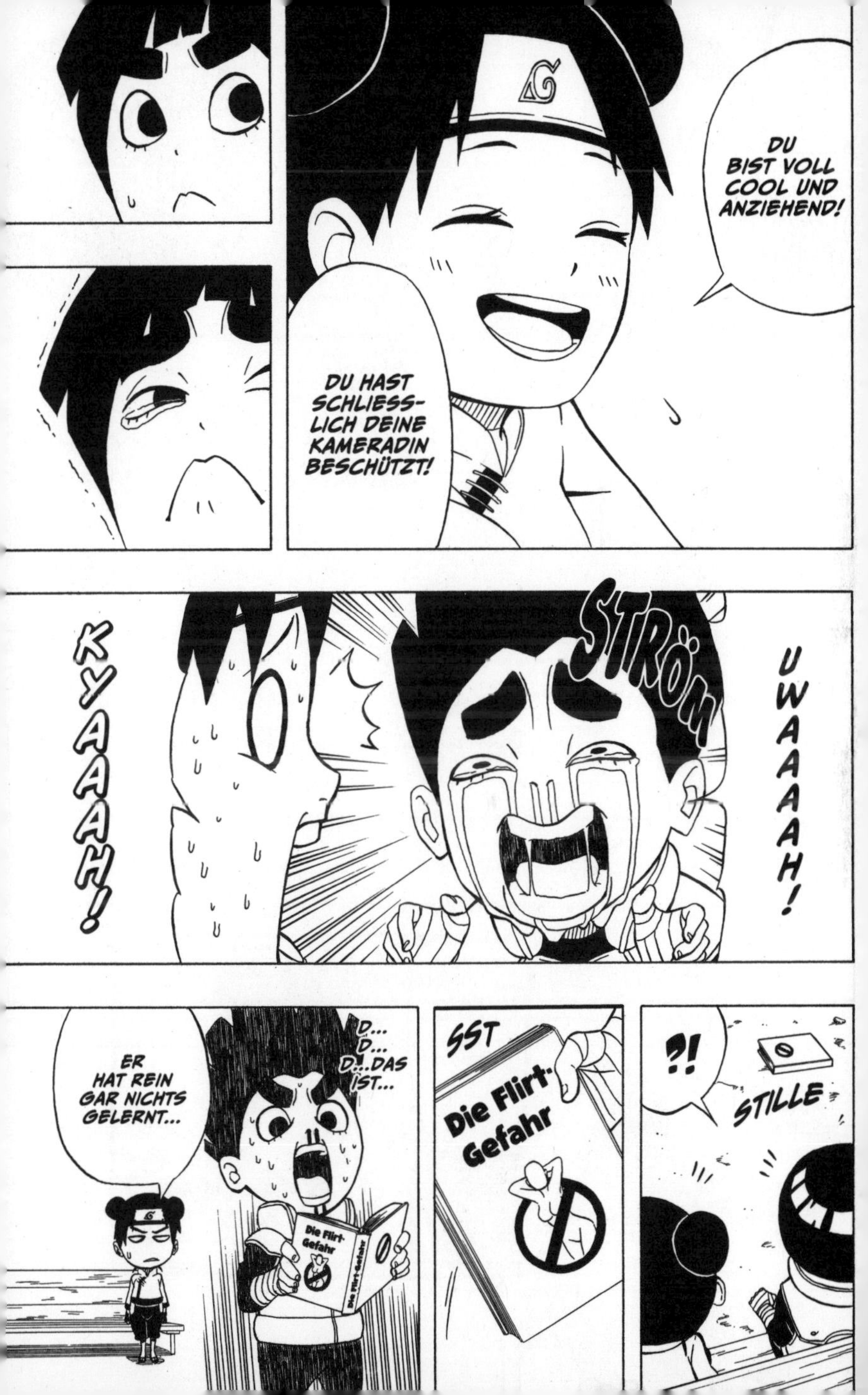
DU BIST VOLL COOL UND ANZIEHEND!
DU HAST SCHLIESS-LICH DEINE KAMERADIN BESCHÜTZT!
UWAAAAAAH!
STRÖM
KYAAAAAH!
?!
STILLE
SST
Die Flirt-Gefahr
D... D... D...DAS IST...
Die Flirt-Gefahr
ER HAT REIN GAR NICHTS GELERNT...

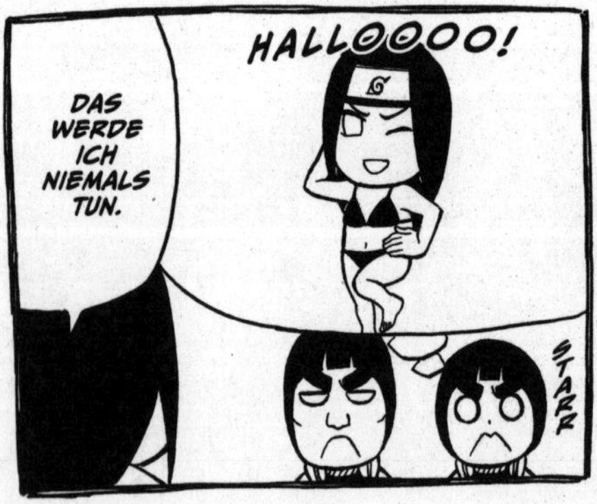
HALLOOOO!
DAS WERDE ICH NIEMALS TUN.
STARR

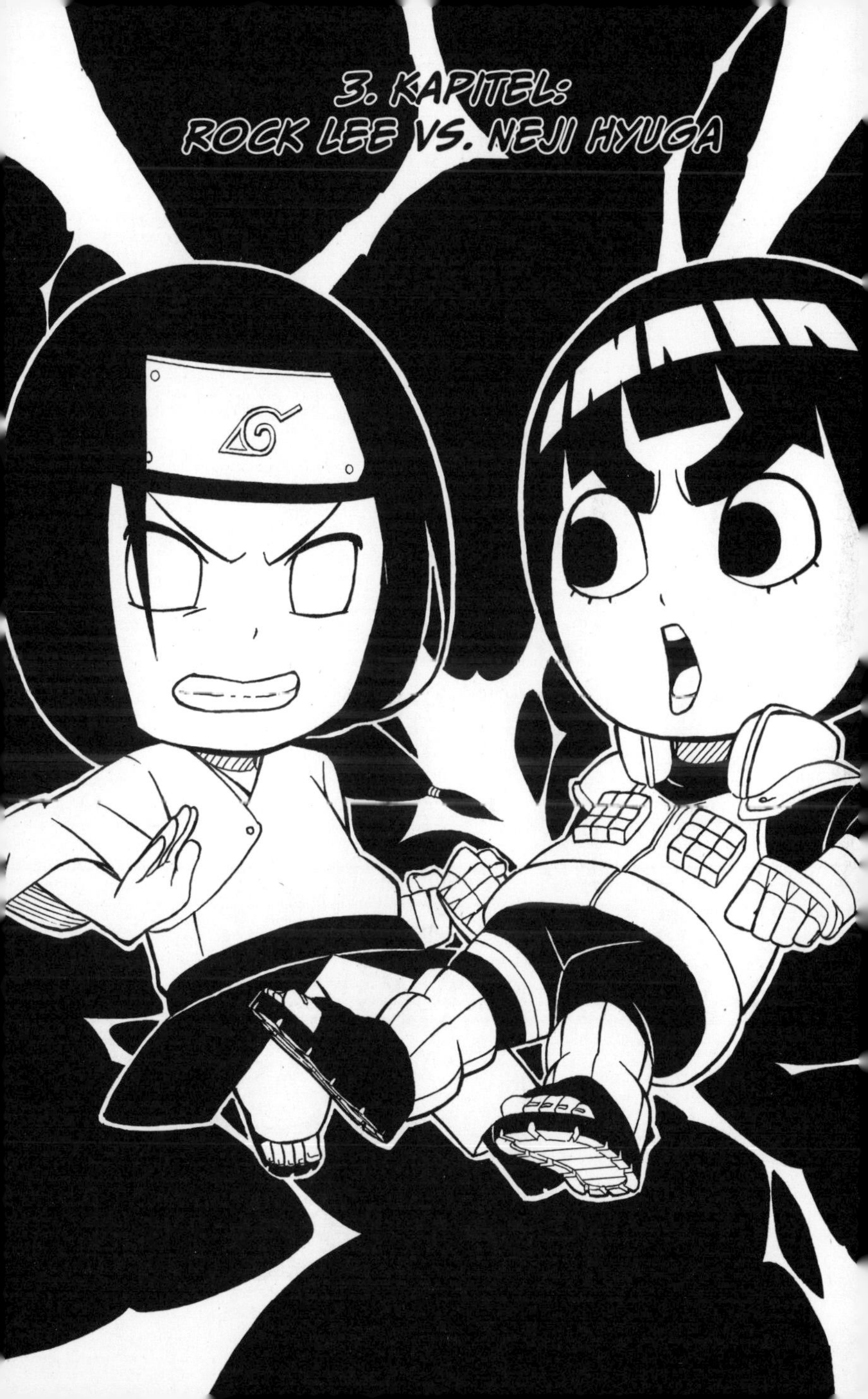
3. KAPITEL:
ROCK LEE VS. NEJI HYUGA

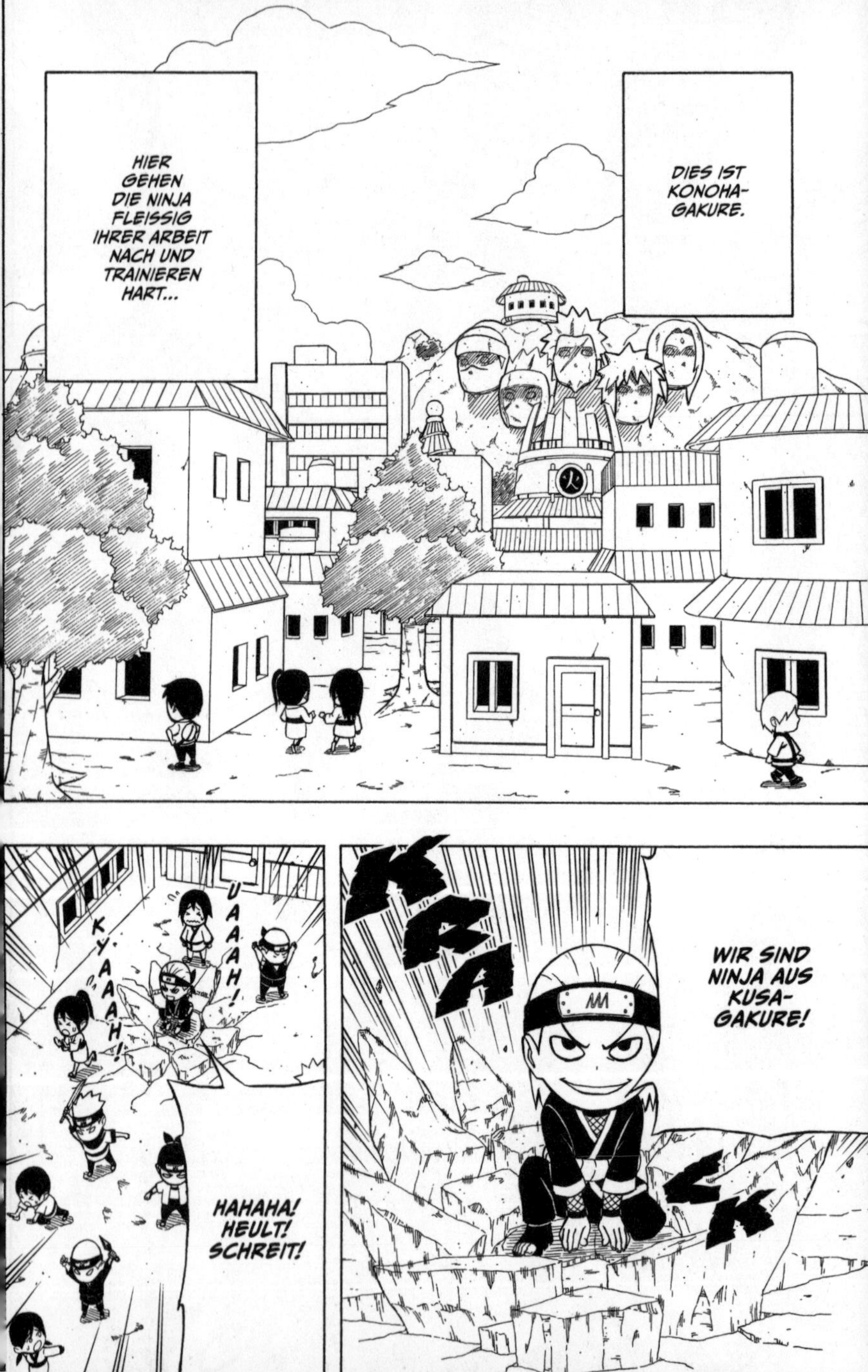
DIES IST KONOHA-GAKURE.
HIER GEHEN DIE NINJA FLEISSIG IHRER ARBEIT NACH UND TRAINIEREN HART...
KRA
CK
WIR SIND NINJA AUS KUSA-GAKURE!
UAAAAH!
KYAAAAH!
HAHAHA! HEULT! SCHREIT!

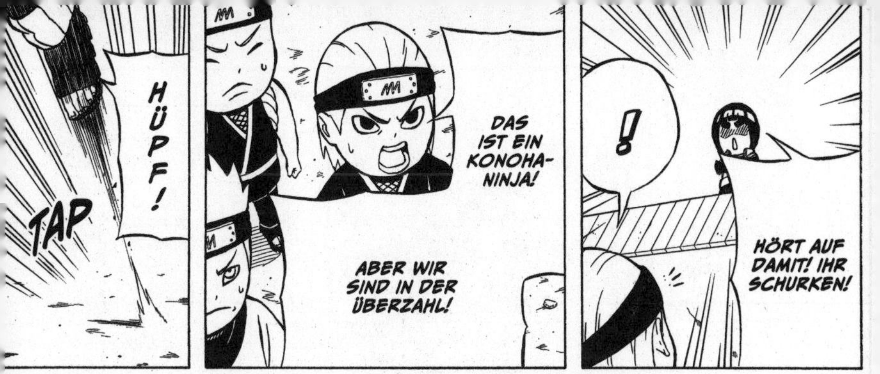

* UN, DEUX, TROIS = FRANZ. FÜR »EINS, ZWEI, DREI«

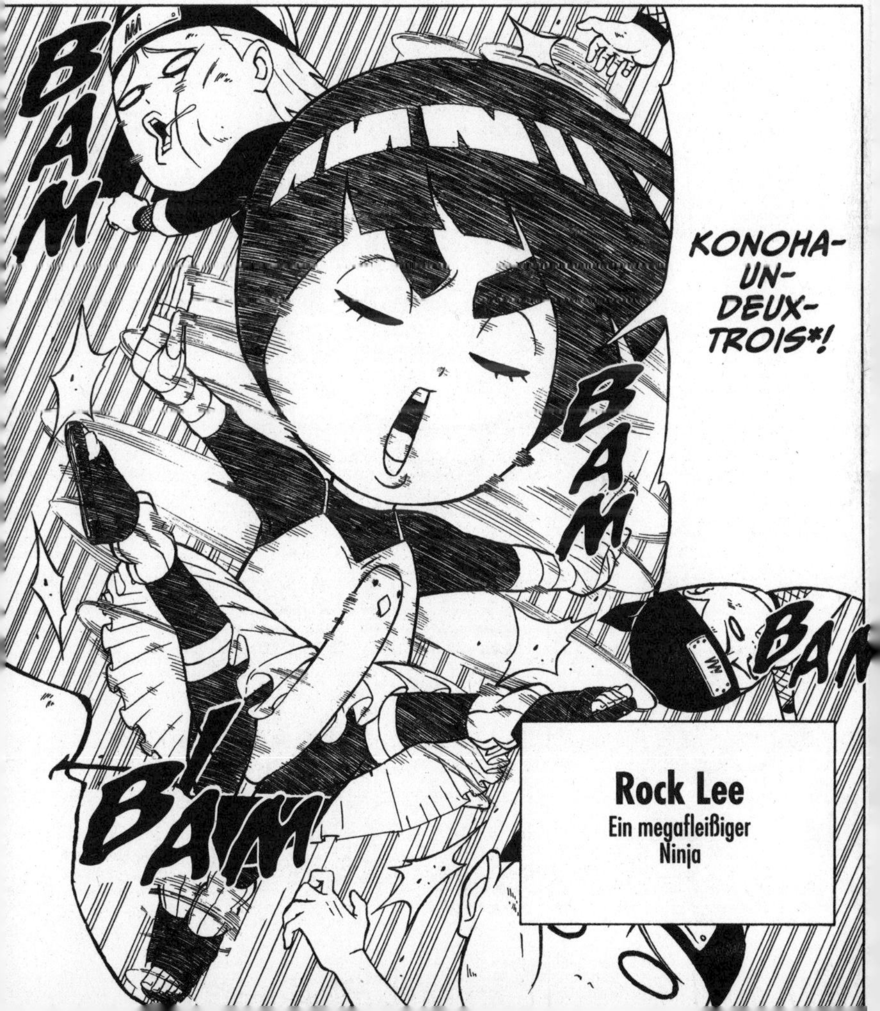

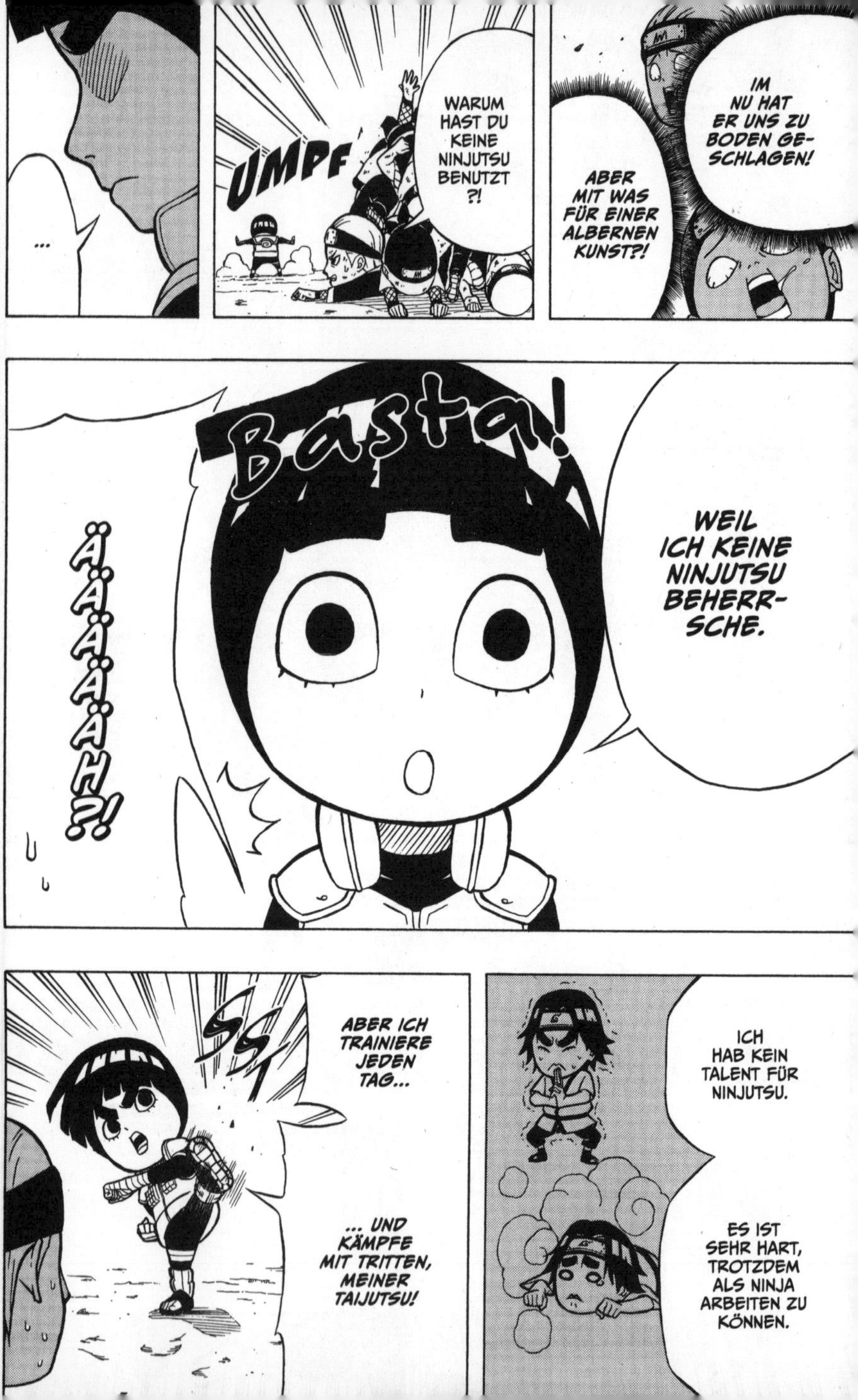
IM NU HAT ER UNS ZU BODEN GE- SCHLAGEN!
ABER MIT WAS FÜR EINER ALBERNEN KUNST?!
WARUM HAST DU KEINE NINJUTSU BENUTZT ?!
UMPF
...
WEIL ICH KEINE NINJUTSU BEHERR- SCHE.
Basta!
ÄÄÄÄÄÄH?!
ICH HAB KEIN TALENT FÜR NINJUTSU.
ES IST SEHR HART, TROTZDEM ALS NINJA ARBEITEN ZU KÖNNEN.
ABER ICH TRAINIERE JEDEN TAG...
... UND KÄMPFE MIT TRITTEN, MEINER TAIJUTSU!

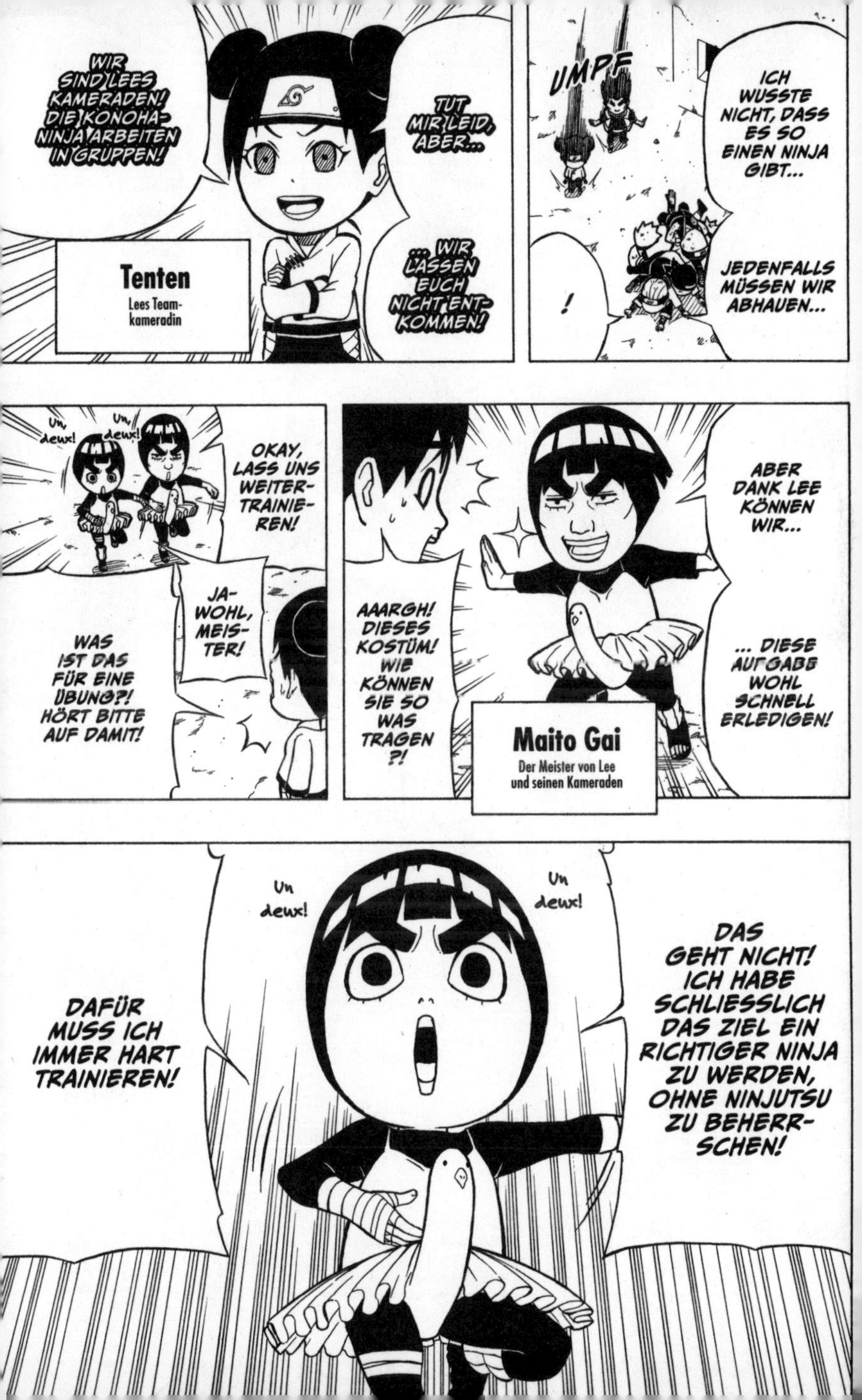
UMPF
ICH WUSSTE NICHT, DASS ES SO EINEN NINJA GIBT...
JEDENFALLS MÜSSEN WIR ABHAUEN...
!
TUT MIR LEID, ABER...
... WIR LASSEN EUCH NICHT ENT-KOMMEN!
WIR SIND LEES KAMERADEN! DIE KONOHA-NINJA ARBEITEN IN GRUPPEN!
Tenten
Lees Team-kameradin
ABER DANK LEE KÖNNEN WIR...
... DIESE AUFGABE WOHL SCHNELL ERLEDIGEN!
AAARGH! DIESES KOSTÜM! WIE KÖNNEN SIE SO WAS TRAGEN?!
Maito Gai
Der Meister von Lee und seinen Kameraden
OKAY, LASS UNS WEITER-TRAINIE-REN!
Un, deux!
Un, deux!
JA-WOHL, MEIS-TER!
WAS IST DAS FÜR EINE ÜBUNG?! HÖRT BITTE AUF DAMIT!
Un deux!
Un deux!
DAS GEHT NICHT! ICH HABE SCHLIESSLICH DAS ZIEL EIN RICHTIGER NINJA ZU WERDEN, OHNE NINJUTSU ZU BEHERR-SCHEN!
DAFÜR MUSS ICH IMMER HART TRAINIEREN!

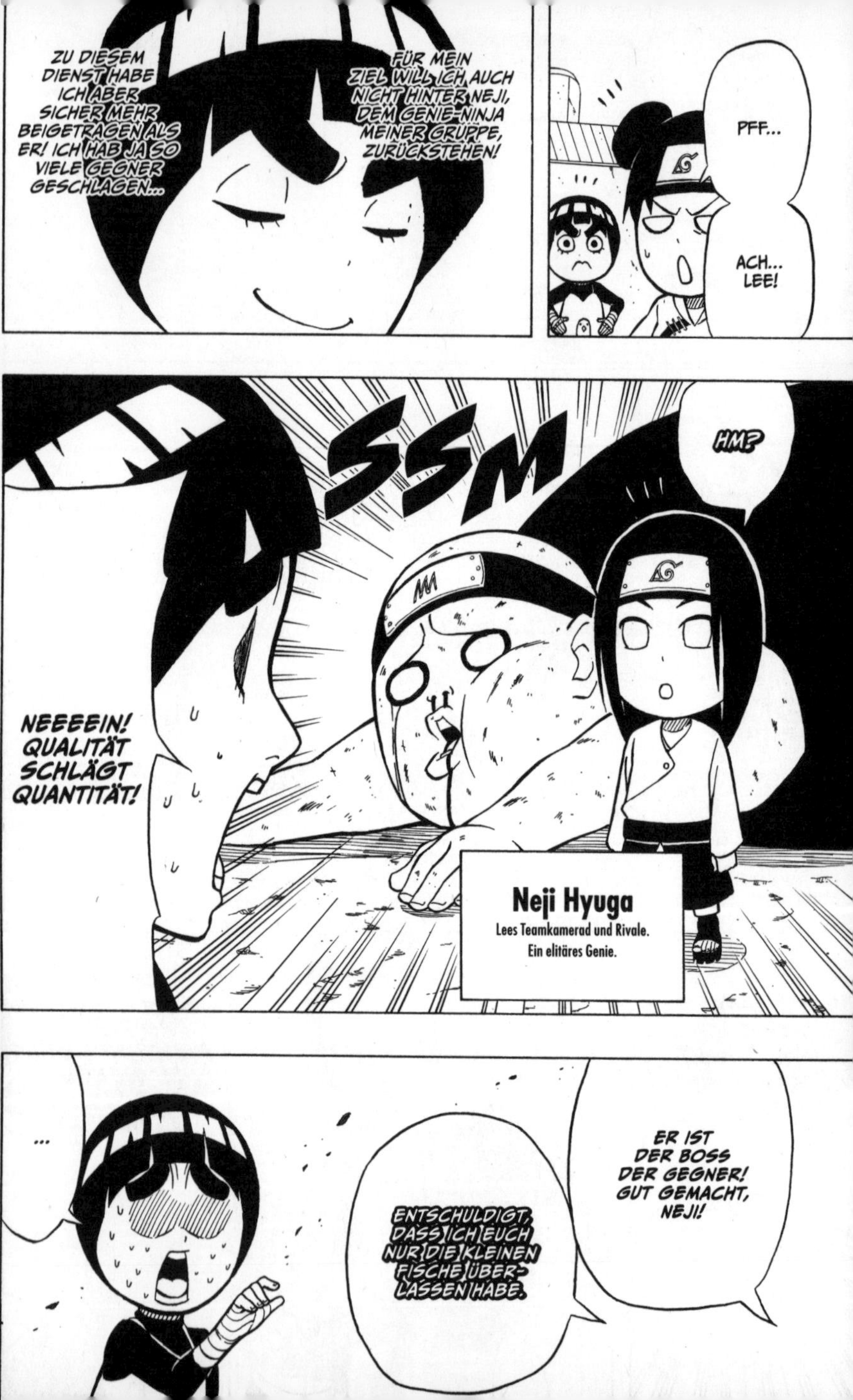

PFF...
ACH... LEE!
FÜR MEIN ZIEL WILL ICH AUCH NICHT HINTER NEJI, DEM GENIE-NINJA MEINER GRUPPE, ZURÜCKSTEHEN!
ZU DIESEM DIENST HABE ICH ABER SICHER MEHR BEIGETRAGEN ALS ER! ICH HAB JA SO VIELE GEGNER GESCHLAGEN...
HM?
SSM
Neji Hyuga
Lees Teamkamerad und Rivale.
Ein elitäres Genie.
NEEEEIN! QUALITÄT SCHLÄGT QUANTITÄT!
ER IST DER BOSS DER GEGNER! GUT GEMACHT, NEJI!
ENTSCHULDIGT, DASS ICH EUCH NUR DIE KLEINEN FISCHE ÜBERLASSEN HABE.
...

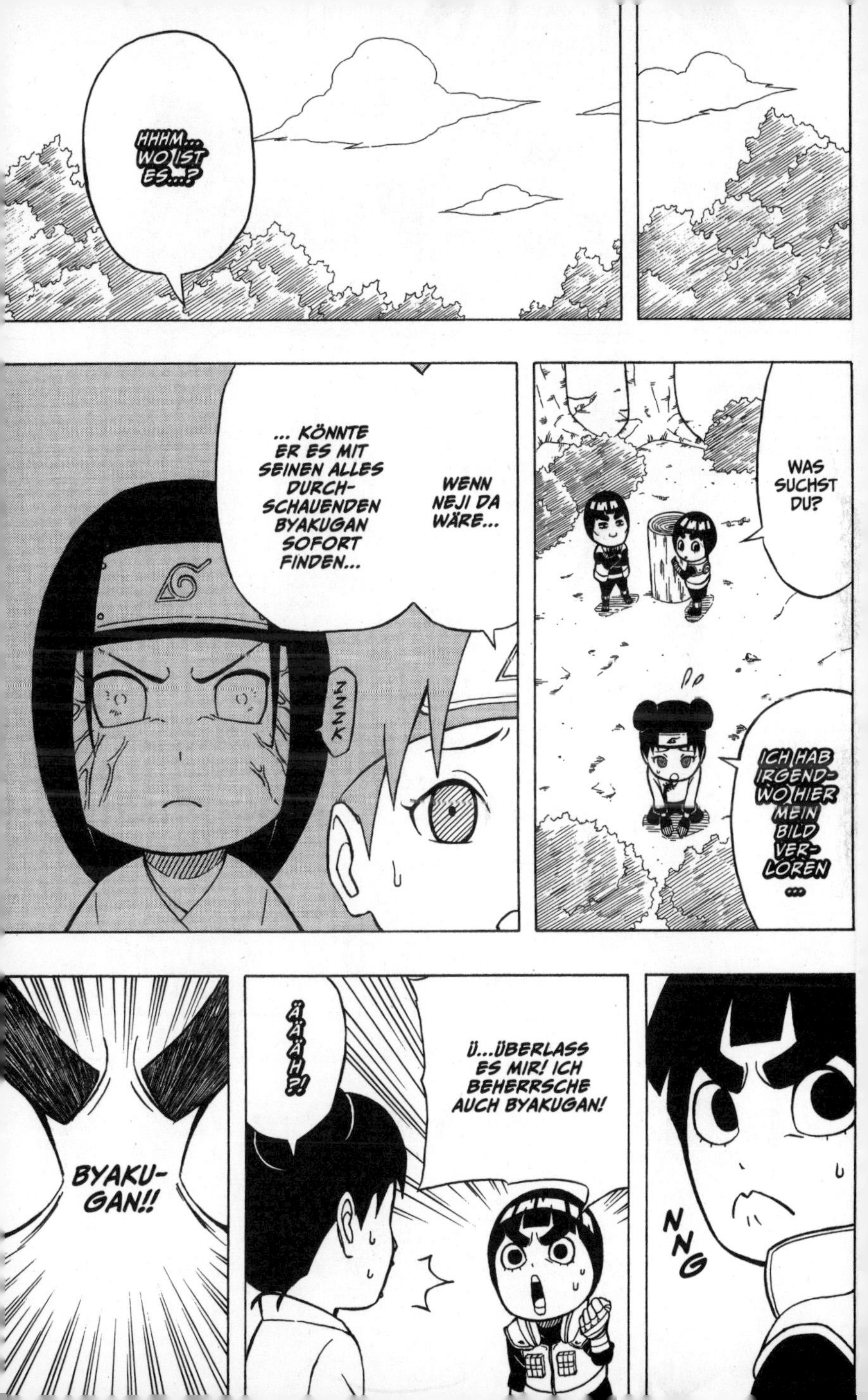
HHHM... WO IST ES...?
WAS SUCHST DU?
ICH HAB IRGENDWO HIER MEIN BILD VERLOREN ...
WENN NEJI DA WÄRE...
... KÖNNTE ER ES MIT SEINEN ALLES DURCHSCHAUENDEN BYAKUGAN SOFORT FINDEN...
ZZZK
NNG
Ü...ÜBERLASS ES MIR! ICH BEHERRSCHE AUCH BYAKUGAN!
ÄÄÄH?!
BYAKUGAN!!

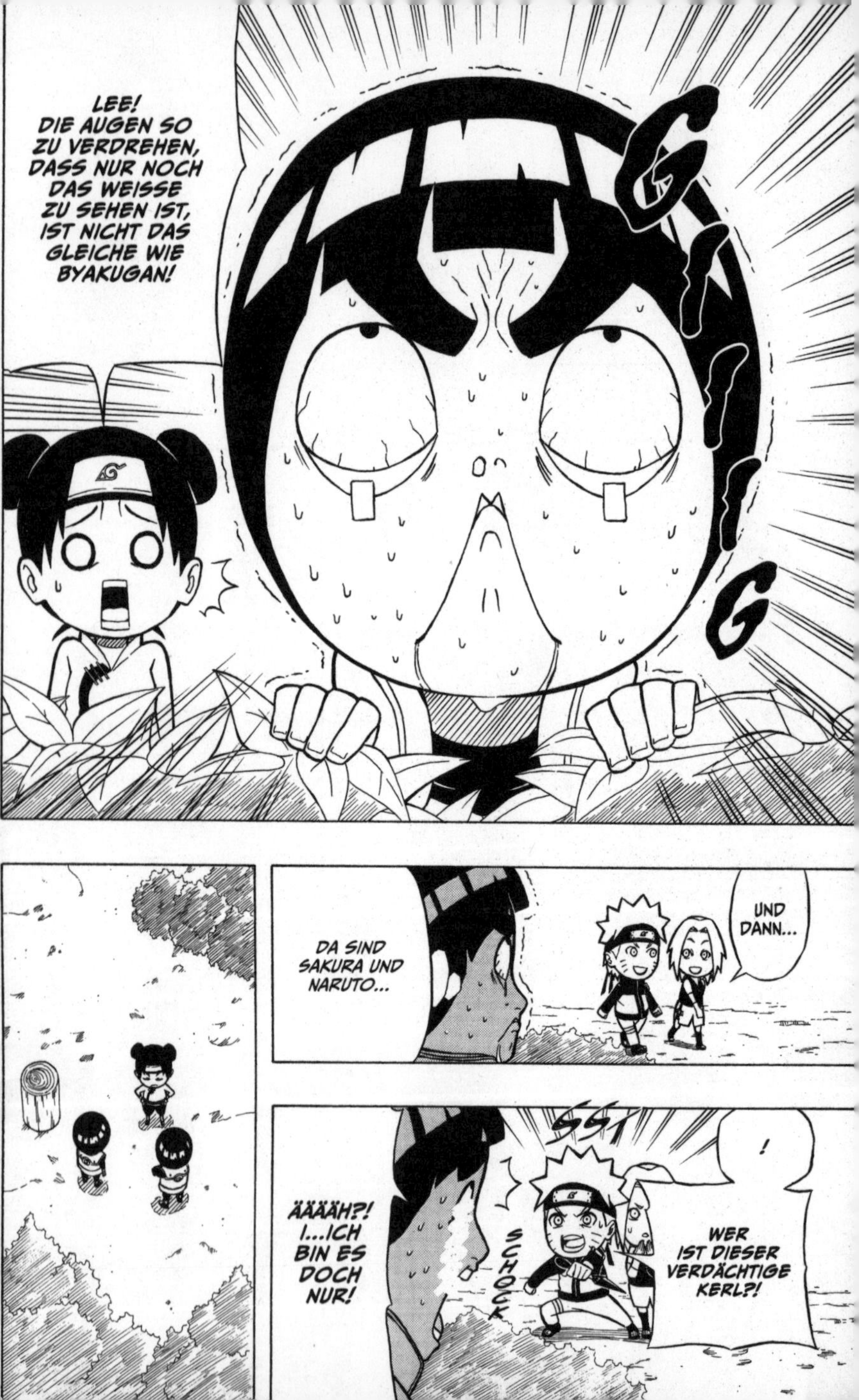
GIIIG
LEE! DIE AUGEN SO ZU VERDREHEN, DASS NUR NOCH DAS WEISSE ZU SEHEN IST, IST NICHT DAS GLEICHE WIE BYAKUGAN!
UND DANN...
DA SIND SAKURA UND NARUTO...
!
WER IST DIESER VERDÄCHTIGE KERL?!
SCHOCK
ÄÄÄÄH?! I...ICH BIN ES DOCH NUR!

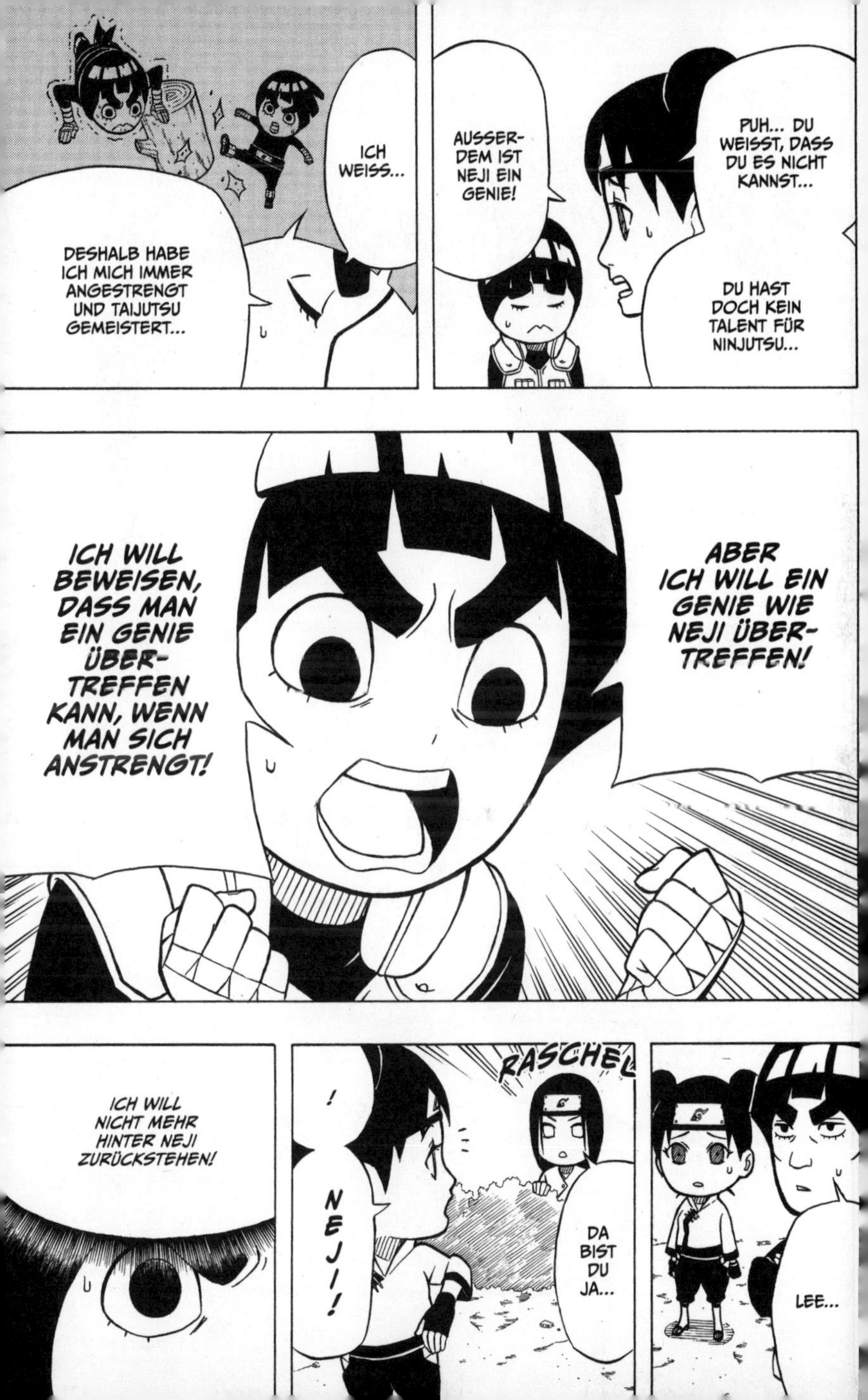
PUH... DU WEISST, DASS DU ES NICHT KANNST...
DU HAST DOCH KEIN TALENT FÜR NINJUTSU...
AUSSERDEM IST NEJI EIN GENIE!
ICH WEISS...
DESHALB HABE ICH MICH IMMER ANGESTRENGT UND TAIJUTSU GEMEISTERT...
ABER ICH WILL EIN GENIE WIE NEJI ÜBERTREFFEN!
ICH WILL BEWEISEN, DASS MAN EIN GENIE ÜBERTREFFEN KANN, WENN MAN SICH ANSTRENGT!
LEE...
RASCHEL
DA BIST DU JA...
!
NEJI!
ICH WILL NICHT MEHR HINTER NEJI ZURÜCKSTEHEN!

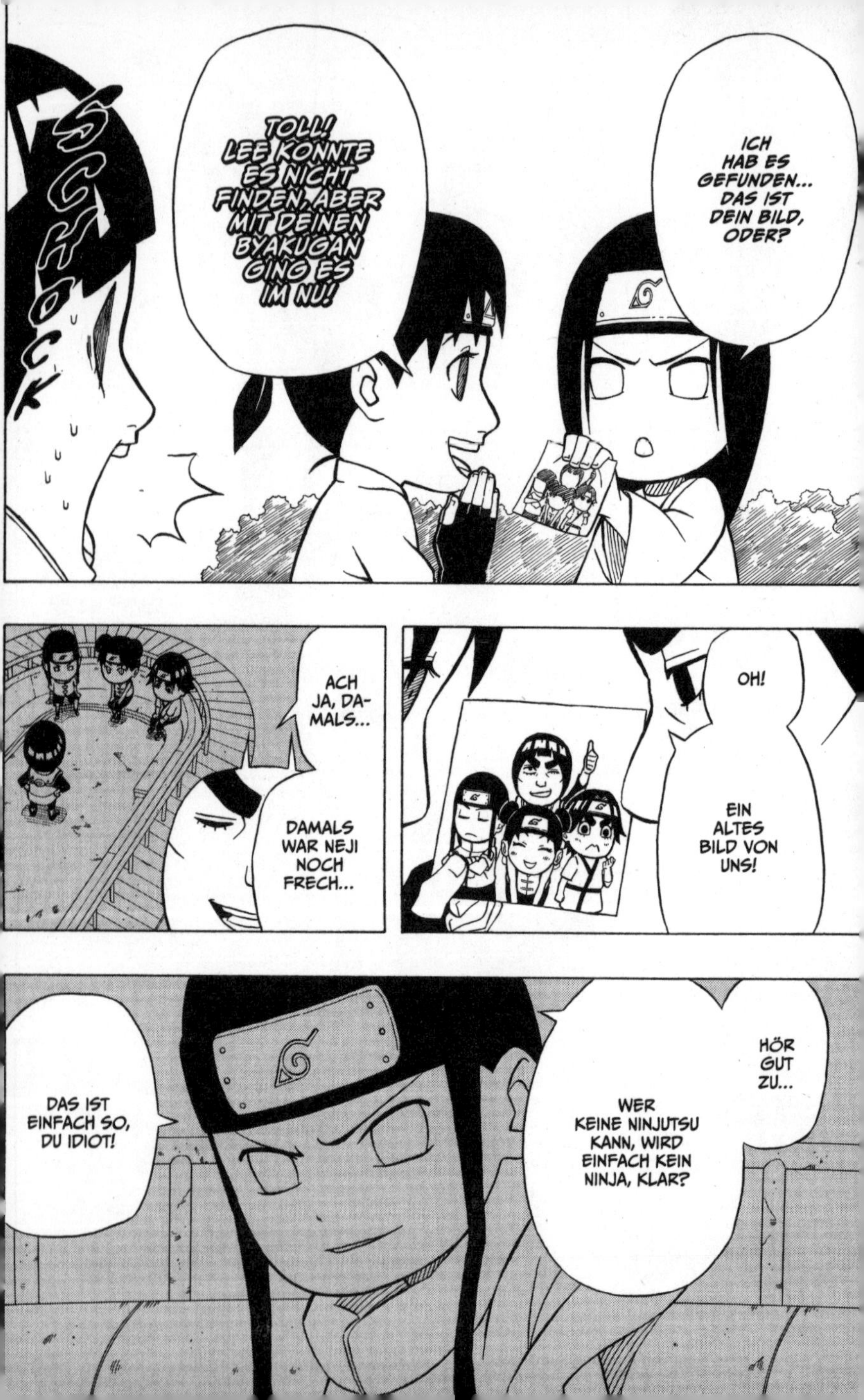
ICH HAB ES GEFUNDEN... DAS IST DEIN BILD, ODER?
TOLL! LEE KONNTE ES NICHT FINDEN, ABER MIT DEINEN BYAKUGAN GING ES IM NU!
SCHOCK
OH!
EIN ALTES BILD VON UNS!
ACH JA, DA-MALS...
DAMALS WAR NEJI NOCH FRECH...
HÖR GUT ZU...
WER KEINE NINJUTSU KANN, WIRD EINFACH KEIN NINJA, KLAR?
DAS IST EINFACH SO, DU IDIOT!

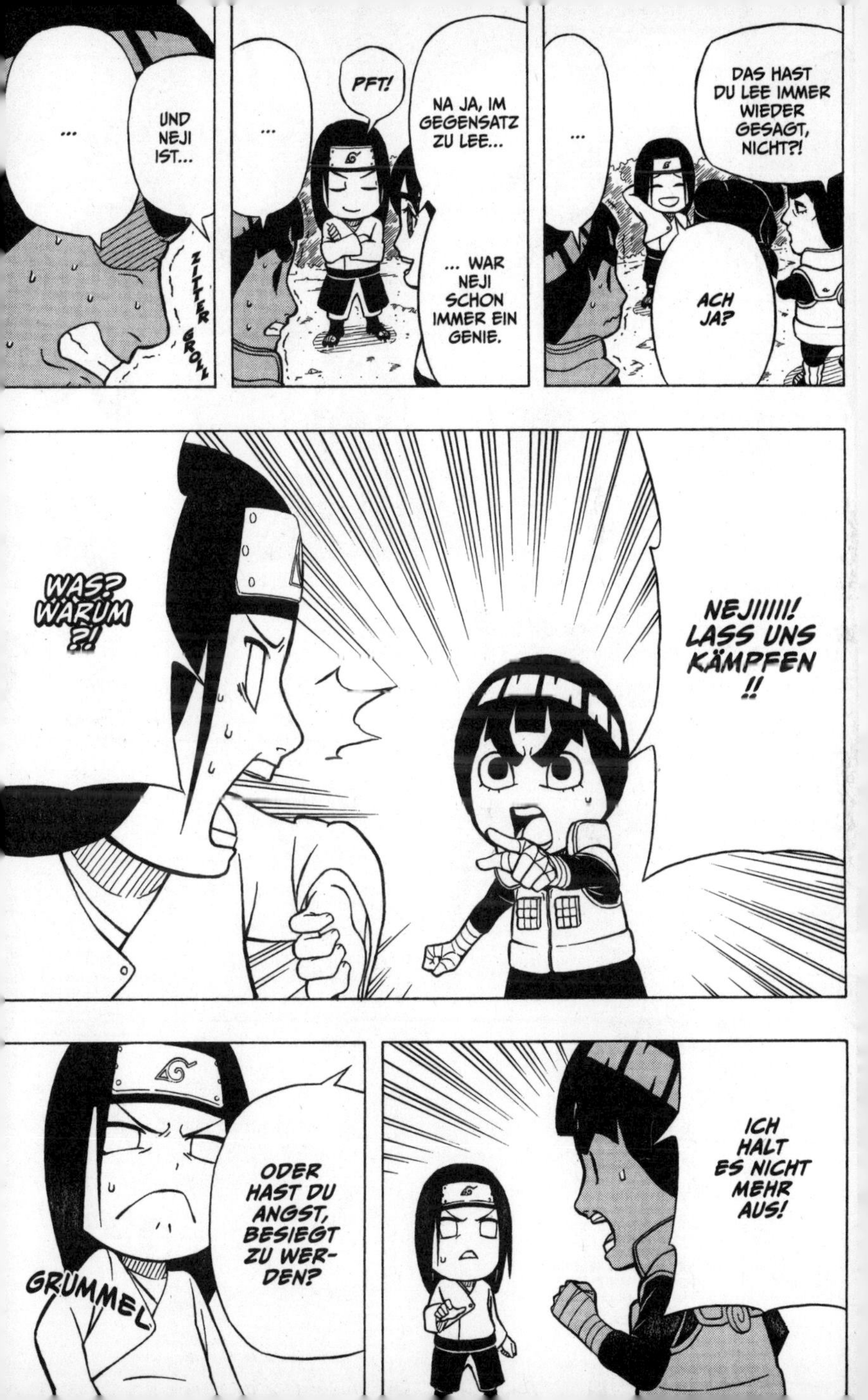
DAS HAST DU LEE IMMER WIEDER GESAGT, NICHT?!
ACH JA?
...
NA JA, IM GEGENSATZ ZU LEE...
... WAR NEJI SCHON IMMER EIN GENIE.
PFT!
...
UND NEJI IST...
...
ZITTER
GROLL
NEJIIIII! LASS UNS KÄMPFEN!!
WAS? WARUM?!
ICH HALT ES NICHT MEHR AUS!
ODER HAST DU ANGST, BESIEGT ZU WER-DEN?
GRUMMEL

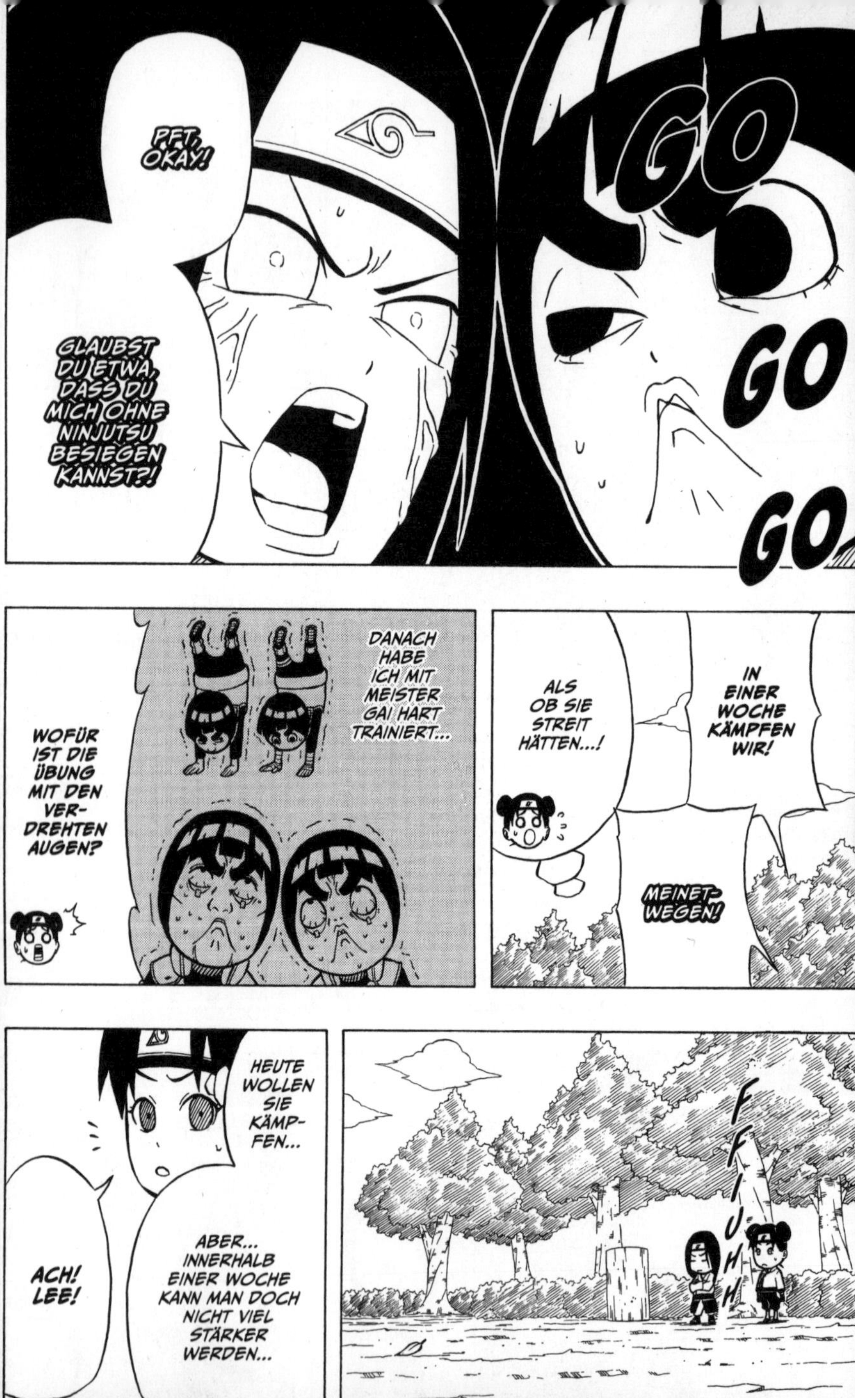
GO GO GO
PFT, OKAY!
GLAUBST DU ETWA, DASS DU MICH OHNE NINJUTSU BESIEGEN KANNST?!
IN EINER WOCHE KÄMPFEN WIR!
MEINET-WEGEN!
ALS OB SIE STREIT HÄTTEN...!
DANACH HABE ICH MIT MEISTER GAI HART TRAINIERT...
WOFÜR IST DIE ÜBUNG MIT DEN VER-DREHTEN AUGEN?
FFIUHH
HEUTE WOLLEN SIE KÄMP-FEN...
ABER... INNERHALB EINER WOCHE KANN MAN DOCH NICHT VIEL STÄRKER WERDEN...
ACH! LEE!

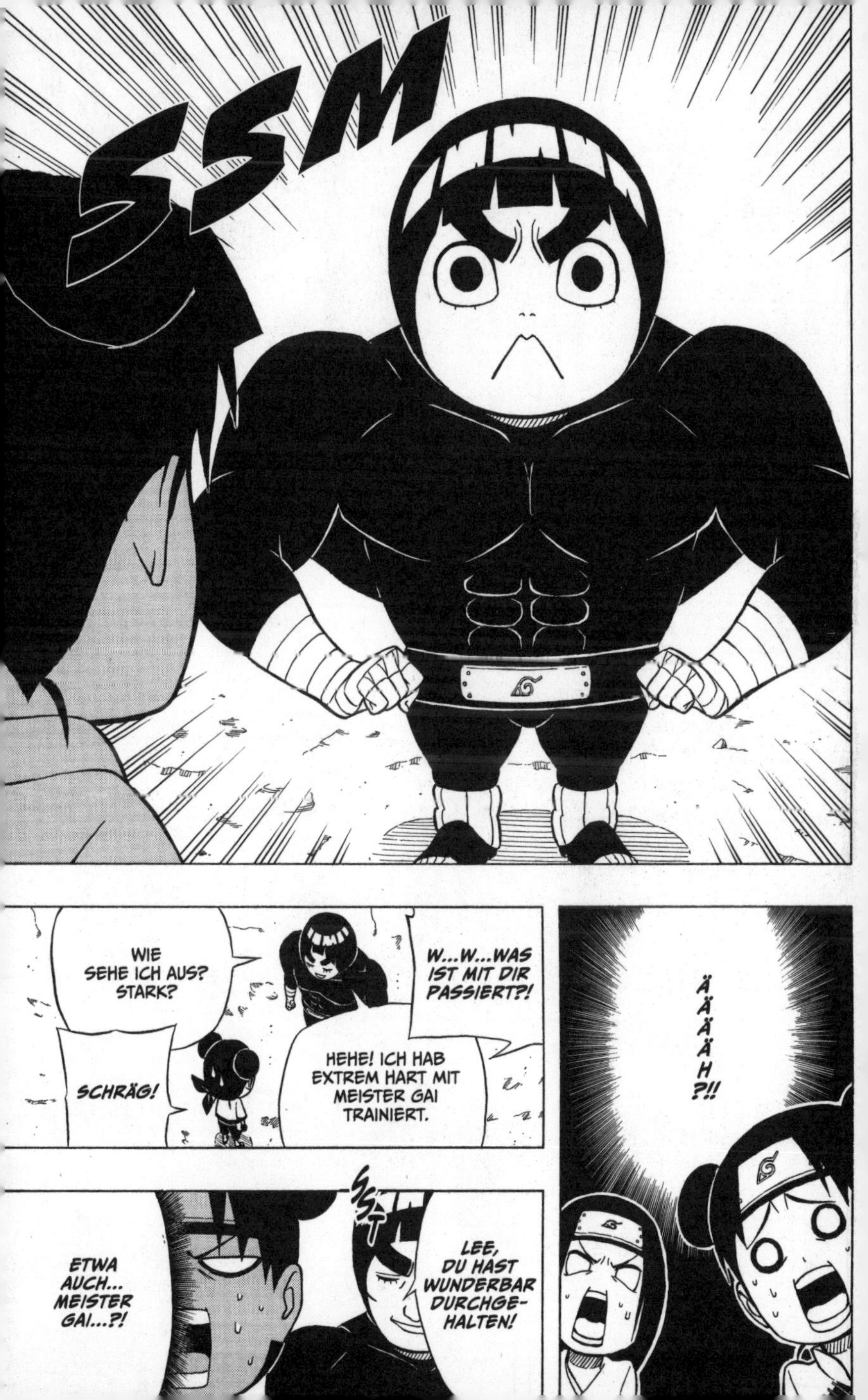
SSM
ÄÄÄÄH?!!
W...W...WAS IST MIT DIR PASSIERT?!
WIE SEHE ICH AUS? STARK?
HEHE! ICH HAB EXTREM HART MIT MEISTER GAI TRAINIERT.
SCHRÄG!
SST
LEE, DU HAST WUNDERBAR DURCHGE-HALTEN!
ETWA AUCH... MEISTER GAI...?!

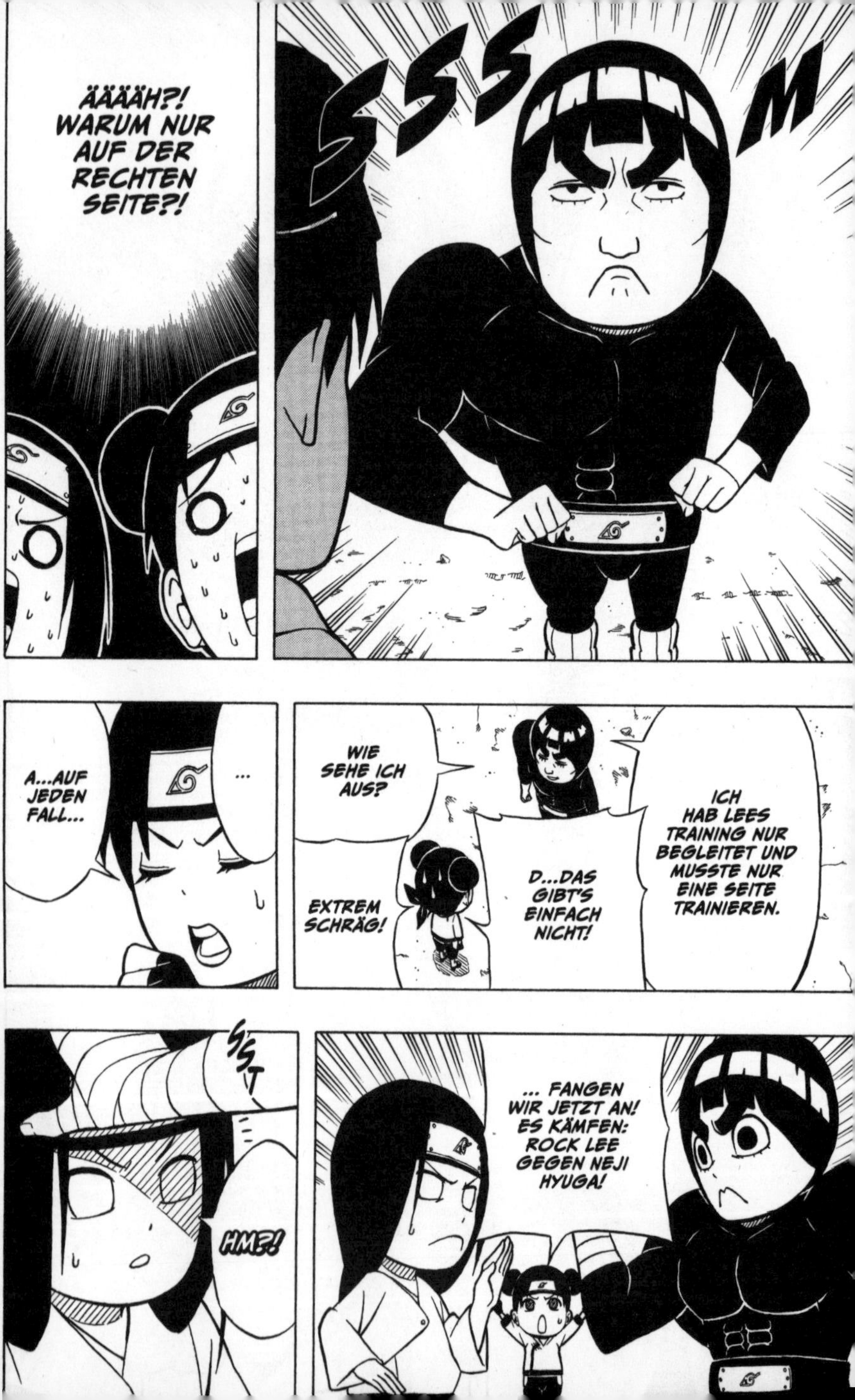
SSSSM
ÄÄÄÄH?! WARUM NUR AUF DER RECHTEN SEITE?!
ICH HAB LEES TRAINING NUR BEGLEITET UND MUSSTE NUR EINE SEITE TRAINIEREN.
WIE SEHE ICH AUS?
D...DAS GIBT'S EINFACH NICHT!
EXTREM SCHRÄG!
...
A...AUF JEDEN FALL...
... FANGEN WIR JETZT AN! ES KÄMFEN: ROCK LEE GEGEN NEJI HYUGA!
SST
HM?!

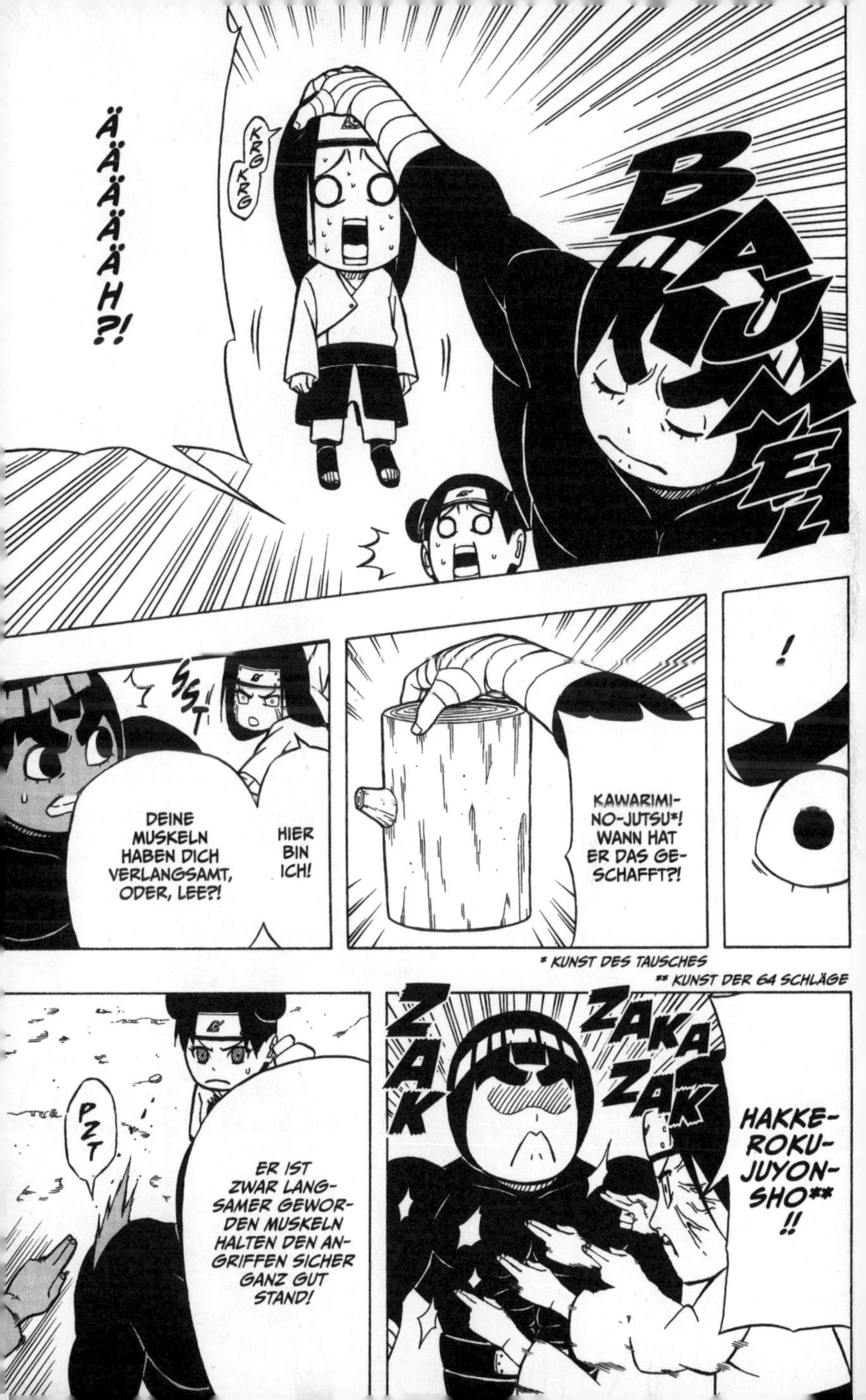

* KUNST DES TAUSCHES

** KUNST DER 64 SCHLÄGE

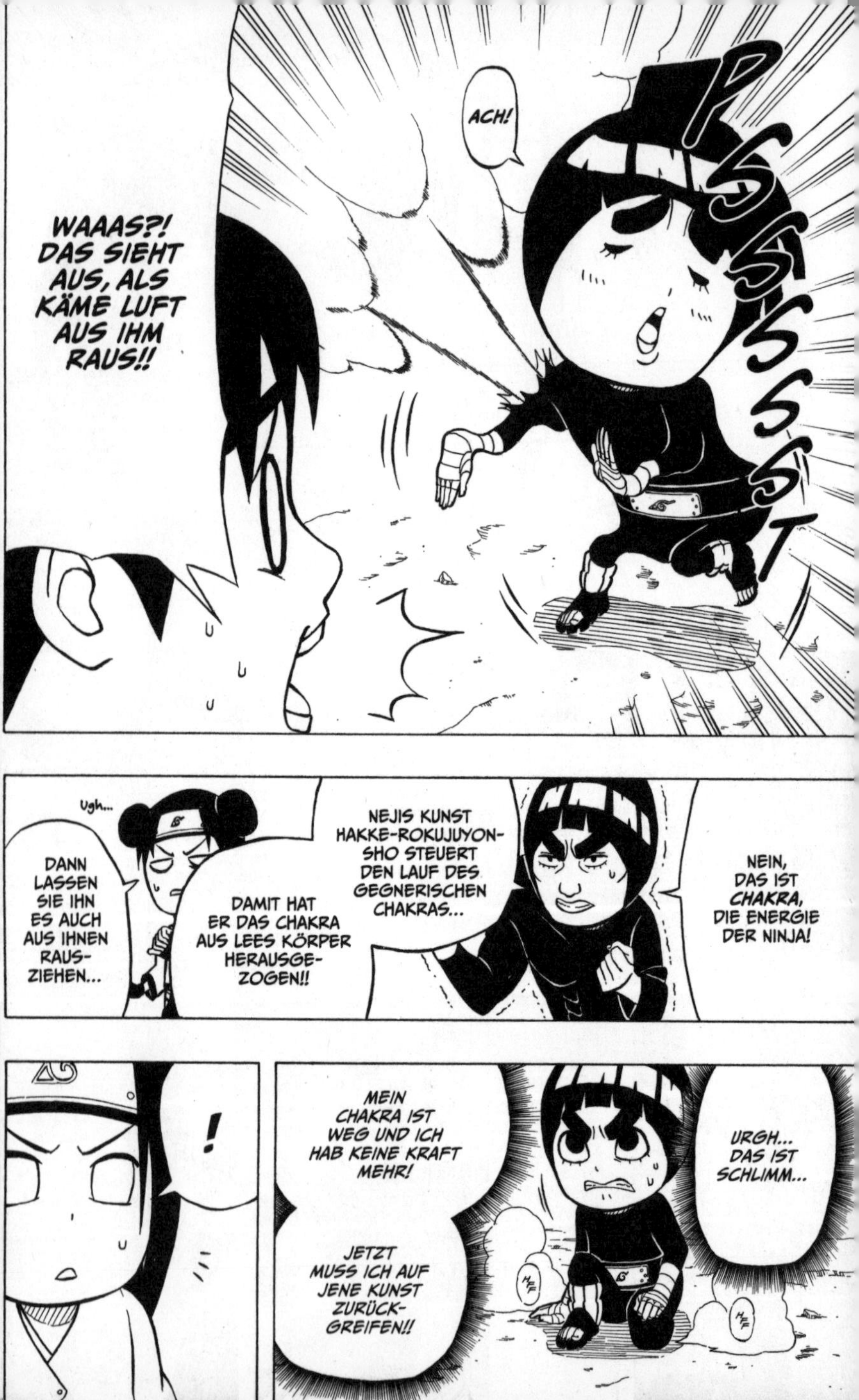
PSSSSSSST
ACH!
WAAAS?! DAS SIEHT AUS, ALS KÄME LUFT AUS IHM RAUS!!
NEIN, DAS IST CHAKRA, DIE ENERGIE DER NINJA!
NEJIS KUNST HAKKE-ROKUJUYON-SHO STEUERT DEN LAUF DES GEGNERISCHEN CHAKRAS...
DAMIT HAT ER DAS CHAKRA AUS LEES KÖRPER HERAUSGE-ZOGEN!!
Ugh...
DANN LASSEN SIE IHN ES AUCH AUS IHNEN RAUS-ZIEHEN...
URGH... DAS IST SCHLIMM...
MEIN CHAKRA IST WEG UND ICH HAB KEINE KRAFT MEHR!
JETZT MUSS ICH AUF JENE KUNST ZURÜCK-GREIFEN!!
HEF
HEF
!

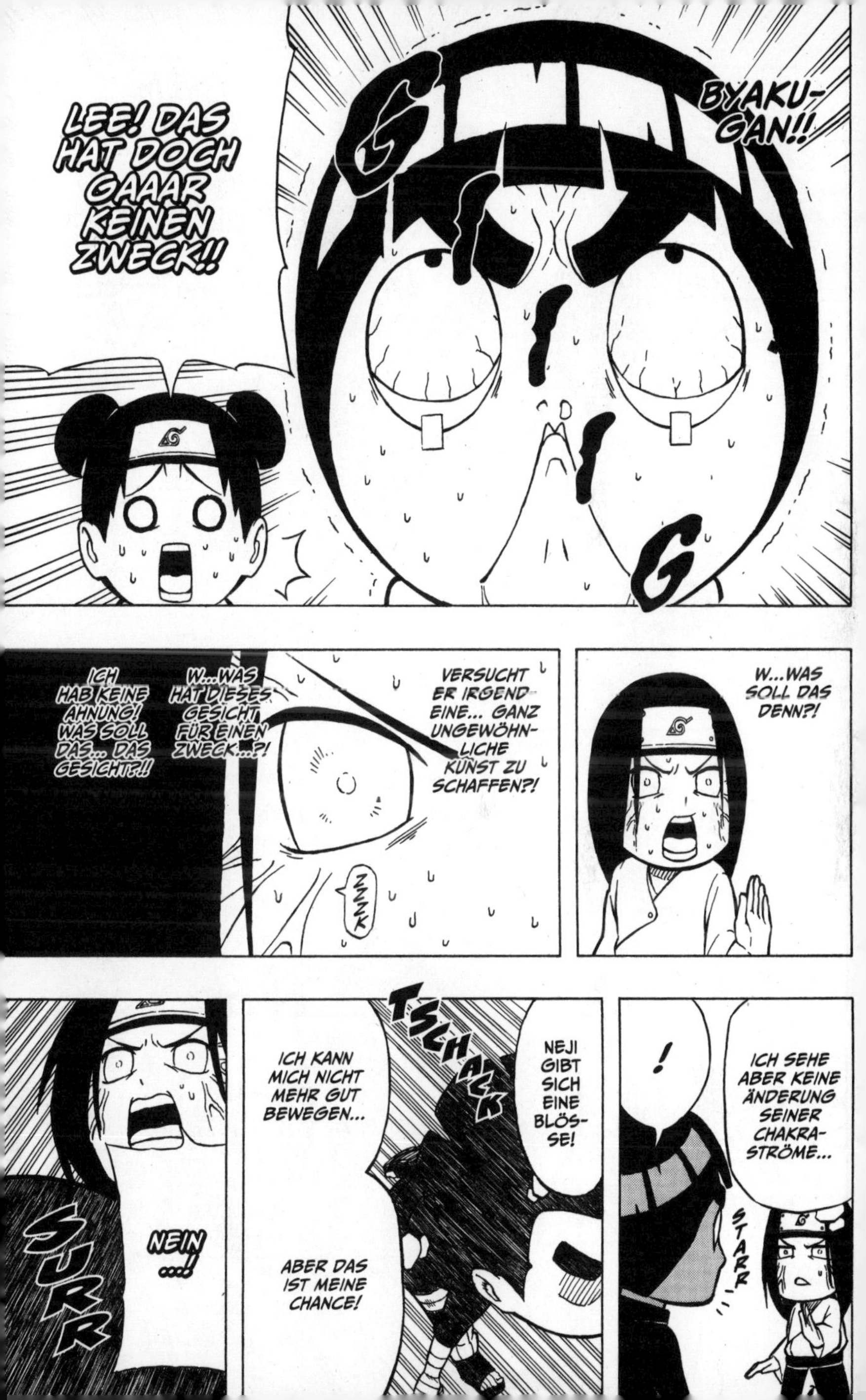
BYAKU-GAN!!
LEE! DAS HAT DOCH GAAAR KEINEN ZWECK!!
W...WAS SOLL DAS DENN?!
VERSUCHT ER IRGEND-EINE... GANZ UNGEWÖHN-LICHE KUNST ZU SCHAFFEN?!
ZZZK
W...WAS HAT DIESES GESICHT FÜR EINEN ZWECK...?!
ICH HAB KEINE AHNUNG! WAS SOLL DAS... DAS GESICHT?!!
ICH SEHE ABER KEINE ÄNDERUNG SEINER CHAKRA-STRÖME...
!
STARR
NEJI GIBT SICH EINE BLÖS-SE!
TSCHACK
ICH KANN MICH NICHT MEHR GUT BEWEGEN...
ABER DAS IST MEINE CHANCE!
NEIN ...!
SURR

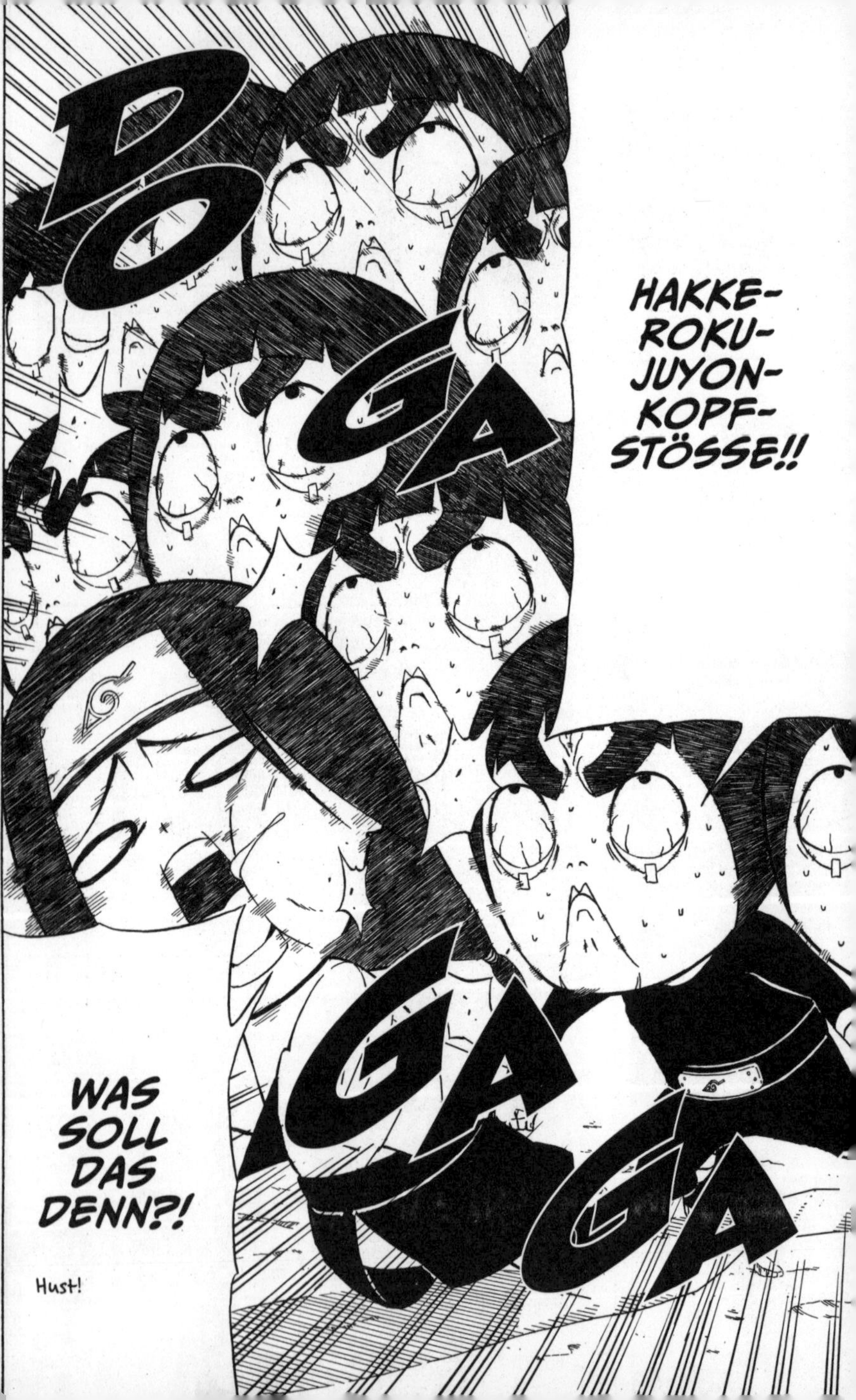
HAKKE-
ROKU-
JUYON-
KOPF-
STÖSSE!!
DOGA
WAS
SOLL
DAS
DENN?!
Hust!
GAGA

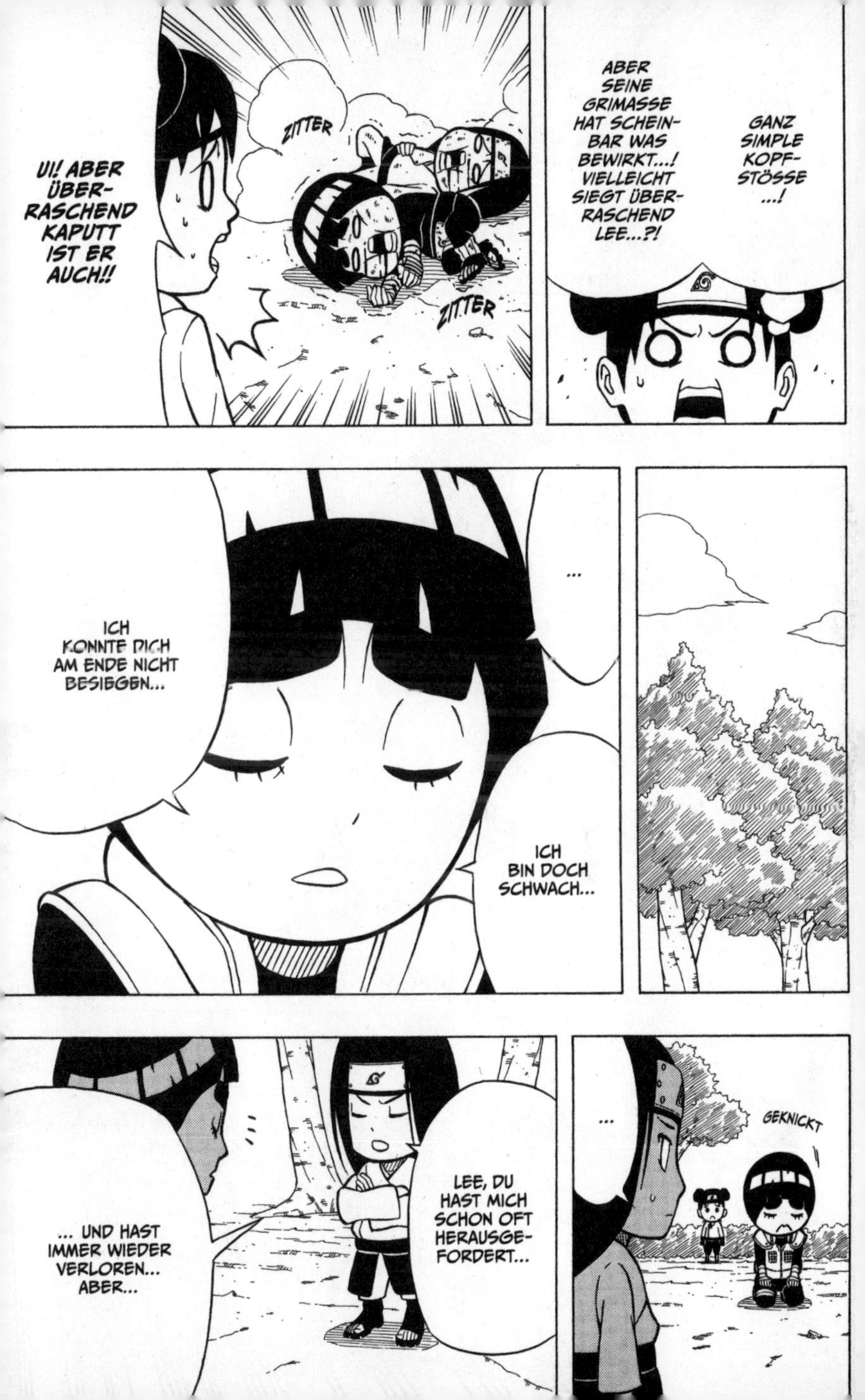
GANZ SIMPLE KOPF-STÖSSE ...!
ABER SEINE GRIMASSE HAT SCHEIN-BAR WAS BEWIRKT...! VIELLEICHT SIEGT ÜBER-RASCHEND LEE...?!
ZITTER
ZITTER
UI! ABER ÜBER-RASCHEND KAPUTT IST ER AUCH!!
...
ICH KONNTE DICH AM ENDE NICHT BESIEGEN...
ICH BIN DOCH SCHWACH...
GEKNICKT
...
LEE, DU HAST MICH SCHON OFT HERAUSGE-FORDERT...
... UND HAST IMMER WIEDER VERLOREN... ABER...

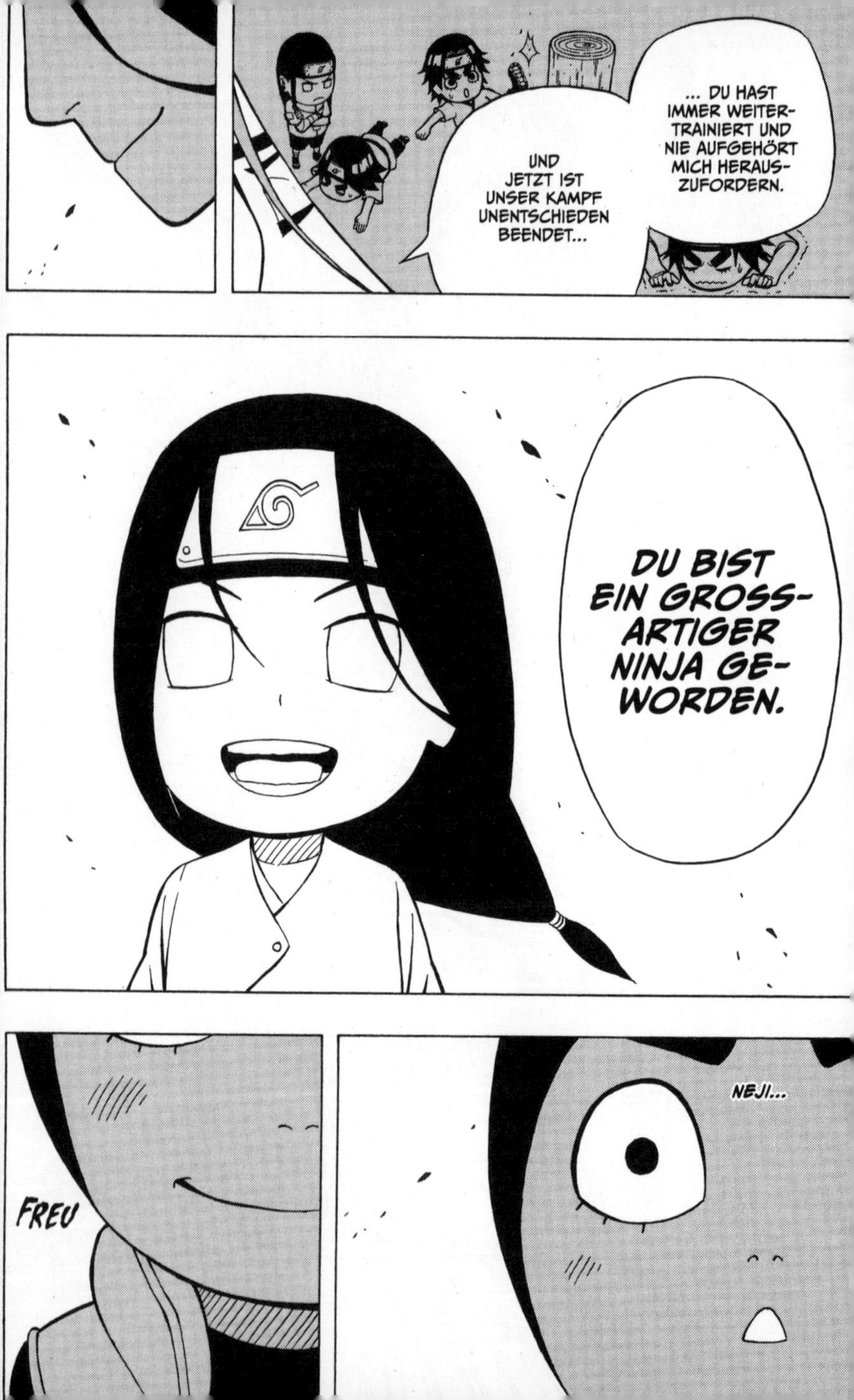

... DU HAST IMMER WEITER-TRAINIERT UND NIE AUFGEHÖRT MICH HERAUS-ZUFORDERN.
UND JETZT IST UNSER KAMPF UNENTSCHIEDEN BEENDET...
DU BIST EIN GROSS-ARTIGER NINJA GE-WORDEN.
NEJI...
FREU

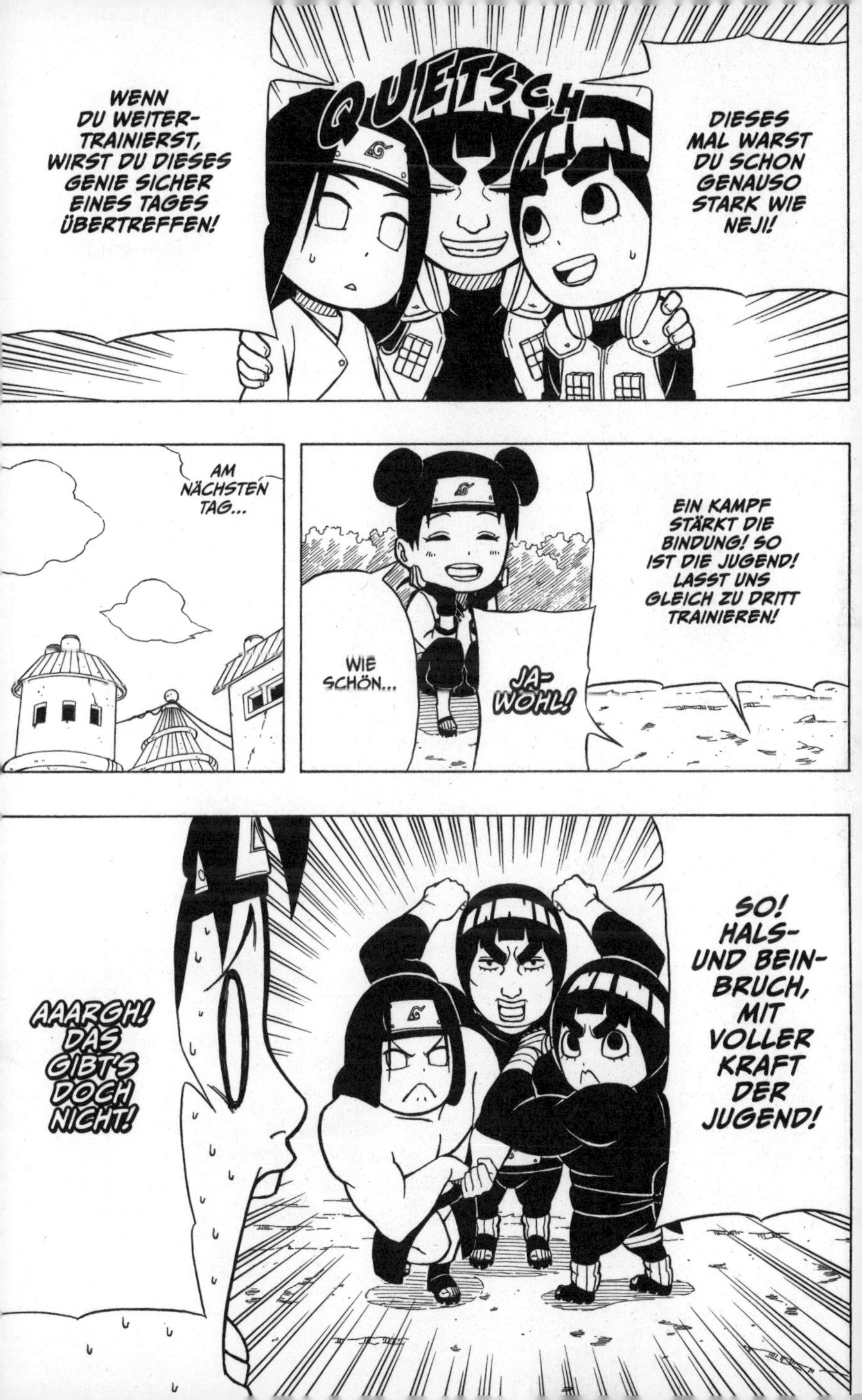
DIESES MAL WARST DU SCHON GENAUSO STARK WIE NEJI!
QUETSCH
WENN DU WEITER-TRAINIERST, WIRST DU DIESES GENIE SICHER EINES TAGES ÜBERTREFFEN!
EIN KAMPF STÄRKT DIE BINDUNG! SO IST DIE JUGEND! LASST UNS GLEICH ZU DRITT TRAINIEREN!
JA-WOHL!
WIE SCHÖN...
AM NÄCHSTEN TAG...
SO! HALS- UND BEIN-BRUCH, MIT VOLLER KRAFT DER JUGEND!
AAARGH! DAS GIBT'S DOCH NICHT!

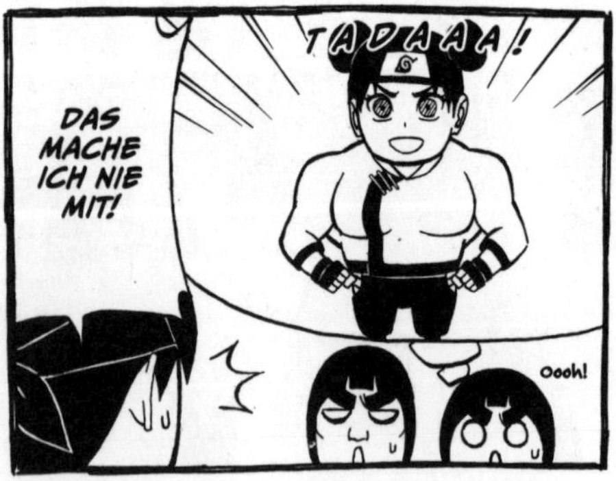
TADAAA!
DAS MACHE ICH NIE MIT!
Oooh!

4. KAPITEL: ROCK LEE, DER KOPIER-NINJA?!

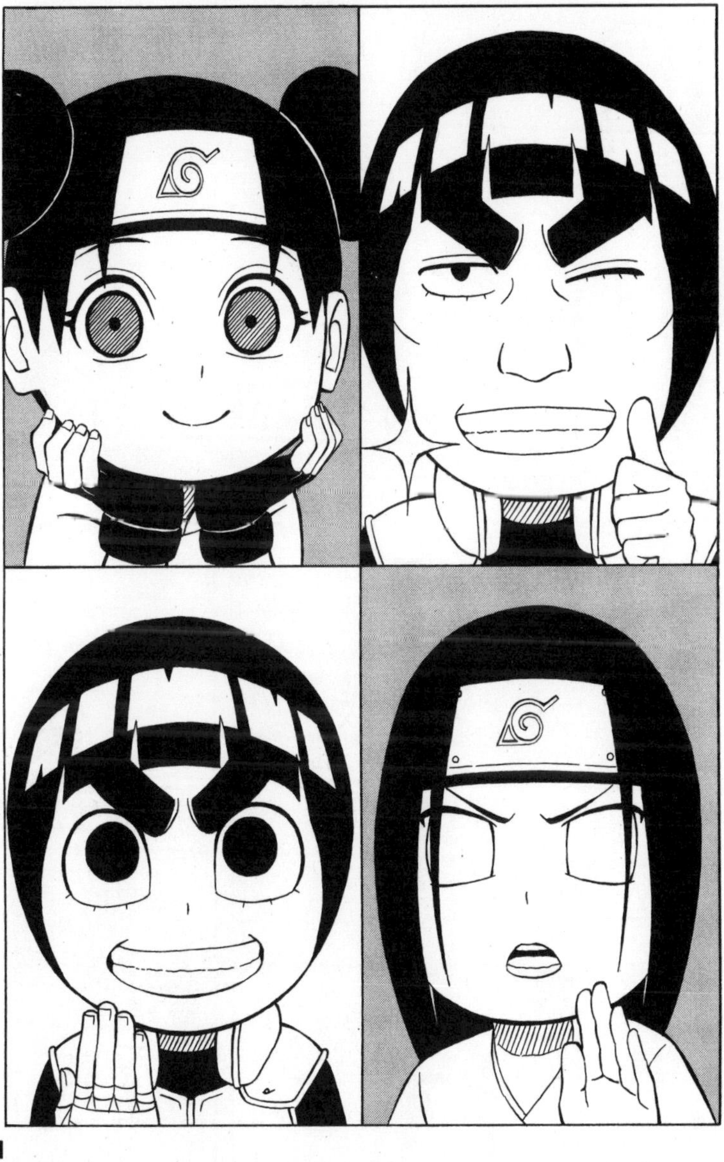

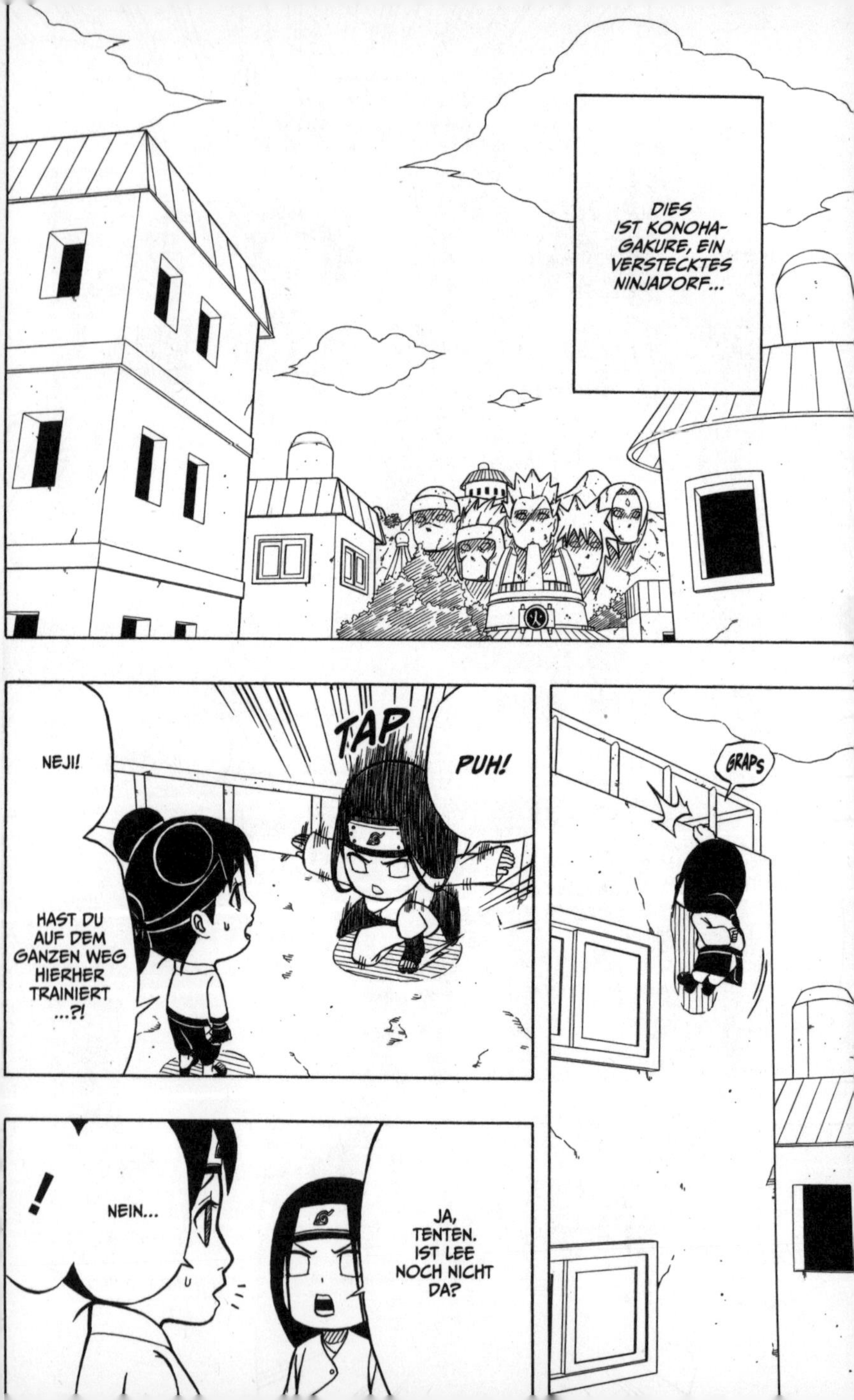
DIES IST KONOHA-GAKURE, EIN VERSTECKTES NINJADORF...
GRAPS
PUH!
TAP
NEJI!
HAST DU AUF DEM GANZEN WEG HIERHER TRAINIERT ...?!
JA, TENTEN. IST LEE NOCH NICHT DA?
NEIN...
!

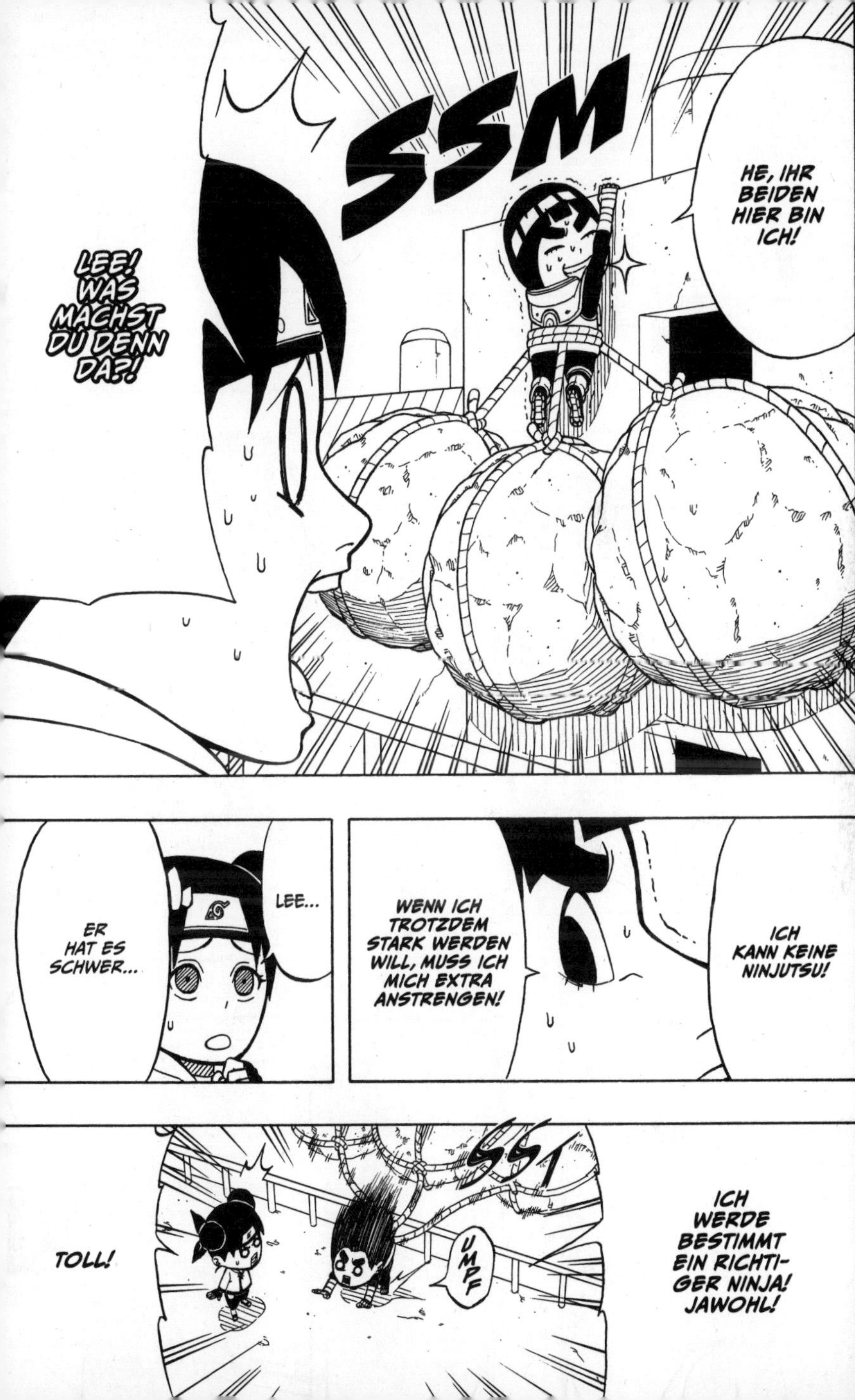
HE, IHR BEIDEN HIER BIN ICH!
SSM
LEE! WAS MACHST DU DENN DA?!
ICH KANN KEINE NINJUTSU!
WENN ICH TROTZDEM STARK WERDEN WILL, MUSS ICH MICH EXTRA ANSTRENGEN!
LEE...
ER HAT ES SCHWER...
ICH WERDE BESTIMMT EIN RICHTI-GER NINJA! JAWOHL!
SST
UMPF
TOLL!

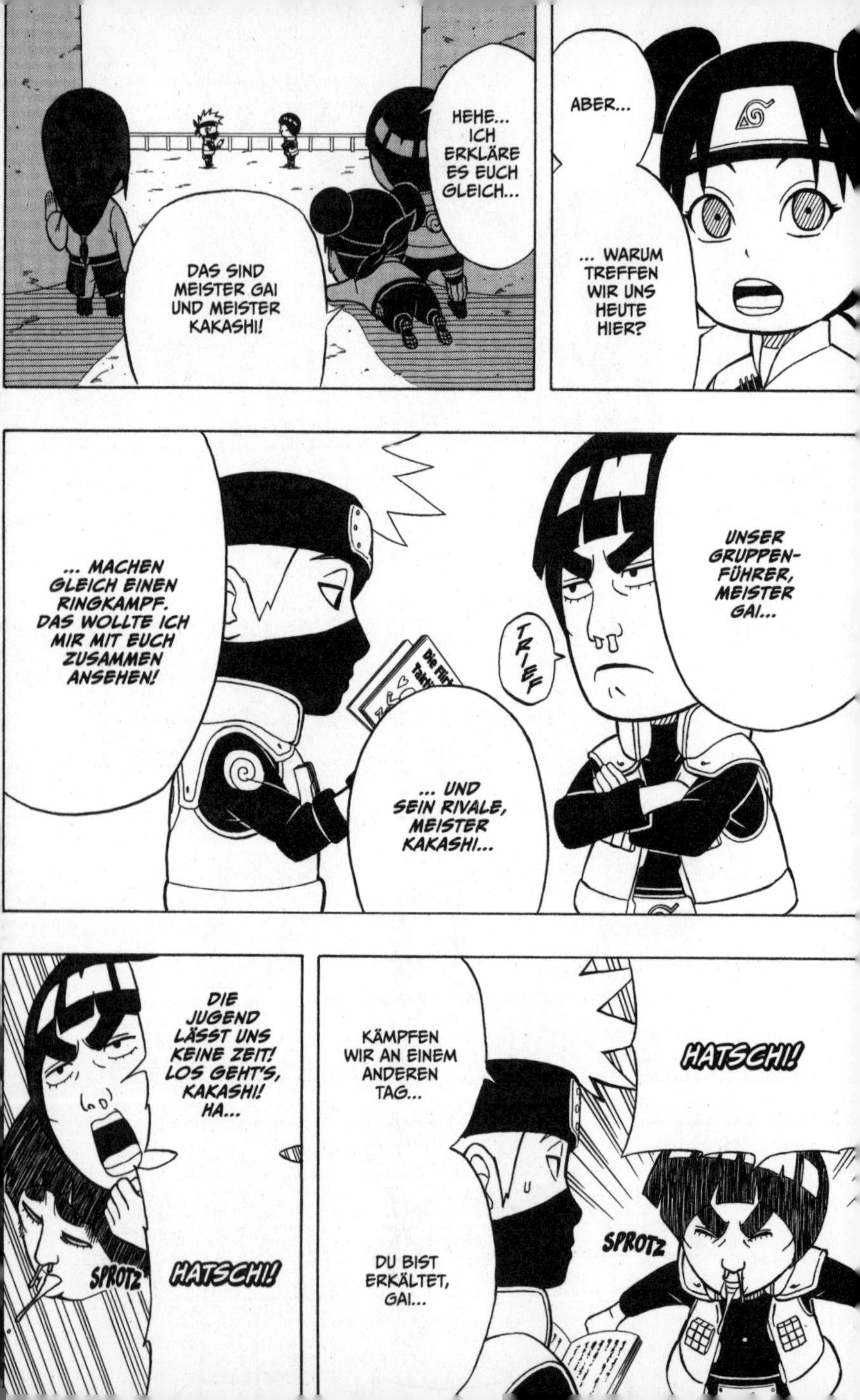
ABER...
... WARUM TREFFEN WIR UNS HEUTE HIER?
HEHE... ICH ERKLÄRE ES EUCH GLEICH...
DAS SIND MEISTER GAI UND MEISTER KAKASHI!
UNSER GRUPPENFÜHRER, MEISTER GAI...
TRIEF
... UND SEIN RIVALE, MEISTER KAKASHI...
... MACHEN GLEICH EINEN RINGKAMPF. DAS WOLLTE ICH MIR MIT EUCH ZUSAMMEN ANSEHEN!
DIE JUGEND LÄSST UNS KEINE ZEIT! LOS GEHT'S, KAKASHI! HA...
HATSCHI!
SPROTZ
KÄMPFEN WIR AN EINEM ANDEREN TAG...
DU BIST ERKÄLTET, GAI...
HATSCHI!
SPROTZ

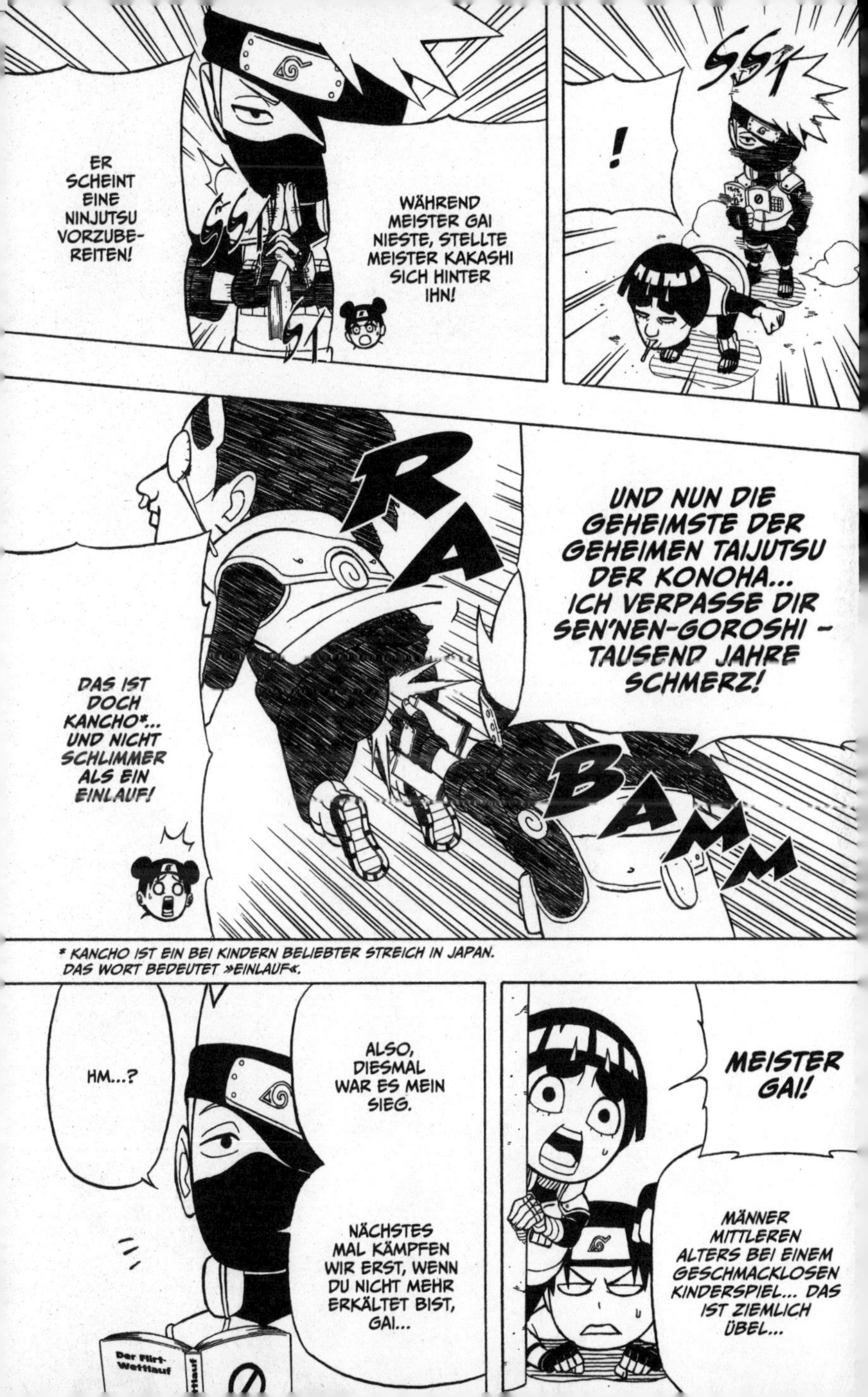

* KANCHO IST EIN BEI KINDERN BELIEBTER STREICH IN JAPAN. DAS WORT BEDEUTET »EINLAUF«.

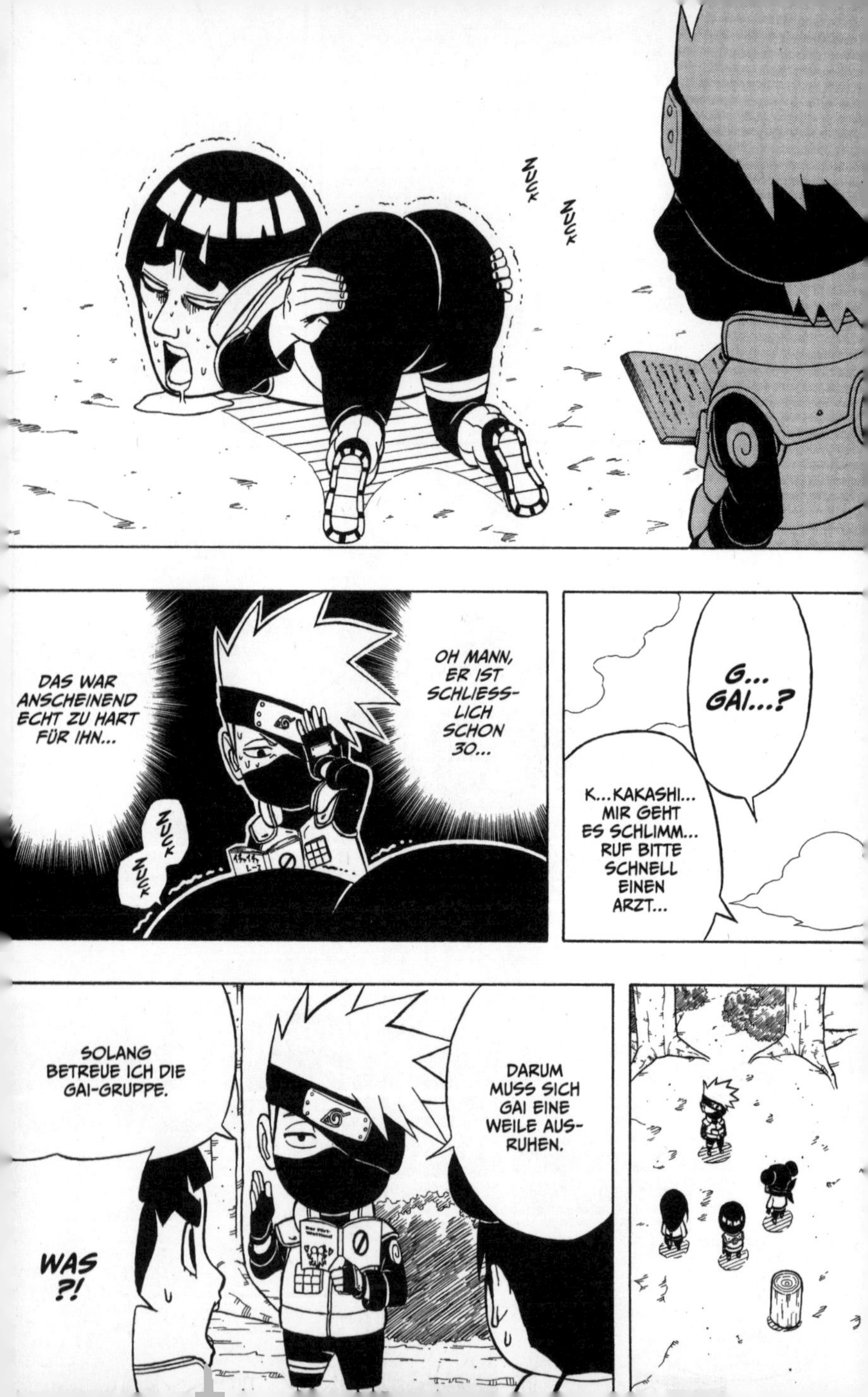

ZUCK
ZUCK
G... GAI...?
K...KAKASHI... MIR GEHT ES SCHLIMM... RUF BITTE SCHNELL EINEN ARZT...
OH MANN, ER IST SCHLIESS-LICH SCHON 30...
DAS WAR ANSCHEINEND ECHT ZU HART FÜR IHN...
ZUCK
ZUCK
DARUM MUSS SICH GAI EINE WEILE AUS-RUHEN.
SOLANG BETREUE ICH DIE GAI-GRUPPE.
WAS ?!

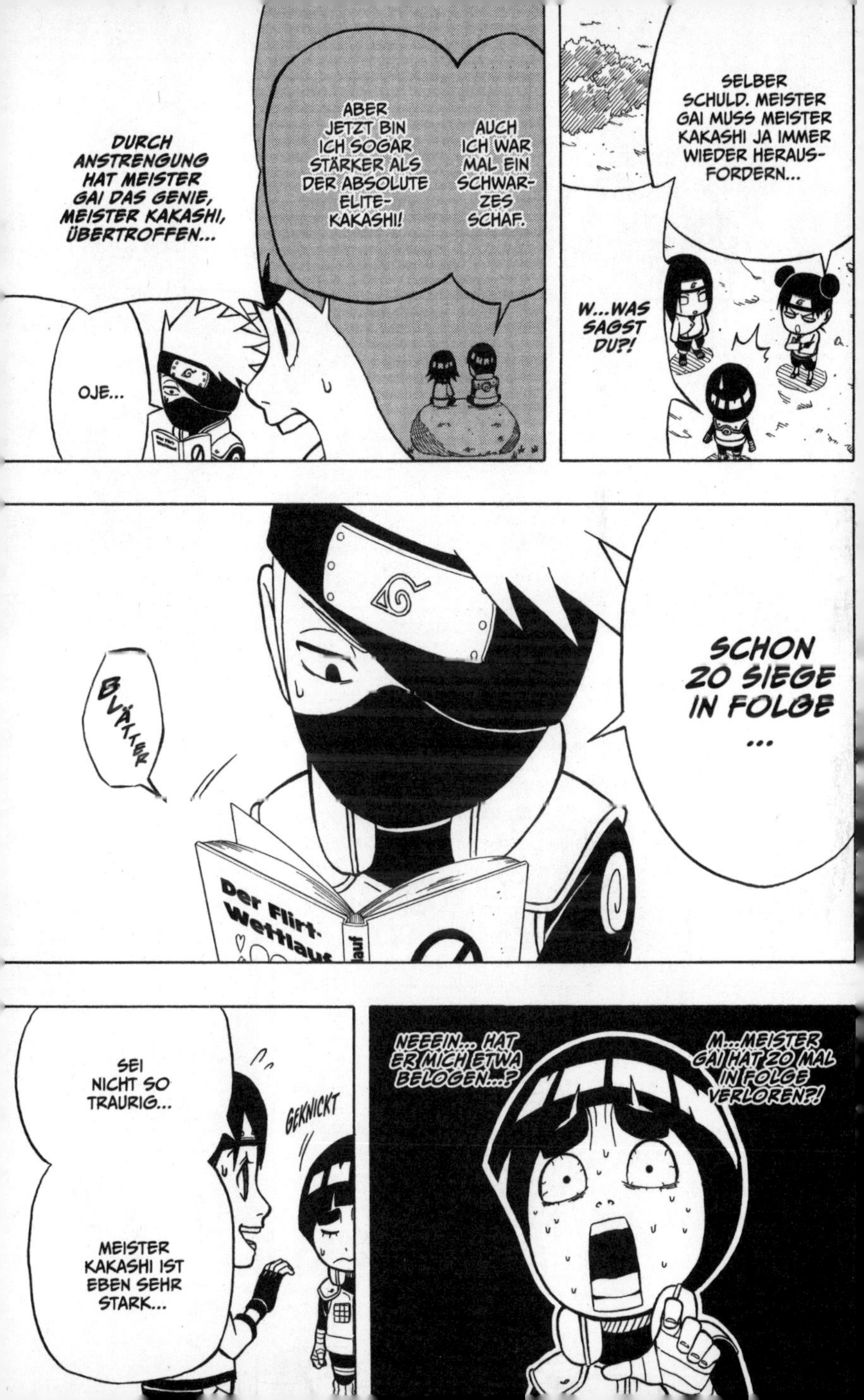
SELBER SCHULD. MEISTER GAI MUSS MEISTER KAKASHI JA IMMER WIEDER HERAUS-FORDERN...
W...WAS SAGST DU?!
AUCH ICH WAR MAL EIN SCHWAR-ZES SCHAF.
ABER JETZT BIN ICH SOGAR STÄRKER ALS DER ABSOLUTE ELITE-KAKASHI!
DURCH ANSTRENGUNG HAT MEISTER GAI DAS GENIE, MEISTER KAKASHI, ÜBERTROFFEN...
OJE...
SCHON 20 SIEGE IN FOLGE ...
BLÄTTER
Der Flirt-Wettlauf
M...MEISTER GAI HAT 20 MAL IN FOLGE VERLOREN?!
NEEEIN... HAT ER MICH ETWA BELOGEN...?
GEKNICKT
SEI NICHT SO TRAURIG...
MEISTER KAKASHI IST EBEN SEHR STARK...

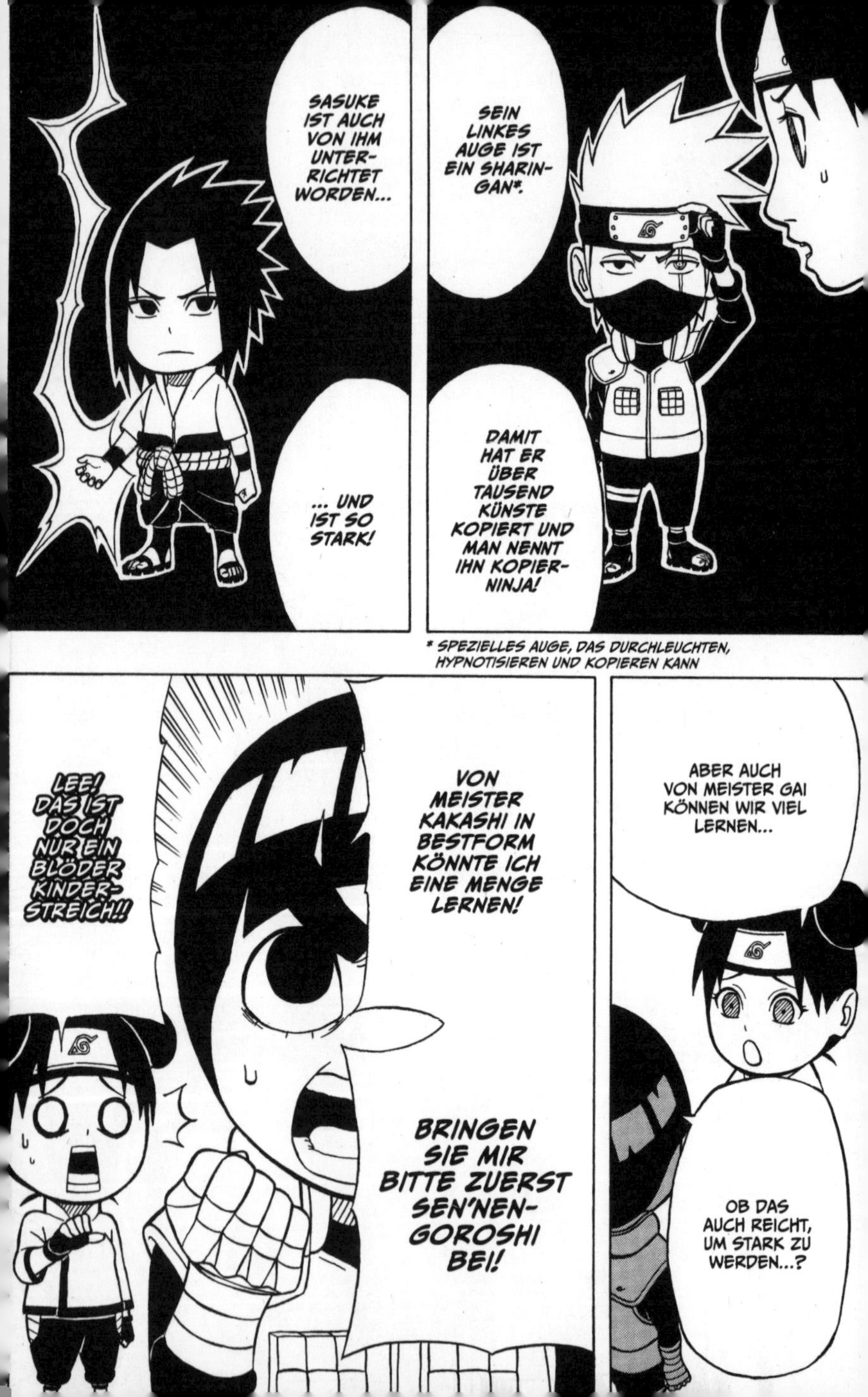

* SPEZIELLES AUGE, DAS DURCHLEUCHTEN, HYPNOTISIEREN UND KOPIEREN KANN

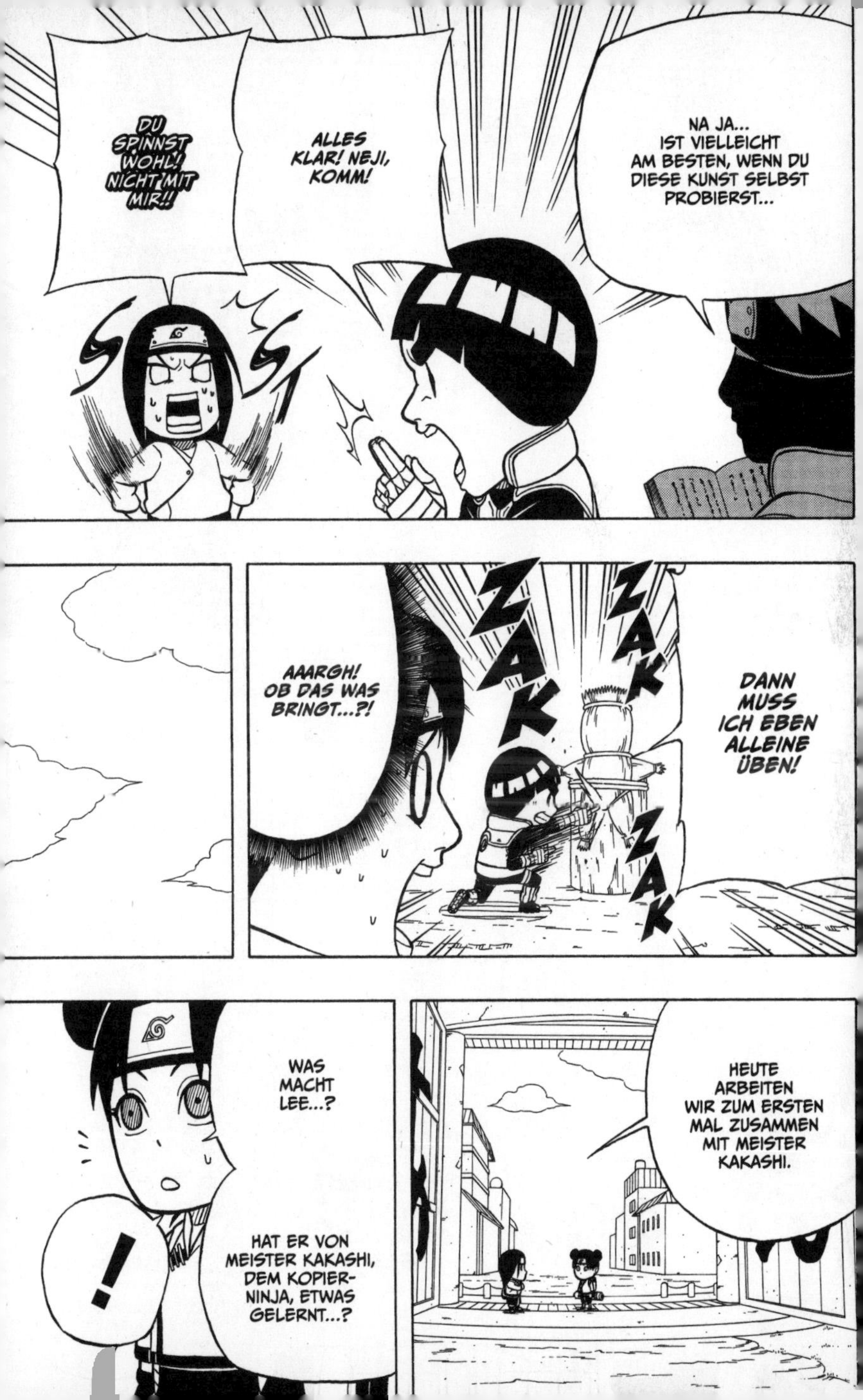

NA JA...
IST VIELLEICHT
AM BESTEN, WENN DU
DIESE KUNST SELBST
PROBIERST...
ALLES
KLAR! NEJI,
KOMM!
DU
SPINNST
WOHL!
NICHT MIT
MIR!!
DANN
MUSS
ICH EBEN
ALLEINE
ÜBEN!
ZAK
ZAK
ZAK
ZAK
AAARGH!
OB DAS WAS
BRINGT...?!
HEUTE
ARBEITEN
WIR ZUM ERSTEN
MAL ZUSAMMEN
MIT MEISTER
KAKASHI.
WAS
MACHT
LEE...?
HAT ER VON
MEISTER KAKASHI,
DEM KOPIER-
NINJA, ETWAS
GELERNT...?
!

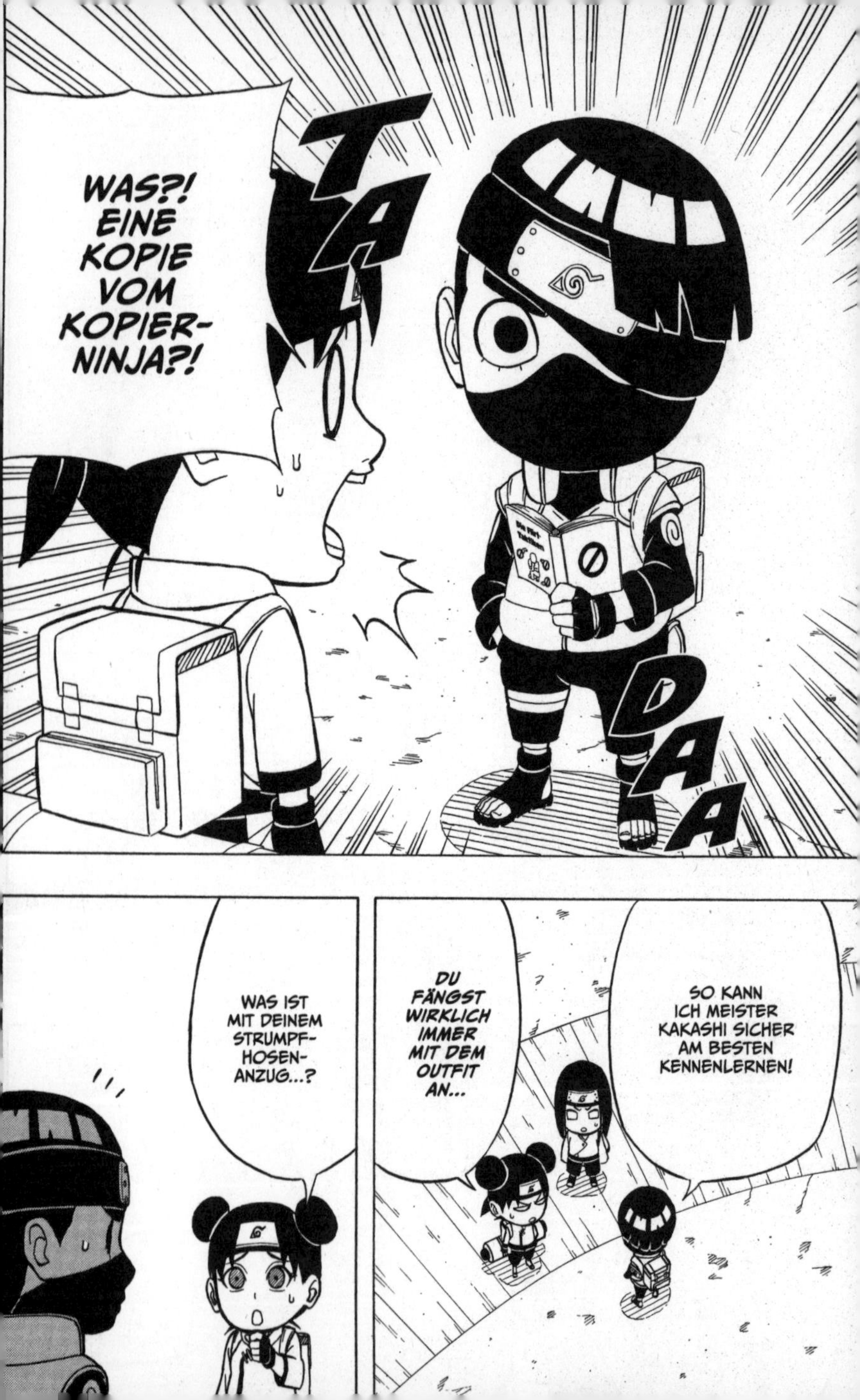
TA
DAA
WAS?! EINE KOPIE VOM KOPIER-NINJA?!
SO KANN ICH MEISTER KAKASHI SICHER AM BESTEN KENNENLERNEN!
DU FÄNGST WIRKLICH IMMER MIT DEM OUTFIT AN...
WAS IST MIT DEINEM STRUMPF-HOSEN-ANZUG...?

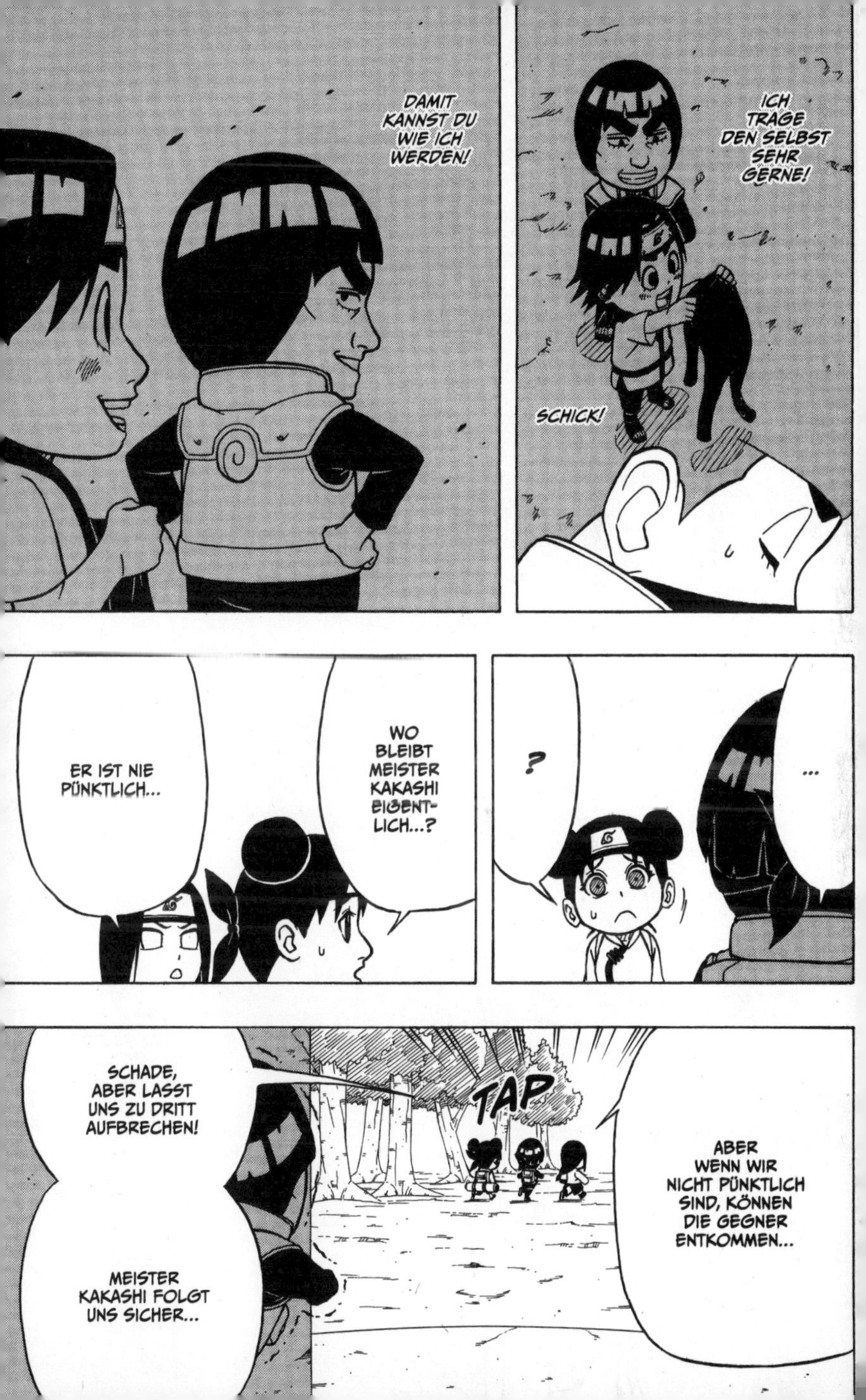
ICH TRAGE DEN SELBST SEHR GERNE!
SCHICK!
DAMIT KANNST DU WIE ICH WERDEN!
...
?
WO BLEIBT MEISTER KAKASHI EIGENTLICH...?
ER IST NIE PÜNKTLICH...
ABER WENN WIR NICHT PÜNKTLICH SIND, KÖNNEN DIE GEGNER ENTKOMMEN...
TAP
SCHADE, ABER LASST UNS ZU DRITT AUFBRECHEN!
MEISTER KAKASHI FOLGT UNS SICHER...

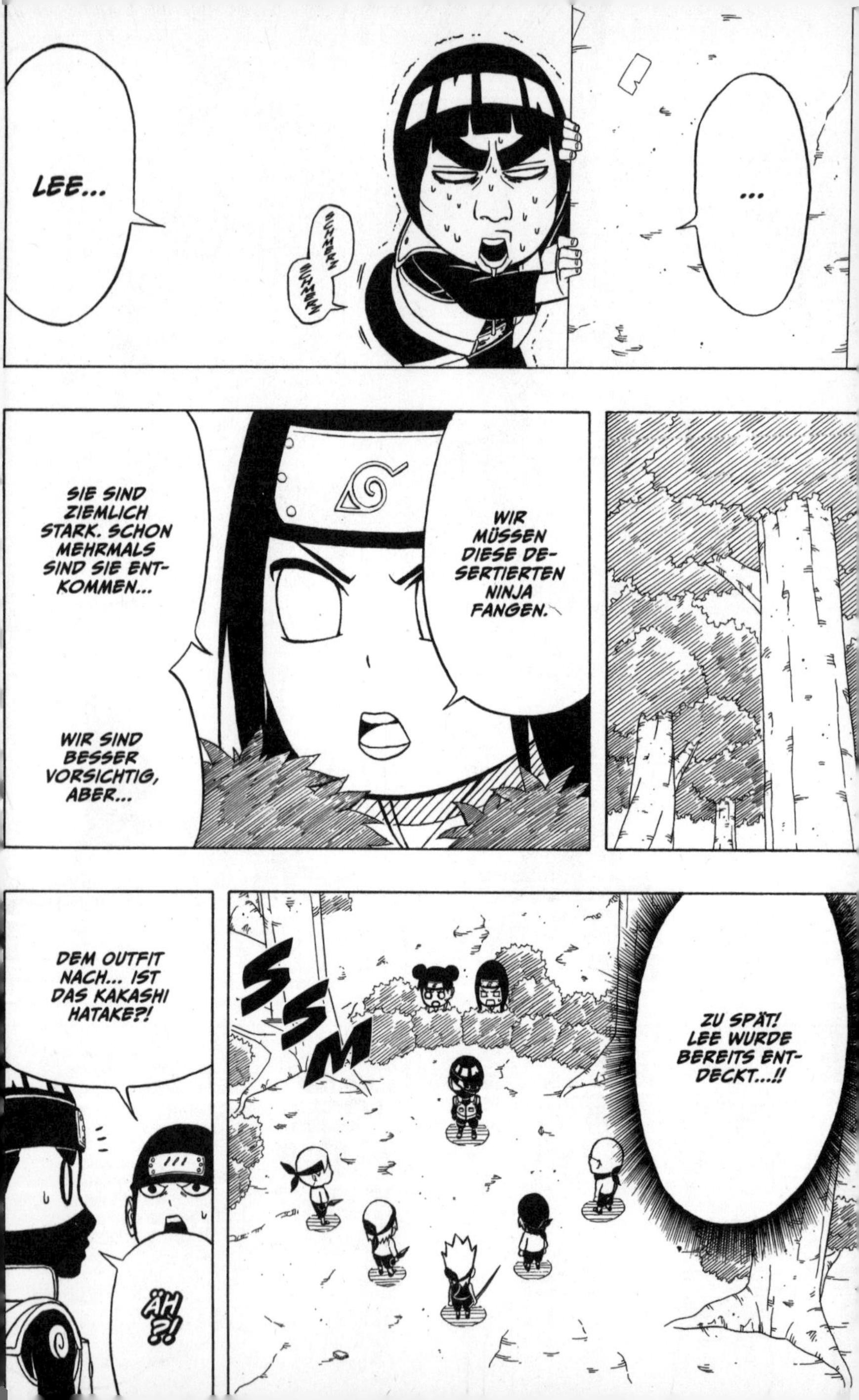
...
SCHMERZ SCHMERZ
LEE...
WIR MÜSSEN DIESE DE-SERTIERTEN NINJA FANGEN.
SIE SIND ZIEMLICH STARK. SCHON MEHRMALS SIND SIE ENT-KOMMEN...
WIR SIND BESSER VORSICHTIG, ABER...
ZU SPÄT! LEE WURDE BEREITS ENT-DECKT...!!
SSM
DEM OUTFIT NACH... IST DAS KAKASHI HATAKE?!
ÄH ?!

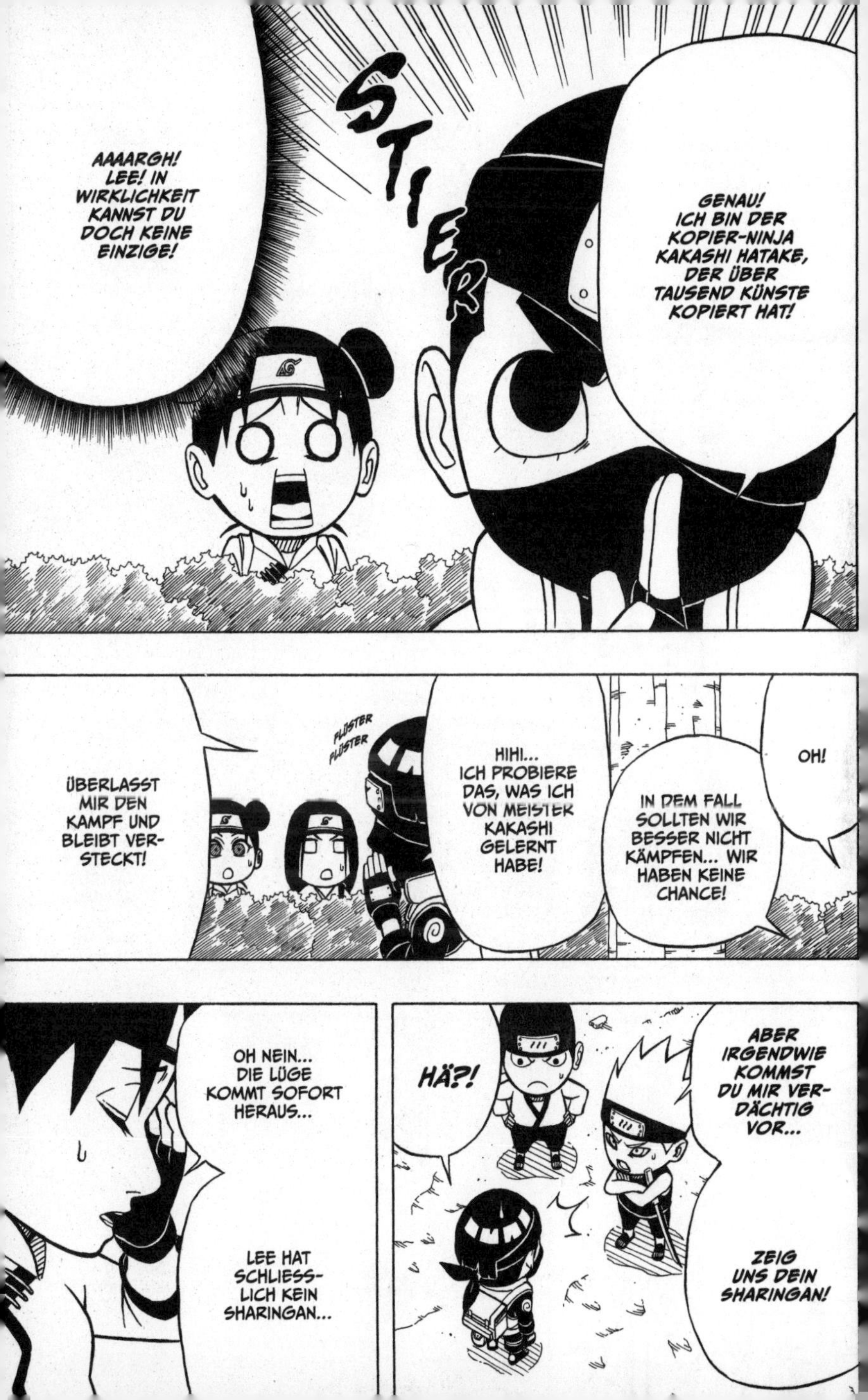
GENAU! ICH BIN DER KOPIER-NINJA KAKASHI HATAKE, DER ÜBER TAUSEND KÜNSTE KOPIERT HAT!
STIER
AAAARGH! LEE! IN WIRKLICHKEIT KANNST DU DOCH KEINE EINZIGE!
OH!
IN DEM FALL SOLLTEN WIR BESSER NICHT KÄMPFEN... WIR HABEN KEINE CHANCE!
HIHI... ICH PROBIERE DAS, WAS ICH VON MEISTER KAKASHI GELERNT HABE!
FLÜSTER FLÜSTER
ÜBERLASST MIR DEN KAMPF UND BLEIBT VER-STECKT!
ABER IRGENDWIE KOMMST DU MIR VER-DÄCHTIG VOR...
ZEIG UNS DEIN SHARINGAN!
HÄ?!
OH NEIN... DIE LÜGE KOMMT SOFORT HERAUS...
LEE HAT SCHLIESS-LICH KEIN SHARINGAN...

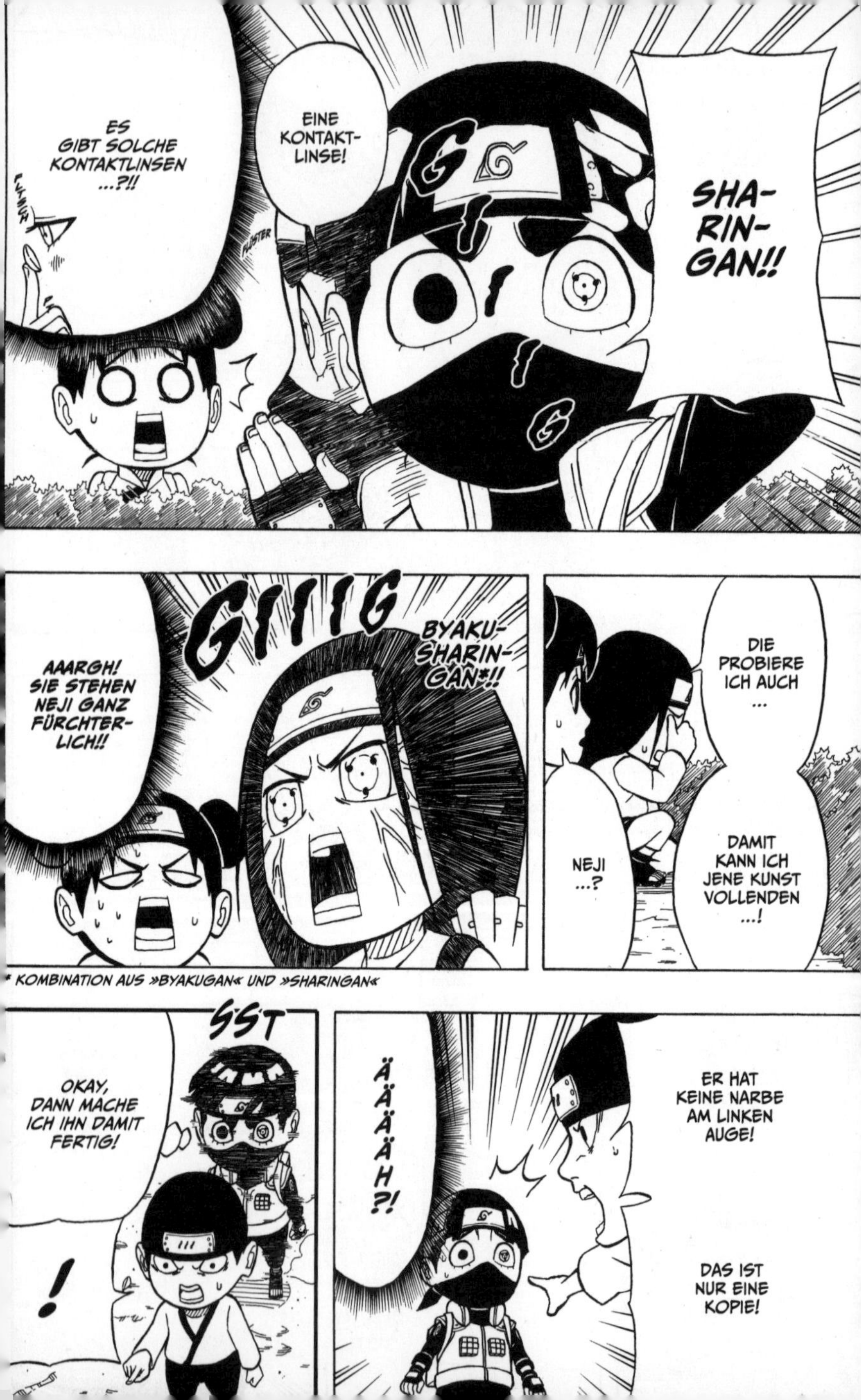
SHA-RIN-GAN!!
EINE KONTAKT-LINSE!
FLÜSTER
ES GIBT SOLCHE KONTAKTLINSEN ...?!!
FLITSCH
DIE PROBIERE ICH AUCH ...
DAMIT KANN ICH JENE KUNST VOLLENDEN ...!
NEJI ...?
GIIIG
BYAKU-SHARIN-GAN*!!
AAARGH! SIE STEHEN NEJI GANZ FÜRCHTER-LICH!!
* KOMBINATION AUS »BYAKUGAN« UND »SHARINGAN«
ER HAT KEINE NARBE AM LINKEN AUGE!
DAS IST NUR EINE KOPIE!
ÄÄÄÄH?!
SST
OKAY, DANN MACHE ICH IHN DAMIT FERTIG!
!

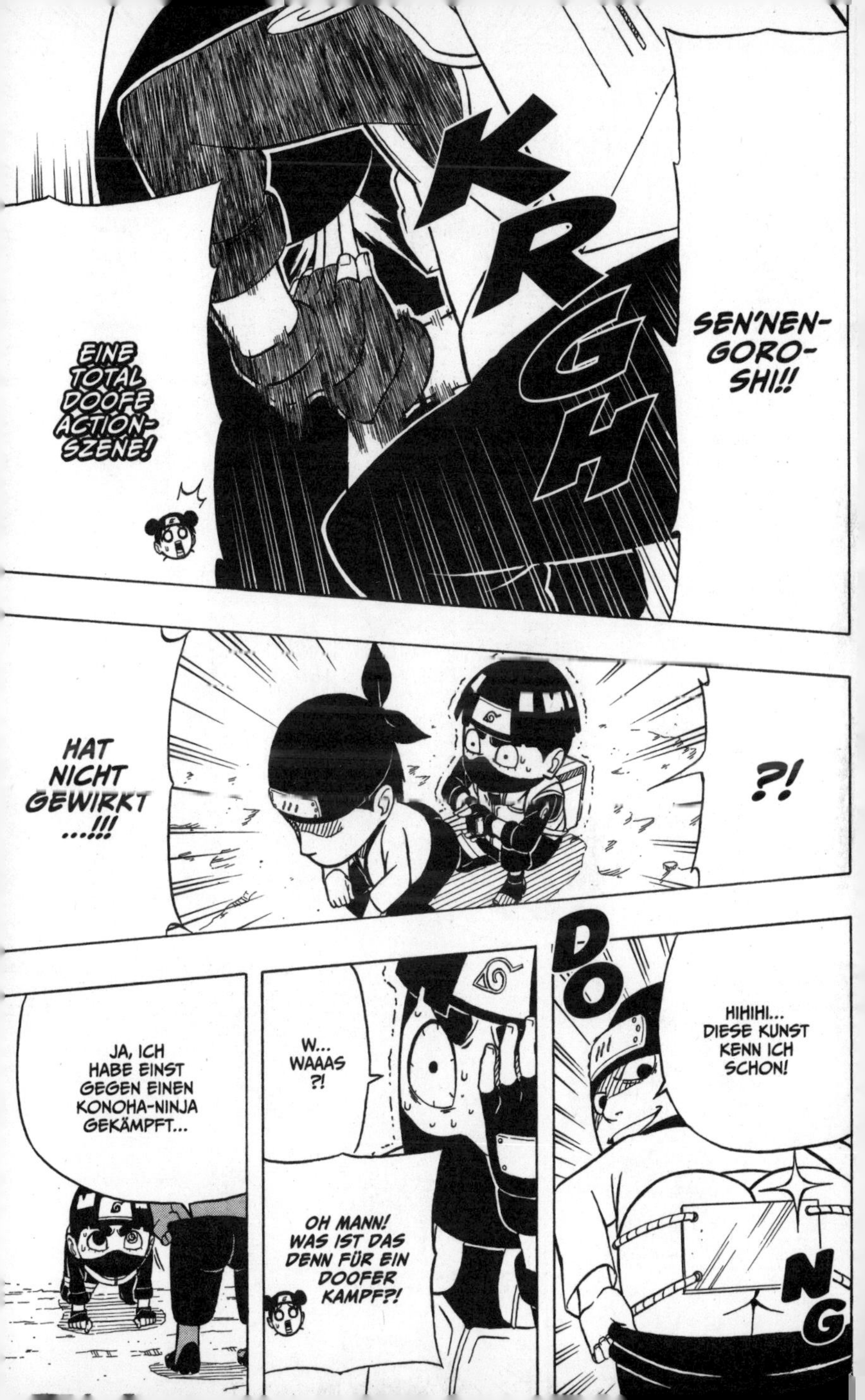
KRGH
SEN'NEN-GORO-SHI!!
EINE TOTAL DOOFE ACTION-SZENE!
?!
HAT NICHT GEWIRKT ...!!!
DO
HIHIHI... DIESE KUNST KENN ICH SCHON!
NG
W... WAAAS ?!
OH MANN! WAS IST DAS DENN FÜR EIN DOOFER KAMPF?!
JA, ICH HABE EINST GEGEN EINEN KONOHA-NINJA GEKÄMPFT...

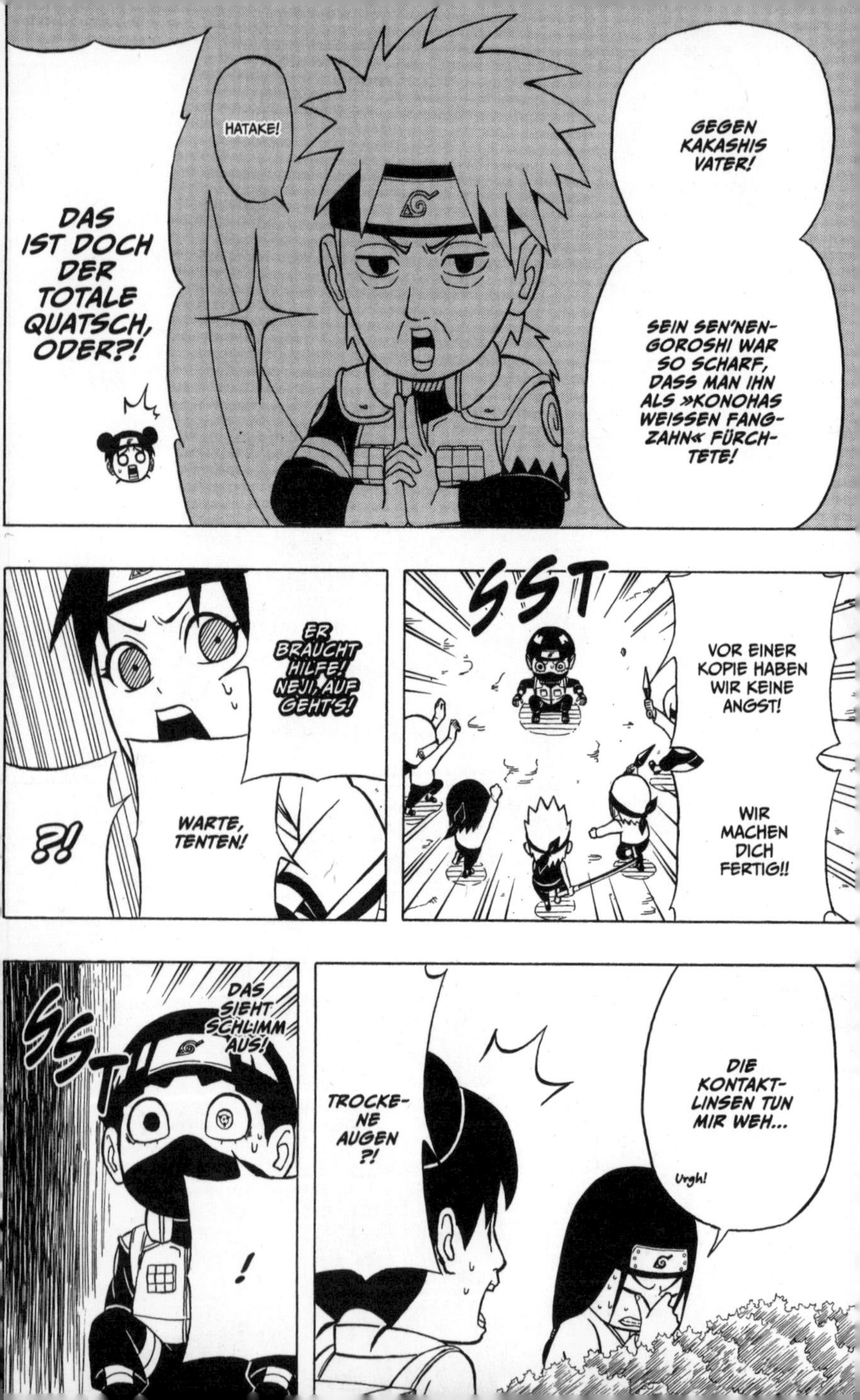
GEGEN KAKASHIS VATER!
SEIN SEN'NEN-GOROSHI WAR SO SCHARF, DASS MAN IHN ALS »KONOHAS WEISSEN FANGZAHN« FÜRCHTETE!
HATAKE!
DAS IST DOCH DER TOTALE QUATSCH, ODER?!
SST
VOR EINER KOPIE HABEN WIR KEINE ANGST!
WIR MACHEN DICH FERTIG!!
ER BRAUCHT HILFE! NEJI, AUF GEHT'S!
WARTE, TENTEN!
?!
DIE KONTAKTLINSEN TUN MIR WEH...
Urgh!
TROCKENE AUGEN?!
SST
DAS SIEHT SCHLIMM AUS!
!

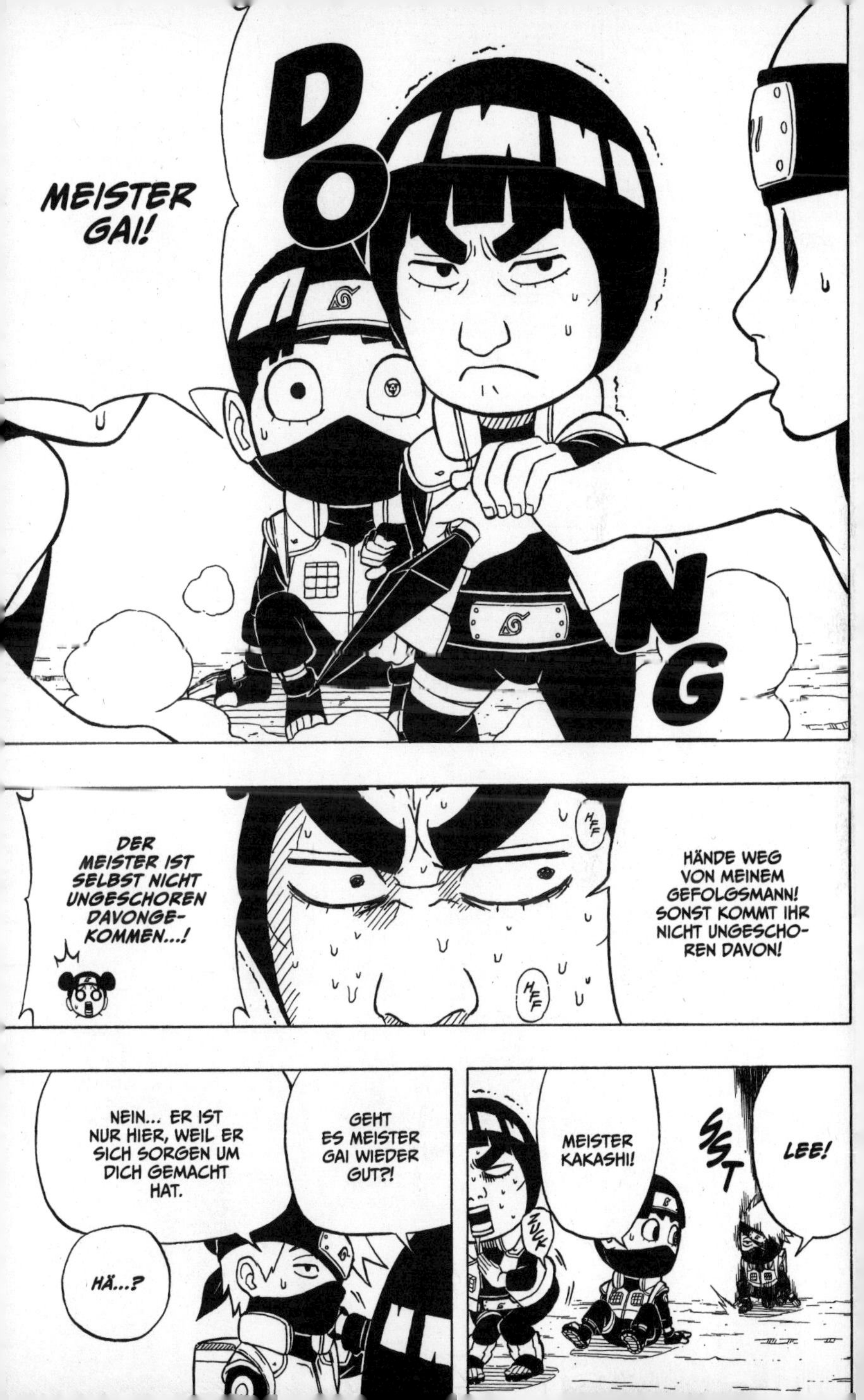
DONG
MEISTER GAI!
HÄNDE WEG VON MEINEM GEFOLGSMANN! SONST KOMMT IHR NICHT UNGESCHOREN DAVON!
HEF
HEF
DER MEISTER IST SELBST NICHT UNGESCHOREN DAVONGEKOMMEN...!
LEE!
SST
MEISTER KAKASHI!
ZUCK
GEHT ES MEISTER GAI WIEDER GUT?!
NEIN... ER IST NUR HIER, WEIL ER SICH SORGEN UM DICH GEMACHT HAT.
HÄ...?

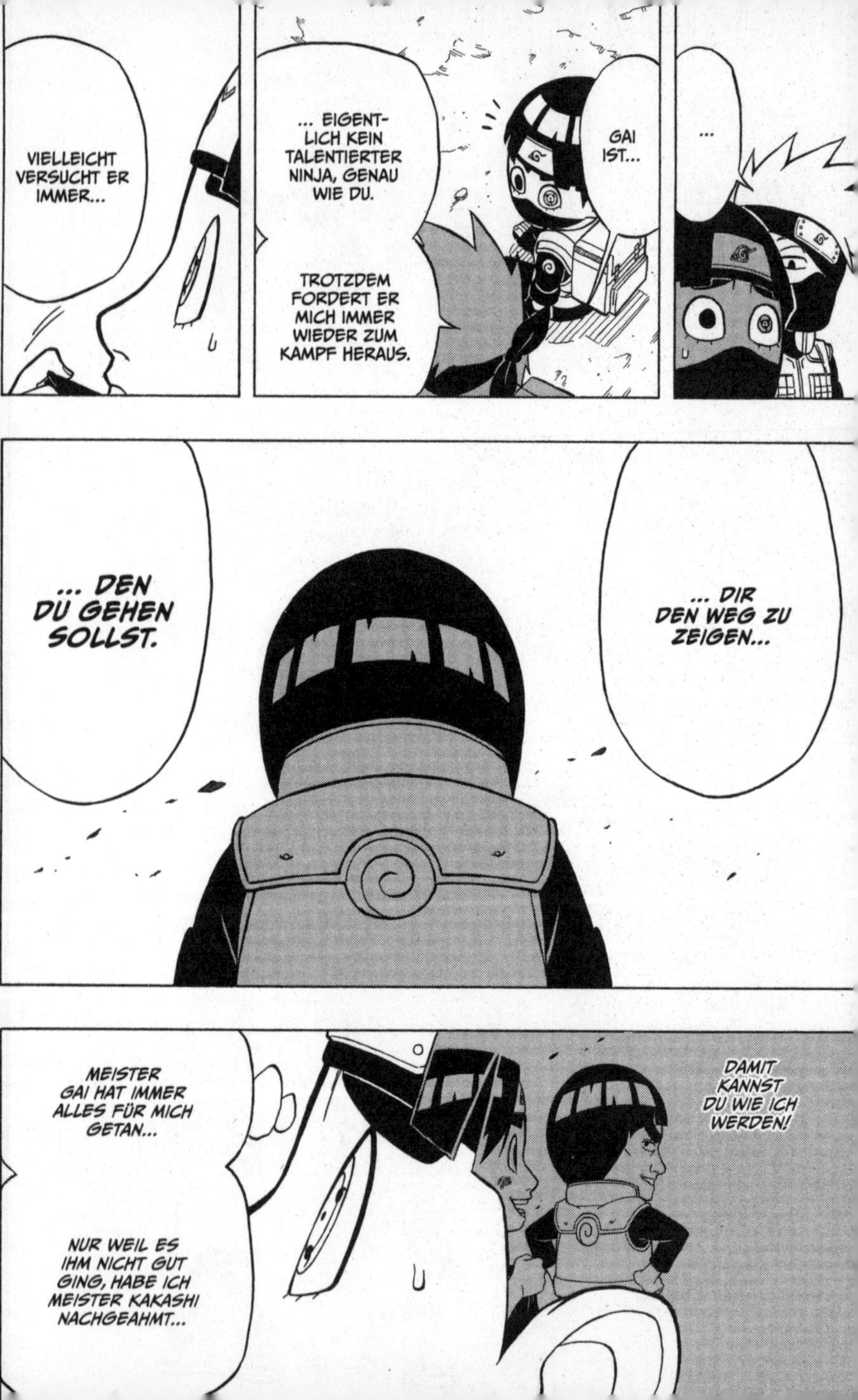
...
GAI IST...
... EIGENT-LICH KEIN TALENTIERTER NINJA, GENAU WIE DU.
TROTZDEM FORDERT ER MICH IMMER WIEDER ZUM KAMPF HERAUS.
VIELLEICHT VERSUCHT ER IMMER...
... DIR DEN WEG ZU ZEIGEN...
... DEN DU GEHEN SOLLST.
DAMIT KANNST DU WIE ICH WERDEN!
MEISTER GAI HAT IMMER ALLES FÜR MICH GETAN...
NUR WEIL ES IHM NICHT GUT GING, HABE ICH MEISTER KAKASHI NACHGEAHMT...

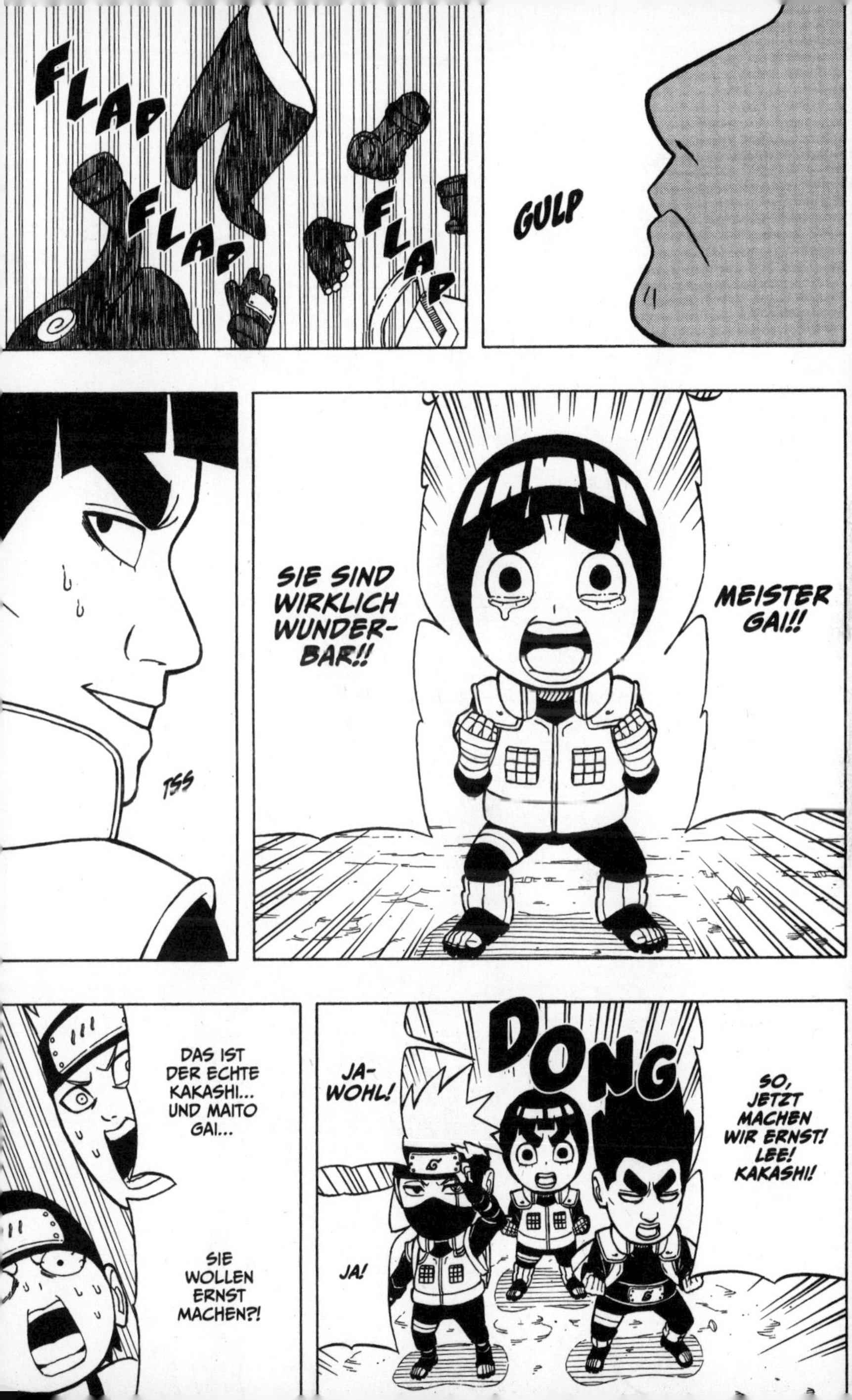
GULP
FLAP
FLAP
FLAP
MEISTER GAI!!
SIE SIND WIRKLICH WUNDER-BAR!!
TSS
DONG
SO, JETZT MACHEN WIR ERNST! LEE! KAKASHI!
JA-WOHL!
JA!
DAS IST DER ECHTE KAKASHI... UND MAITO GAI...
SIE WOLLEN ERNST MACHEN?!

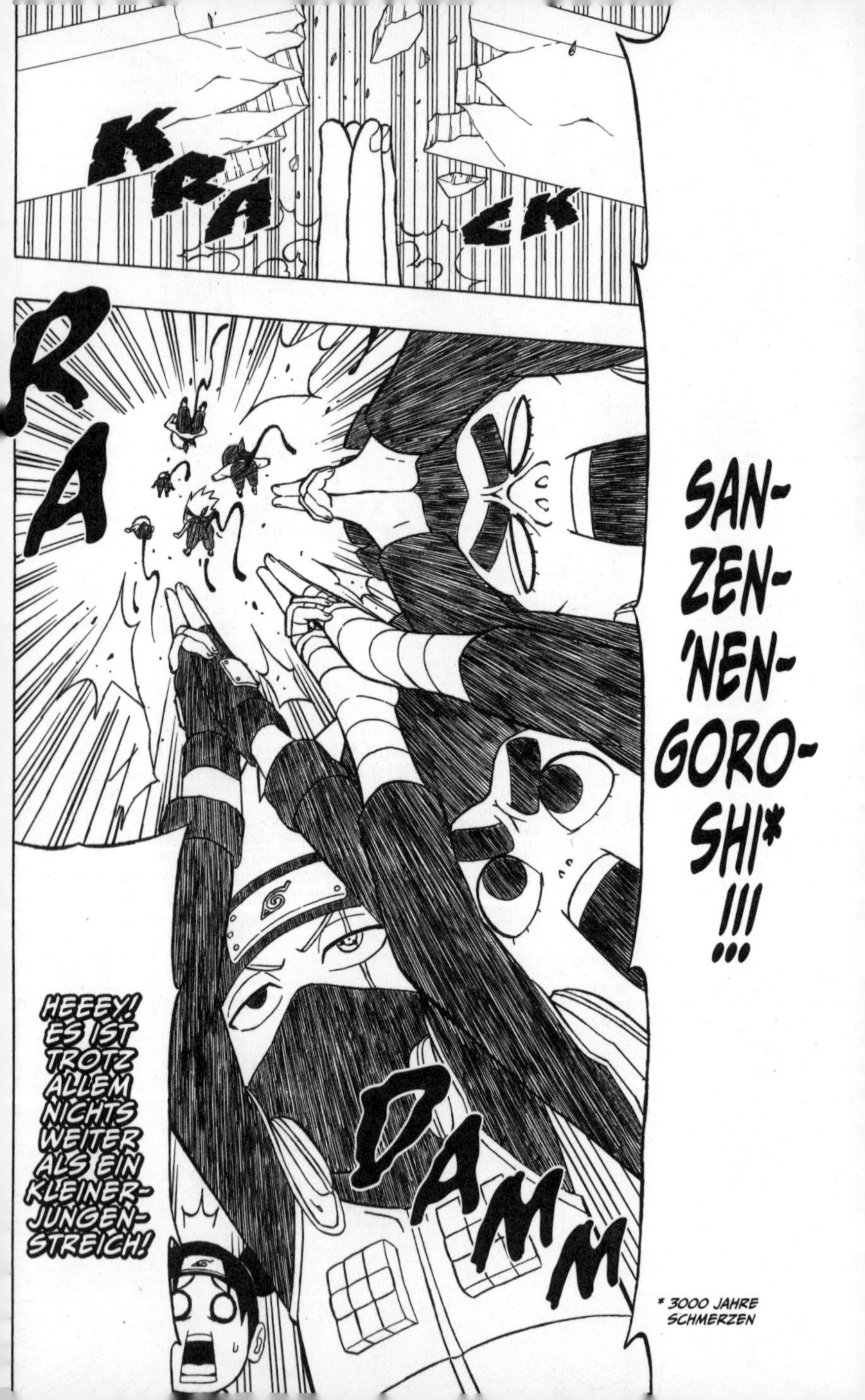
KRA-CK
RA
SAN-ZEN-'NEN-GOROSHI*!!!
HEEEY! ES IST TROTZ ALLEM NICHTS WEITER ALS EIN KLEINER-JUNGEN-STREICH!
DAMM
* 3000 JAHRE SCHMERZEN

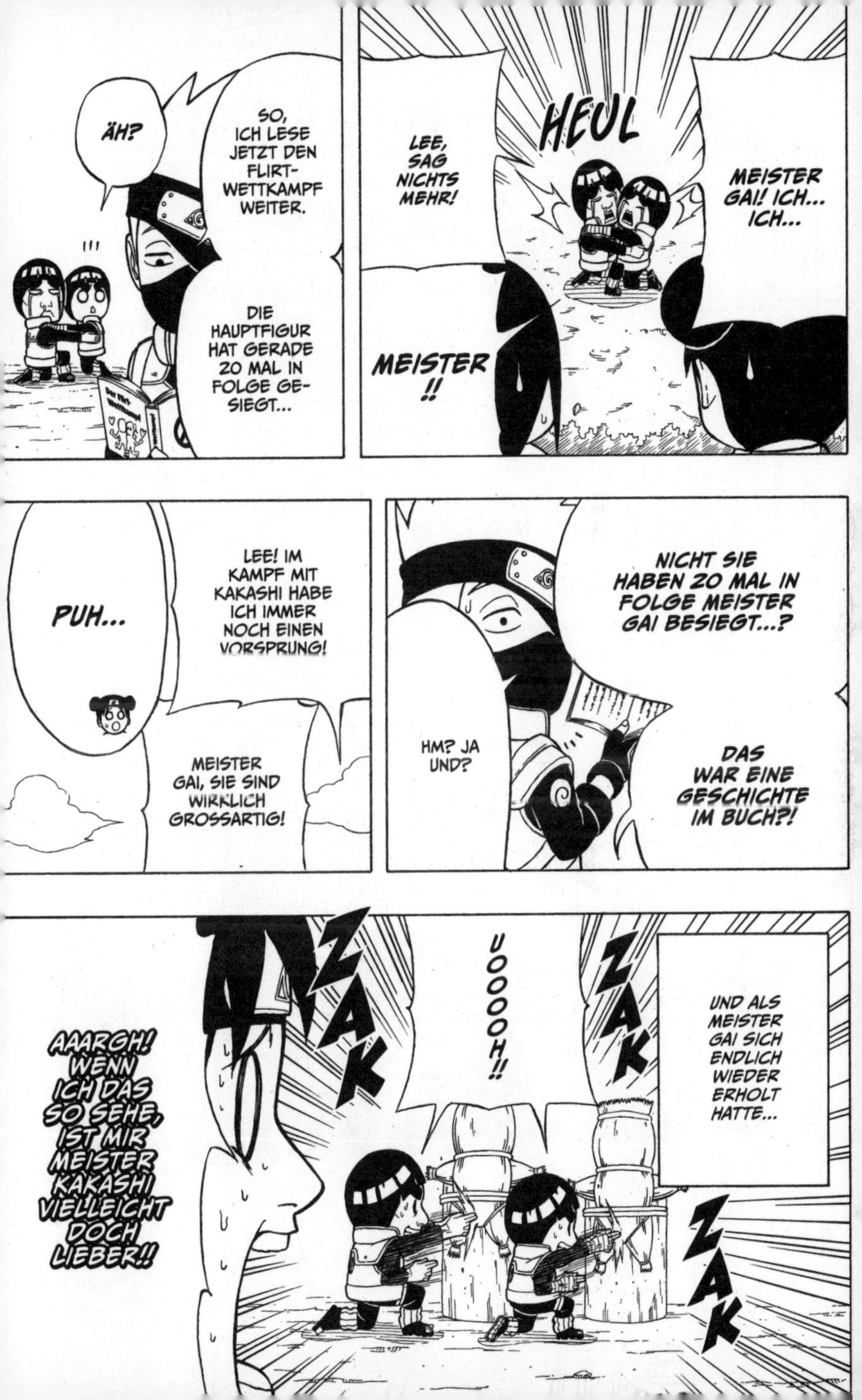
MEISTER GAI! ICH... ICH...
HEUL
LEE, SAG NICHTS MEHR!
MEISTER !!
SO, ICH LESE JETZT DEN FLIRT-WETTKAMPF WEITER.
DIE HAUPTFIGUR HAT GERADE 20 MAL IN FOLGE GE-SIEGT...
ÄH?
!!!
NICHT SIE HABEN 20 MAL IN FOLGE MEISTER GAI BESIEGT...?
HM? JA UND?
DAS WAR EINE GESCHICHTE IM BUCH?!
LEE! IM KAMPF MIT KAKASHI HABE ICH IMMER NOCH EINEN VORSPRUNG!
PUH...
MEISTER GAI, SIE SIND WIRKLICH GROSSARTIG!
UND ALS MEISTER GAI SICH ENDLICH WIEDER ERHOLT HATTE...
ZAK
ZAK
UOOOOOH!!
ZAK
AAARGH! WENN ICH DAS SO SEHE, IST MIR MEISTER KAKASHI VIELLEICHT DOCH LIEBER!!

5. KAPITEL: SAKURAS BIKINI

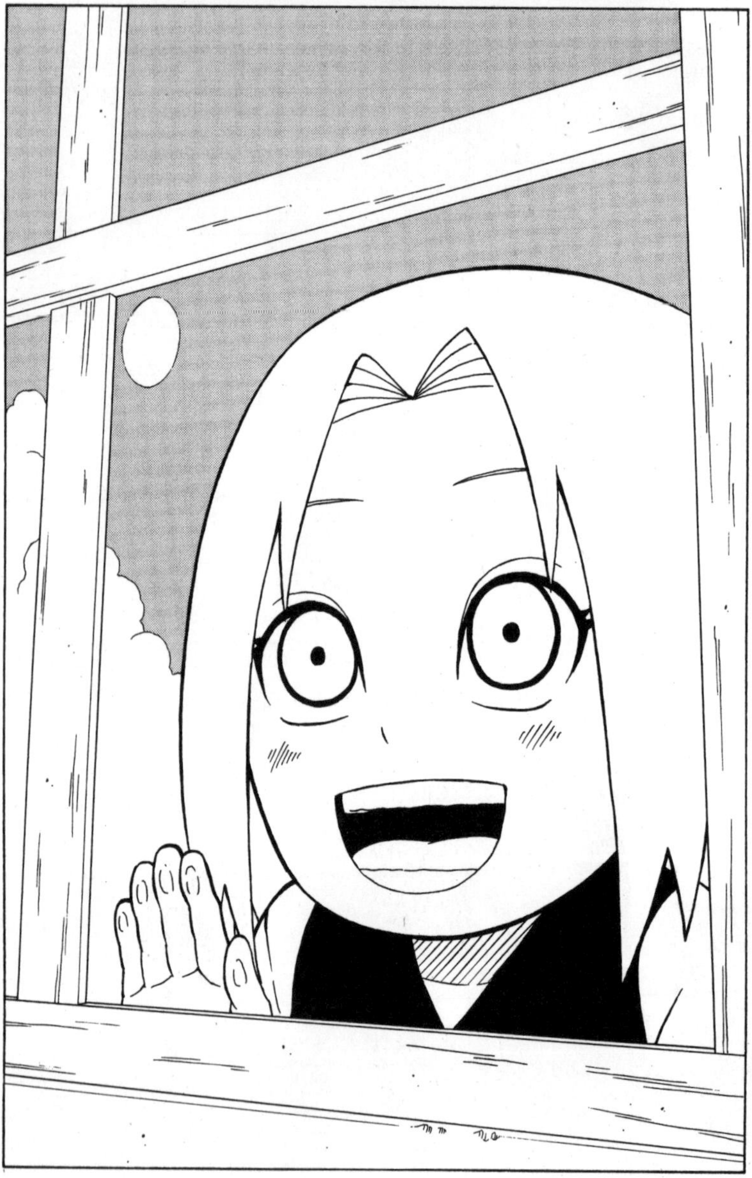

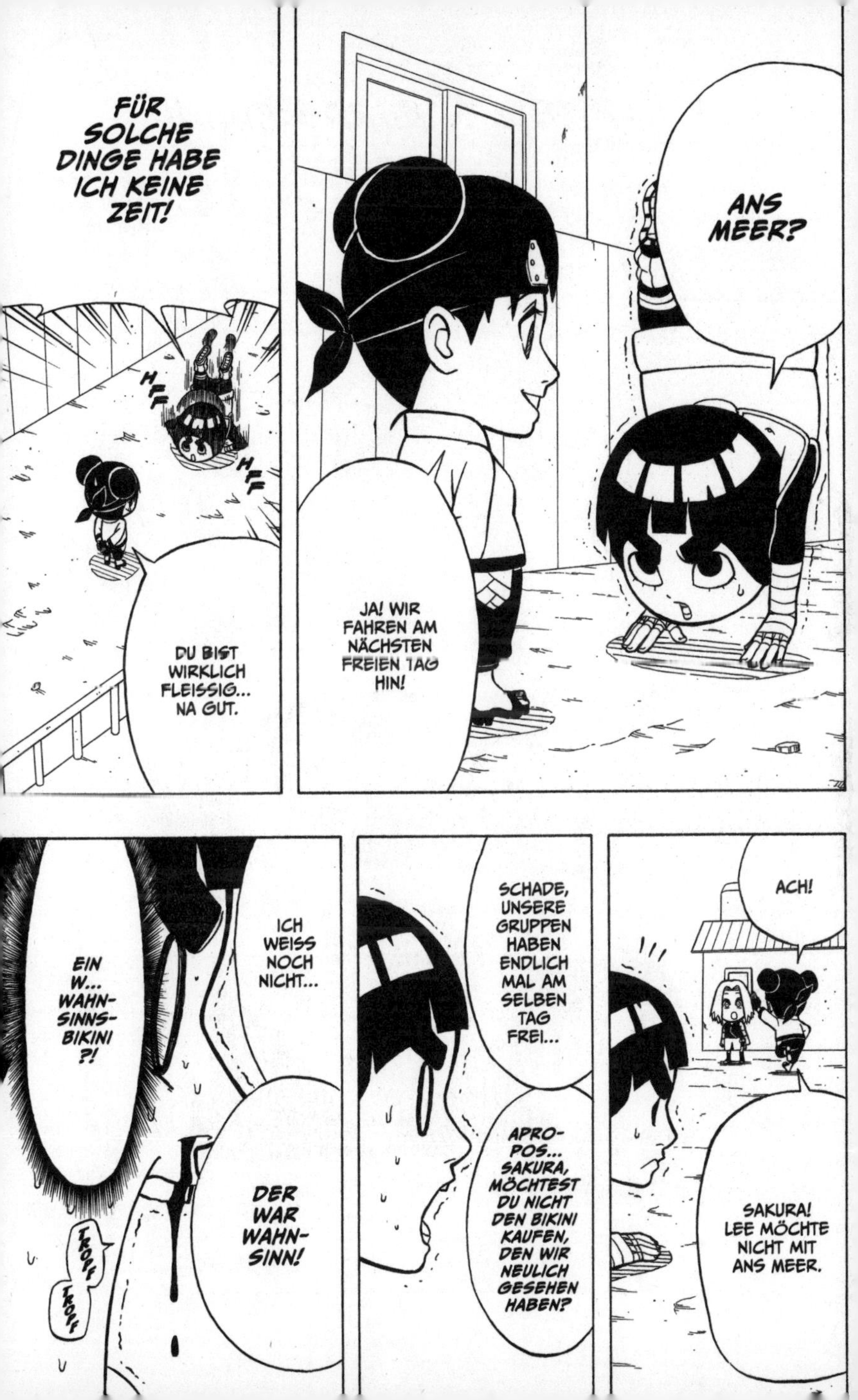
ANS MEER?
JA! WIR FAHREN AM NÄCHSTEN FREIEN TAG HIN!
HFF HFF
FÜR SOLCHE DINGE HABE ICH KEINE ZEIT!
DU BIST WIRKLICH FLEISSIG... NA GUT.
ACH!
SAKURA! LEE MÖCHTE NICHT MIT ANS MEER.
SCHADE, UNSERE GRUPPEN HABEN ENDLICH MAL AM SELBEN TAG FREI...
APROPOS... SAKURA, MÖCHTEST DU NICHT DEN BIKINI KAUFEN, DEN WIR NEULICH GESEHEN HABEN?
ICH WEISS NOCH NICHT...
DER WAR WAHNSINN!
EIN W... WAHNSINNS-BIKINI ?!
TROPF TROPF

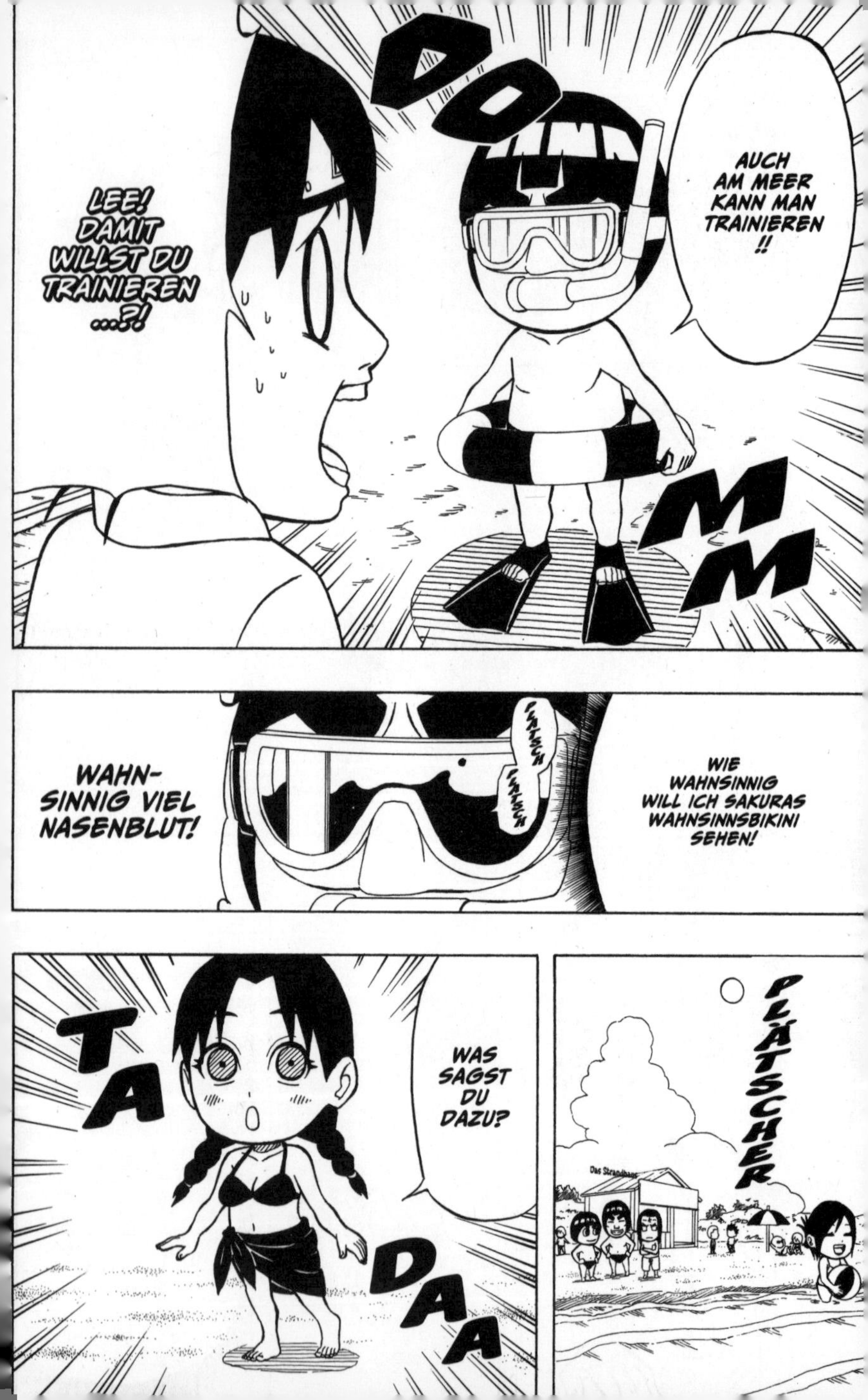
DOO
AUCH AM MEER KANN MAN TRAINIEREN !!
LEE! DAMIT WILLST DU TRAINIEREN ...?!
MM
WIE WAHNSINNIG WILL ICH SAKURAS WAHNSINNSBIKINI SEHEN!
PLATSCH PLATSCH
WAHN-SINNIG VIEL NASENBLUT!
PLÄTSCHER
WAS SAGST DU DAZU?
TA
DAA

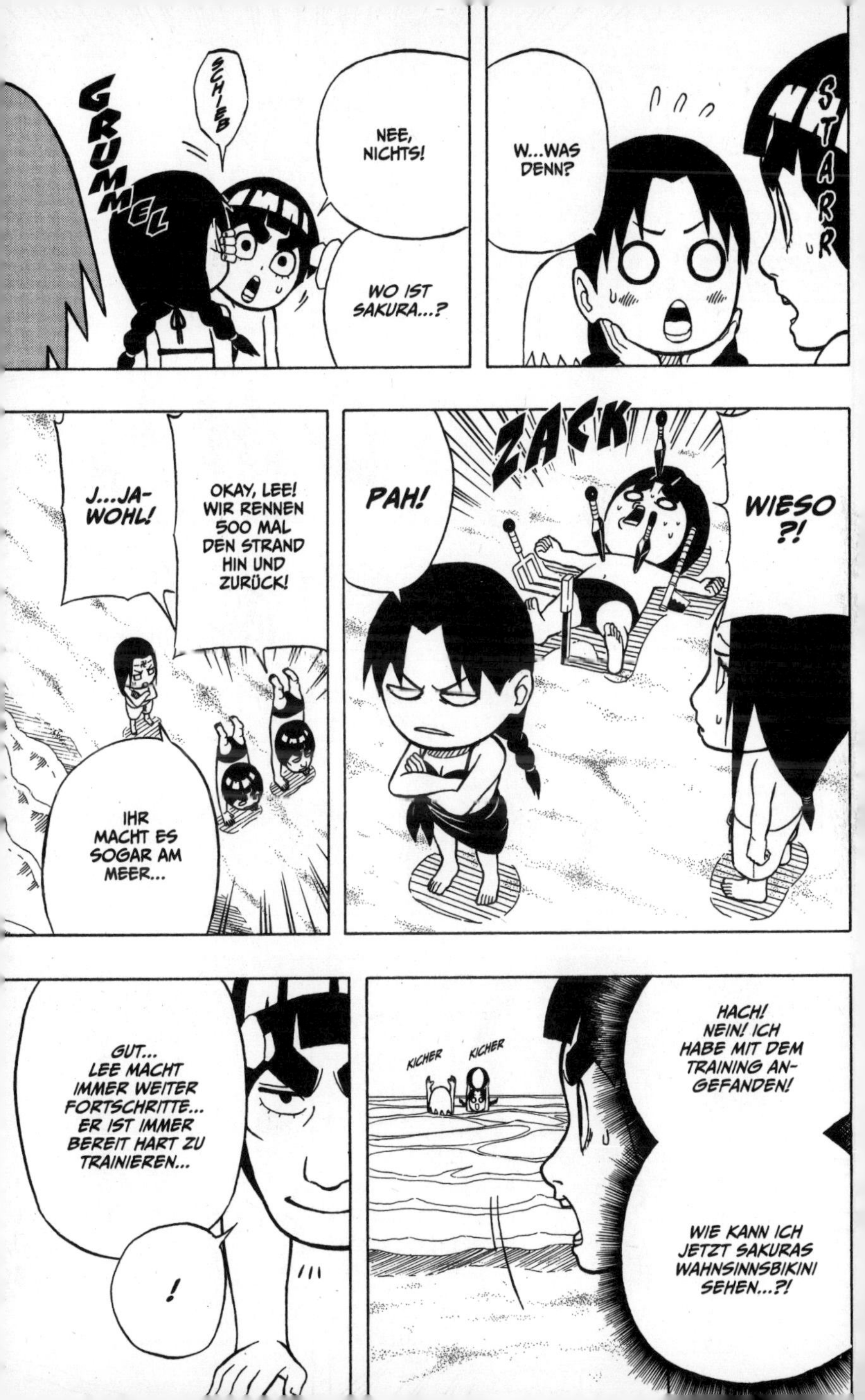
STARR
W...WAS DENN?
NEE, NICHTS!
WO IST SAKURA...?
SCHIEB
GRUMMEL
WIESO ?!
ZACK
PAH!
OKAY, LEE! WIR RENNEN 500 MAL DEN STRAND HIN UND ZURÜCK!
J...JA-WOHL!
IHR MACHT ES SOGAR AM MEER...
HACH! NEIN! ICH HABE MIT DEM TRAINING AN-GEFANDEN!
KICHER
KICHER
WIE KANN ICH JETZT SAKURAS WAHNSINNSBIKINI SEHEN...?!
GUT... LEE MACHT IMMER WEITER FORTSCHRITTE... ER IST IMMER BEREIT HART ZU TRAINIEREN...
!

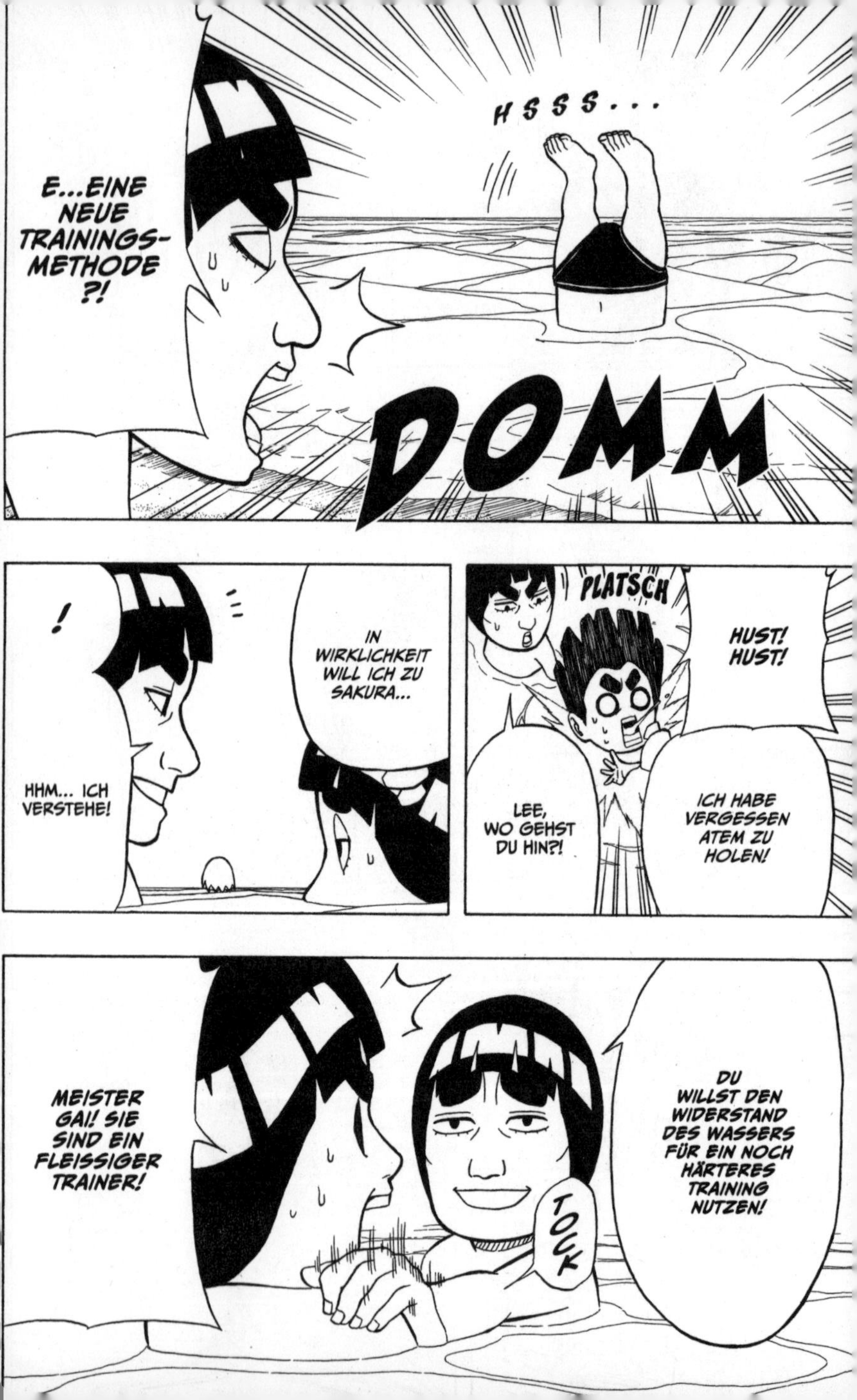
HSSS...
E...EINE NEUE TRAININGS-METHODE ?!
DOMM
HUST! HUST!
PLATSCH
ICH HABE VERGESSEN ATEM ZU HOLEN!
LEE, WO GEHST DU HIN?!
IN WIRKLICHKEIT WILL ICH ZU SAKURA...
!
HHM... ICH VERSTEHE!
DU WILLST DEN WIDERSTAND DES WASSERS FÜR EIN NOCH HÄRTERES TRAINING NUTZEN!
TOCK
MEISTER GAI! SIE SIND EIN FLEISSIGER TRAINER!

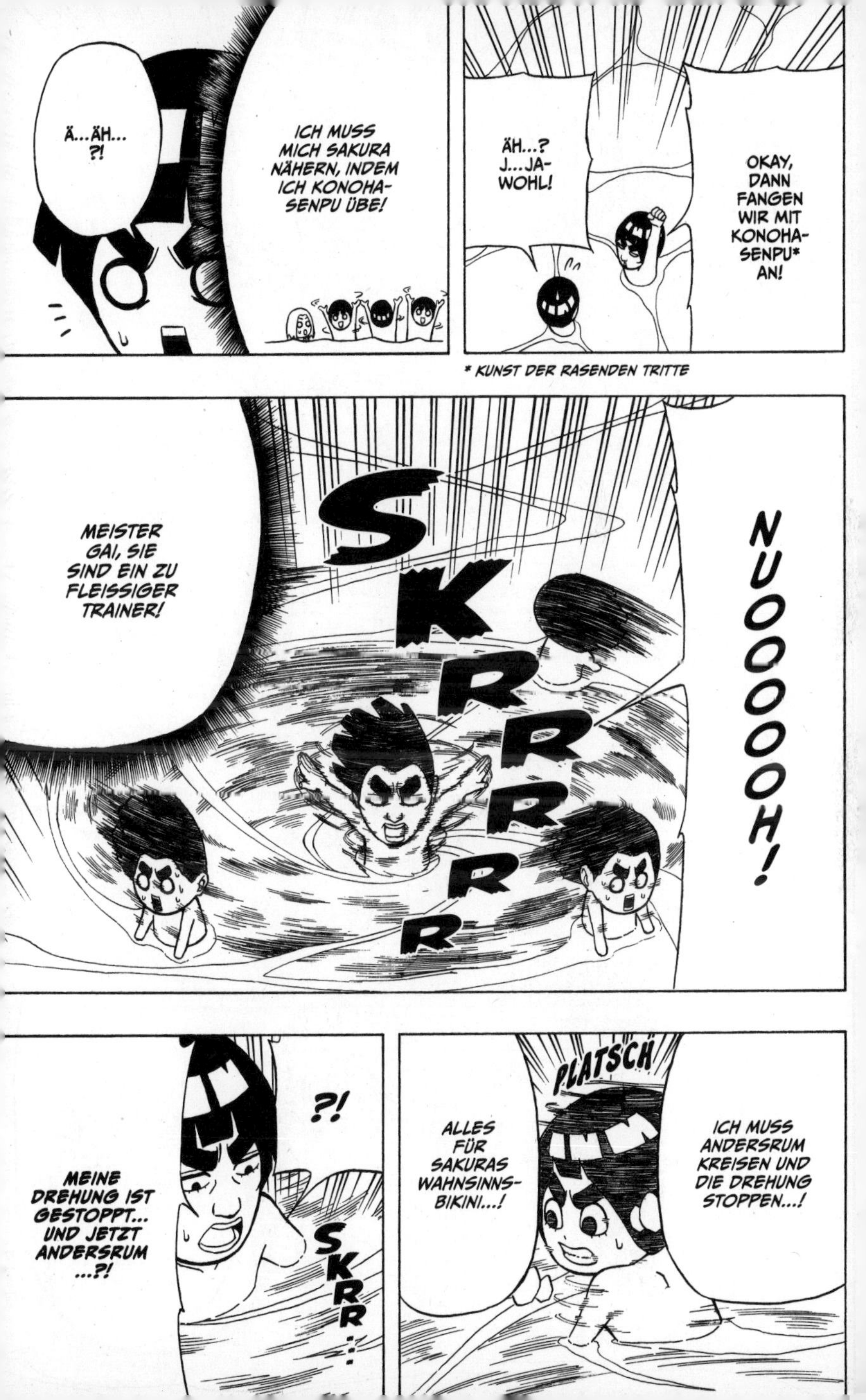

* KUNST DER RASENDEN TRITTE

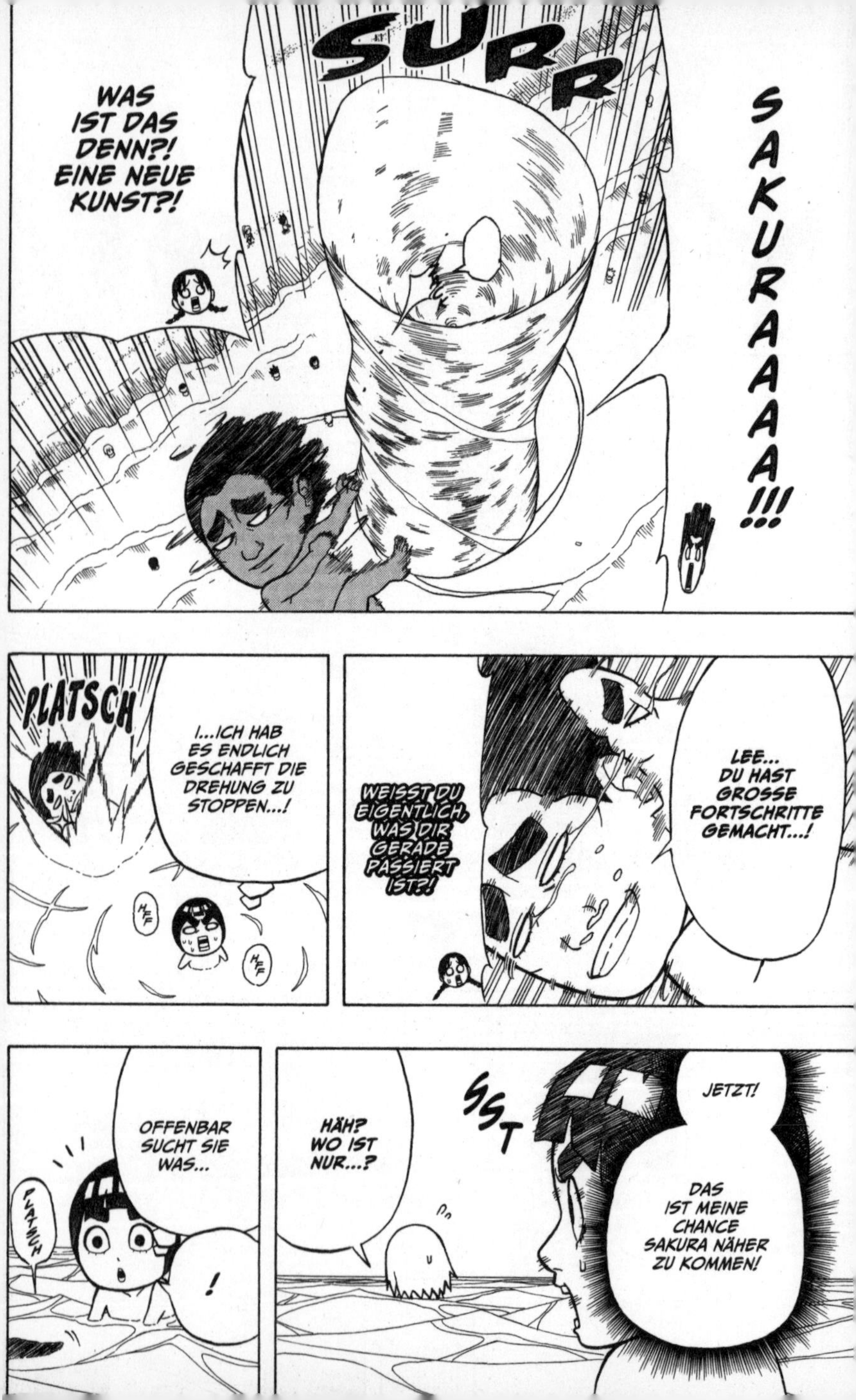
SURR
SAKURAAAAAA!!!
WAS IST DAS DENN?! EINE NEUE KUNST?!
PLATSCH
LEE... DU HAST GROSSE FORTSCHRITTE GEMACHT...!
WEISST DU EIGENTLICH, WAS DIR GERADE PASSIERT IST?!
I...ICH HAB ES ENDLICH GESCHAFFT DIE DREHUNG ZU STOPPEN...!
HEF
HEF
SST
JETZT!
DAS IST MEINE CHANCE SAKURA NÄHER ZU KOMMEN!
HÄH? WO IST NUR...?
OFFENBAR SUCHT SIE WAS...
!
PLATSCH

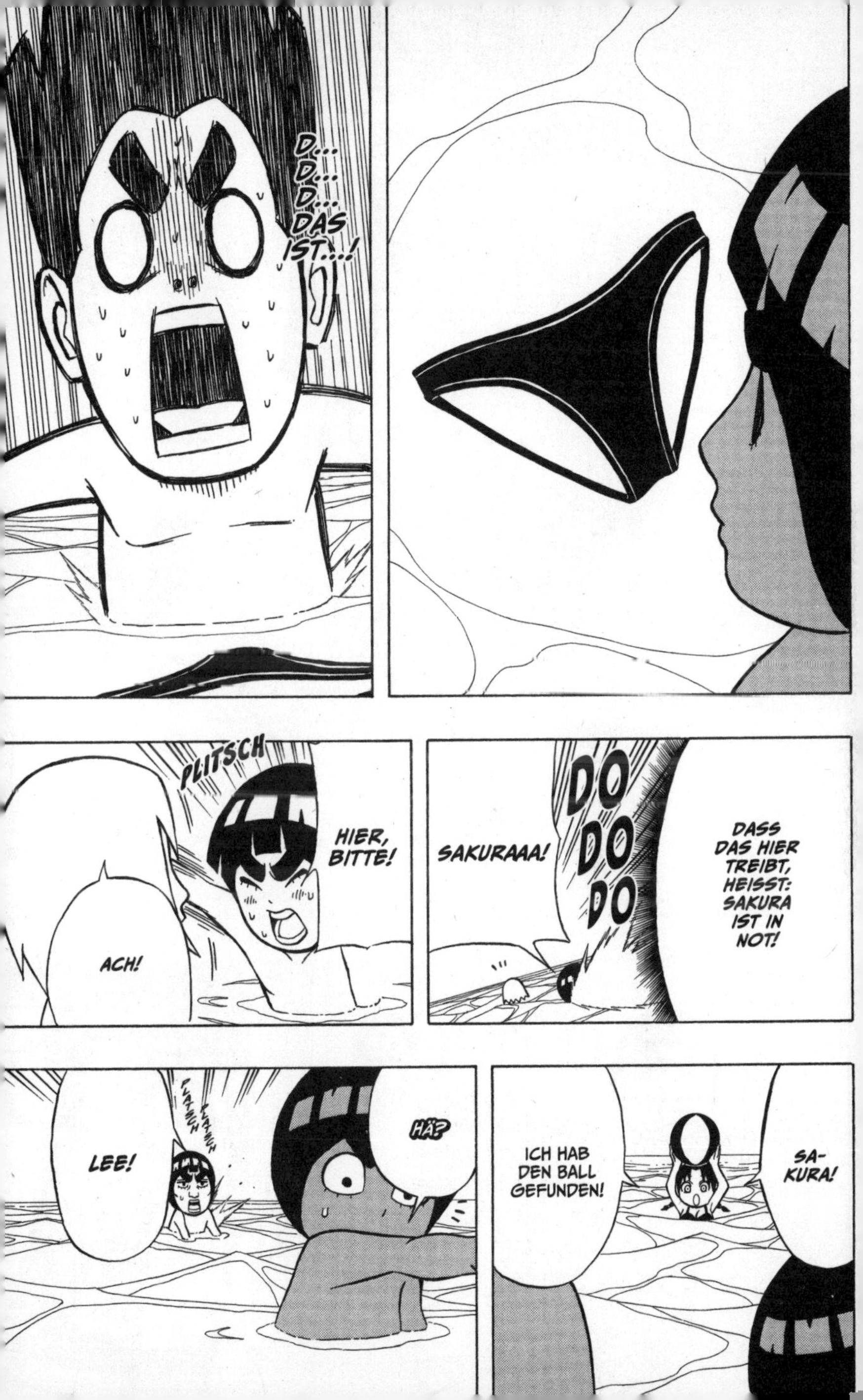
D... D... D... DAS IST...!
DASS DAS HIER TREIBT, HEISST: SAKURA IST IN NOT!
DO DO DO DO
SAKURAAA!
PLITSCH
HIER, BITTE!
ACH!
SA-KURA!
ICH HAB DEN BALL GEFUNDEN!
HÄ?
PLATSCH PLATSCH
LEE!

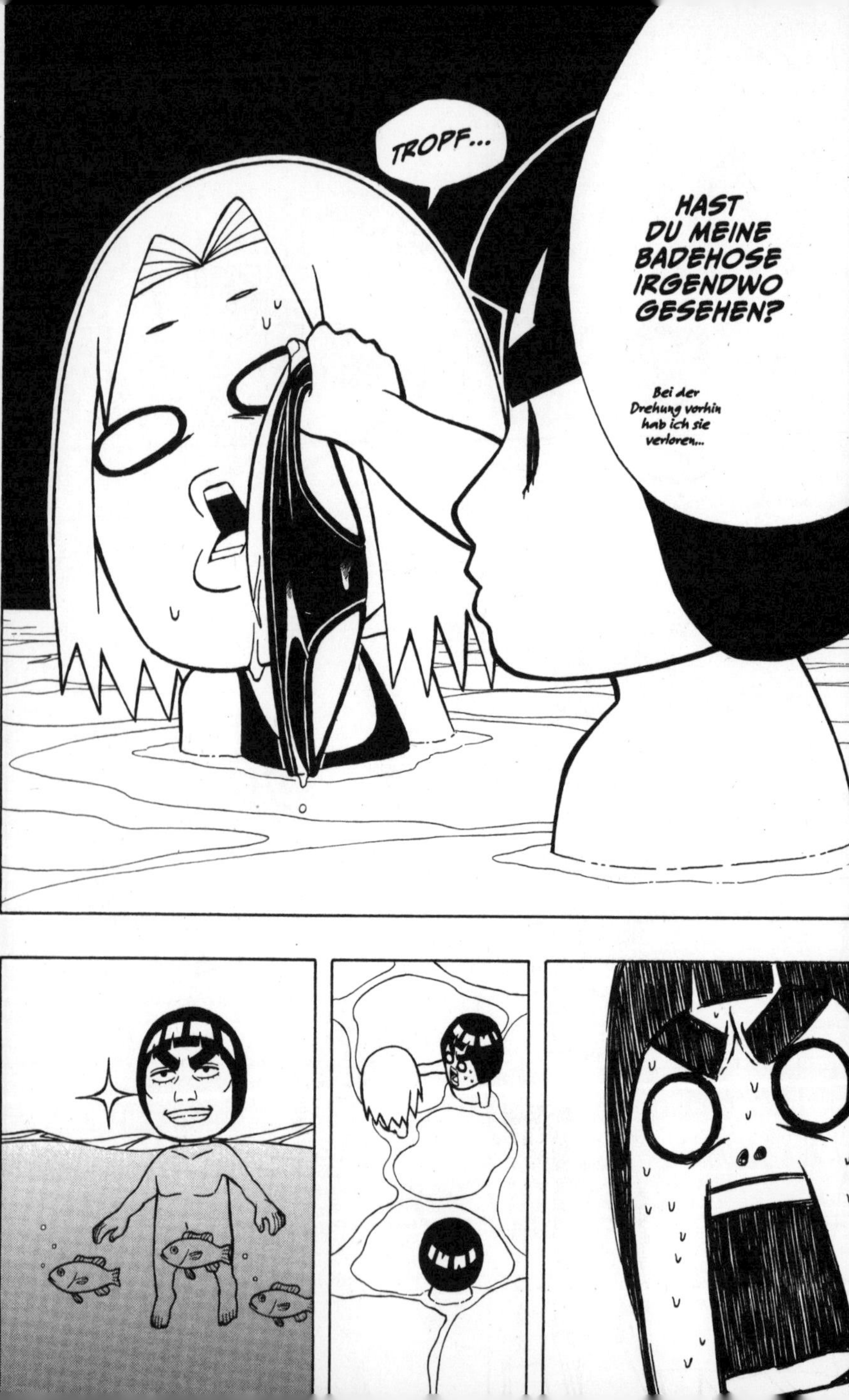
HAST DU MEINE BADEHOSE IRGENDWO GESEHEN?
Bei der Drehung vorhin hab ich sie verloren...
TROPF...

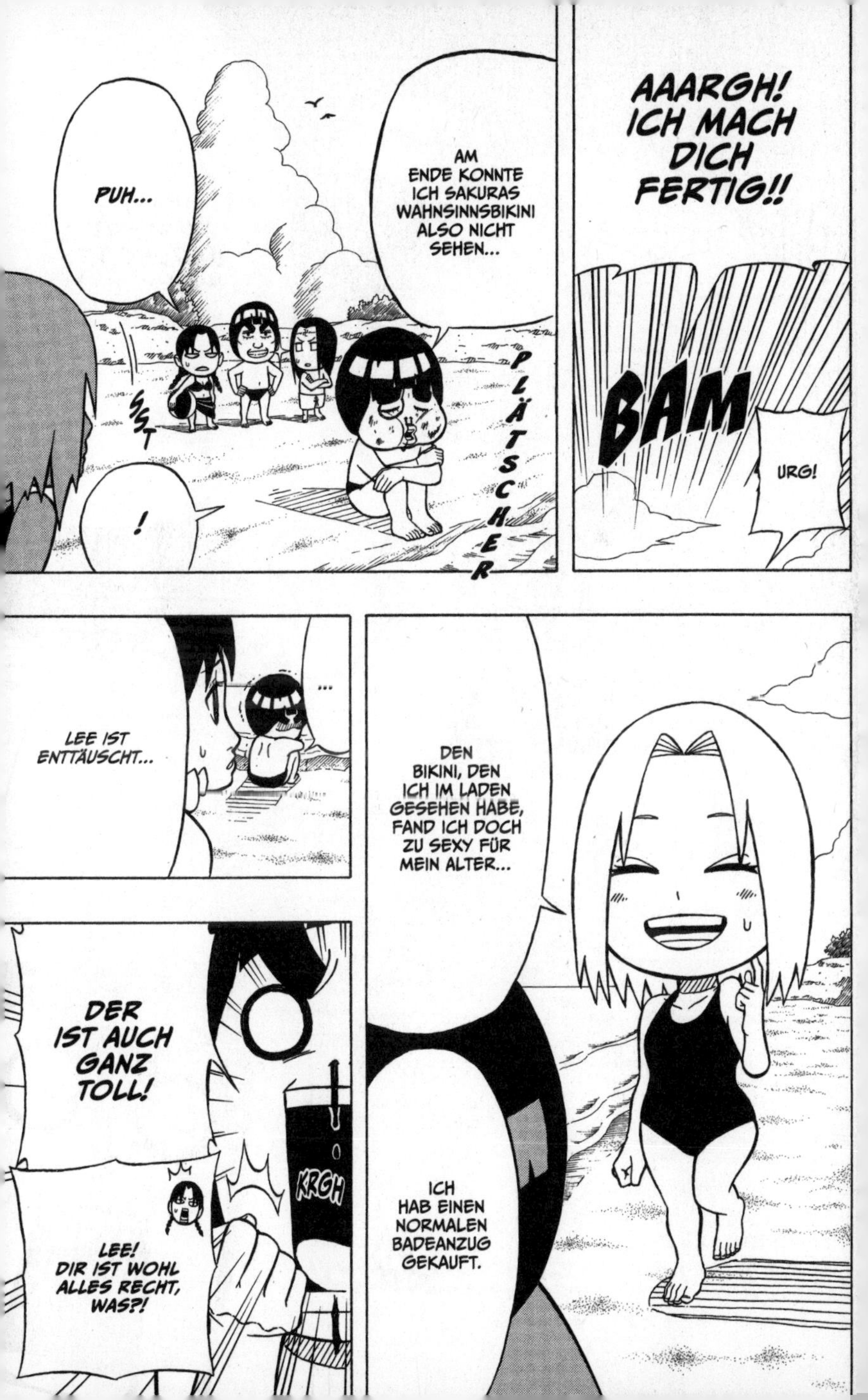
AAARGH! ICH MACH DICH FERTIG!!
BAM
URG!
AM ENDE KONNTE ICH SAKURAS WAHNSINNSBIKINI ALSO NICHT SEHEN...
PLÄTSCHER
PUH...
SST
!
DEN BIKINI, DEN ICH IM LADEN GESEHEN HABE, FAND ICH DOCH ZU SEXY FÜR MEIN ALTER...
ICH HAB EINEN NORMALEN BADEANZUG GEKAUFT.
...
LEE IST ENTTÄUSCHT...
KRGH
DER IST AUCH GANZ TOLL!
LEE! DIR IST WOHL ALLES RECHT, WAS?!

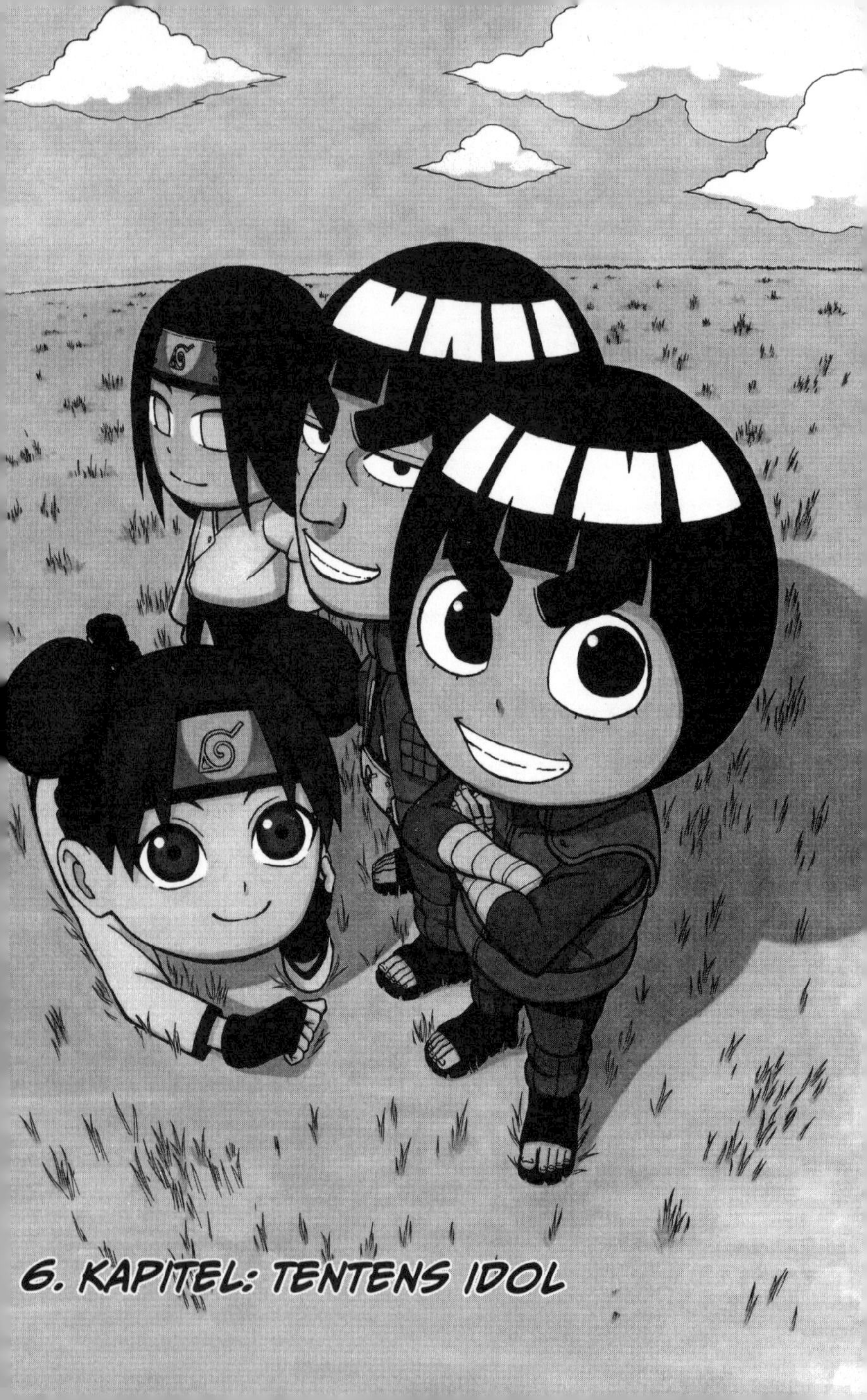
6. KAPITEL: TENTENS IDOL

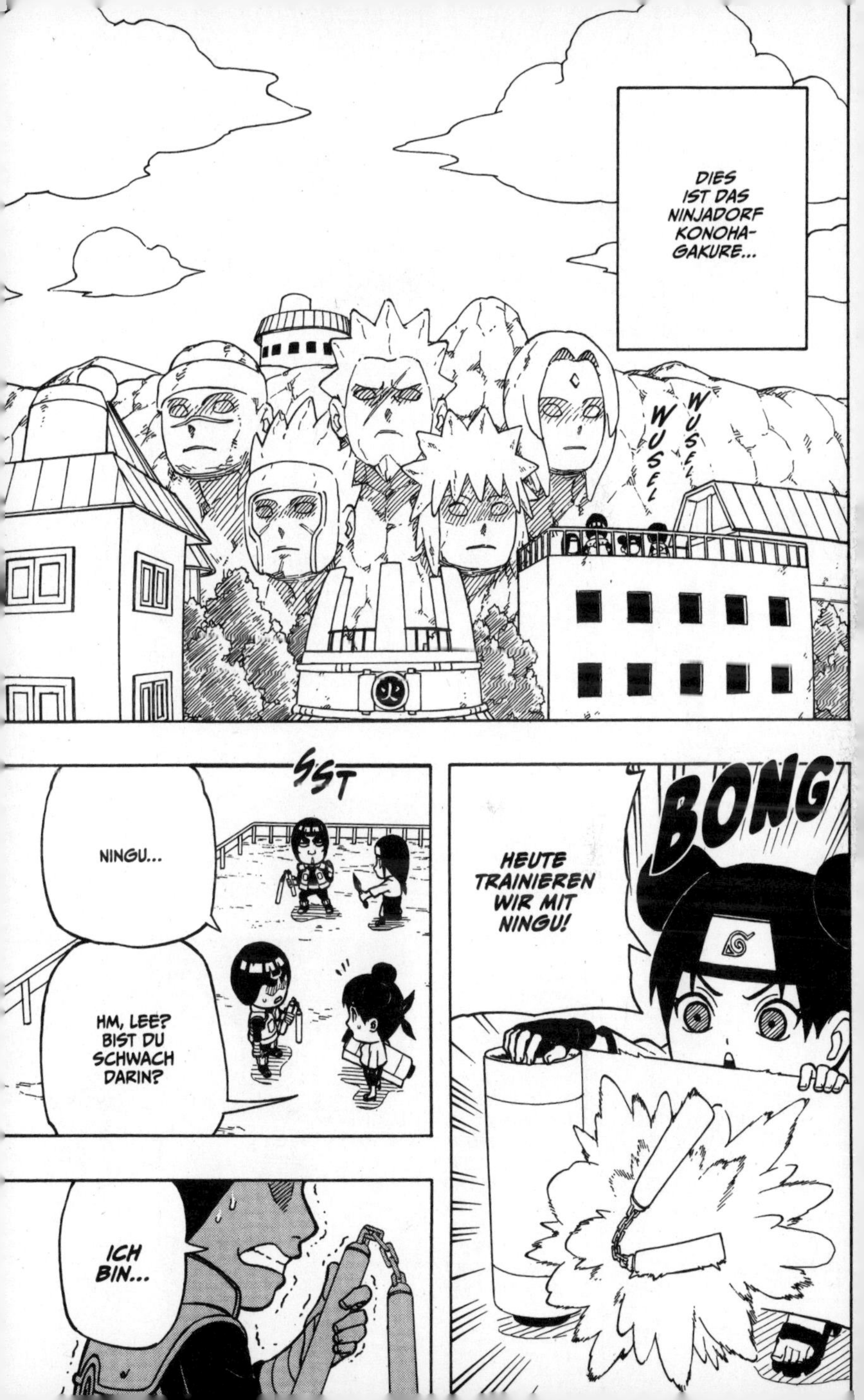
DIES IST DAS NINJADORF KONOHA-GAKURE...
WUSEL WUSEL
SST
NINGU...
HM, LEE? BIST DU SCHWACH DARIN?
ICH BIN...
BONG
HEUTE TRAINIEREN WIR MIT NINGU!

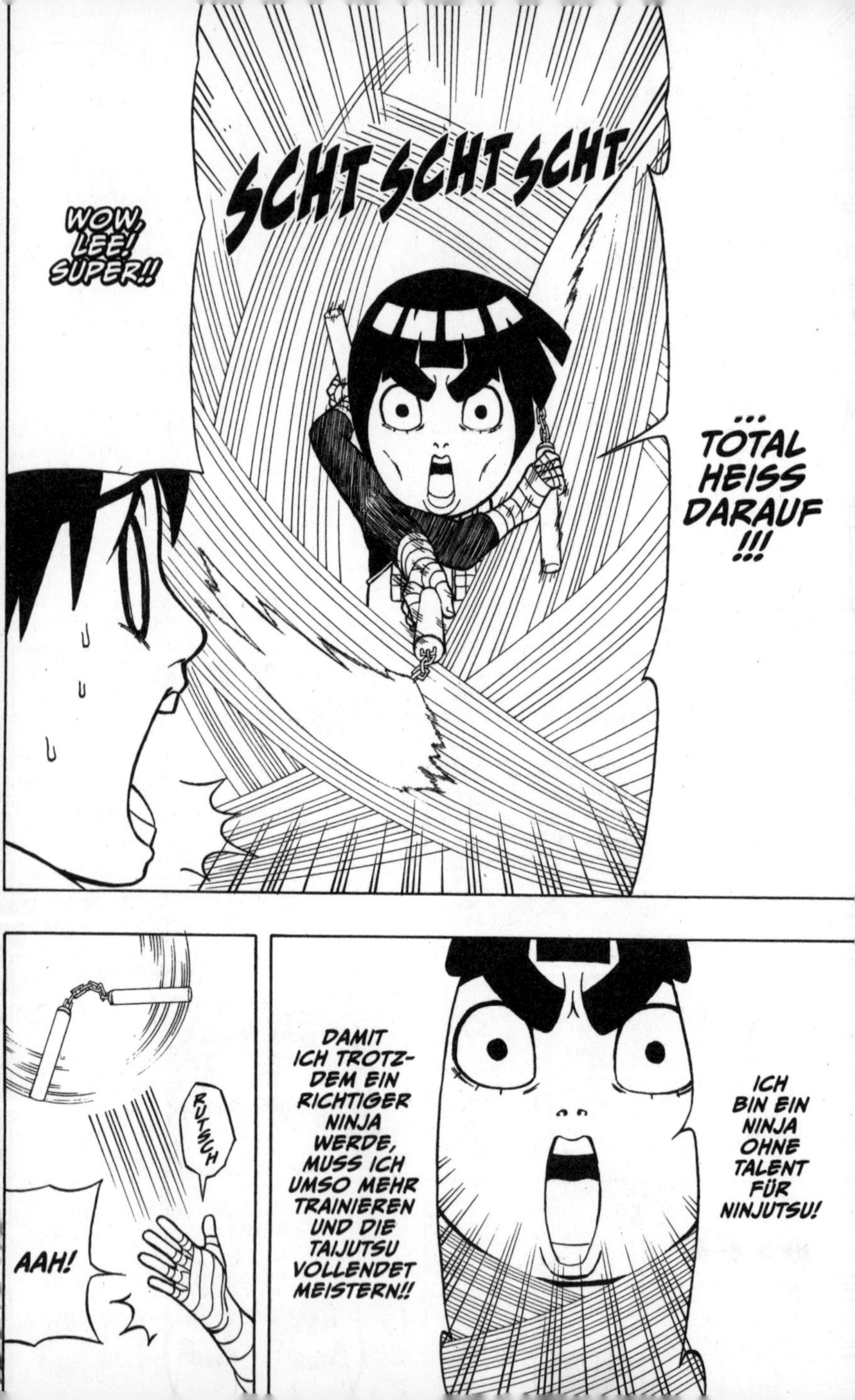
SCHT SCHT SCHT
... TOTAL HEISS DARAUF!!!
WOW, LEE! SUPER!!
ICH BIN EIN NINJA OHNE TALENT FÜR NINJUTSU!
DAMIT ICH TROTZDEM EIN RICHTIGER NINJA WERDE, MUSS ICH UMSO MEHR TRAINIEREN UND DIE TAIJUTSU VOLLENDET MEISTERN!!
RUTSCH
AAH!

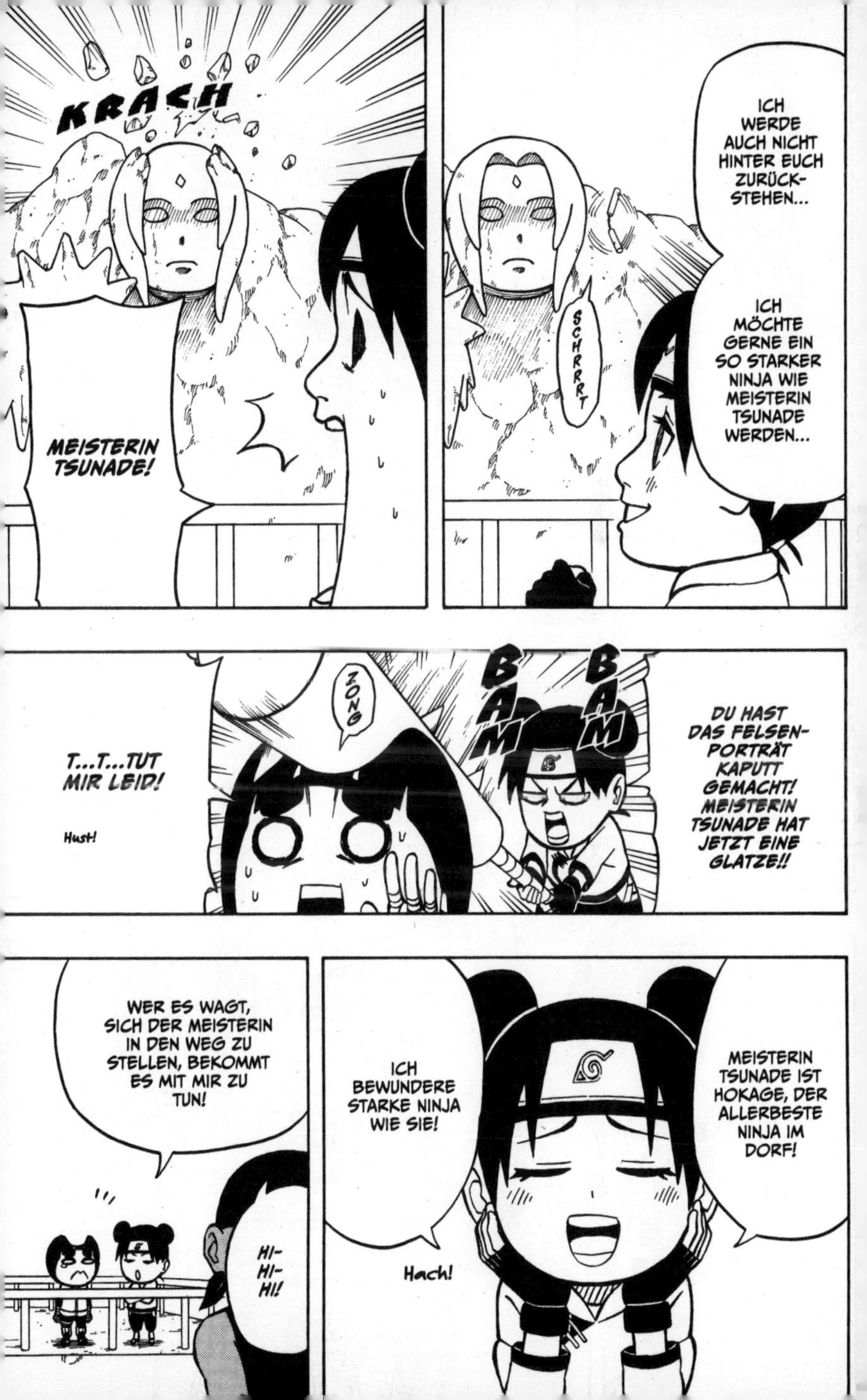
KRACH
MEISTERIN TSUNADE!
SCHRRRT
ICH WERDE AUCH NICHT HINTER EUCH ZURÜCK- STEHEN...
ICH MÖCHTE GERNE EIN SO STARKER NINJA WIE MEISTERIN TSUNADE WERDEN...
T...T...TUT MIR LEID!
Hust!
ZONG
BAM
BAM
DU HAST DAS FELSEN- PORTRÄT KAPUTT GEMACHT! MEISTERIN TSUNADE HAT JETZT EINE GLATZE!!
WER ES WAGT, SICH DER MEISTERIN IN DEN WEG ZU STELLEN, BEKOMMT ES MIT MIR ZU TUN!
HI- HI- HI!
ICH BEWUNDERE STARKE NINJA WIE SIE!
MEISTERIN TSUNADE IST HOKAGE, DER ALLERBESTE NINJA IM DORF!
Hach!

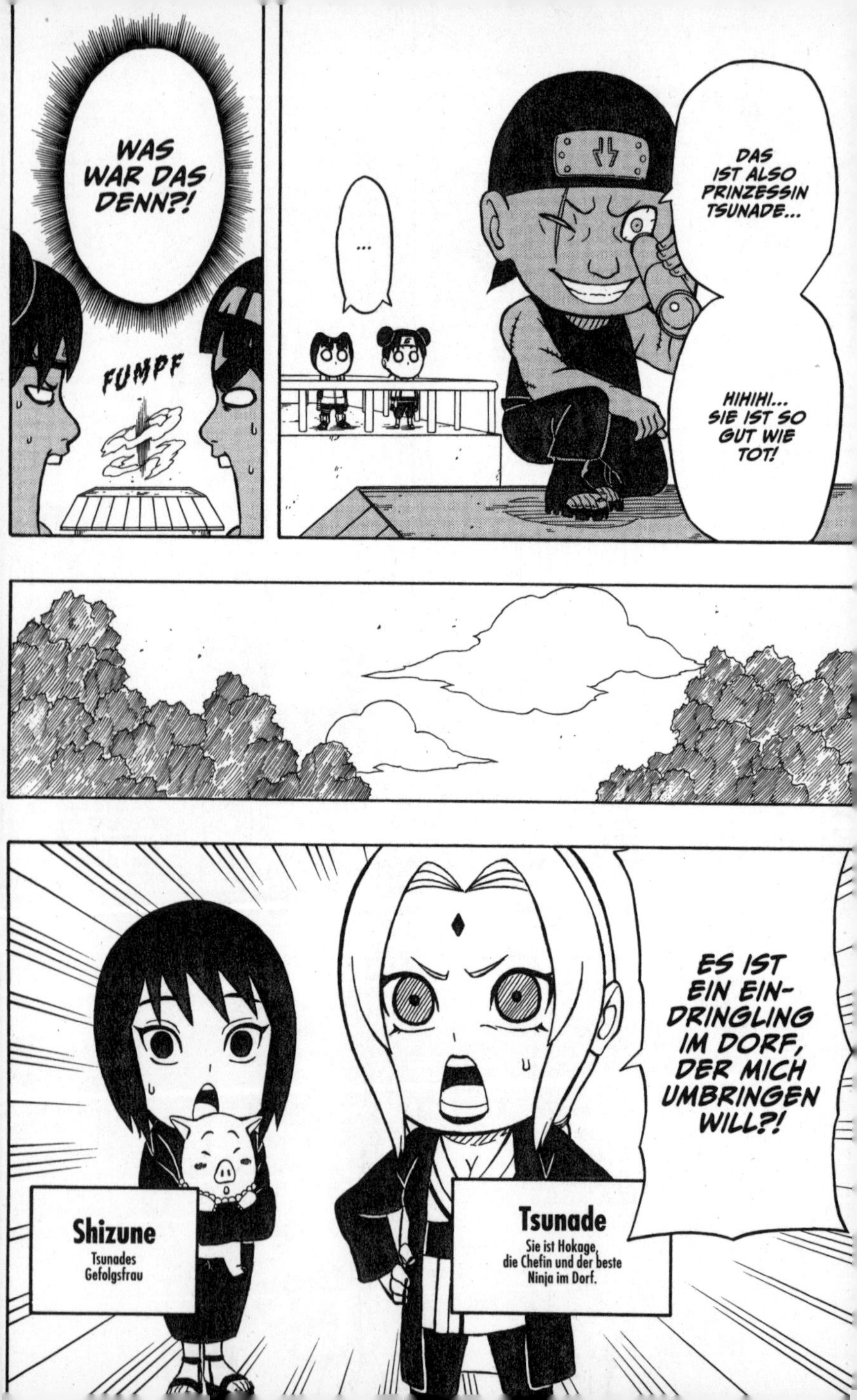
DAS IST ALSO PRINZESSIN TSUNADE...
HIHIHI... SIE IST SO GUT WIE TOT!
...
WAS WAR DAS DENN?!
FUMPF
ES IST EIN EIN-DRINGLING IM DORF, DER MICH UMBRINGEN WILL?!
Tsunade
Sie ist Hokage, die Chefin und der beste Ninja im Dorf.
Shizune
Tsunades Gefolgsfrau

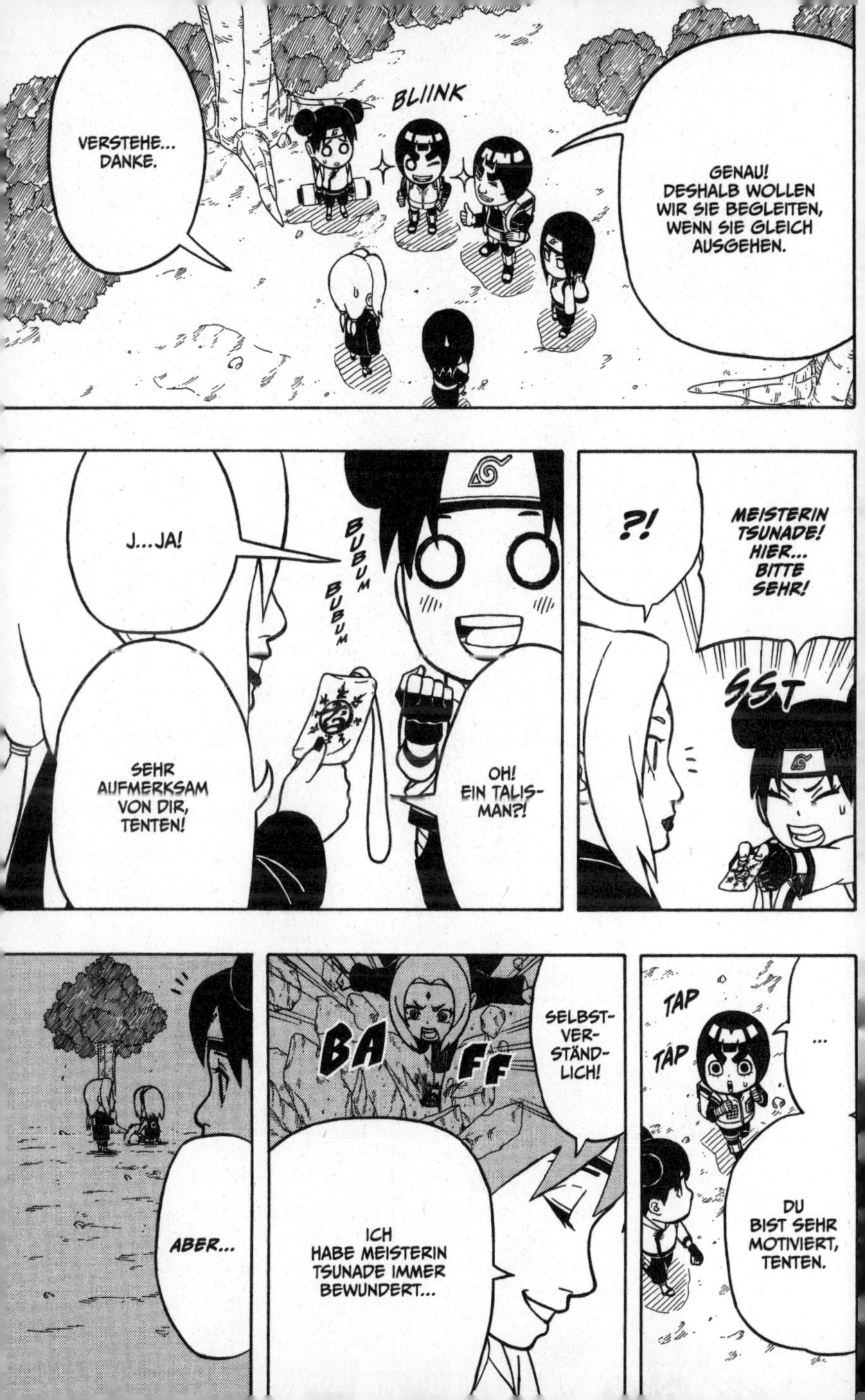
GENAU! DESHALB WOLLEN WIR SIE BEGLEITEN, WENN SIE GLEICH AUSGEHEN.
BLIINK
VERSTEHE... DANKE.
MEISTERIN TSUNADE! HIER... BITTE SEHR!
?!
SST
OH! EIN TALIS-MAN?!
BUBUM
BUBUM
J...JA!
SEHR AUFMERKSAM VON DIR, TENTEN!
...
TAP
TAP
DU BIST SEHR MOTIVIERT, TENTEN.
SELBST-VER-STÄND-LICH!
BAFF
ICH HABE MEISTERIN TSUNADE IMMER BEWUNDERT...
ABER...

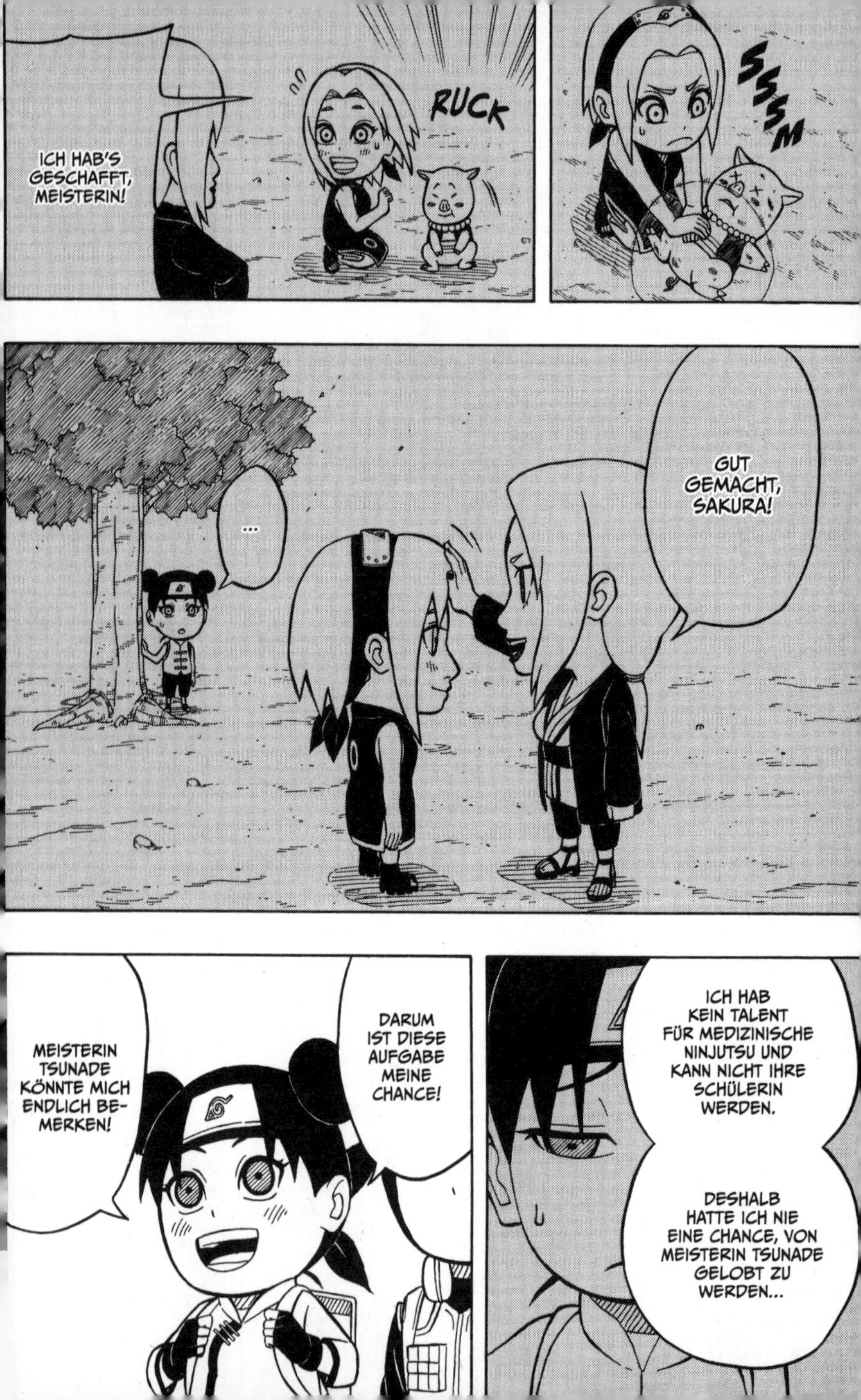
SSSM
RUCK
ICH HAB'S GESCHAFFT, MEISTERIN!
GUT GEMACHT, SAKURA!
...
ICH HAB KEIN TALENT FÜR MEDIZINISCHE NINJUTSU UND KANN NICHT IHRE SCHÜLERIN WERDEN.
DESHALB HATTE ICH NIE EINE CHANCE, VON MEISTERIN TSUNADE GELOBT ZU WERDEN...
DARUM IST DIESE AUFGABE MEINE CHANCE!
MEISTERIN TSUNADE KÖNNTE MICH ENDLICH BE-MERKEN!

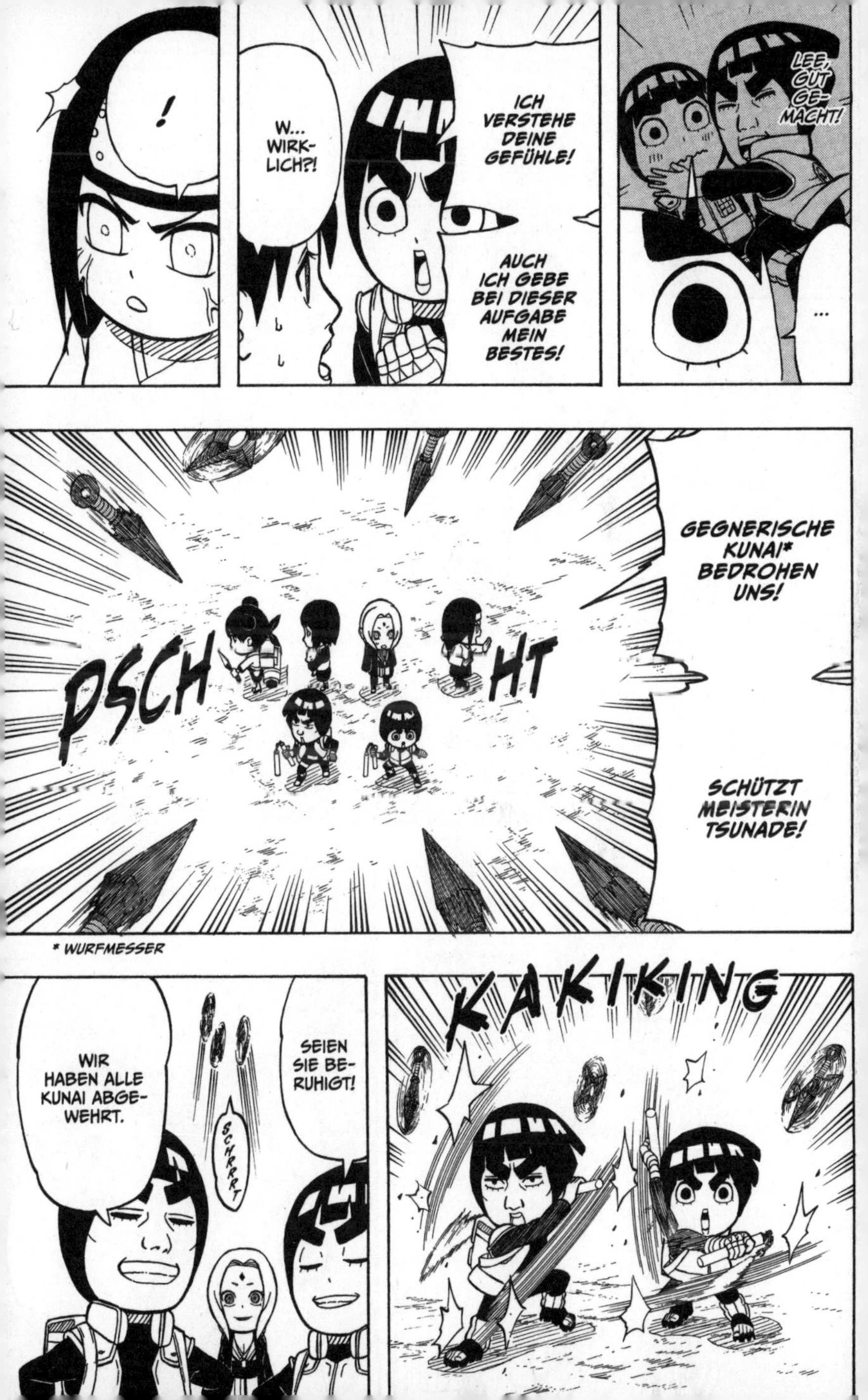
LEE, GUT GE-MACHT!
...
ICH VERSTEHE DEINE GEFÜHLE!
AUCH ICH GEBE BEI DIESER AUFGABE MEIN BESTES!
W... WIRK-LICH?!
!
GEGNERISCHE KUNAI* BEDROHEN UNS!
SCHÜTZT MEISTERIN TSUNADE!
PSCH HT
KAKIKING
SEIEN SIE BE-RUHIGT!
SCHRRRT
WIR HABEN ALLE KUNAI ABGE-WEHRT.

* WURFMESSER

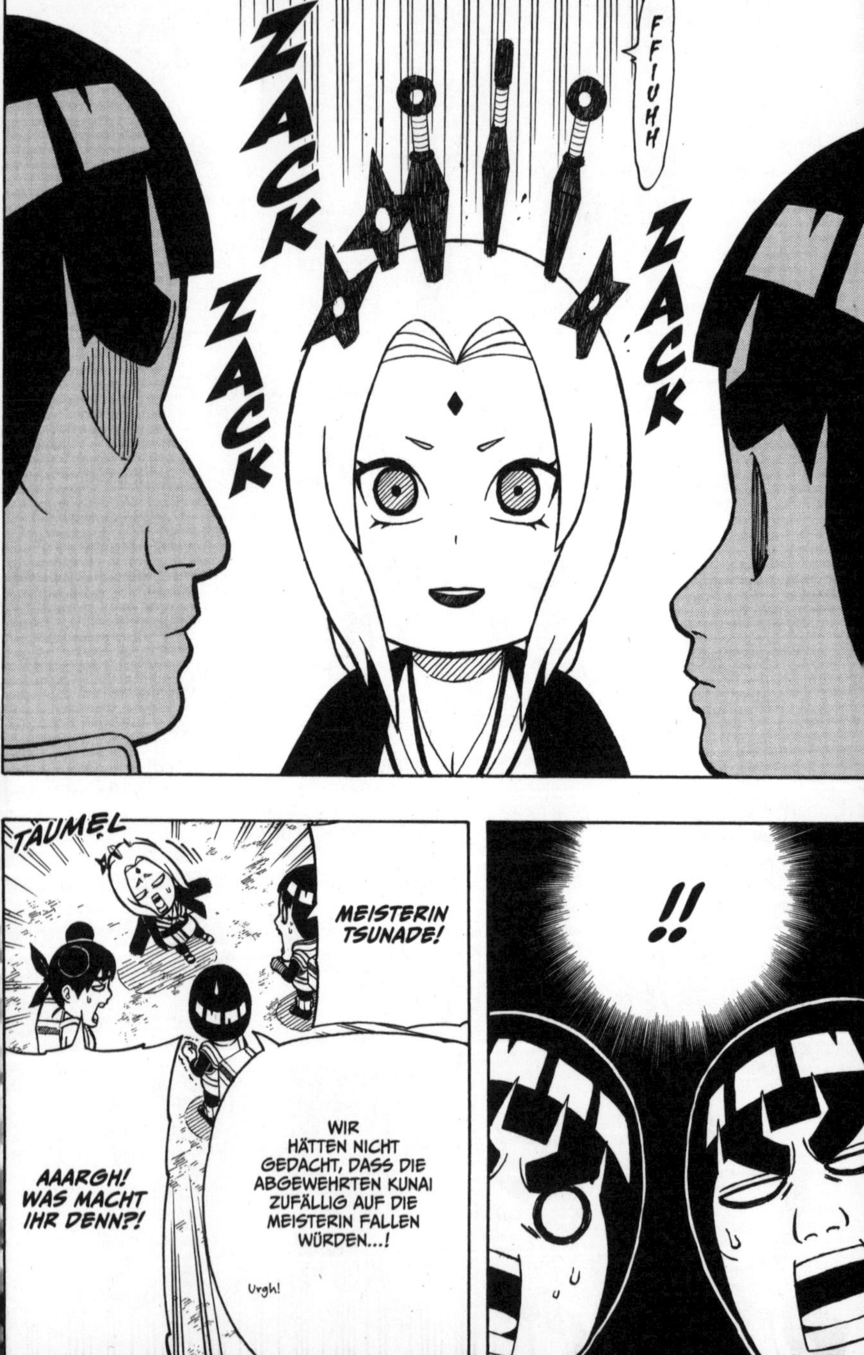
FFIUHH
ZACK
ZACK
ZACK
!!
MEISTERIN TSUNADE!
TAUMEL
WIR HÄTTEN NICHT GEDACHT, DASS DIE ABGEWEHRTEN KUNAI ZUFÄLLIG AUF DIE MEISTERIN FALLEN WÜRDEN...!
Urgh!
AAARGH! WAS MACHT IHR DENN?!

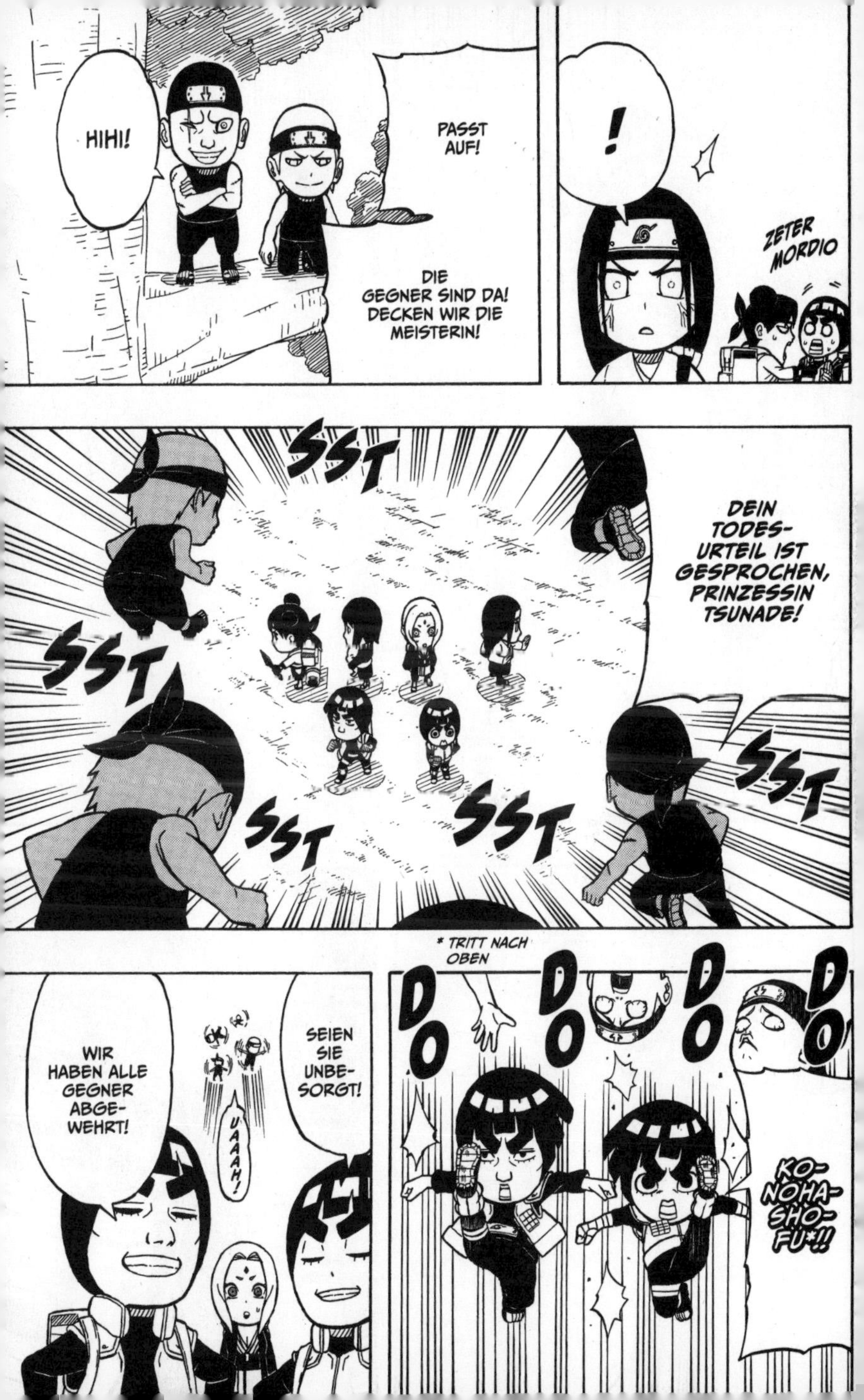

!
ZETER MORDIO
PASST AUF!
DIE GEGNER SIND DA! DECKEN WIR DIE MEISTERIN!
HIHI!
SST
DEIN TODES-URTEIL IST GESPROCHEN, PRINZESSIN TSUNADE!
SST
SST
SST
SST
DO
DO
DO
DO
KO-NOHA-SHO-FU*!!
* TRITT NACH OBEN
SEIEN SIE UNBE-SORGT!
UAAAH!
WIR HABEN ALLE GEGNER ABGE-WEHRT!

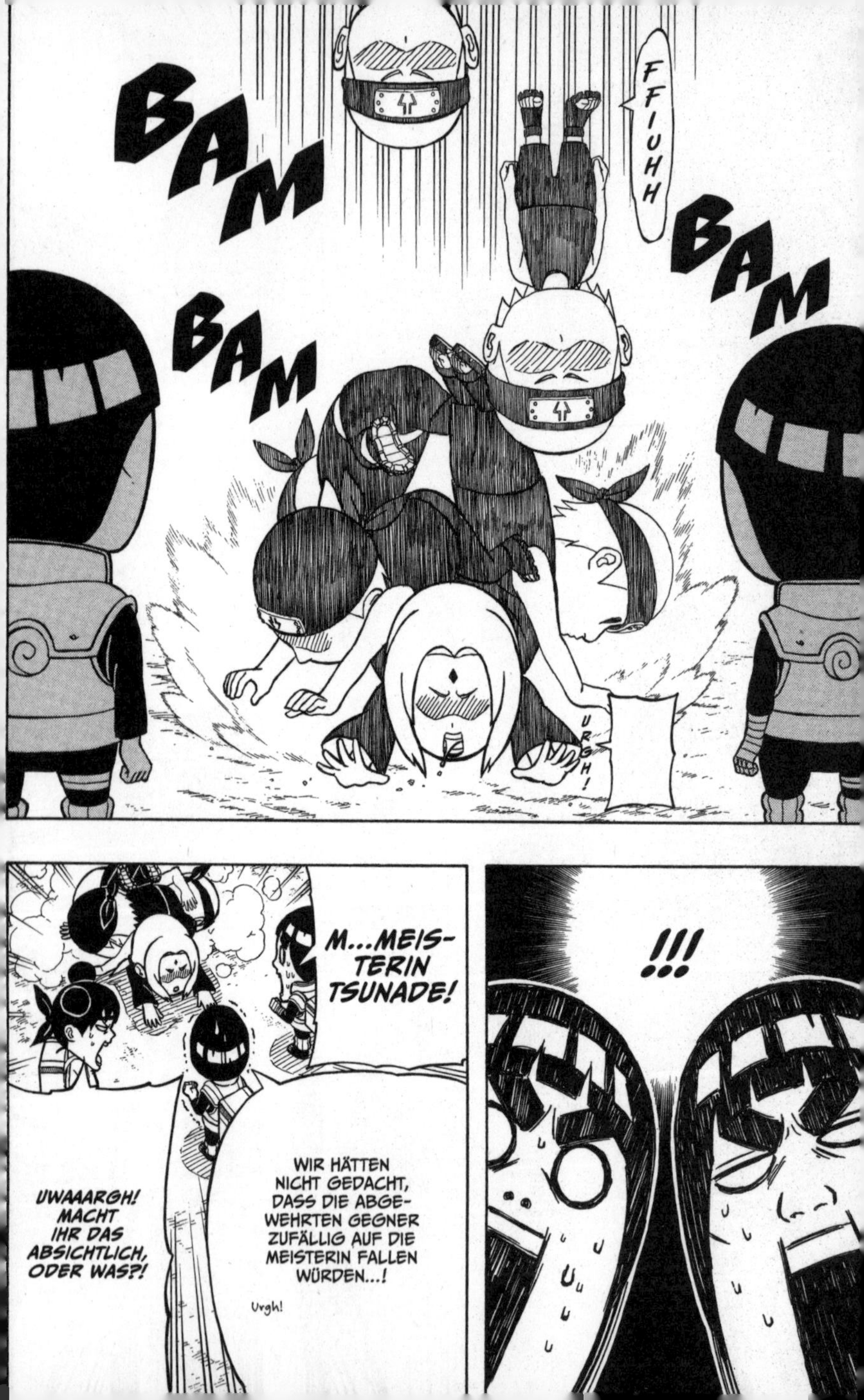

BAM
FFIUHH
BAM
BAM
URGH!
!!!
M...MEIS-TERIN TSUNADE!
WIR HÄTTEN NICHT GEDACHT, DASS DIE ABGE-WEHRTEN GEGNER ZUFÄLLIG AUF DIE MEISTERIN FALLEN WÜRDEN...!
Urgh!
UWAAARGH! MACHT IHR DAS ABSICHTLICH, ODER WAS?!

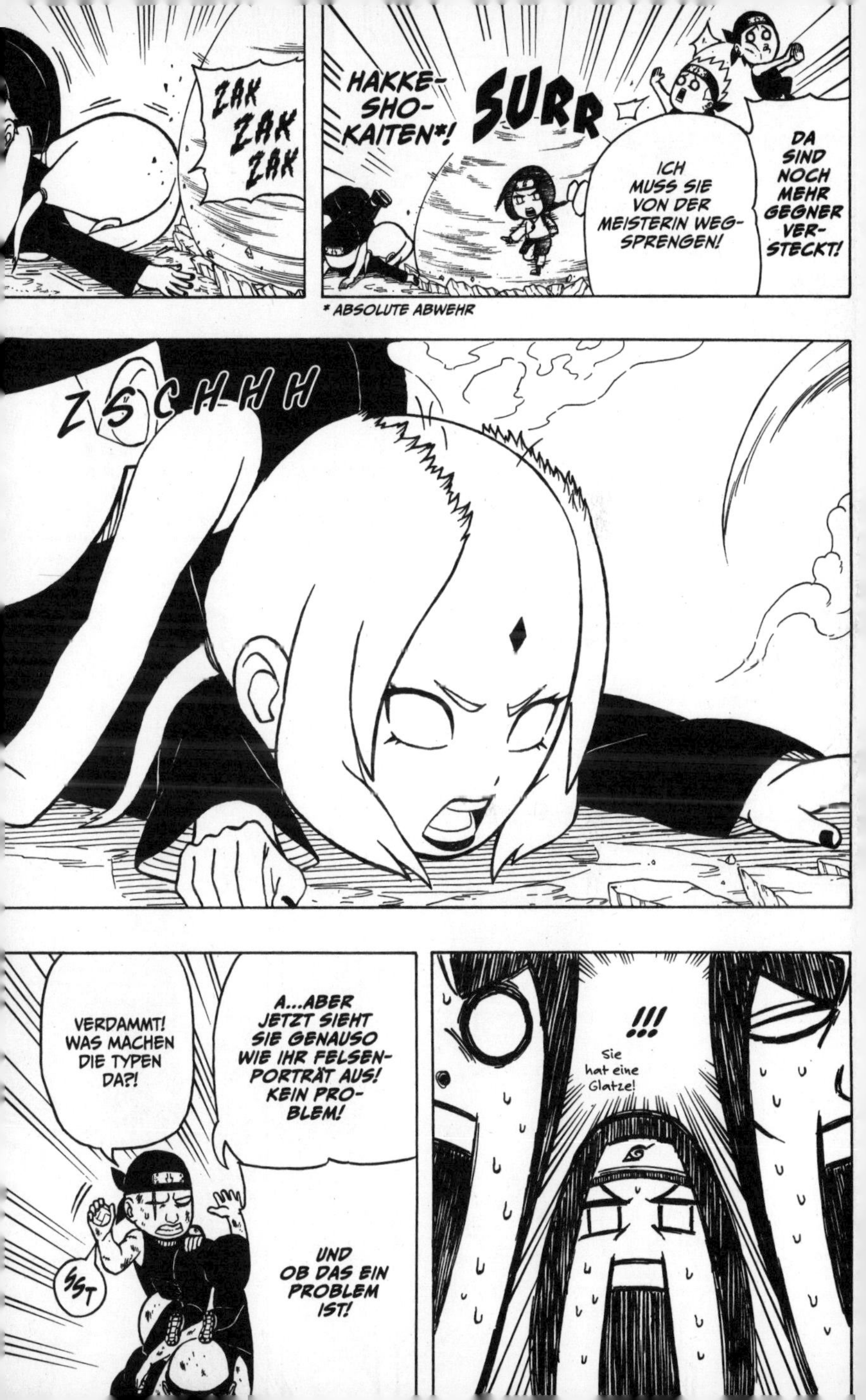
ZAK ZAK ZAK
HAKKE-SHO-KAITEN*!
SURR
DA SIND NOCH MEHR GEGNER VER-STECKT!
ICH MUSS SIE VON DER MEISTERIN WEG-SPRENGEN!
* ABSOLUTE ABWEHR
ZSCHHHH
A...ABER JETZT SIEHT SIE GENAUSO WIE IHR FELSEN-PORTRÄT AUS! KEIN PRO-BLEM!
VERDAMMT! WAS MACHEN DIE TYPEN DA?!
SST
!!!
Sie hat eine Glatze!
UND OB DAS EIN PROBLEM IST!

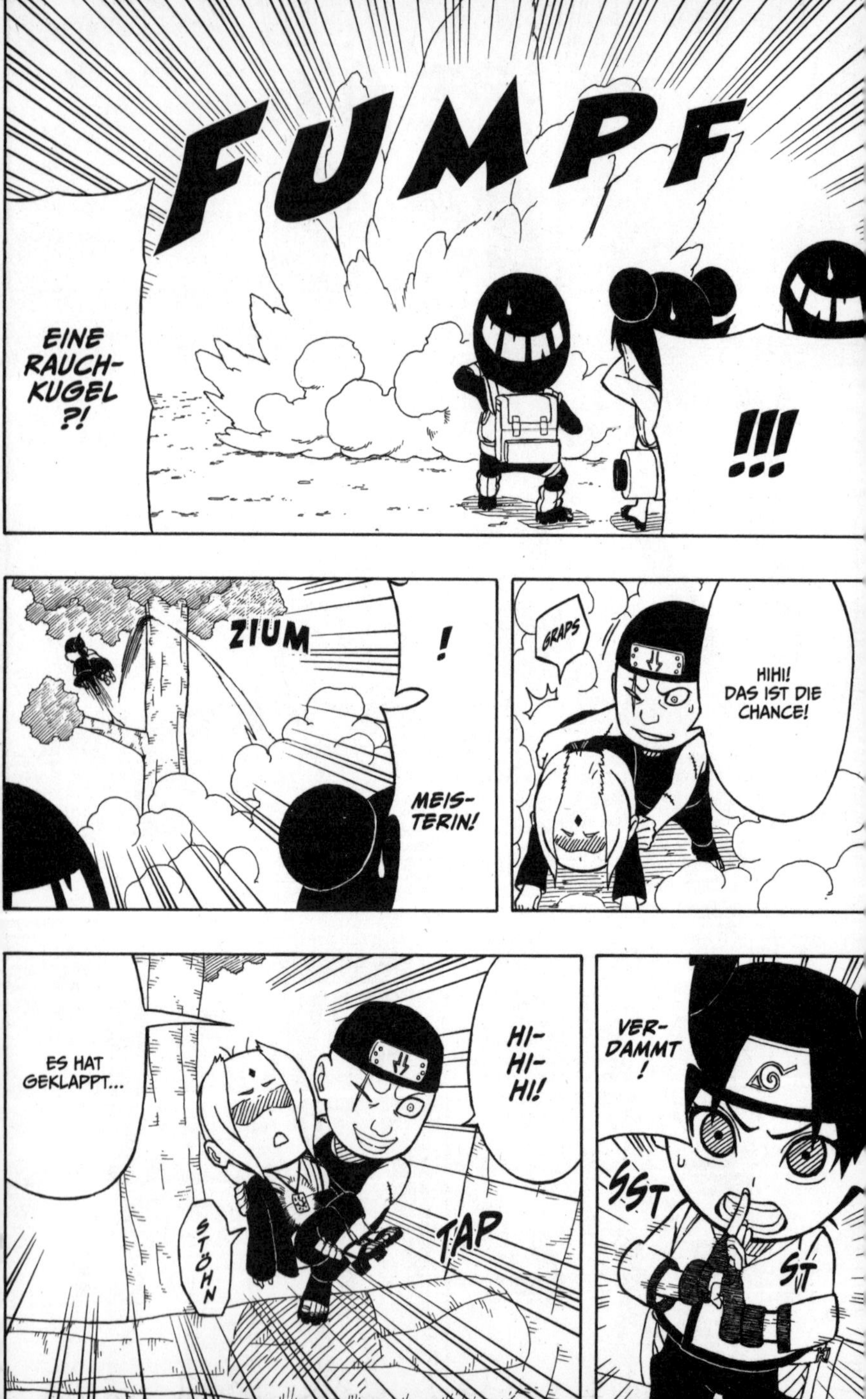
FUMPF
!!!
EINE RAUCHKUGEL?!
GRAPS
HIHI! DAS IST DIE CHANCE!
!
ZIUM
MEISTERIN!
VERDAMMT!
SST
ST
HI-HI-HI!
TAP
STÖHN
ES HAT GEKLAPPT...

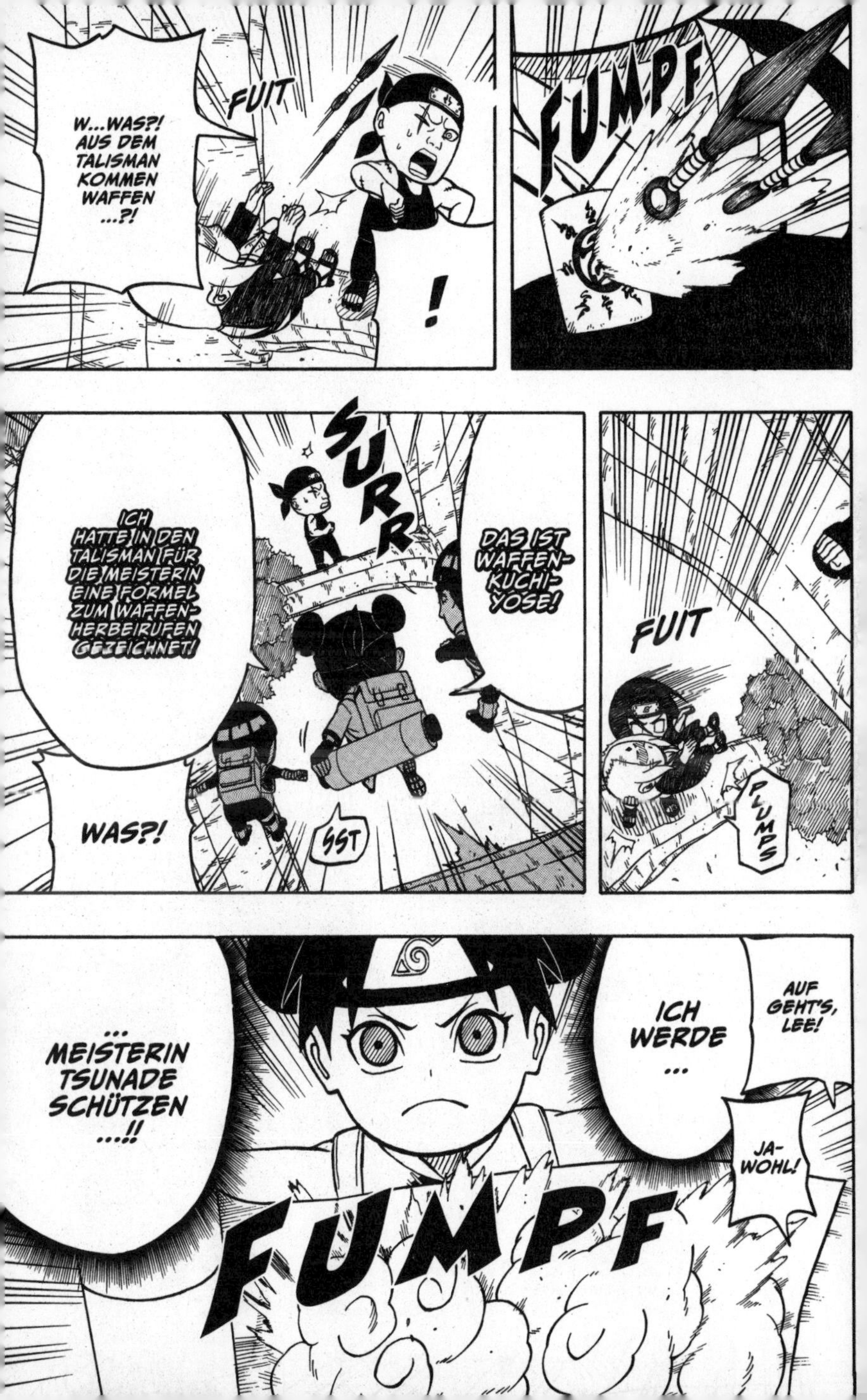
FUIT
W...WAS?! AUS DEM TALISMAN KOMMEN WAFFEN ...?!
!
FUMPF
SURR
DAS IST WAFFEN-KUCHI-YOSE!
ICH HATTE IN DEN TALISMAN FÜR DIE MEISTERIN EINE FORMEL ZUM WAFFEN-HERBEIRUFEN GEZEICHNET!
WAS?!
SST
FUIT
PLUMPS
AUF GEHT'S, LEE!
JA-WOHL!
ICH WERDE ...
... MEISTERIN TSUNADE SCHÜTZEN ...!!
FUMPF

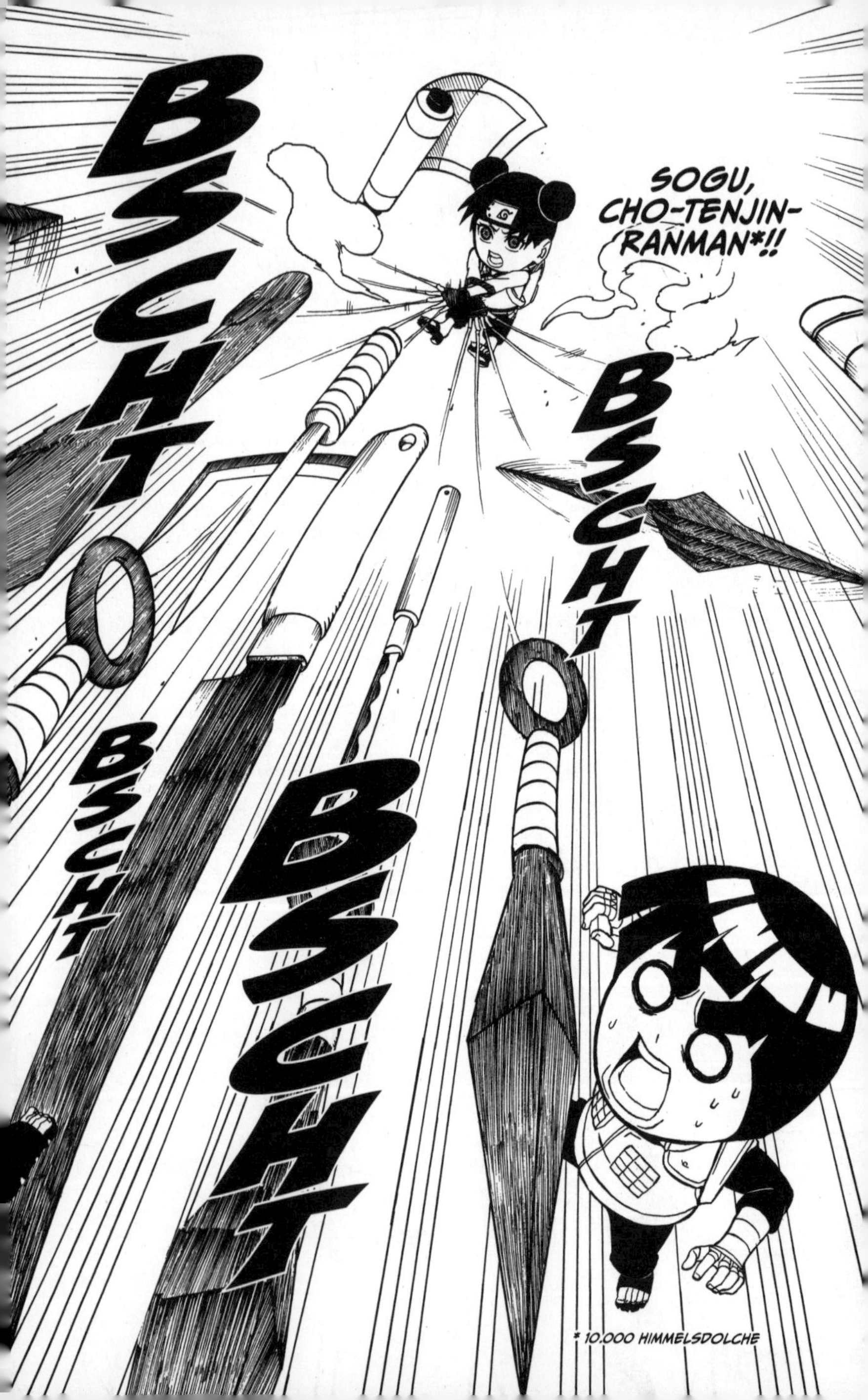
SOGU, CHO-TENJIN-RANMAN*!!
BSCHT
BSCHT
BSCHT
BSCHT
* 10.000 HIMMELSDOLCHE

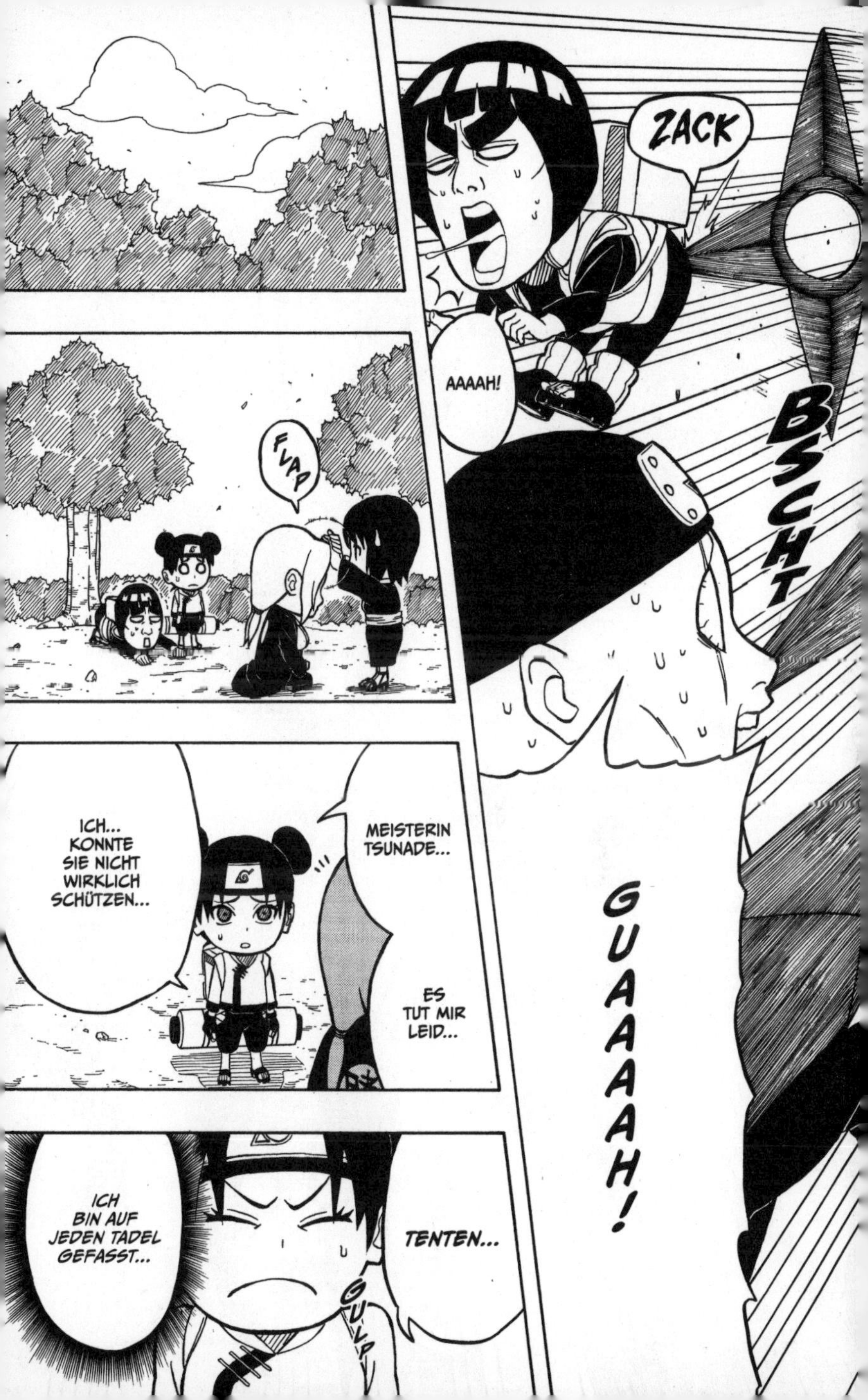
ZACK
AAAAH!
BSCHT
GUAAAAAAH!
FLAP
MEISTERIN TSUNADE...
ES TUT MIR LEID...
ICH... KONNTE SIE NICHT WIRKLICH SCHÜTZEN...
TENTEN...
GULP
ICH BIN AUF JEDEN TADEL GEFASST...

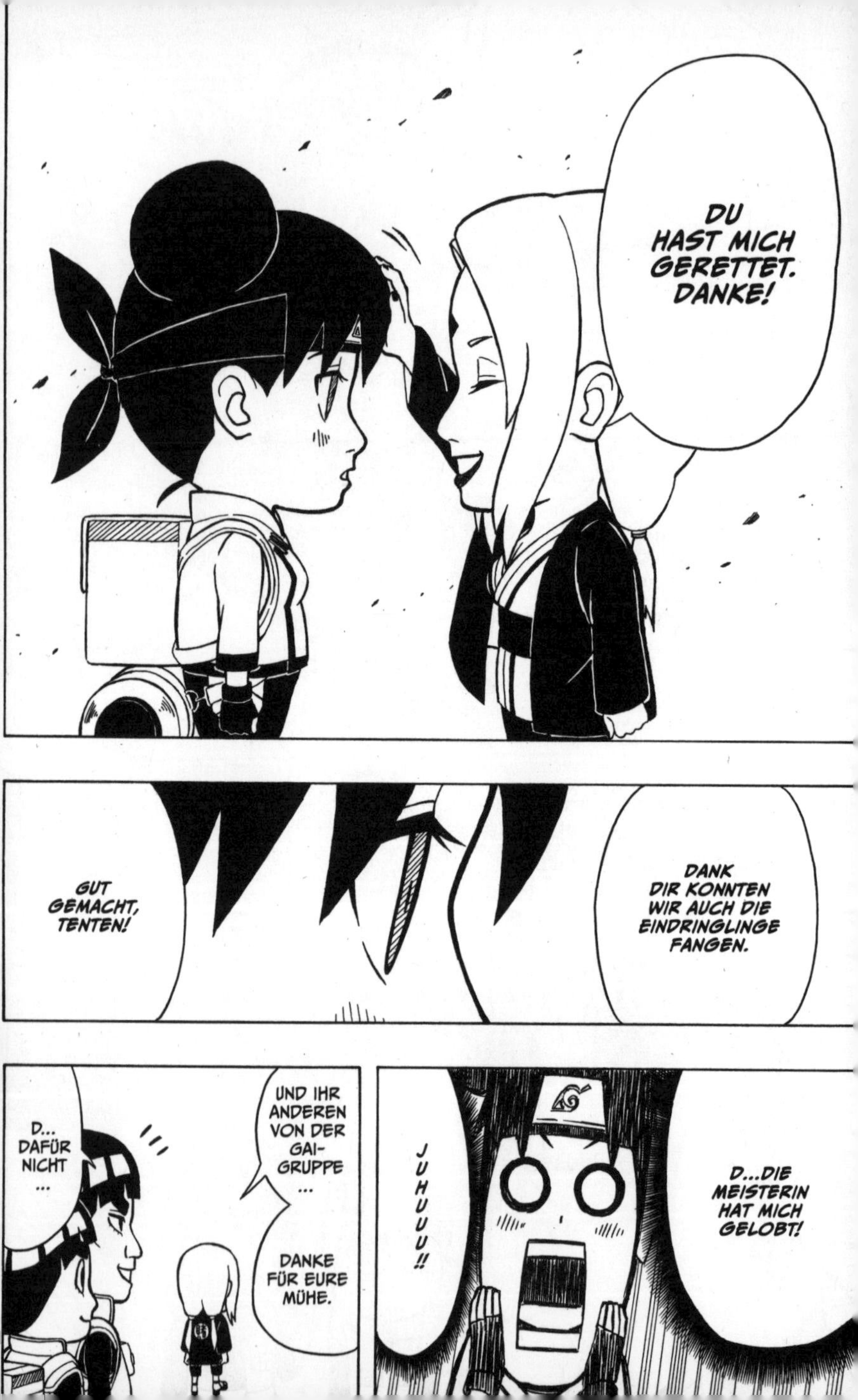
DU HAST MICH GERETTET. DANKE!
DANK DIR KONNTEN WIR AUCH DIE EINDRINGLINGE FANGEN.
GUT GEMACHT, TENTEN!
D...DIE MEISTERIN HAT MICH GELOBT!
JUHUUUU!!
UND IHR ANDEREN VON DER GAI-GRUPPE ...
DANKE FÜR EURE MÜHE.
D... DAFÜR NICHT ...

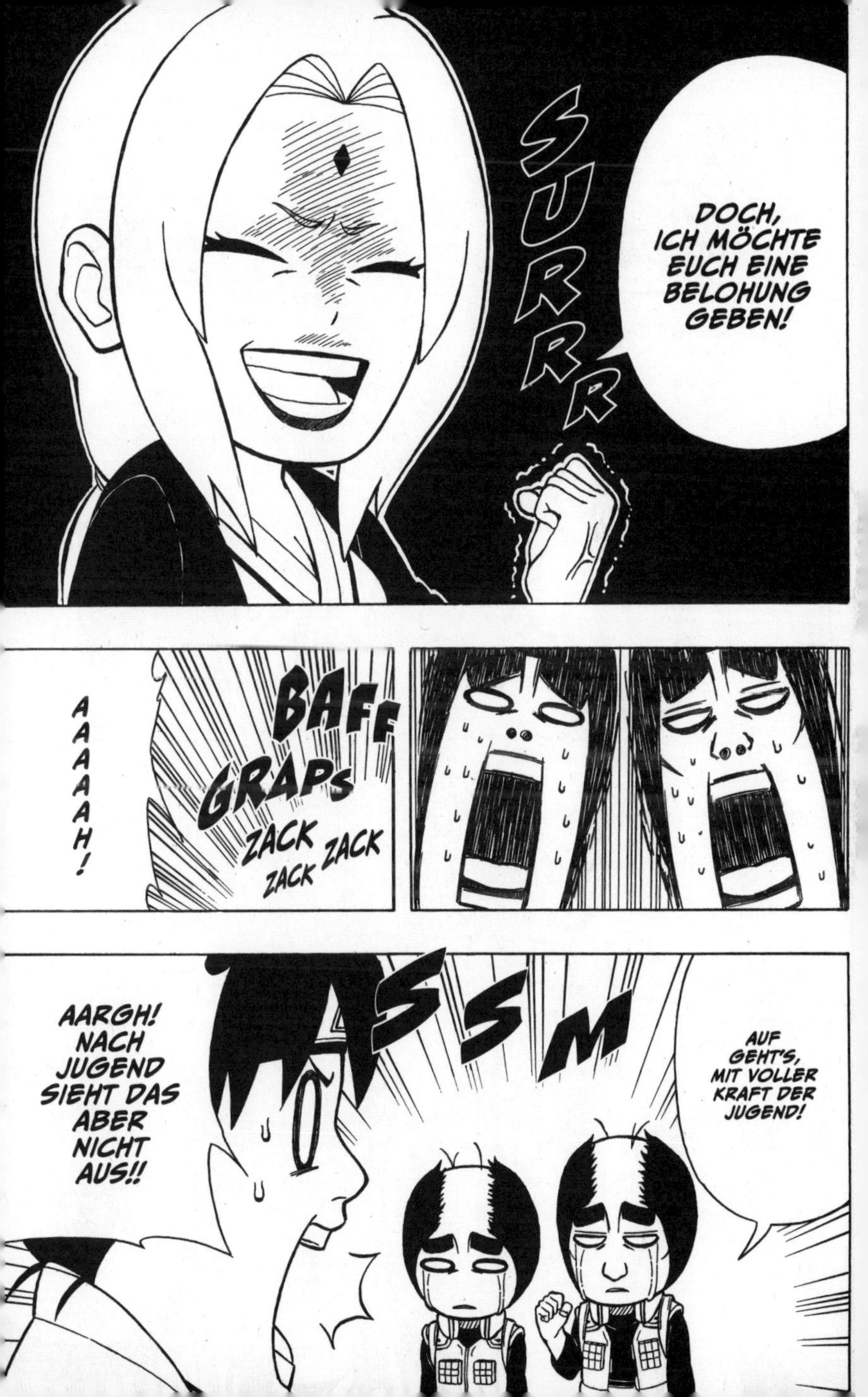
DOCH, ICH MÖCHTE EUCH EINE BELOHUNG GEBEN!
SURRR
BAFF
GRAPS
ZACK ZACK ZACK
AAAAAAH!
AUF GEHT'S, MIT VOLLER KRAFT DER JUGEND!
SSM
AARGH! NACH JUGEND SIEHT DAS ABER NICHT AUS!!

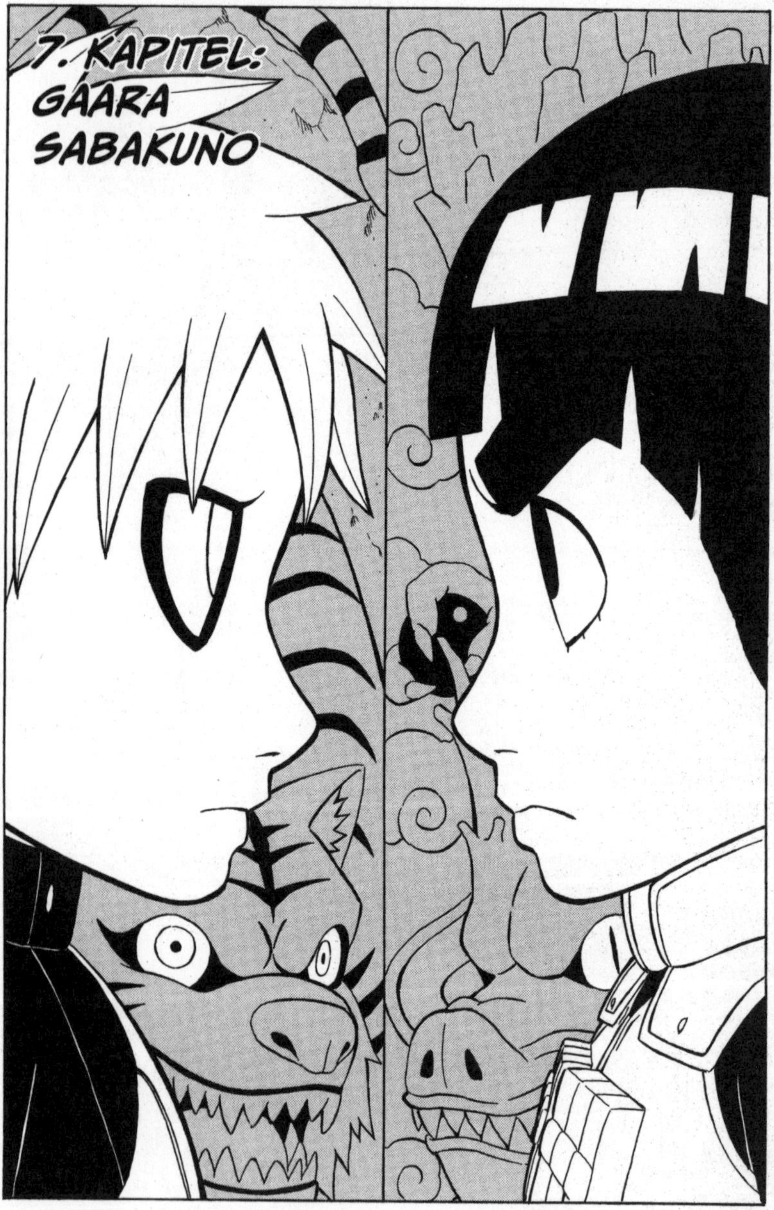
7. KAPITEL:
GAARA
SABAKUNO

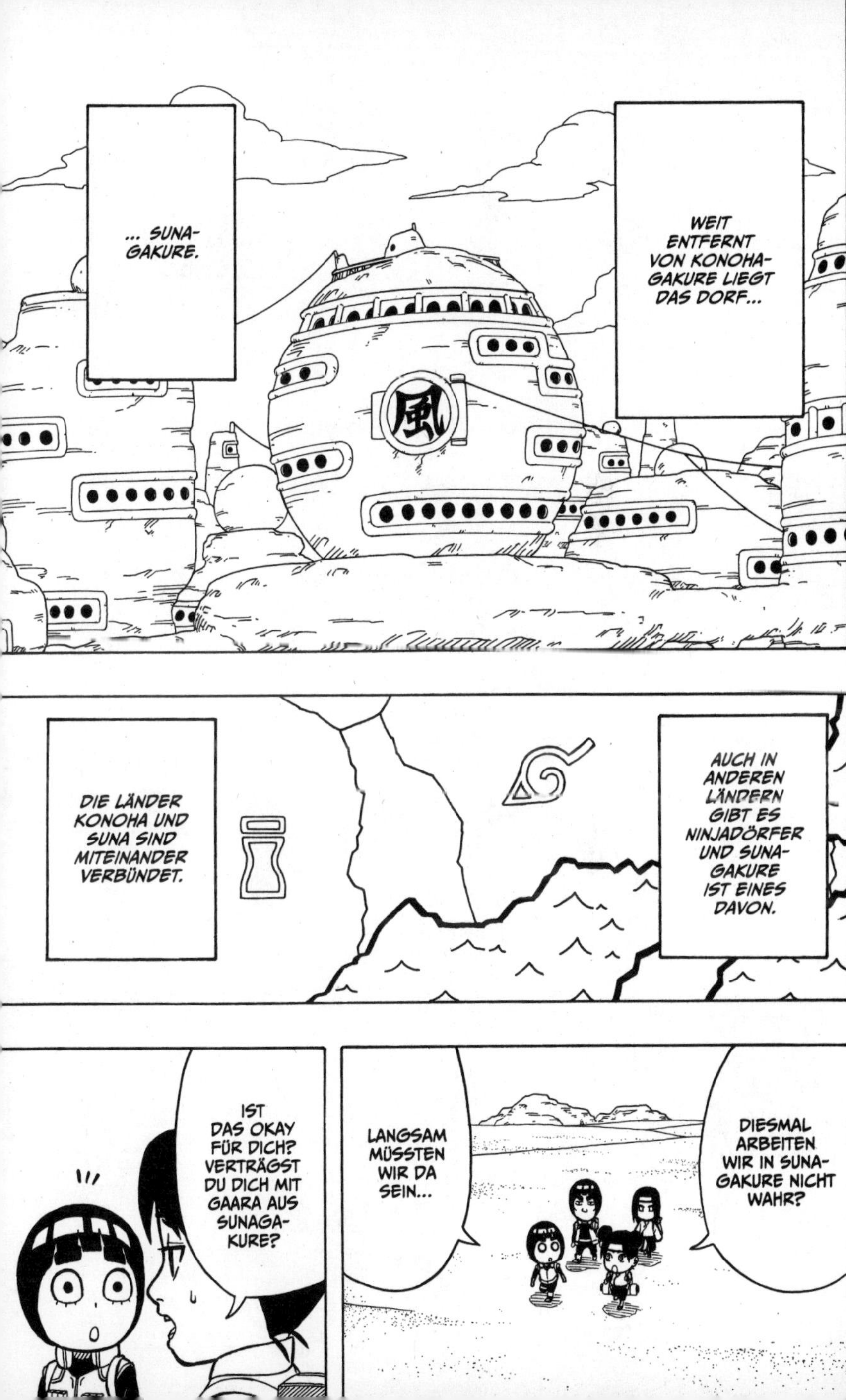
WEIT ENTFERNT VON KONOHA-GAKURE LIEGT DAS DORF...
... SUNA-GAKURE.
AUCH IN ANDEREN LÄNDERN GIBT ES NINJADÖRFER UND SUNA-GAKURE IST EINES DAVON.
DIE LÄNDER KONOHA UND SUNA SIND MITEINANDER VERBÜNDET.
DIESMAL ARBEITEN WIR IN SUNA-GAKURE NICHT WAHR?
LANGSAM MÜSSTEN WIR DA SEIN...
IST DAS OKAY FÜR DICH? VERTRÄGST DU DICH MIT GAARA AUS SUNAGA-KURE?

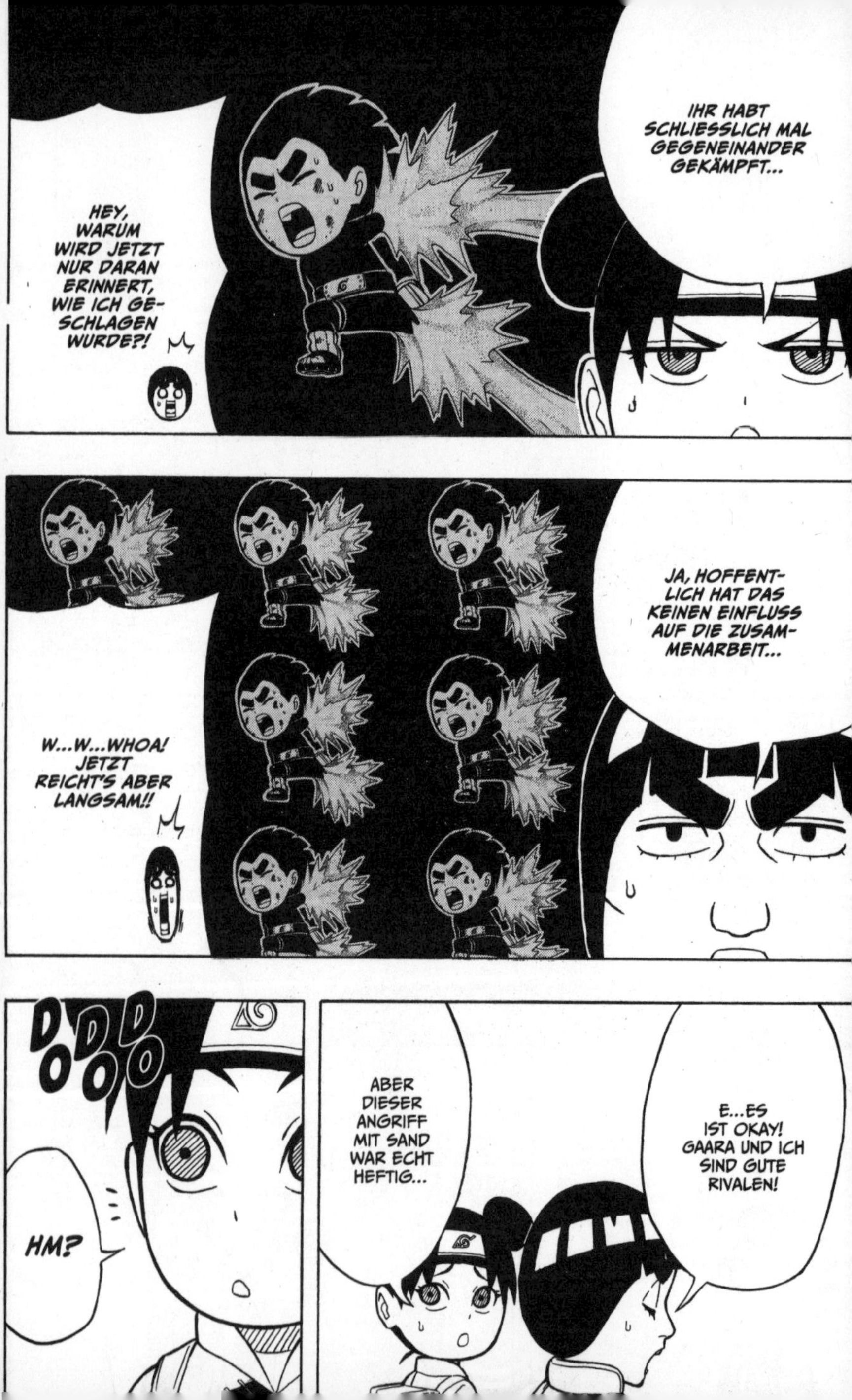

IHR HABT SCHLIESSLICH MAL GEGENEINANDER GEKÄMPFT...
HEY, WARUM WIRD JETZT NUR DARAN ERINNERT, WIE ICH GE-SCHLAGEN WURDE?!
JA, HOFFENT-LICH HAT DAS KEINEN EINFLUSS AUF DIE ZUSAM-MENARBEIT...
W...W...WHOA! JETZT REICHT'S ABER LANGSAM!!
E...ES IST OKAY! GAARA UND ICH SIND GUTE RIVALEN!
ABER DIESER ANGRIFF MIT SAND WAR ECHT HEFTIG...
DODODO
HM?

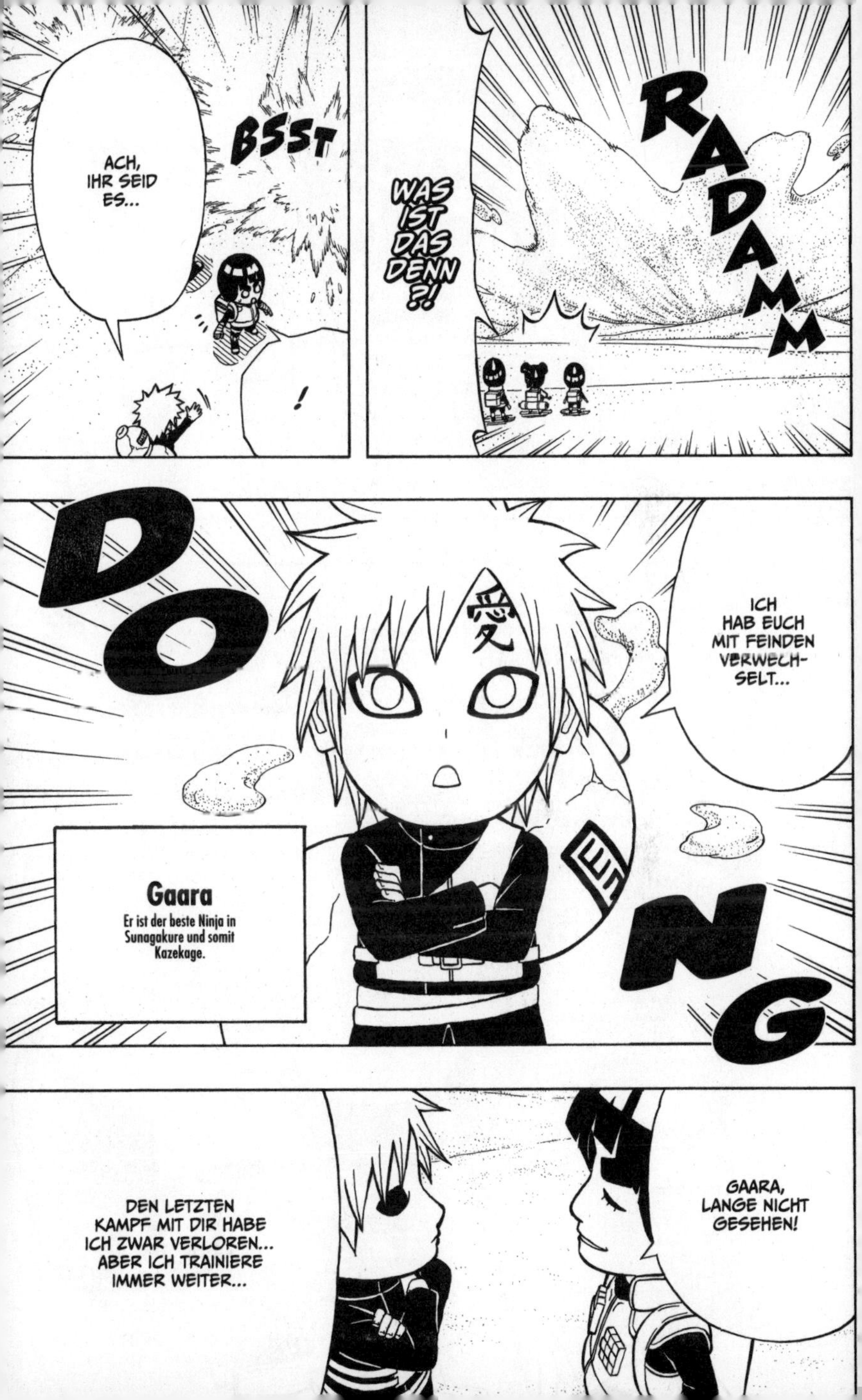
RADAMM
WAS IST DAS DENN ?!
BSST
ACH, IHR SEID ES...
!
DOONG
ICH HAB EUCH MIT FEINDEN VERWECH-SELT...
Gaara
Er ist der beste Ninja in Sunagakure und somit Kazekage.
GAARA, LANGE NICHT GESEHEN!
DEN LETZTEN KAMPF MIT DIR HABE ICH ZWAR VERLOREN... ABER ICH TRAINIERE IMMER WEITER...

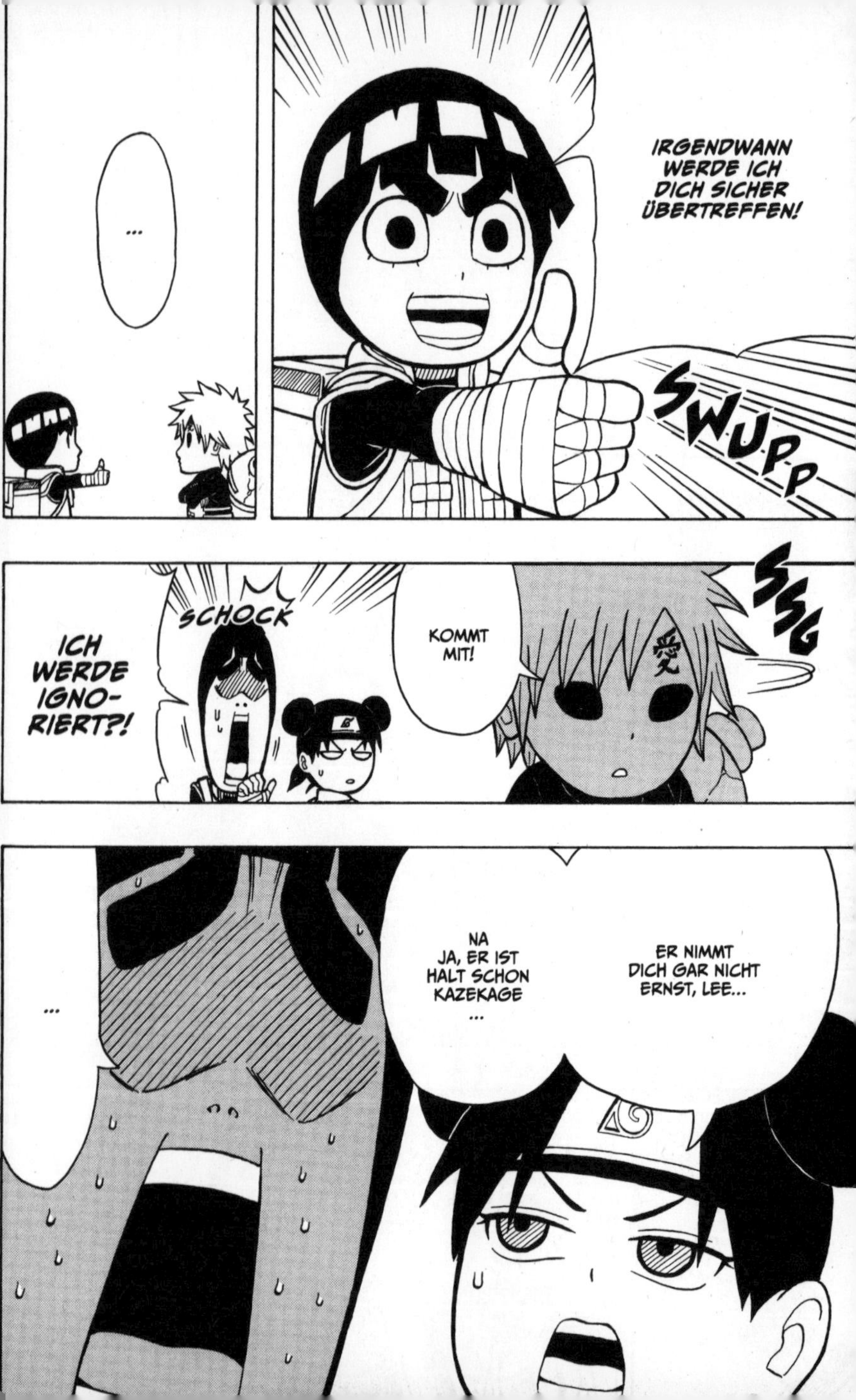
IRGENDWANN WERDE ICH DICH SICHER ÜBERTREFFEN!
SWUPP
...
SSG
KOMMT MIT!
SCHOCK
ICH WERDE IGNO-RIERT?!
ER NIMMT DICH GAR NICHT ERNST, LEE...
NA JA, ER IST HALT SCHON KAZEKAGE ...
...

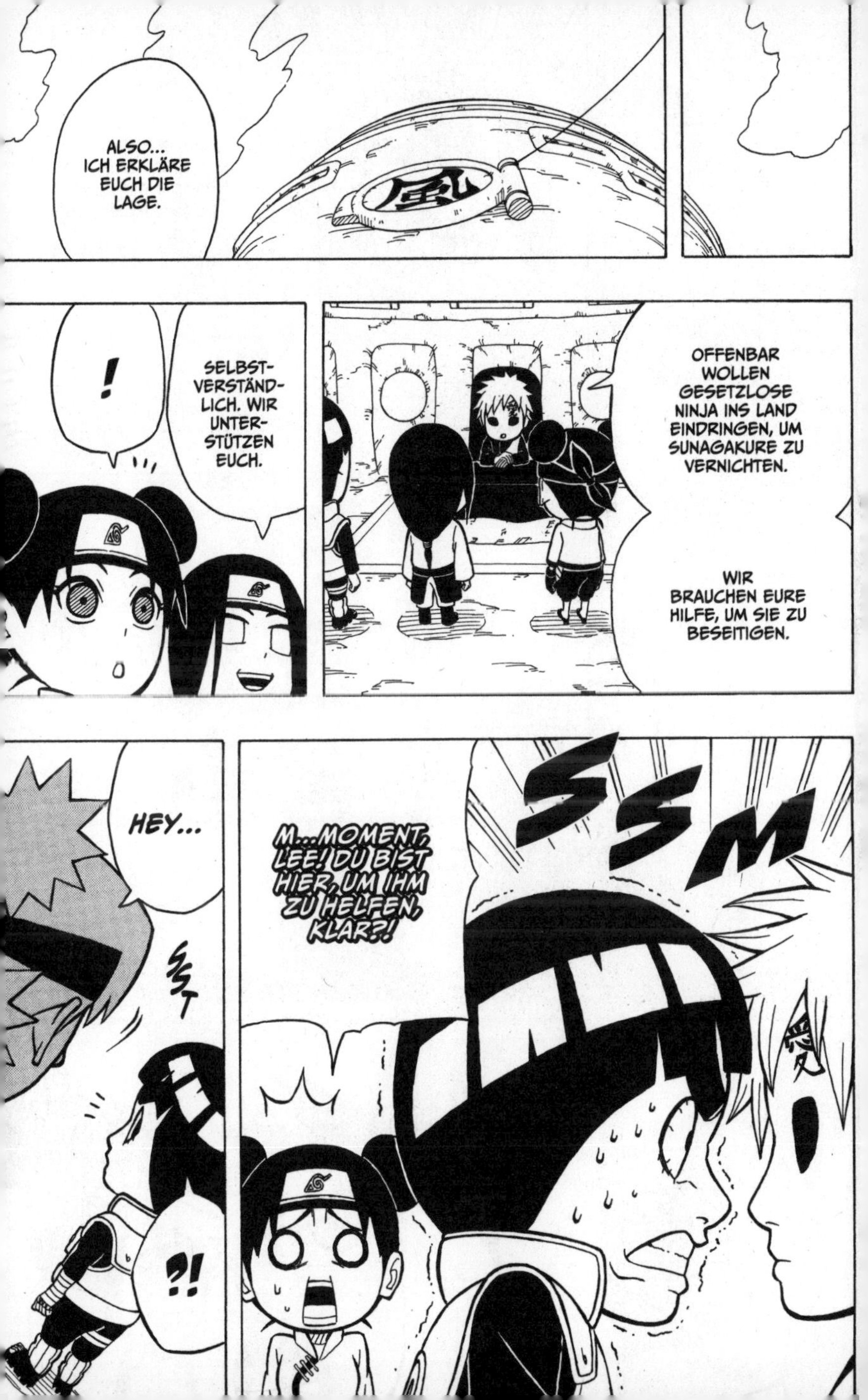

ALSO... ICH ERKLÄRE EUCH DIE LAGE.
OFFENBAR WOLLEN GESETZLOSE NINJA INS LAND EINDRINGEN, UM SUNAGAKURE ZU VERNICHTEN.
WIR BRAUCHEN EURE HILFE, UM SIE ZU BESEITIGEN.
SELBST-VERSTÄNDLICH. WIR UNTER-STÜTZEN EUCH.
!
SSM
M...MOMENT, LEE! DU BIST HIER, UM IHM ZU HELFEN, KLAR?!
HEY...
SST
?!

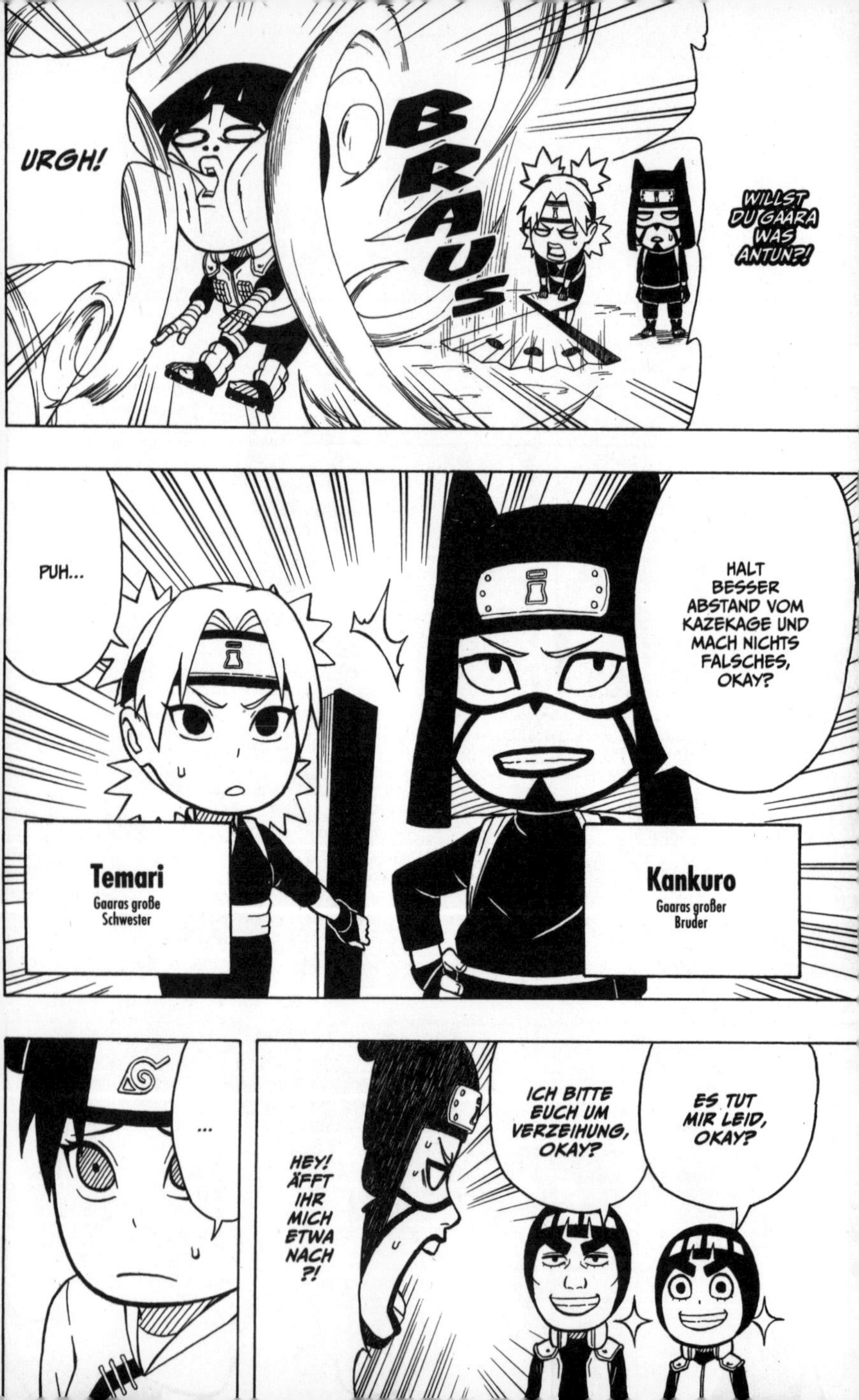

WILLST DU GAARA WAS ANTUN?!
BRAUS
URGH!
HALT BESSER ABSTAND VOM KAZEKAGE UND MACH NICHTS FALSCHES, OKAY?
Kankuro
Gaaras großer Bruder
Temari
Gaaras große Schwester
PUH...
ES TUT MIR LEID, OKAY?
ICH BITTE EUCH UM VERZEIHUNG, OKAY?
HEY! ÄFFT IHR MICH ETWA NACH?!
...

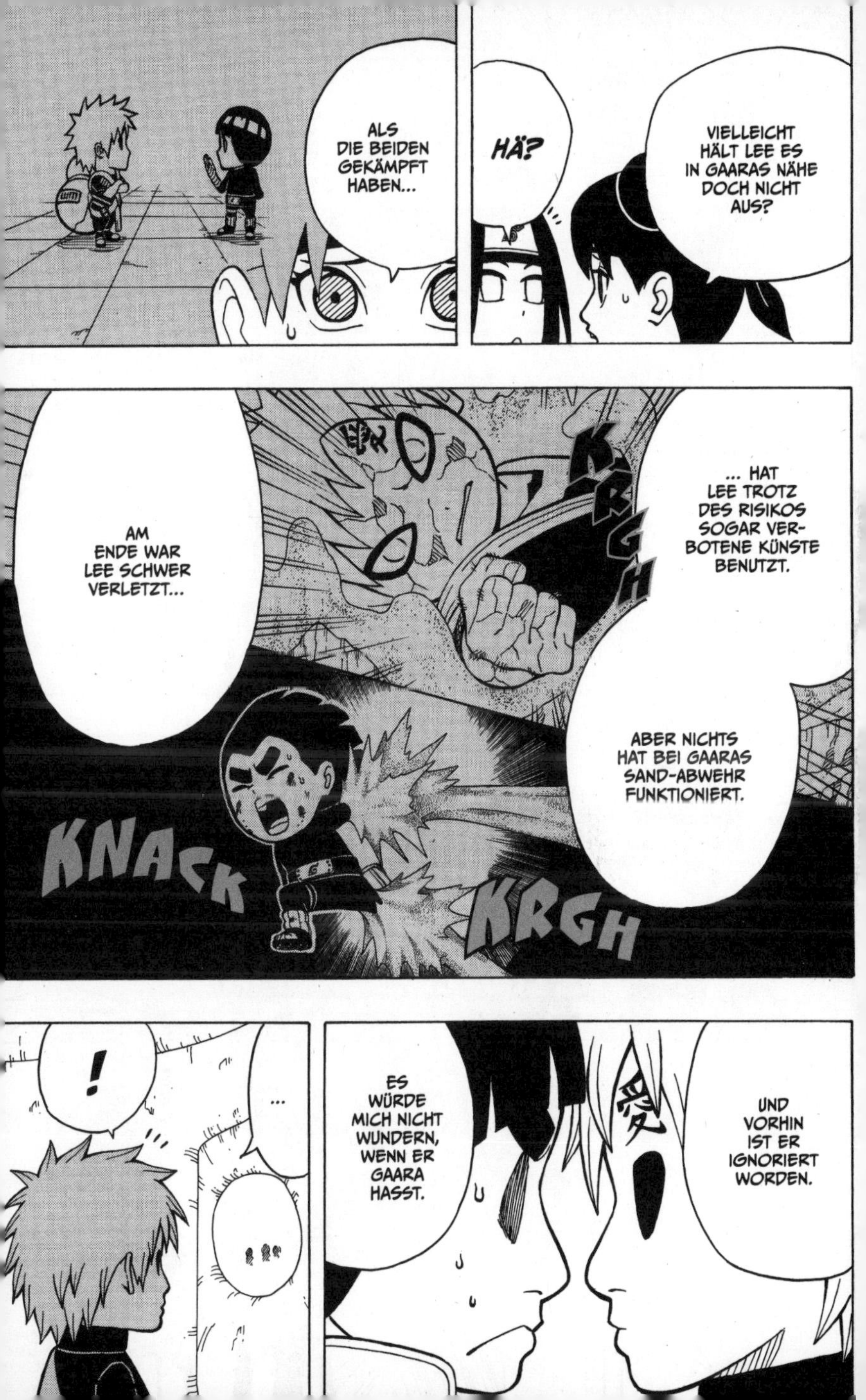
VIELLEICHT HÄLT LEE ES IN GAARAS NÄHE DOCH NICHT AUS?
HÄ?
ALS DIE BEIDEN GEKÄMPFT HABEN...
... HAT LEE TROTZ DES RISIKOS SOGAR VERBOTENE KÜNSTE BENUTZT.
KRGH
ABER NICHTS HAT BEI GAARAS SAND-ABWEHR FUNKTIONIERT.
KRGH
KNACK
AM ENDE WAR LEE SCHWER VERLETZT...
UND VORHIN IST ER IGNORIERT WORDEN.
ES WÜRDE MICH NICHT WUNDERN, WENN ER GAARA HASST.
...
!

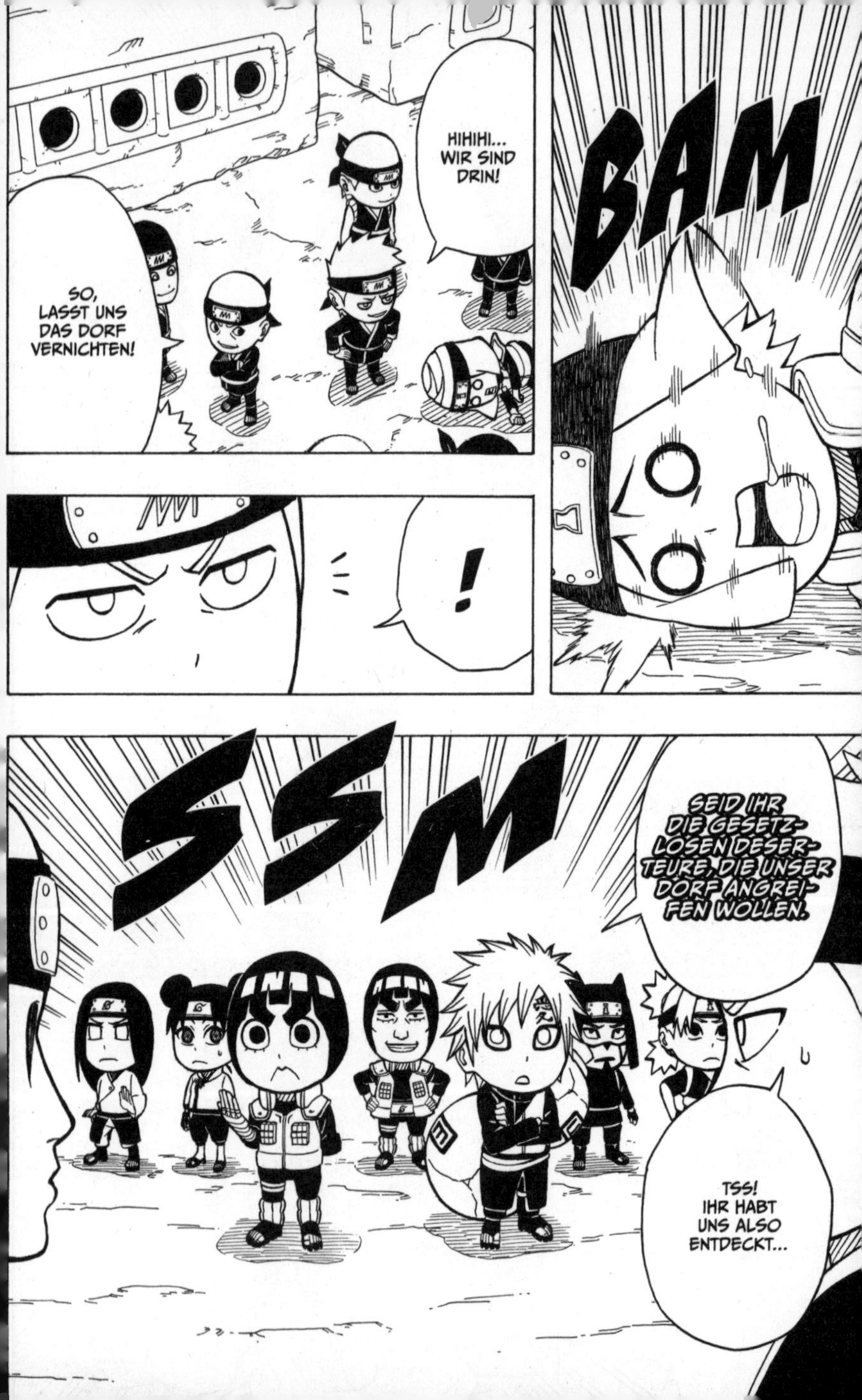
BAM
HIHIHI... WIR SIND DRIN!
SO, LASST UNS DAS DORF VERNICHTEN!
!
SSM
SEID IHR DIE GESETZ-LOSEN DESER-TEURE, DIE UNSER DORF ANGREI-FEN WOLLEN.
TSS! IHR HABT UNS ALSO ENTDECKT...

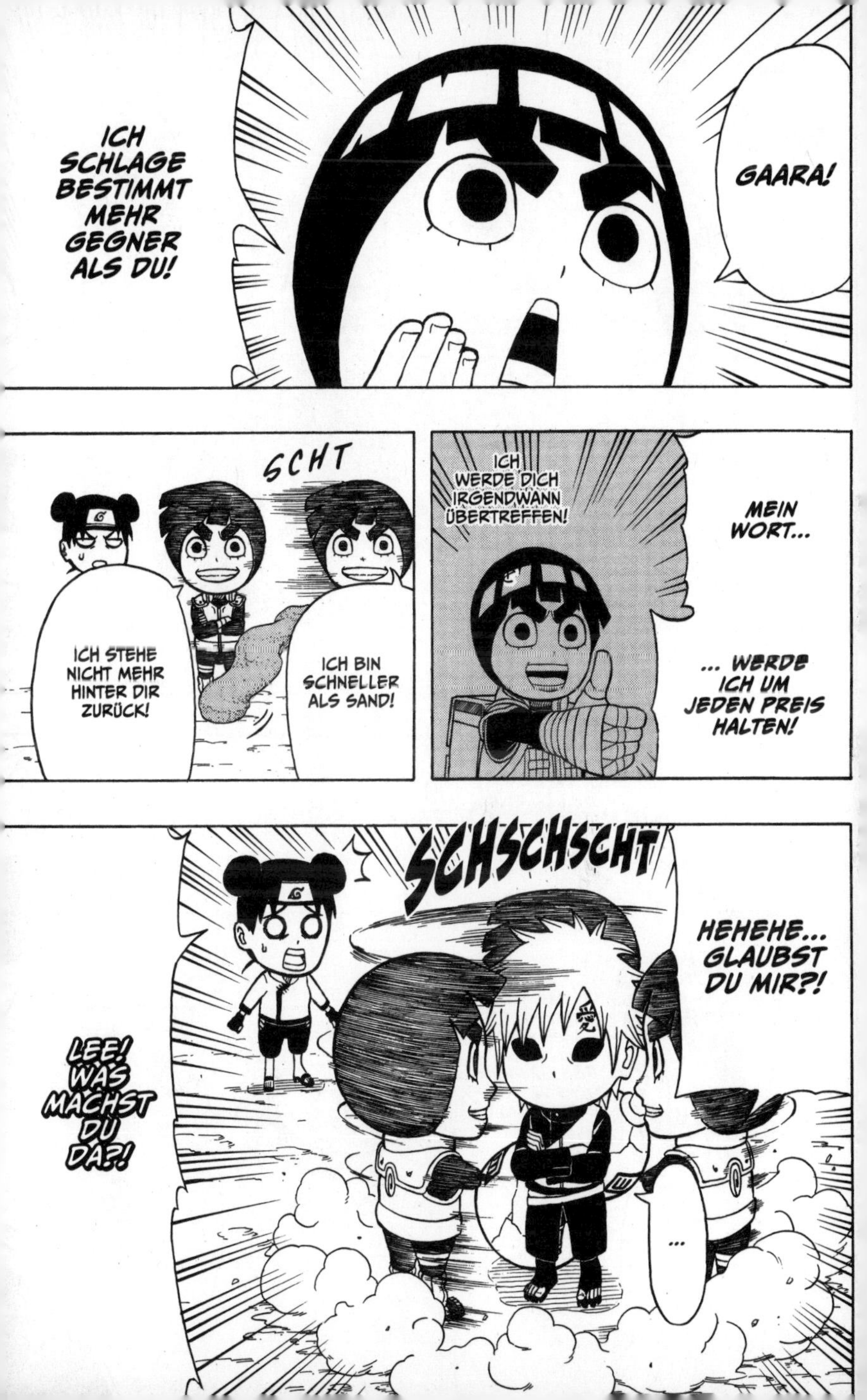
GAARA!
ICH SCHLAGE BESTIMMT MEHR GEGNER ALS DU!
MEIN WORT...
... WERDE ICH UM JEDEN PREIS HALTEN!
ICH WERDE DICH IRGENDWANN ÜBERTREFFEN!
SCHT
ICH BIN SCHNELLER ALS SAND!
ICH STEHE NICHT MEHR HINTER DIR ZURÜCK!
HEHEHE... GLAUBST DU MIR?!
SCHSCHSCHT
LEE! WAS MACHST DU DA?!
...

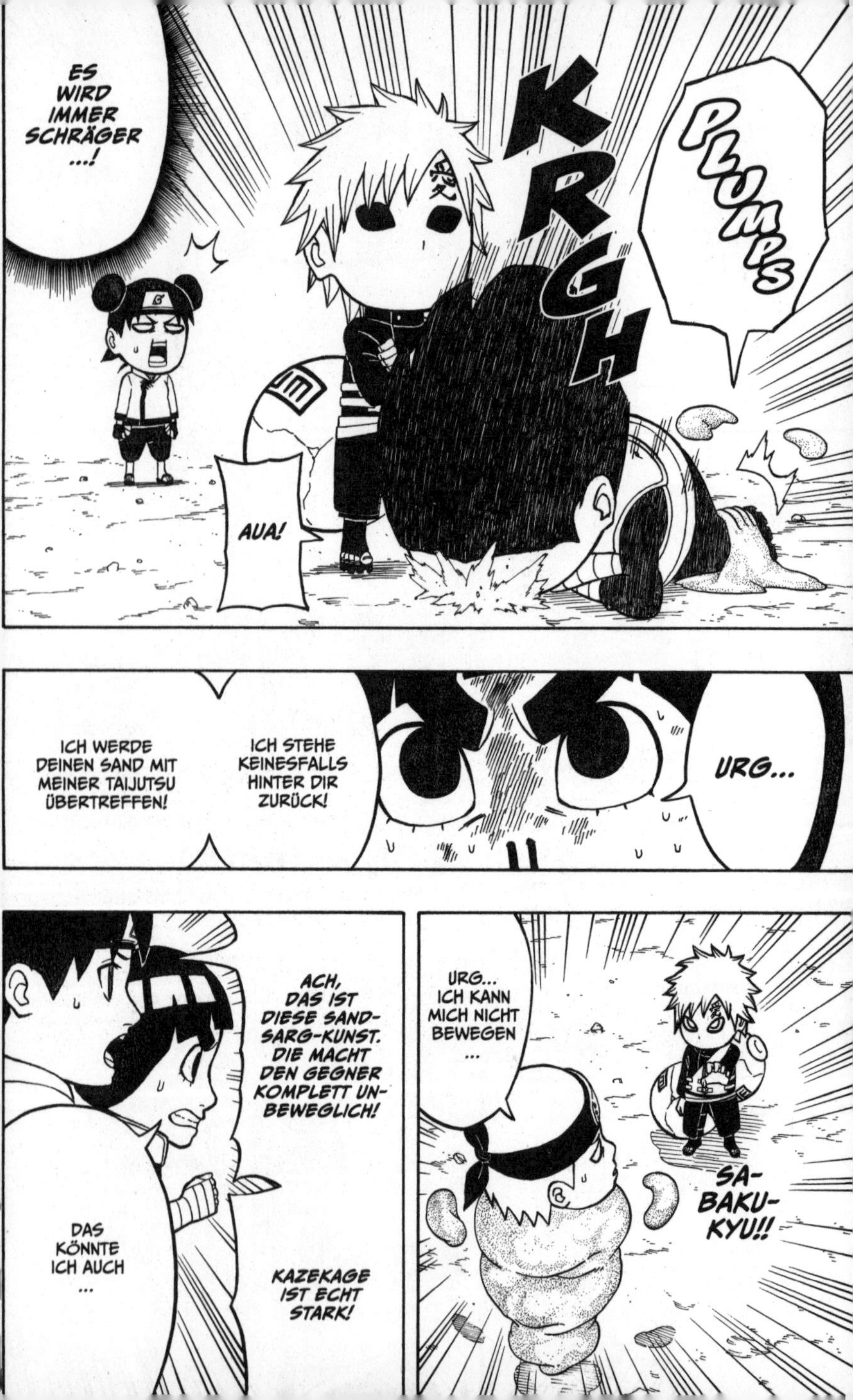
PLUMPS
KRGH
AUA!
ES WIRD IMMER SCHRÄGER ...!
URG...
ICH STEHE KEINESFALLS HINTER DIR ZURÜCK!
ICH WERDE DEINEN SAND MIT MEINER TAIJUTSU ÜBERTREFFEN!
URG... ICH KANN MICH NICHT BEWEGEN ...
SA-BAKU-KYU!!
ACH, DAS IST DIESE SAND-SARG-KUNST. DIE MACHT DEN GEGNER KOMPLETT UN-BEWEGLICH!
KAZEKAGE IST ECHT STARK!
DAS KÖNNTE ICH AUCH ...

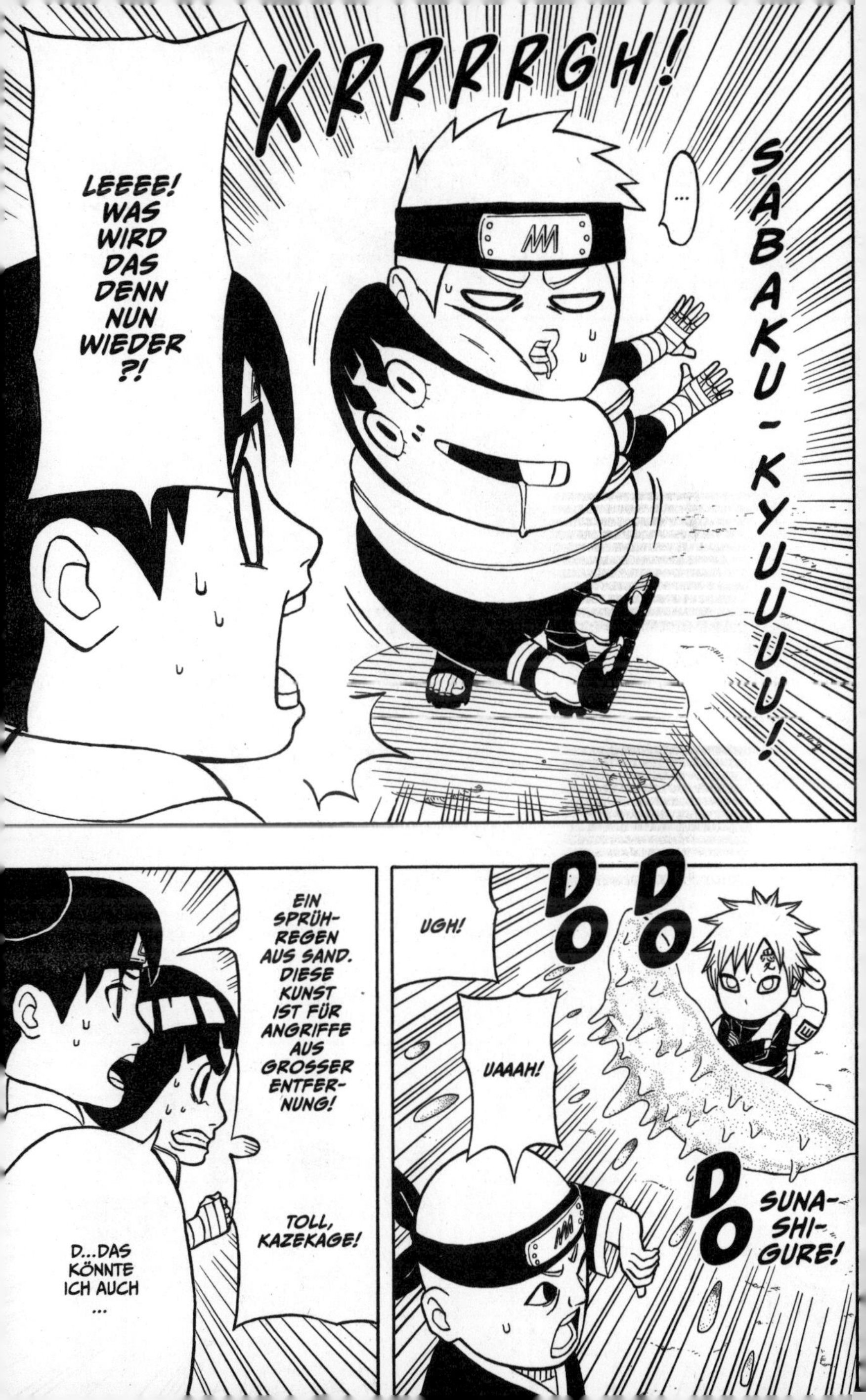
KRRRRRGH!
SABAKU-KYUUUUU!
...
LEEEE! WAS WIRD DAS DENN NUN WIEDER?!
DO DO
DO
SUNA-SHI-GURE!
UGH!
UAAAH!
EIN SPRÜH-REGEN AUS SAND. DIESE KUNST IST FÜR ANGRIFFE AUS GROSSER ENTFER-NUNG!
TOLL, KAZEKAGE!
D...DAS KÖNNTE ICH AUCH ...

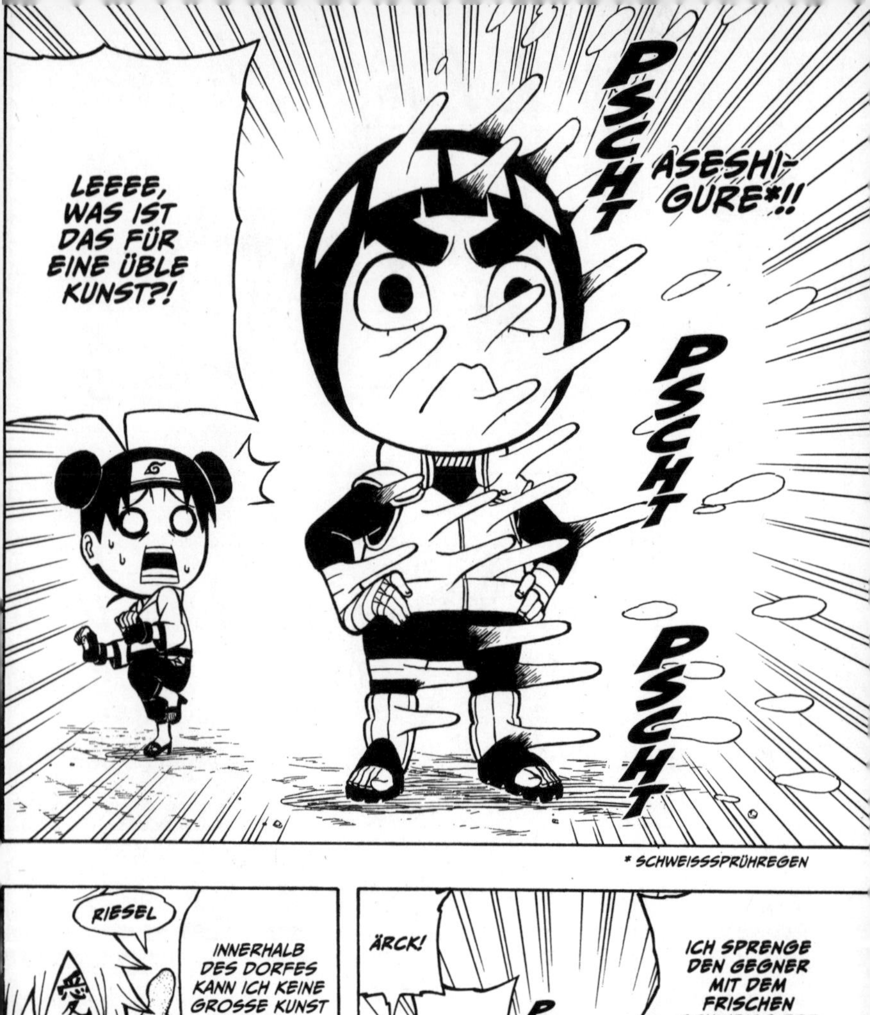

* SCHWEISSSPRÜHREGEN

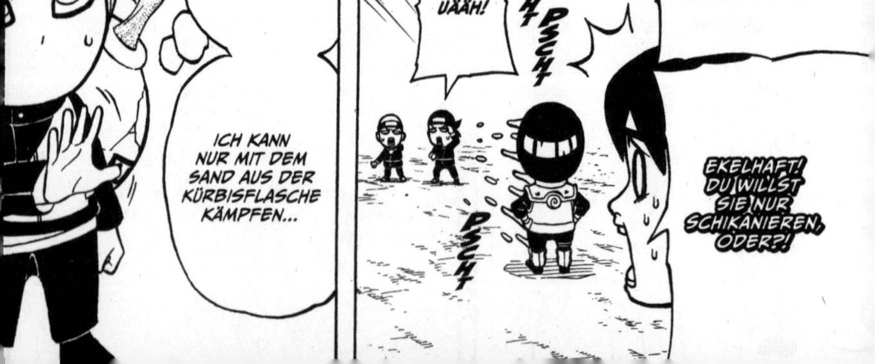

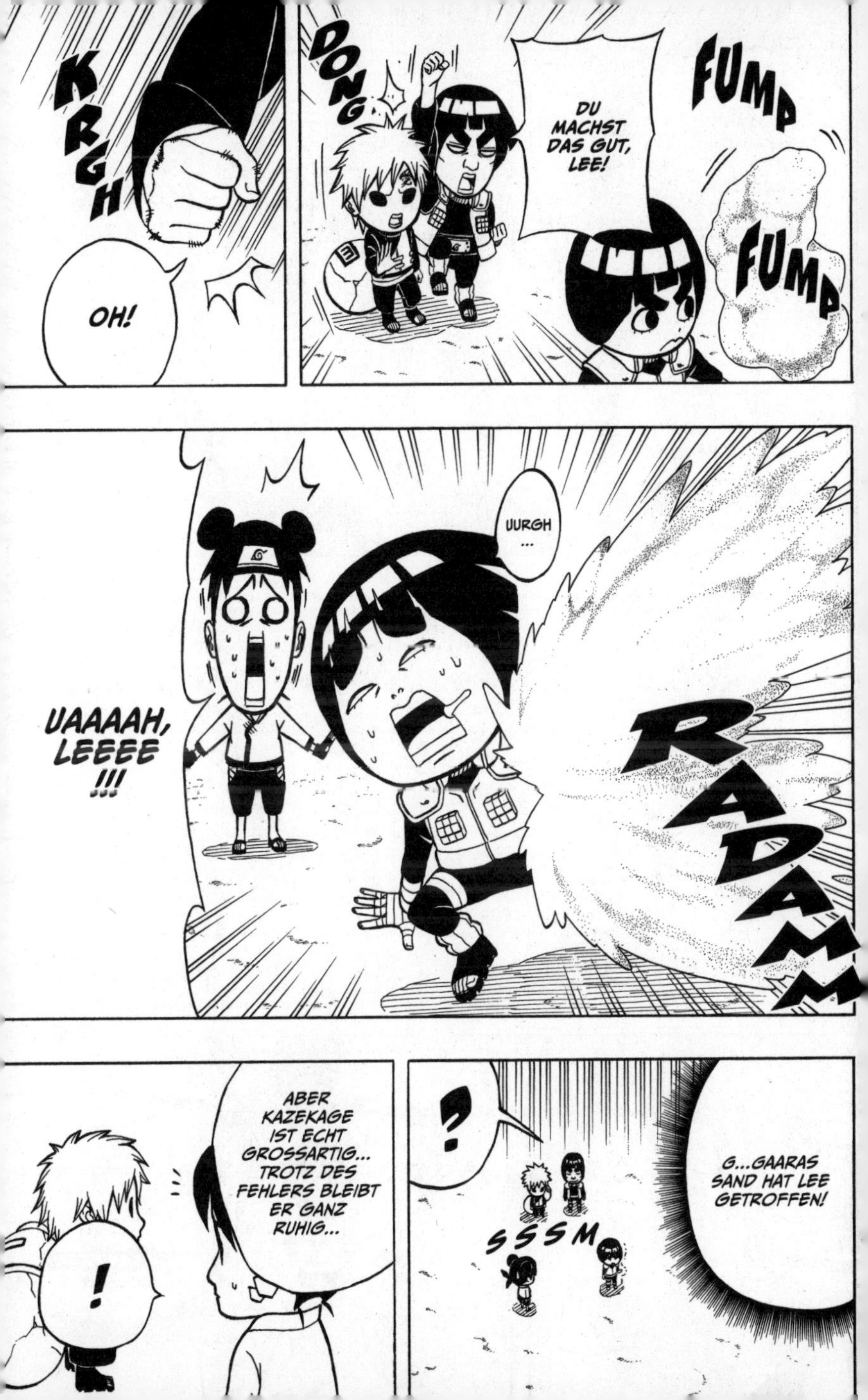
FUMP
FUMP
DU MACHST DAS GUT, LEE!
DONG
KRGH
OH!
UURGH ...
RADAMM
UAAAAH, LEEEE !!!
G...GAARAS SAND HAT LEE GETROFFEN!
?
SSSM
ABER KAZEKAGE IST ECHT GROSSARTIG... TROTZ DES FEHLERS BLEIBT ER GANZ RUHIG...
!

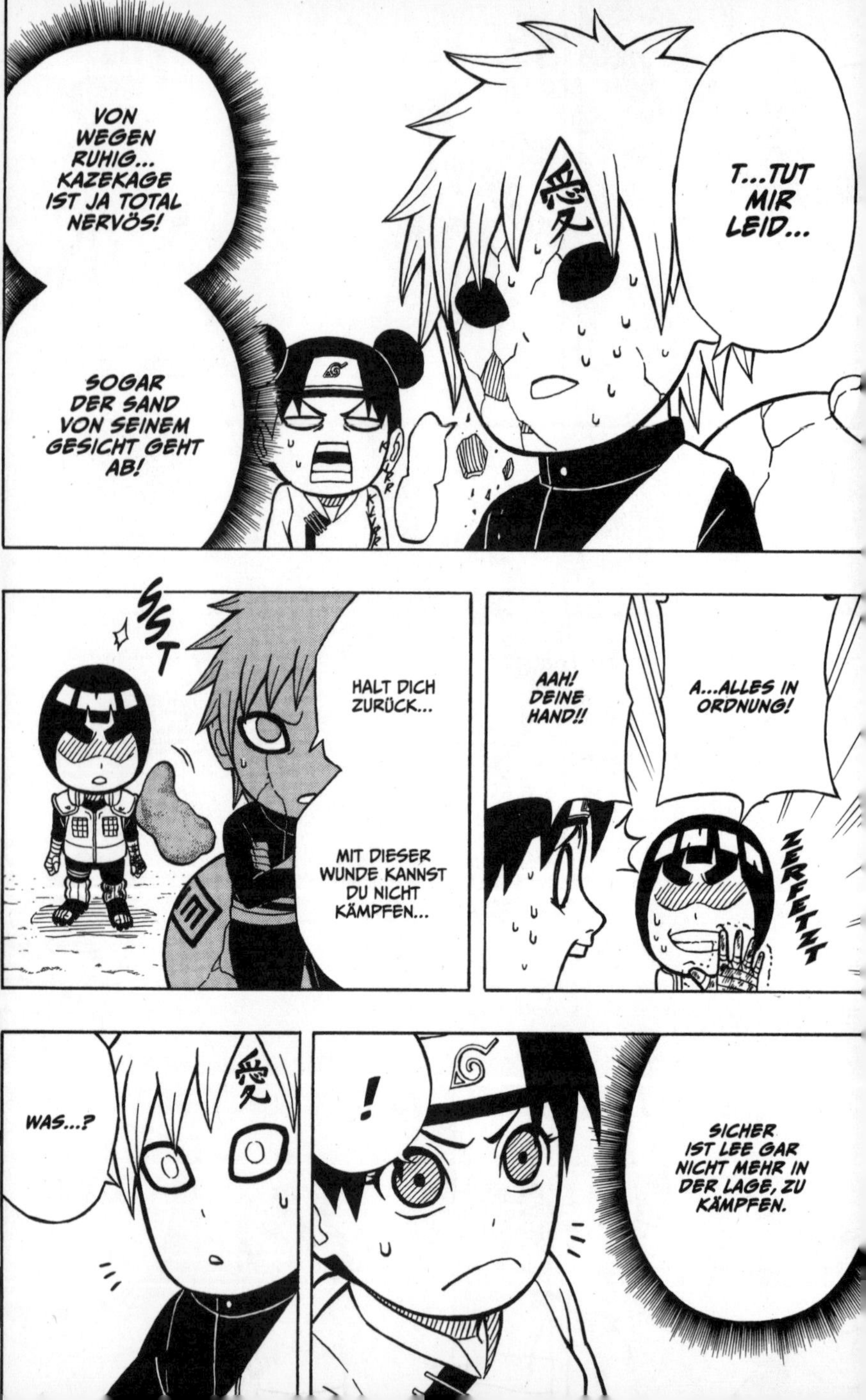
T...TUT MIR LEID...
VON WEGEN RUHIG... KAZEKAGE IST JA TOTAL NERVÖS!
SOGAR DER SAND VON SEINEM GESICHT GEHT AB!
A...ALLES IN ORDNUNG!
AAH! DEINE HAND!!
ZERFETZT
HALT DICH ZURÜCK...
MIT DIESER WUNDE KANNST DU NICHT KÄMPFEN...
SST
SICHER IST LEE GAR NICHT MEHR IN DER LAGE, ZU KÄMPFEN.
!
WAS...?

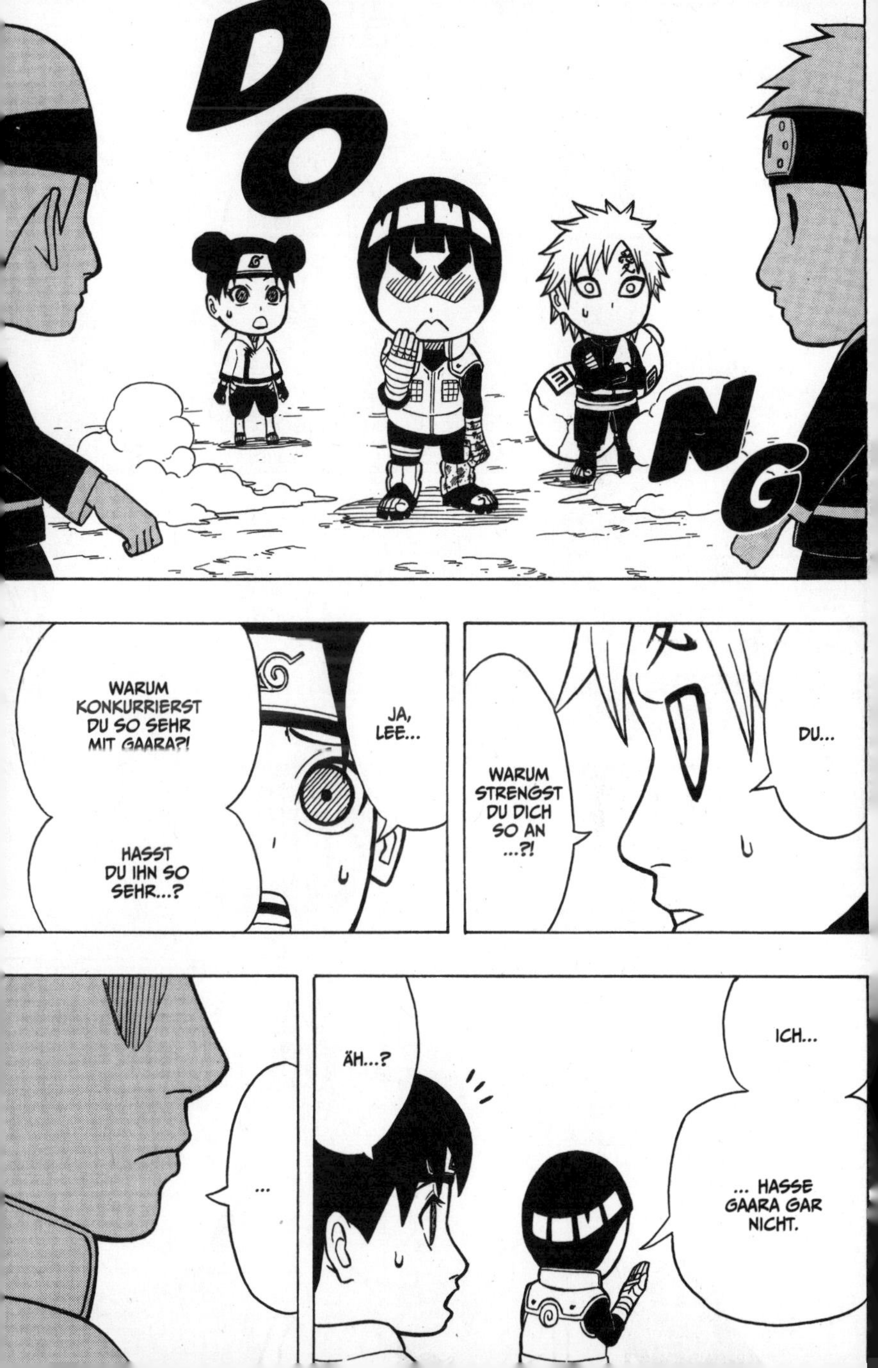
DOONG
DU...
WARUM STRENGST DU DICH SO AN ...?!
JA, LEE...
WARUM KONKURRIERST DU SO SEHR MIT GAARA?!
HASST DU IHN SO SEHR...?
ICH...
... HASSE GAARA GAR NICHT.
ÄH...?
...

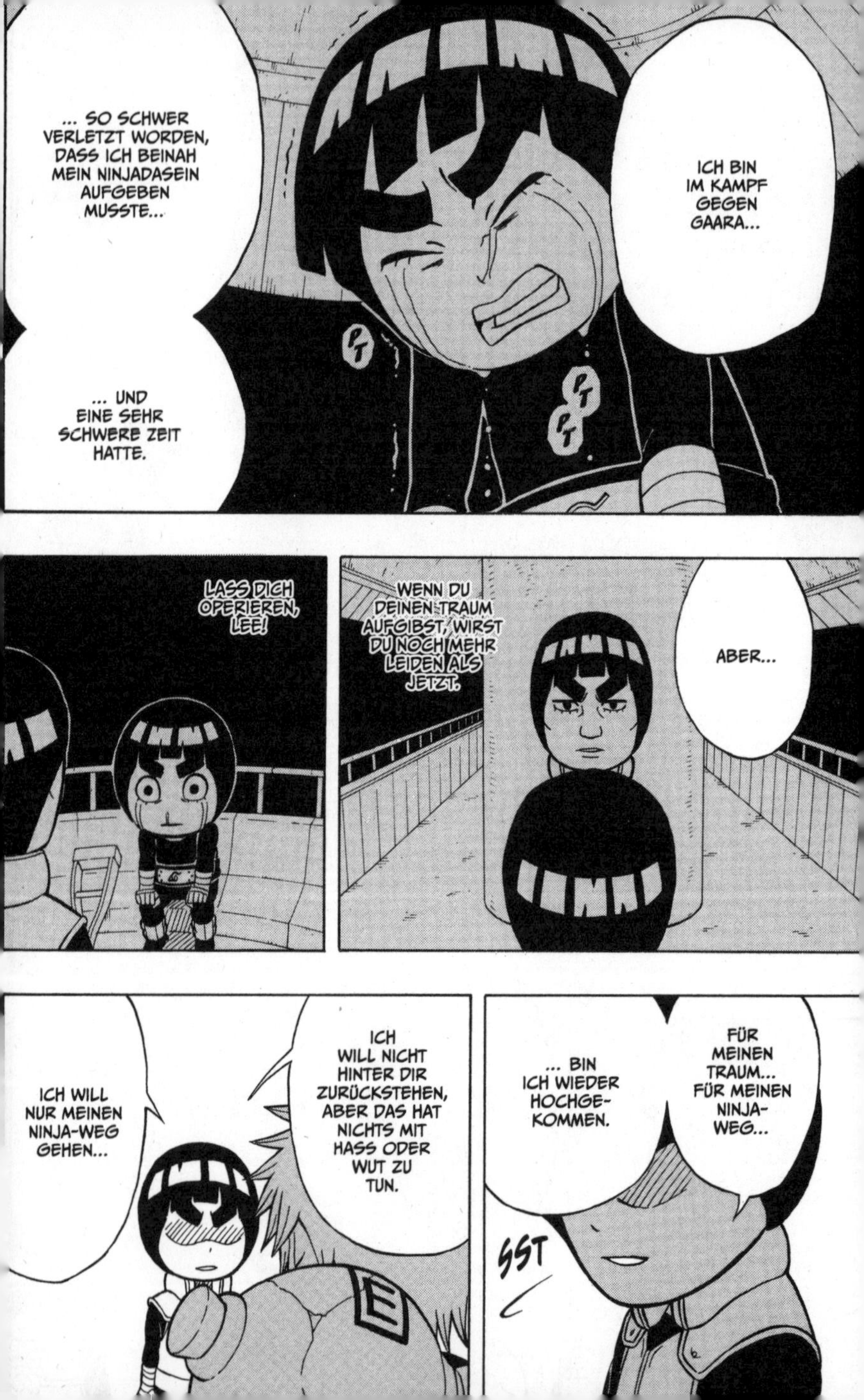
ICH BIN IM KAMPF GEGEN GAARA...
... SO SCHWER VERLETZT WORDEN, DASS ICH BEINAH MEIN NINJADASEIN AUFGEBEN MUSSTE...
... UND EINE SEHR SCHWERE ZEIT HATTE.
PT
PT
PT
ABER...
WENN DU DEINEN TRAUM AUFGIBST, WIRST DU NOCH MEHR LEIDEN ALS JETZT.
LASS DICH OPERIEREN, LEE!
FÜR MEINEN TRAUM... FÜR MEINEN NINJA-WEG...
... BIN ICH WIEDER HOCHGE-KOMMEN.
SST
ICH WILL NICHT HINTER DIR ZURÜCKSTEHEN, ABER DAS HAT NICHTS MIT HASS ODER WUT ZU TUN.
ICH WILL NUR MEINEN NINJA-WEG GEHEN...

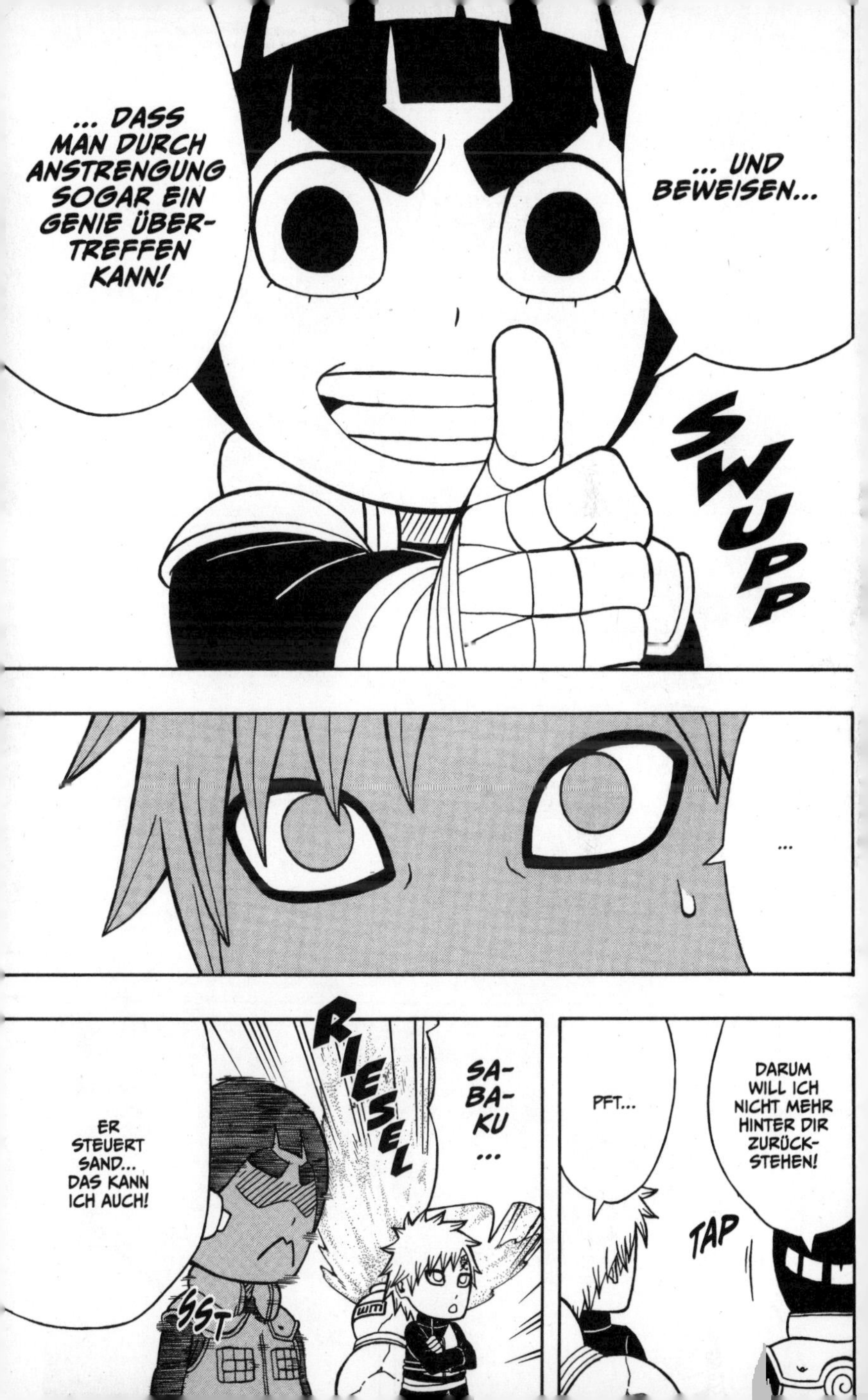
... UND BEWEISEN...
... DASS MAN DURCH ANSTRENGUNG SOGAR EIN GENIE ÜBER-TREFFEN KANN!
SWUPP
...
DARUM WILL ICH NICHT MEHR HINTER DIR ZURÜCK-STEHEN!
TAP
PFT...
SA-BA-KU ...
RIESEL
ER STEUERT SAND... DAS KANN ICH AUCH!
SST

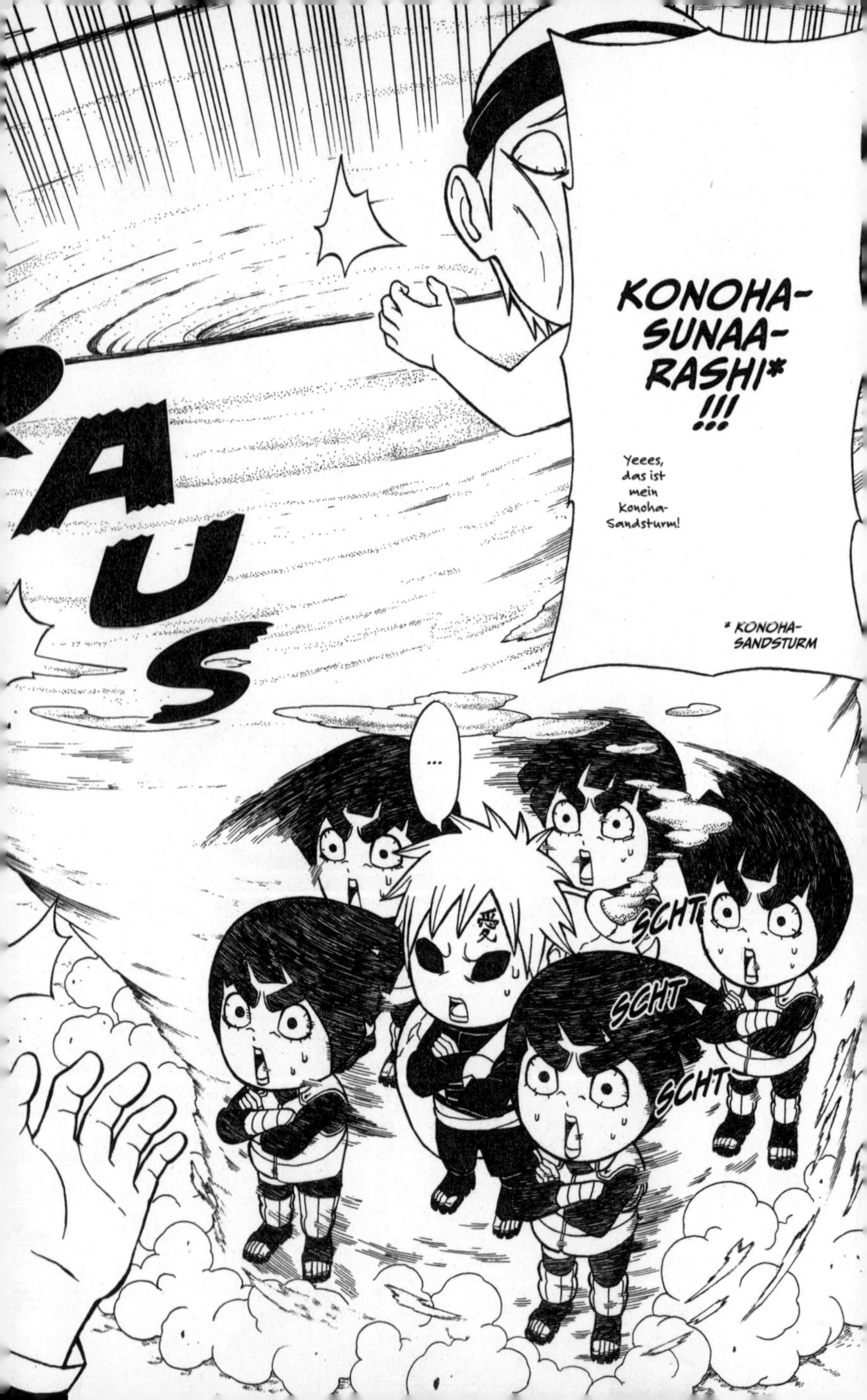

KONOHA-
SUNAA-
RASHI*
!!!
Yeees,
das ist
mein
Konoha-
Sandsturm!
* KONOHA-
SANDSTURM
RAUS
...
SCHT
SCHT
SCHT

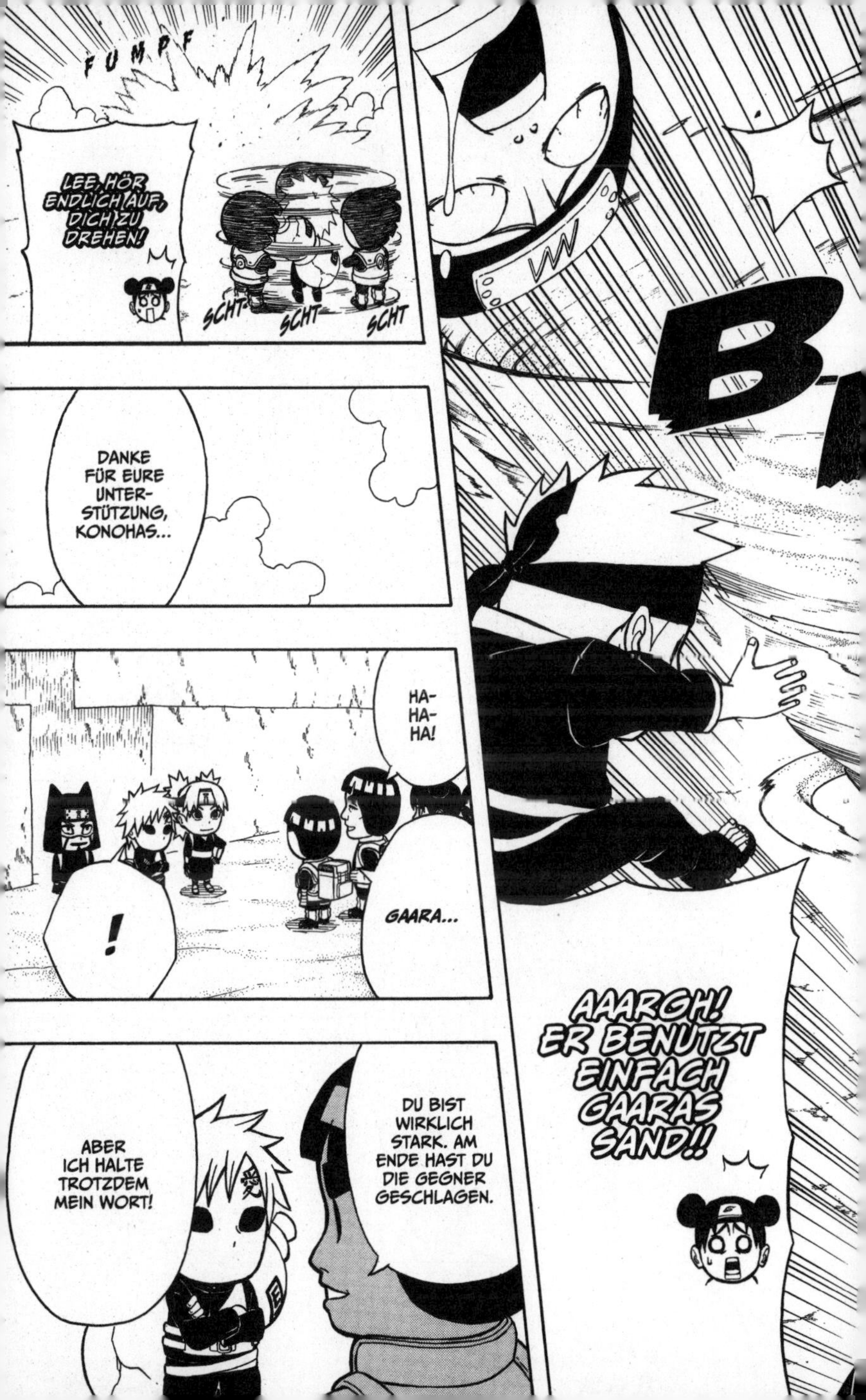

B-
AAARGH! ER BENUTZT EINFACH GAARAS SAND!!
FUMPF
LEE, HÖR ENDLICH AUF, DICH ZU DREHEN!
SCHT SCHT SCHT
DANKE FÜR EURE UNTER-STÜTZUNG, KONOHAS...
HA-HA-HA!
GAARA...
!
DU BIST WIRKLICH STARK. AM ENDE HAST DU DIE GEGNER GESCHLAGEN.
ABER ICH HALTE TROTZDEM MEIN WORT!

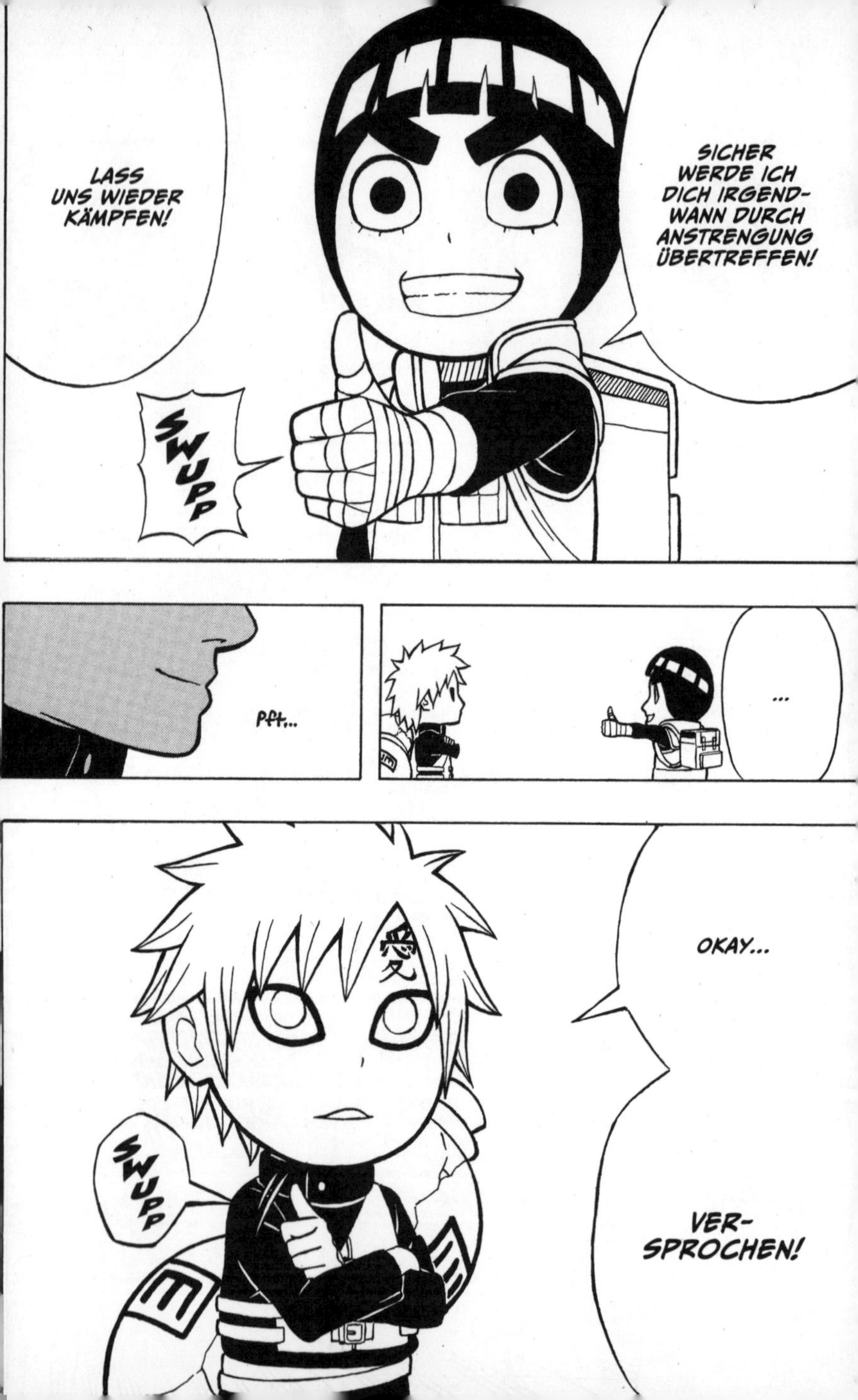
SICHER WERDE ICH DICH IRGEND-WANN DURCH ANSTRENGUNG ÜBERTREFFEN!
LASS UNS WIEDER KÄMPFEN!
SWUPP
...
pft...
OKAY...
VER-SPROCHEN!
SWUPP

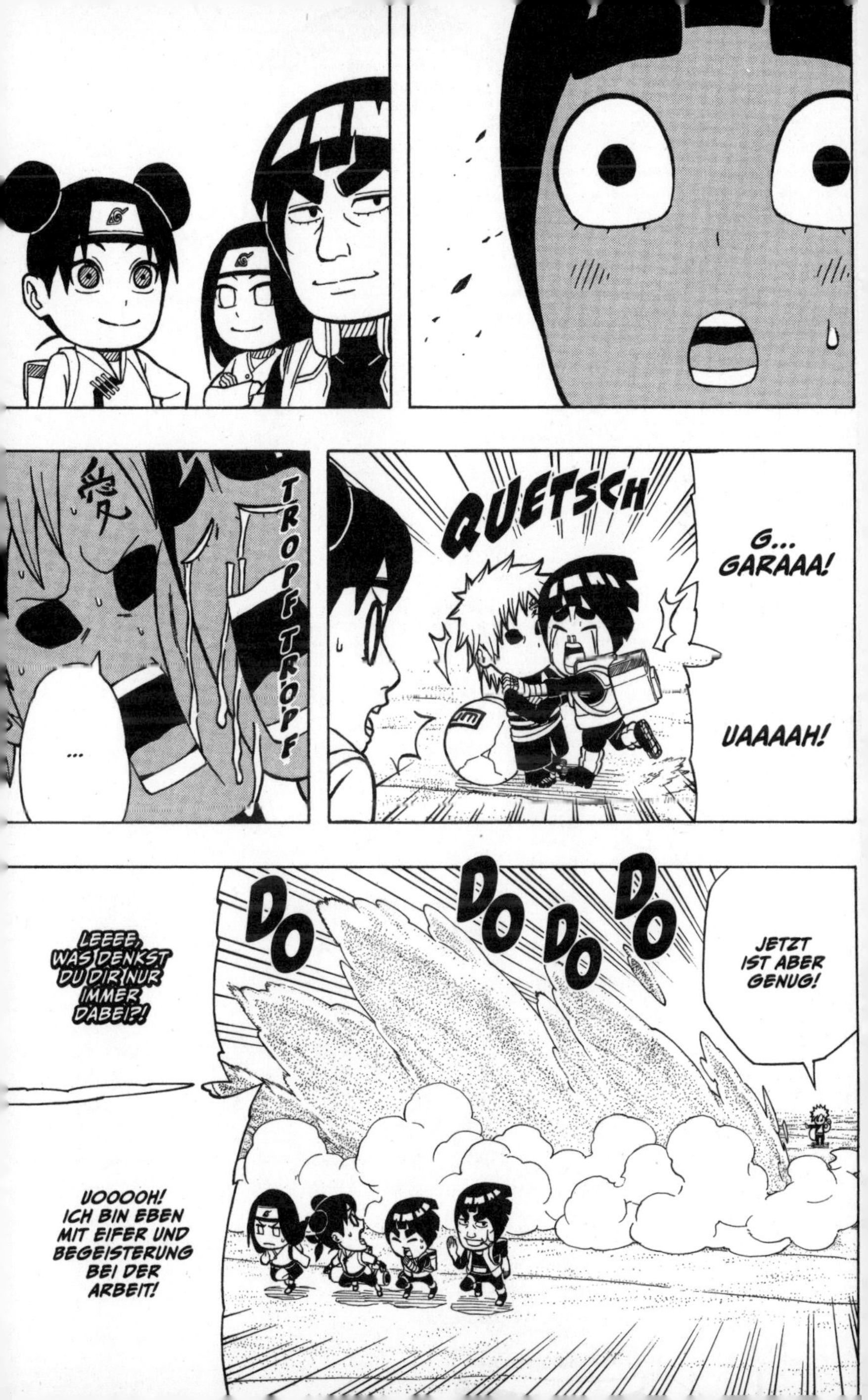
TROPF TROPF TROPF
...
QUETSCH
G... GARAAA!
UAAAAH!
DO DO DO DO
JETZT IST ABER GENUG!
LEEEE, WAS DENKST DU DIR NUR IMMER DABEI?!
UOOOOH! ICH BIN EBEN MIT EIFER UND BEGEISTERUNG BEI DER ARBEIT!

Den folgenden Manga habe ich zum Kurzfilm »Flammende Chu-Nin-Prüfung! Naruto vs. Konohamaru« gezeichnet, der zusammen mit dem im Jahr 2011 veröffentlichten Film »Naruto – Blood Prison« gezeigt wurde. Es ist die Vorgeschichte des Kurzfilms.

In der Abbildung unten findet ihr die Beziehungen der Ninja, die ich im Manga nicht klar darstellen konnte.
»Hokage« ist der höchste Ninja-Rang, nach dem auch Naruto strebt.
Naruto und Konohamaru sind immer noch Genin. Um Chunin zu werden, muss man eine schwere Prüfung bestehen.
Mit diesen Kenntnissen – viel Spaß beim Weiterlesen!

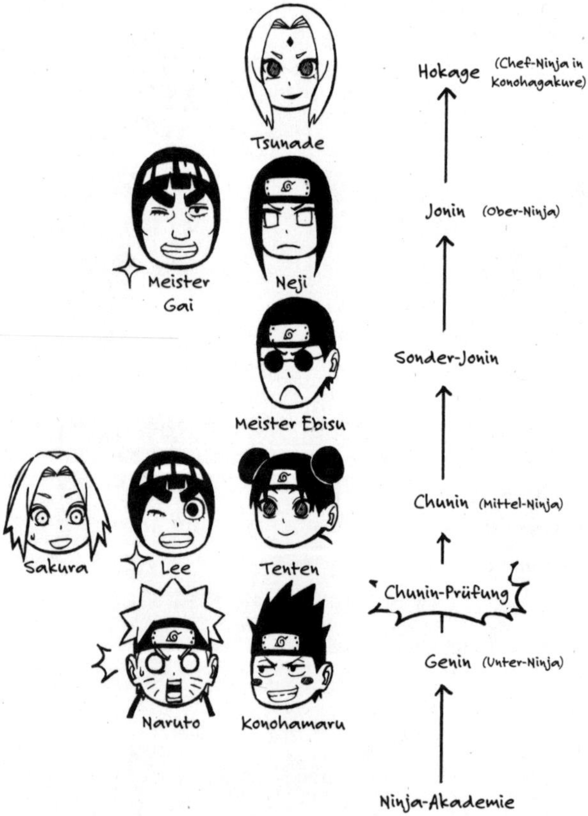

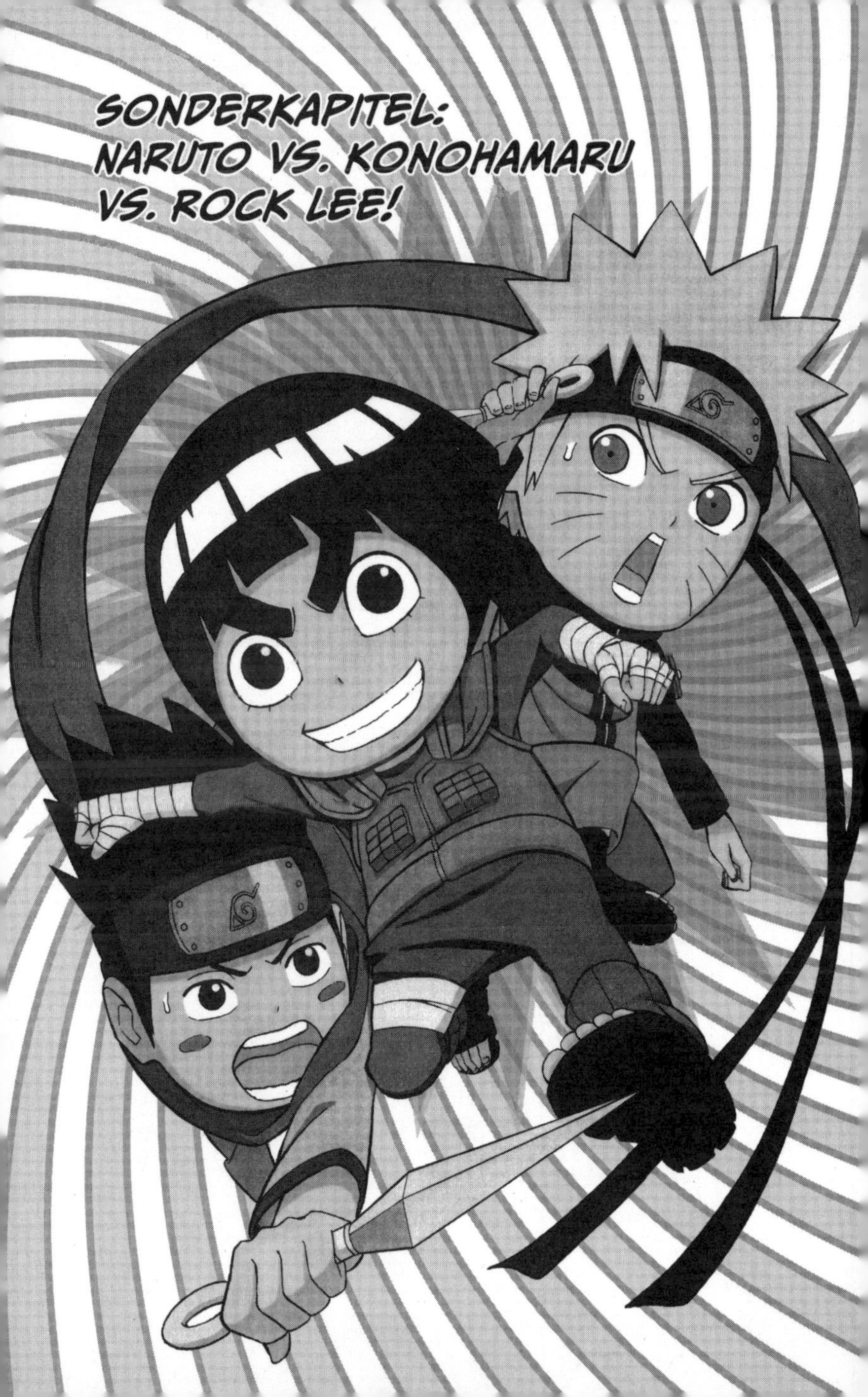
SONDERKAPITEL:
NARUTO VS. KONOHAMARU
VS. ROCK LEE!

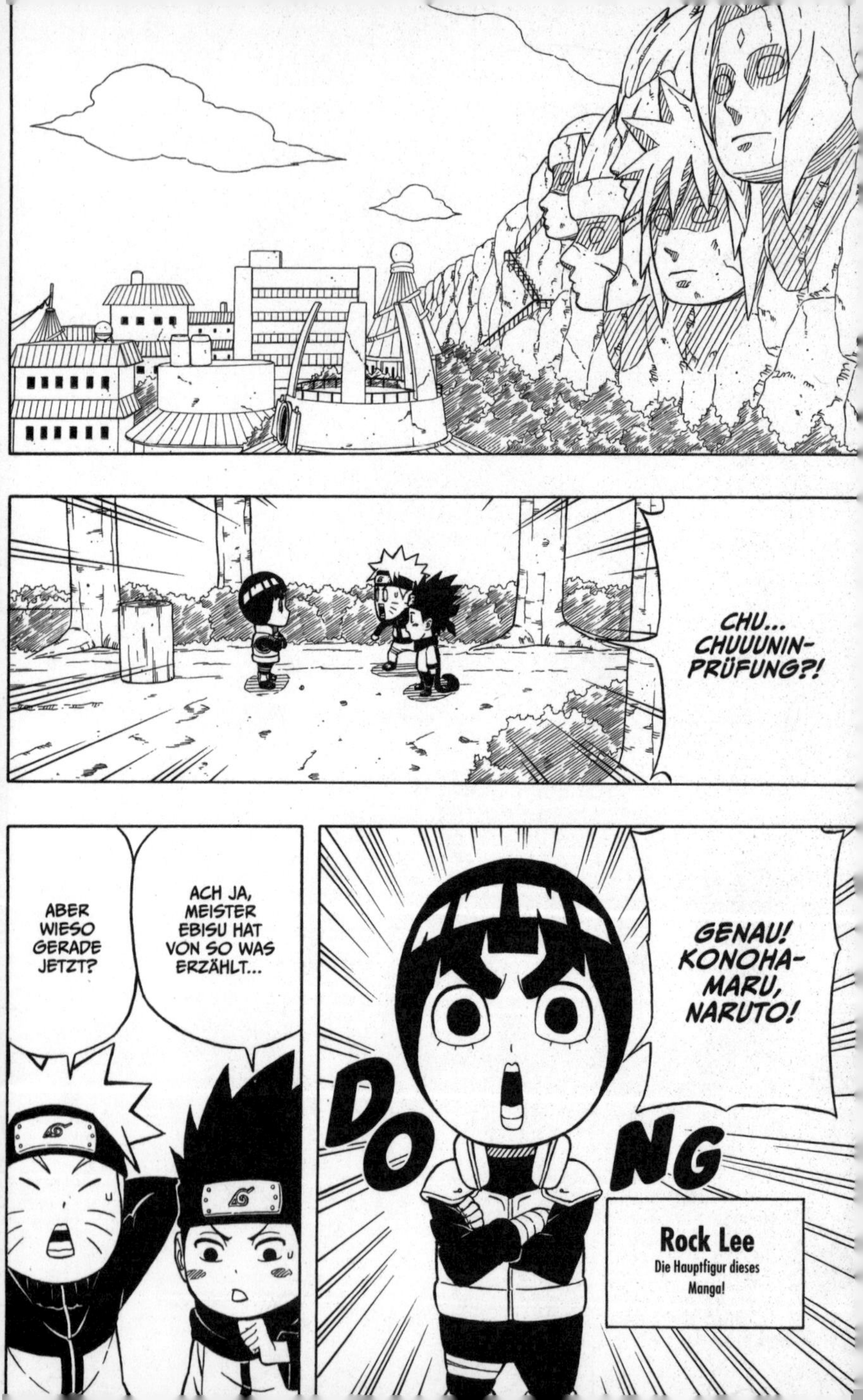

CHU... CHUUUNIN-PRÜFUNG?!
GENAU! KONOHA-MARU, NARUTO!
DONG
Rock Lee
Die Hauptfigur dieses Manga!
ACH JA, MEISTER EBISU HAT VON SO WAS ERZÄHLT...
ABER WIESO GERADE JETZT?

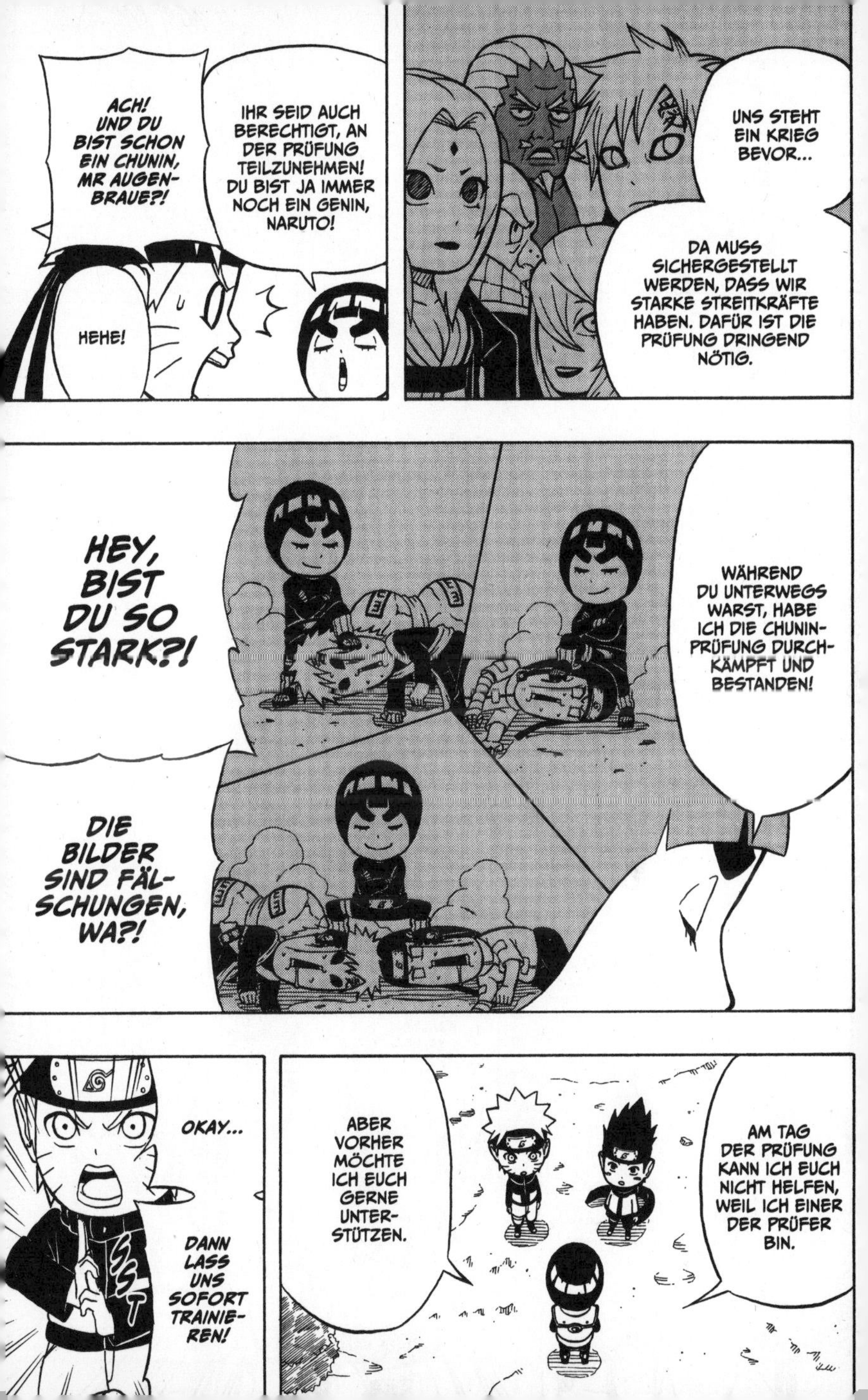
UNS STEHT EIN KRIEG BEVOR...
DA MUSS SICHERGESTELLT WERDEN, DASS WIR STARKE STREITKRÄFTE HABEN. DAFÜR IST DIE PRÜFUNG DRINGEND NÖTIG.
IHR SEID AUCH BERECHTIGT, AN DER PRÜFUNG TEILZUNEHMEN! DU BIST JA IMMER NOCH EIN GENIN, NARUTO!
ACH! UND DU BIST SCHON EIN CHUNIN, MR AUGENBRAUE?!
HEHE!
WÄHREND DU UNTERWEGS WARST, HABE ICH DIE CHUNIN-PRÜFUNG DURCHKÄMPFT UND BESTANDEN!
HEY, BIST DU SO STARK?!
DIE BILDER SIND FÄLSCHUNGEN, WA?!
AM TAG DER PRÜFUNG KANN ICH EUCH NICHT HELFEN, WEIL ICH EINER DER PRÜFER BIN.
ABER VORHER MÖCHTE ICH EUCH GERNE UNTERSTÜTZEN.
OKAY...
DANN LASS UNS SOFORT TRAINIEREN!

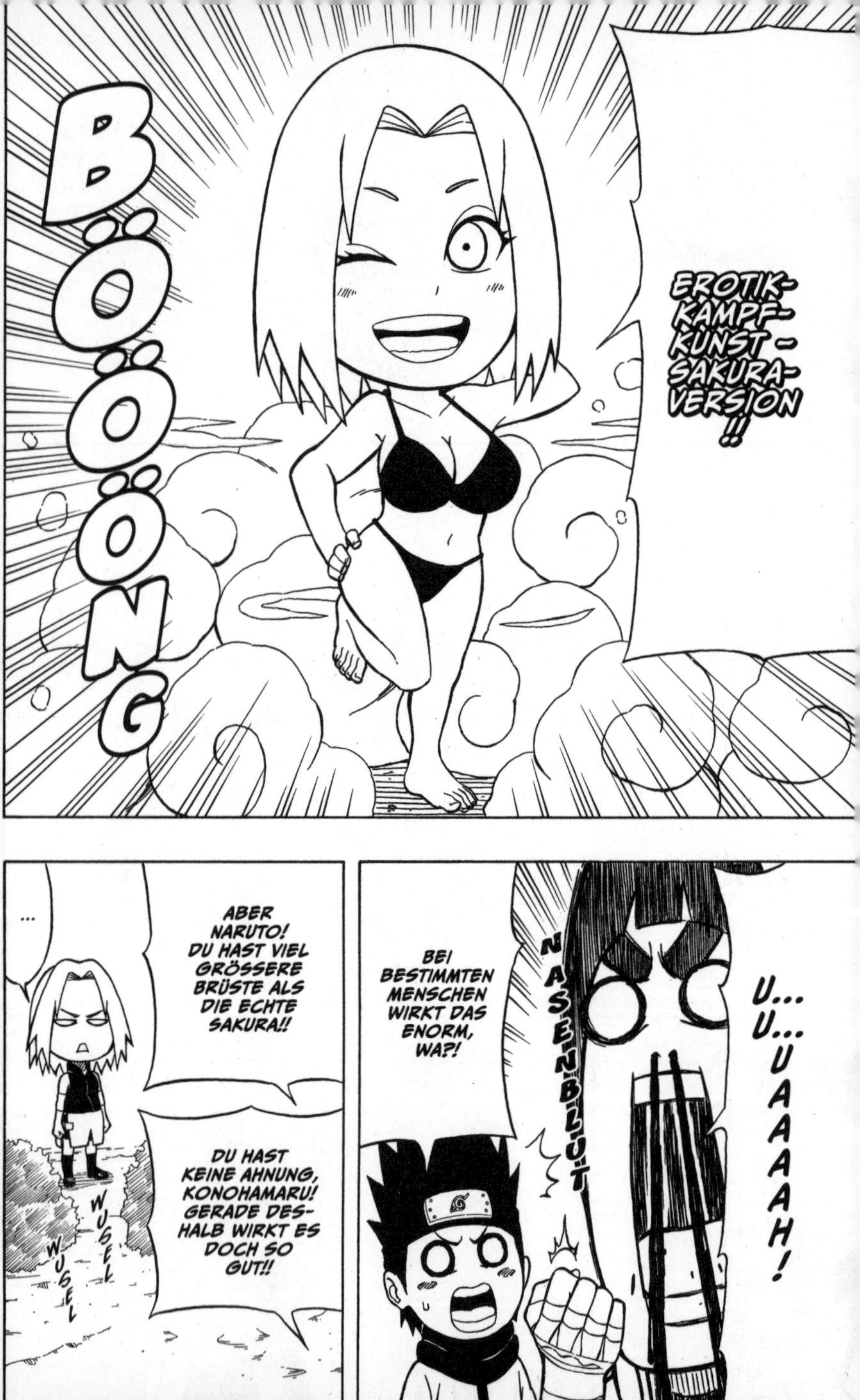

EROTIK-KAMPF-KUNST - SAKURA-VERSION!!
BÖÖÖÖÖNG
U... U... UAAAAAH!
NASENBLUT
BEI BESTIMMTEN MENSCHEN WIRKT DAS ENORM, WA?!
ABER NARUTO! DU HAST VIEL GRÖSSERE BRÜSTE ALS DIE ECHTE SAKURA!!
DU HAST KEINE AHNUNG, KONOHAMARU! GERADE DES-HALB WIRKT ES DOCH SO GUT!!
...
WUSEL WUSEL

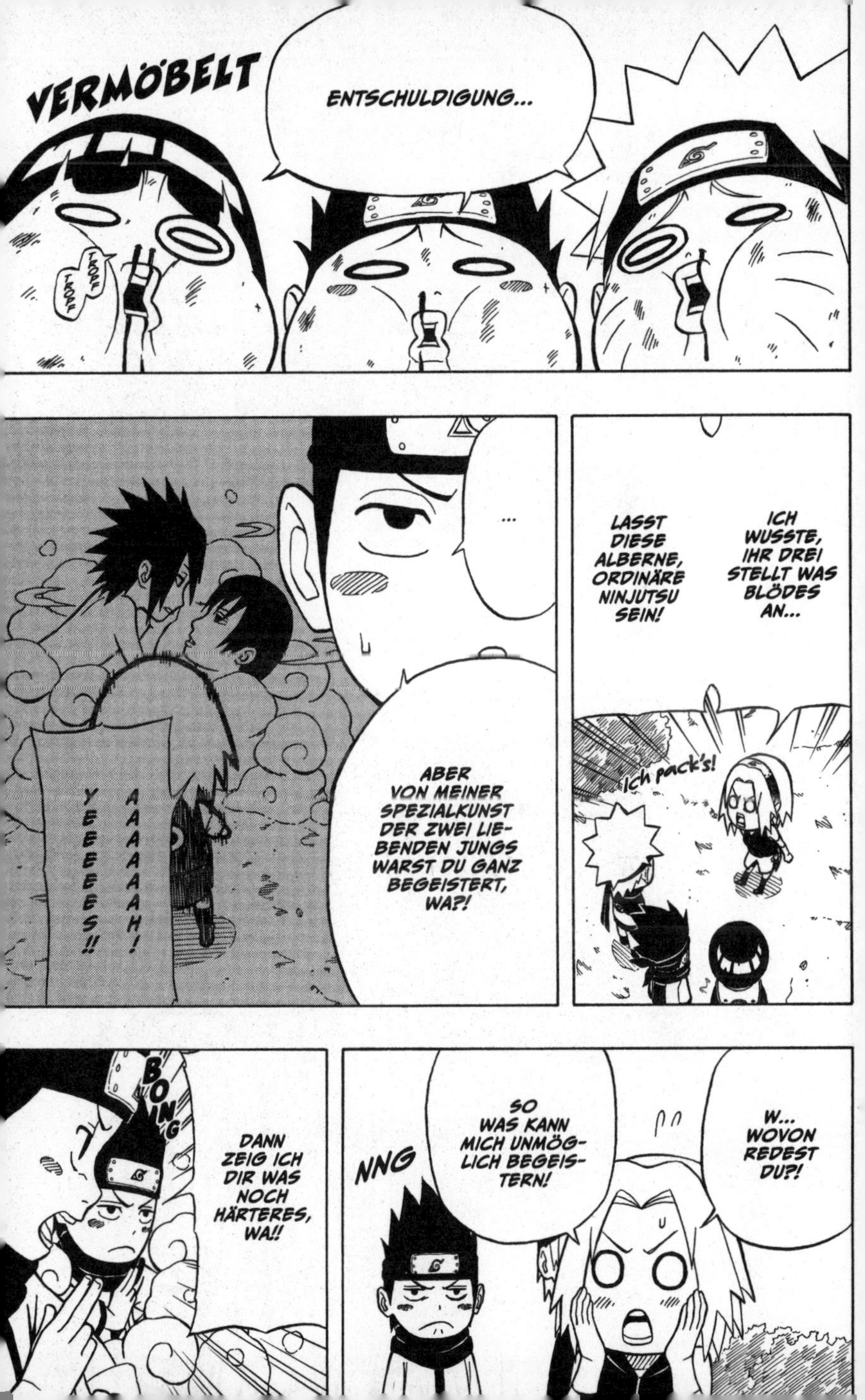
VERMÖBELT
ENTSCHULDIGUNG...
TROPF TROPF
ICH WUSSTE, IHR DREI STELLT WAS BLÖDES AN...
LASST DIESE ALBERNE, ORDINÄRE NINJUTSU SEIN!
Ich pack's!
...
ABER VON MEINER SPEZIALKUNST DER ZWEI LIE-BENDEN JUNGS WARST DU GANZ BEGEISTERT, WA?!
AAAAAAAH!
YEEEEEES!!
W... WOVON REDEST DU?!
SO WAS KANN MICH UNMÖG-LICH BEGEIS-TERN!
NNG
BOING
DANN ZEIG ICH DIR WAS NOCH HÄRTERES, WA!!

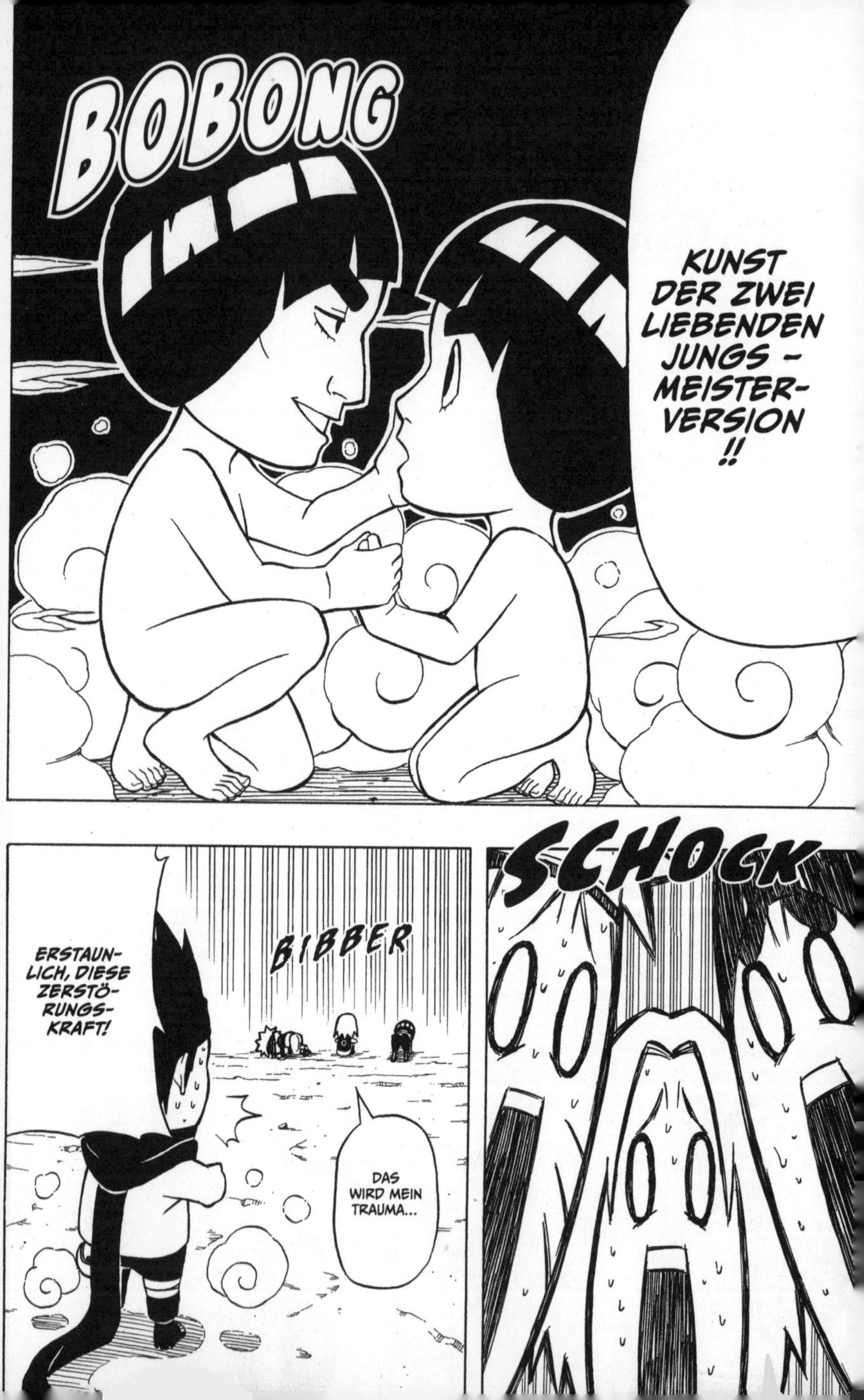

BOBONG
KUNST DER ZWEI LIEBENDEN JUNGS - MEISTER-VERSION !!
SCHOCK
BIBBER
DAS WIRD MEIN TRAUMA...
ERSTAUN-LICH, DIESE ZERSTÖ-RUNGS-KRAFT!

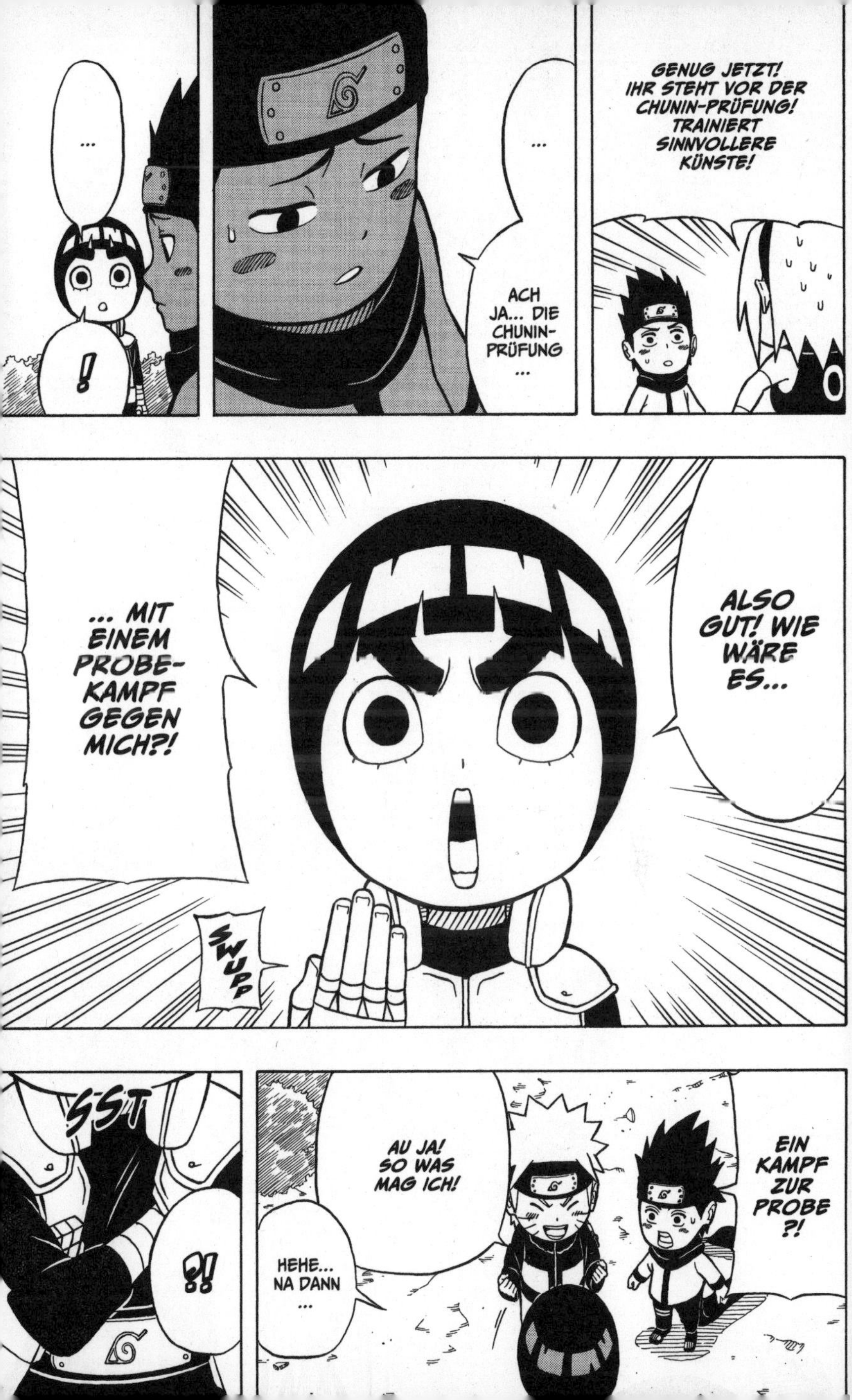
GENUG JETZT! IHR STEHT VOR DER CHUNIN-PRÜFUNG! TRAINIERT SINNVOLLERE KÜNSTE!
...
ACH JA... DIE CHUNIN-PRÜFUNG ...
...
!
ALSO GUT! WIE WÄRE ES...
... MIT EINEM PROBE-KAMPF GEGEN MICH?!
SWUPP
EIN KAMPF ZUR PROBE ?!
AU JA! SO WAS MAG ICH!
HEHE... NA DANN ...
SST
?!

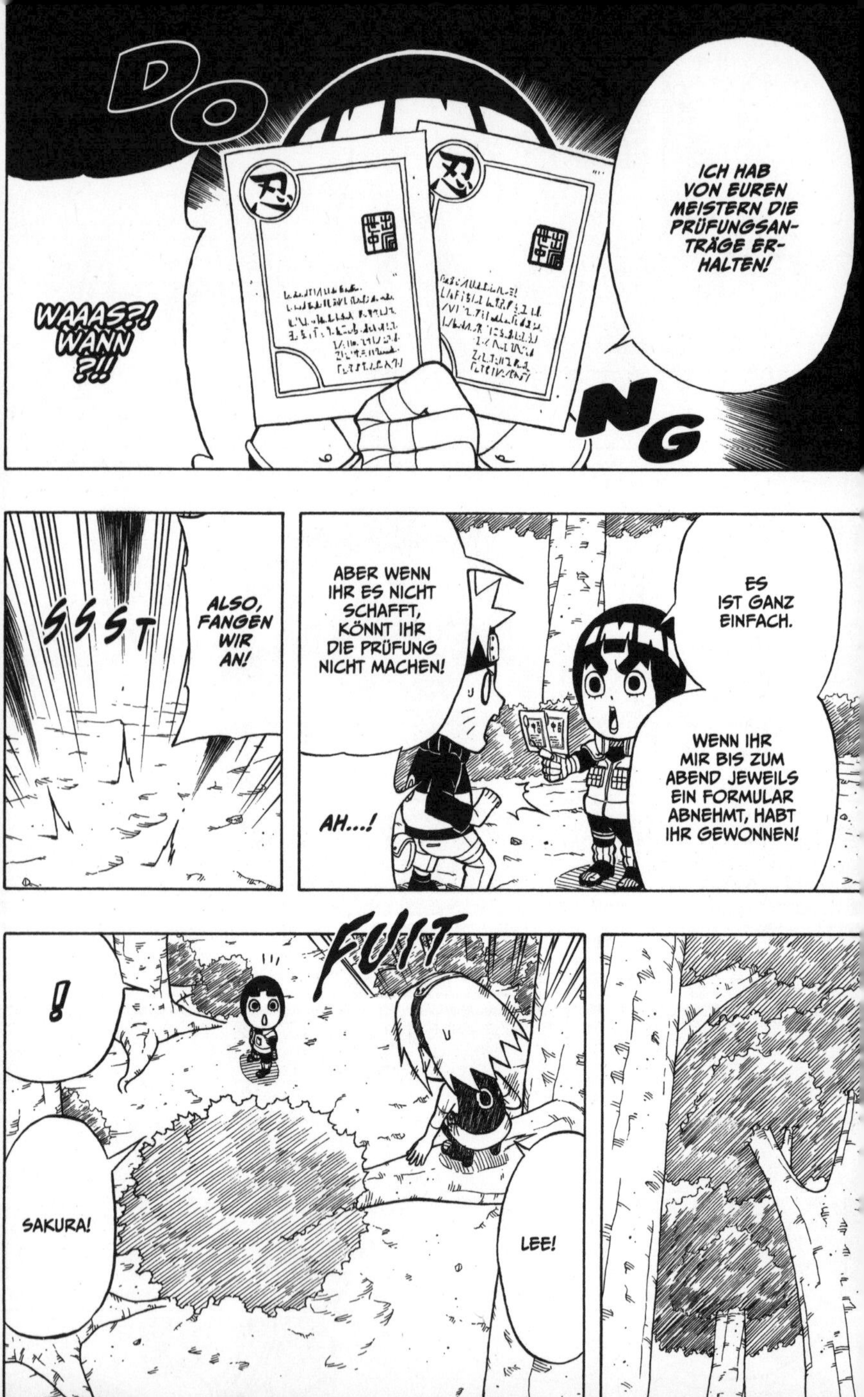
DO
ICH HAB VON EUREN MEISTERN DIE PRÜFUNGSANTRÄGE ERHALTEN!
NG
WAAAS?! WANN ?!!
ES IST GANZ EINFACH.
WENN IHR MIR BIS ZUM ABEND JEWEILS EIN FORMULAR ABNEHMT, HABT IHR GEWONNEN!
ABER WENN IHR ES NICHT SCHAFFT, KÖNNT IHR DIE PRÜFUNG NICHT MACHEN!
AH…!
ALSO, FANGEN WIR AN!
SSST
FUIT
LEE!
!
SAKURA!

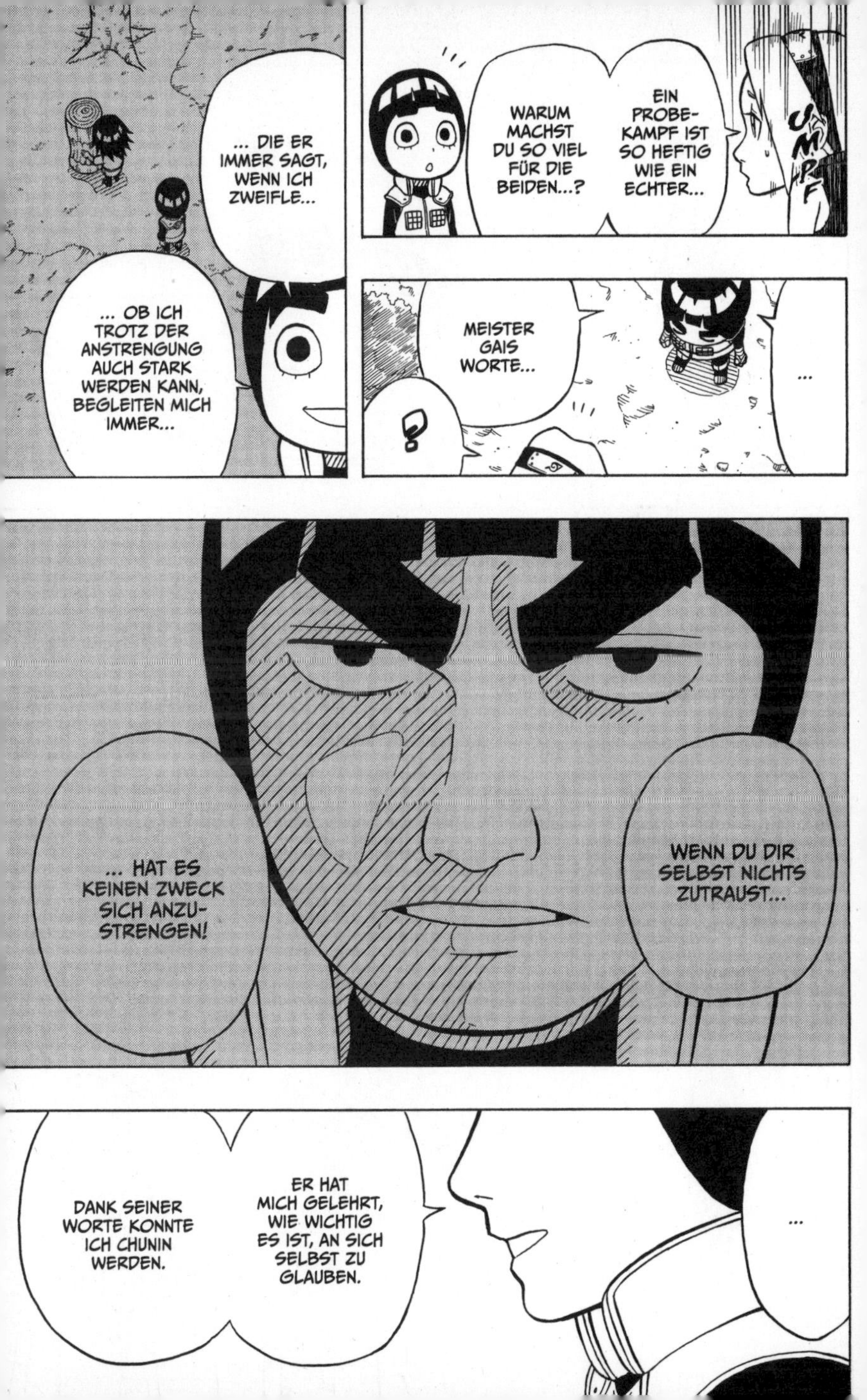
EIN PROBE-KAMPF IST SO HEFTIG WIE EIN ECHTER...
UMPF
WARUM MACHST DU SO VIEL FÜR DIE BEIDEN...?
...
MEISTER GAIS WORTE...
?
... DIE ER IMMER SAGT, WENN ICH ZWEIFLE...
... OB ICH TROTZ DER ANSTRENGUNG AUCH STARK WERDEN KANN, BEGLEITEN MICH IMMER...
WENN DU DIR SELBST NICHTS ZUTRAUST...
... HAT ES KEINEN ZWECK SICH ANZU-STRENGEN!
...
ER HAT MICH GELEHRT, WIE WICHTIG ES IST, AN SICH SELBST ZU GLAUBEN.
DANK SEINER WORTE KONNTE ICH CHUNIN WERDEN.

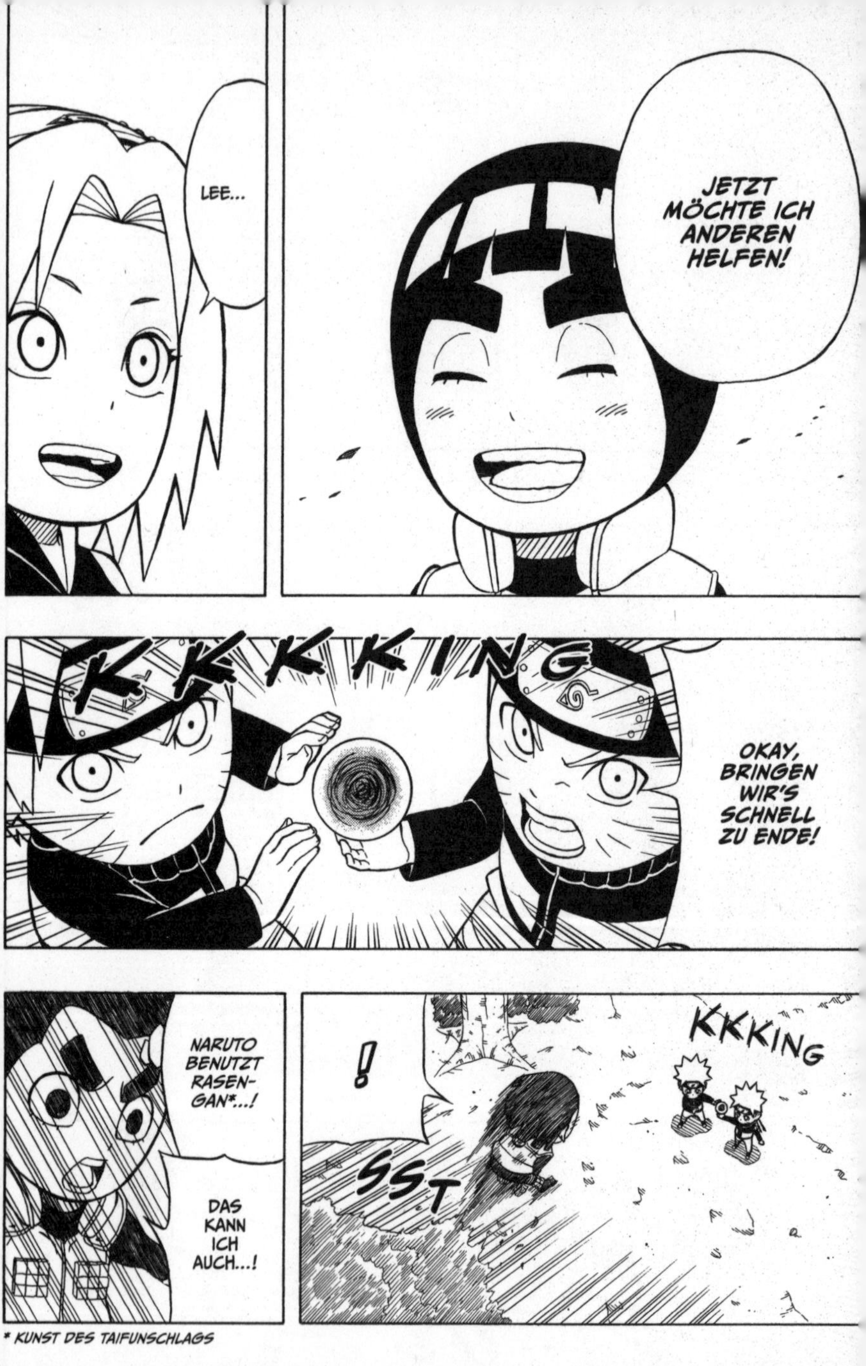

* KUNST DES TAIFUNSCHLAGS

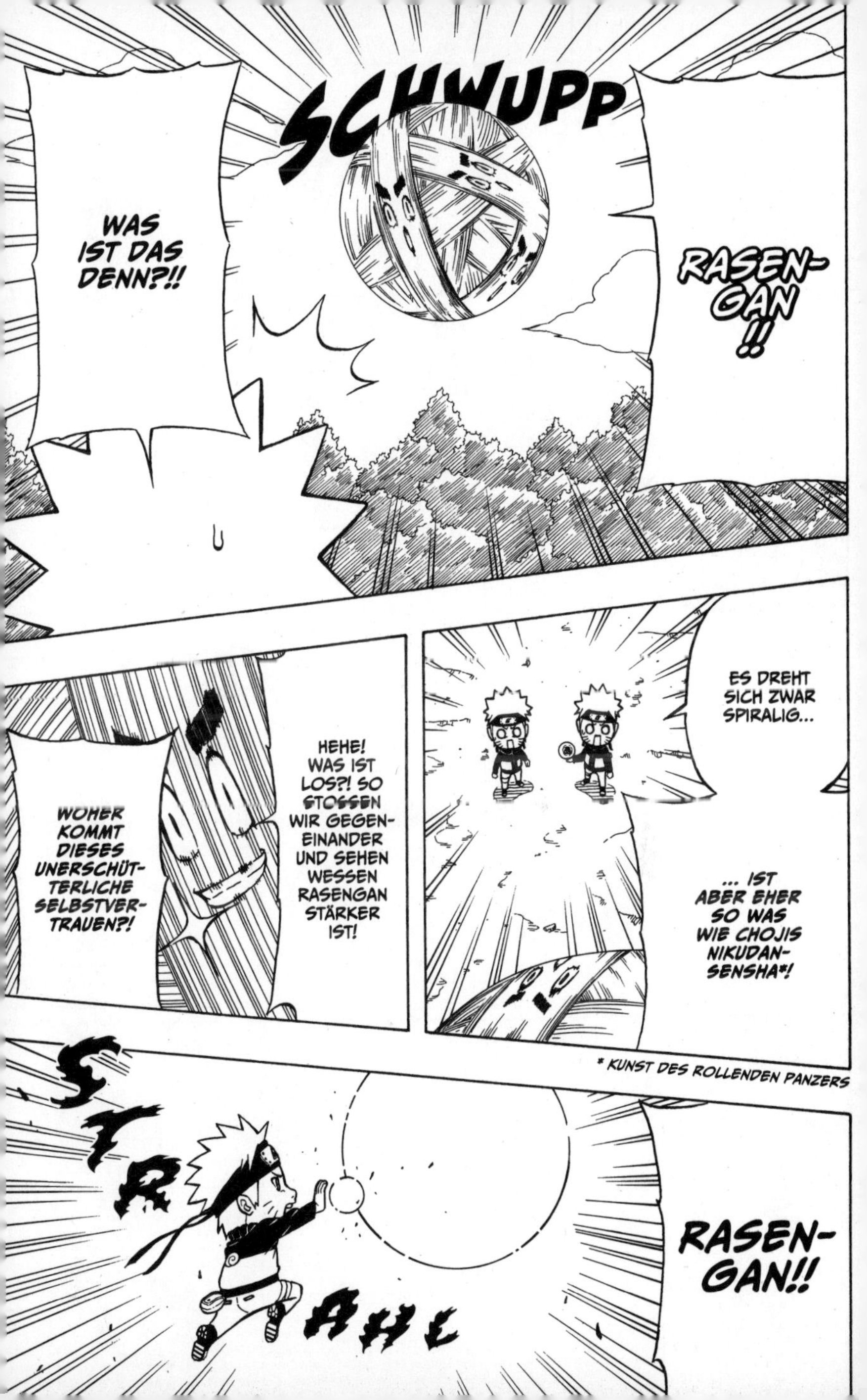
RASEN-
GAN
!!
SCHWUPP
WAS
IST DAS
DENN?!!
ES DREHT
SICH ZWAR
SPIRALIG...
... IST
ABER EHER
SO WAS
WIE CHOJIS
NIKUDAN-
SENSHA*!
HEHE!
WAS IST
LOS?! SO
STOSSEN
WIR GEGEN-
EINANDER
UND SEHEN
WESSEN
RASENGAN
STÄRKER
IST!
WOHER
KOMMT
DIESES
UNERSCHÜT-
TERLICHE
SELBSTVER-
TRAUEN?!
* KUNST DES ROLLENDEN PANZERS
RASEN-
GAN!!
STRAHL

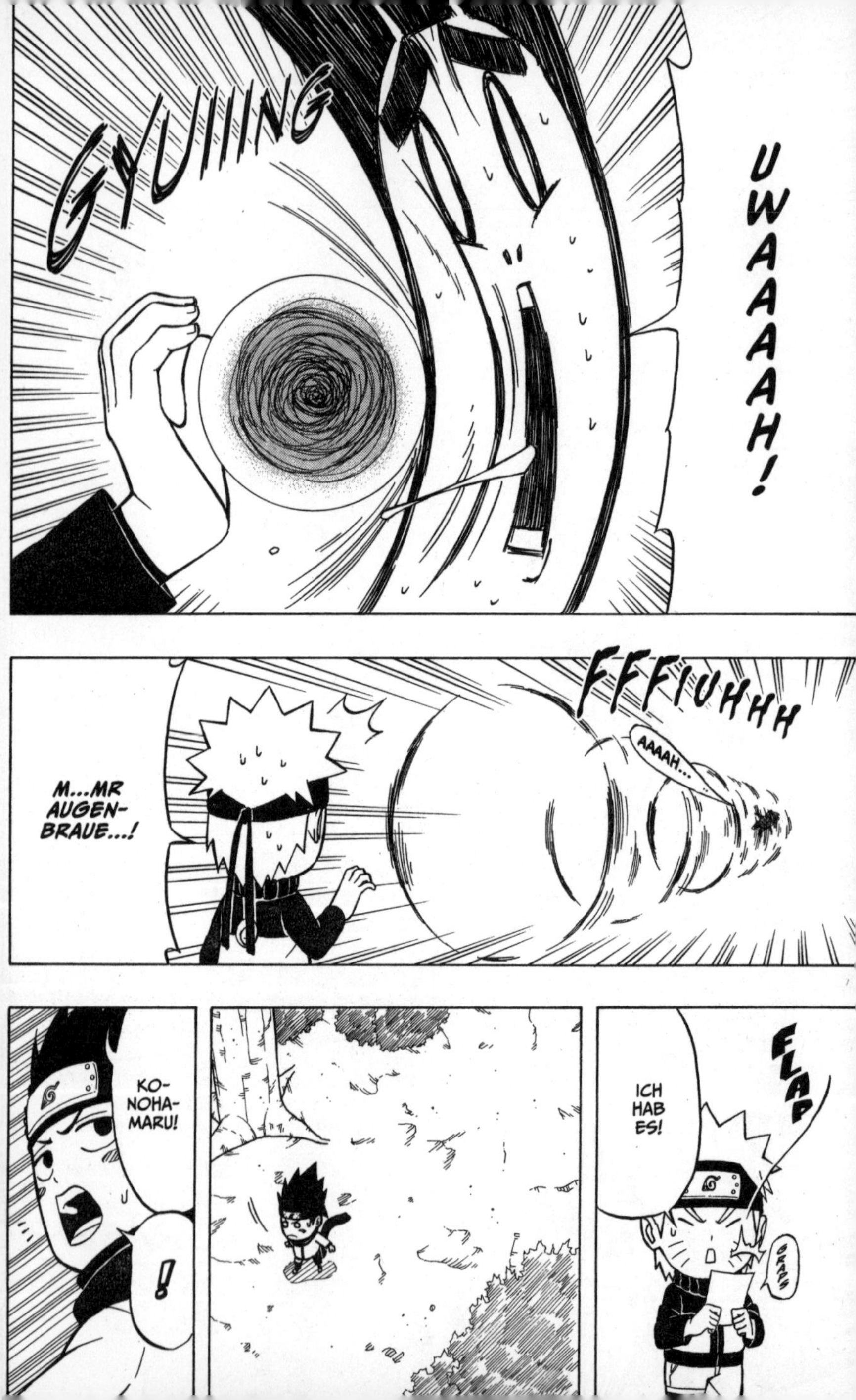
UWAAAAAAH!
GYUIIING
FFFIUHHH
AAAAH...
M...MR AUGEN-BRAUE...!
FLAP
ICH HAB ES!
GRAPS
KO-NOHA-MARU!
!

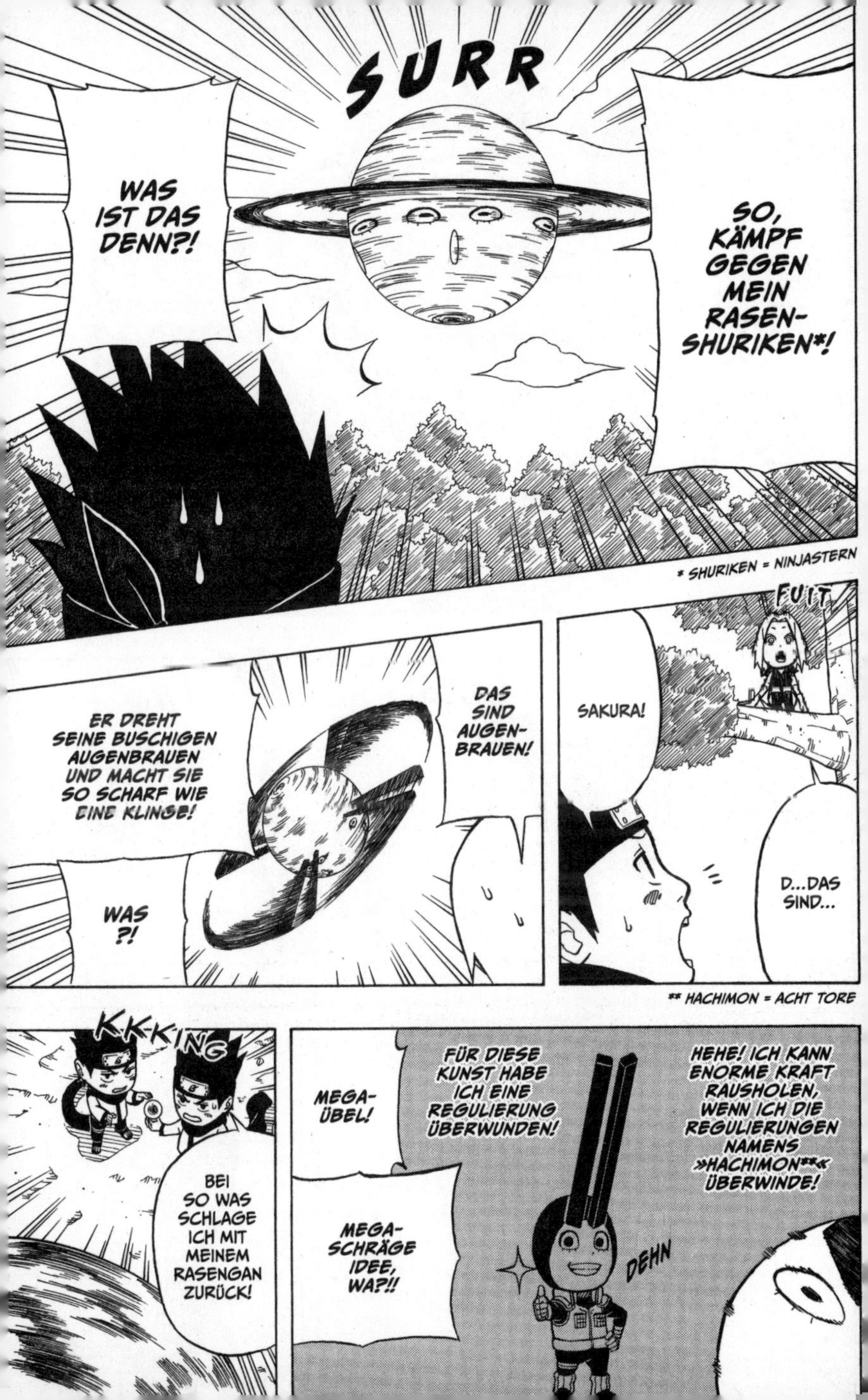
SURR
SO, KÄMPF GEGEN MEIN RASEN-SHURIKEN*!
WAS IST DAS DENN?!
* SHURIKEN = NINJASTERN
FUIT
SAKURA!
D...DAS SIND...
DAS SIND AUGEN-BRAUEN!
ER DREHT SEINE BUSCHIGEN AUGENBRAUEN UND MACHT SIE SO SCHARF WIE EINE KLINGE!
WAS?!
** HACHIMON = ACHT TORE
HEHE! ICH KANN ENORME KRAFT RAUSHOLEN, WENN ICH DIE REGULIERUNGEN NAMENS »HACHIMON**« ÜBERWINDE!
FÜR DIESE KUNST HABE ICH EINE REGULIERUNG ÜBERWUNDEN!
DEHN
MEGA-ÜBEL!
MEGA-SCHRÄGE IDEE, WA?!!
K-K-KING
BEI SO WAS SCHLAGE ICH MIT MEINEM RASENGAN ZURÜCK!

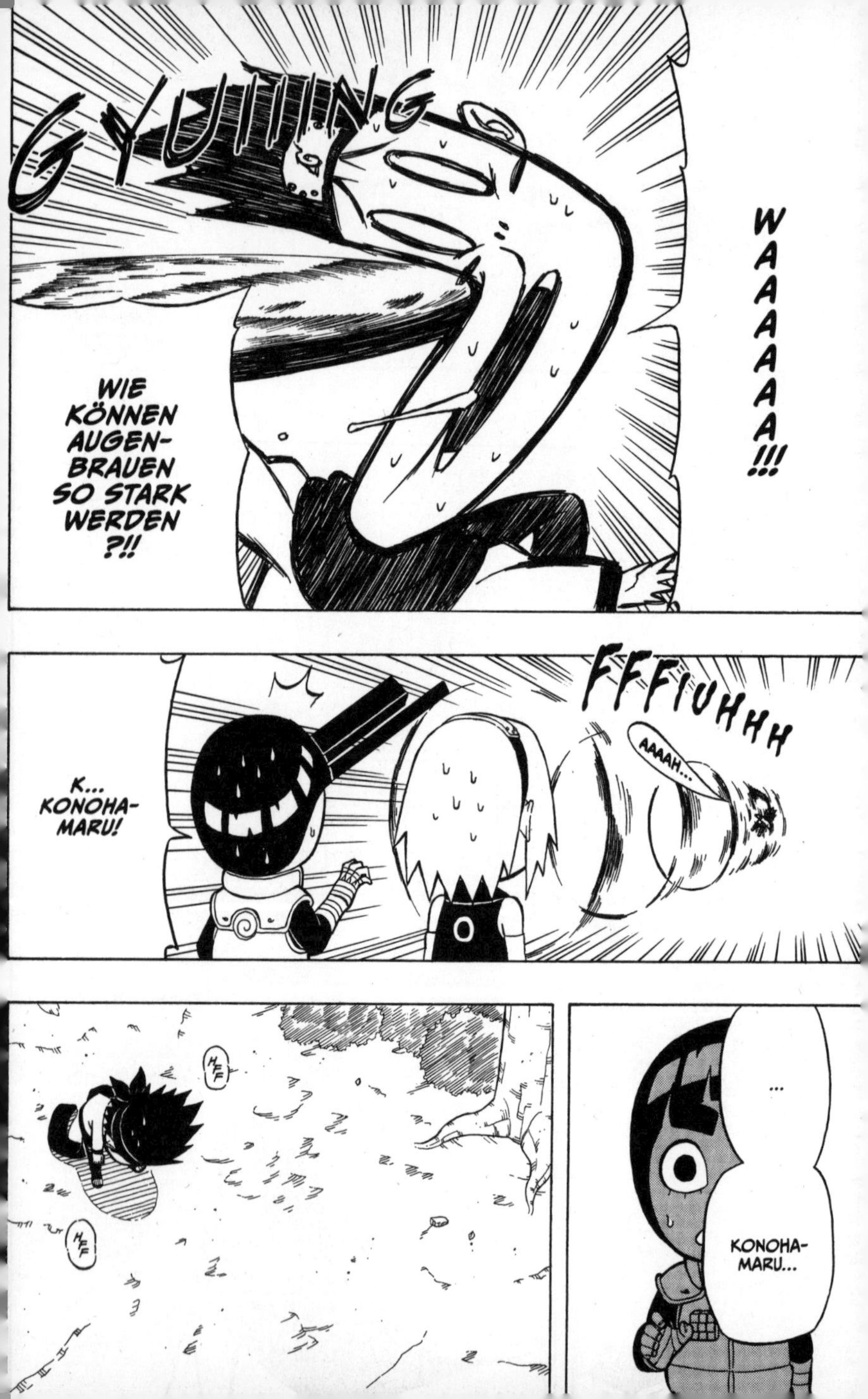
GYUIIING
WAAAAAAAAA!!!
WIE KÖNNEN AUGEN-BRAUEN SO STARK WERDEN ?!!
FFFIUHHH
AAAAH...
K... KONOHA-MARU!
...
KONOHA-MARU...
HEF
HEF

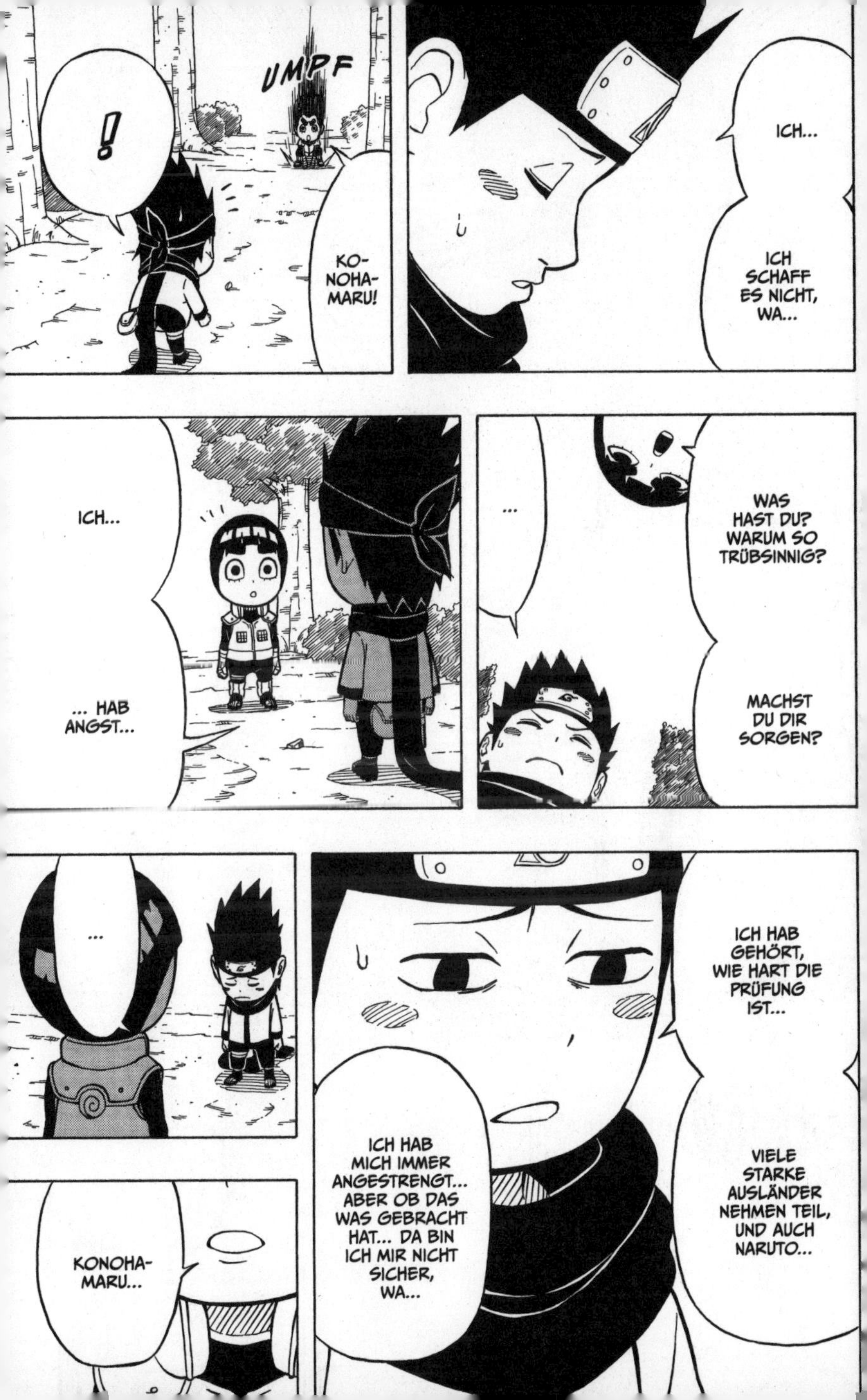
UMPF
!
KONOHA-MARU!
ICH...
ICH SCHAFF ES NICHT, WA...
WAS HAST DU? WARUM SO TRÜBSINNIG?
MACHST DU DIR SORGEN?
...
ICH...
... HAB ANGST...
ICH HAB GEHÖRT, WIE HART DIE PRÜFUNG IST...
VIELE STARKE AUSLÄNDER NEHMEN TEIL, UND AUCH NARUTO...
ICH HAB MICH IMMER ANGESTRENGT... ABER OB DAS WAS GEBRACHT HAT... DA BIN ICH MIR NICHT SICHER, WA...
...
KONOHA-MARU...

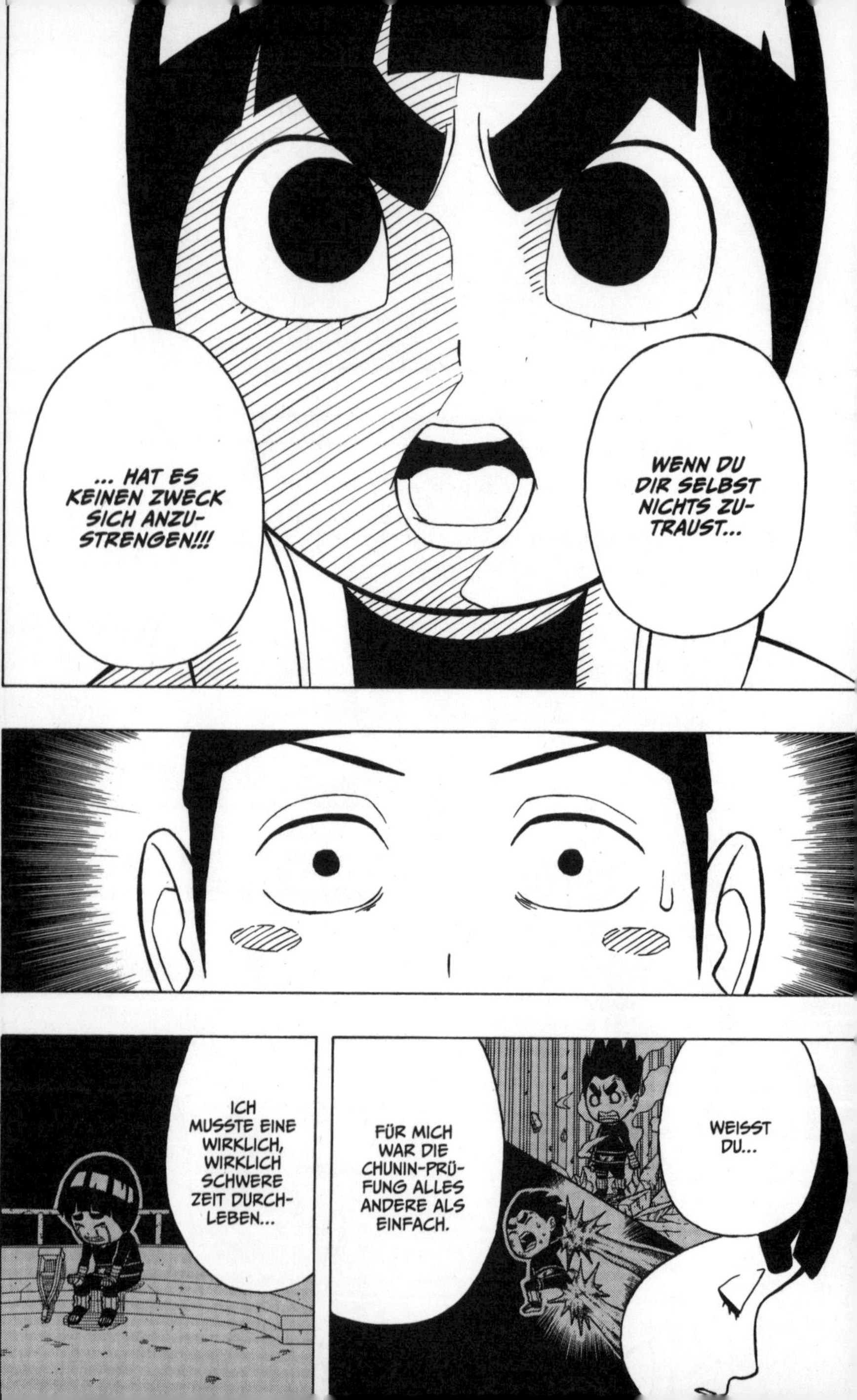
WENN DU DIR SELBST NICHTS ZUTRAUST...
... HAT ES KEINEN ZWECK SICH ANZUSTRENGEN!!!
WEISST DU...
FÜR MICH WAR DIE CHUNIN-PRÜFUNG ALLES ANDERE ALS EINFACH.
ICH MUSSTE EINE WIRKLICH, WIRKLICH SCHWERE ZEIT DURCHLEBEN...

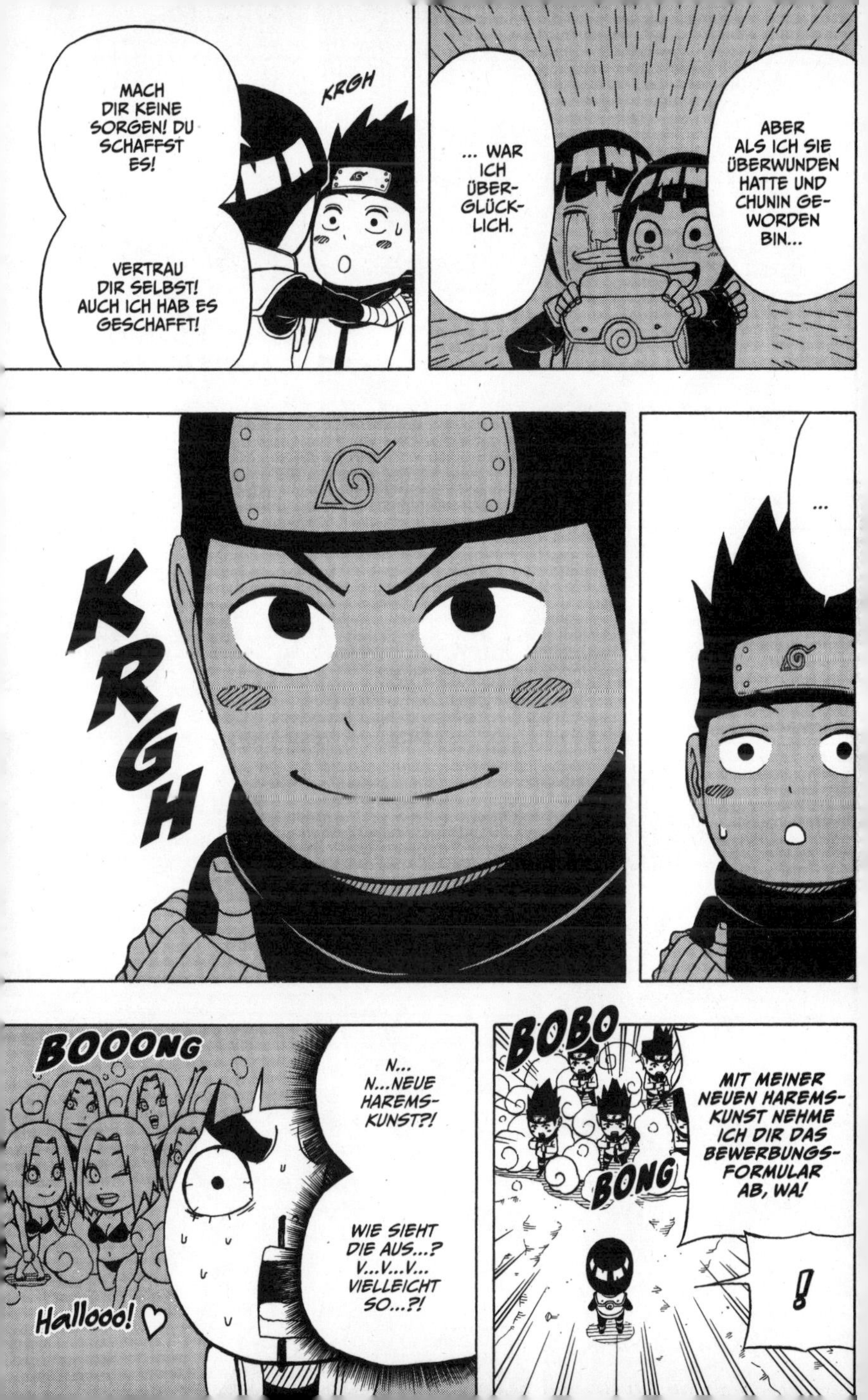

ABER ALS ICH SIE ÜBERWUNDEN HATTE UND CHUNIN GEWORDEN BIN...
... WAR ICH ÜBERGLÜCKLICH.
KRGH
MACH DIR KEINE SORGEN! DU SCHAFFST ES!
VERTRAU DIR SELBST! AUCH ICH HAB ES GESCHAFFT!
...
KRGH
BOBO
BONG
MIT MEINER NEUEN HAREMSKUNST NEHME ICH DIR DAS BEWERBUNGSFORMULAR AB, WA!
!
N... N...NEUE HAREMSKUNST?!
WIE SIEHT DIE AUS...? V...V...V... VIELLEICHT SO...?!
BOOONG
Hallooo! ♡

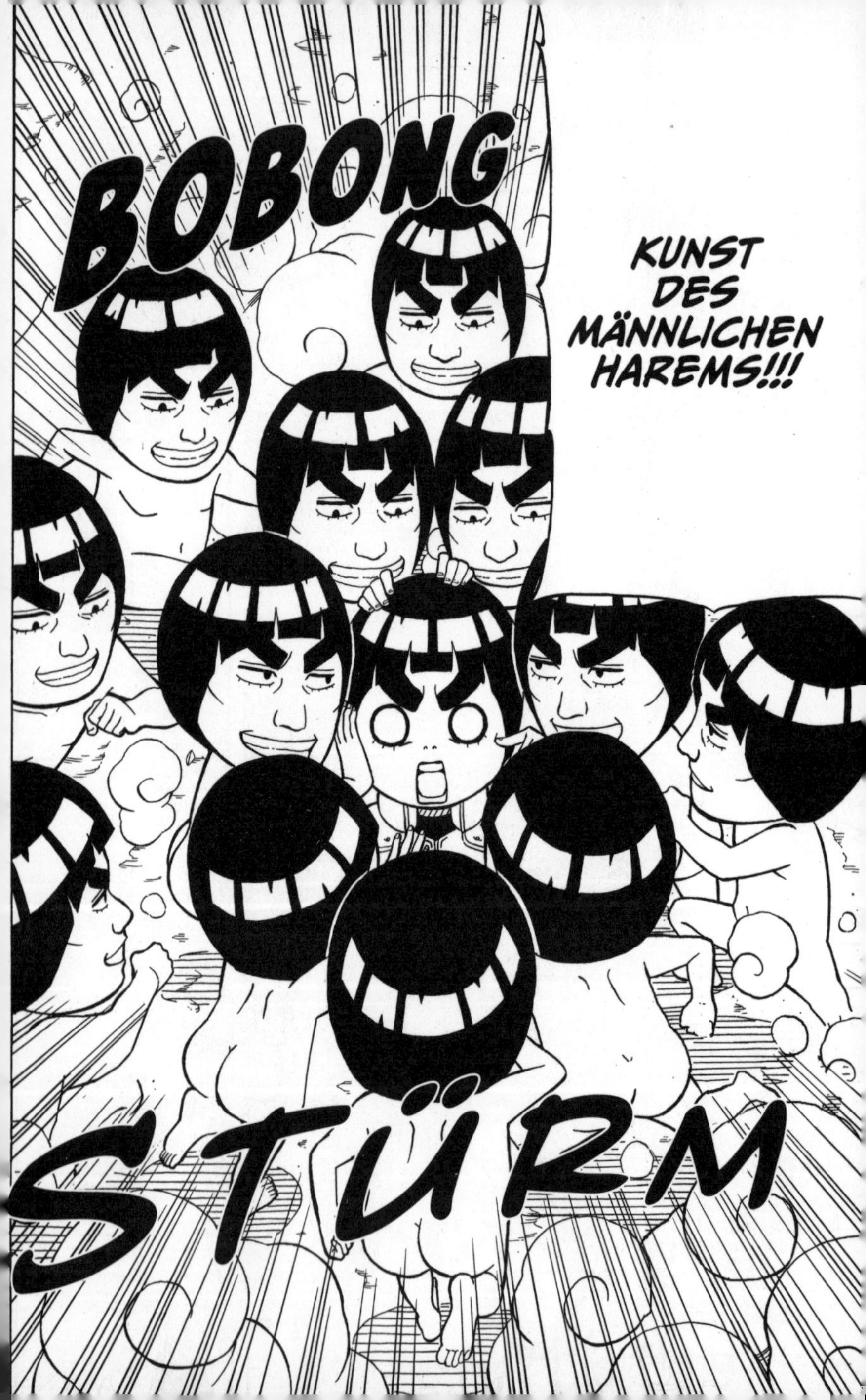
BOBONG
KUNST DES MÄNNLICHEN HAREMS!!!
STÜRM

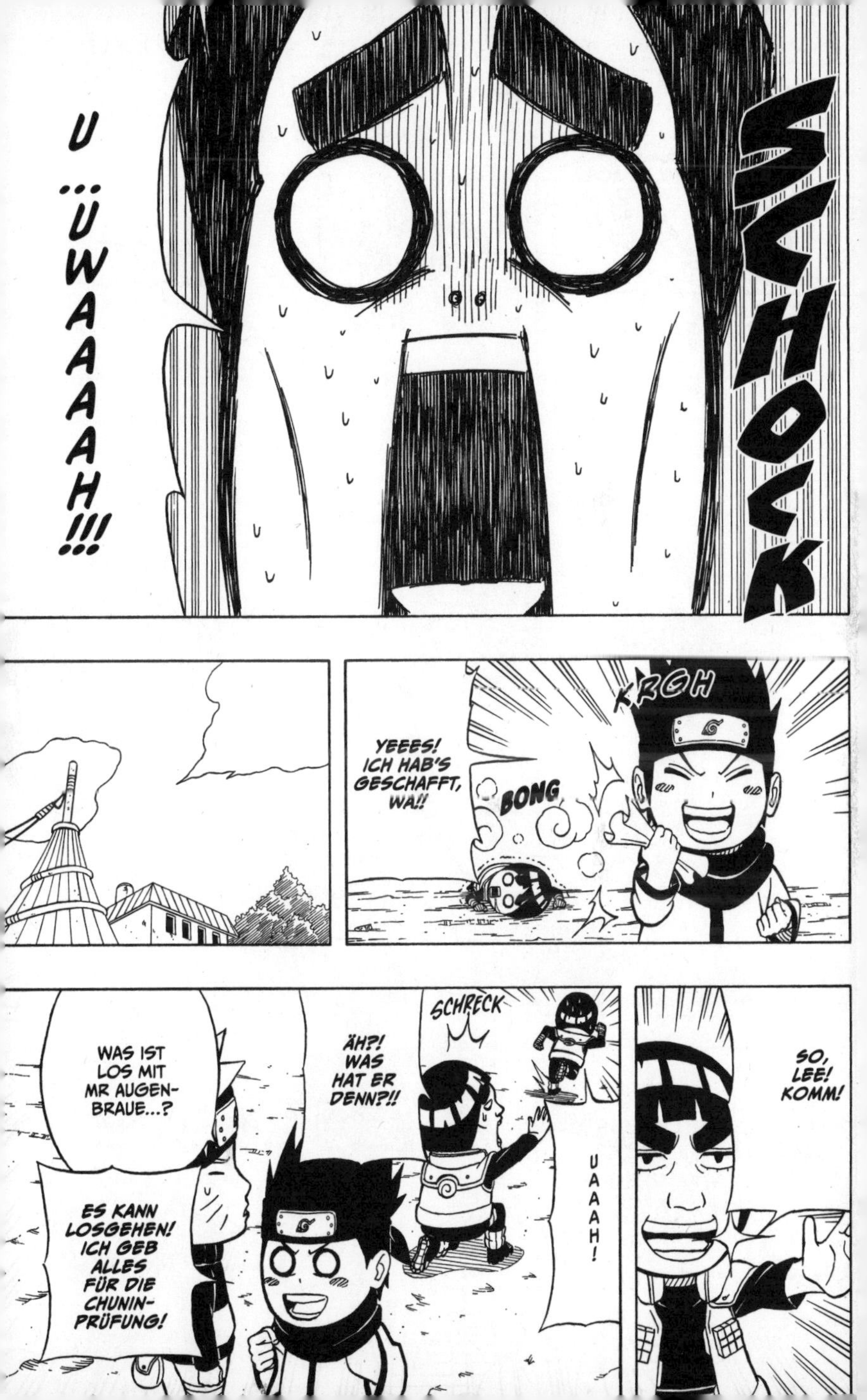

SCHOCK
U ...ÜWAAAAAAH!!!
KRGH
YEEES! ICH HAB'S GESCHAFFT, WA!!
BONG
SO, LEE! KOMM!
UAAAAH!
SCHRECK
ÄH?! WAS HAT ER DENN?!!
WAS IST LOS MIT MR AUGEN-BRAUE...?
ES KANN LOSGEHEN! ICH GEB ALLES FÜR DIE CHUNIN-PRÜFUNG!

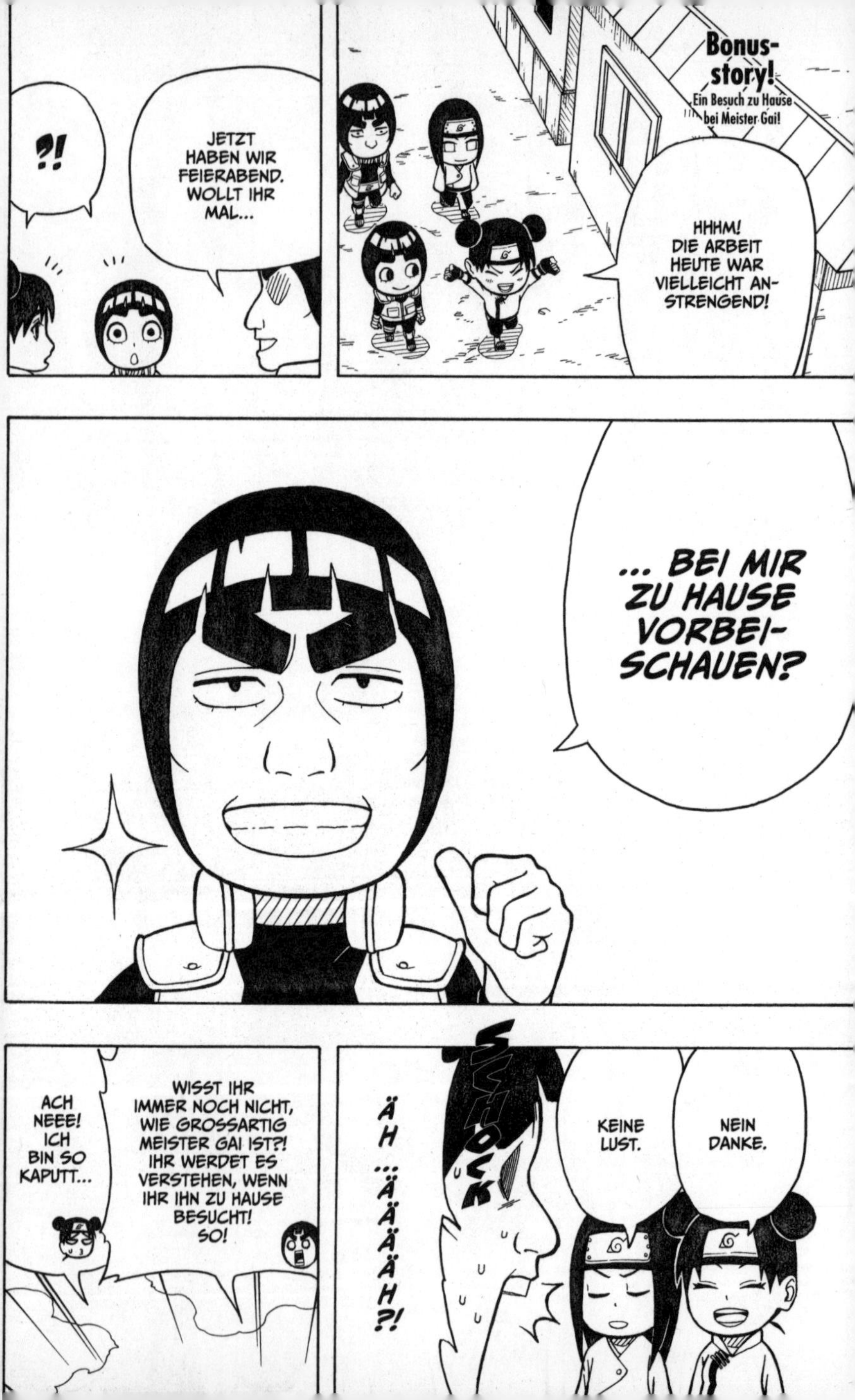
Bonus-story!
Ein Besuch zu Hause bei Meister Gai!
HHHM! DIE ARBEIT HEUTE WAR VIELLEICHT AN-STRENGEND!
JETZT HABEN WIR FEIERABEND. WOLLT IHR MAL...
?!
... BEI MIR ZU HAUSE VORBEI-SCHAUEN?
NEIN DANKE.
KEINE LUST.
SCHOCK
ÄH ...ÄÄÄÄH?!
WISST IHR IMMER NOCH NICHT, WIE GROSSARTIG MEISTER GAI IST?! IHR WERDET ES VERSTEHEN, WENN IHR IHN ZU HAUSE BESUCHT! SO!
ACH NEEE! ICH BIN SO KAPUTT...

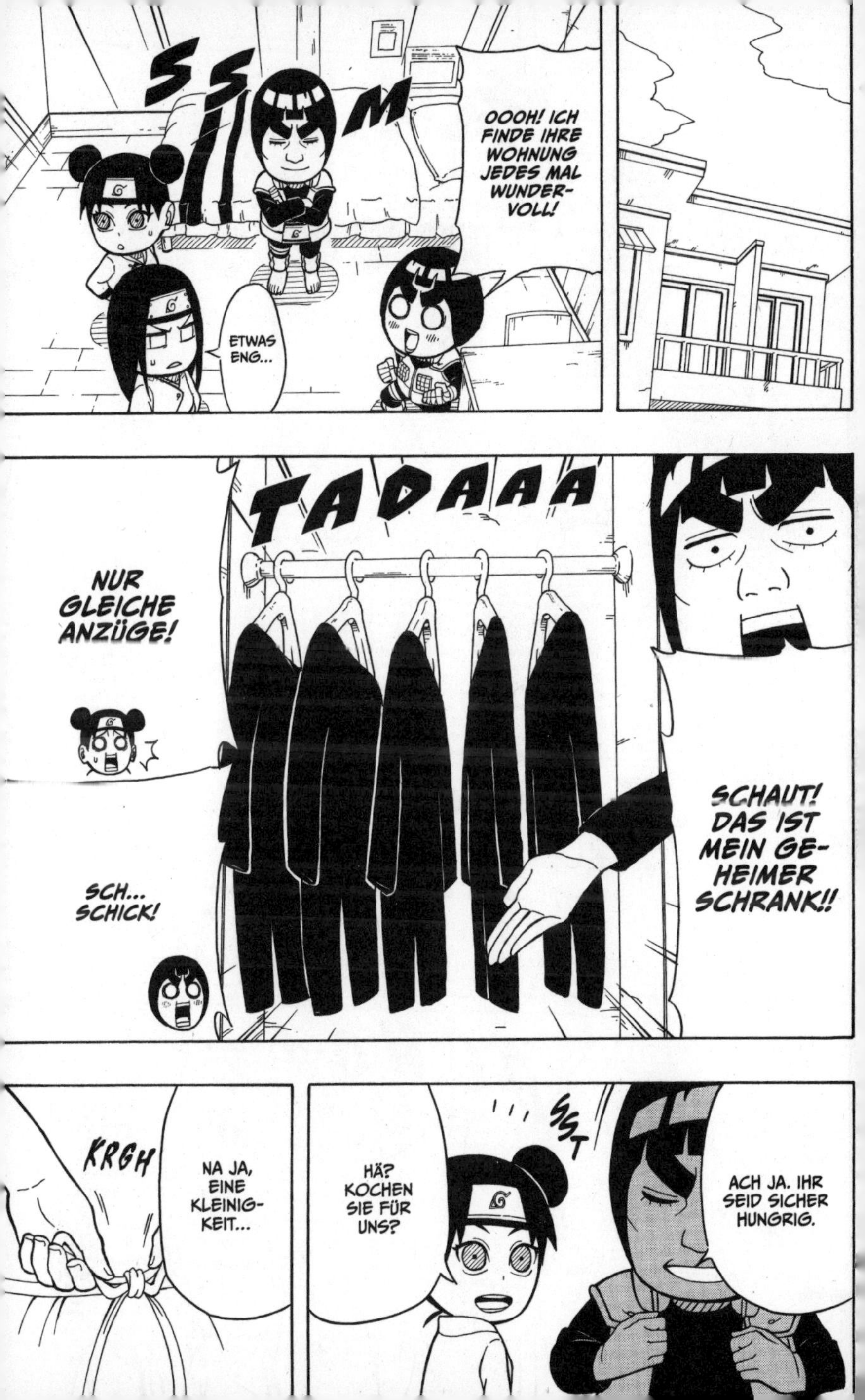
SSM
OOOH! ICH FINDE IHRE WOHNUNG JEDES MAL WUNDER-VOLL!
ETWAS ENG...
TADAAA
SCHAUT! DAS IST MEIN GE-HEIMER SCHRANK!!
NUR GLEICHE ANZÜGE!
SCH... SCHICK!
SST
ACH JA. IHR SEID SICHER HUNGRIG.
HÄ? KOCHEN SIE FÜR UNS?
NA JA, EINE KLEINIG-KEIT...
KRGH

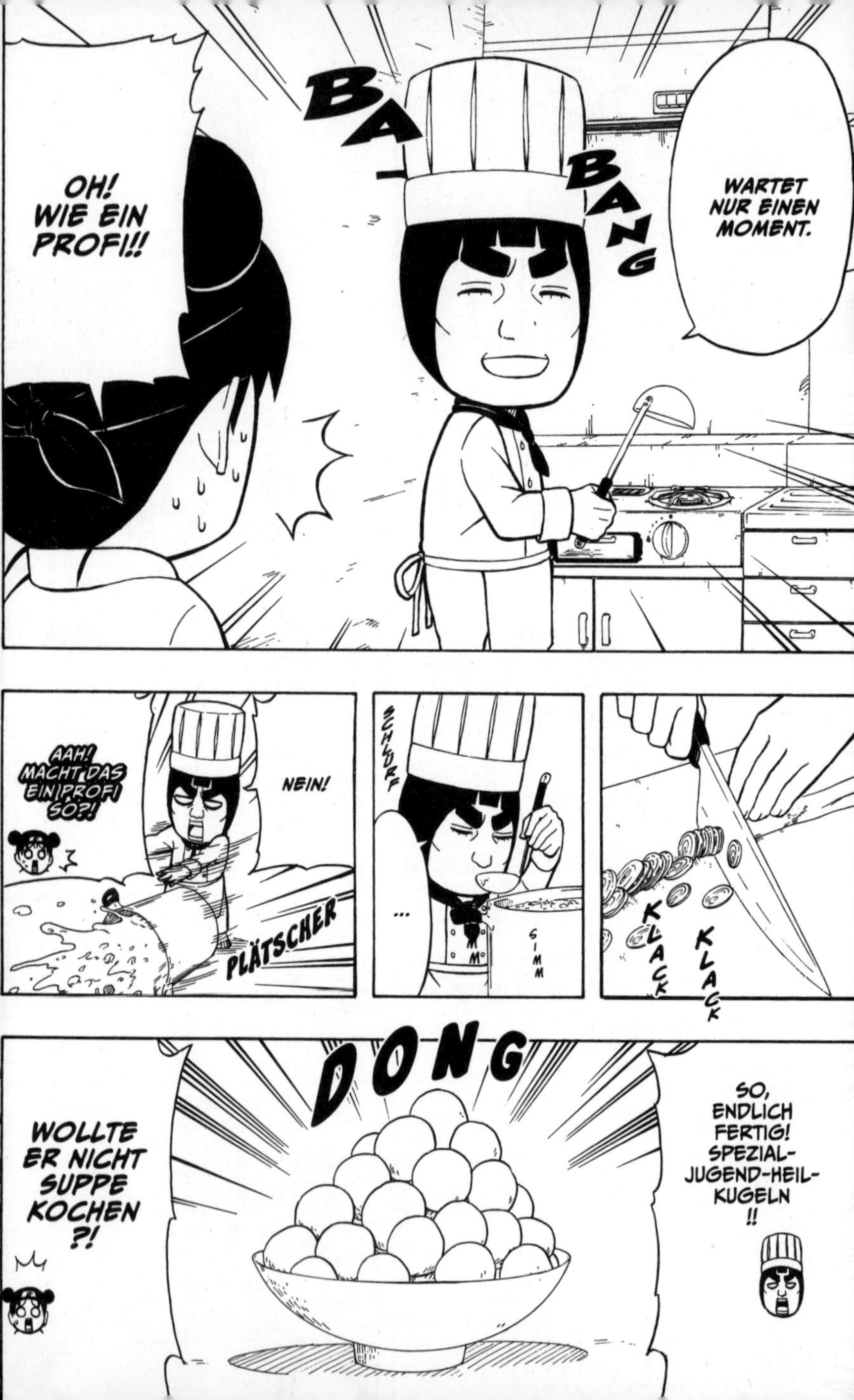
WARTET NUR EINEN MOMENT.
BA-BANG
OH! WIE EIN PROFI!!
KLACK
KLACK
SCHLÜRF
...
SIMM
NEIN!
AAH! MACHT DAS EIN PROFI SO?!
PLÄTSCHER
SO, ENDLICH FERTIG! SPEZIAL-JUGEND-HEIL-KUGELN !!
DONG
WOLLTE ER NICHT SUPPE KOCHEN ?!

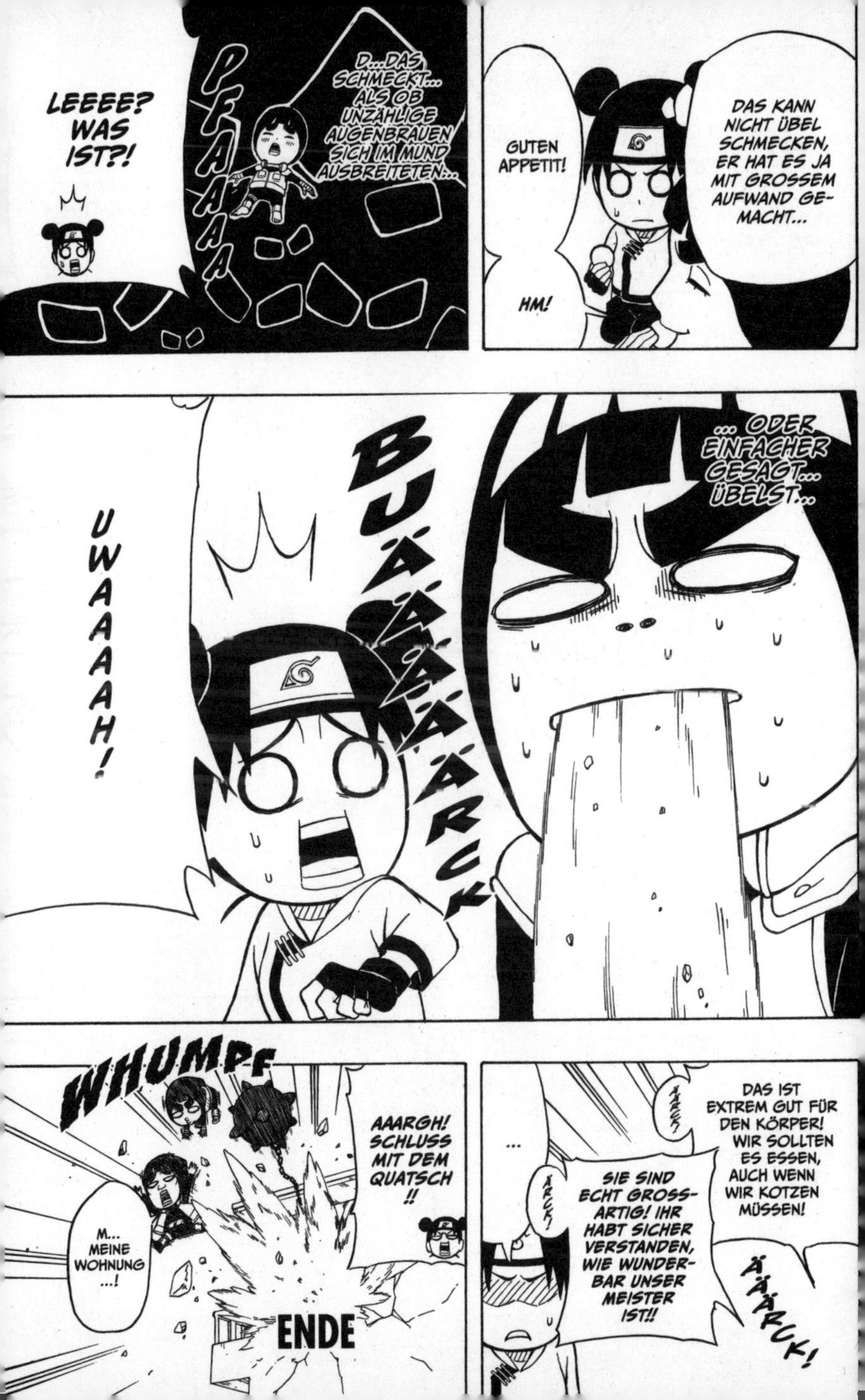
DAS KANN NICHT ÜBEL SCHMECKEN, ER HAT ES JA MIT GROSSEM AUFWAND GE-MACHT...
GUTEN APPETIT!
HM!
D...DAS SCHMECKT... ALS OB UNZÄHLIGE AUGENBRAUEN SICH IM MUND AUSBREITETEN...
PFAAAAAA
LEEEEE? WAS IST?!
... ODER EINFACHER GESAGT... ÜBELST...
BUÄÄÄÄÄRCK
UWAAAAAAH!
DAS IST EXTREM GUT FÜR DEN KÖRPER! WIR SOLLTEN ES ESSEN, AUCH WENN WIR KOTZEN MÜSSEN!
ÄÄÄRCK!
SIE SIND ECHT GROSS-ARTIG! IHR HABT SICHER VERSTANDEN, WIE WUNDER-BAR UNSER MEISTER IST!!
...
AAARGH! SCHLUSS MIT DEM QUATSCH!!
WHUMPF
M... MEINE WOHNUNG ...!
ENDE

EINE ILLUSTRATION & GRÜSSE VON MASASHI KISHIMOTO, DEM AUTOR VON NARUTO!

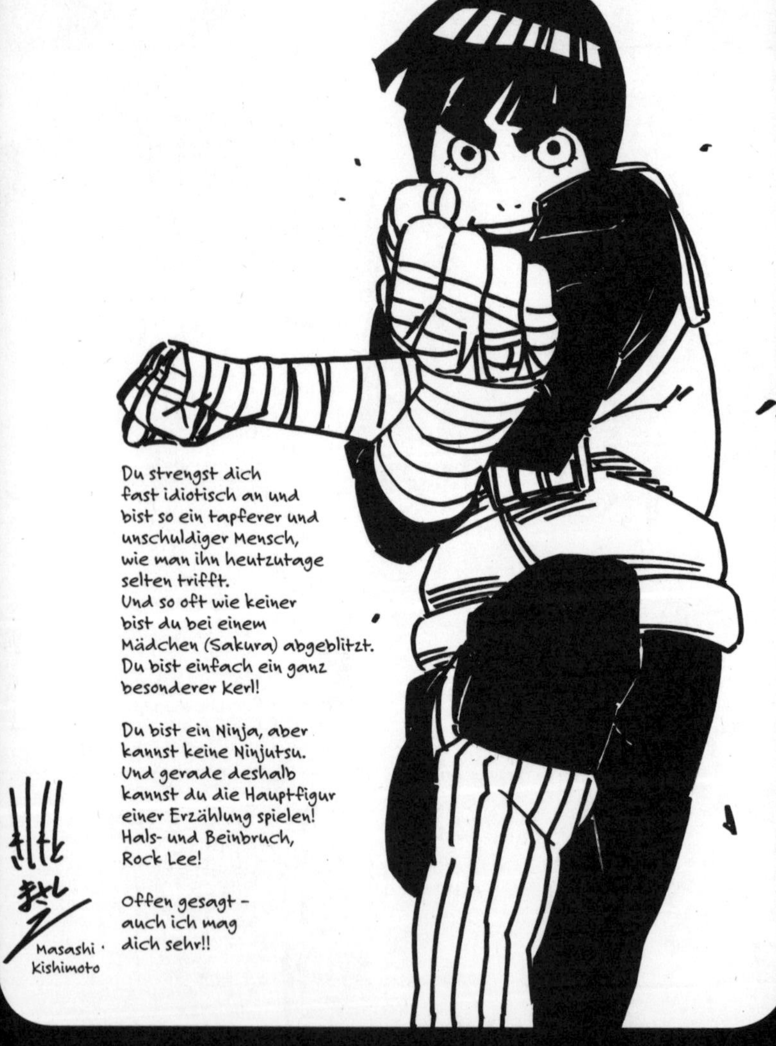

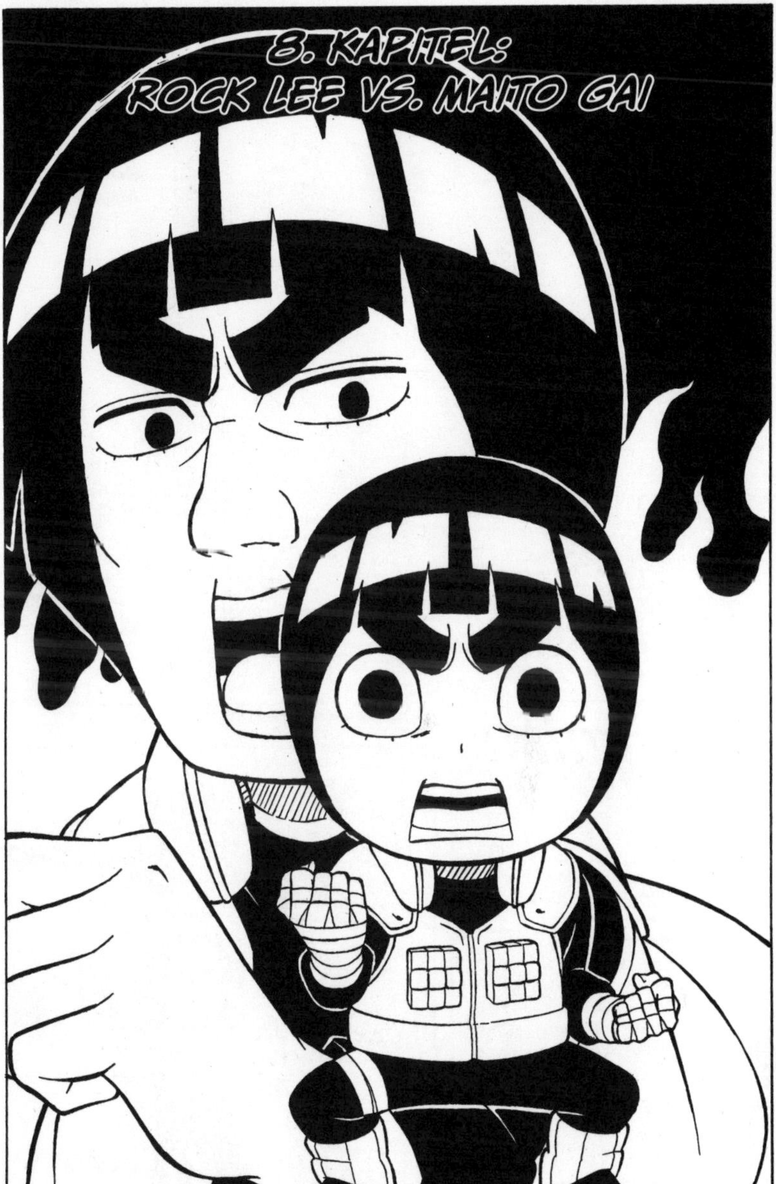
8. KAPITEL:
ROCK LEE VS. MAITO GAI

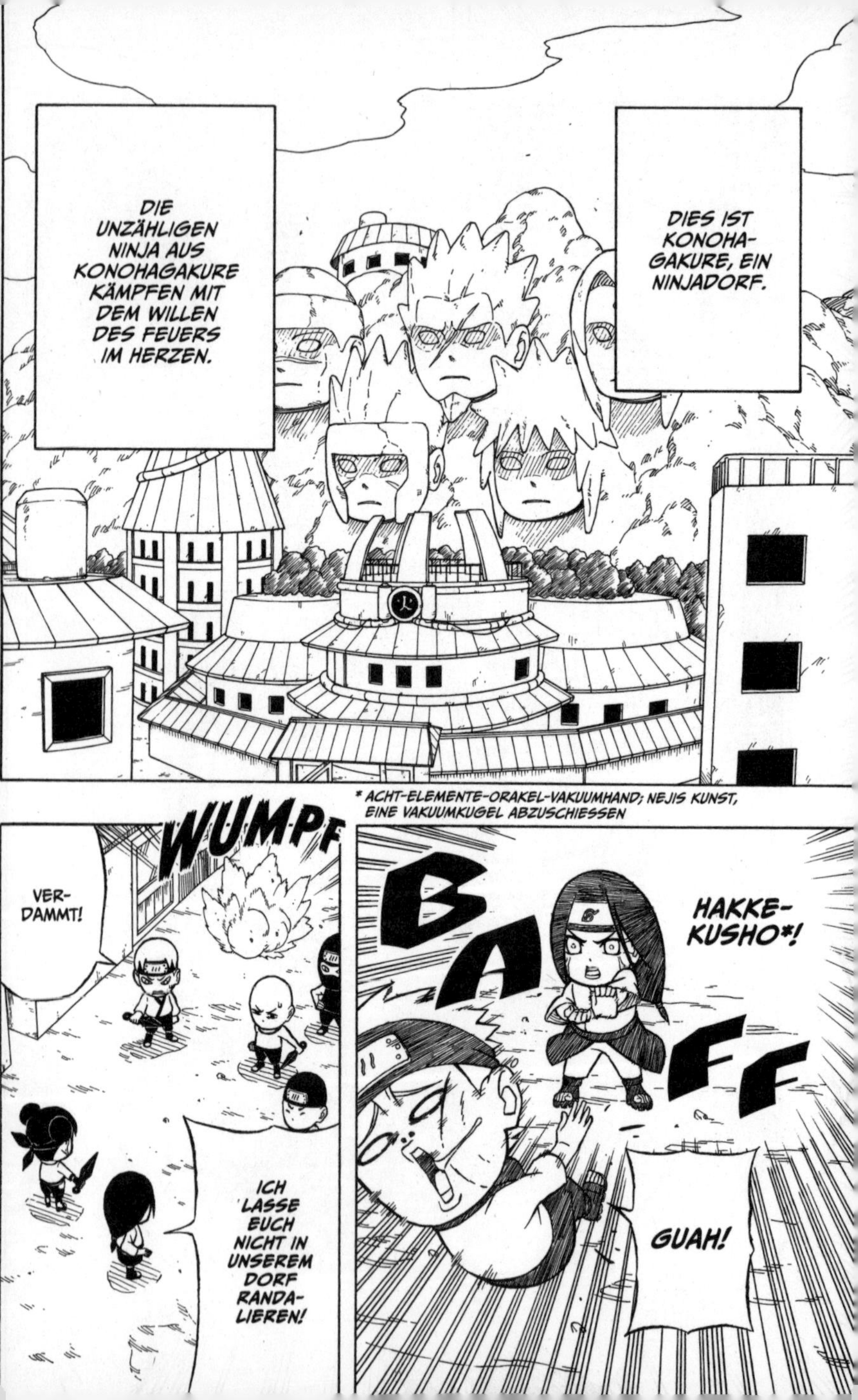
DIES IST KONOHA-GAKURE, EIN NINJADORF.
DIE UNZÄHLIGEN NINJA AUS KONOHAGAKURE KÄMPFEN MIT DEM WILLEN DES FEUERS IM HERZEN.
* ACHT-ELEMENTE-ORAKEL-VAKUUMHAND; NEJIS KUNST, EINE VAKUUMKUGEL ABZUSCHIESSEN
HAKKE-KUSHO*!
BAFF
GUAH!
WUMPF
VER-DAMMT!
ICH LASSE EUCH NICHT IN UNSEREM DORF RANDA-LIEREN!

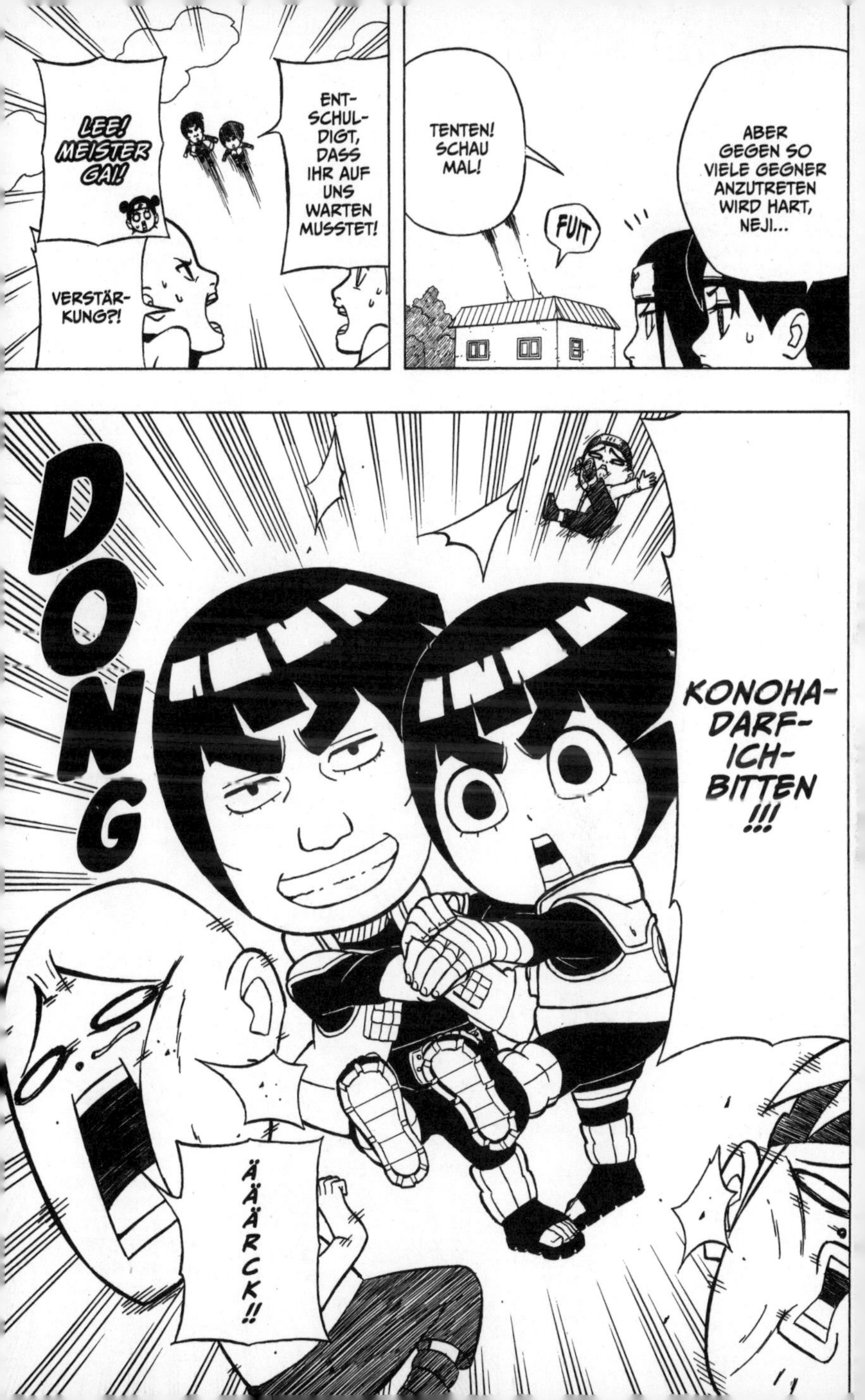
LEE! MEISTER GAI!
VERSTÄR-KUNG?!
ENT-SCHUL-DIGT, DASS IHR AUF UNS WARTEN MUSSTET!
ABER GEGEN SO VIELE GEGNER ANZUTRETEN WIRD HART, NEJI…
FUIT
TENTEN! SCHAU MAL!
DONG
KONOHA-DARF-ICH-BITTEN !!!
ÄÄÄRCK!!

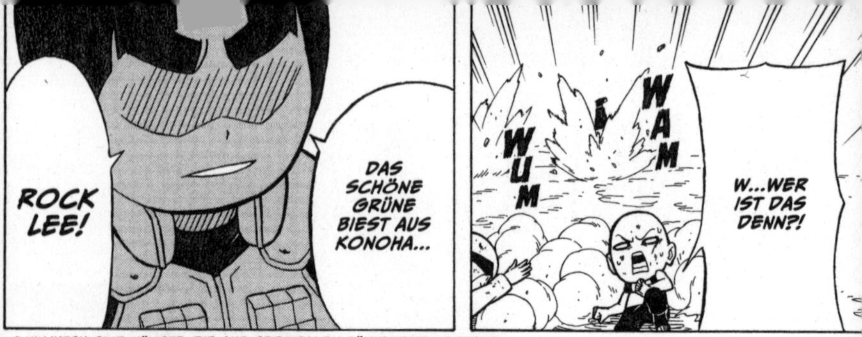

* NINJUTSU SIND KÜNSTE, DIE AUF SPEZIELLEN FÄHIGKEITEN BERUHEN.
** TAIJUTSU BERUHEN REIN AUF KÖRPERLICHER KRAFT UND RAFFINESSE.

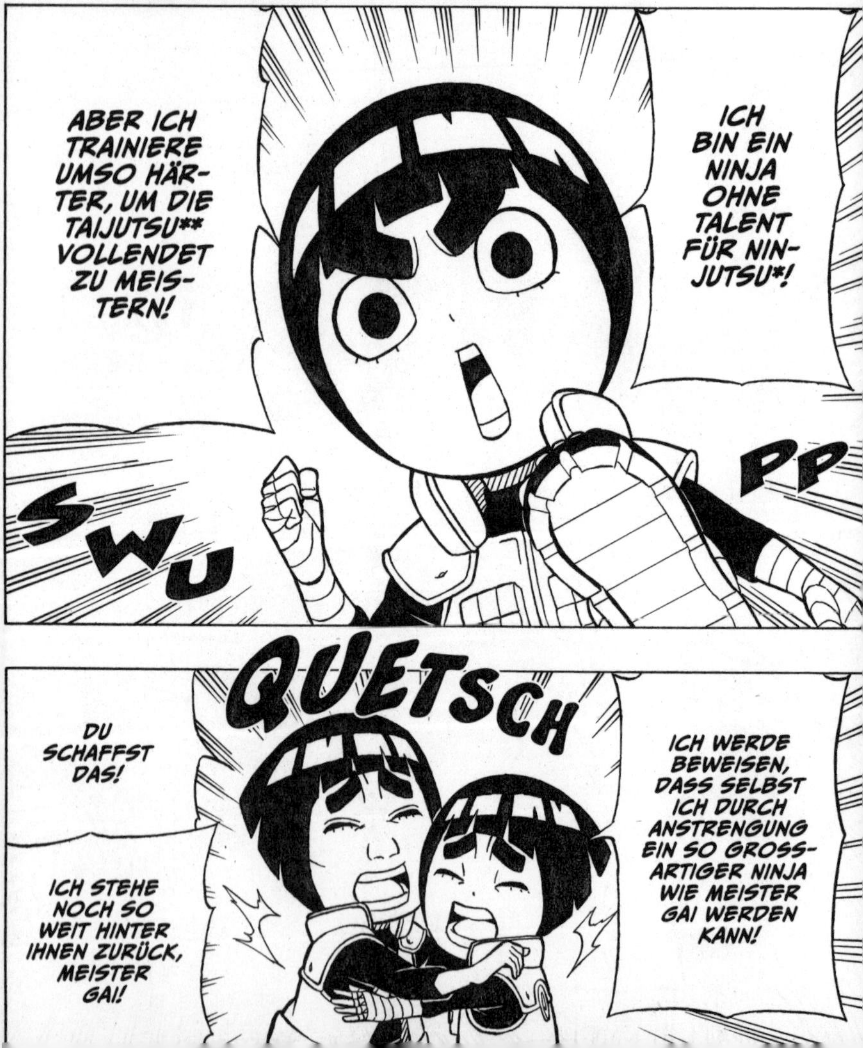

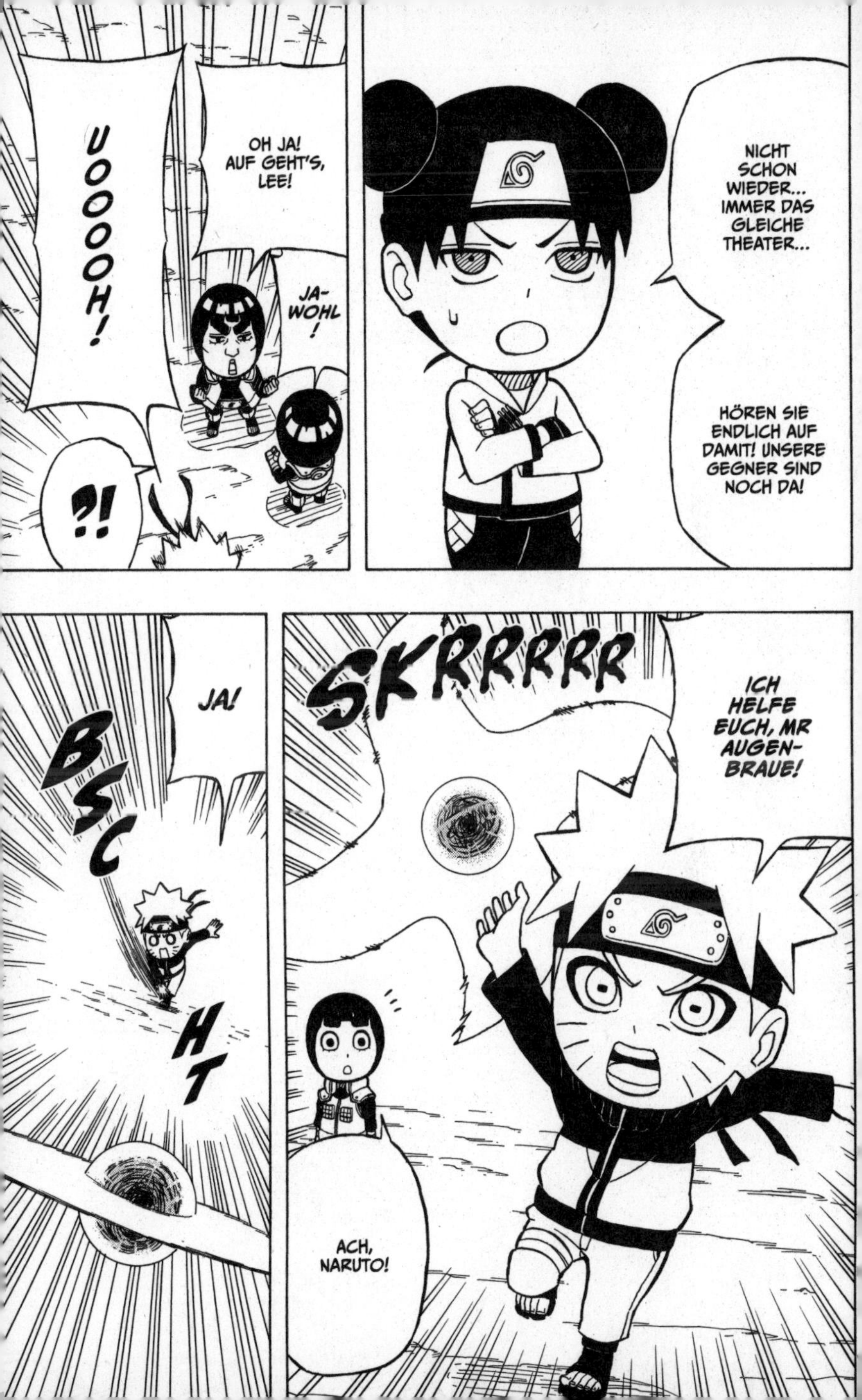
NICHT SCHON WIEDER... IMMER DAS GLEICHE THEATER...
HÖREN SIE ENDLICH AUF DAMIT! UNSERE GEGNER SIND NOCH DA!
OH JA! AUF GEHT'S, LEE!
JA-WOHL!
UOOOOOH!
?!
SKRRRRRR
ICH HELFE EUCH, MR AUGEN-BRAUE!
ACH, NARUTO!
JA!
BSCHT

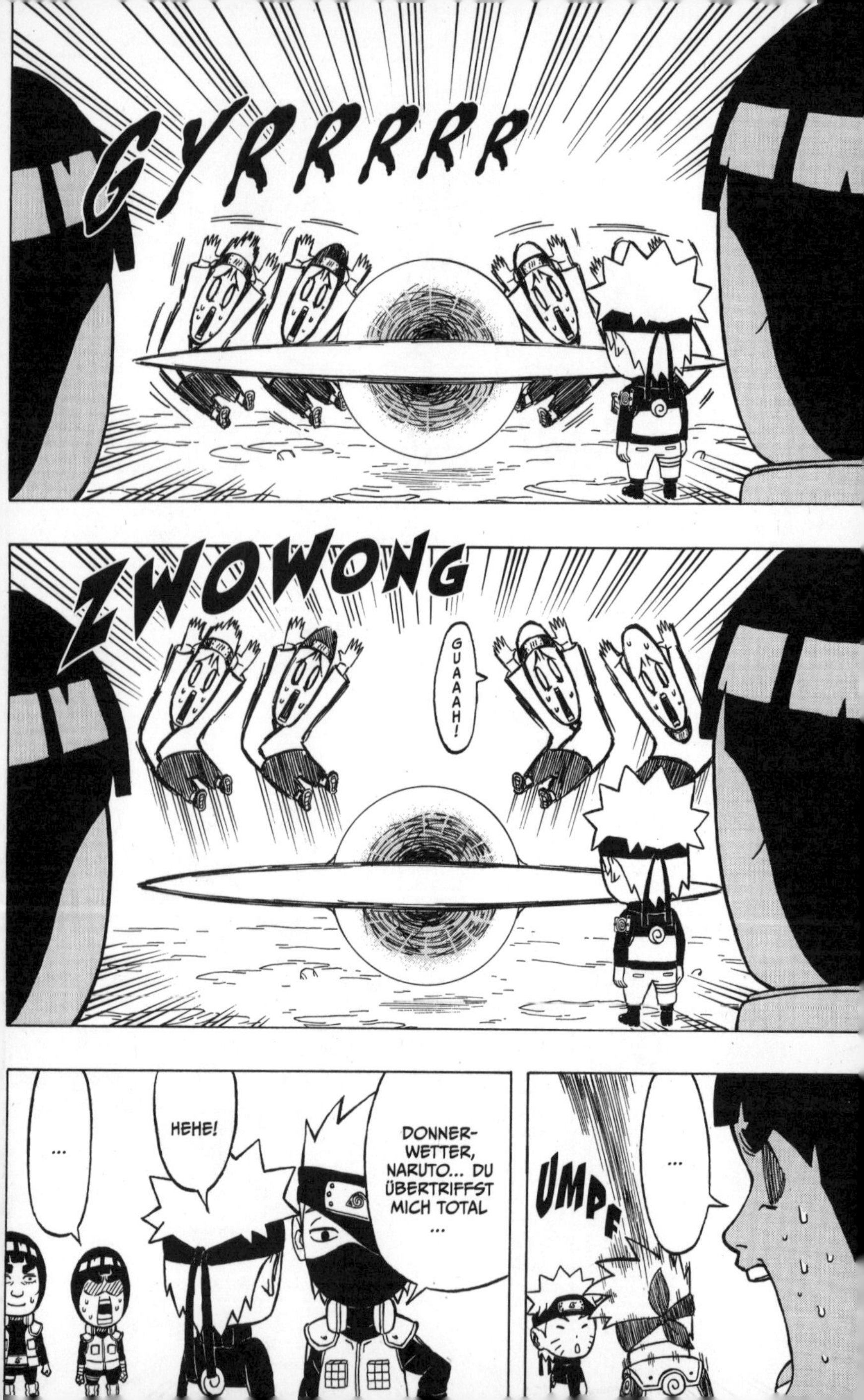
GYRRRRRR
ZWOWONG
GUAAAH!
...
HEHE!
DONNER-WETTER, NARUTO... DU ÜBERTRIFFST MICH TOTAL ...
UMPF
...

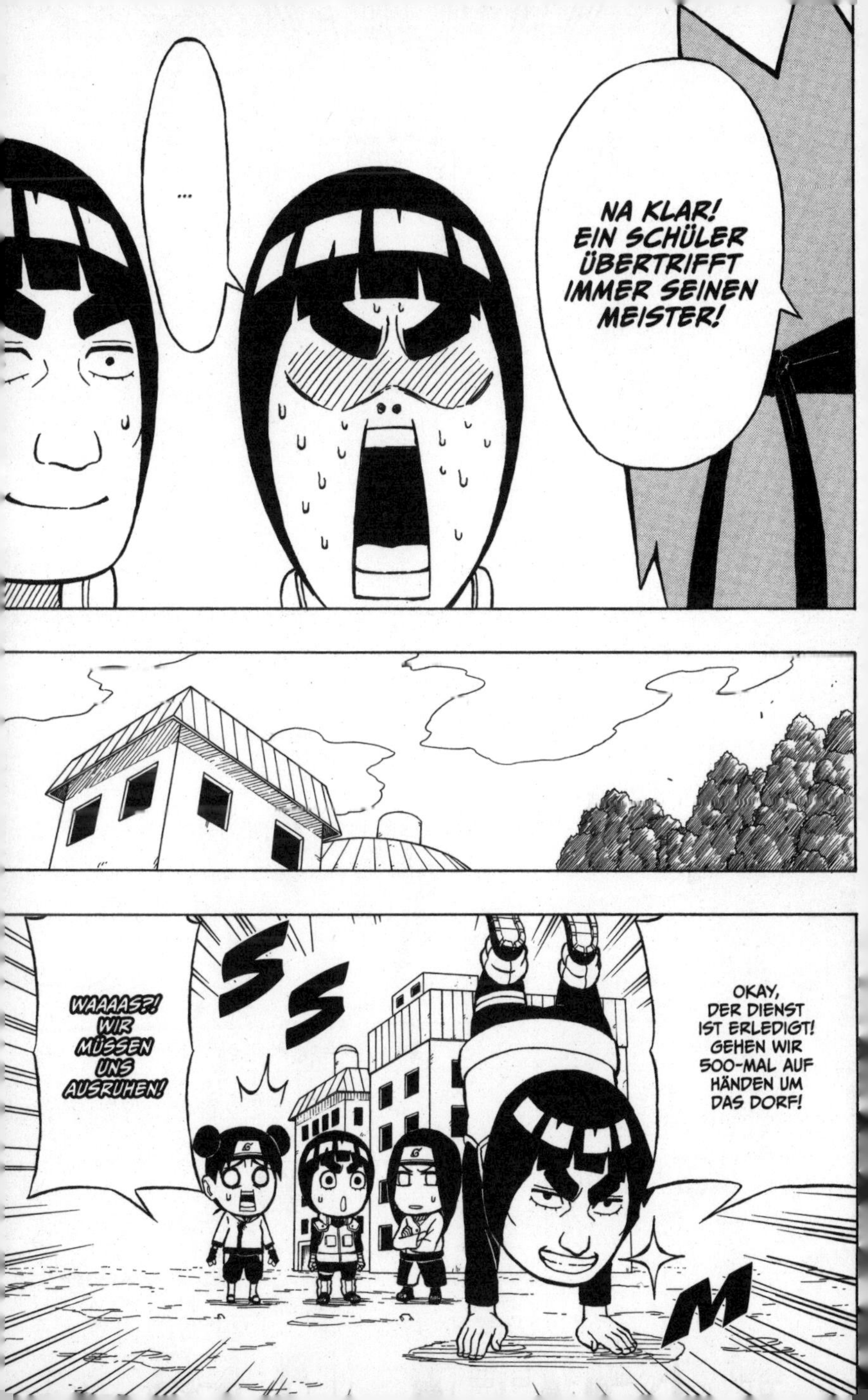
NA KLAR! EIN SCHÜLER ÜBERTRIFFT IMMER SEINEN MEISTER!
...
OKAY, DER DIENST IST ERLEDIGT! GEHEN WIR 500-MAL AUF HÄNDEN UM DAS DORF!
WAAAAS?! WIR MÜSSEN UNS AUSRUHEN!
SS
M

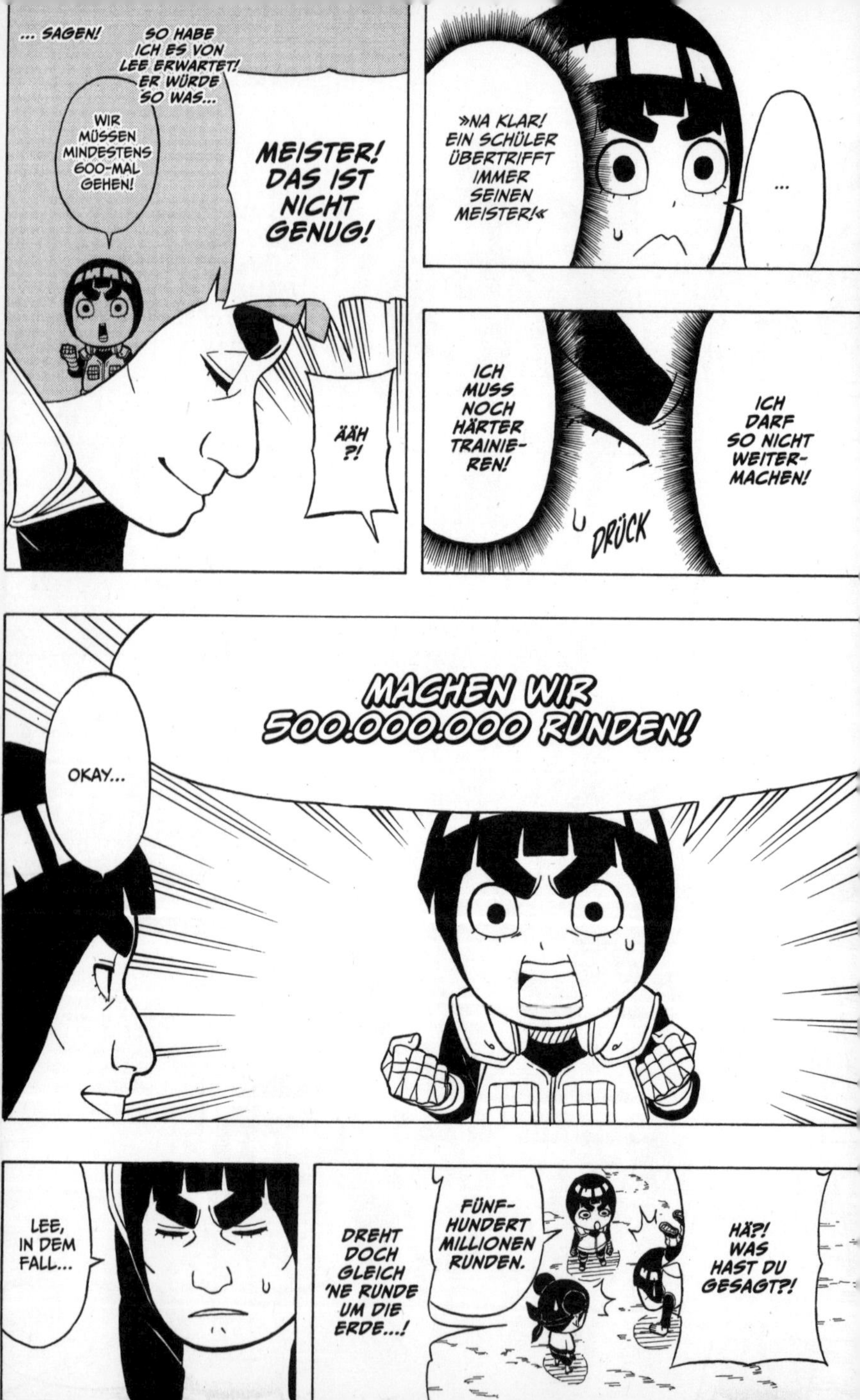
»NA KLAR! EIN SCHÜLER ÜBERTRIFFT IMMER SEINEN MEISTER!«
...
ICH DARF SO NICHT WEITER-MACHEN!
ICH MUSS NOCH HÄRTER TRAINIE-REN!
DRÜCK
SO HABE ICH ES VON LEE ERWARTET! ER WÜRDE SO WAS...
... SAGEN!
WIR MÜSSEN MINDESTENS 600-MAL GEHEN!
MEISTER! DAS IST NICHT GENUG!
ÄÄH ?!
MACHEN WIR 500.000.000 RUNDEN!
OKAY...
HÄ?! WAS HAST DU GESAGT?!
FÜNF-HUNDERT MILLIONEN RUNDEN.
DREHT DOCH GLEICH 'NE RUNDE UM DIE ERDE...!
LEE, IN DEM FALL...

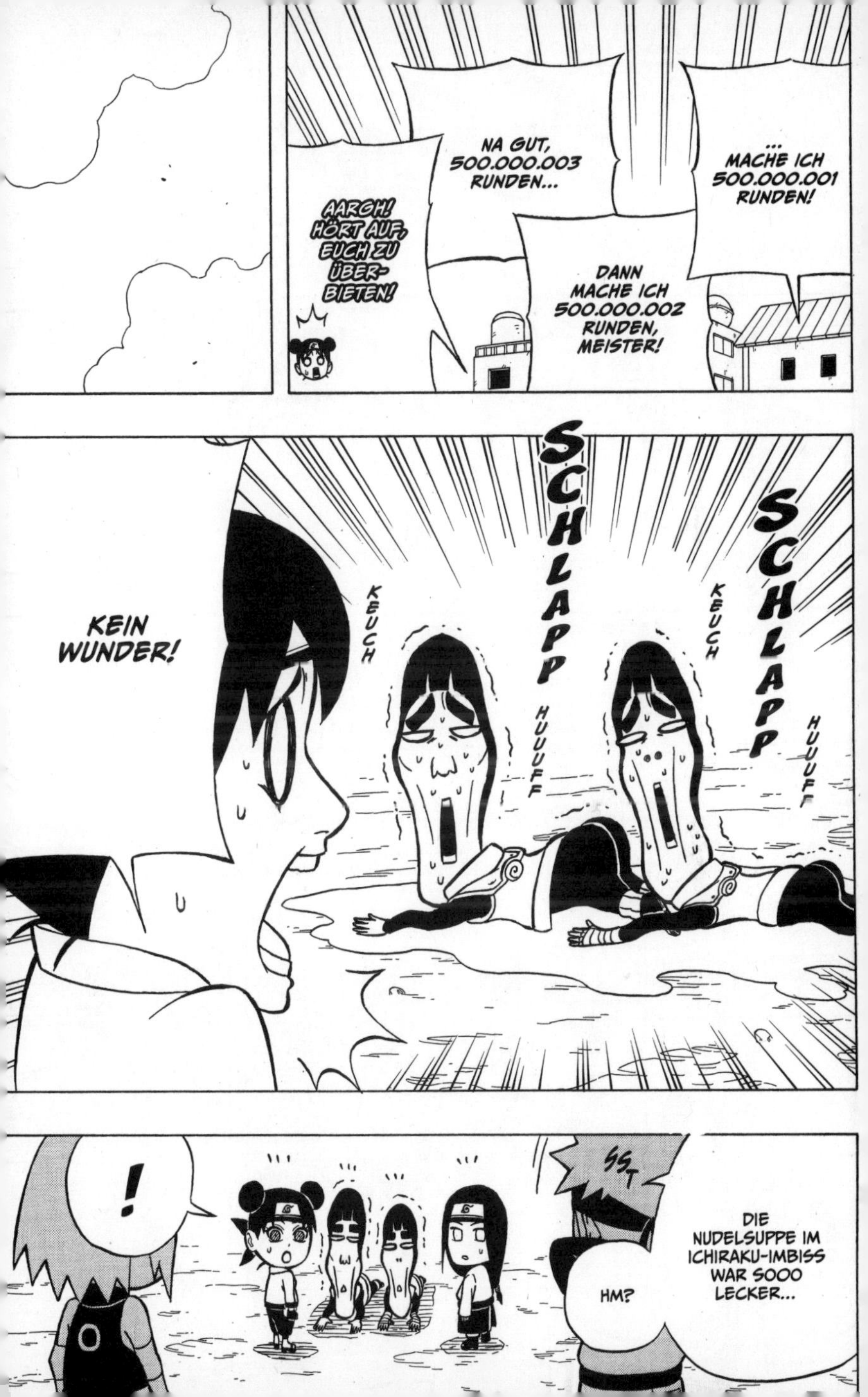
... MACHE ICH 500.000.001 RUNDEN!
DANN MACHE ICH 500.000.002 RUNDEN, MEISTER!
NA GUT, 500.000.003 RUNDEN...
AARGH! HÖRT AUF, EUCH ZU ÜBER-BIETEN!
SCHLAPP
HUUUFF
KEUCH
SCHLAPP
HUUUFF
KEUCH
KEIN WUNDER!
DIE NUDELSUPPE IM ICHIRAKU-IMBISS WAR SOOO LECKER...
HM?
SST
!

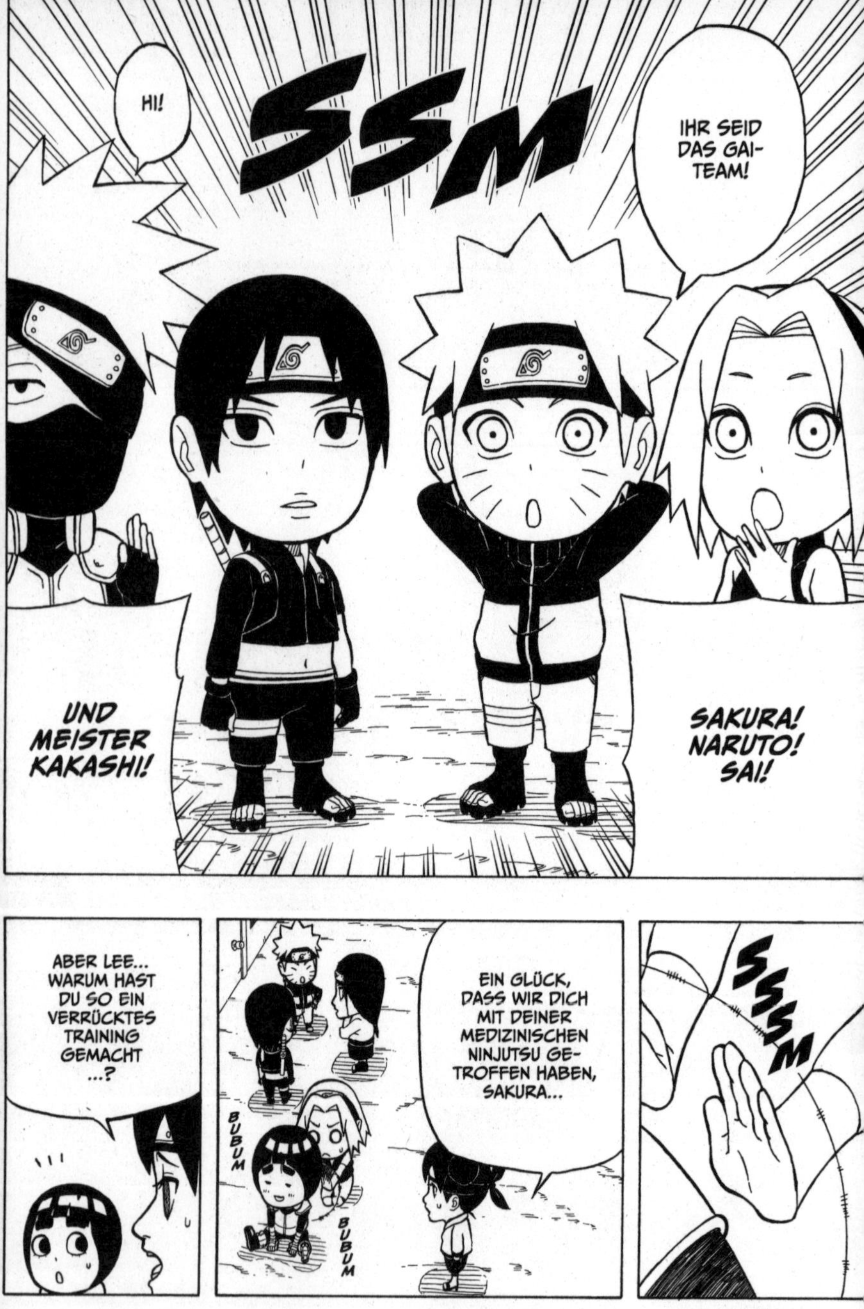

IHR SEID DAS GAI-TEAM!
SSM
HI!
SAKURA! NARUTO! SAI!
UND MEISTER KAKASHI!
SSSM
EIN GLÜCK, DASS WIR DICH MIT DEINER MEDIZINISCHEN NINJUTSU GETROFFEN HABEN, SAKURA…
BUBUM
BUBUM
ABER LEE… WARUM HAST DU SO EIN VERRÜCKTES TRAINING GEMACHT …?

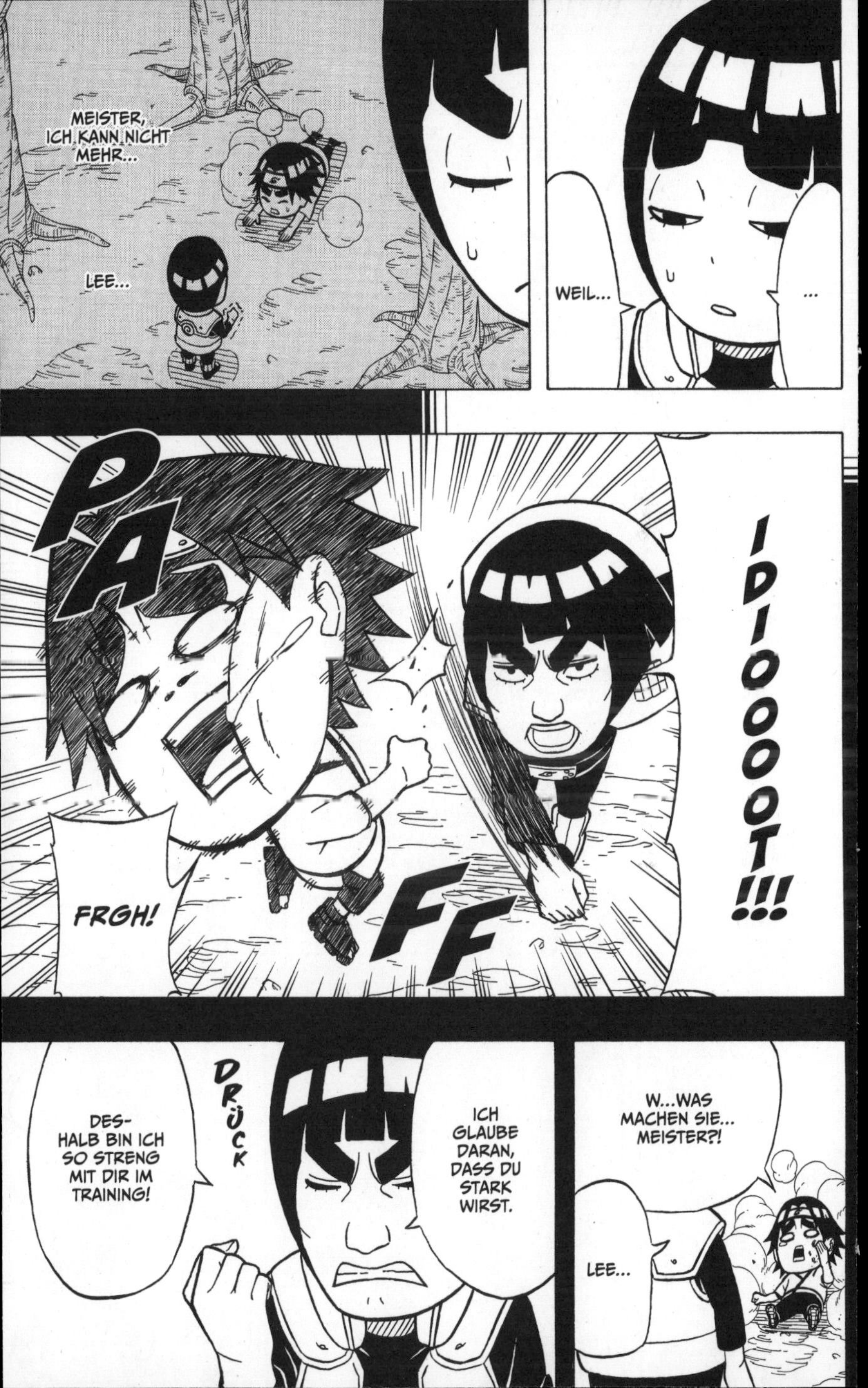

MEISTER, ICH KANN NICHT MEHR...
LEE...
WEIL...
...
PA
IDIOOOOOT!!!
FF
FRGH!
W...WAS MACHEN SIE... MEISTER?!
LEE...
ICH GLAUBE DARAN, DASS DU STARK WIRST.
DRÜCK
DES-HALB BIN ICH SO STRENG MIT DIR IM TRAINING!

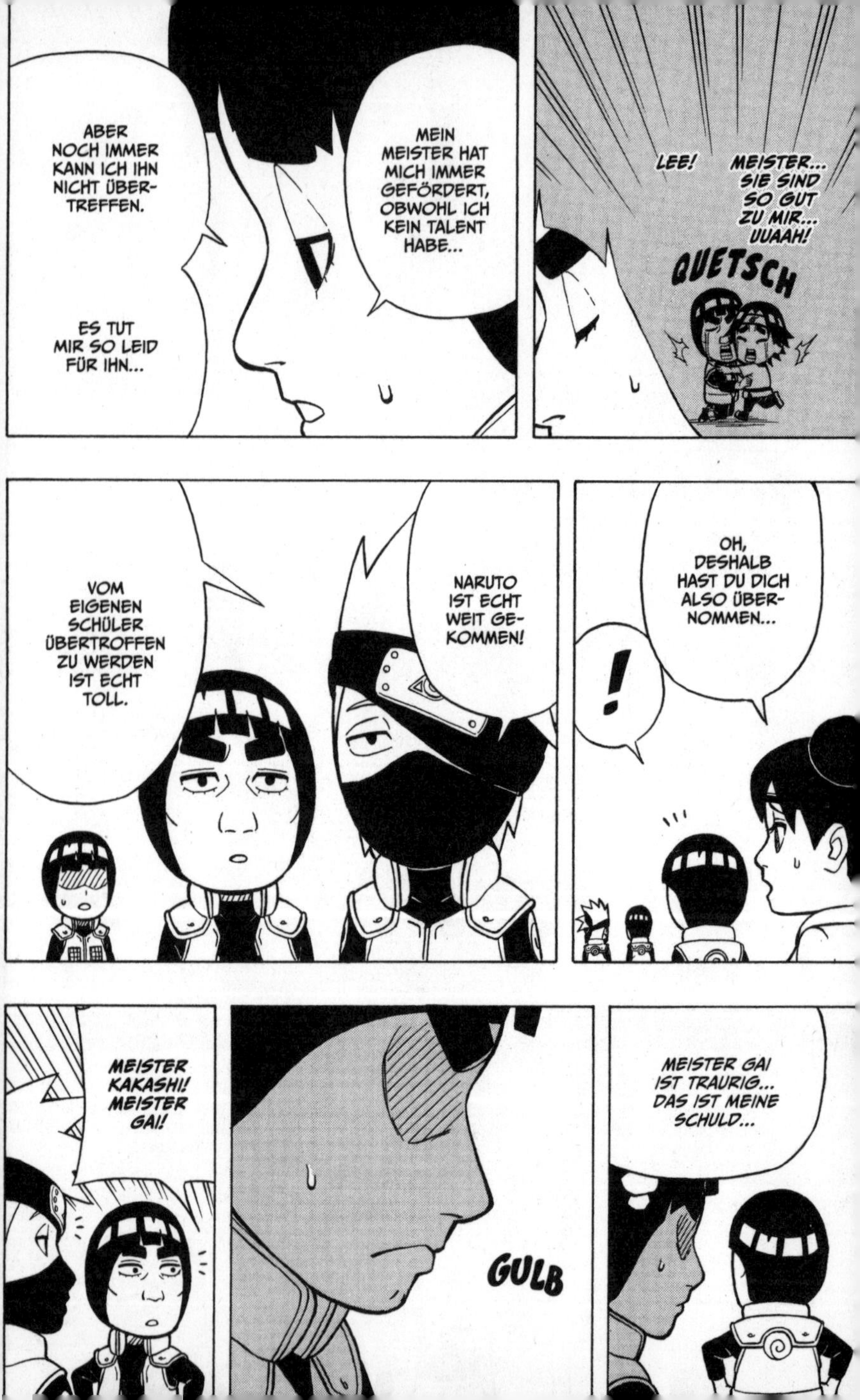
MEISTER... SIE SIND SO GUT ZU MIR... UUAAH!
LEE!
QUETSCH
MEIN MEISTER HAT MICH IMMER GEFÖRDERT, OBWOHL ICH KEIN TALENT HABE...
ABER NOCH IMMER KANN ICH IHN NICHT ÜBER-TREFFEN.
ES TUT MIR SO LEID FÜR IHN...
OH, DESHALB HAST DU DICH ALSO ÜBER-NOMMEN...
!
NARUTO IST ECHT WEIT GE-KOMMEN!
VOM EIGENEN SCHÜLER ÜBERTROFFEN ZU WERDEN IST ECHT TOLL.
MEISTER GAI IST TRAURIG... DAS IST MEINE SCHULD...
GULB
MEISTER KAKASHI! MEISTER GAI!

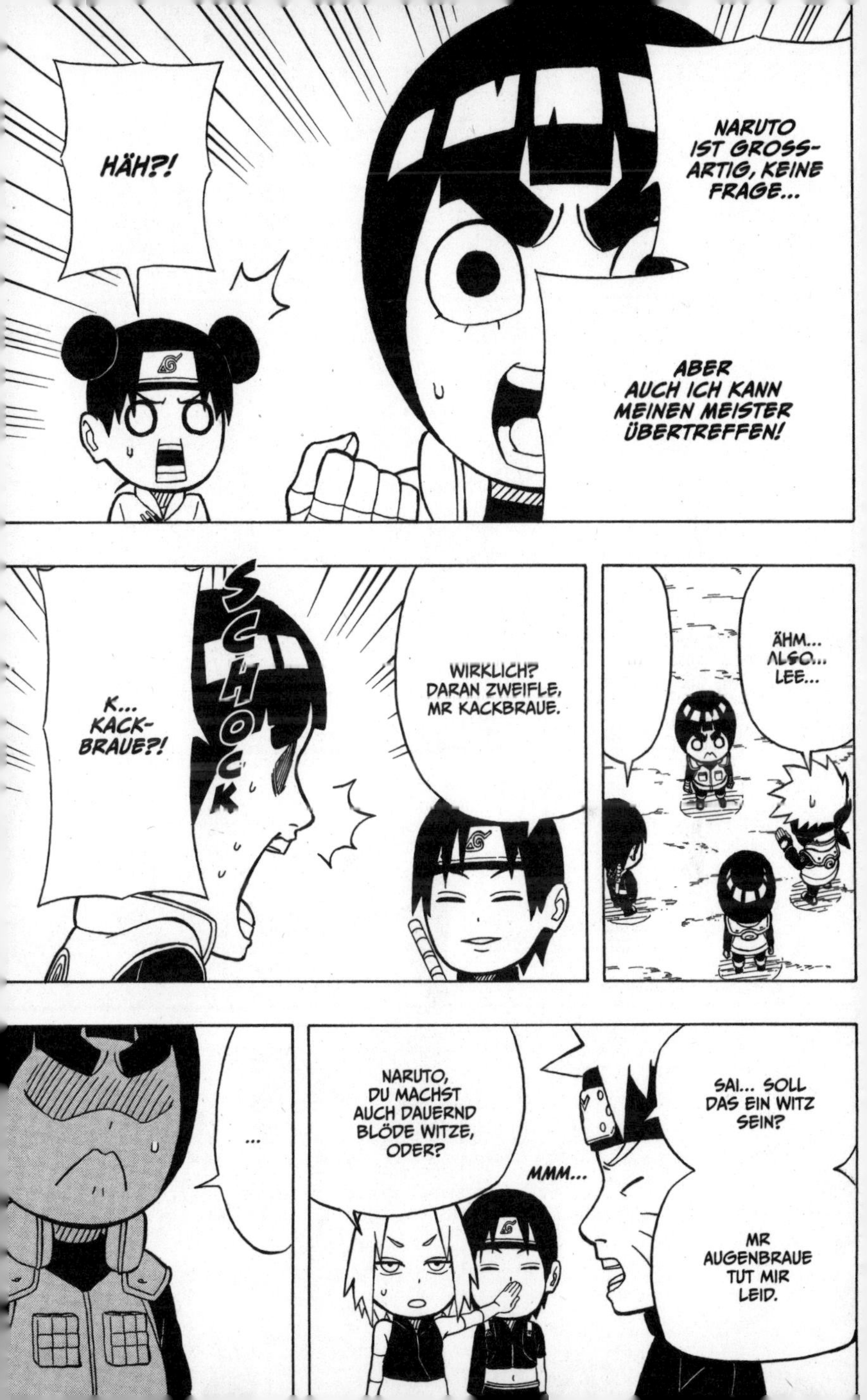

NARUTO IST GROSS-ARTIG, KEINE FRAGE...
ABER AUCH ICH KANN MEINEN MEISTER ÜBERTREFFEN!
HÄH?!
ÄHM... ALSO... LEE...
WIRKLICH? DARAN ZWEIFLE, MR KACKBRAUE.
SCHOCK
K... KACK-BRAUE?!
SAI... SOLL DAS EIN WITZ SEIN?
MR AUGENBRAUE TUT MIR LEID.
MMM...
NARUTO, DU MACHST AUCH DAUERND BLÖDE WITZE, ODER?
...

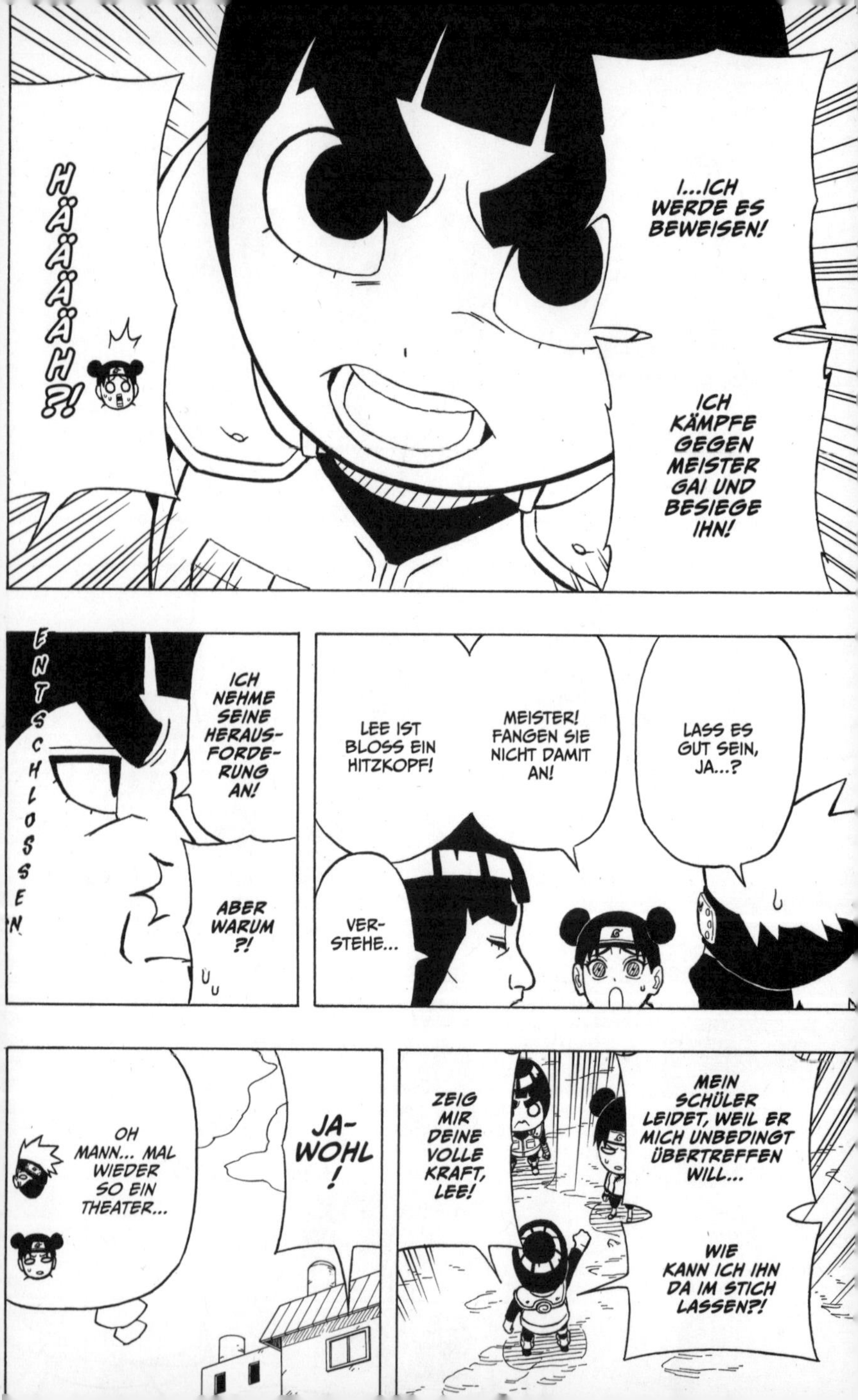
I...ICH WERDE ES BEWEISEN!
ICH KÄMPFE GEGEN MEISTER GAI UND BESIEGE IHN!
HÄÄÄÄH?!
LASS ES GUT SEIN, JA...?
MEISTER! FANGEN SIE NICHT DAMIT AN!
LEE IST BLOSS EIN HITZKOPF!
VER-STEHE...
ICH NEHME SEINE HERAUS-FORDE-RUNG AN!
ENTSCHLOSSEN
ABER WARUM?!
MEIN SCHÜLER LEIDET, WEIL ER MICH UNBEDINGT ÜBERTREFFEN WILL...
WIE KANN ICH IHN DA IM STICH LASSEN?!
ZEIG MIR DEINE VOLLE KRAFT, LEE!
JA-WOHL!
OH MANN... MAL WIEDER SO EIN THEATER...

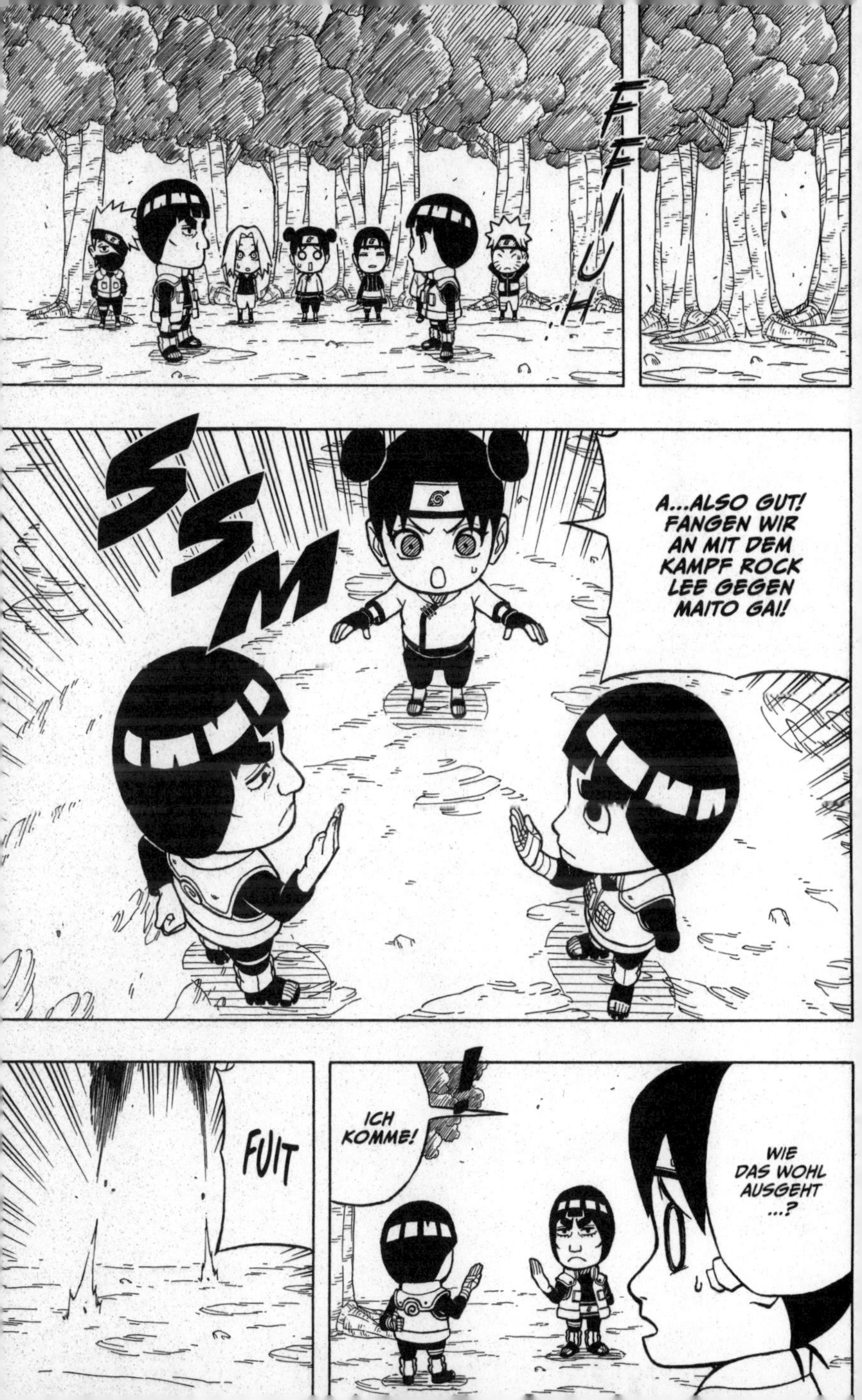
FFFIUH
A...ALSO GUT! FANGEN WIR AN MIT DEM KAMPF ROCK LEE GEGEN MAITO GAI!
SSM
WIE DAS WOHL AUSGEHT ...?
!
ICH KOMME!
FUIT

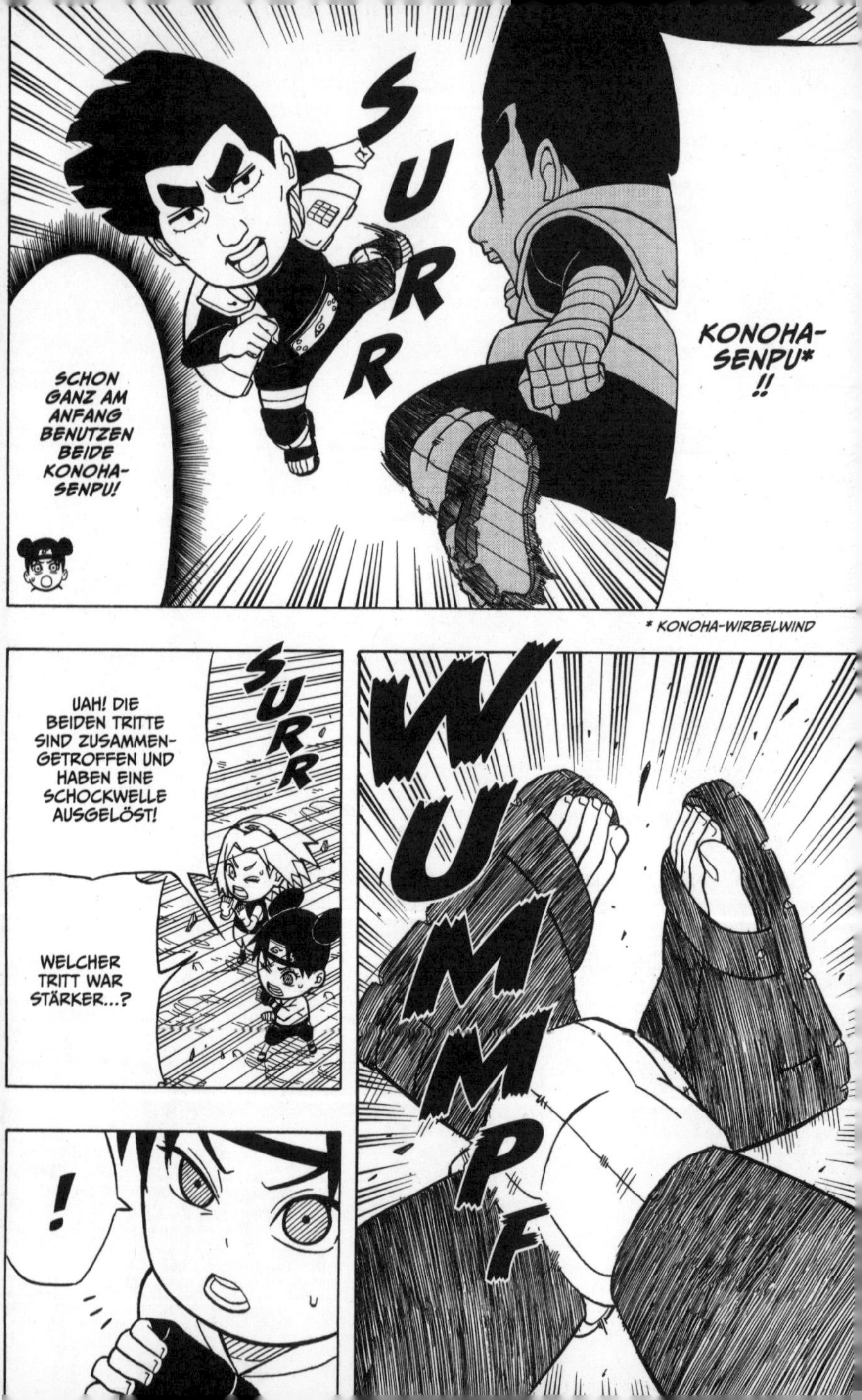
KONOHA-SENPU* !!
SURRR
SCHON GANZ AM ANFANG BENUTZEN BEIDE KONOHA-SENPU!
* KONOHA-WIRBELWIND
WUMMPF
SURR
UAH! DIE BEIDEN TRITTE SIND ZUSAMMENGETROFFEN UND HABEN EINE SCHOCKWELLE AUSGELÖST!
WELCHER TRITT WAR STÄRKER…?
!

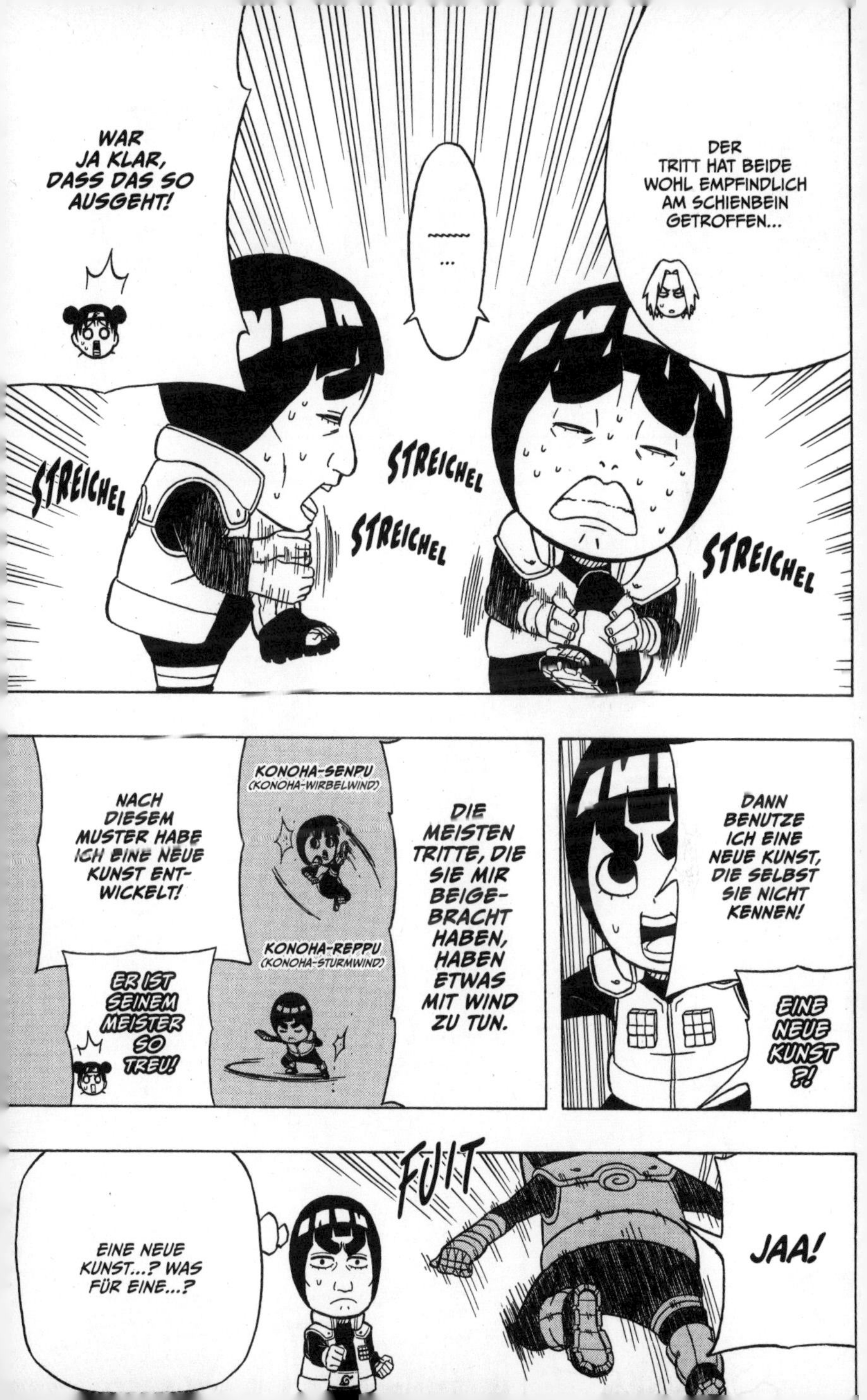
DER TRITT HAT BEIDE WOHL EMPFINDLICH AM SCHIENBEIN GETROFFEN...
~~~~ ...
WAR JA KLAR, DASS DAS SO AUSGEHT!
STREICHEL
STREICHEL
STREICHEL
STREICHEL
DANN BENUTZE ICH EINE NEUE KUNST, DIE SELBST SIE NICHT KENNEN!
EINE NEUE KUNST ?!
DIE MEISTEN TRITTE, DIE SIE MIR BEIGEBRACHT HABEN, HABEN ETWAS MIT WIND ZU TUN.
KONOHA-SENPU (KONOHA-WIRBELWIND)
KONOHA-REPPU (KONOHA-STURMWIND)
NACH DIESEM MUSTER HABE ICH EINE NEUE KUNST ENTWICKELT!
ER IST SEINEM MEISTER SO TREU!
JAA!
FUIT
EINE NEUE KUNST...? WAS FÜR EINE...?
~~~~

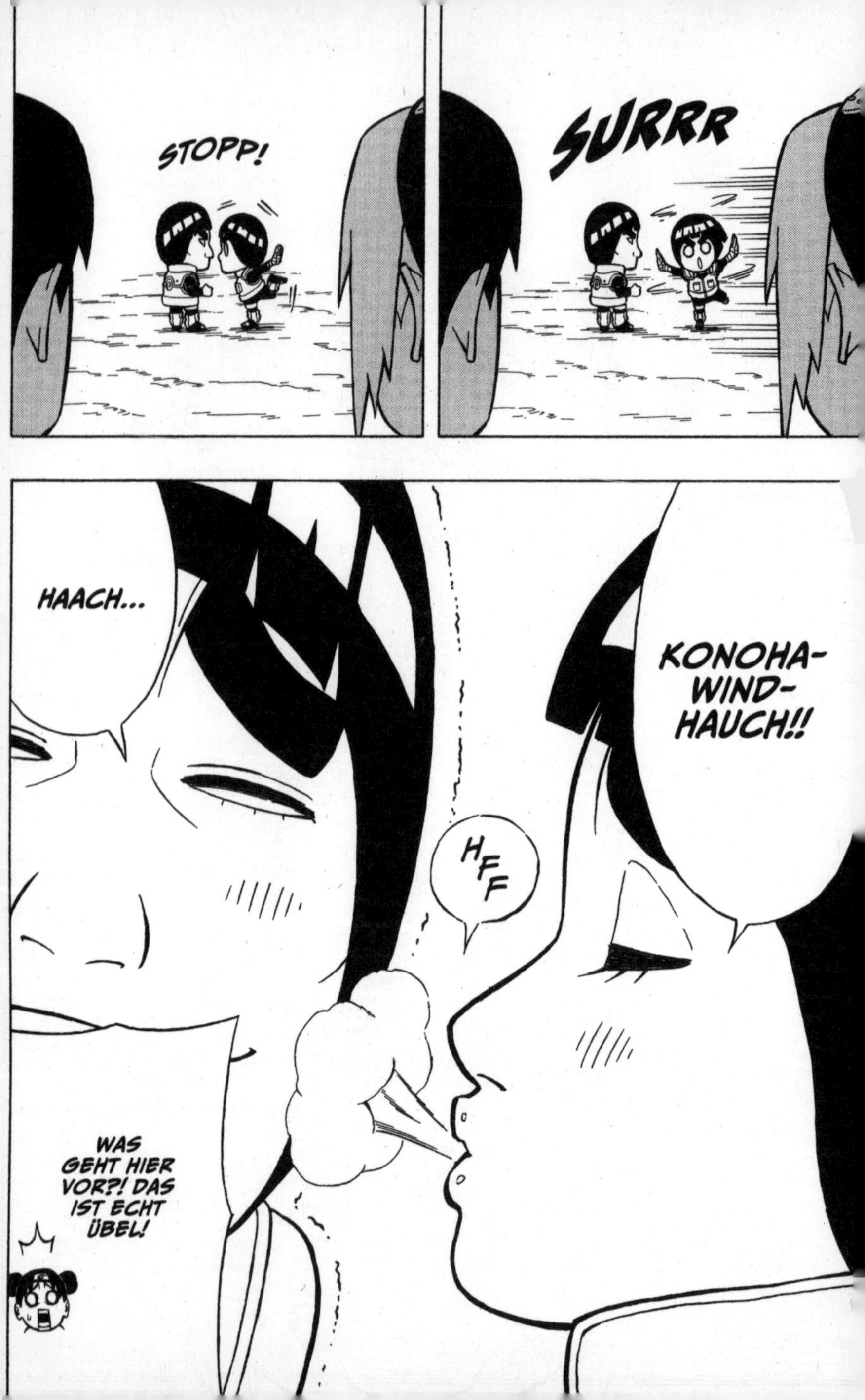
STOPP!
SURRR
HAACH...
KONOHA-WIND-HAUCH!!
HFF
WAS GEHT HIER VOR?! DAS IST ECHT ÜBEL!

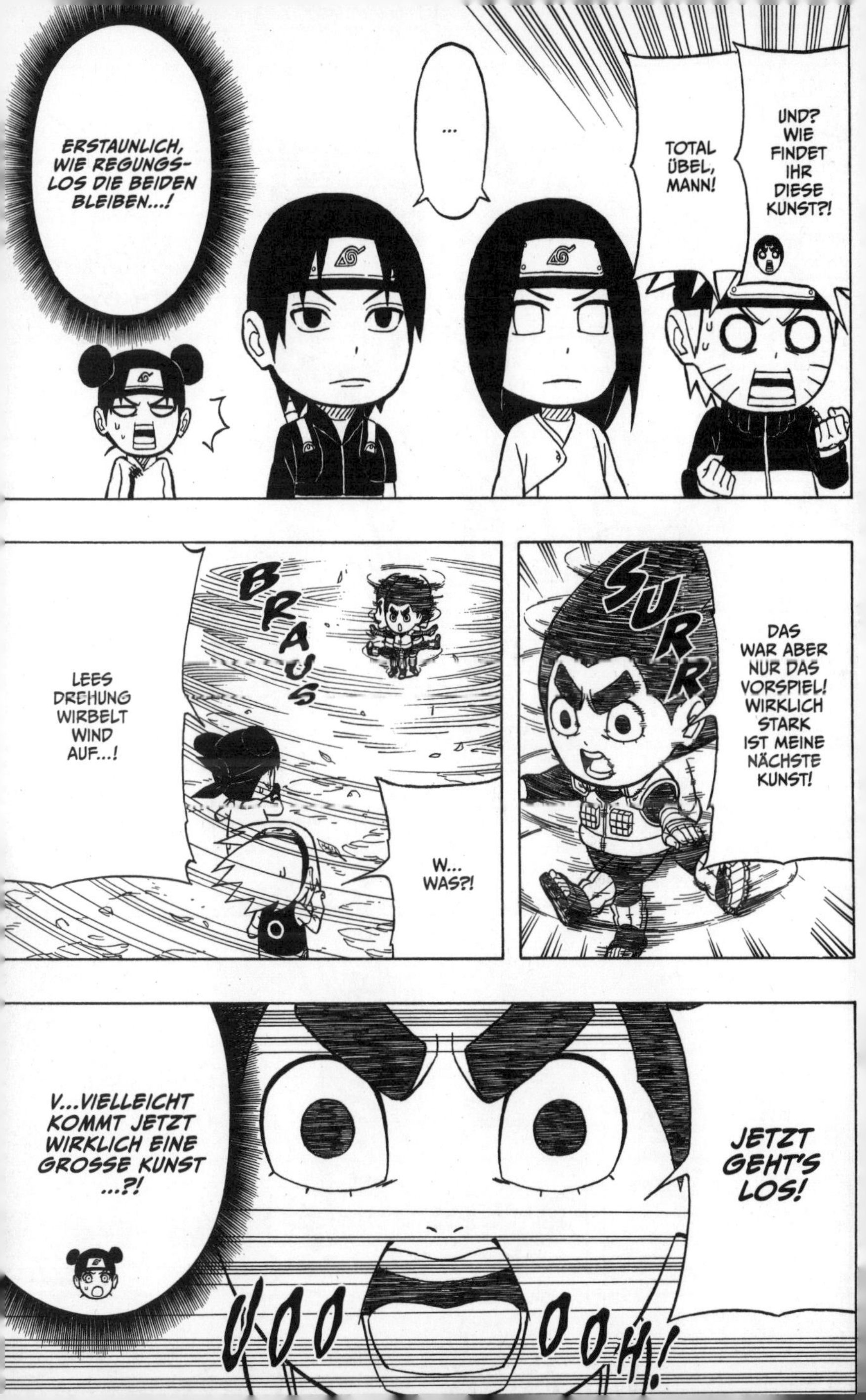
UND? WIE FINDET IHR DIESE KUNST?!
TOTAL ÜBEL, MANN!
...
ERSTAUNLICH, WIE REGUNGS-LOS DIE BEIDEN BLEIBEN...!
SURR
DAS WAR ABER NUR DAS VORSPIEL! WIRKLICH STARK IST MEINE NÄCHSTE KUNST!
BRAUS
W... WAS?!
LEES DREHUNG WIRBELT WIND AUF...!
JETZT GEHT'S LOS!
V...VIELLEICHT KOMMT JETZT WIRKLICH EINE GROSSE KUNST ...?!
UOOOOOH!

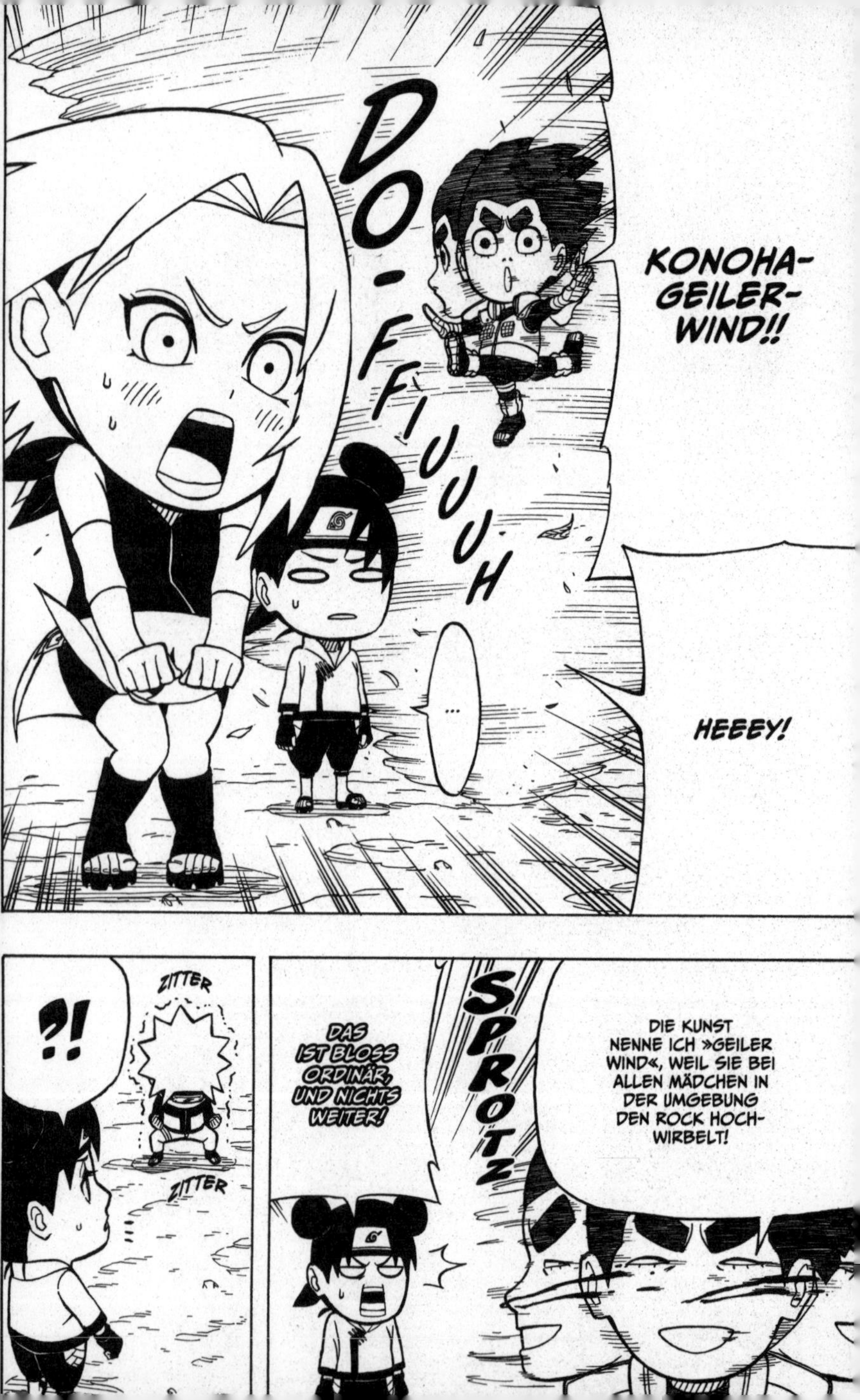
KONOHA-GEILER-WIND!!
DO-FFIUUUH
HEEEY!
...
DIE KUNST NENNE ICH »GEILER WIND«, WEIL SIE BEI ALLEN MÄDCHEN IN DER UMGEBUNG DEN ROCK HOCH-WIRBELT!
SPROTZ
DAS IST BLOSS ORDINÄR, UND NICHTS WEITER!
?!
ZITTER
ZITTER

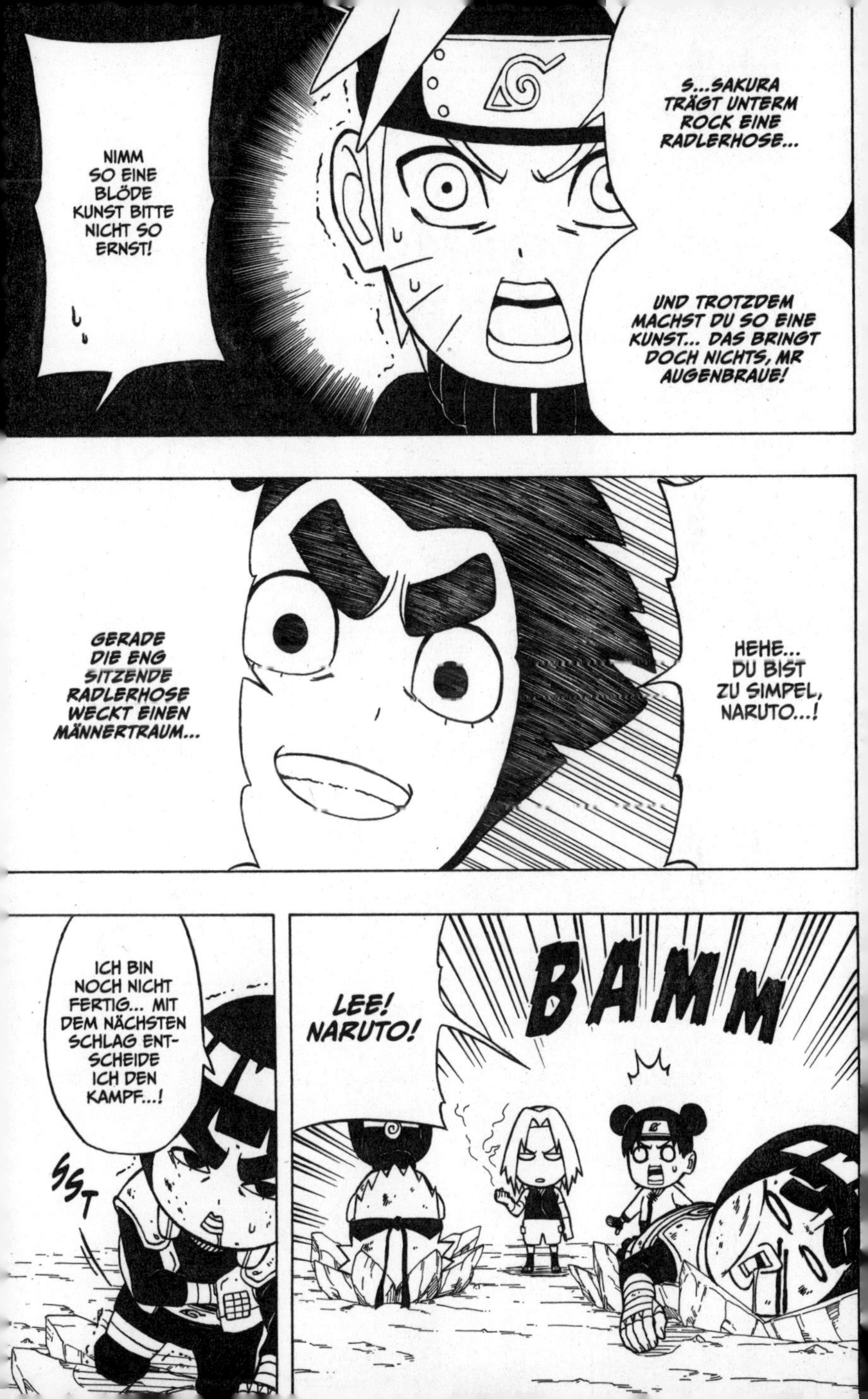
S...SAKURA TRÄGT UNTERM ROCK EINE RADLERHOSE...
UND TROTZDEM MACHST DU SO EINE KUNST... DAS BRINGT DOCH NICHTS, MR AUGENBRAUE!
NIMM SO EINE BLÖDE KUNST BITTE NICHT SO ERNST!
HEHE... DU BIST ZU SIMPEL, NARUTO...!
GERADE DIE ENG SITZENDE RADLERHOSE WECKT EINEN MÄNNERTRAUM...
BAMM
LEE! NARUTO!
ICH BIN NOCH NICHT FERTIG... MIT DEM NÄCHSTEN SCHLAG ENT-SCHEIDE ICH DEN KAMPF...!
SST

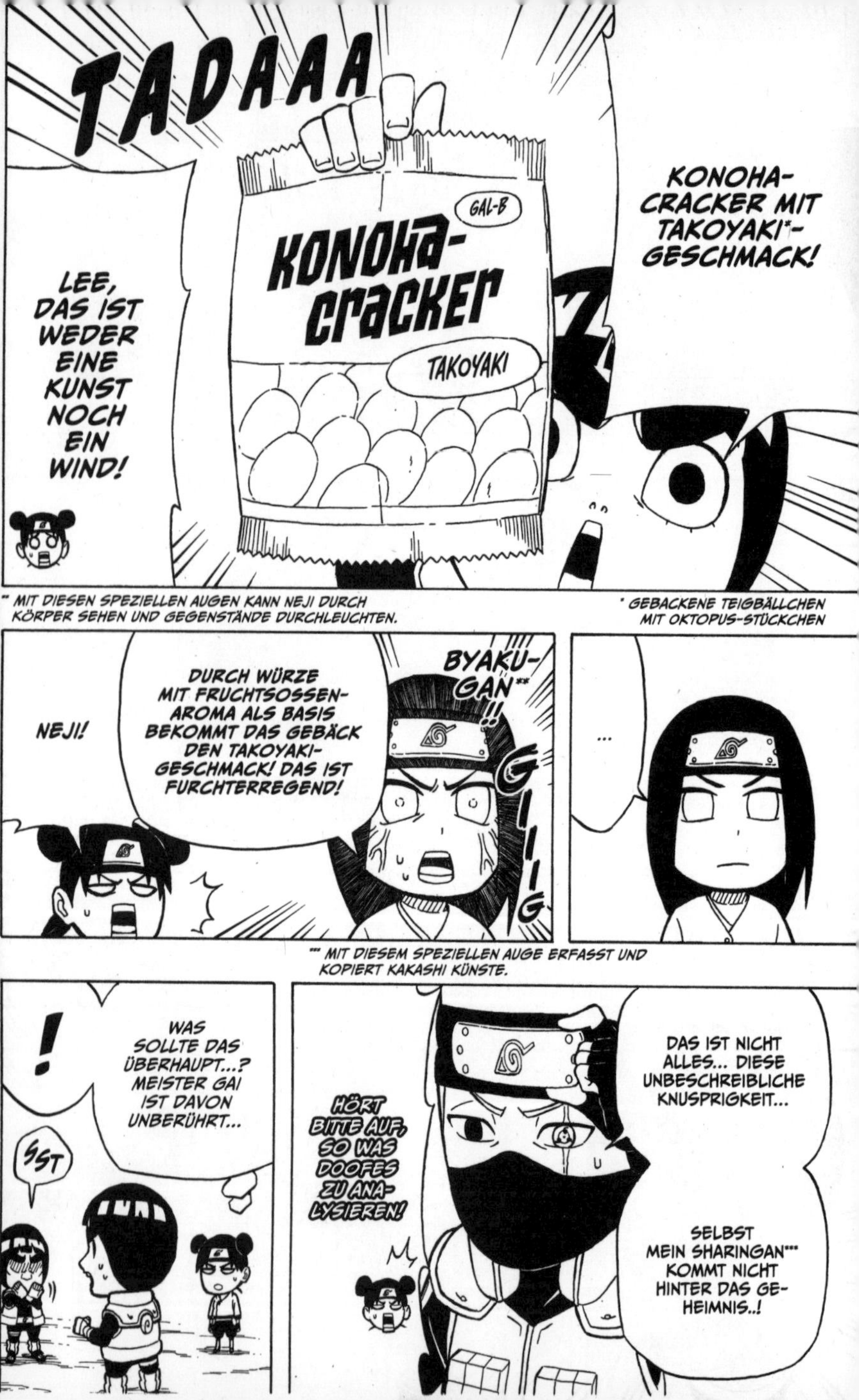

* GEBACKENE TEIGBÄLLCHEN MIT OKTOPUS-STÜCKCHEN

** MIT DIESEN SPEZIELLEN AUGEN KANN NEJI DURCH KÖRPER SEHEN UND GEGENSTÄNDE DURCHLEUCHTEN.

*** MIT DIESEM SPEZIELLEN AUGE ERFASST UND KOPIERT KAKASHI KÜNSTE.

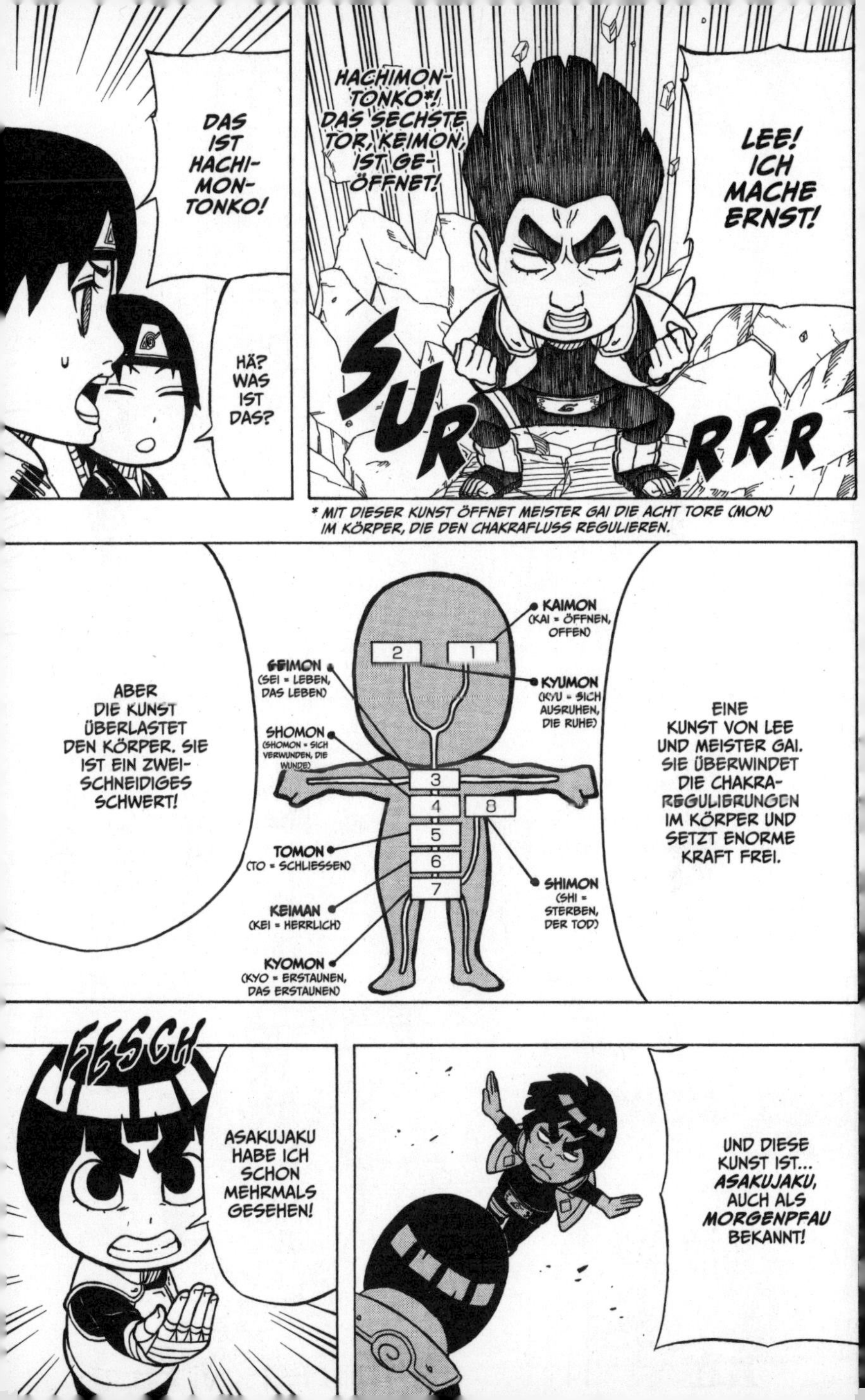

* MIT DIESER KUNST ÖFFNET MEISTER GAI DIE ACHT TORE (MON) IM KÖRPER, DIE DEN CHAKRAFLUSS REGULIEREN.

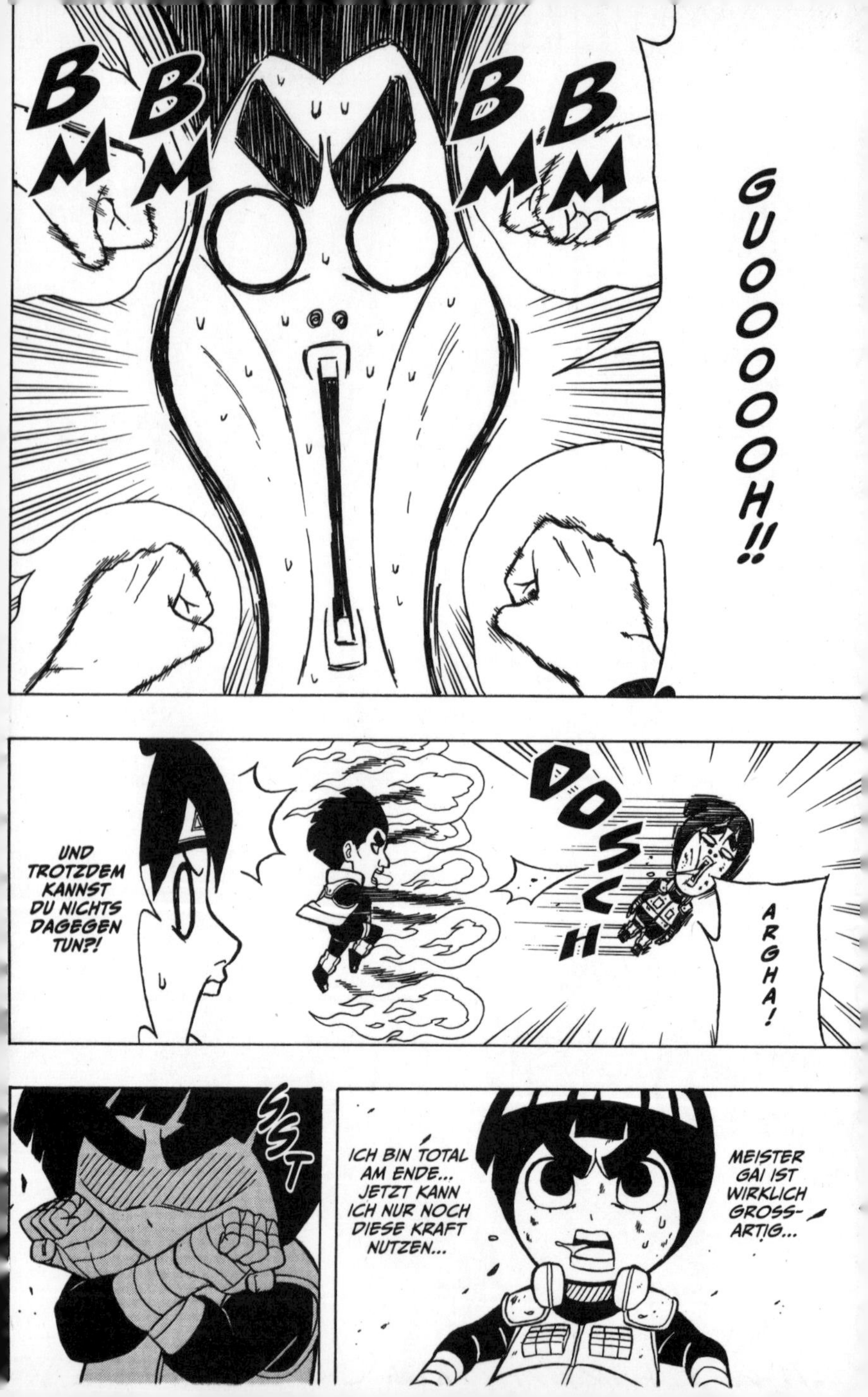

GUOOOOOOOH!!
BBMM BBMM
BBMM BBMM
DOSCH
ARGHA!
UND TROTZDEM KANNST DU NICHTS DAGEGEN TUN?!
MEISTER GAI IST WIRKLICH GROSS-ARTIG...
ICH BIN TOTAL AM ENDE... JETZT KANN ICH NUR NOCH DIESE KRAFT NUTZEN...
SST

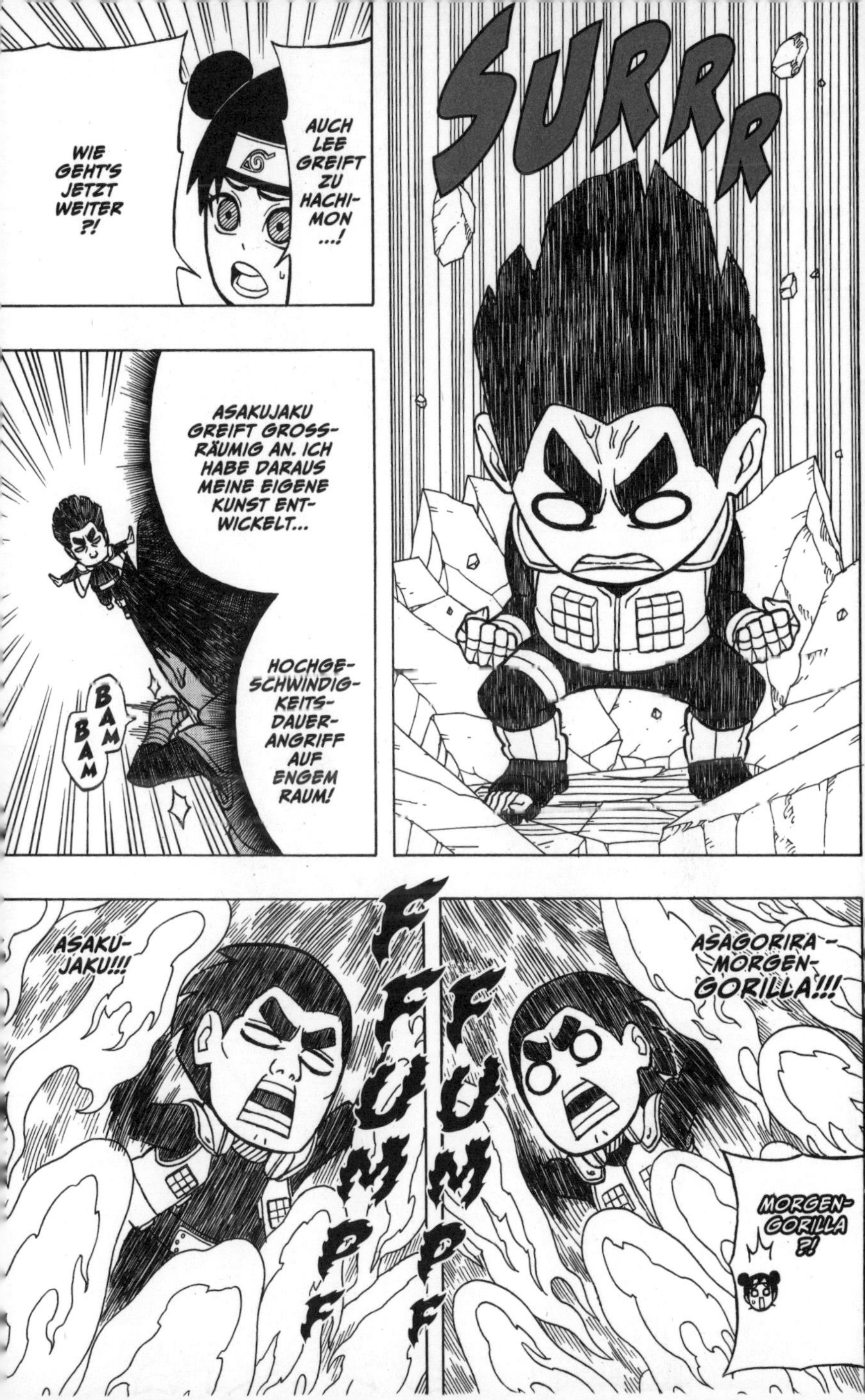

SURRR
AUCH LEE GREIFT ZU HACHIMON ...!
WIE GEHT'S JETZT WEITER ?!
ASAKUJAKU GREIFT GROSSRÄUMIG AN. ICH HABE DARAUS MEINE EIGENE KUNST ENTWICKELT...
HOCHGESCHWINDIGKEITSDAUERANGRIFF AUF ENGEM RAUM!
BAM BAM
BAM
ASAGORIRA - MORGEN-GORILLA!!!
ASAKUJAKU!!!
FFUMPF
FFUMPF
MORGEN-GORILLA ?!

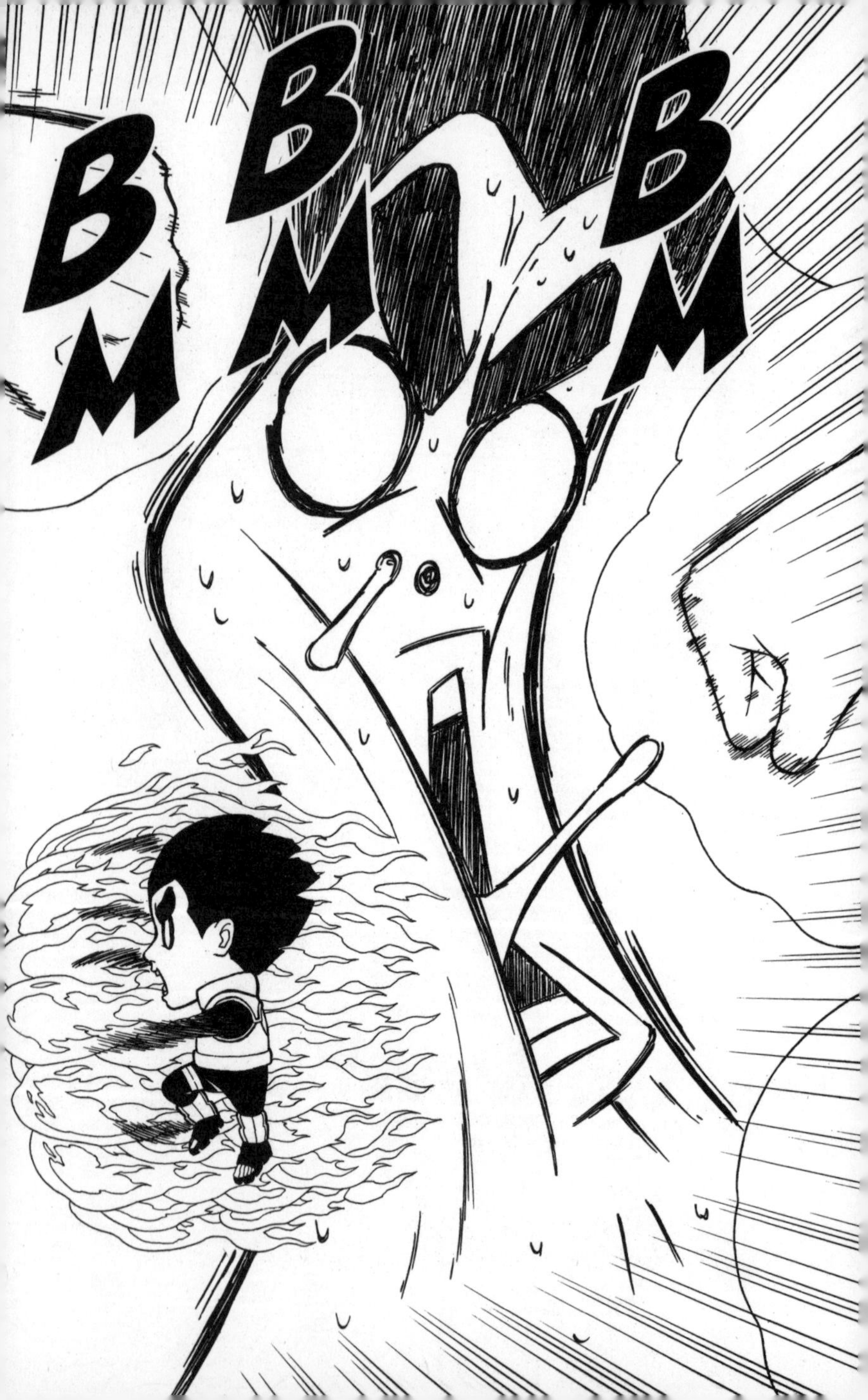
BM
BMM
BMM

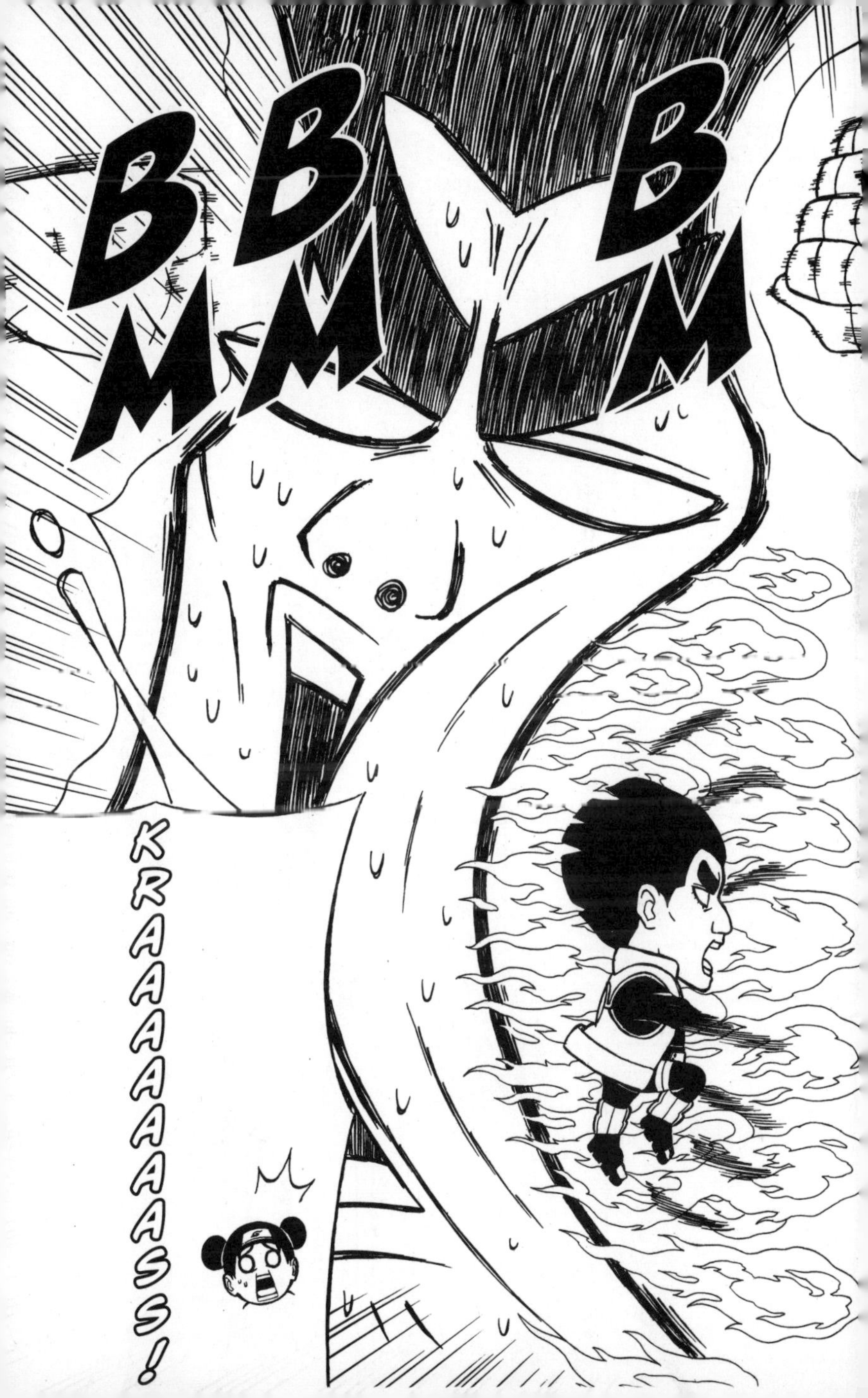
BBMM
BM
KRAAAAAAAAAASS!

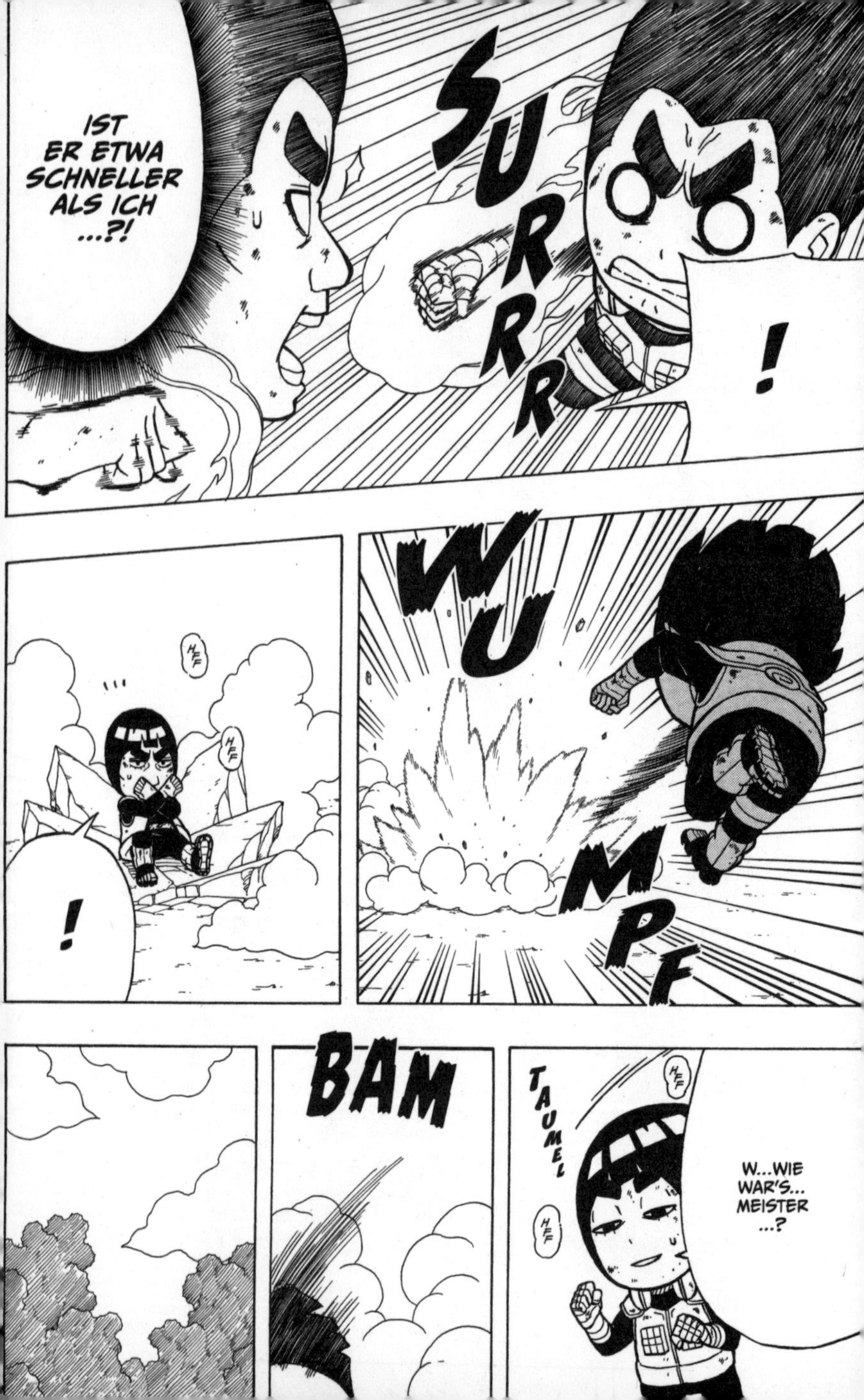
IST ER ETWA SCHNELLER ALS ICH ...?!
SURRR
!
WUMMPF
HEF
HEF
!
BAM
TAUMEL
HEF
HEF
W...WIE WAR'S... MEISTER ...?

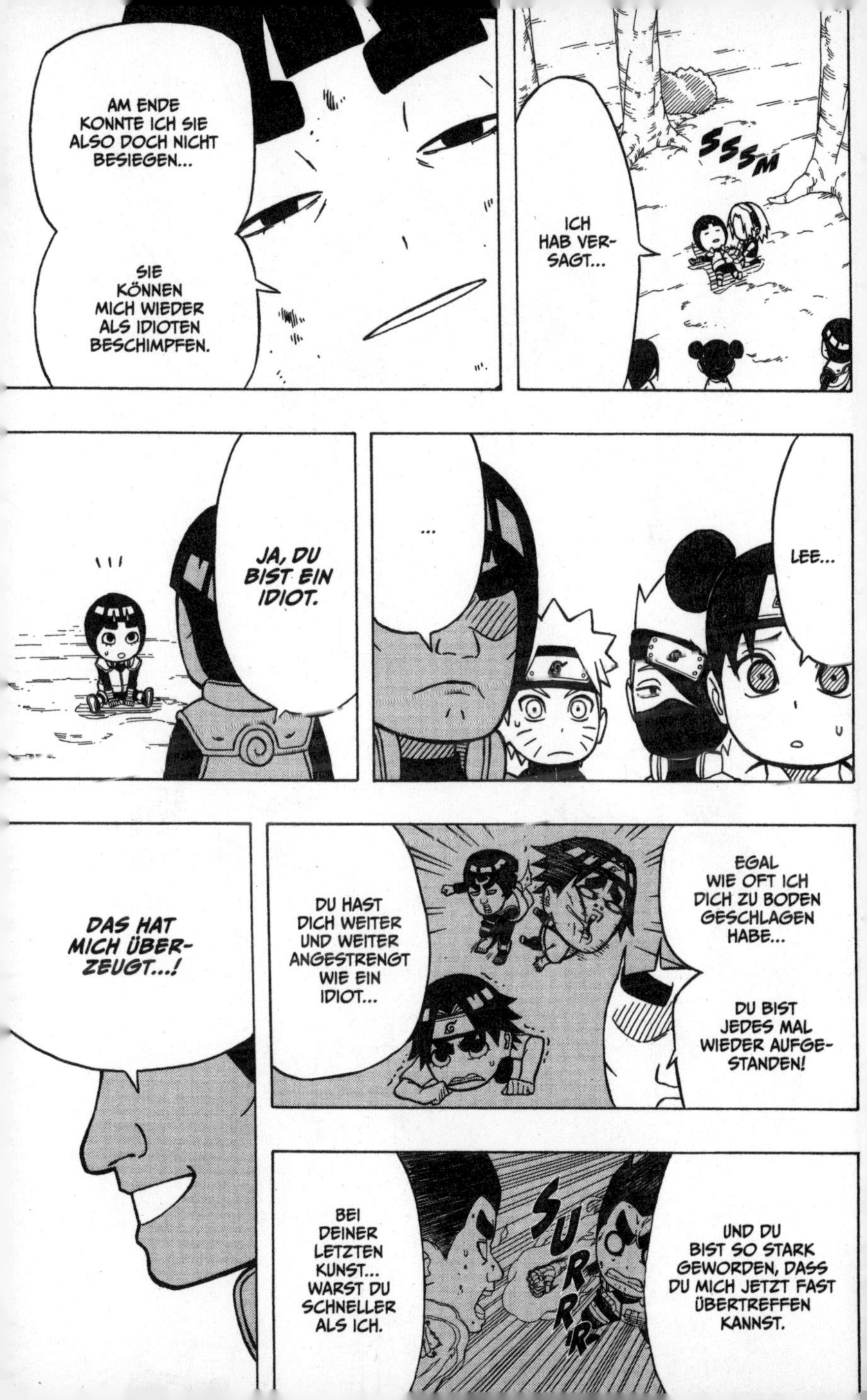
AM ENDE KONNTE ICH SIE ALSO DOCH NICHT BESIEGEN...
SIE KÖNNEN MICH WIEDER ALS IDIOTEN BESCHIMPFEN.
ICH HAB VER-SAGT...
SSSM
JA, DU BIST EIN IDIOT.
...
LEE...
DAS HAT MICH ÜBER-ZEUGT...!
DU HAST DICH WEITER UND WEITER ANGESTRENGT WIE EIN IDIOT...
EGAL WIE OFT ICH DICH ZU BODEN GESCHLAGEN HABE...
DU BIST JEDES MAL WIEDER AUFGE-STANDEN!
BEI DEINER LETZTEN KUNST... WARST DU SCHNELLER ALS ICH.
SURRR
UND DU BIST SO STARK GEWORDEN, DASS DU MICH JETZT FAST ÜBERTREFFEN KANNST.

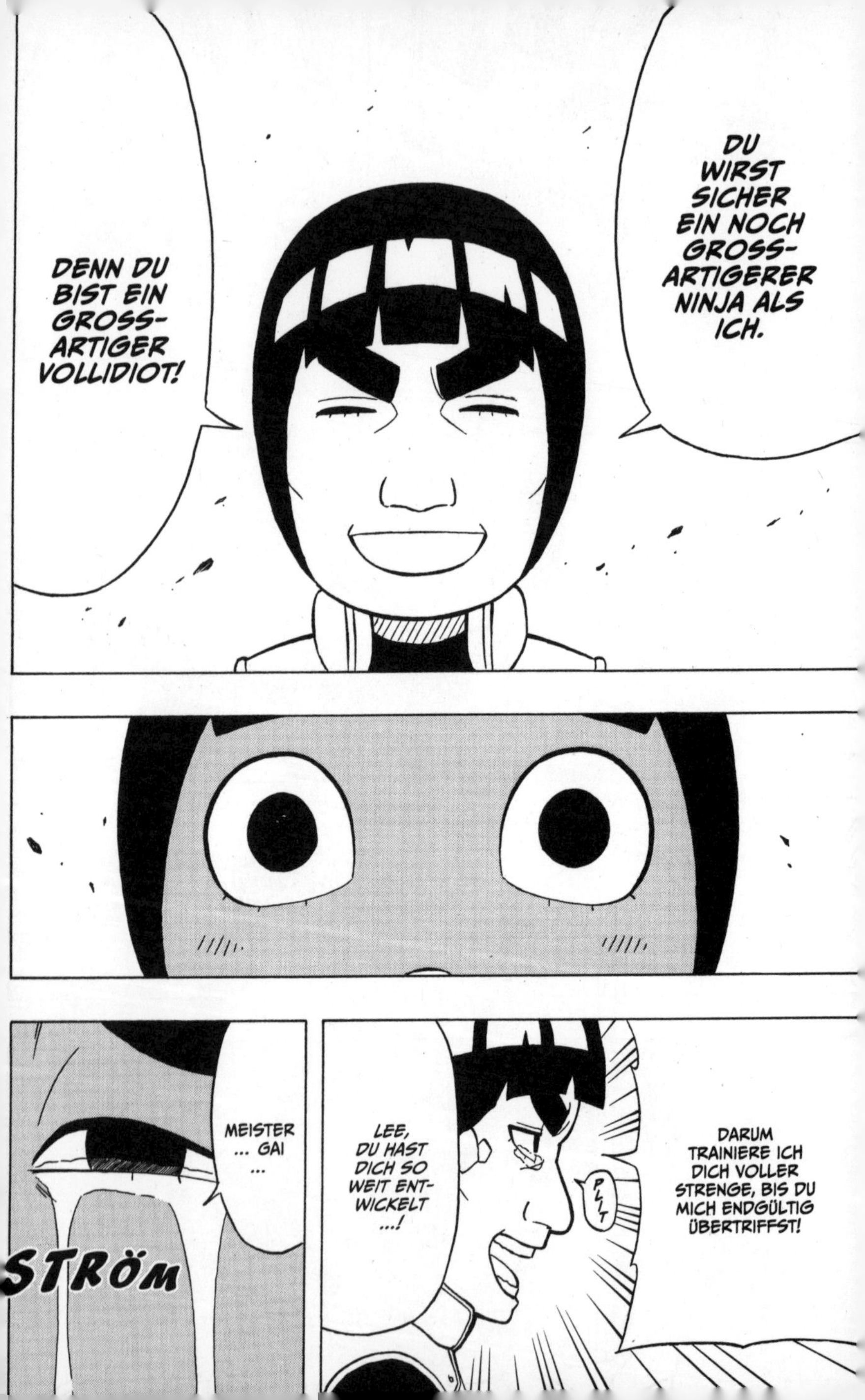
DU WIRST SICHER EIN NOCH GROSS-ARTIGERER NINJA ALS ICH.
DENN DU BIST EIN GROSS-ARTIGER VOLLIDIOT!
DARUM TRAINIERE ICH DICH VOLLER STRENGE, BIS DU MICH ENDGÜLTIG ÜBERTRIFFST!
PLIT
LEE, DU HAST DICH SO WEIT ENT-WICKELT ...!
MEISTER ... GAI ...
STRÖM

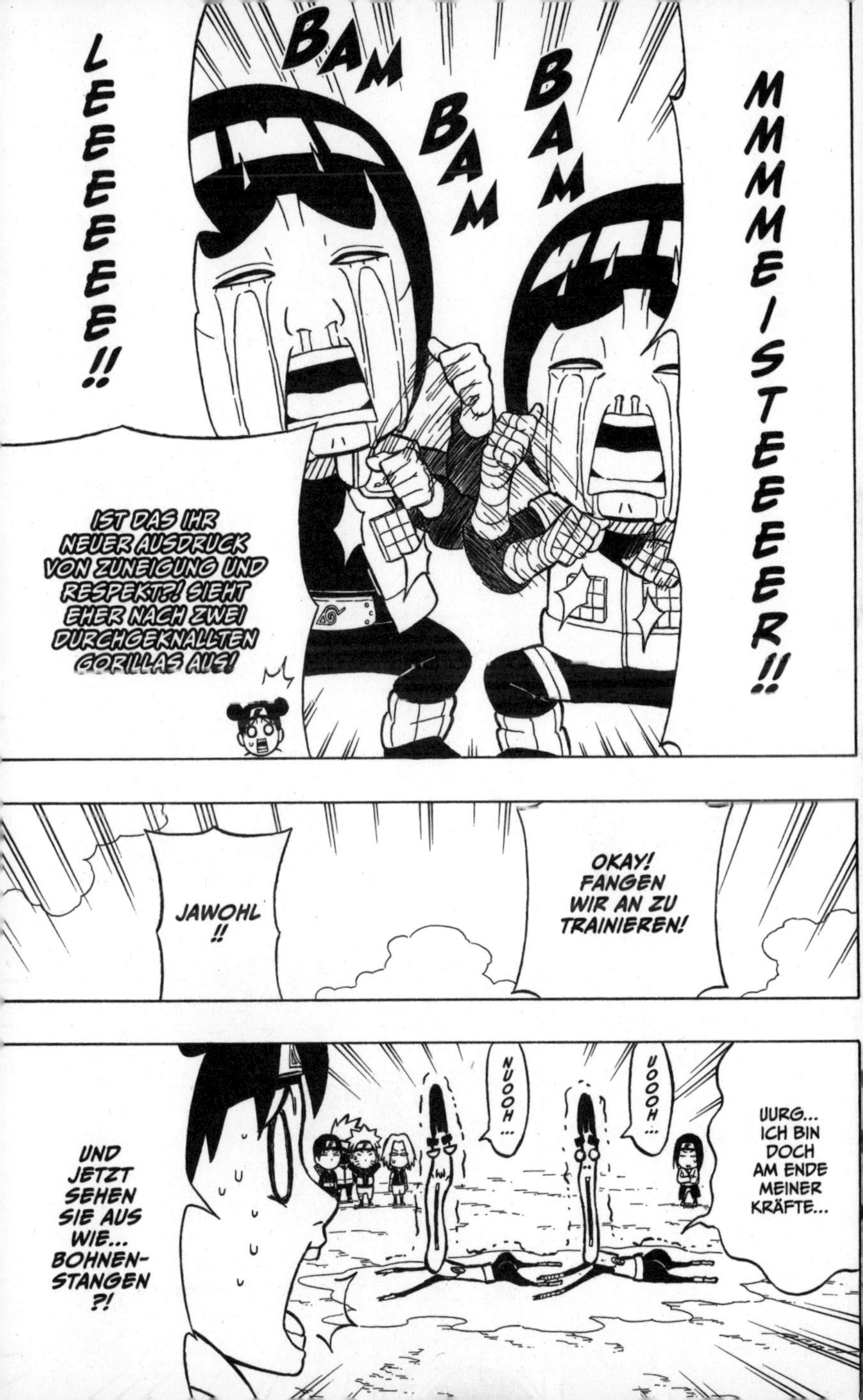
MMMMEISTEEEEER!!
BAM BAM BAM
LEEEEEEE!!
IST DAS IHR NEUER AUSDRUCK VON ZUNEIGUNG UND RESPEKT?! SIEHT EHER NACH ZWEI DURCHGEKNALLTEN GORILLAS AUS!
OKAY! FANGEN WIR AN ZU TRAINIEREN!
JAWOHL!!
UURG... ICH BIN DOCH AM ENDE MEINER KRÄFTE...
UOOOH...
NUOOH...
UND JETZT SEHEN SIE AUS WIE... BOHNEN-STANGEN?!

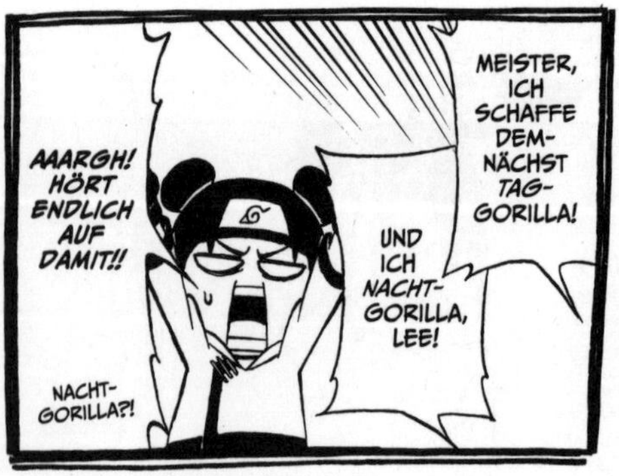
MEISTER, ICH SCHAFFE DEM-NÄCHST TAG-GORILLA!
UND ICH NACHT-GORILLA, LEE!
AAARGH! HÖRT ENDLICH AUF DAMIT!!
NACHT-GORILLA?!

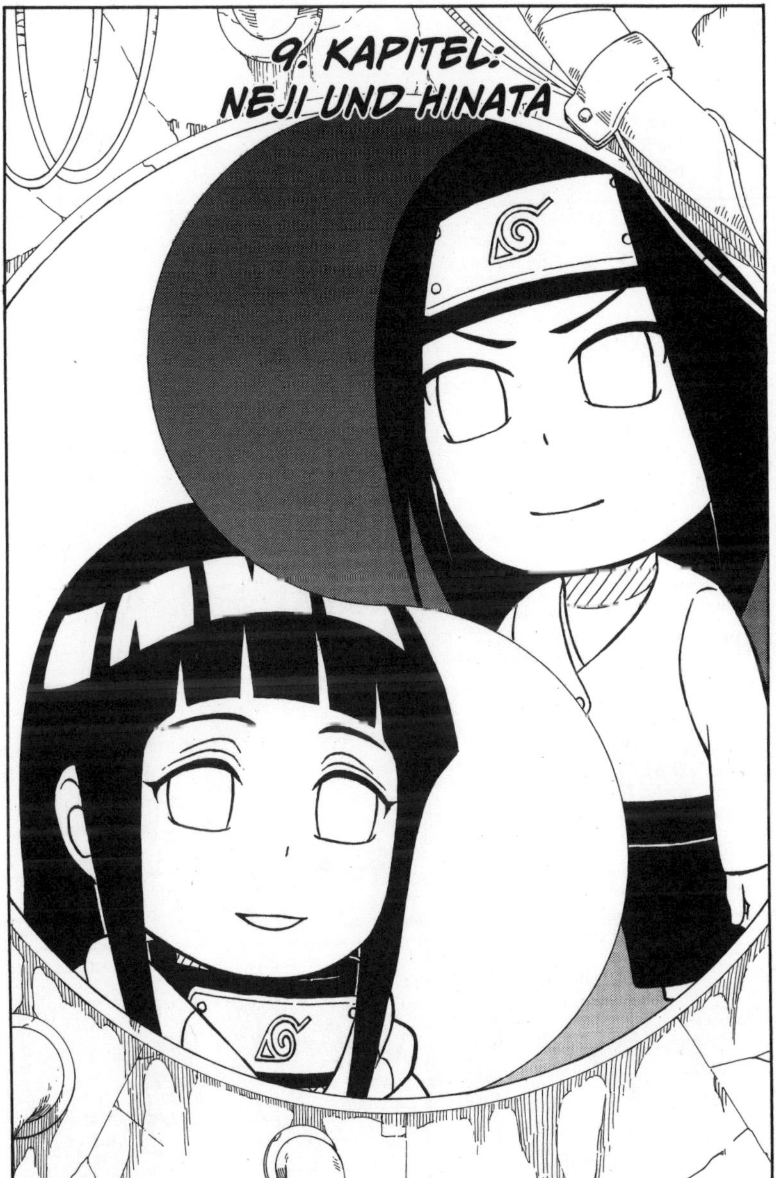
9. Kapitel:
Neji und Hinata

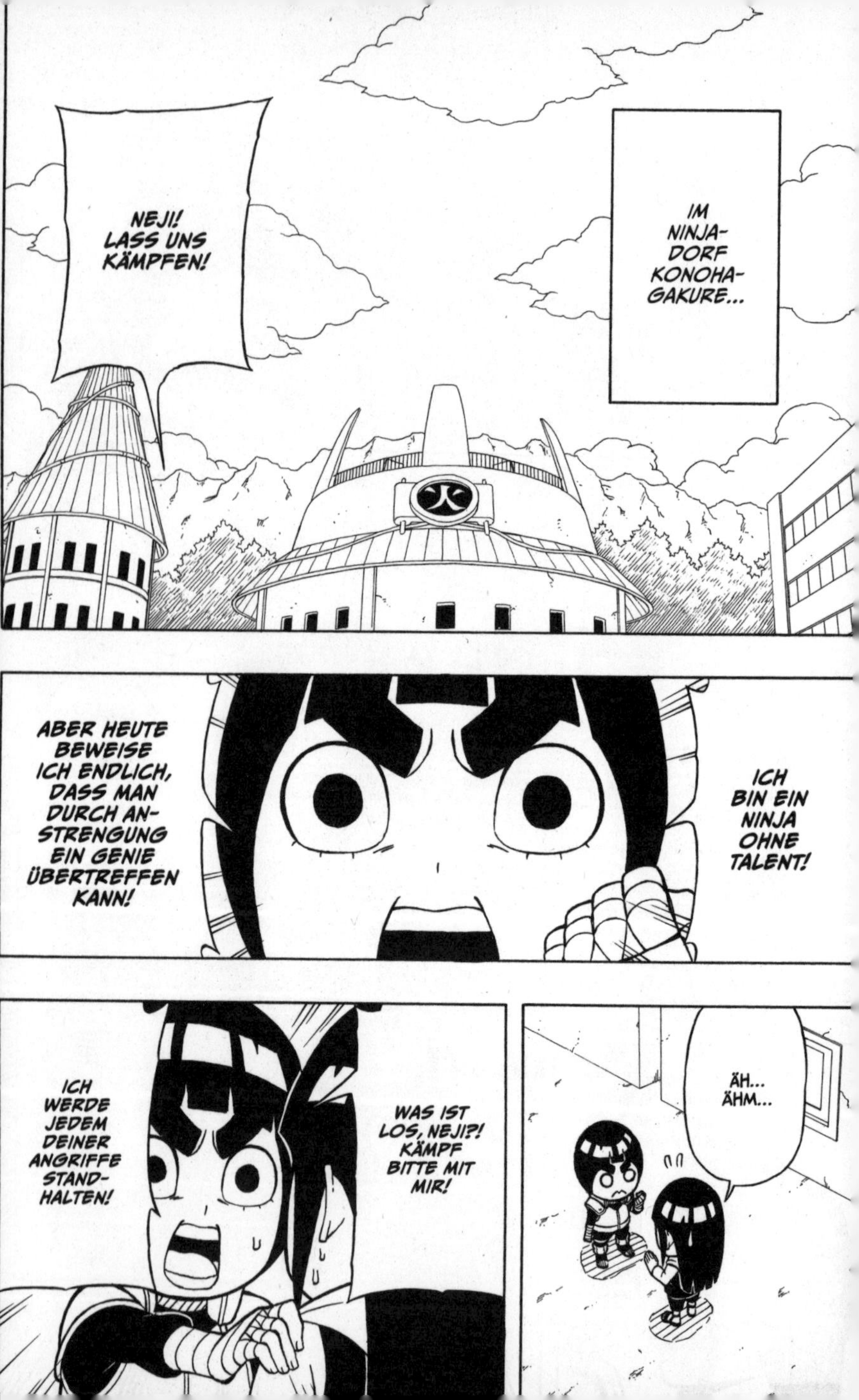
IM NINJA-DORF KONOHA-GAKURE...
NEJI! LASS UNS KÄMPFEN!
ICH BIN EIN NINJA OHNE TALENT!
ABER HEUTE BEWEISE ICH ENDLICH, DASS MAN DURCH AN-STRENGUNG EIN GENIE ÜBERTREFFEN KANN!
ÄH... ÄHM...
WAS IST LOS, NEJI?! KÄMPF BITTE MIT MIR!
ICH WERDE JEDEM DEINER ANGRIFFE STAND-HALTEN!

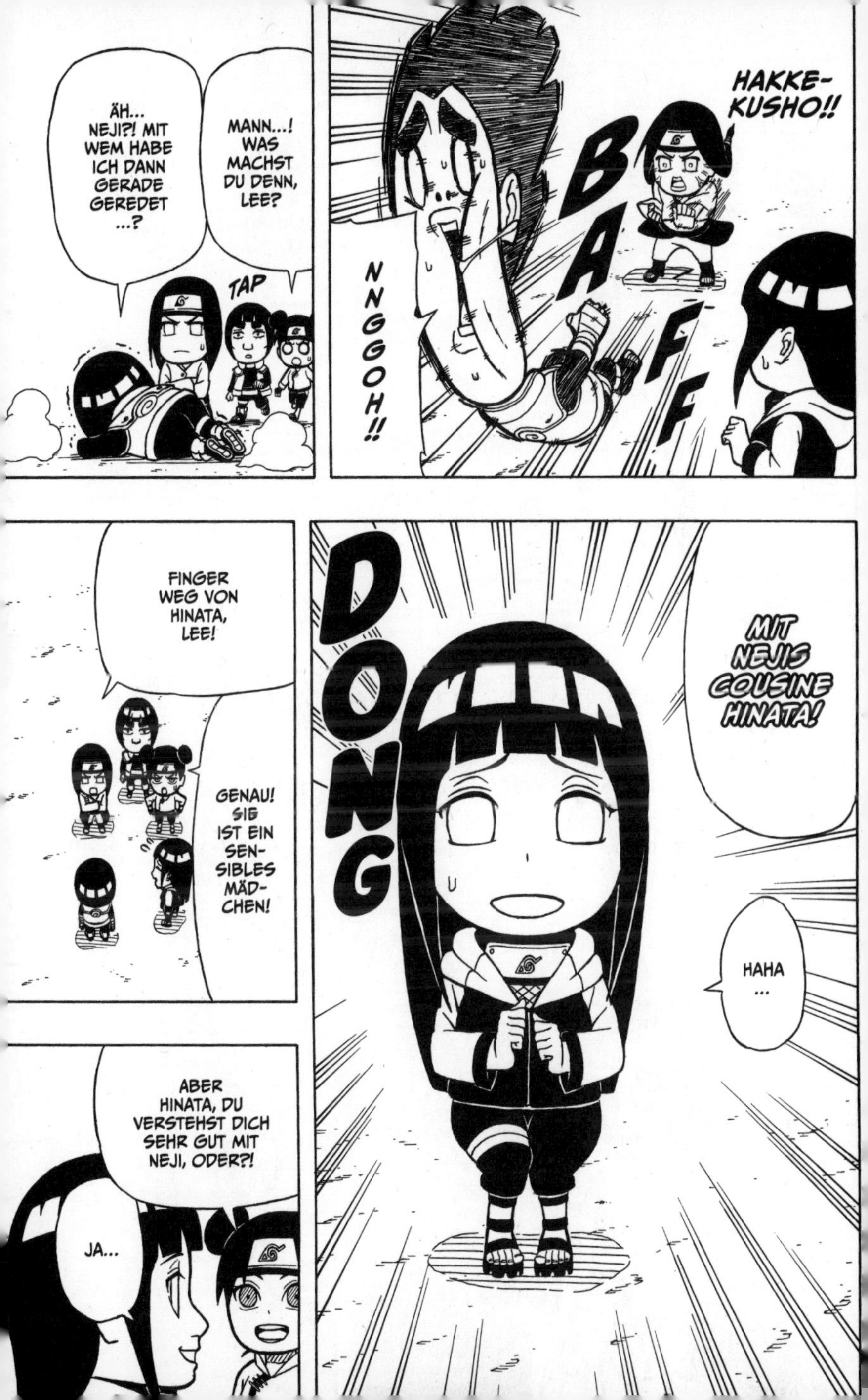
HAKKE-KUSHO!!
BAFF
NNGGOH!!
MANN...! WAS MACHST DU DENN, LEE?
ÄH... NEJI?! MIT WEM HABE ICH DANN GERADE GEREDET ...?
TAP
MIT NEJIS COUSINE HINATA!
HAHA ...
DONG
FINGER WEG VON HINATA, LEE!
GENAU! SIE IST EIN SEN-SIBLES MÄD-CHEN!
ABER HINATA, DU VERSTEHST DICH SEHR GUT MIT NEJI, ODER?!
JA...

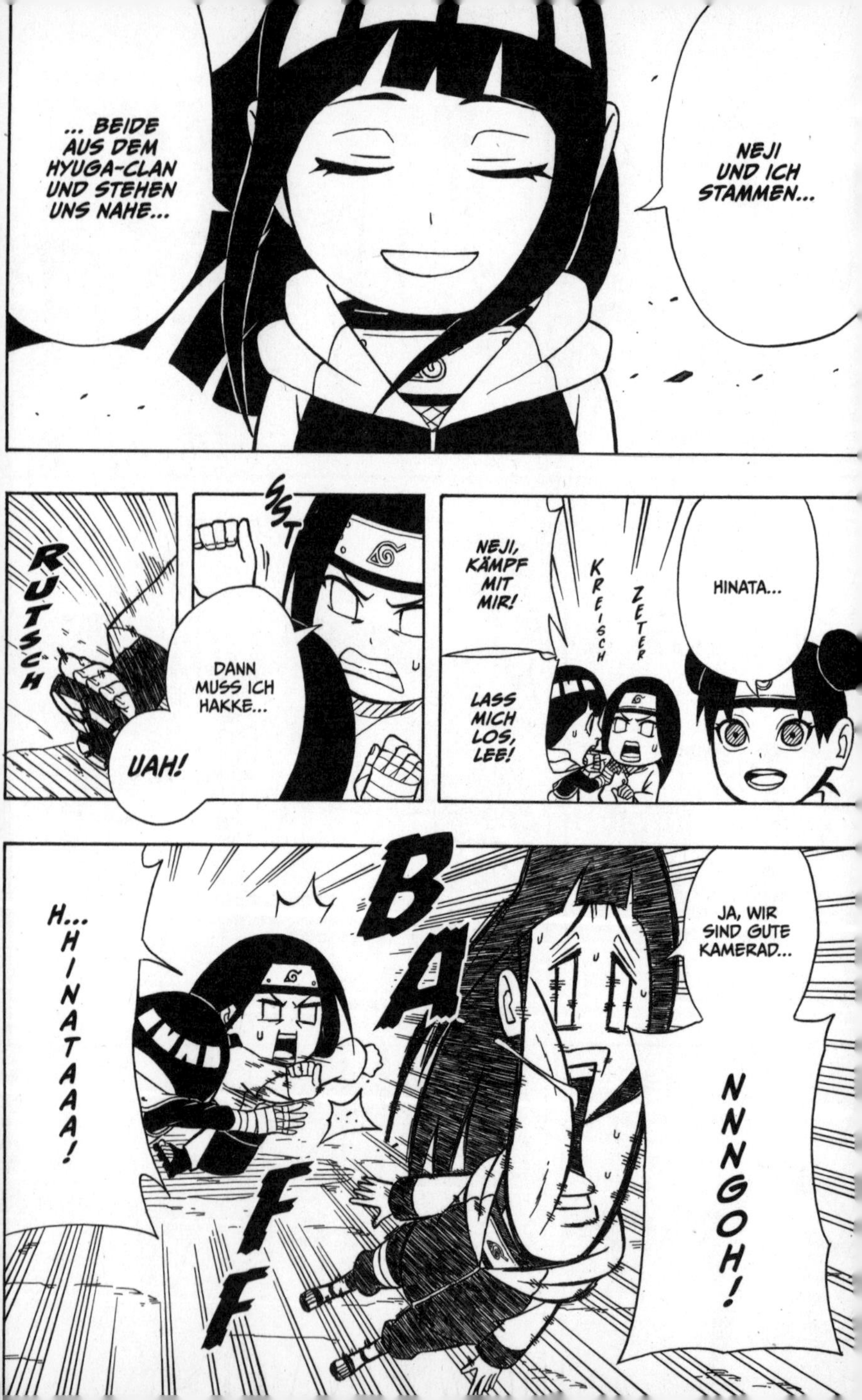
NEJI UND ICH STAMMEN...
... BEIDE AUS DEM HYUGA-CLAN UND STEHEN UNS NAHE...
HINATA...
NEJI, KÄMPF MIT MIR!
KREISCH
ZETER
LASS MICH LOS, LEE!
SST
DANN MUSS ICH HAKKE...
UAH!
RUTSCH
JA, WIR SIND GUTE KAMERAD...
NNNGOH!
BAFF
H... HINATAAAA!

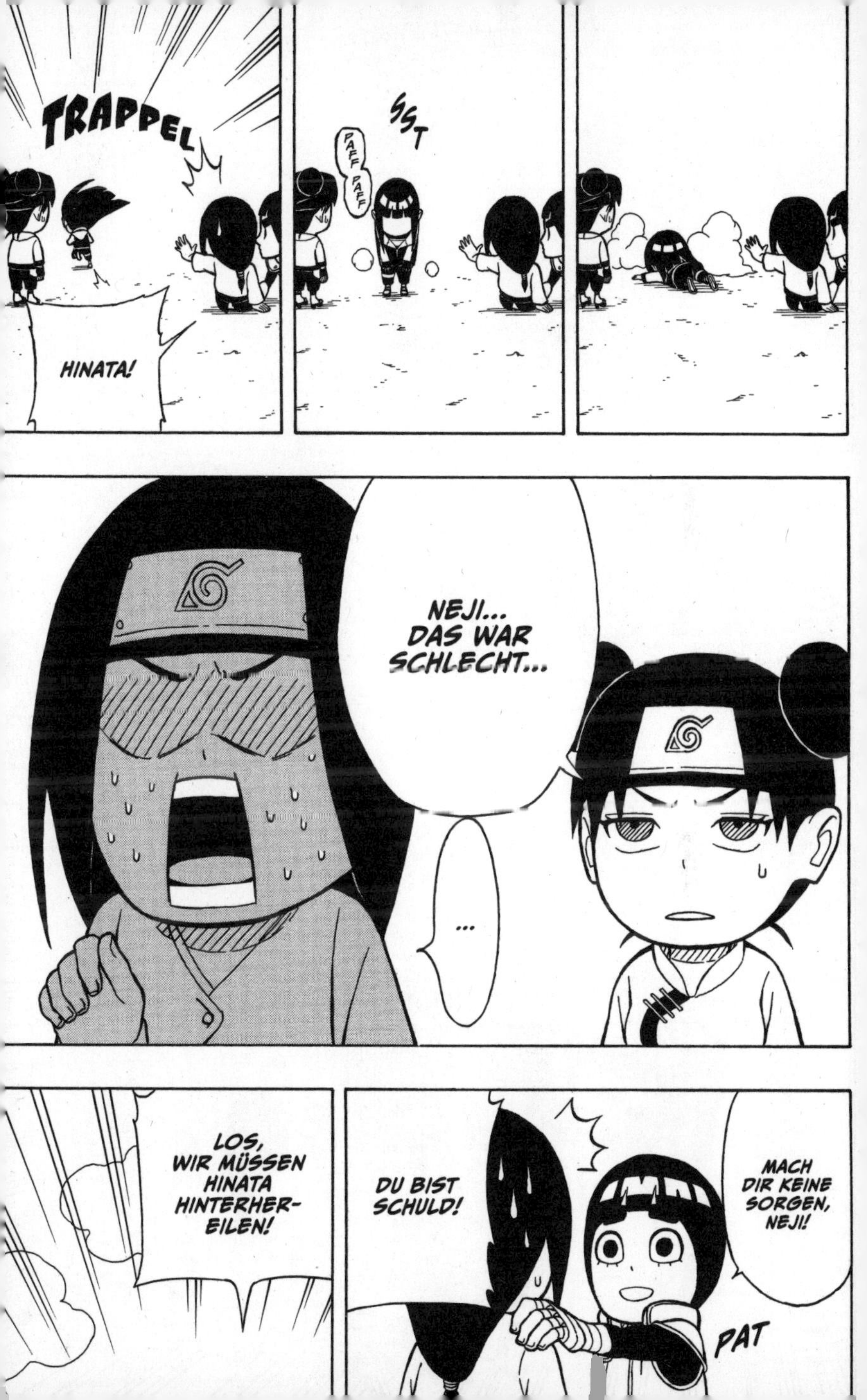
SST
PAFF PAFF
TRAPPEL
HINATA!
NEJI... DAS WAR SCHLECHT...
...
MACH DIR KEINE SORGEN, NEJI!
PAT
DU BIST SCHULD!
LOS, WIR MÜSSEN HINATA HINTERHER-EILEN!

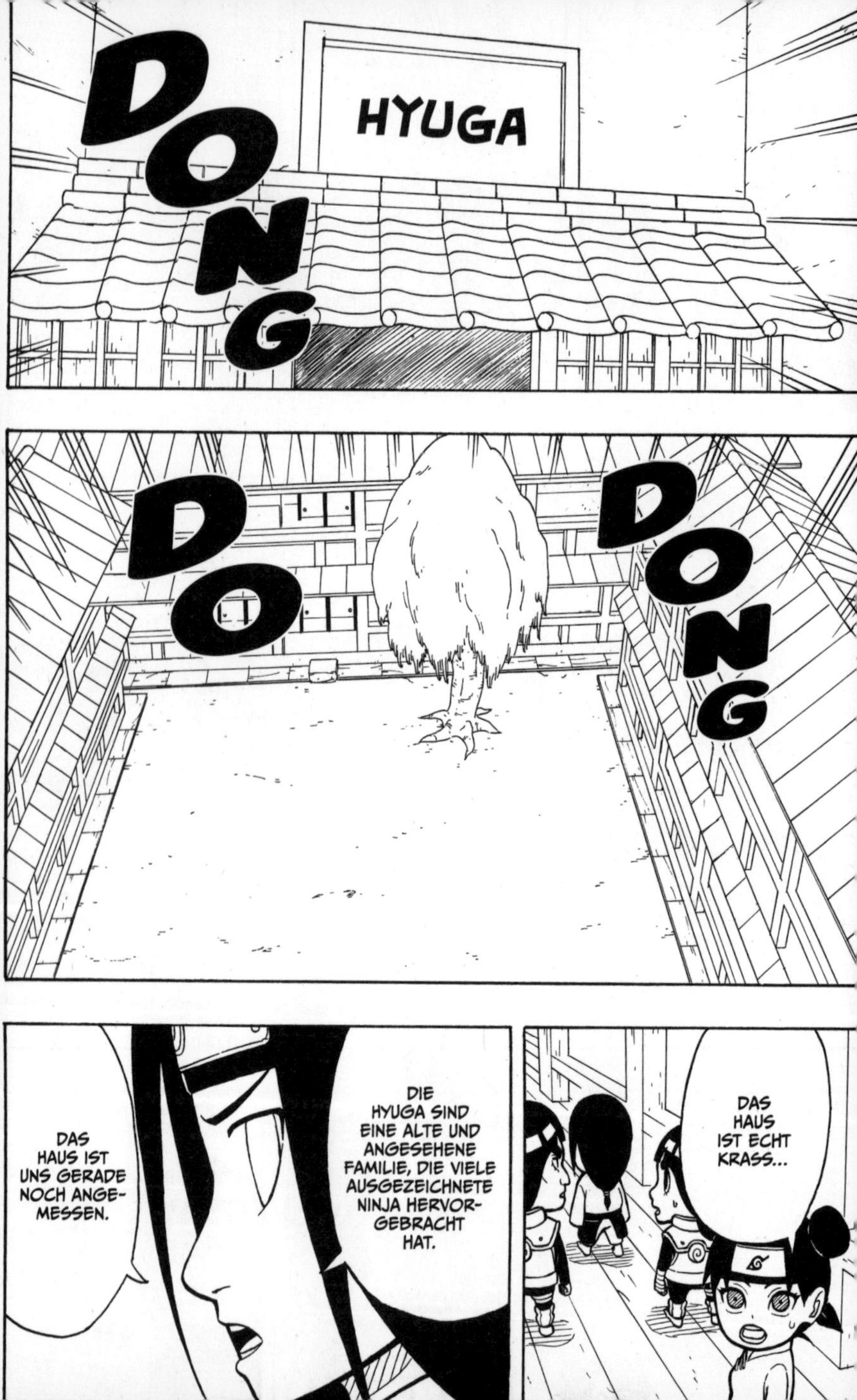

DONG
HYUGA
DONG
DO
DAS HAUS IST ECHT KRASS...
DIE HYUGA SIND EINE ALTE UND ANGESEHENE FAMILIE, DIE VIELE AUSGEZEICHNETE NINJA HERVORGEBRACHT HAT.
DAS HAUS IST UNS GERADE NOCH ANGEMESSEN.

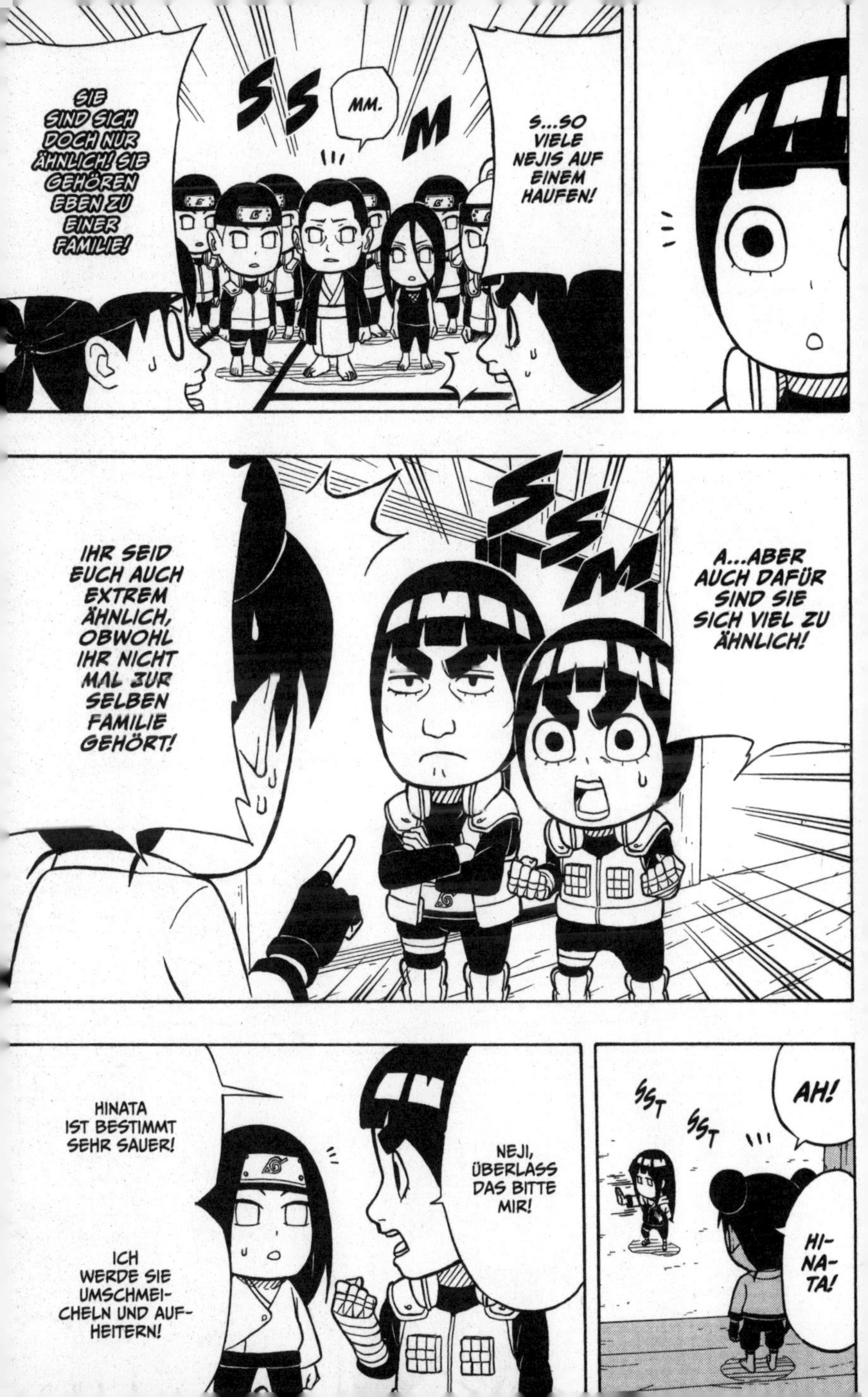
S...SO VIELE NEJIS AUF EINEM HAUFEN!
SSM
MM.
SIE SIND SICH DOCH NUR ÄHNLICH! SIE GEHÖREN EBEN ZU EINER FAMILIE!
A...ABER AUCH DAFÜR SIND SIE SICH VIEL ZU ÄHNLICH!
SSM
IHR SEID EUCH AUCH EXTREM ÄHNLICH, OBWOHL IHR NICHT MAL ZUR SELBEN FAMILIE GEHÖRT!
NEJI, ÜBERLASS DAS BITTE MIR!
HINATA IST BESTIMMT SEHR SAUER!
ICH WERDE SIE UMSCHMEICHELN UND AUFHEITERN!
AH!
SST SST
HI-NA-TA!

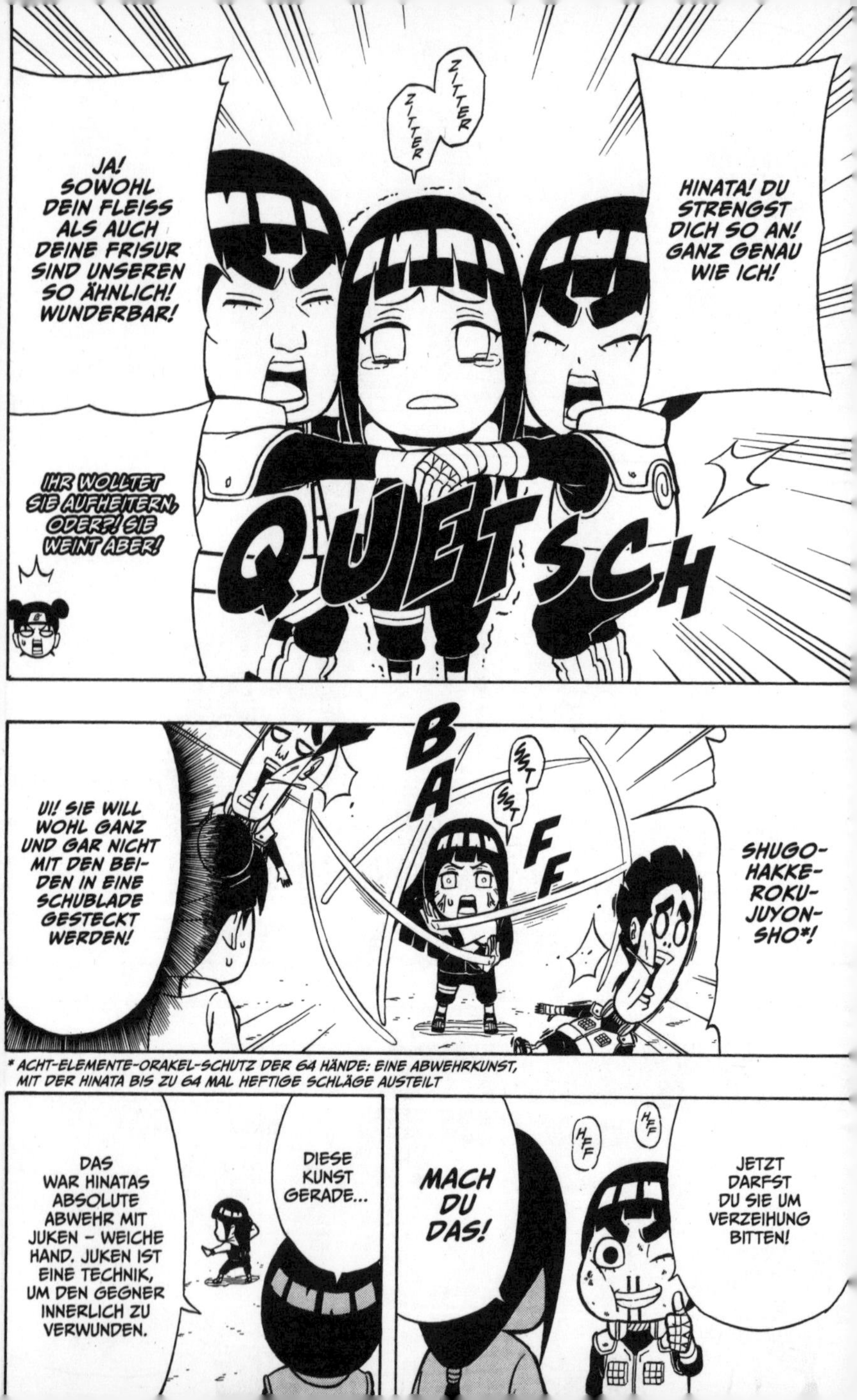

* ACHT-ELEMENTE-ORAKEL-SCHUTZ DER 64 HÄNDE: EINE ABWEHRKUNST, MIT DER HINATA BIS ZU 64 MAL HEFTIGE SCHLÄGE AUSTEILT

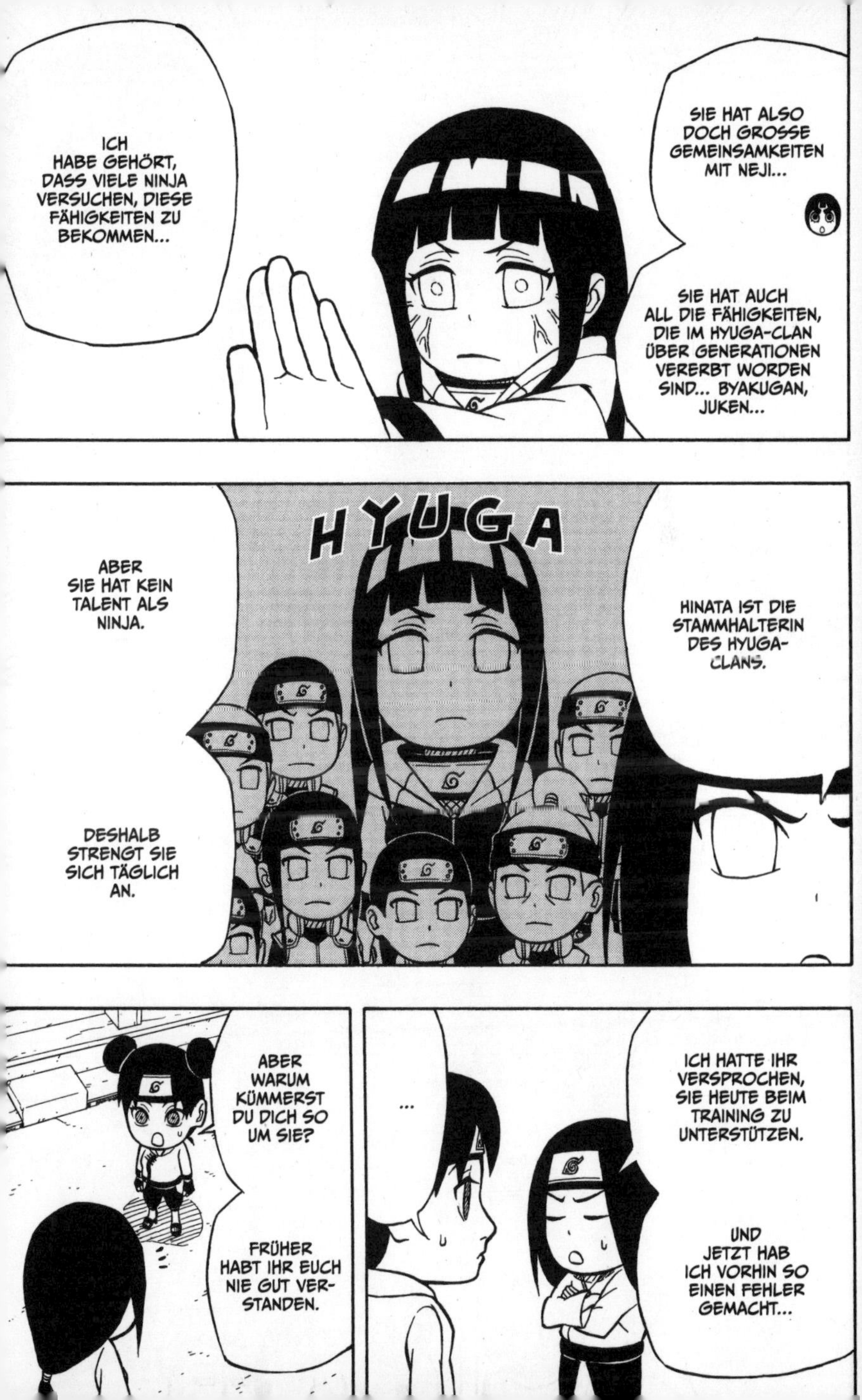
SIE HAT ALSO DOCH GROSSE GEMEINSAMKEITEN MIT NEJI...
SIE HAT AUCH ALL DIE FÄHIGKEITEN, DIE IM HYUGA-CLAN ÜBER GENERATIONEN VERERBT WORDEN SIND... BYAKUGAN, JUKEN...
ICH HABE GEHÖRT, DASS VIELE NINJA VERSUCHEN, DIESE FÄHIGKEITEN ZU BEKOMMEN...
HINATA IST DIE STAMMHALTERIN DES HYUGA-CLANS.
HYUGA
ABER SIE HAT KEIN TALENT ALS NINJA.
DESHALB STRENGT SIE SICH TÄGLICH AN.
ABER WARUM KÜMMERST DU DICH SO UM SIE?
FRÜHER HABT IHR EUCH NIE GUT VERSTANDEN.
...
ICH HATTE IHR VERSPROCHEN, SIE HEUTE BEIM TRAINING ZU UNTERSTÜTZEN.
UND JETZT HAB ICH VORHIN SO EINEN FEHLER GEMACHT...

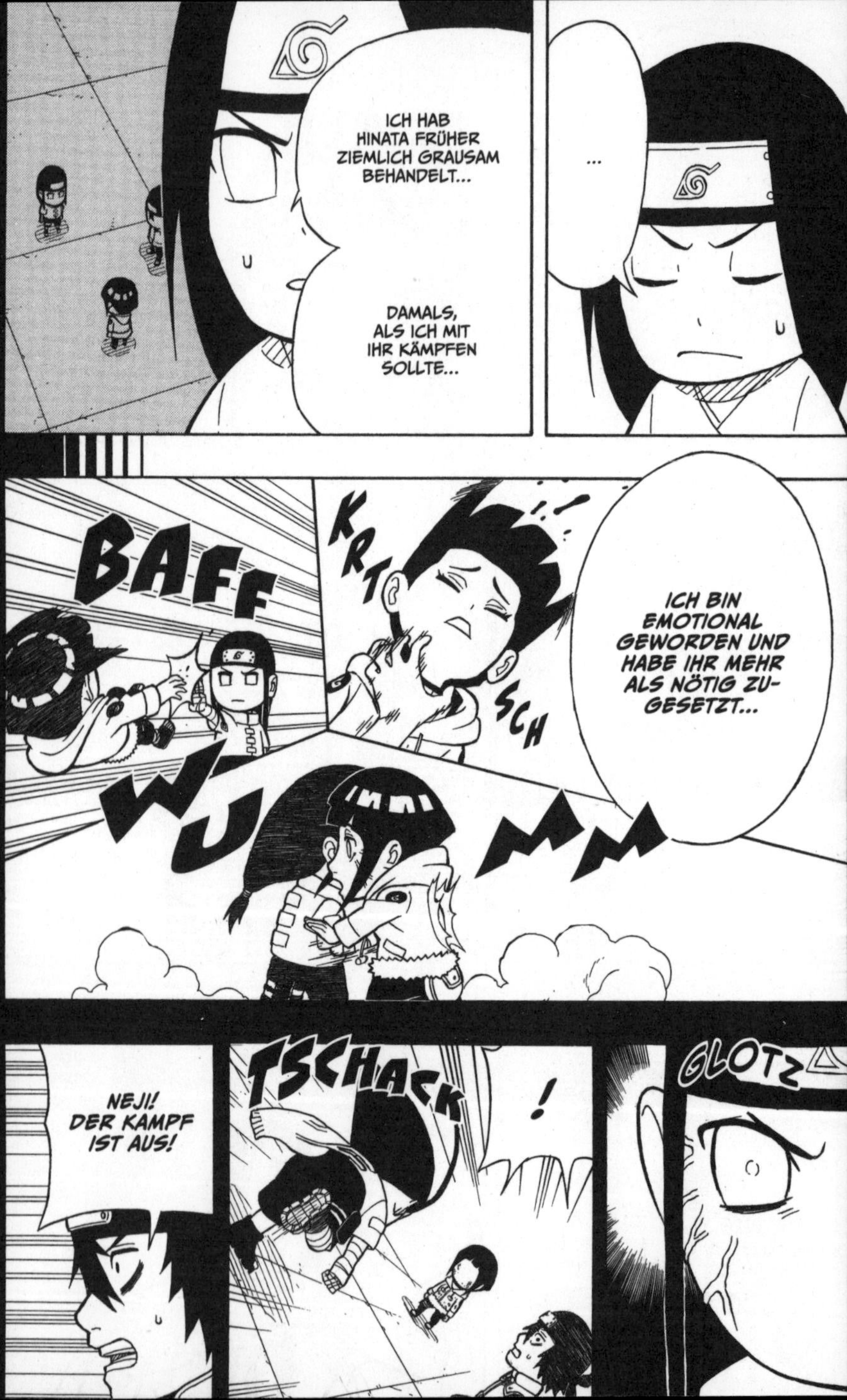
...
ICH HAB HINATA FRÜHER ZIEMLICH GRAUSAM BEHANDELT...
DAMALS, ALS ICH MIT IHR KÄMPFEN SOLLTE...
ICH BIN EMOTIONAL GEWORDEN UND HABE IHR MEHR ALS NÖTIG ZUGESETZT...
KRTSCH
BAFF
WUMM
GLOTZ
TSCHACK
!
NEJI! DER KAMPF IST AUS!

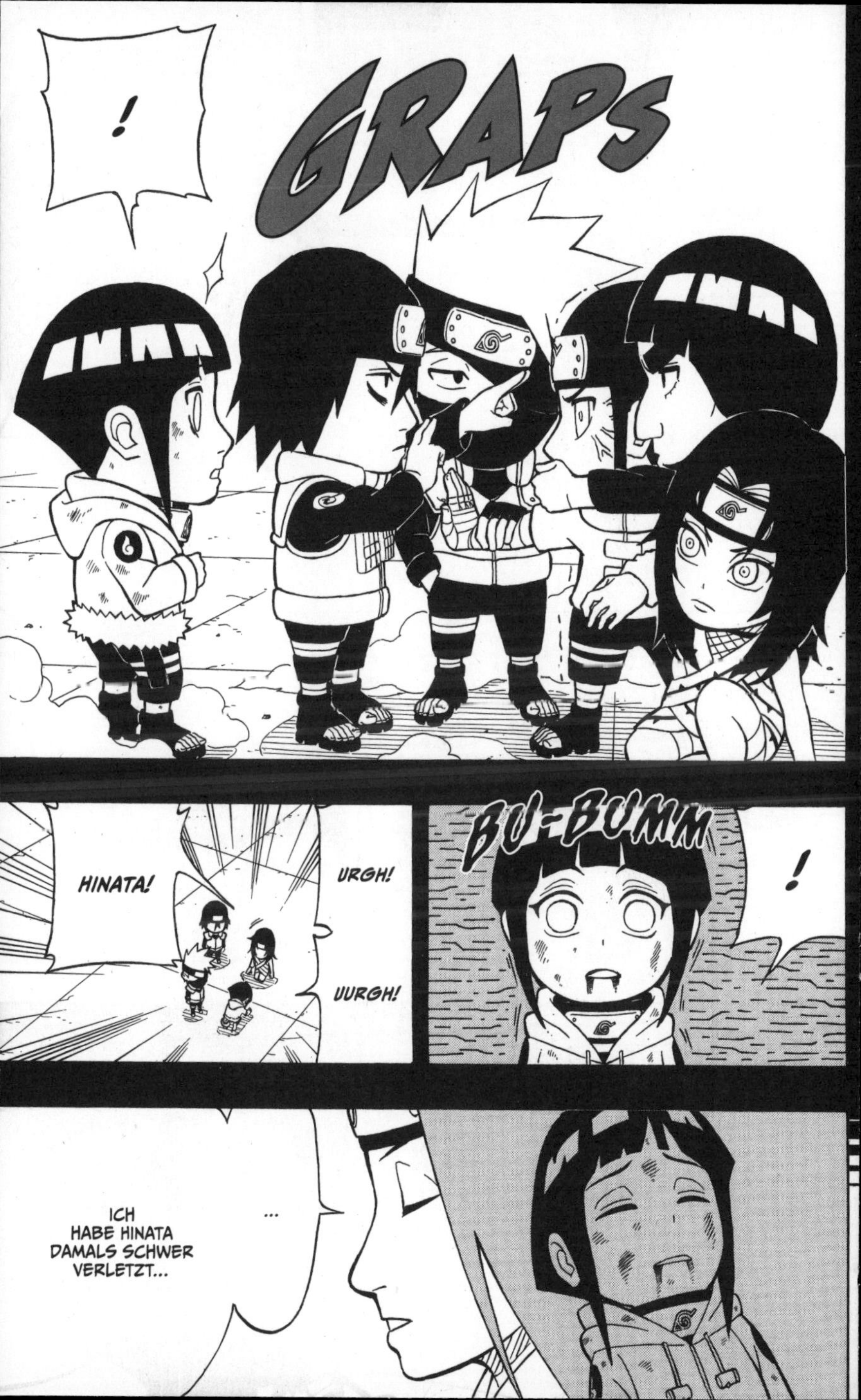
!
GRAPS
HINATA!
URGH!
UURGH!
BU-BUMM
!
...
ICH HABE HINATA DAMALS SCHWER VERLETZT...

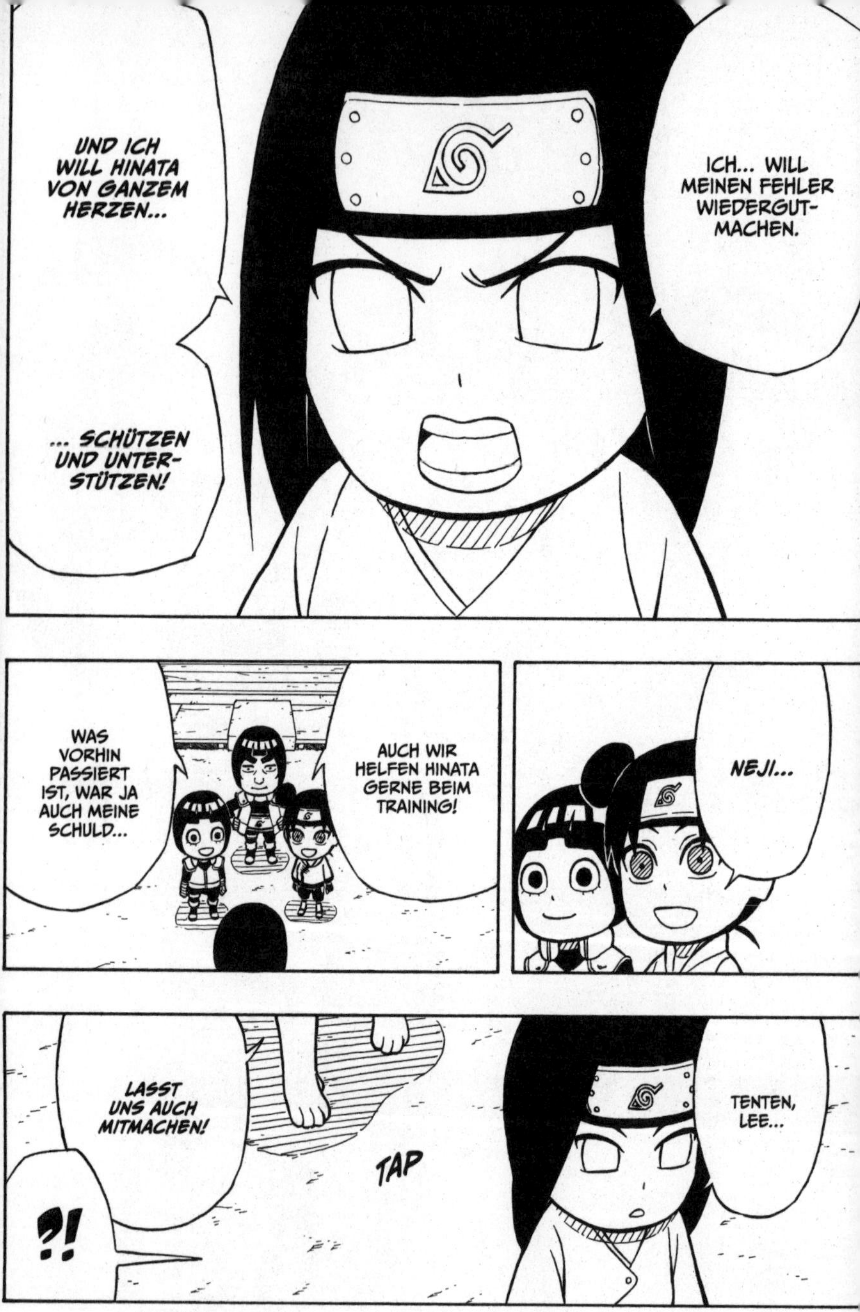
ICH... WILL MEINEN FEHLER WIEDERGUT-MACHEN.
UND ICH WILL HINATA VON GANZEM HERZEN...
... SCHÜTZEN UND UNTER-STÜTZEN!
NEJI...
AUCH WIR HELFEN HINATA GERNE BEIM TRAINING!
WAS VORHIN PASSIERT IST, WAR JA AUCH MEINE SCHULD...
TENTEN, LEE...
TAP
LASST UNS AUCH MITMACHEN!
?!

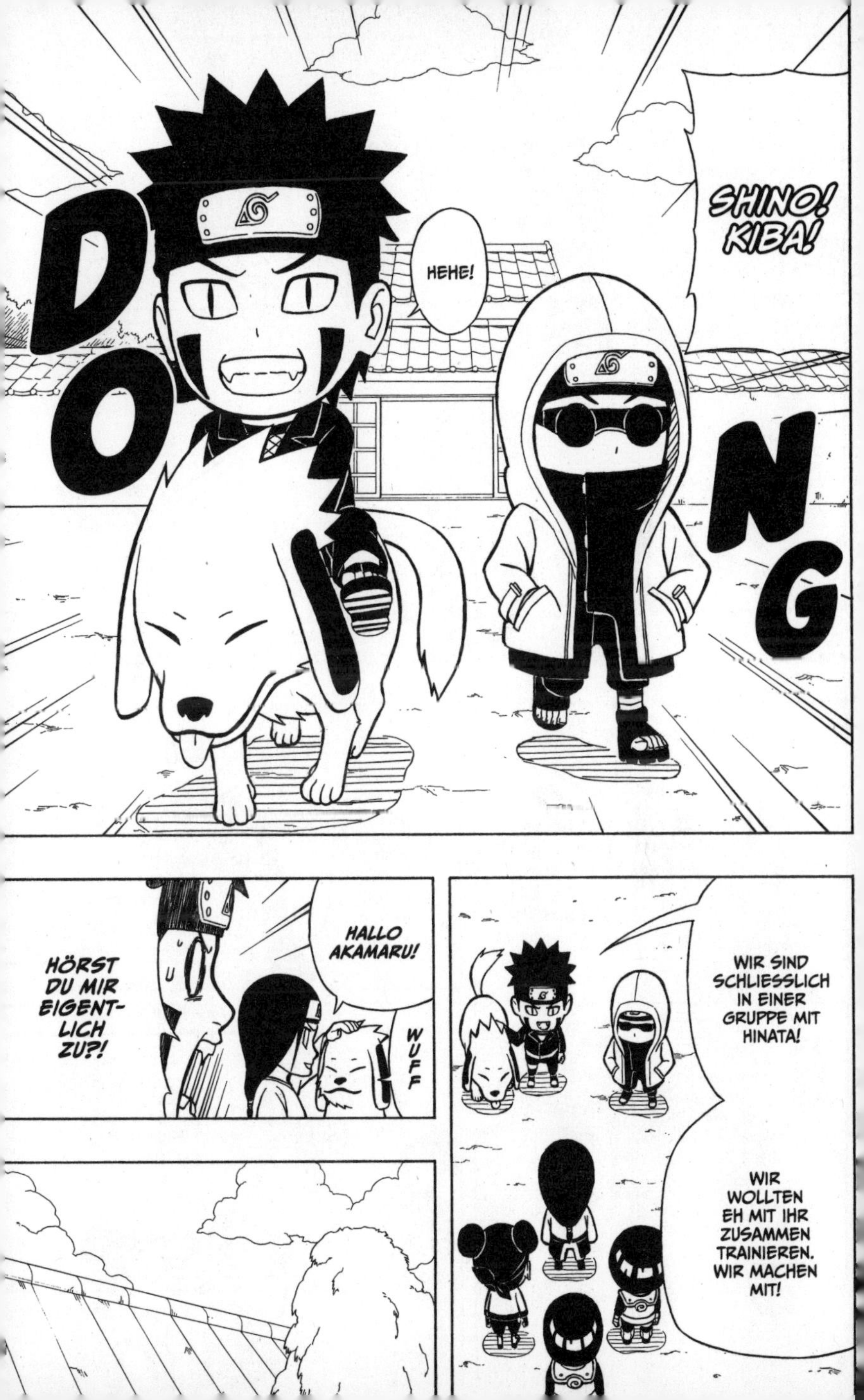
SHINO! KIBA!
HEHE!
DOING
WIR SIND SCHLIESSLICH IN EINER GRUPPE MIT HINATA!
WIR WOLLTEN EH MIT IHR ZUSAMMEN TRAINIEREN. WIR MACHEN MIT!
HALLO AKAMARU!
WUFF
HÖRST DU MIR EIGENT-LICH ZU?!

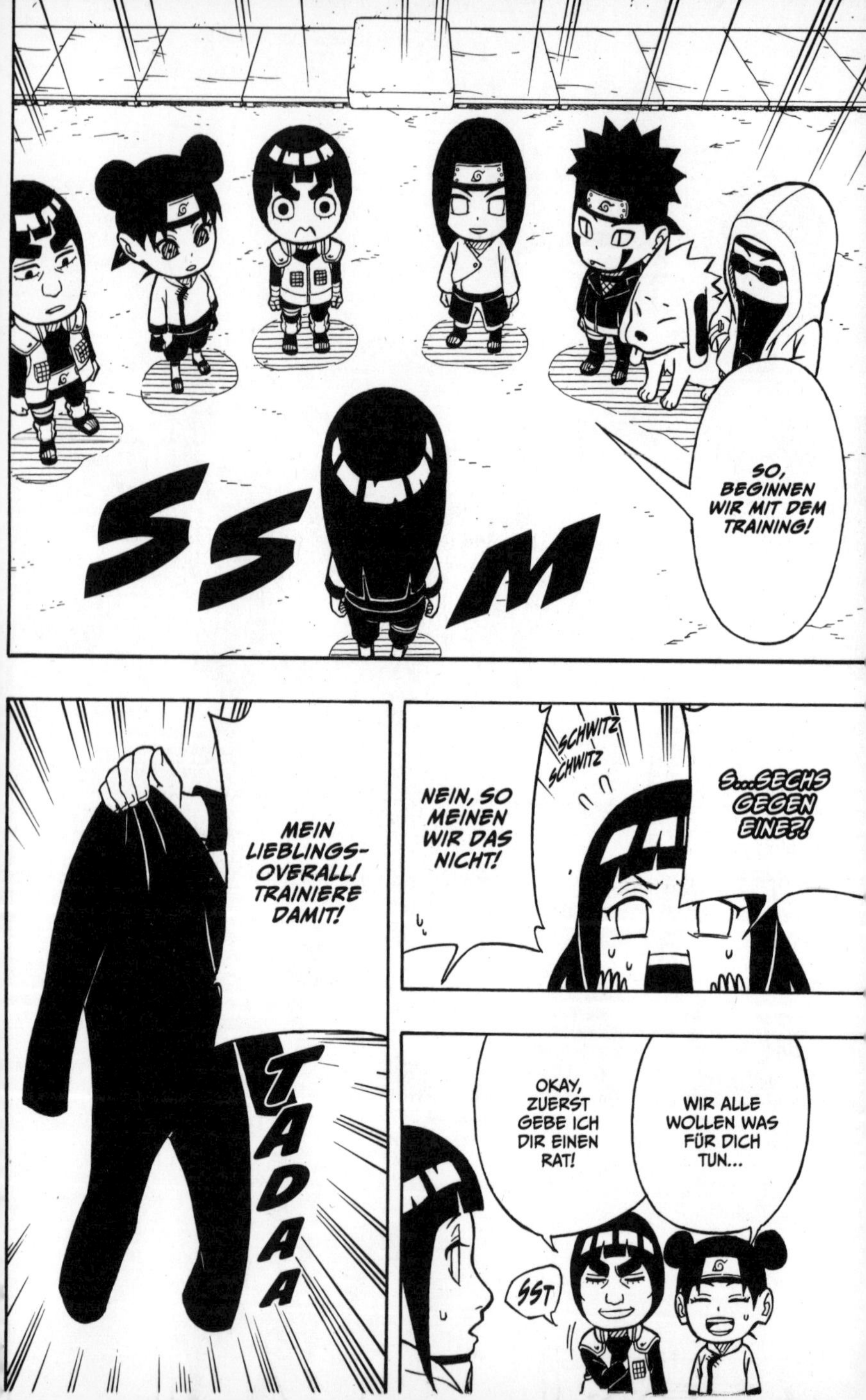
SO, BEGINNEN WIR MIT DEM TRAINING!
SSM
S...SECHS GEGEN EINE?!
SCHWITZ SCHWITZ
NEIN, SO MEINEN WIR DAS NICHT!
MEIN LIEBLINGS-OVERALL! TRAINIERE DAMIT!
TADAA
WIR ALLE WOLLEN WAS FÜR DICH TUN...
OKAY, ZUERST GEBE ICH DIR EINEN RAT!
SST

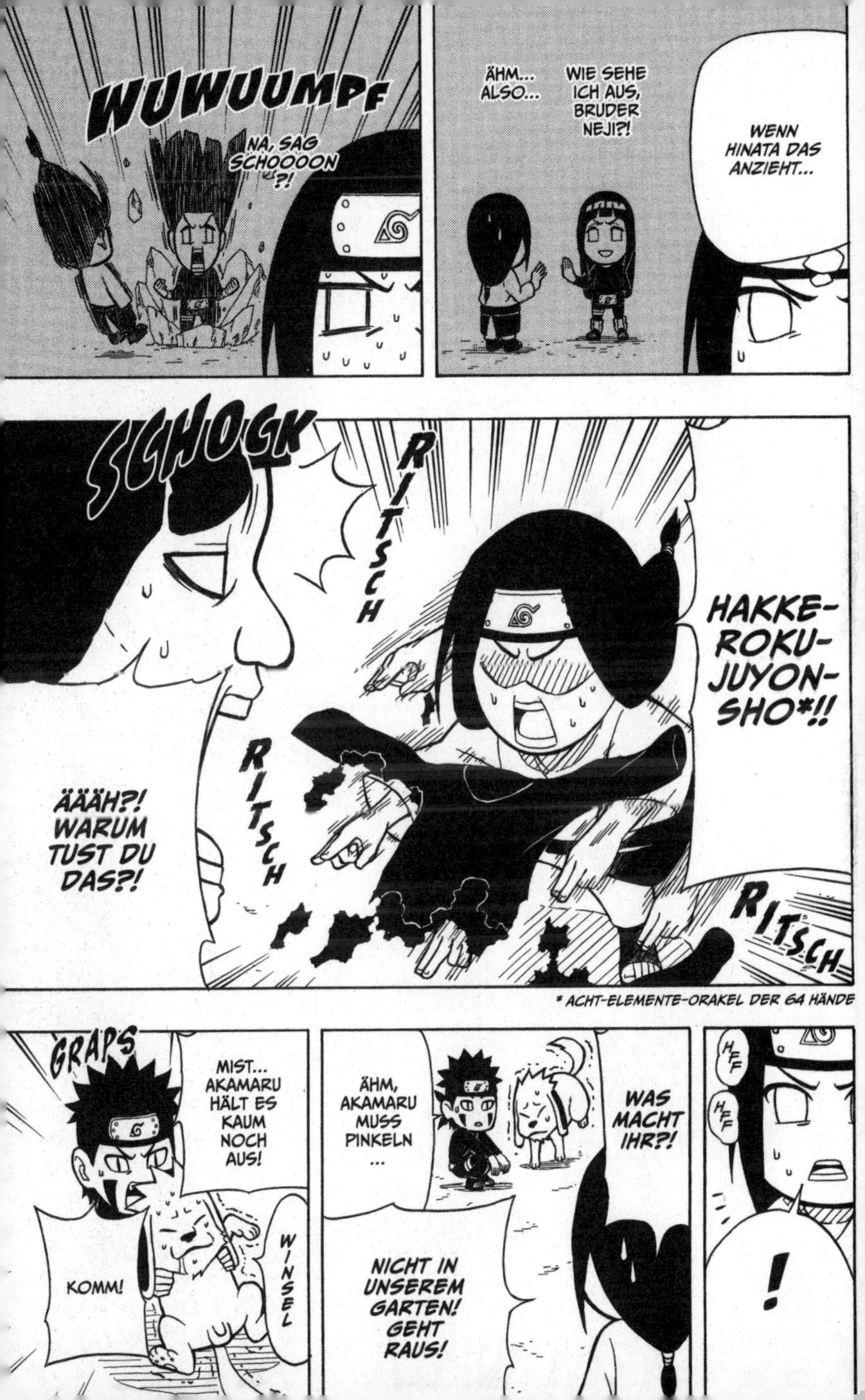

* ACHT-ELEMENTE-ORAKEL DER 64 HÄNDE

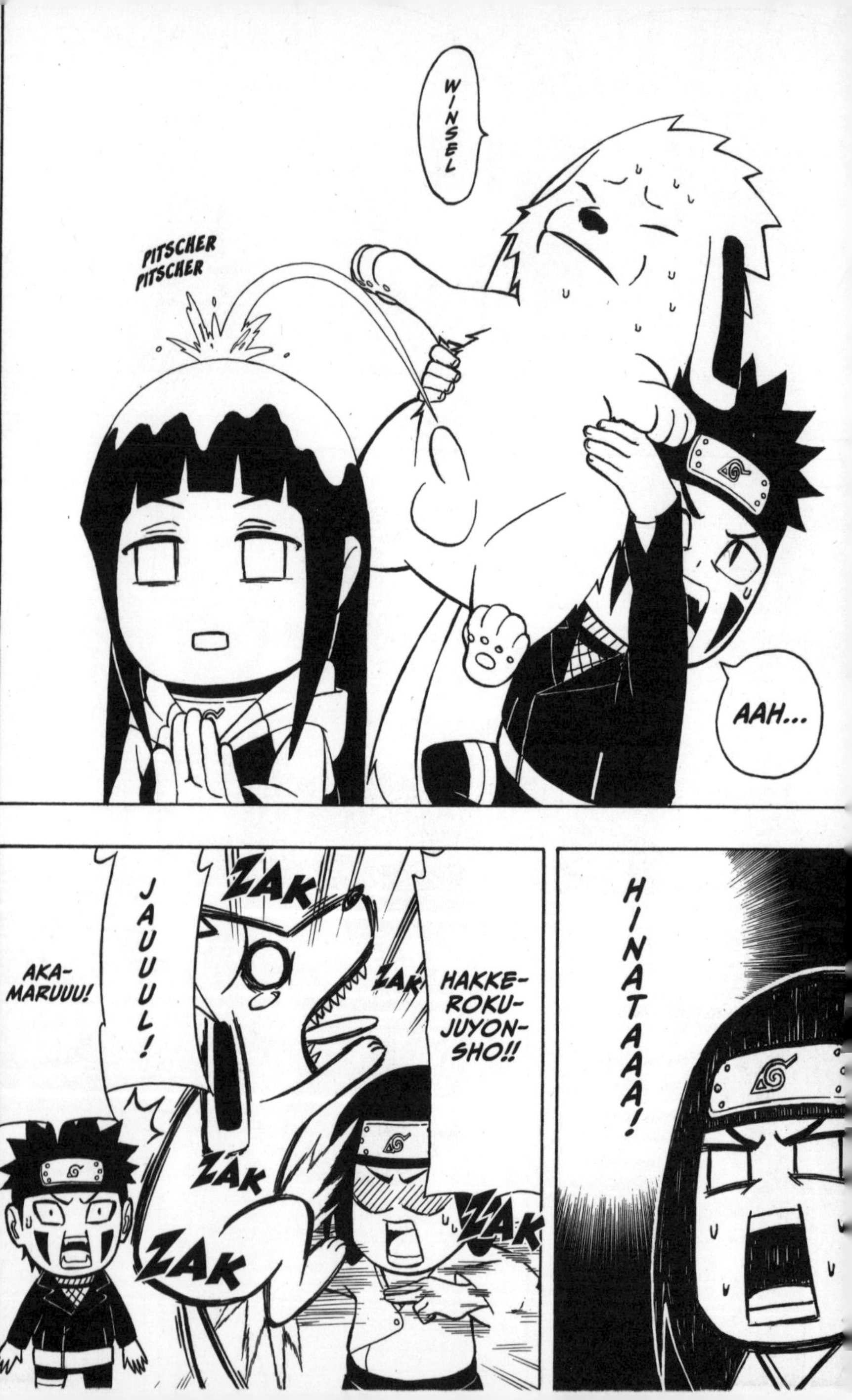
WINSEL
AAH...
PITSCHER
PITSCHER
HINATAAAA!
HAKKE-
ROKU-
JUYON-
SHO!!
ZAK
ZAK
ZAK
ZAK
ZAK
JAUUUUL!
AKA-
MARUUU!

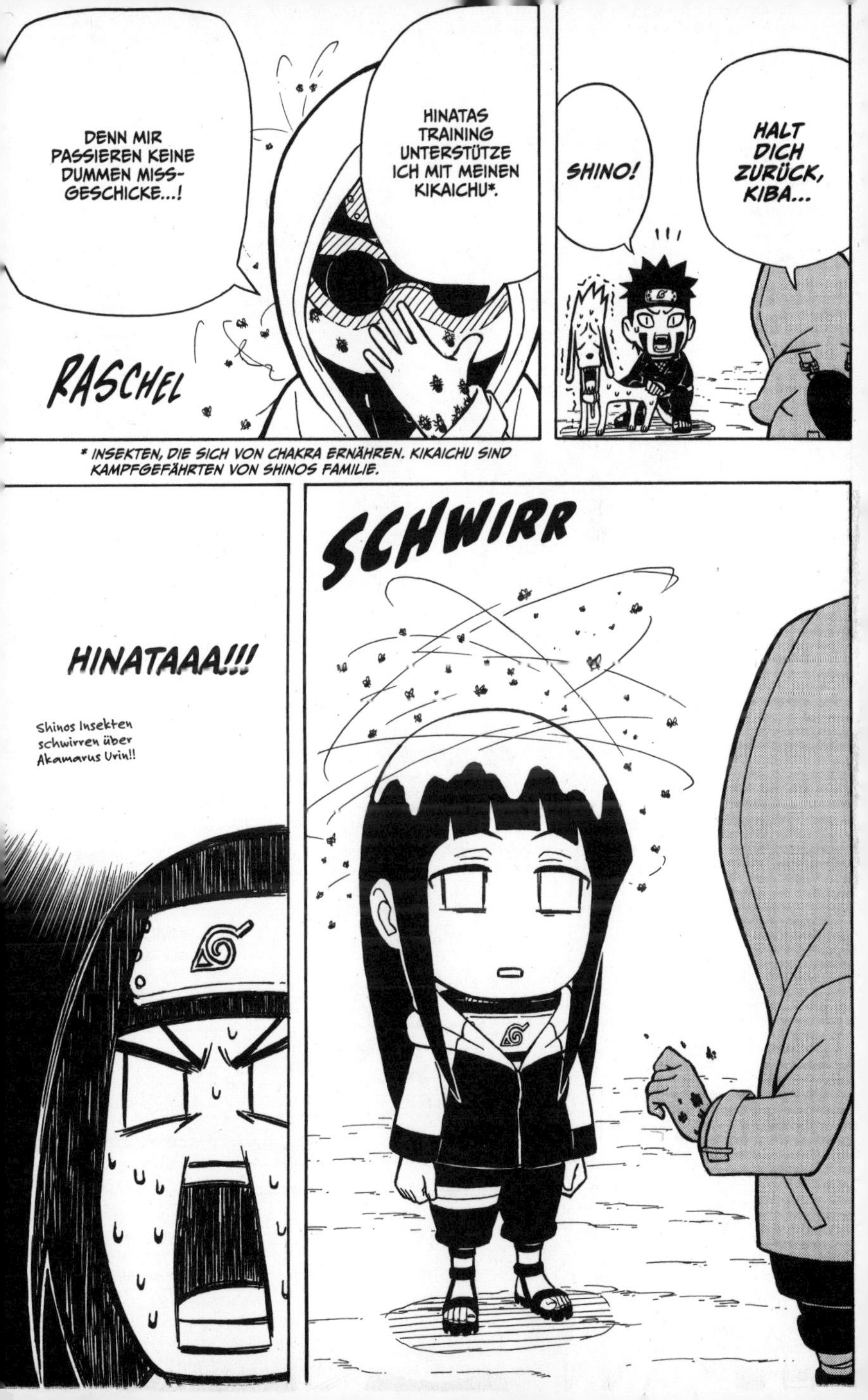
HALT DICH ZURÜCK, KIBA...
SHINO!
HINATAS TRAINING UNTERSTÜTZE ICH MIT MEINEN KIKAICHU*.
DENN MIR PASSIEREN KEINE DUMMEN MISS-GESCHICKE...!
RASCHEL
* INSEKTEN, DIE SICH VON CHAKRA ERNÄHREN. KIKAICHU SIND KAMPFGEFÄHRTEN VON SHINOS FAMILIE.
SCHWIRR
HINATAAA!!!
Shinos Insekten schwirren über Akamarus Urin!!

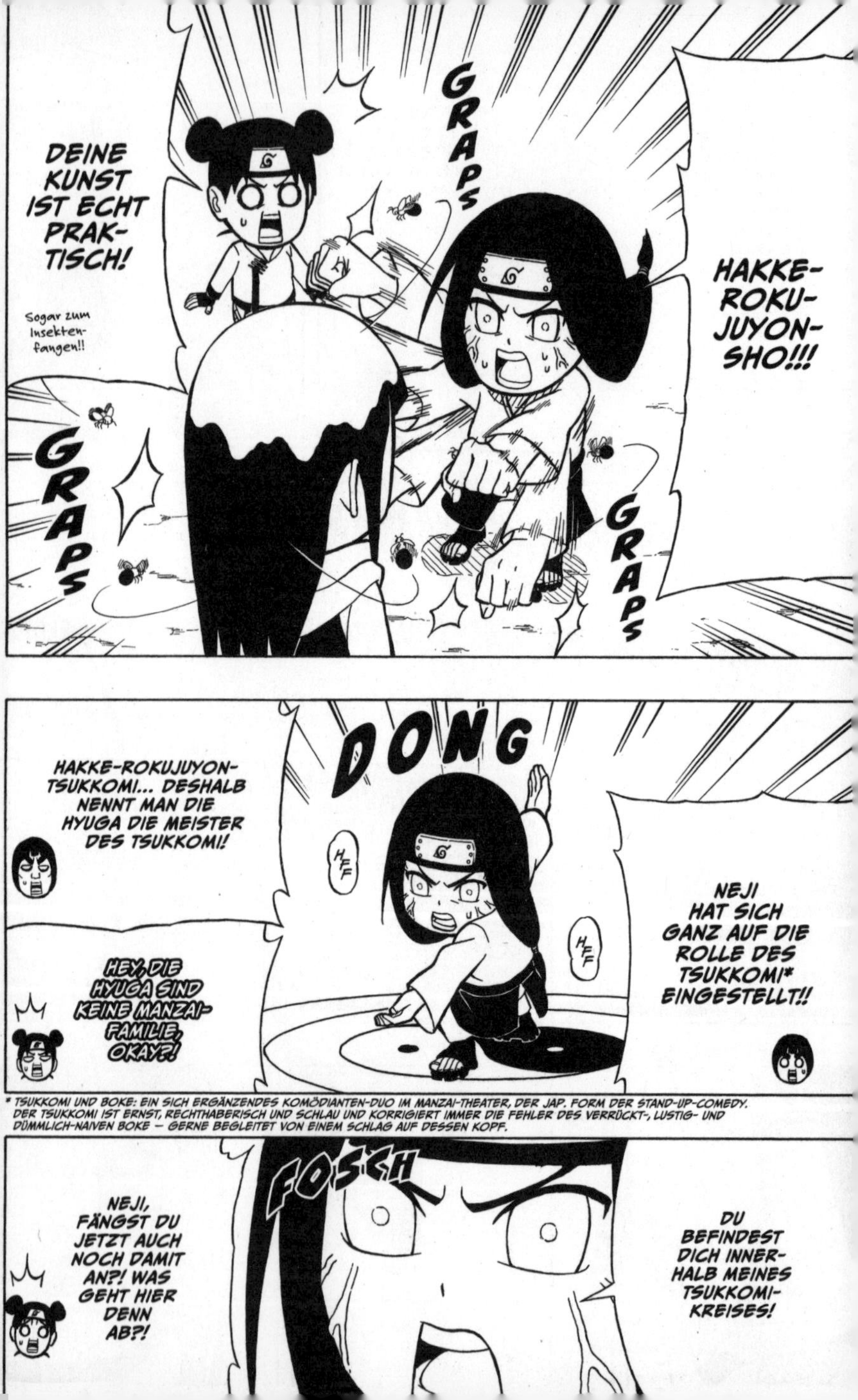

* TSUKKOMI UND BOKE: EIN SICH ERGÄNZENDES KOMÖDIANTEN-DUO IM MANZAI-THEATER, DER JAP. FORM DER STAND-UP-COMEDY. DER TSUKKOMI IST ERNST, RECHTHABERISCH UND SCHLAU UND KORRIGIERT IMMER DIE FEHLER DES VERRÜCKT-, LUSTIG- UND DÜMMLICH-NAIVEN BOKE – GERNE BEGLEITET VON EINEM SCHLAG AUF DESSEN KOPF.

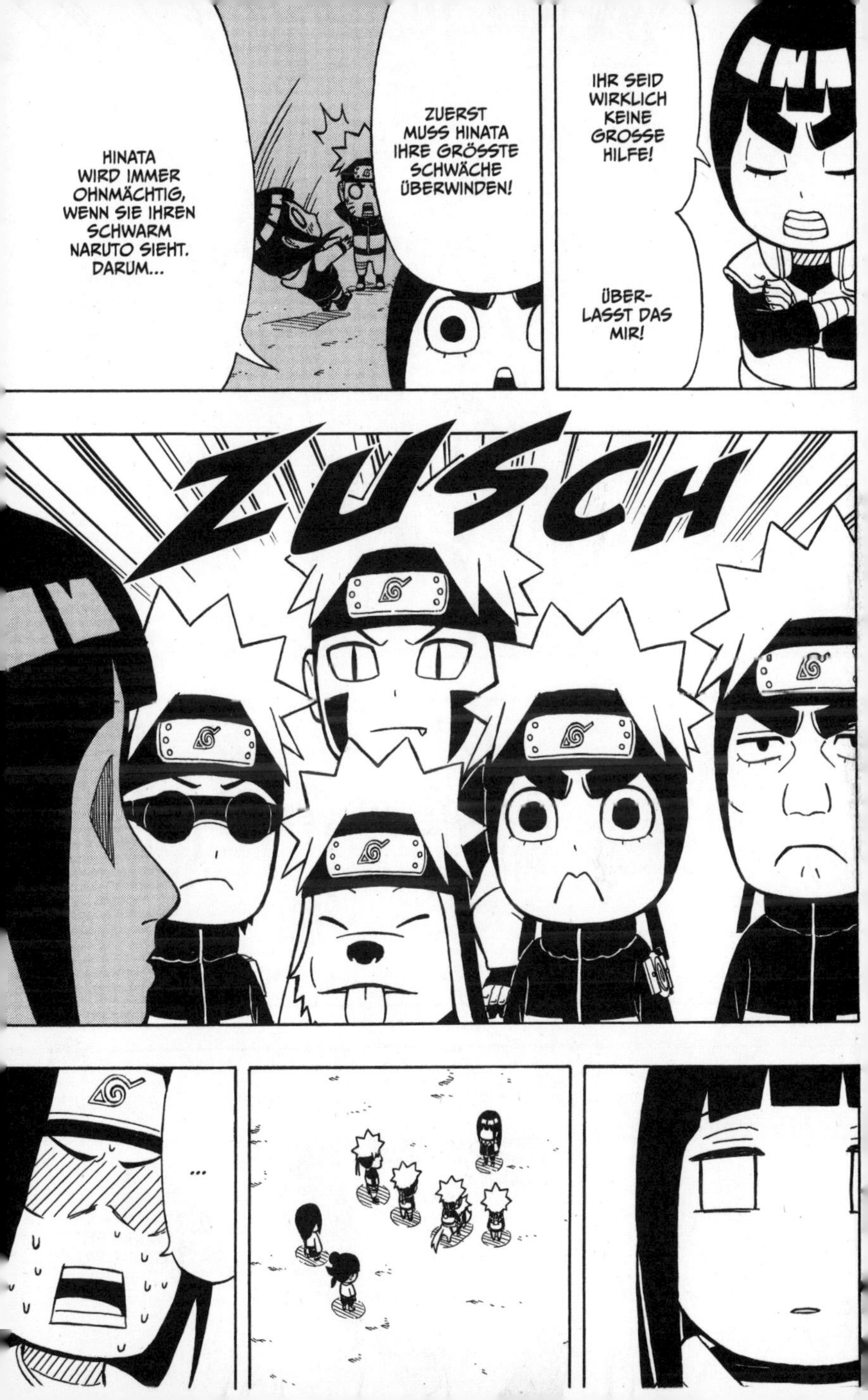
IHR SEID WIRKLICH KEINE GROSSE HILFE!
ÜBER-LASST DAS MIR!
ZUERST MUSS HINATA IHRE GRÖSSTE SCHWÄCHE ÜBERWINDEN!
HINATA WIRD IMMER OHNMÄCHTIG, WENN SIE IHREN SCHWARM NARUTO SIEHT. DARUM...
ZUSCH
...

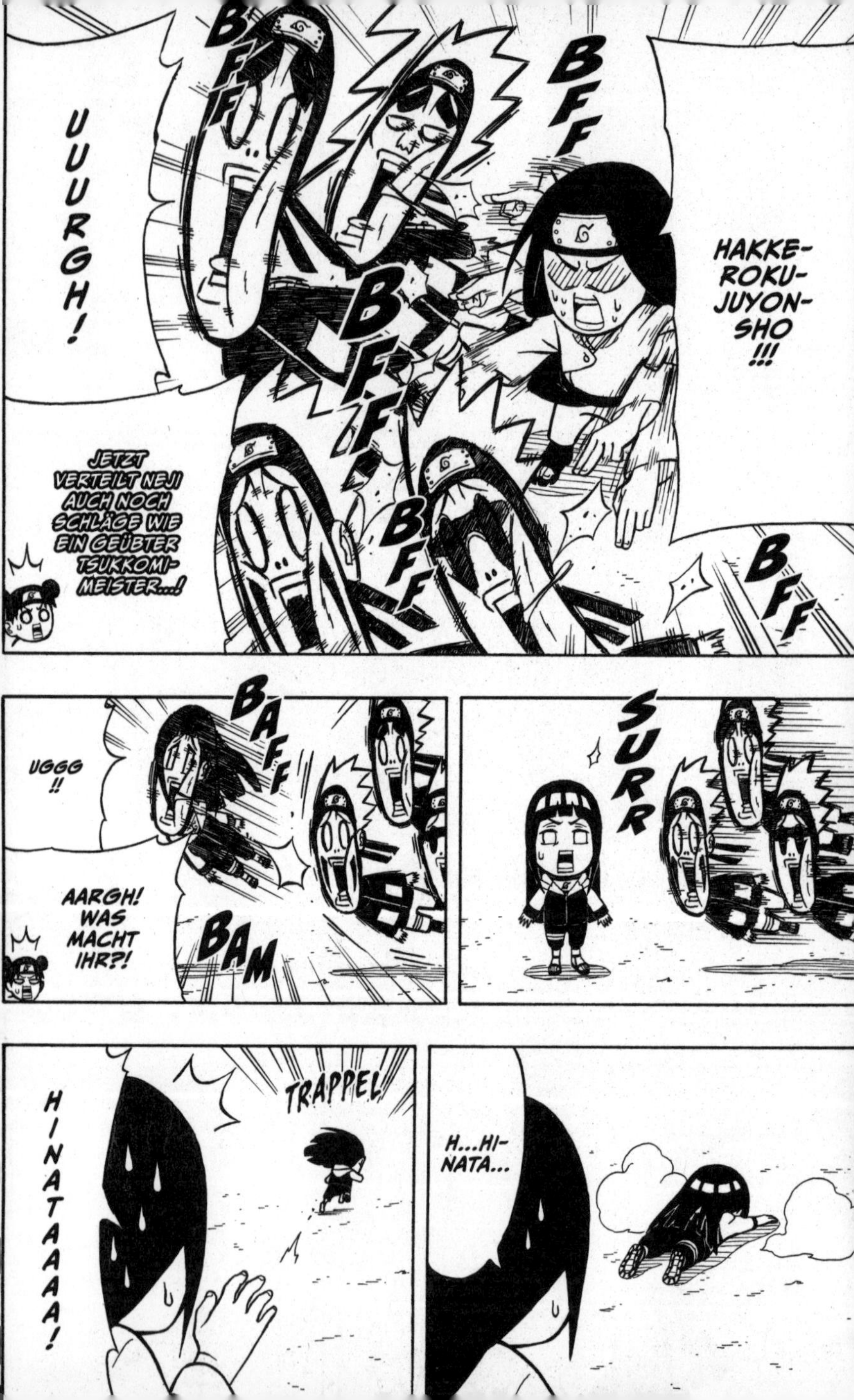
HAKKE-ROKU-JUYON-SHO!!!
BFF
UUUURGH!
BFF
BFF
JETZT VERTEILT NEJI AUCH NOCH SCHLÄGE WIE EIN GEÜBTER TSUKKOMI-MEISTER...!
BFF
BFF
SURR
BAFF
UGGG!!
AARGH! WAS MACHT IHR?!
BAM
H...HI-NATA...
TRAPPEL
HINATAAAAA!

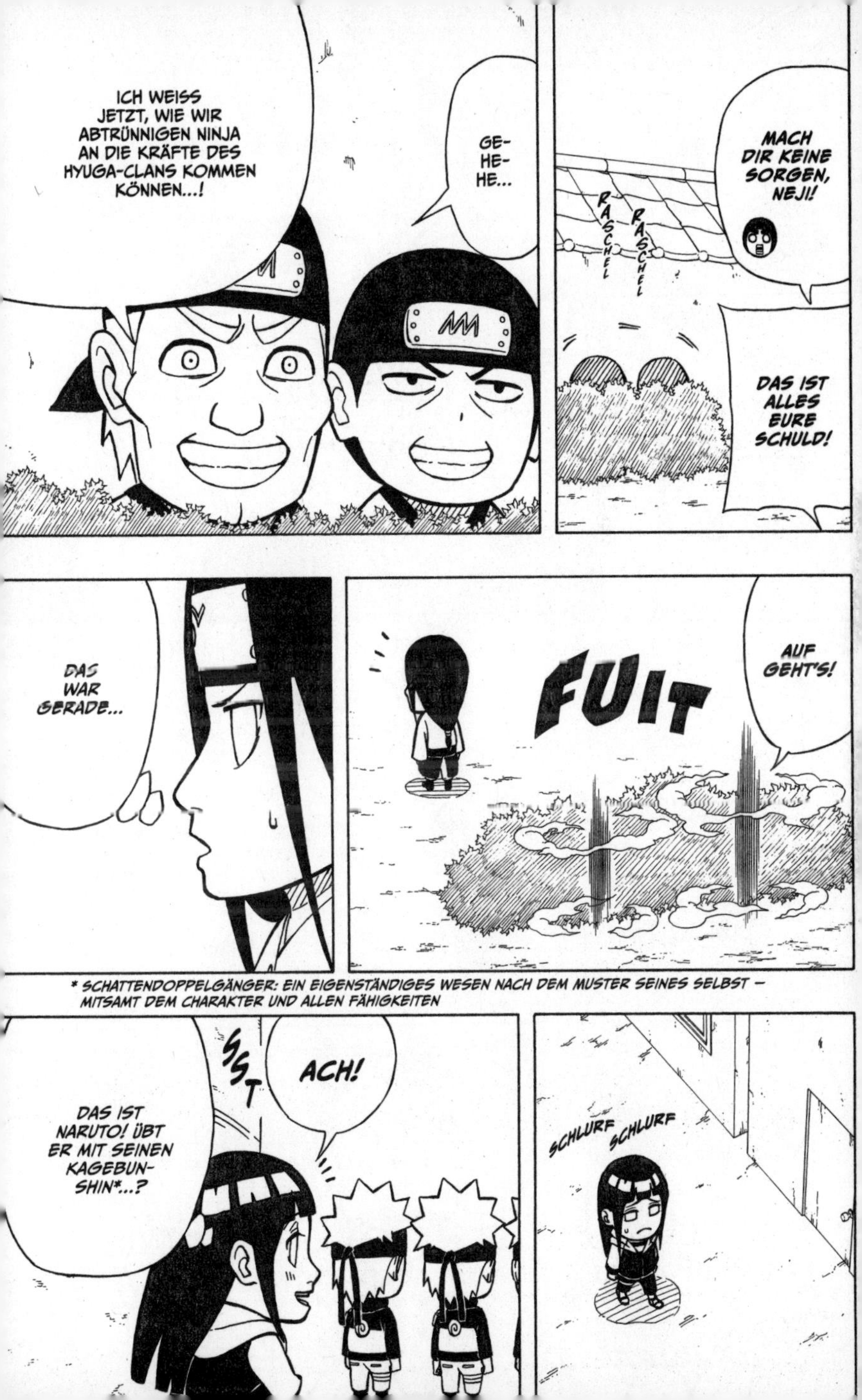
MACH DIR KEINE SORGEN, NEJI!
RASCHEL RASCHEL
DAS IST ALLES EURE SCHULD!
GE-HE-HE...
ICH WEISS JETZT, WIE WIR ABTRÜNNIGEN NINJA AN DIE KRÄFTE DES HYUGA-CLANS KOMMEN KÖNNEN...!
AUF GEHT'S!
FUIT
DAS WAR GERADE...
* SCHATTENDOPPELGÄNGER: EIN EIGENSTÄNDIGES WESEN NACH DEM MUSTER SEINES SELBST – MITSAMT DEM CHARAKTER UND ALLEN FÄHIGKEITEN
SCHLURF SCHLURF
ACH!
SST
DAS IST NARUTO! ÜBT ER MIT SEINEN KAGEBUN-SHIN*...?

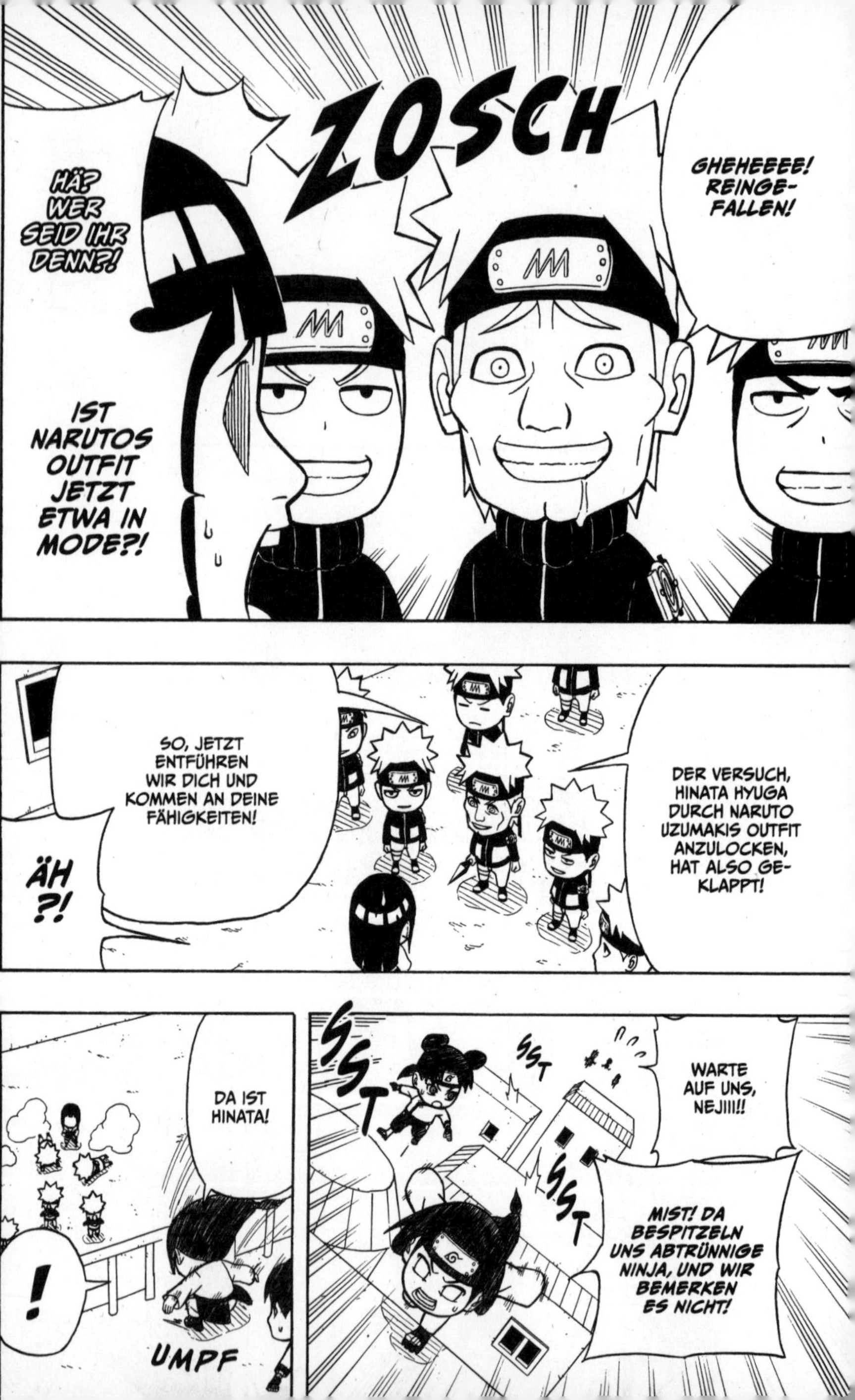
ZOSCH
GHEHEEEE! REINGE-FALLEN!
HÄ? WER SEID IHR DENN?!
IST NARUTOS OUTFIT JETZT ETWA IN MODE?!
DER VERSUCH, HINATA HYUGA DURCH NARUTO UZUMAKIS OUTFIT ANZULOCKEN, HAT ALSO GE-KLAPPT!
SO, JETZT ENTFÜHREN WIR DICH UND KOMMEN AN DEINE FÄHIGKEITEN!
ÄH ?!
WARTE AUF UNS, NEJIII!!
SST
SST
SST
MIST! DA BESPITZELN UNS ABTRÜNNIGE NINJA, UND WIR BEMERKEN ES NICHT!
DA IST HINATA!
!
UMPF

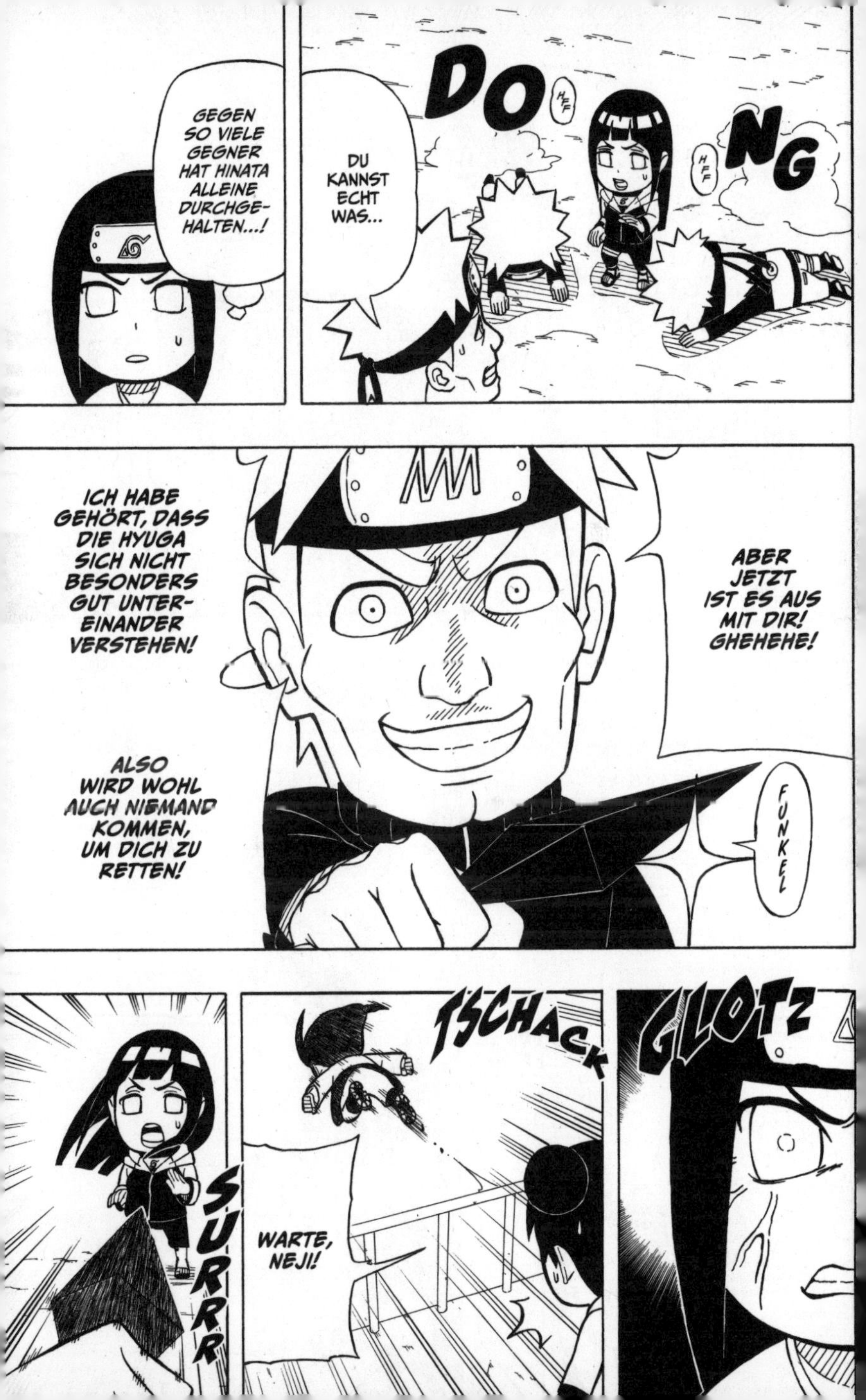
DO
HFF
HFF
NG
DU KANNST ECHT WAS...
GEGEN SO VIELE GEGNER HAT HINATA ALLEINE DURCHGE-HALTEN...!
ICH HABE GEHÖRT, DASS DIE HYUGA SICH NICHT BESONDERS GUT UNTER-EINANDER VERSTEHEN!
ALSO WIRD WOHL AUCH NIEMAND KOMMEN, UM DICH ZU RETTEN!
ABER JETZT IST ES AUS MIT DIR! GHEHEHE!
FUNKEL
GLOTZ
TSCHACK
WARTE, NEJI!
SURRR

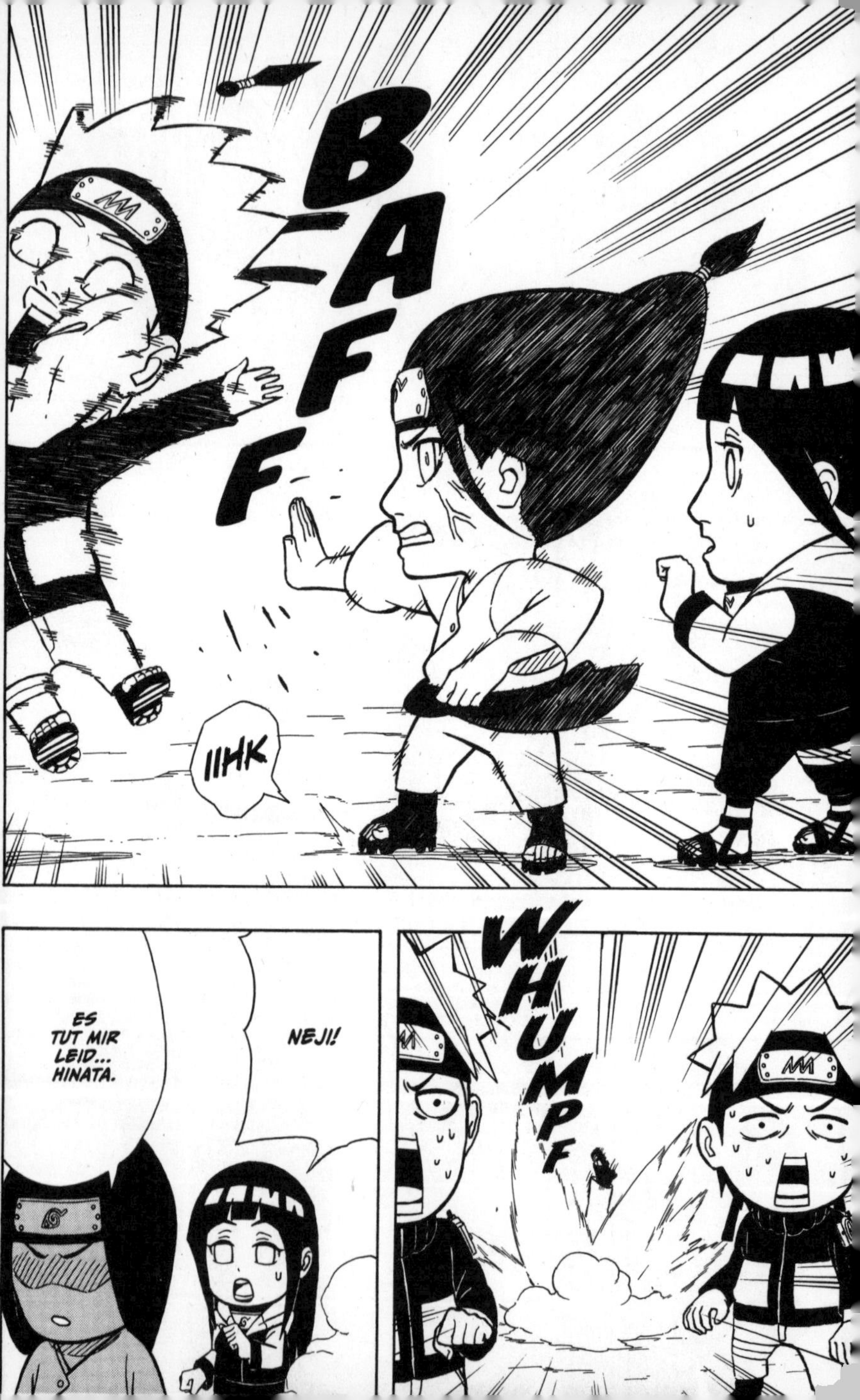
BAFFF
IIHK
WHUMPF
NEJI!
ES TUT MIR LEID... HINATA.

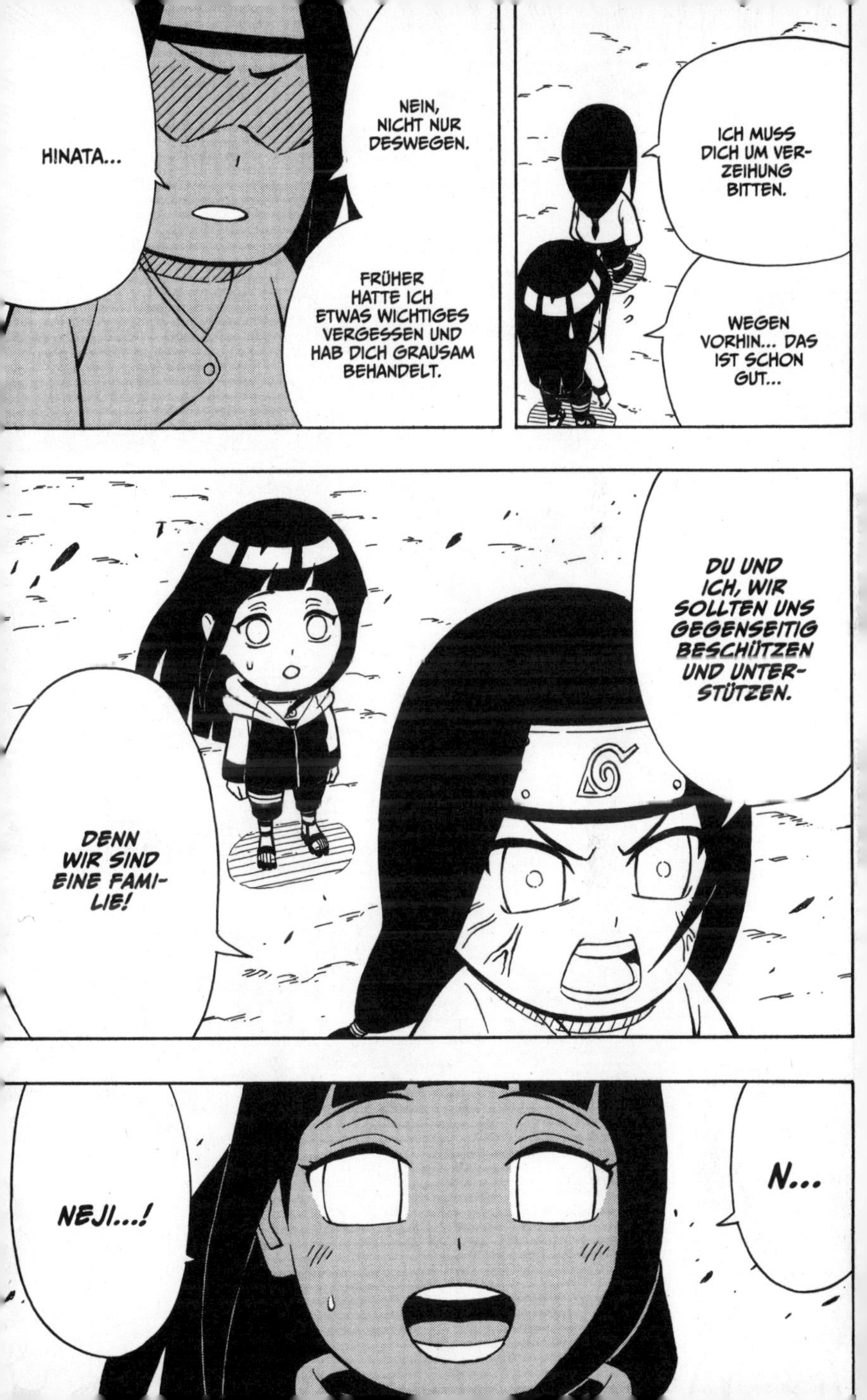

ICH MUSS DICH UM VERZEIHUNG BITTEN.
WEGEN VORHIN... DAS IST SCHON GUT...
NEIN, NICHT NUR DESWEGEN.
FRÜHER HATTE ICH ETWAS WICHTIGES VERGESSEN UND HAB DICH GRAUSAM BEHANDELT.
HINATA...
DU UND ICH, WIR SOLLTEN UNS GEGENSEITIG BESCHÜTZEN UND UNTERSTÜTZEN.
DENN WIR SIND EINE FAMILIE!
N...
NEJI...!

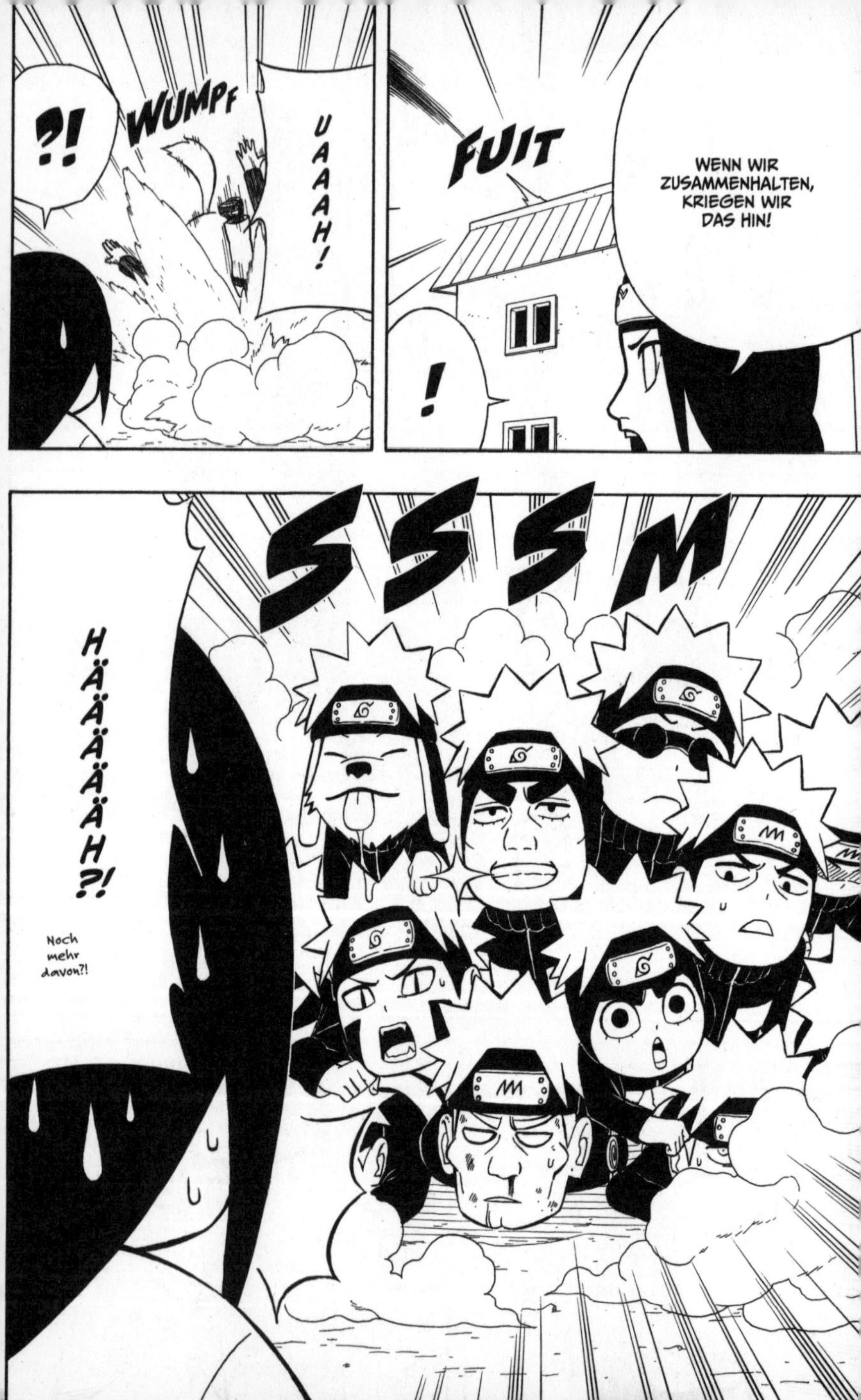
WENN WIR ZUSAMMENHALTEN, KRIEGEN WIR DAS HIN!
FUIT
!
UAAAAH!
WUMPF
?!
SSSM
HÄÄÄÄÄH?!
Noch mehr davon?!

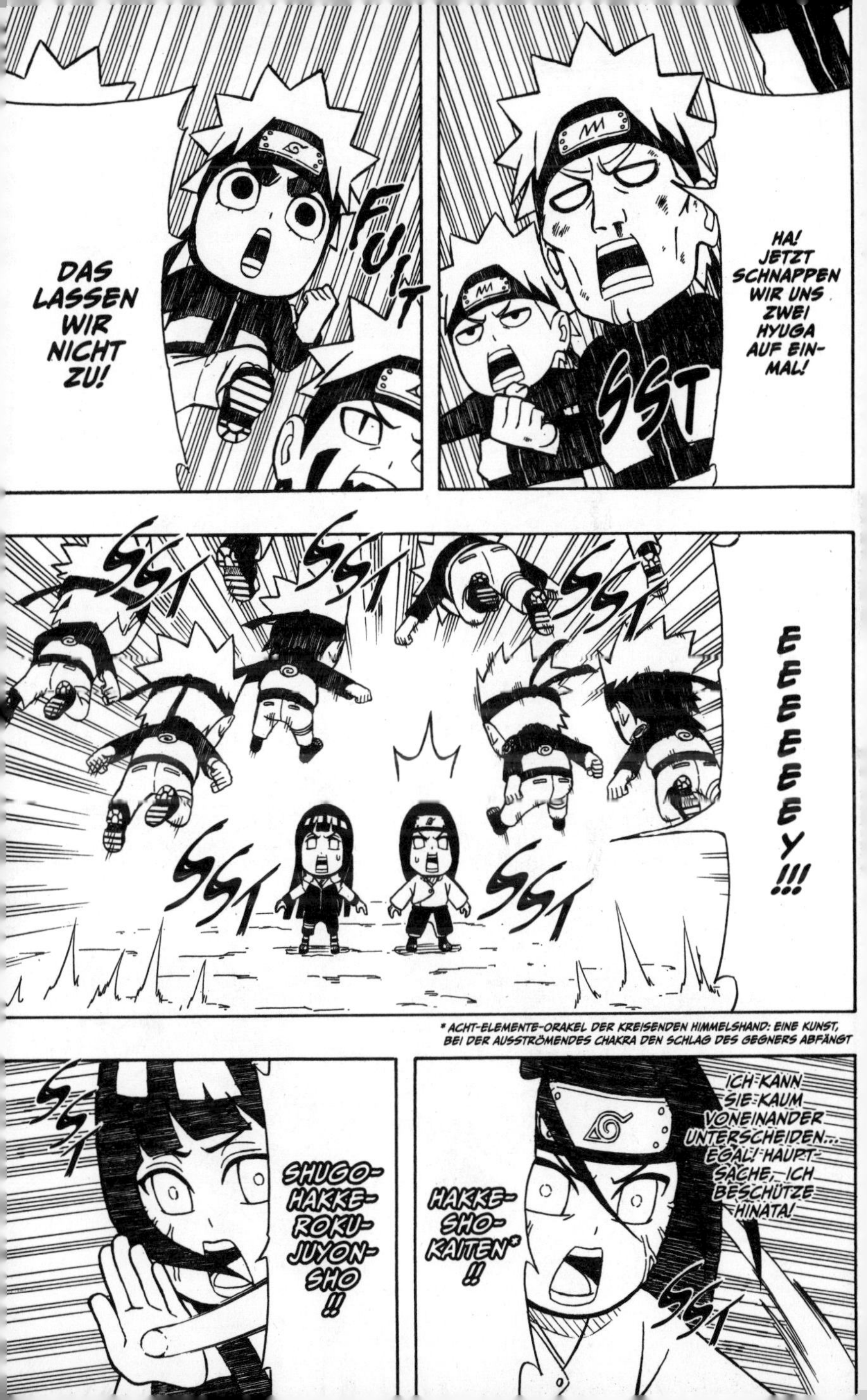
HA! JETZT SCHNAPPEN WIR UNS ZWEI HYUGA AUF EIN-MAL!
SST
FUIT
DAS LASSEN WIR NICHT ZU!
SST
SST
SST
EEEEEEEY!!!
SST
SST
ICH KANN SIE KAUM VONEINANDER UNTERSCHEIDEN... EGAL! HAUPT-SACHE, ICH BESCHÜTZE HINATA!
SST
HAKKE-SHO-KAITEN*!!
SHUGO-HAKKE-ROKU-JUYON-SHO!!
SST
* ACHT-ELEMENTE-ORAKEL DER KREISENDEN HIMMELSHAND: EINE KUNST, BEI DER AUSSTRÖMENDES CHAKRA DEN SCHLAG DES GEGNERS ABFÄNGT

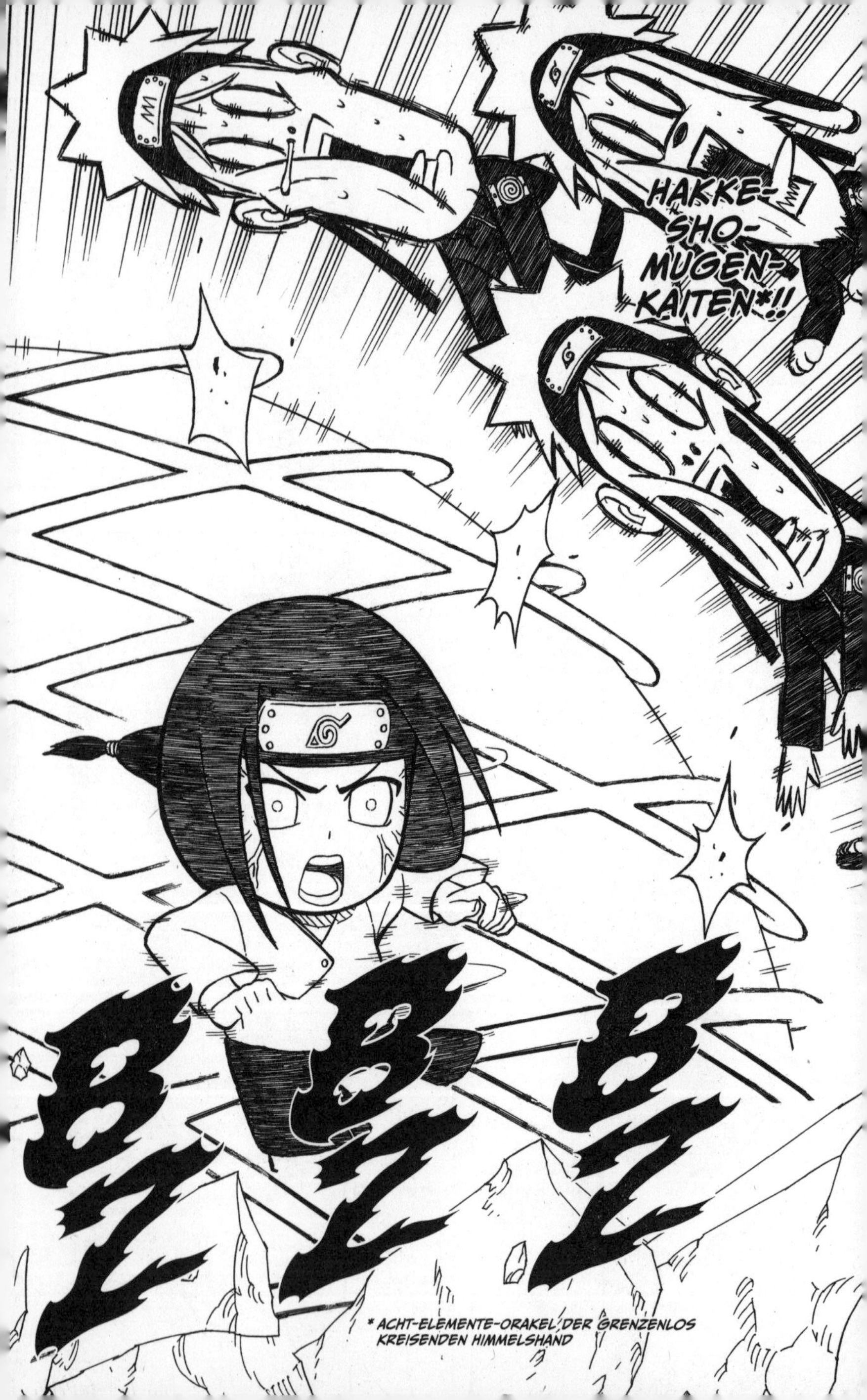
HAKKE-SHO-MUGEN-KAITEN*!!
* ACHT-ELEMENTE-ORAKEL DER GRENZENLOS KREISENDEN HIMMELSHAND

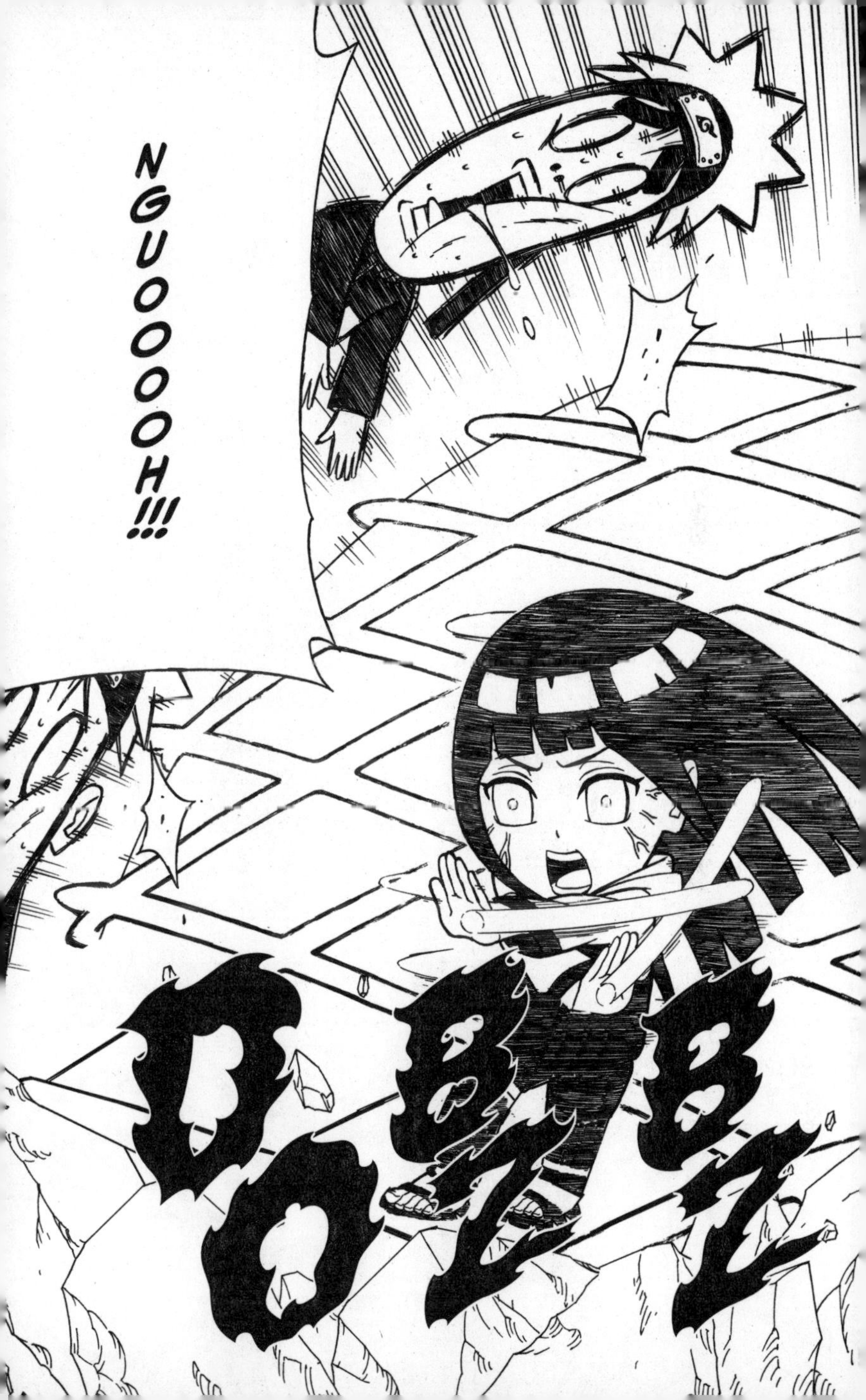
NGUOOOOOOH!!!
DOBBZ

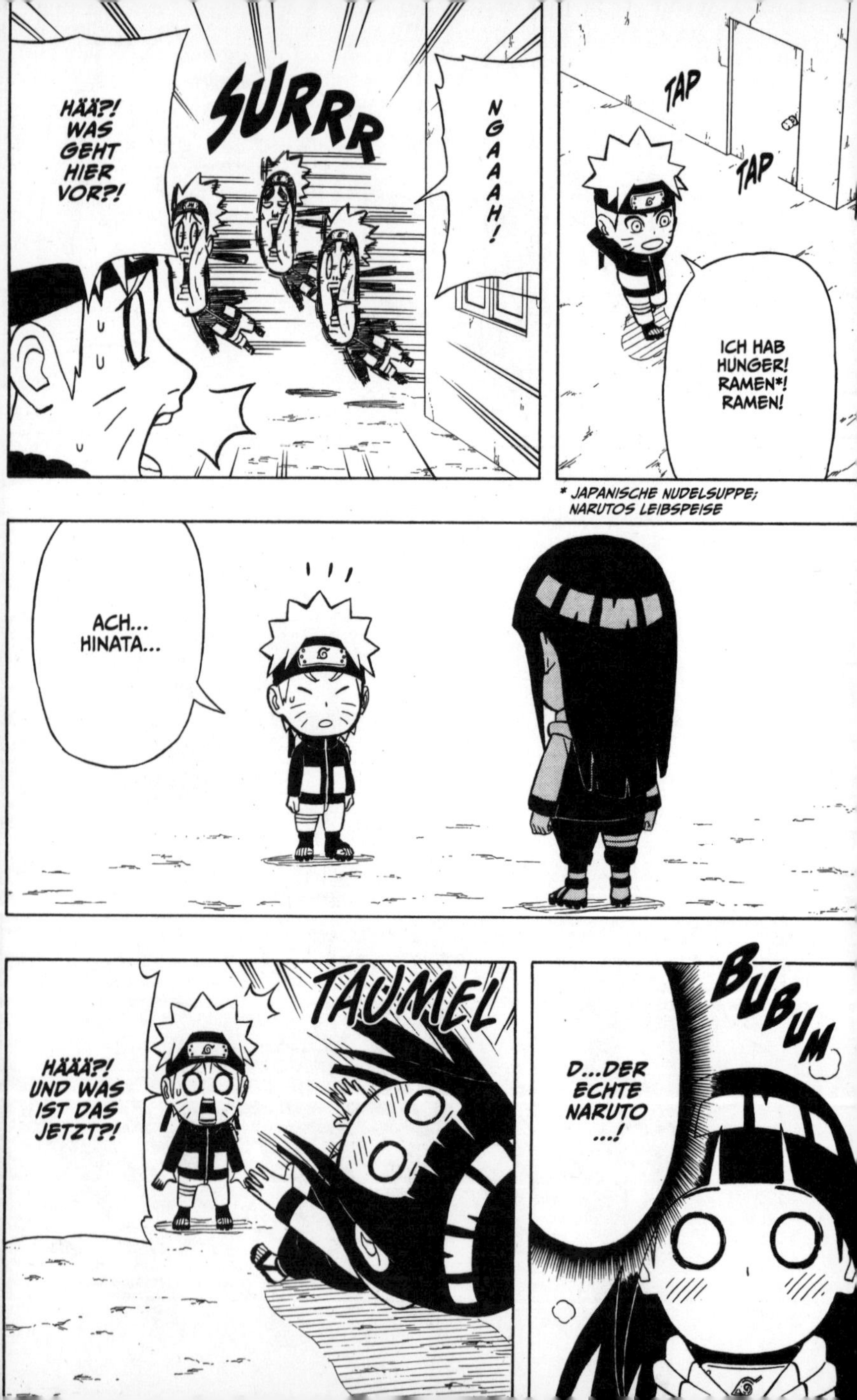

* JAPANISCHE NUDELSUPPE; NARUTOS LEIBSPEISE

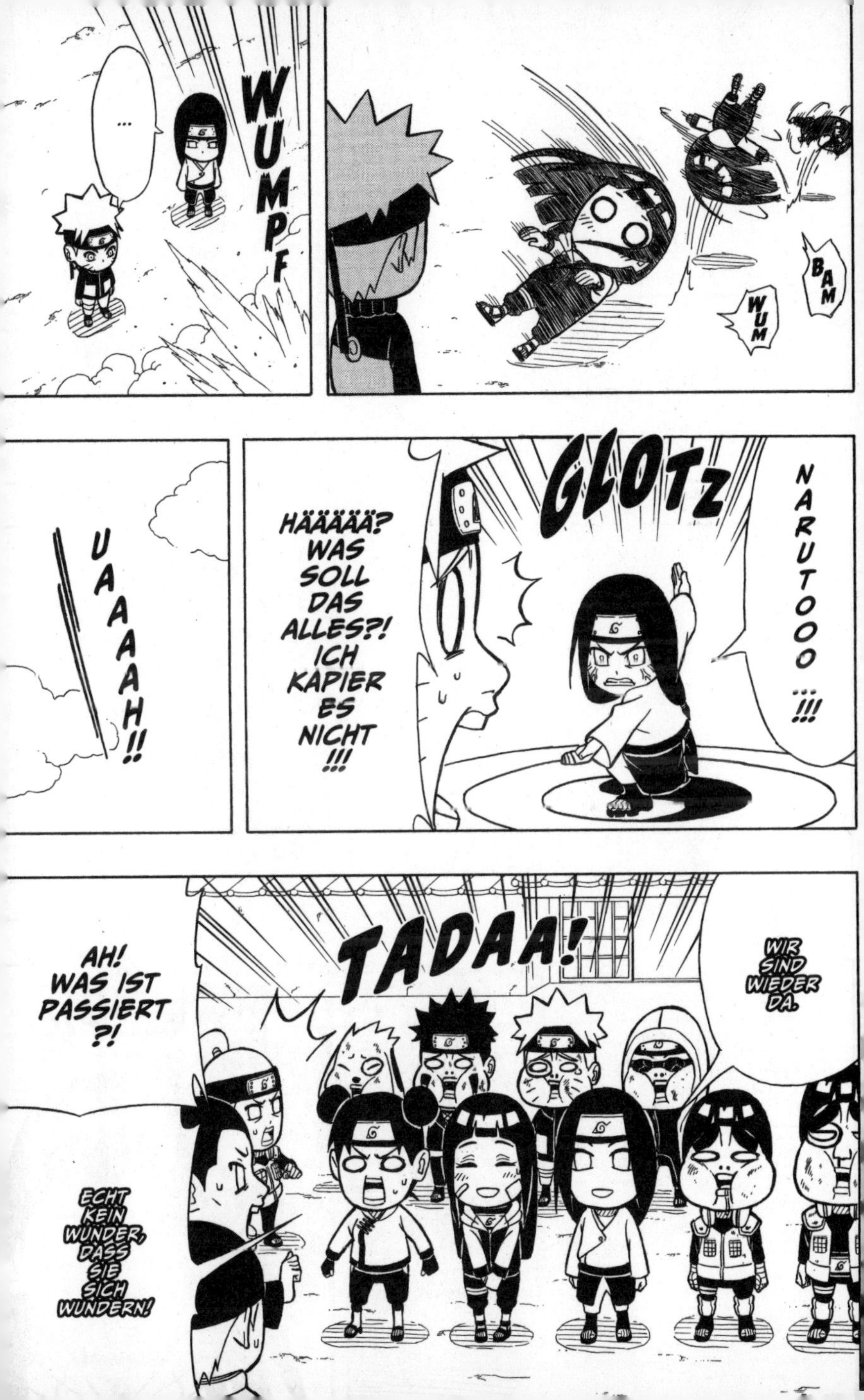
BAM
WUM
...
WUMPF
NARUTOOO ...!!!
GLOTZ
HÄÄÄÄÄ? WAS SOLL DAS ALLES?! ICH KAPIER ES NICHT!!!
UAAAAAH!!
WIR SIND WIEDER DA.
TADAA!
AH! WAS IST PASSIERT?!
ECHT KEIN WUNDER, DASS SIE SICH WUNDERN!

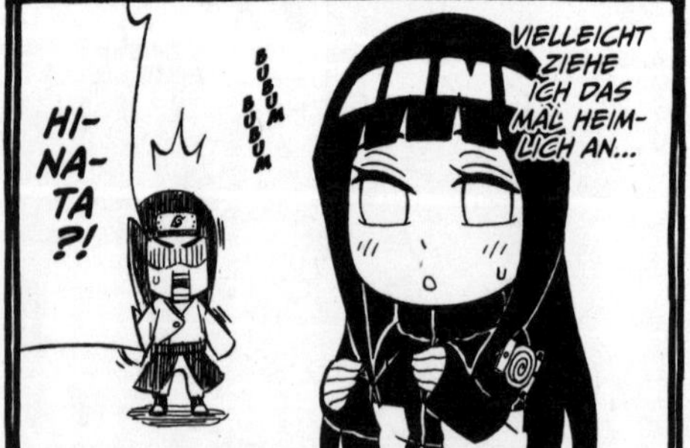
VIELLEICHT ZIEHE ICH DAS MAL HEIMLICH AN...
BUBUM BUBUM
HI-NA-TA?!

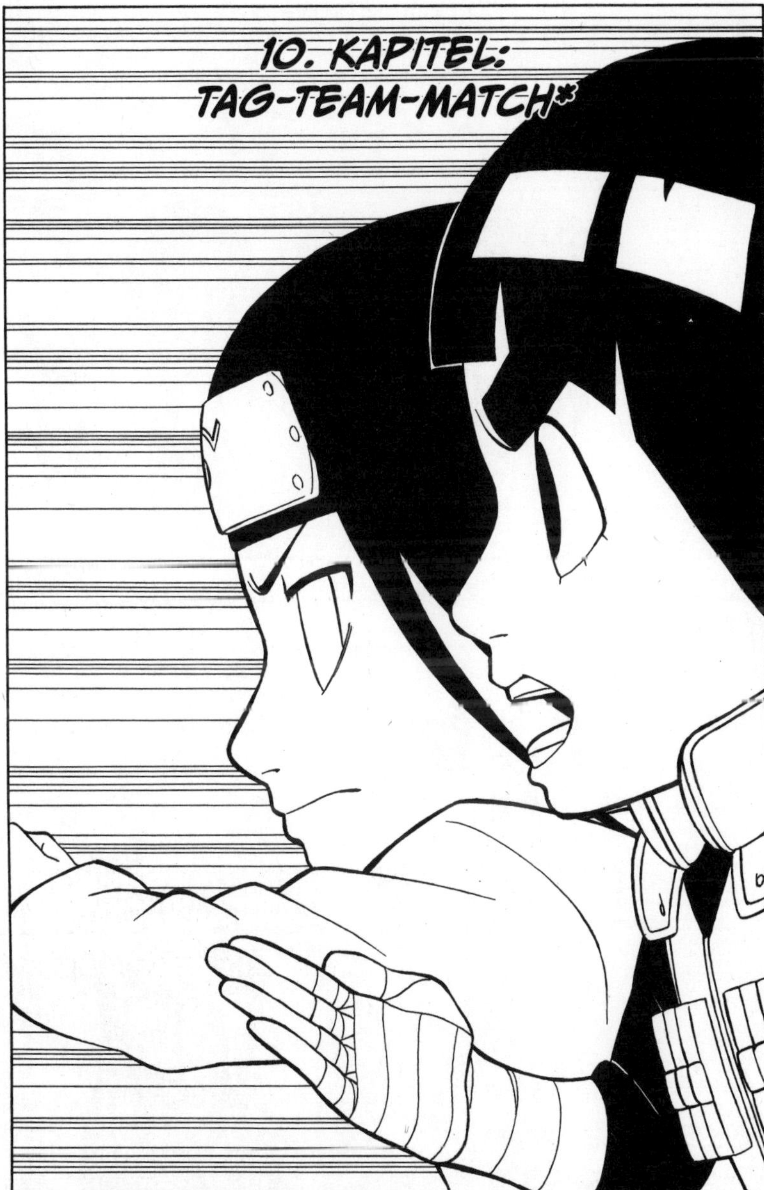

* EINE KAMPFFORM IM WRESTLING, BEI DER ZWEI TEAMS MIT JE ZWEI KÄMPFERN ANTRETEN

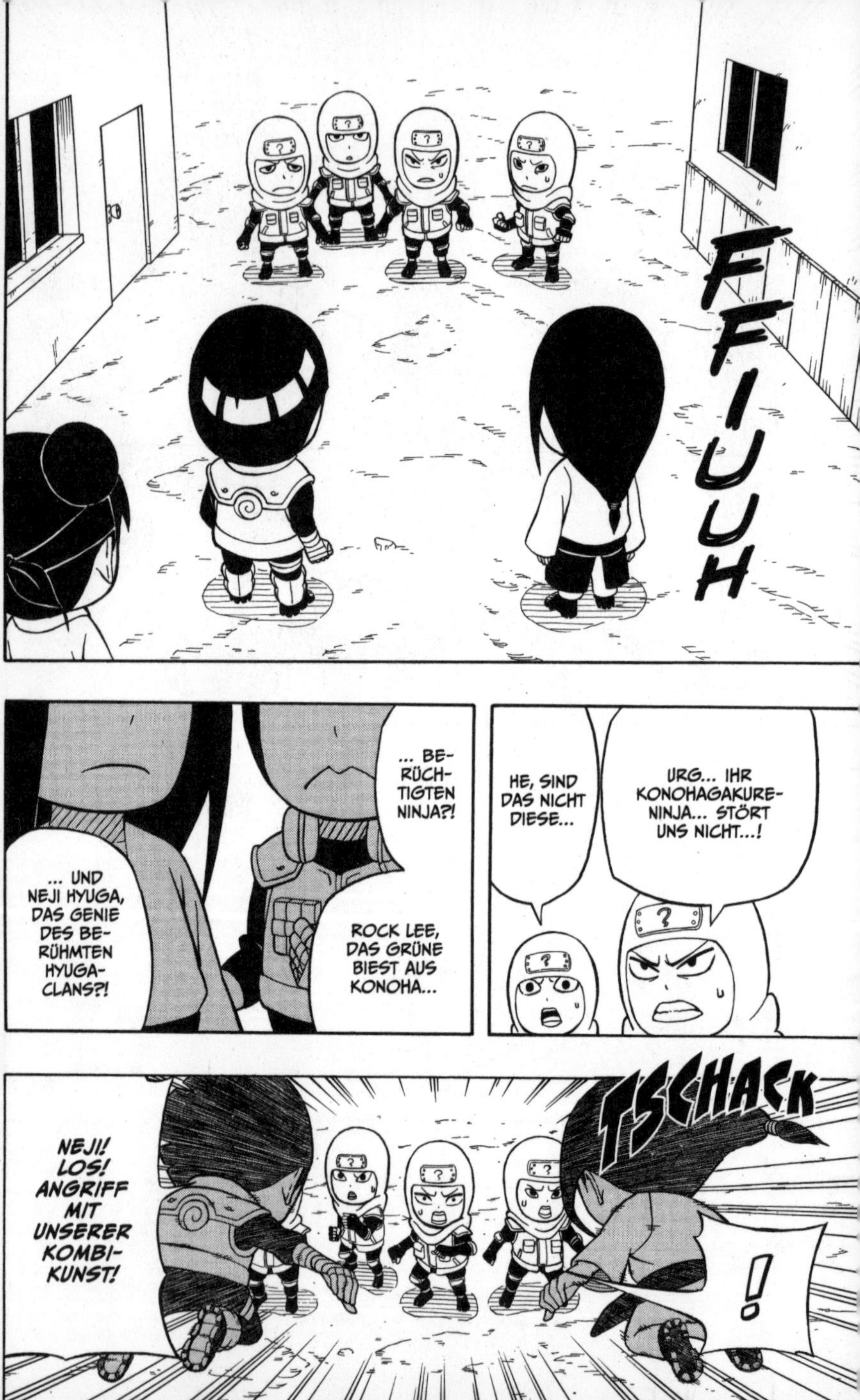
FFIUUH
URG... IHR KONOHAGAKURE-NINJA... STÖRT UNS NICHT...!
HE, SIND DAS NICHT DIESE...
... BE-RÜCH-TIGTEN NINJA?!
ROCK LEE, DAS GRÜNE BIEST AUS KONOHA...
... UND NEJI HYUGA, DAS GENIE DES BE-RÜHMTEN HYUGA-CLANS?!
TSCHACK
!
NEJI! LOS! ANGRIFF MIT UNSERER KOMBI-KUNST!

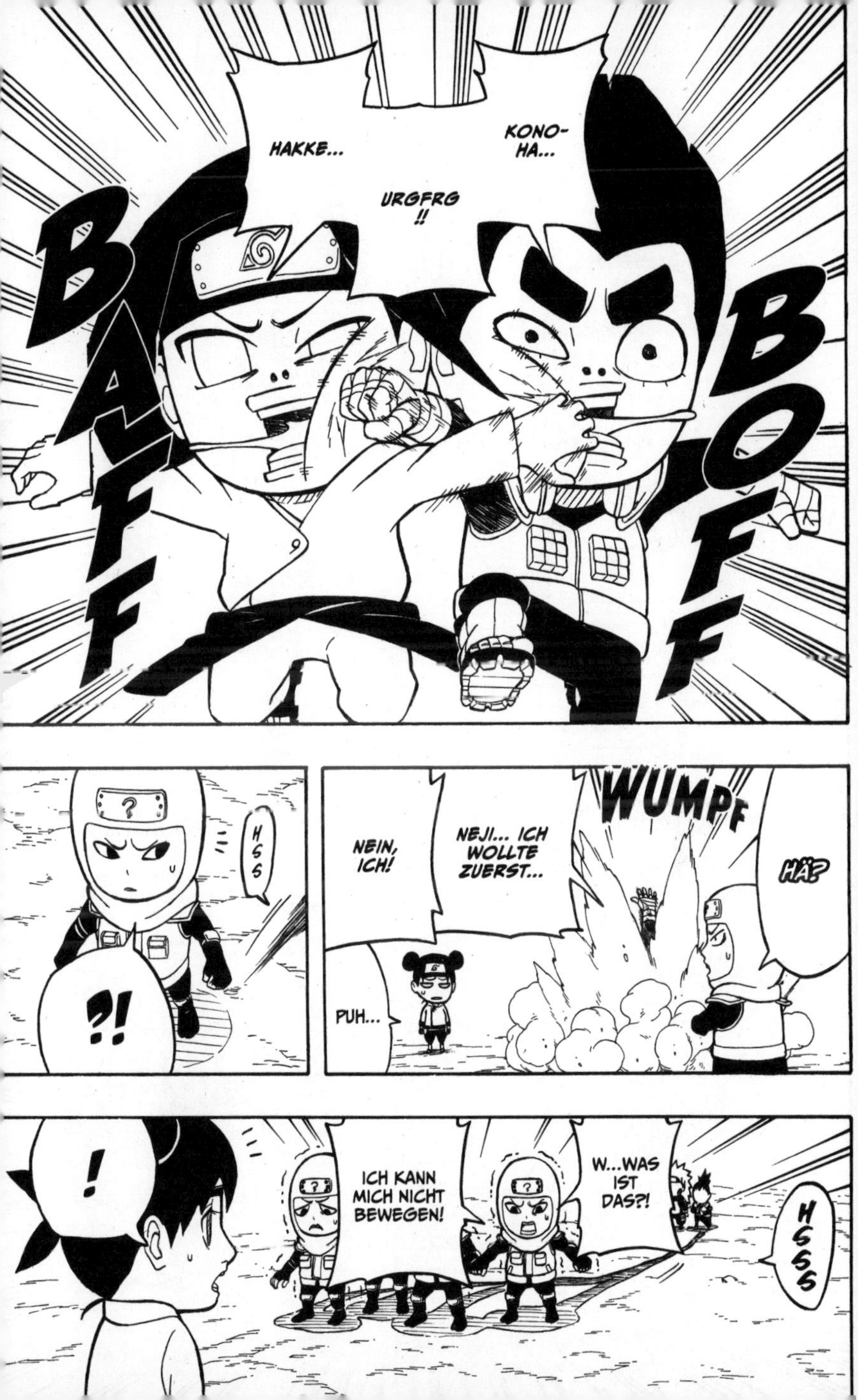
KONO-
HA...
HAKKE...
URGFRG
!!
BAFFF
BOFFF
HSS
?!
WUMPF
HÄ?
NEJI... ICH
WOLLTE
ZUERST...
NEIN,
ICH!
PUH...
HSSS
W...WAS
IST
DAS?!
ICH KANN
MICH NICHT
BEWEGEN!
!

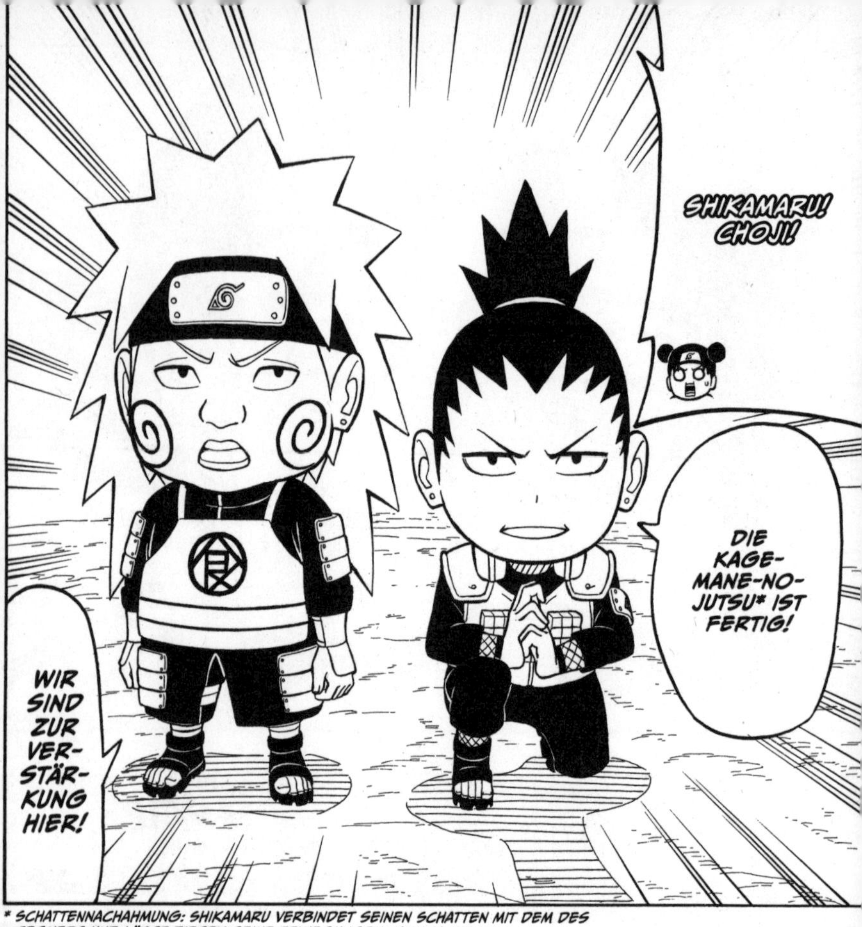

* SCHATTENNACHAHMUNG: SHIKAMARU VERBINDET SEINEN SCHATTEN MIT DEM DES GEGNERS UND LÄSST DIESEN SEINE BEWEGUNGEN NACHMACHEN.

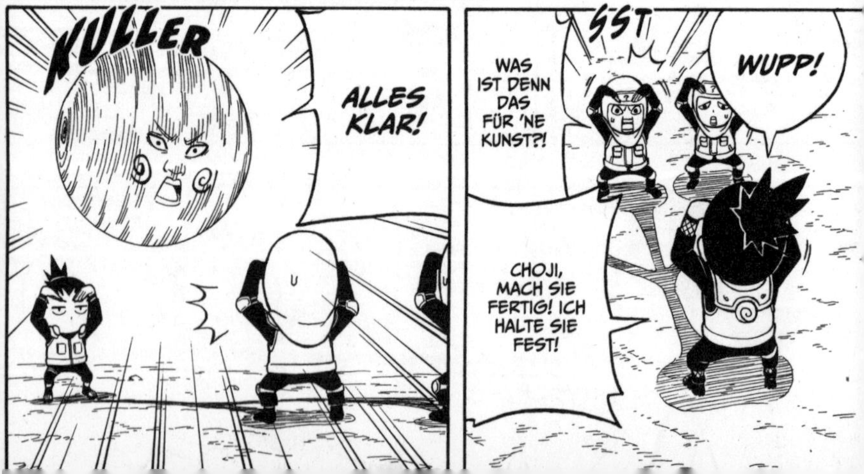

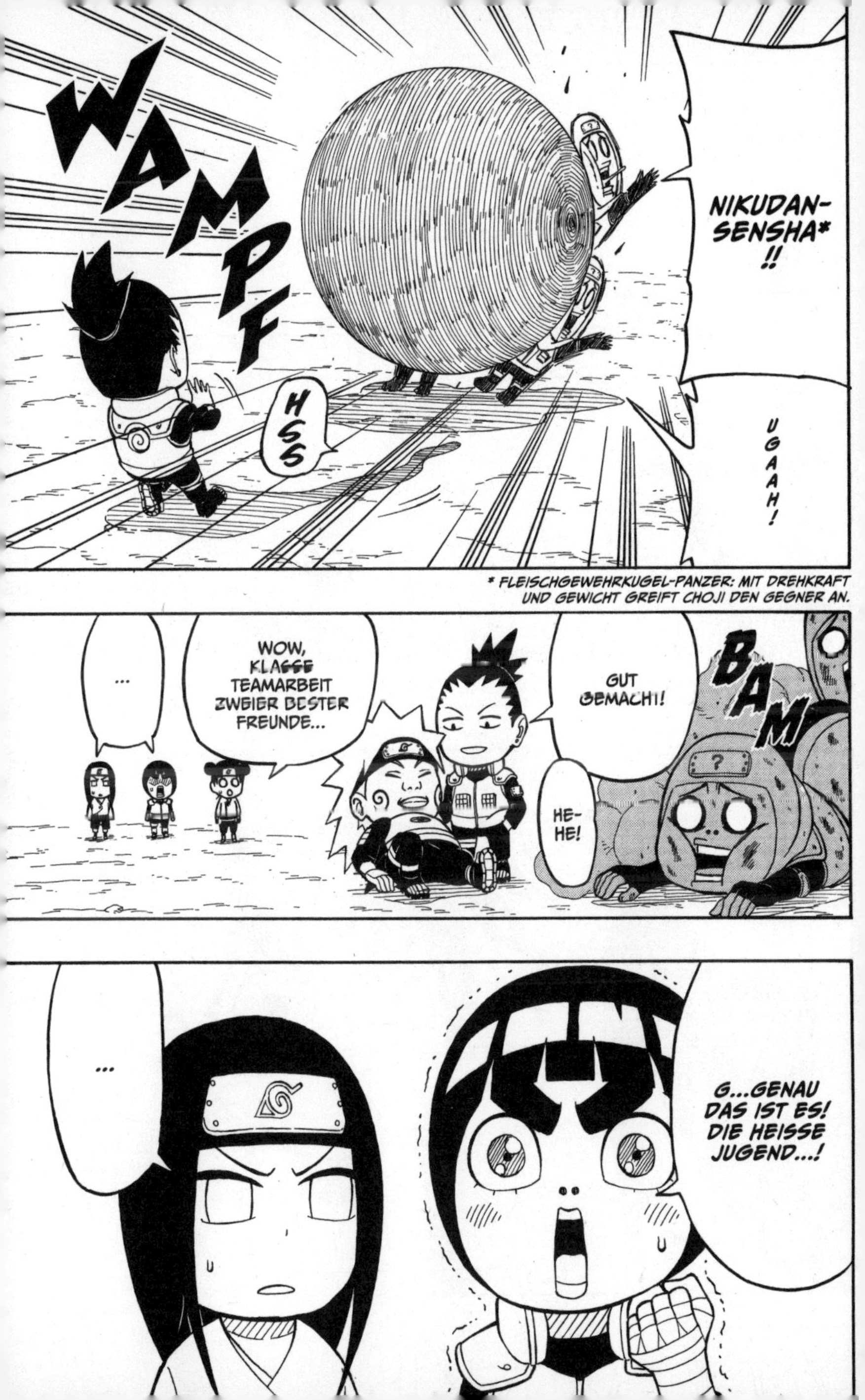

* FLEISCHGEWEHRKUGEL-PANZER: MIT DREHKRAFT UND GEWICHT GREIFT CHOJI DEN GEGNER AN.

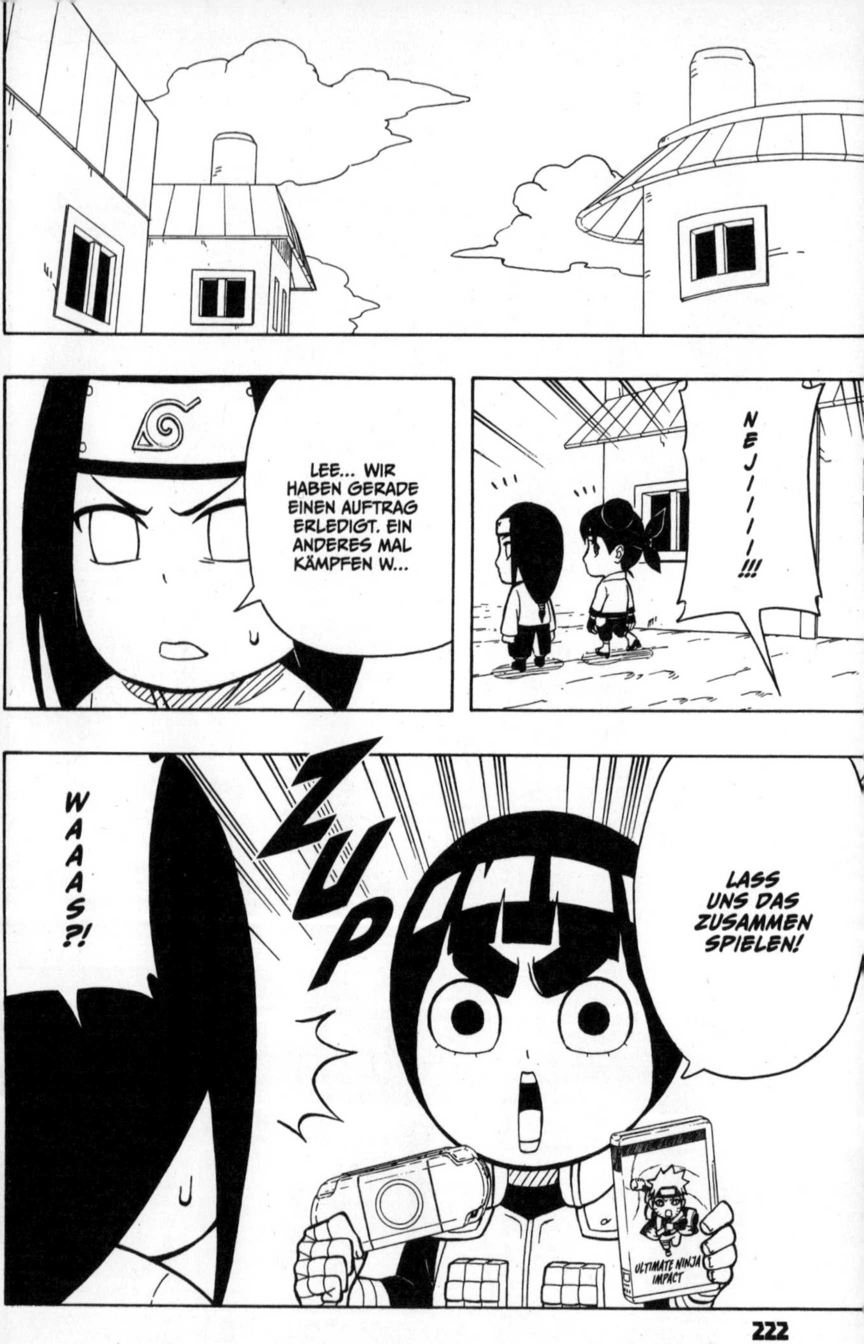
NEJI!!!!!!!
LEE... WIR HABEN GERADE EINEN AUFTRAG ERLEDIGT. EIN ANDERES MAL KÄMPFEN W...
LASS UNS DAS ZUSAMMEN SPIELEN!
ZUP
WAAAS?!
ULTIMATE NINJA IMPACT

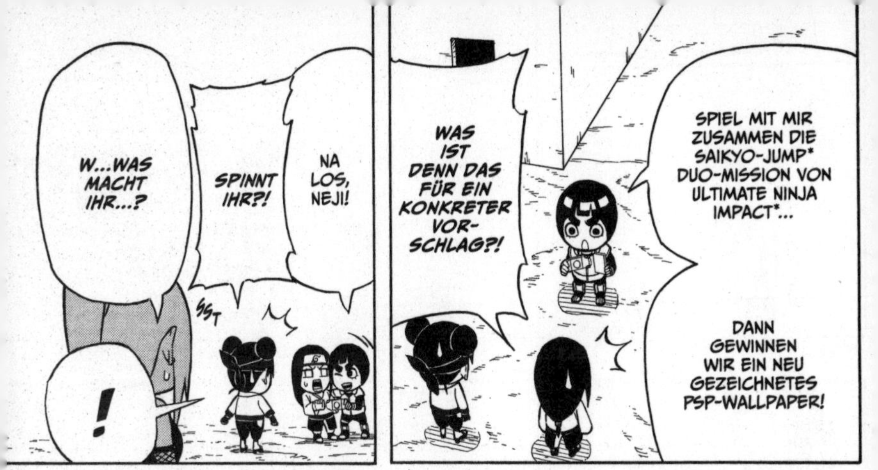

* JAPANISCHES MANGA-MAGAZIN; MUTTERMAGAZIN VON »ROCK LEE«. ** PLAYSTATIONSPIEL MIT FIGUREN AUS NARUTO-SHIPPUDEN

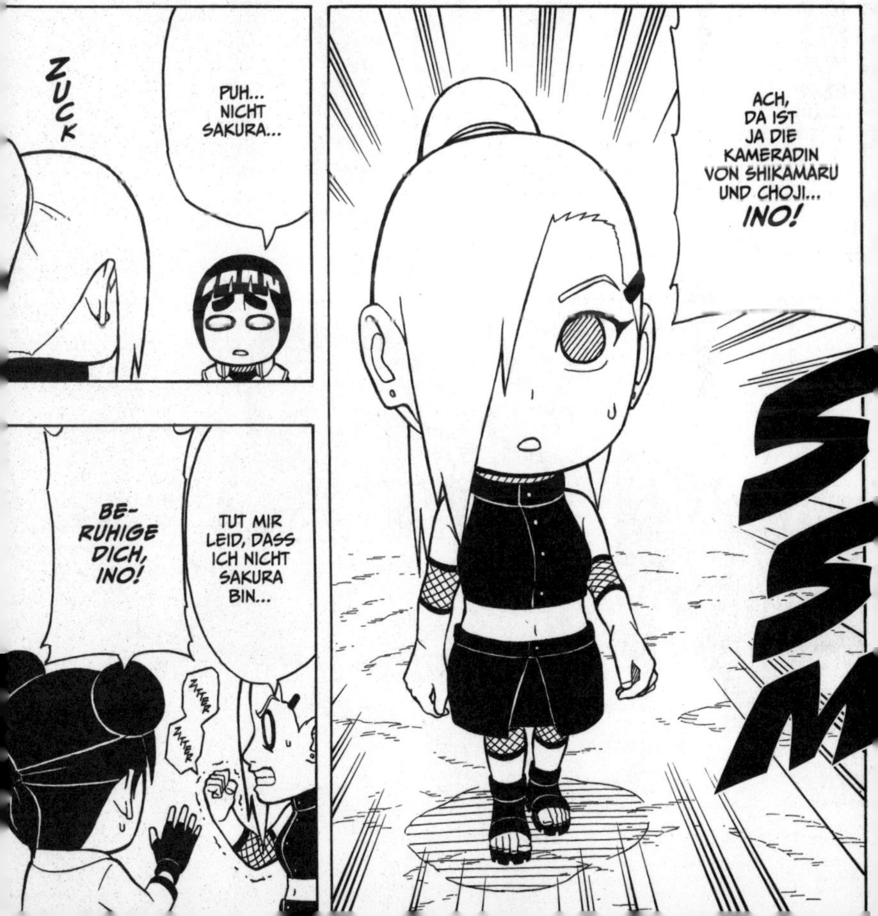

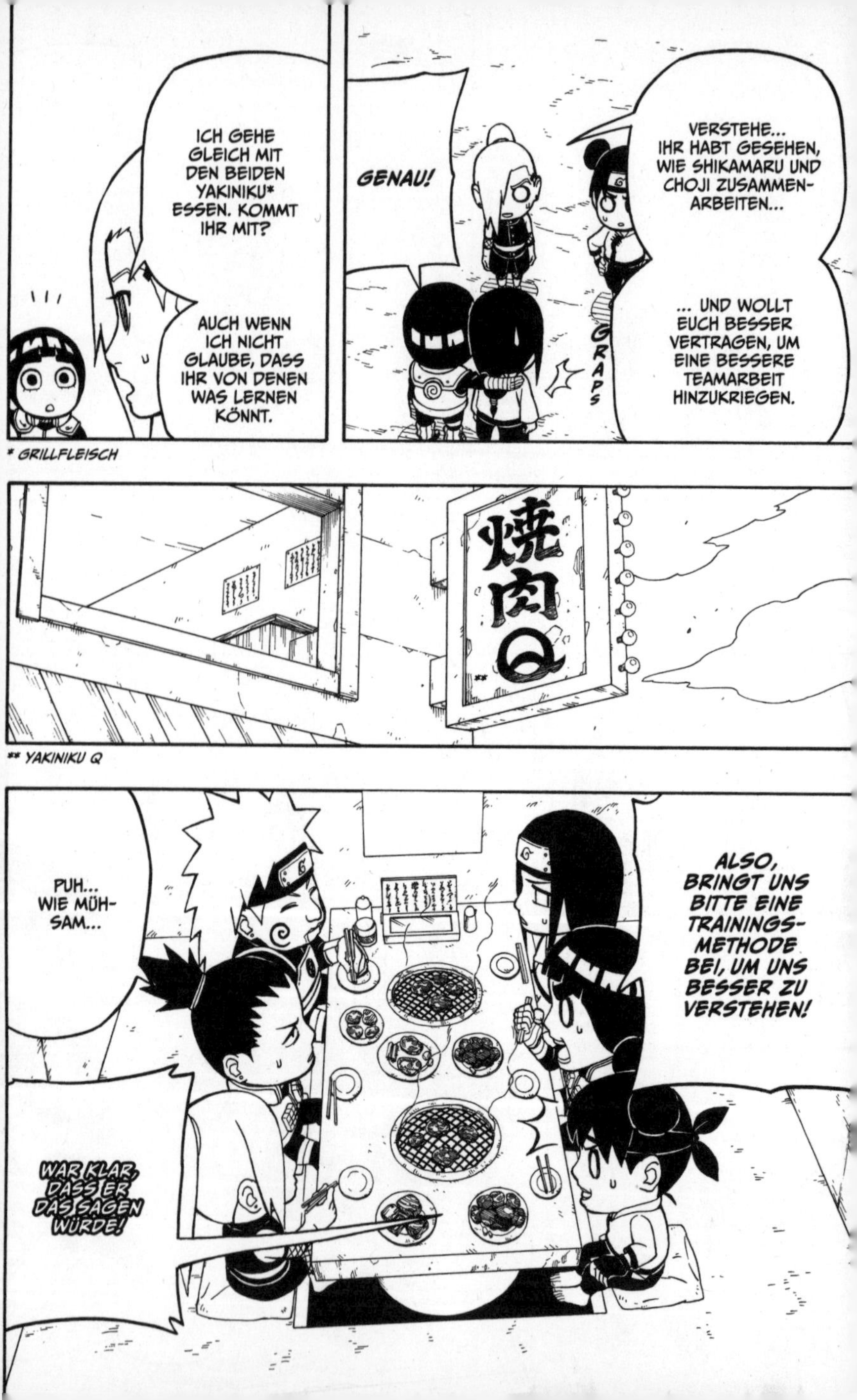
VERSTEHE...
IHR HABT GESEHEN, WIE SHIKAMARU UND CHOJI ZUSAMMENARBEITEN...
... UND WOLLT EUCH BESSER VERTRAGEN, UM EINE BESSERE TEAMARBEIT HINZUKRIEGEN.
GRAPS
GENAU!
ICH GEHE GLEICH MIT DEN BEIDEN YAKINIKU* ESSEN. KOMMT IHR MIT?
AUCH WENN ICH NICHT GLAUBE, DASS IHR VON DENEN WAS LERNEN KÖNNT.
* GRILLFLEISCH
焼肉Q**
** YAKINIKU Q
ALSO, BRINGT UNS BITTE EINE TRAININGSMETHODE BEI, UM UNS BESSER ZU VERSTEHEN!
PUH... WIE MÜHSAM...
WAR KLAR, DASS ER DAS SAGEN WÜRDE!

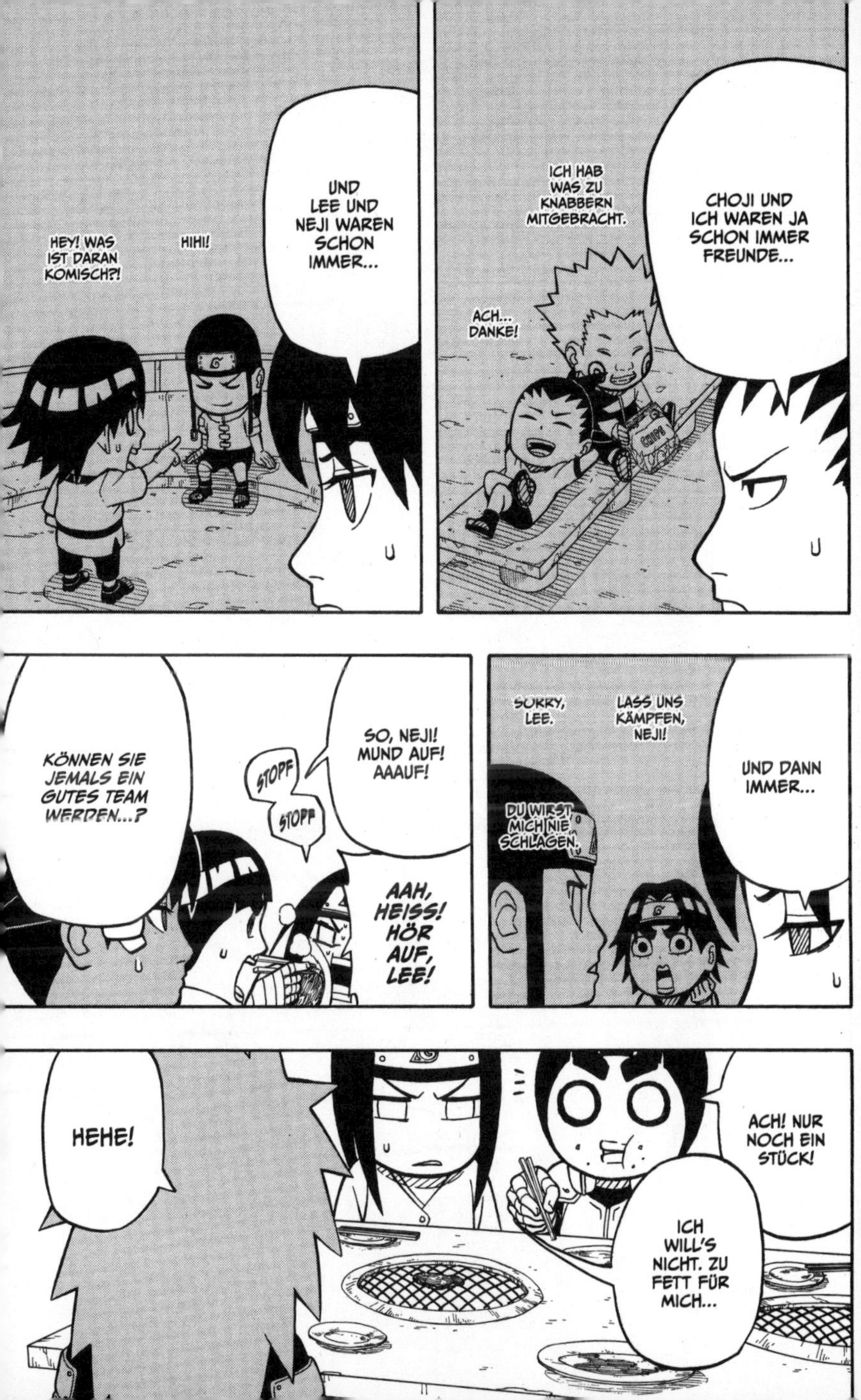
CHOJI UND ICH WAREN JA SCHON IMMER FREUNDE...
ICH HAB WAS ZU KNABBERN MITGEBRACHT.
ACH... DANKE!
UND LEE UND NEJI WAREN SCHON IMMER...
HIHI!
HEY! WAS IST DARAN KOMISCH?!
UND DANN IMMER...
LASS UNS KÄMPFEN, NEJI!
SORRY, LEE.
DU WIRST MICH NIE SCHLAGEN,
SO, NEJI! MUND AUF! AAAUF!
STOPF
STOPF
AAH, HEISS! HÖR AUF, LEE!
KÖNNEN SIE JEMALS EIN GUTES TEAM WERDEN...?
ACH! NUR NOCH EIN STÜCK!
ICH WILL'S NICHT. ZU FETT FÜR MICH...
HEHE!

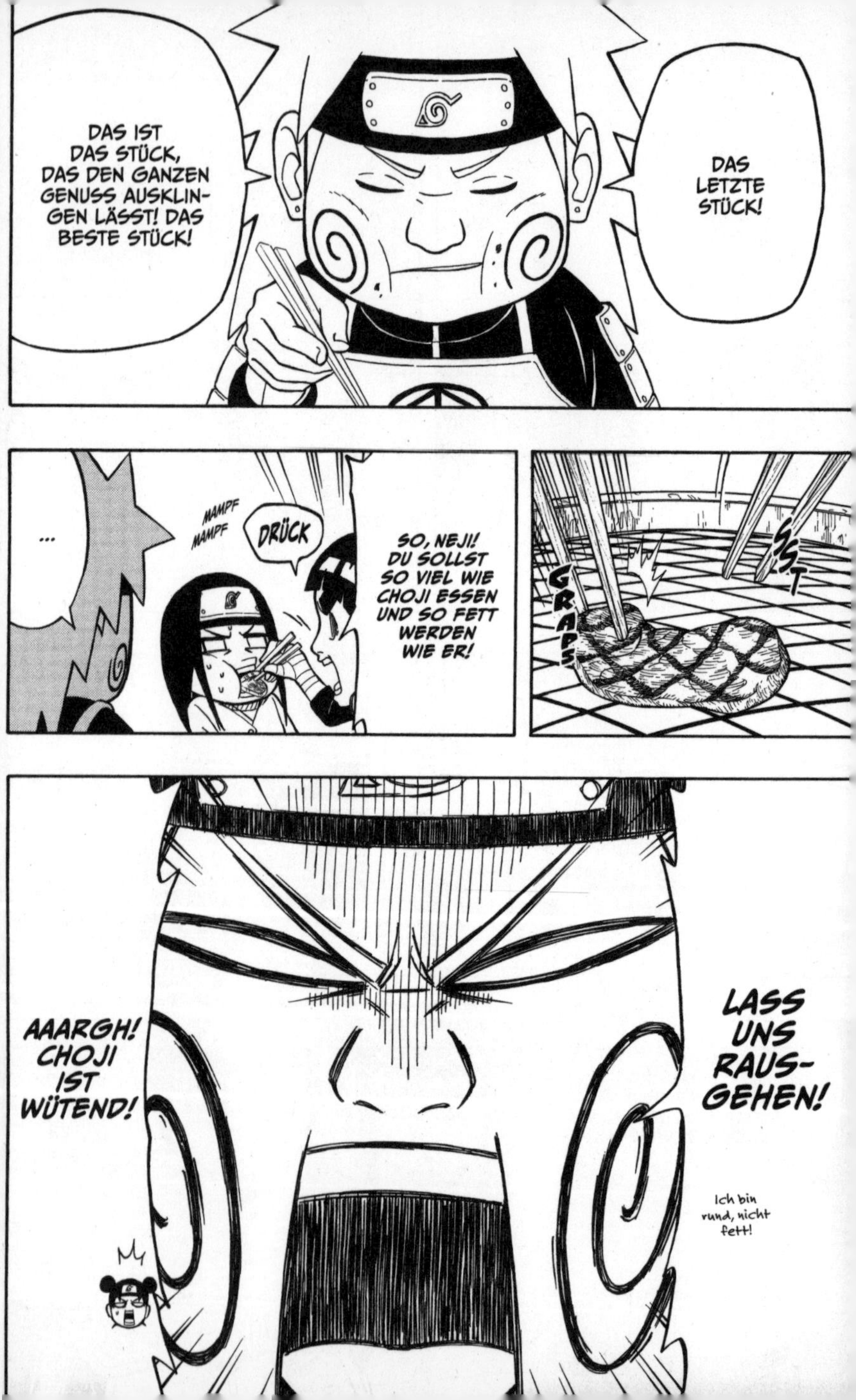
DAS LETZTE STÜCK!
DAS IST DAS STÜCK, DAS DEN GANZEN GENUSS AUSKLINGEN LÄSST! DAS BESTE STÜCK!
SSST
GRAPS
SO, NEJI! DU SOLLST SO VIEL WIE CHOJI ESSEN UND SO FETT WERDEN WIE ER!
DRÜCK
MAMPF MAMPF
...
LASS UNS RAUS-GEHEN!
Ich bin rund, nicht fett!
AAARGH! CHOJI IST WÜTEND!

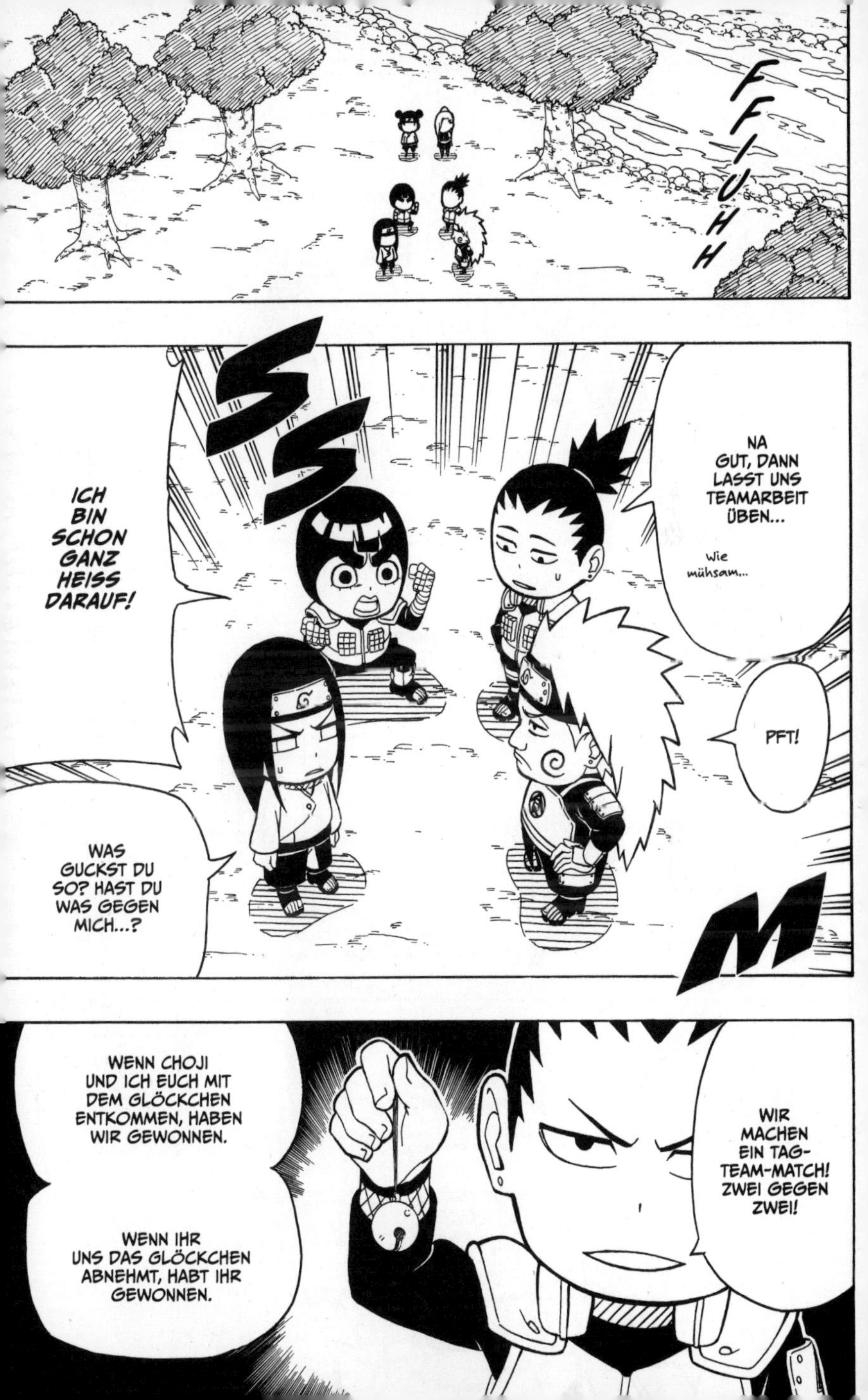

FFIUHH
SS
NA GUT, DANN LASST UNS TEAMARBEIT ÜBEN...
Wie mühsam...
ICH BIN SCHON GANZ HEISS DARAUF!
PFT!
WAS GUCKST DU SO? HAST DU WAS GEGEN MICH...?
M
WIR MACHEN EIN TAG-TEAM-MATCH! ZWEI GEGEN ZWEI!
WENN CHOJI UND ICH EUCH MIT DEM GLÖCKCHEN ENTKOMMEN, HABEN WIR GEWONNEN.
WENN IHR UNS DAS GLÖCKCHEN ABNEHMT, HABT IHR GEWONNEN.

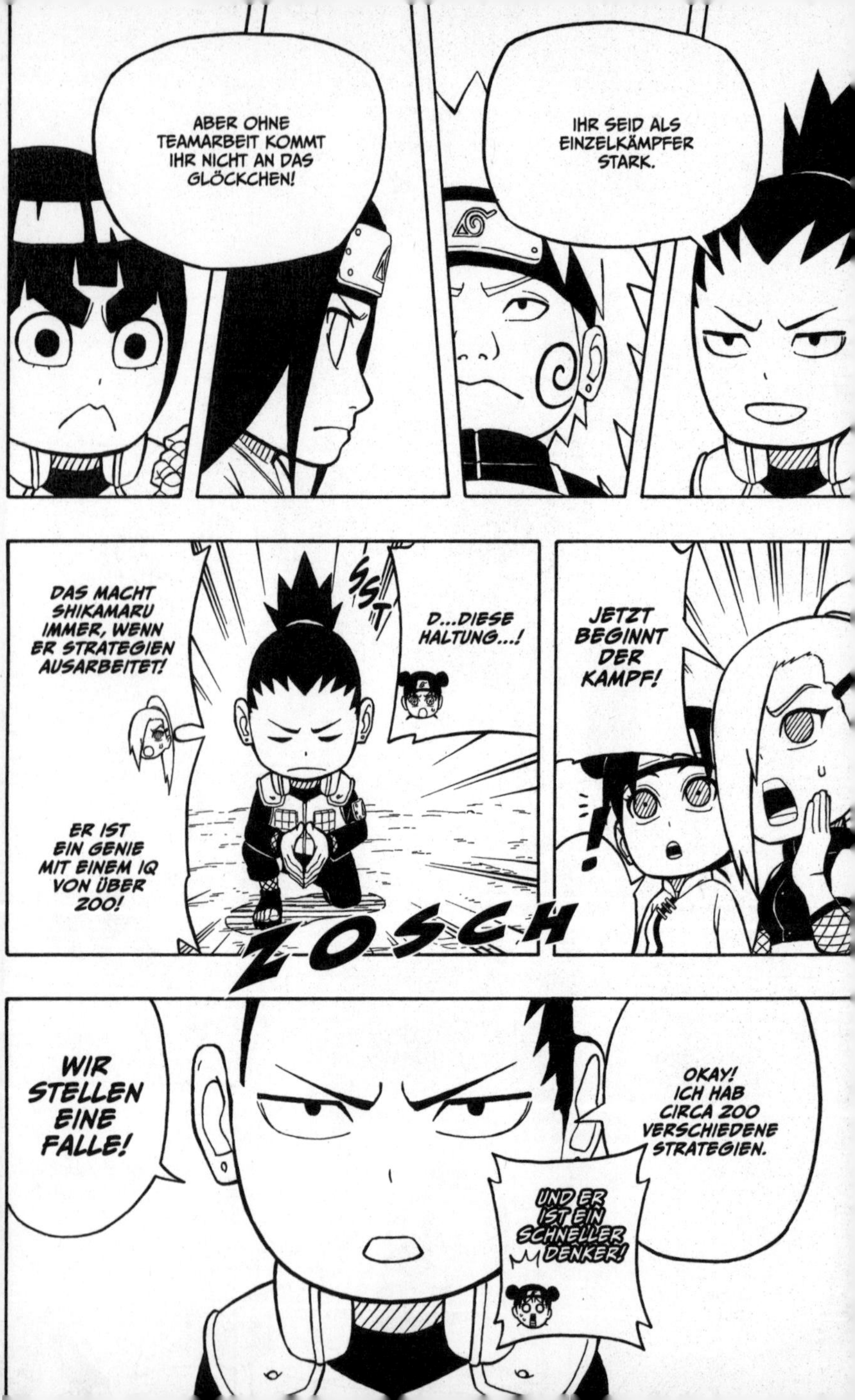
IHR SEID ALS EINZELKÄMPFER STARK.
ABER OHNE TEAMARBEIT KOMMT IHR NICHT AN DAS GLÖCKCHEN!
JETZT BEGINNT DER KAMPF!
SST
D...DIESE HALTUNG...!
DAS MACHT SHIKAMARU IMMER, WENN ER STRATEGIEN AUSARBEITET!
ER IST EIN GENIE MIT EINEM IQ VON ÜBER 200!
ZOSCH
OKAY! ICH HAB CIRCA 200 VERSCHIEDENE STRATEGIEN.
UND ER IST EIN SCHNELLER DENKER!
WIR STELLEN EINE FALLE!

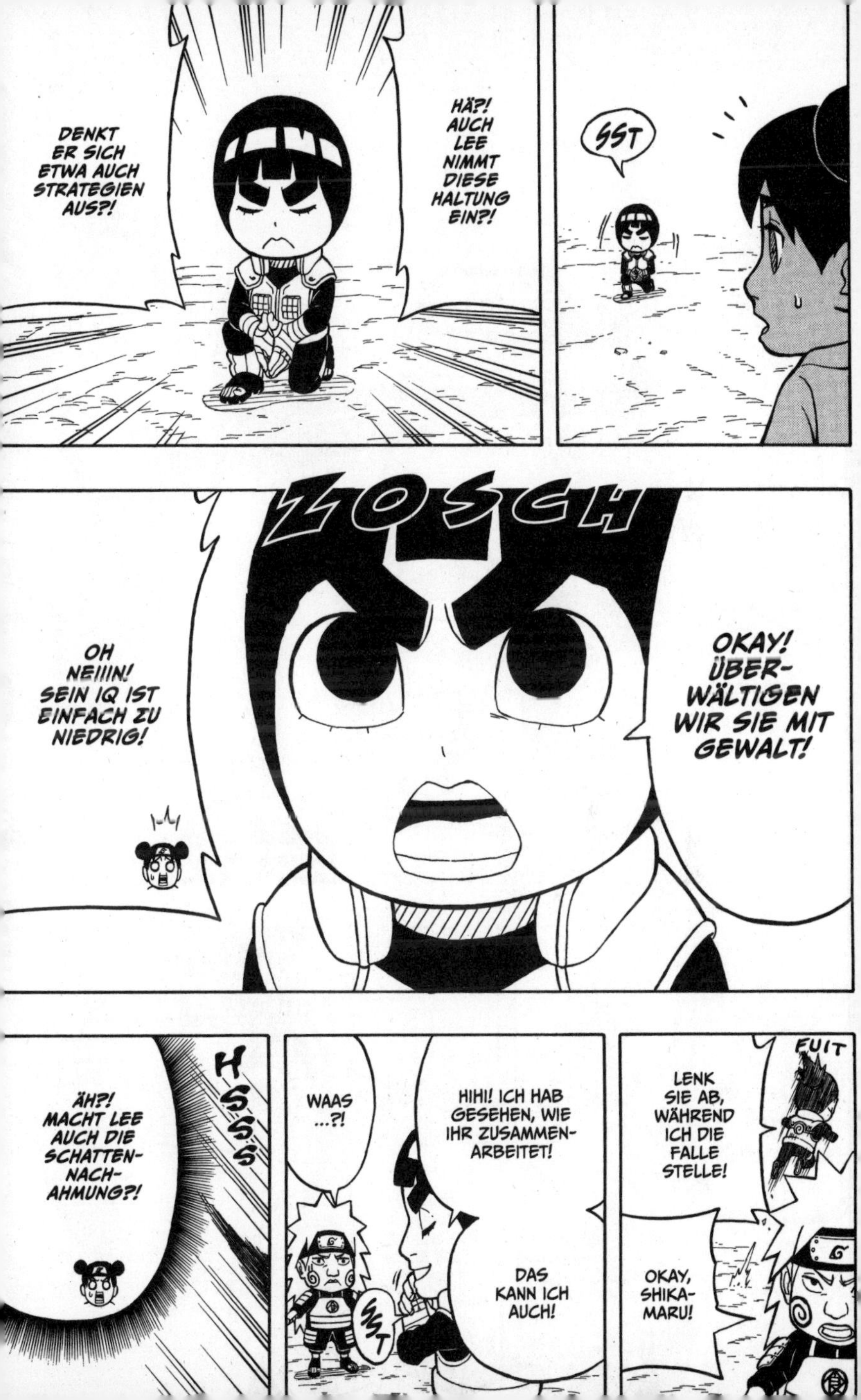
SST
HÄ?! AUCH LEE NIMMT DIESE HALTUNG EIN?!
DENKT ER SICH ETWA AUCH STRATEGIEN AUS?!
ZOSCH
OKAY! ÜBER-WÄLTIGEN WIR SIE MIT GEWALT!
OH NEIIIN! SEIN IQ IST EINFACH ZU NIEDRIG!
FUIT
LENK SIE AB, WÄHREND ICH DIE FALLE STELLE!
OKAY, SHIKA-MARU!
HIHI! ICH HAB GESEHEN, WIE IHR ZUSAMMEN-ARBEITET!
DAS KANN ICH AUCH!
SST
WAAS ...?!
HSSS
ÄH?! MACHT LEE AUCH DIE SCHATTEN-NACH-AHMUNG?!

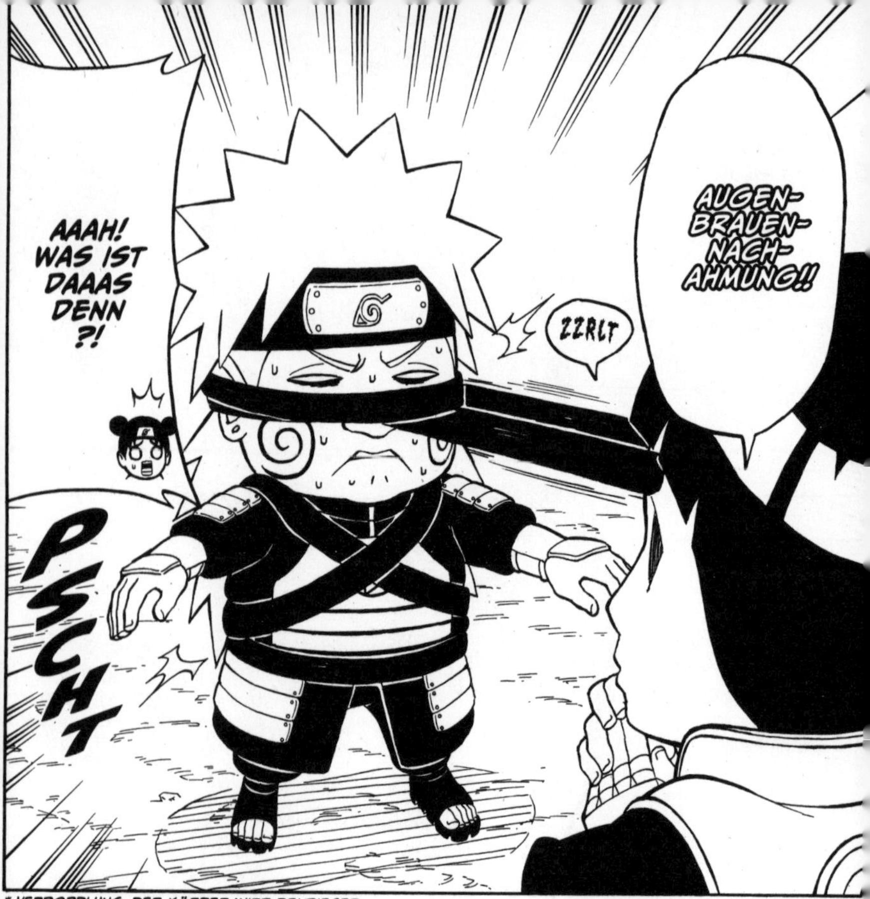

* VERDOPPLUNG: DER KÖRPER WIRD BEI DIESER KUNST NACH BELIEBEN AUSGEDEHNT.

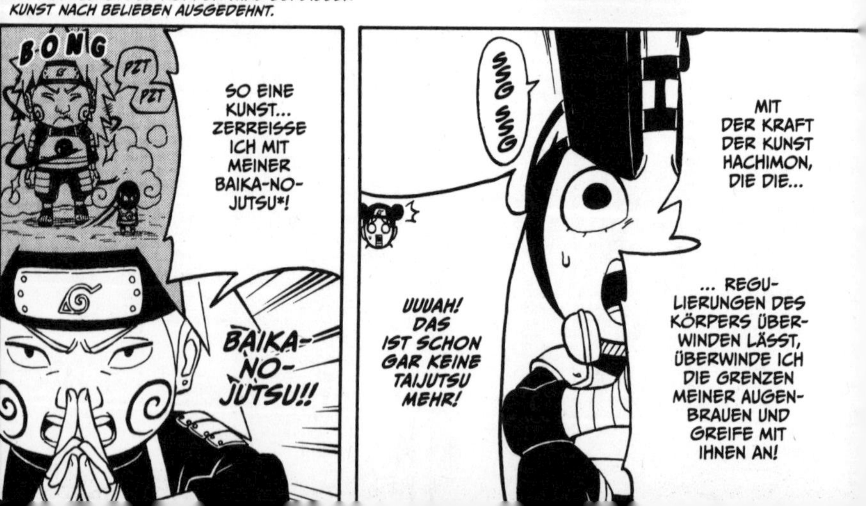

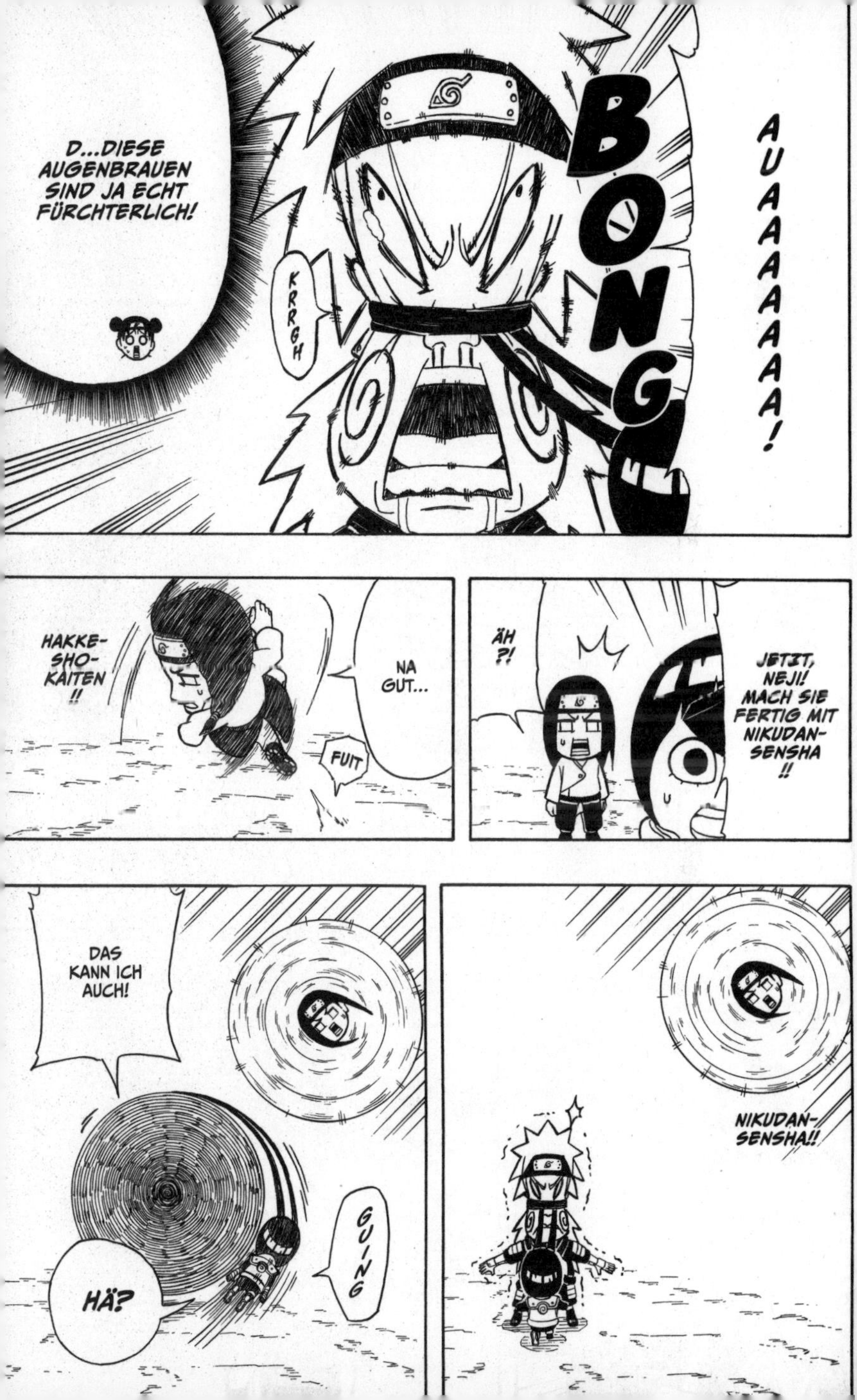
AUAAAAAAA!
BONG
KRRGH
D...DIESE AUGENBRAUEN SIND JA ECHT FÜRCHTERLICH!
JETZT, NEJI! MACH SIE FERTIG MIT NIKUDAN-SENSHA!!
ÄH ?!
NA GUT...
FUIT
HAKKE-SHO-KAITEN !!
NIKUDAN-SENSHA!!
DAS KANN ICH AUCH!
GUING
HÄ?

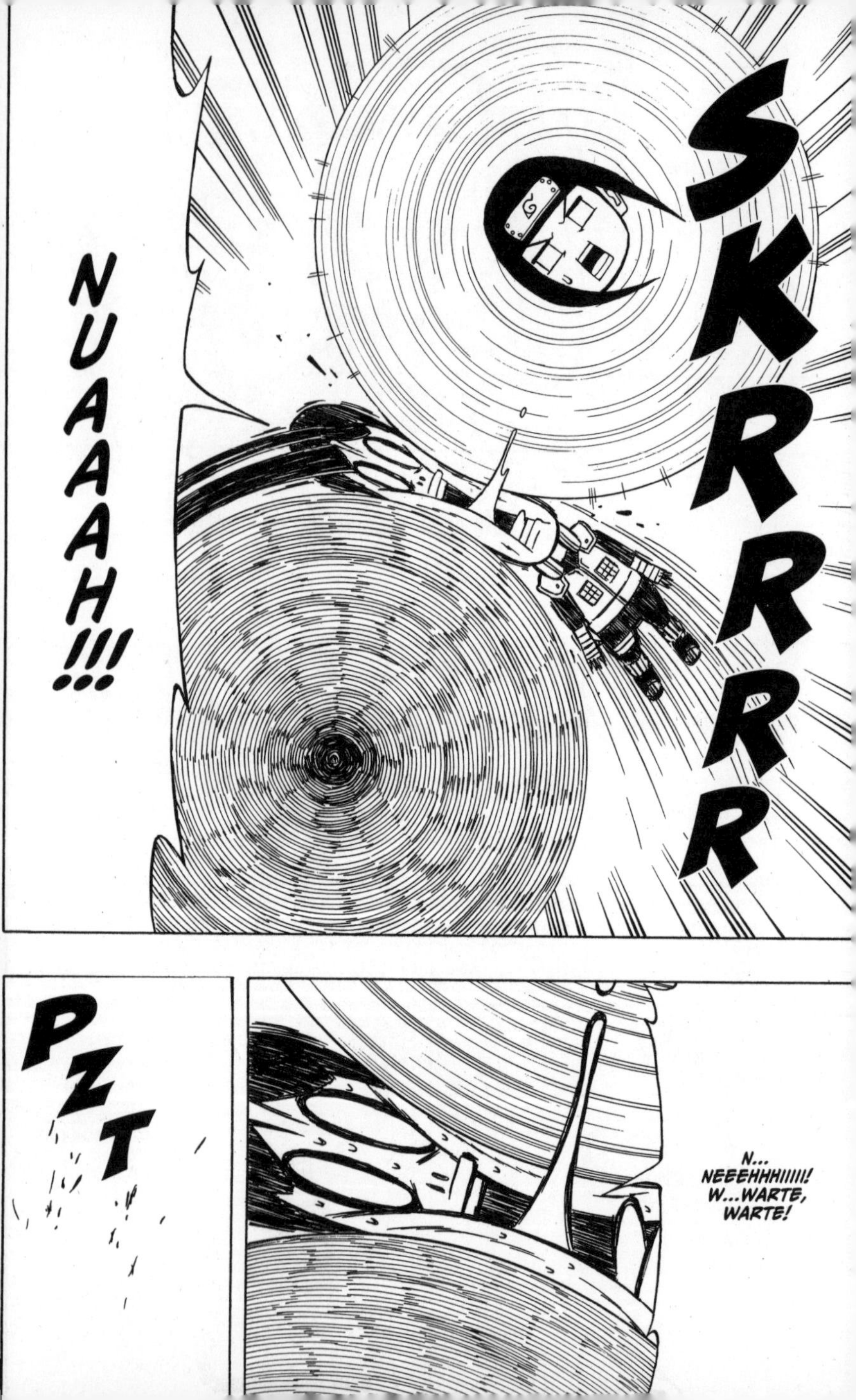
SKRRRR
NUAAAAH!!!
PZT
N... NEEEHHHIIIII! W...WARTE, WARTE!

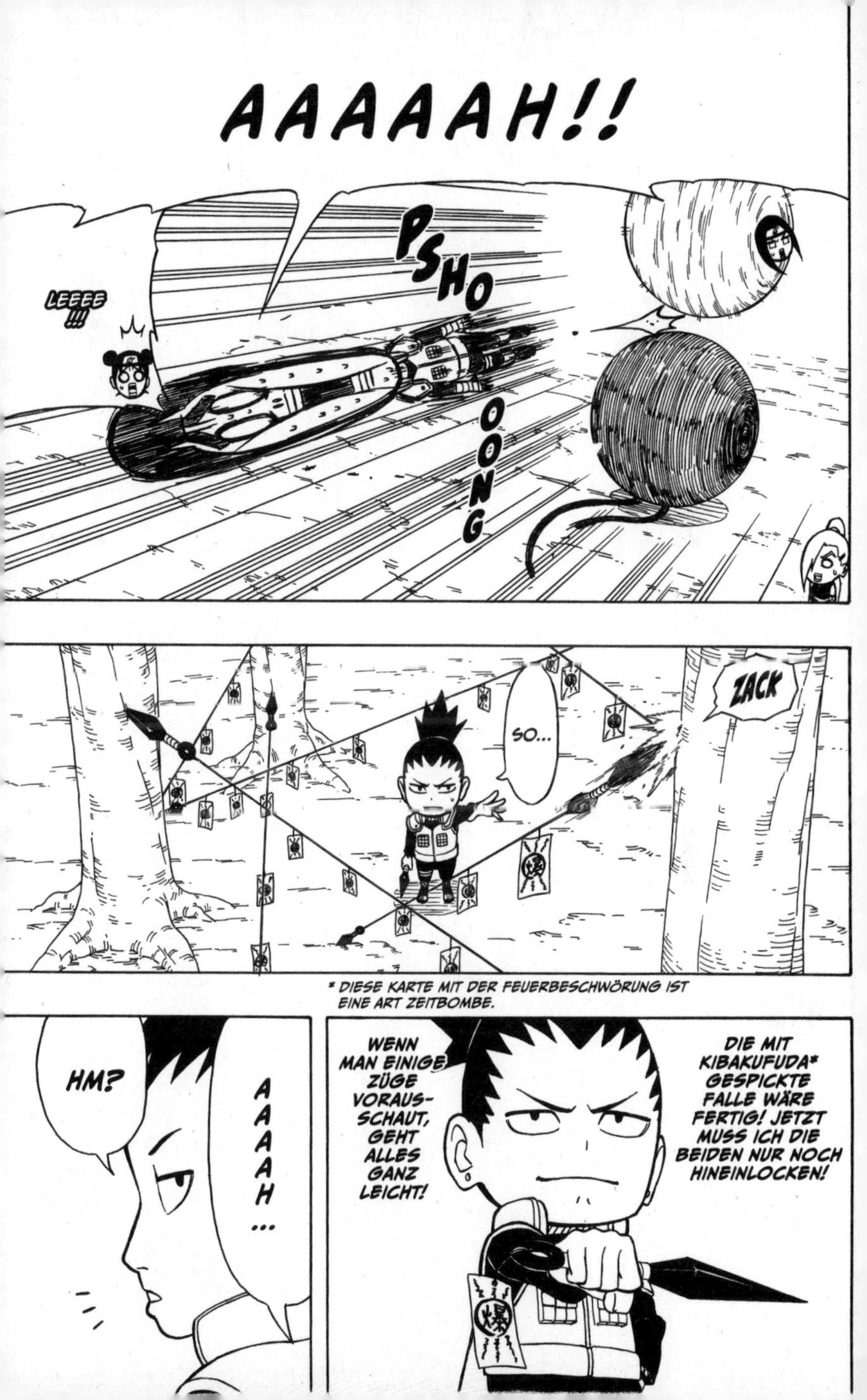
AAAAAH!!
PSHOOOONG
LEEEE!!!
ZACK
SO...
DIE MIT KIBAKUFUDA* GESPICKTE FALLE WÄRE FERTIG! JETZT MUSS ICH DIE BEIDEN NUR NOCH HINEINLOCKEN!
WENN MAN EINIGE ZÜGE VORAUS-SCHAUT, GEHT ALLES GANZ LEICHT!
AAAAAH...
HM?
* DIESE KARTE MIT DER FEUERBESCHWÖRUNG IST EINE ART ZEITBOMBE.

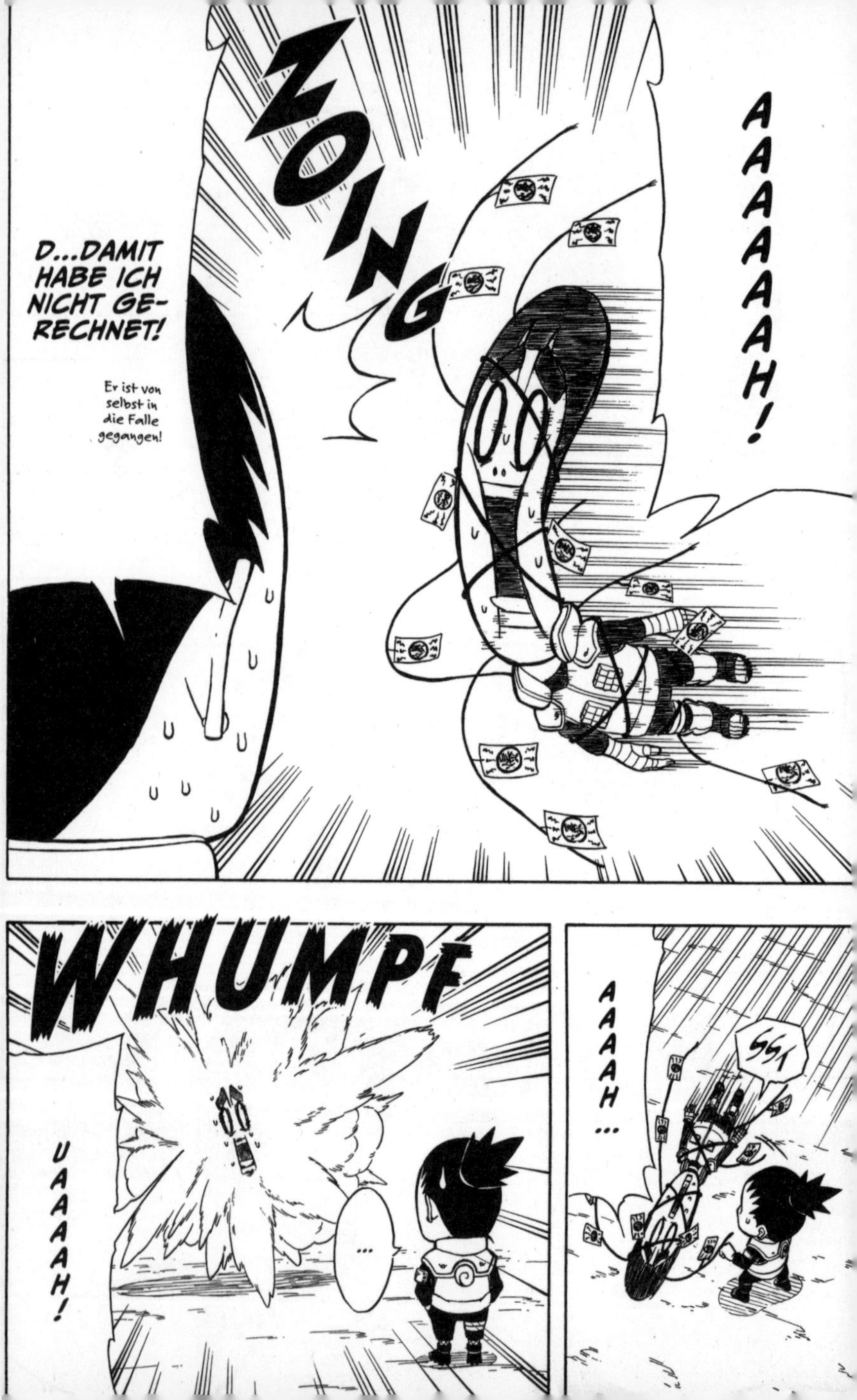
AAAAAAAH!
ZOING
D...DAMIT HABE ICH NICHT GE-RECHNET!
Er ist von selbst in die Falle gegangen!
AAAAAH...
SSST
WHUMPF
UAAAAAH!
...

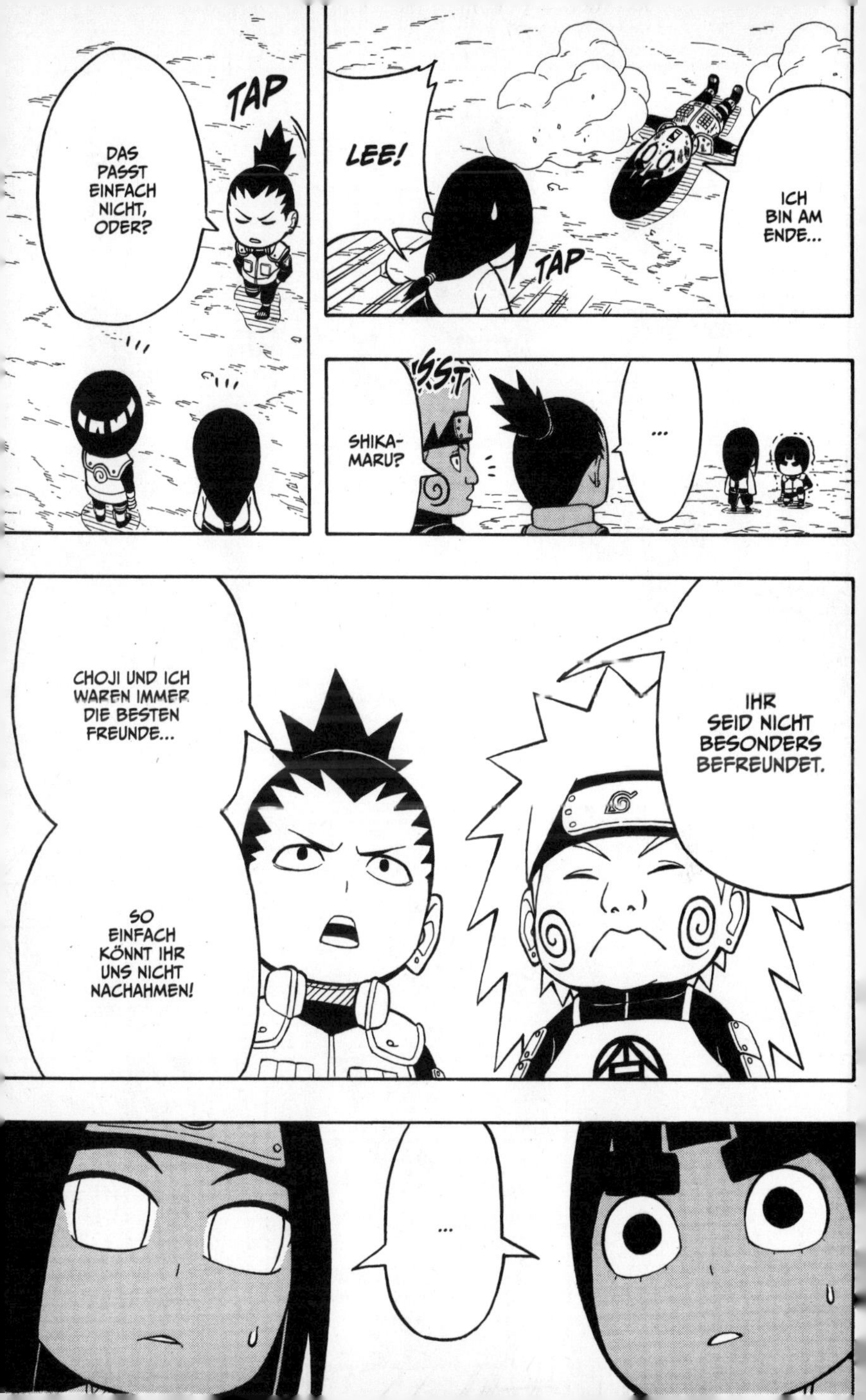
ICH BIN AM ENDE...
LEE!
TAP
TAP
DAS PASST EINFACH NICHT, ODER?
...
SHIKA-MARU?
SST
IHR SEID NICHT BESONDERS BEFREUNDET.
CHOJI UND ICH WAREN IMMER DIE BESTEN FREUNDE...
SO EINFACH KÖNNT IHR UNS NICHT NACHAHMEN!
...

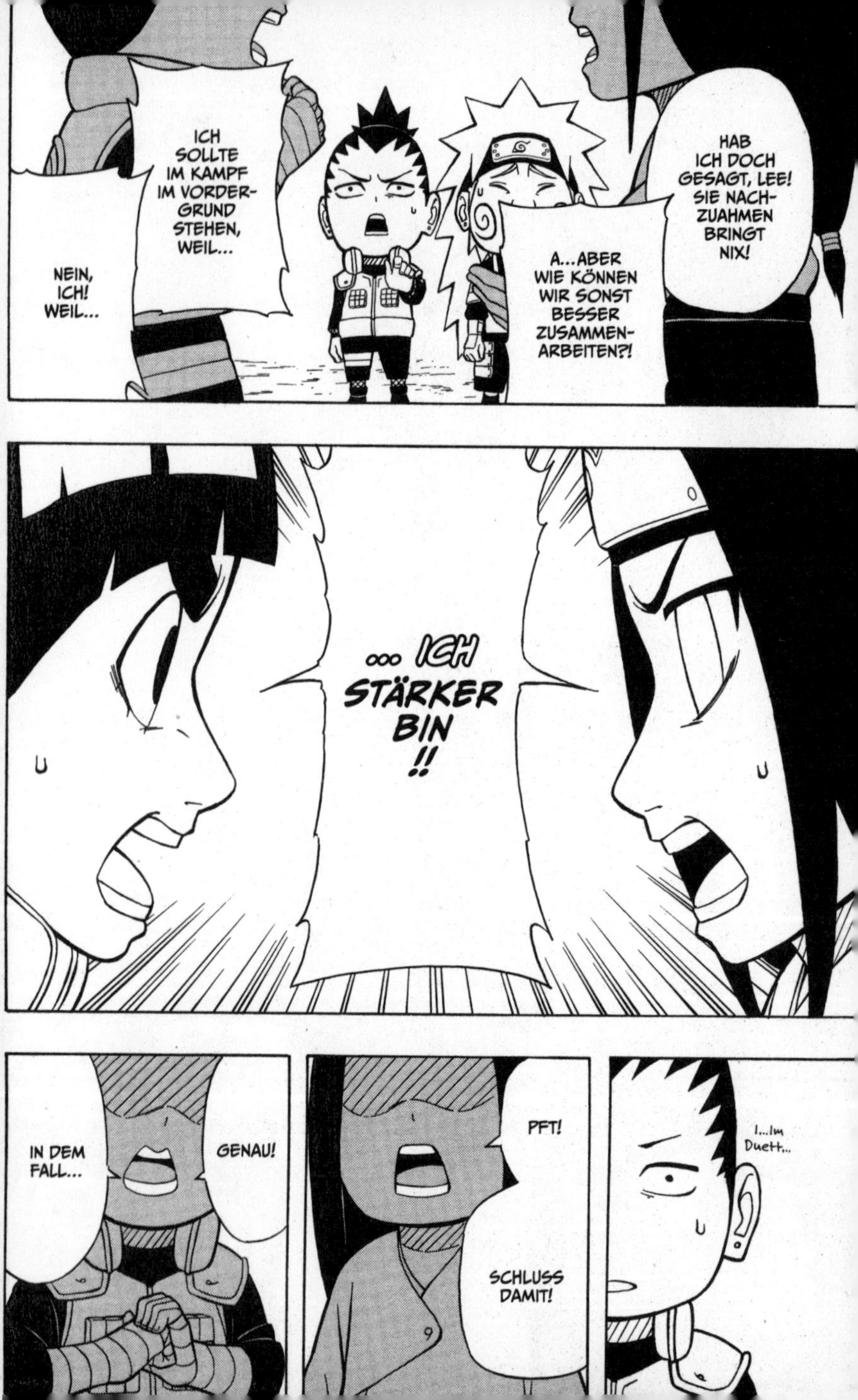

HAB ICH DOCH GESAGT, LEE! SIE NACHZUAHMEN BRINGT NIX!
A...ABER WIE KÖNNEN WIR SONST BESSER ZUSAMMENARBEITEN?!
ICH SOLLTE IM KAMPF IM VORDERGRUND STEHEN, WEIL...
NEIN, ICH! WEIL...
... ICH STÄRKER BIN!!
I...Im Duett...
PFT!
SCHLUSS DAMIT!
GENAU!
IN DEM FALL...

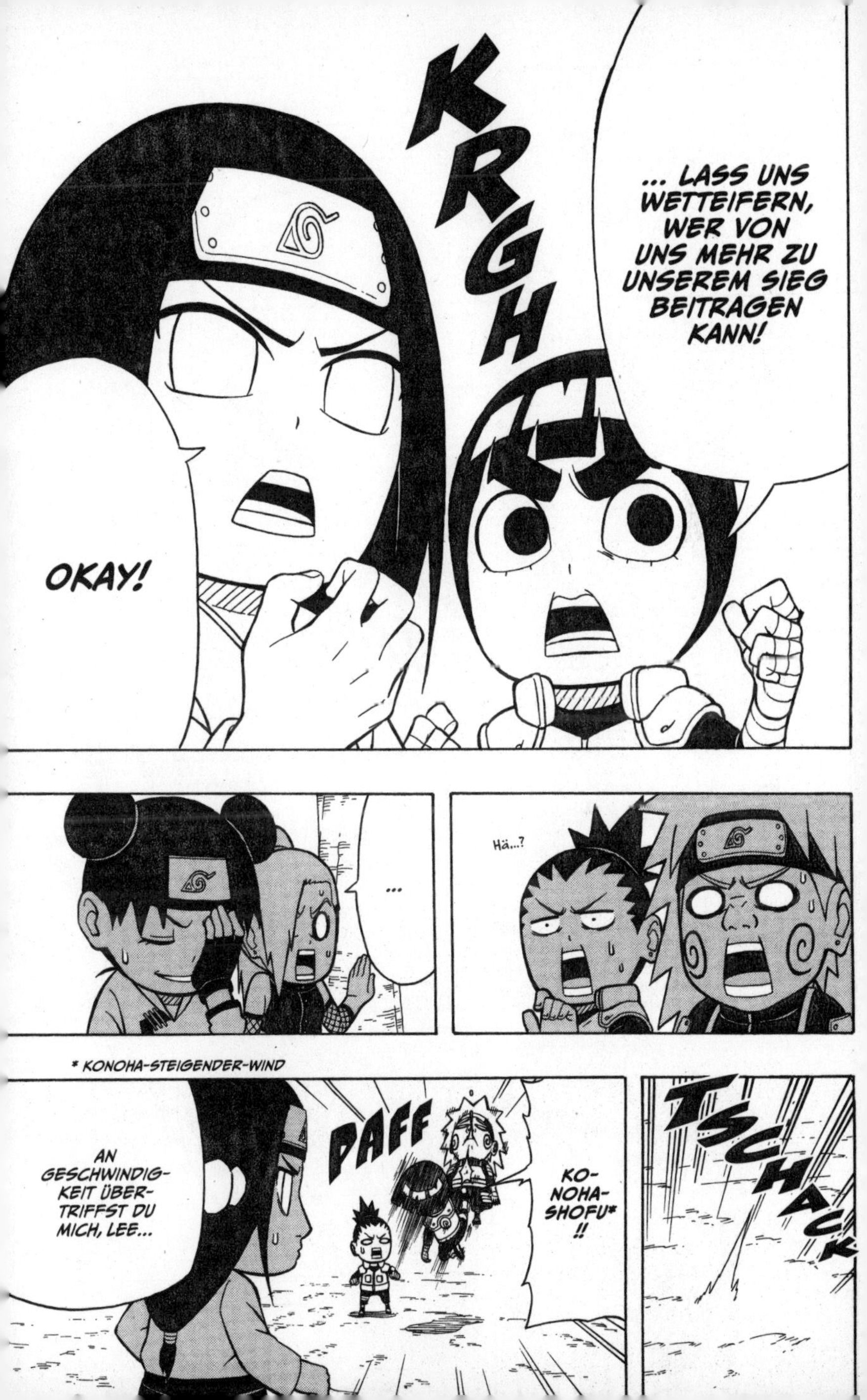

* KONOHA-STEIGENDER-WIND

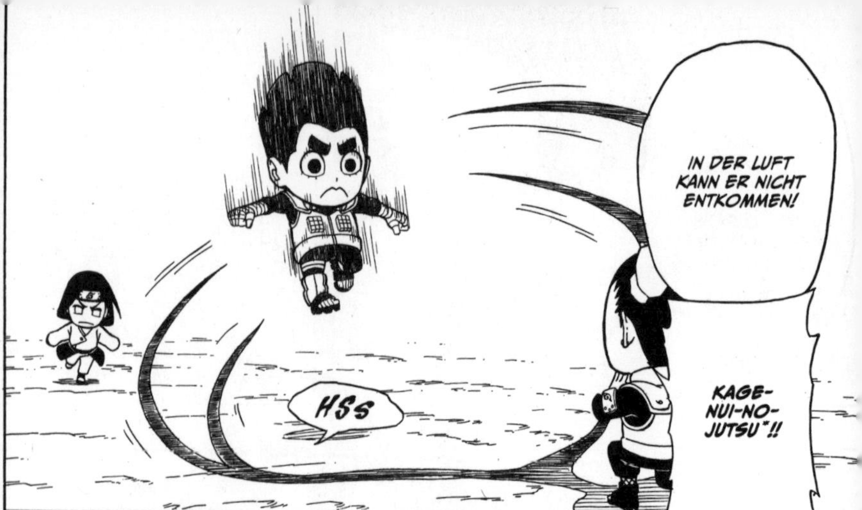

* SCHATTENSTICKEREI: DIE SCHATTEN BILDEN VIELE NADELFÖRMIGE GEBILDE, DIE DEN GEGNER ANGREIFEN UND FANGEN.

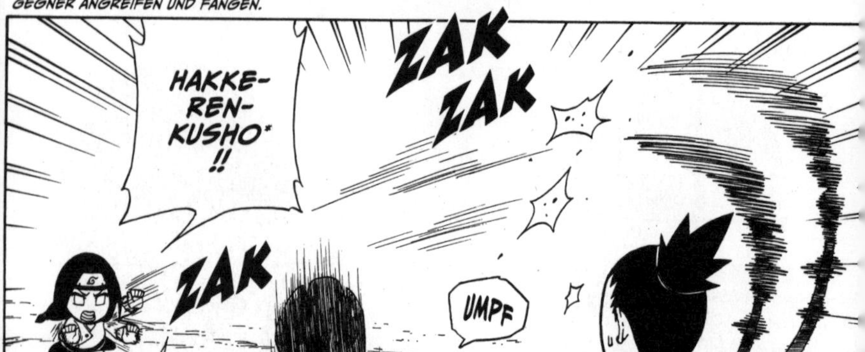

** ACHT-ELEMENTE-ORAKEL DER FORTLAUFENDEN VAKUUMHAND

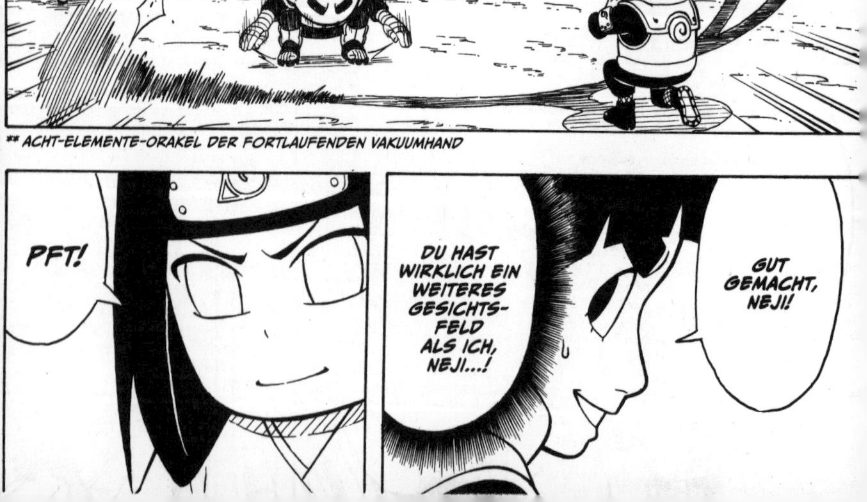

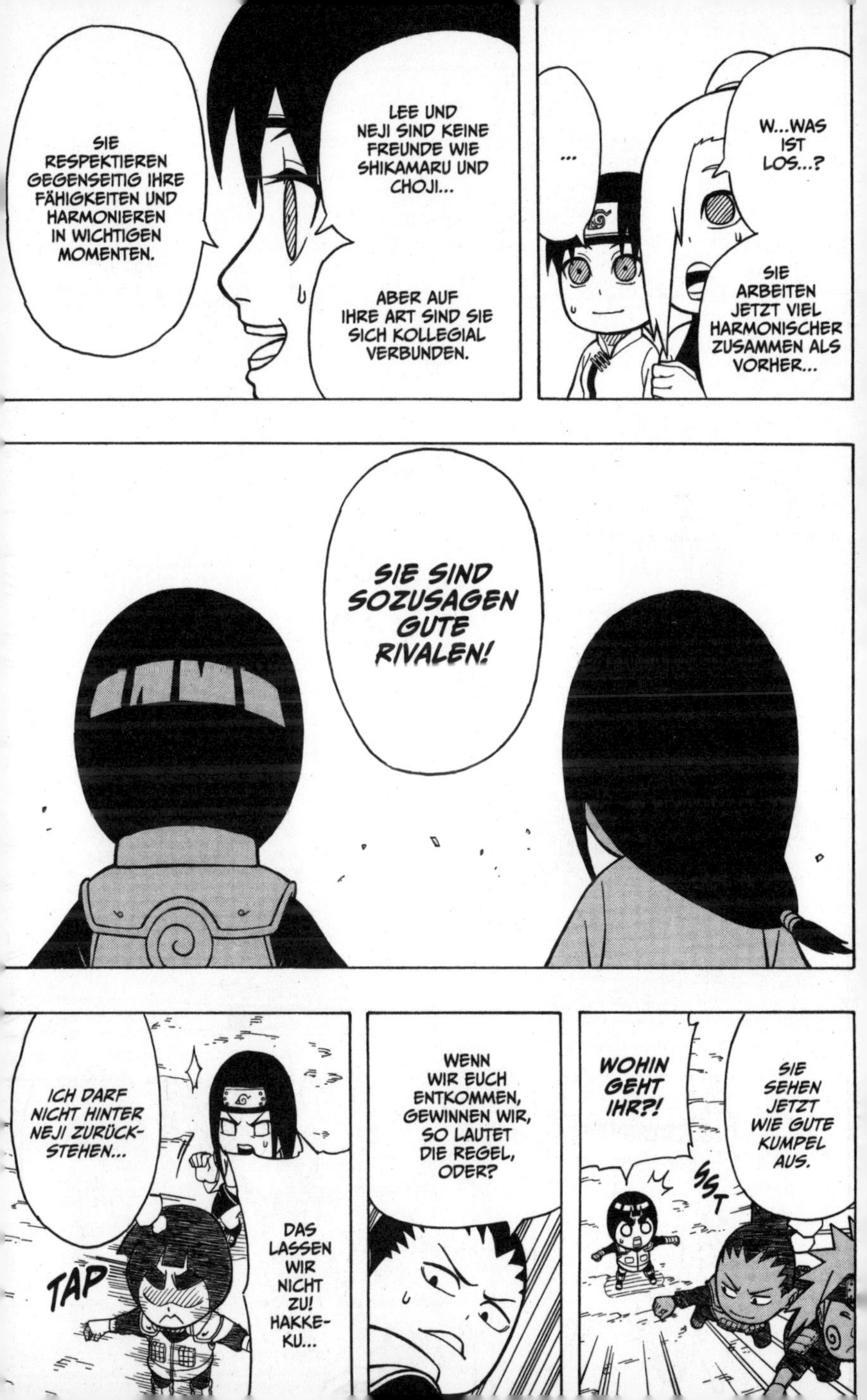
W...WAS IST LOS...?
SIE ARBEITEN JETZT VIEL HARMONISCHER ZUSAMMEN ALS VORHER...
...
LEE UND NEJI SIND KEINE FREUNDE WIE SHIKAMARU UND CHOJI...
ABER AUF IHRE ART SIND SIE SICH KOLLEGIAL VERBUNDEN.
SIE RESPEKTIEREN GEGENSEITIG IHRE FÄHIGKEITEN UND HARMONIEREN IN WICHTIGEN MOMENTEN.
SIE SIND SOZUSAGEN GUTE RIVALEN!
SIE SEHEN JETZT WIE GUTE KUMPEL AUS.
WOHIN GEHT IHR?!
SST
WENN WIR EUCH ENTKOMMEN, GEWINNEN WIR, SO LAUTET DIE REGEL, ODER?
DAS LASSEN WIR NICHT ZU! HAKKE-KU...
ICH DARF NICHT HINTER NEJI ZURÜCK-STEHEN...
TAP

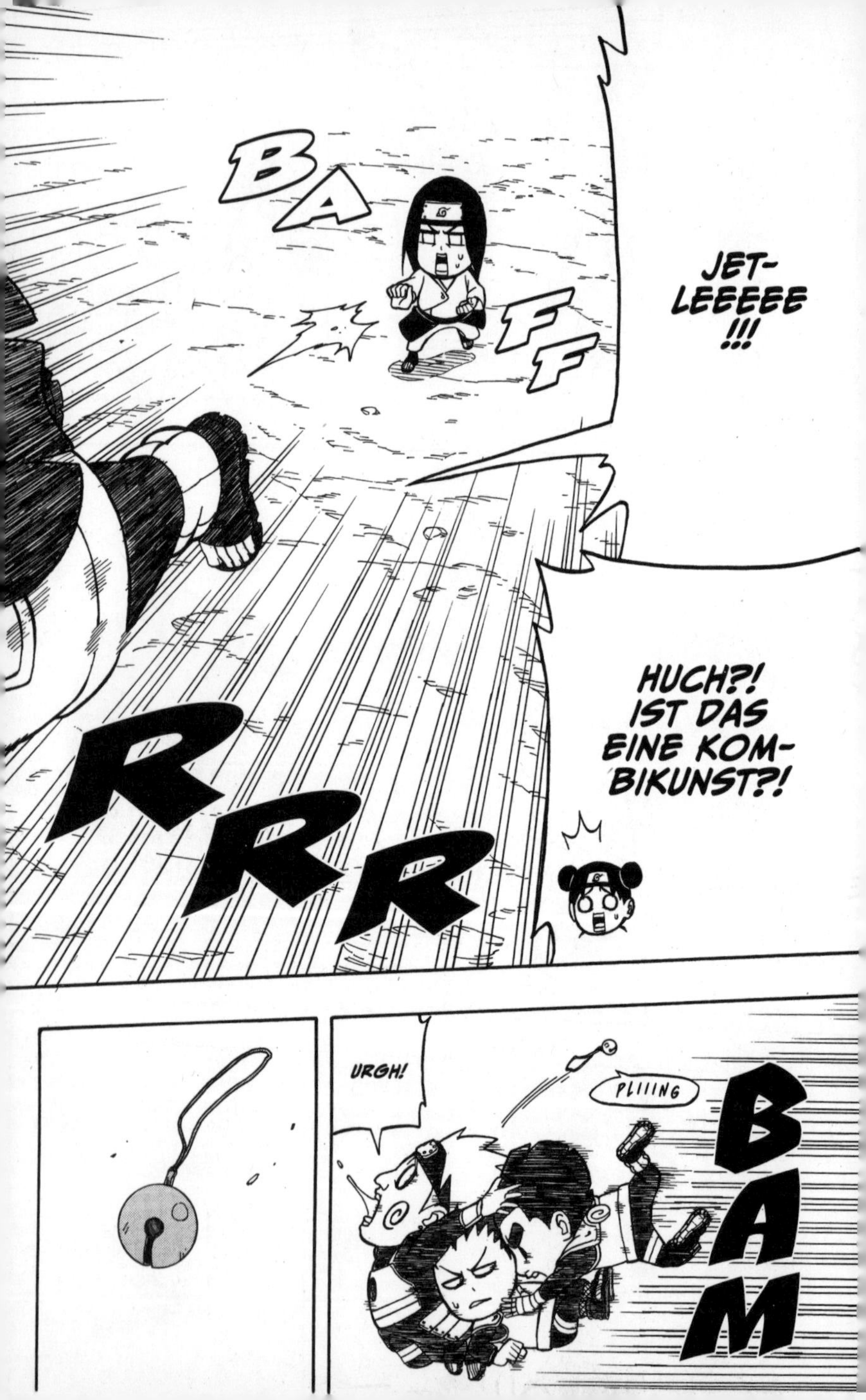
JET-
LEEEEEE
!!!
BAFF
HUCH?!
IST DAS
EINE KOM-
BIKUNST?!
RRRR
BAM
PLIIING
URGH!

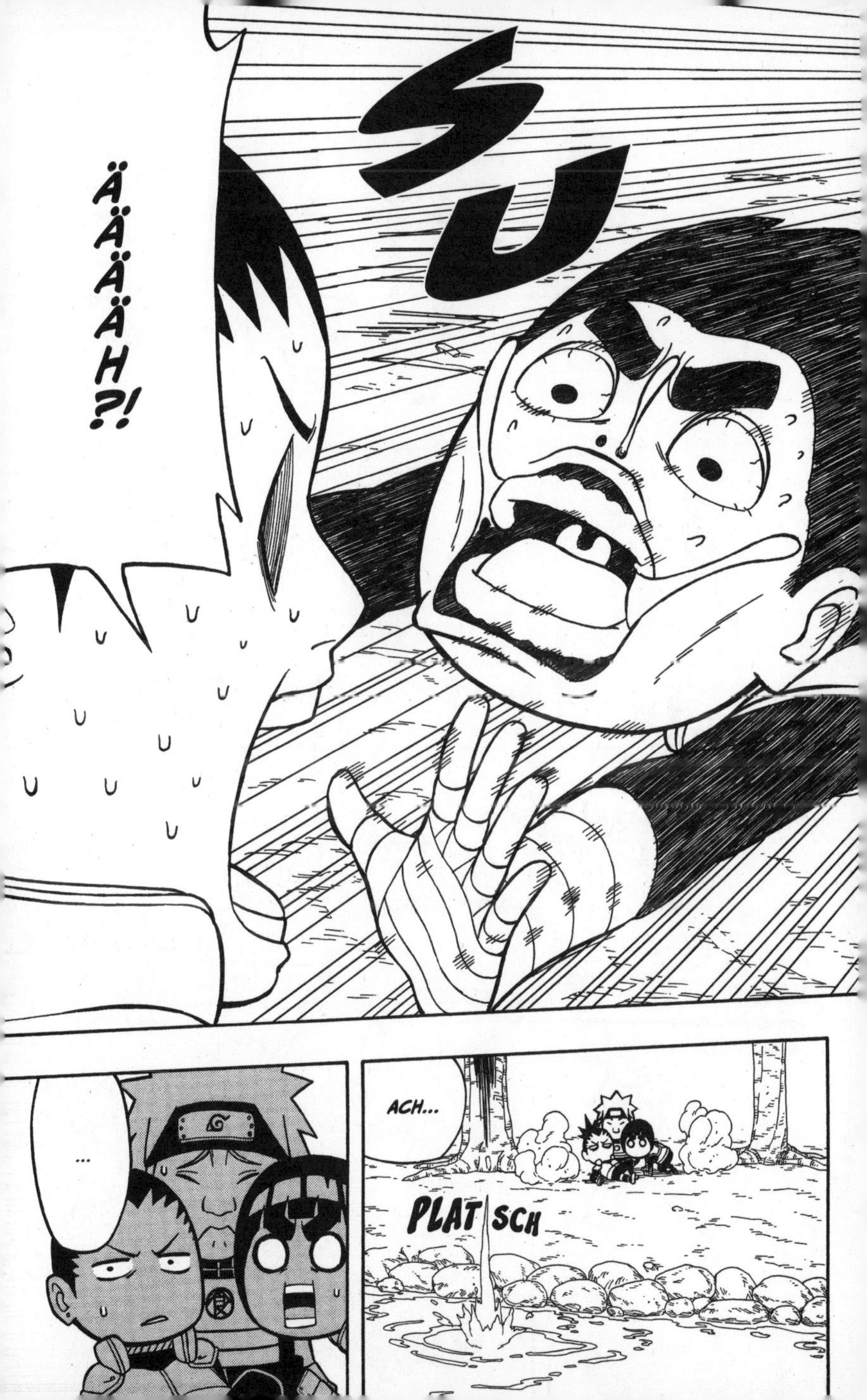
ÄÄÄÄH?!
SU
ACH...
PLATSCH
...

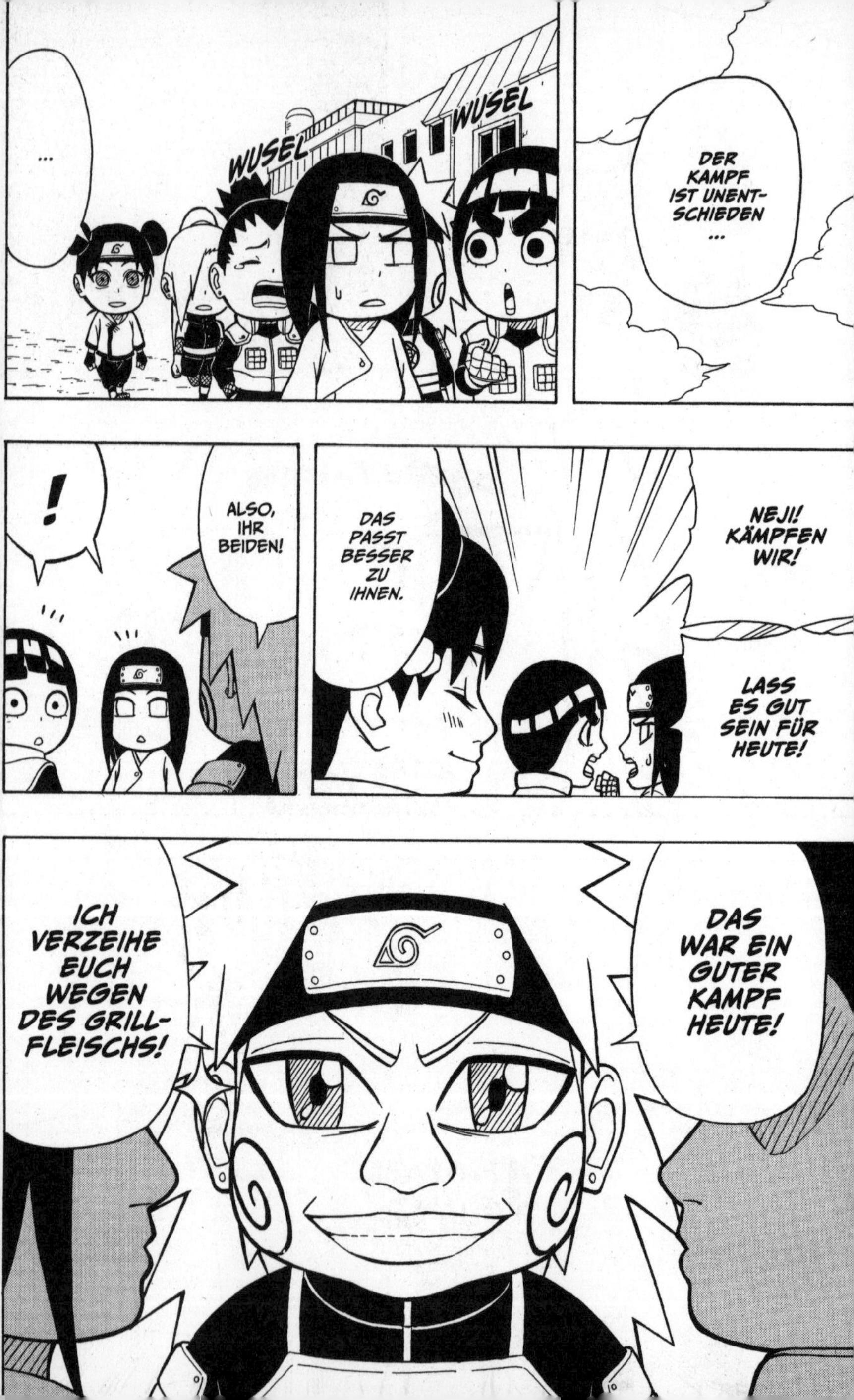
DER KAMPF IST UNENTSCHIEDEN ...
WUSEL
WUSEL
...
NEJI! KÄMPFEN WIR!
LASS ES GUT SEIN FÜR HEUTE!
DAS PASST BESSER ZU IHNEN.
ALSO, IHR BEIDEN!
!
DAS WAR EIN GUTER KAMPF HEUTE!
ICH VERZEIHE EUCH WEGEN DES GRILLFLEISCHS!

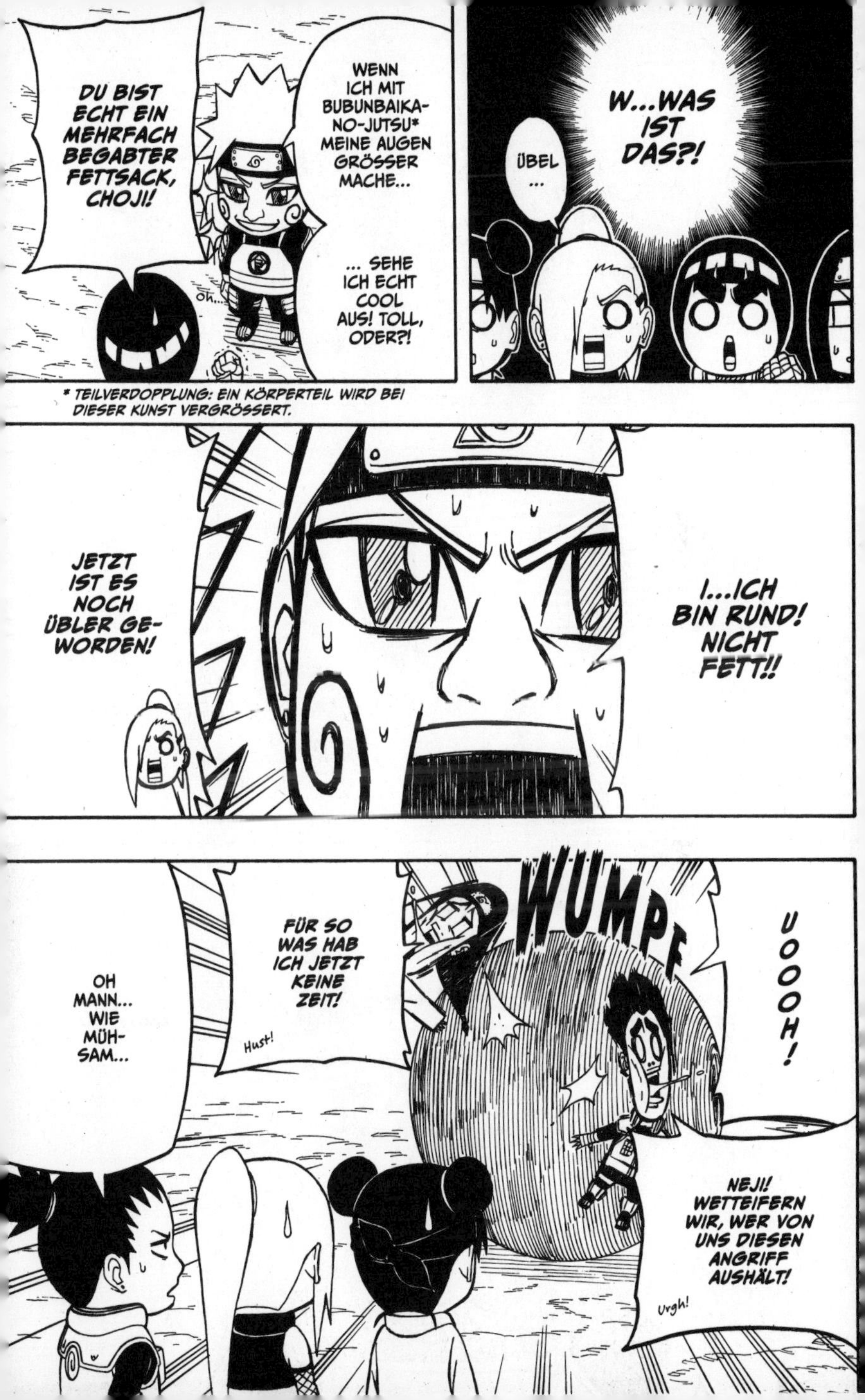

* TEILVERDOPPLUNG: EIN KÖRPERTEIL WIRD BEI DIESER KUNST VERGRÖSSERT.

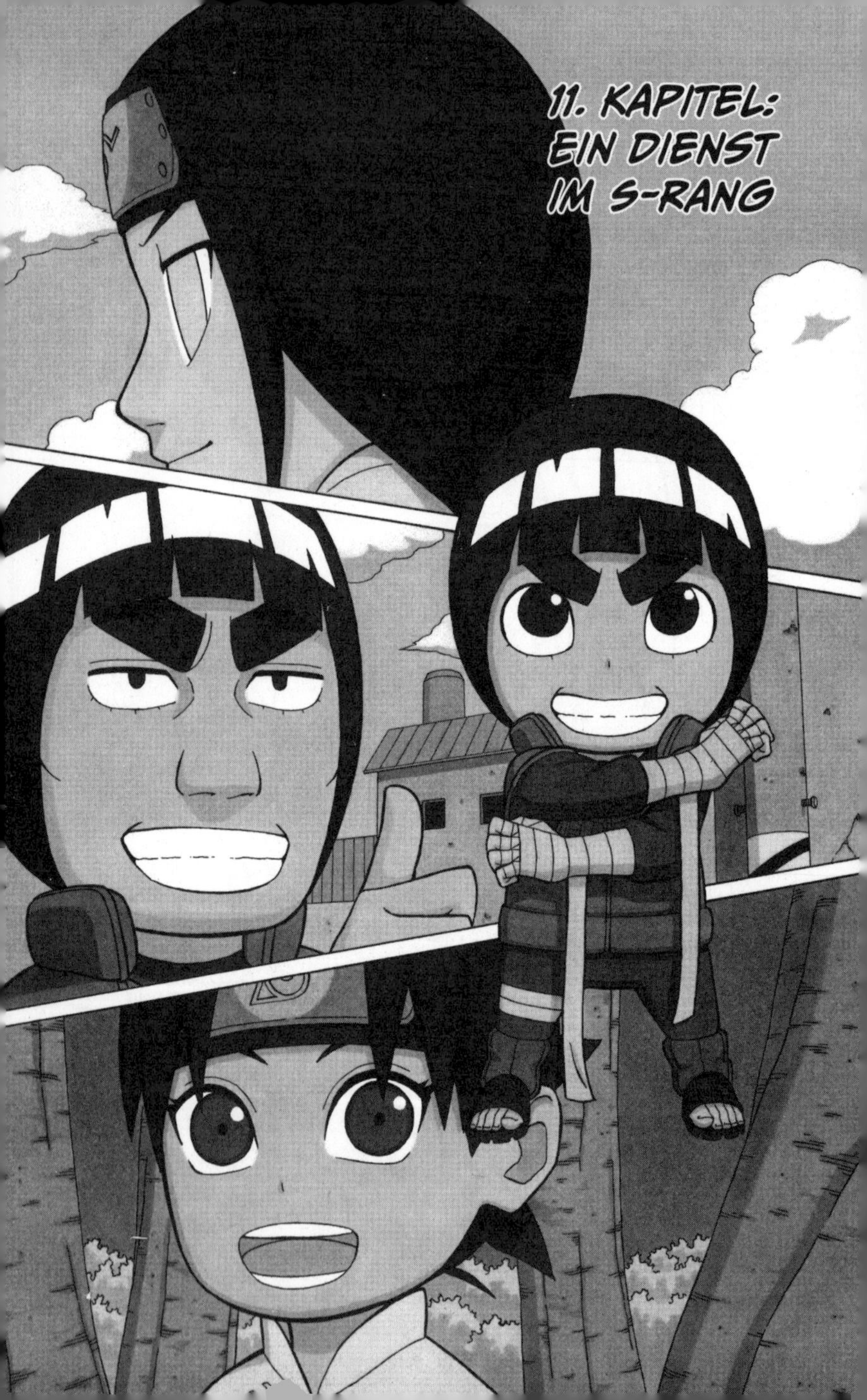
11. KAPITEL:
EIN DIENST
IM S-RANG

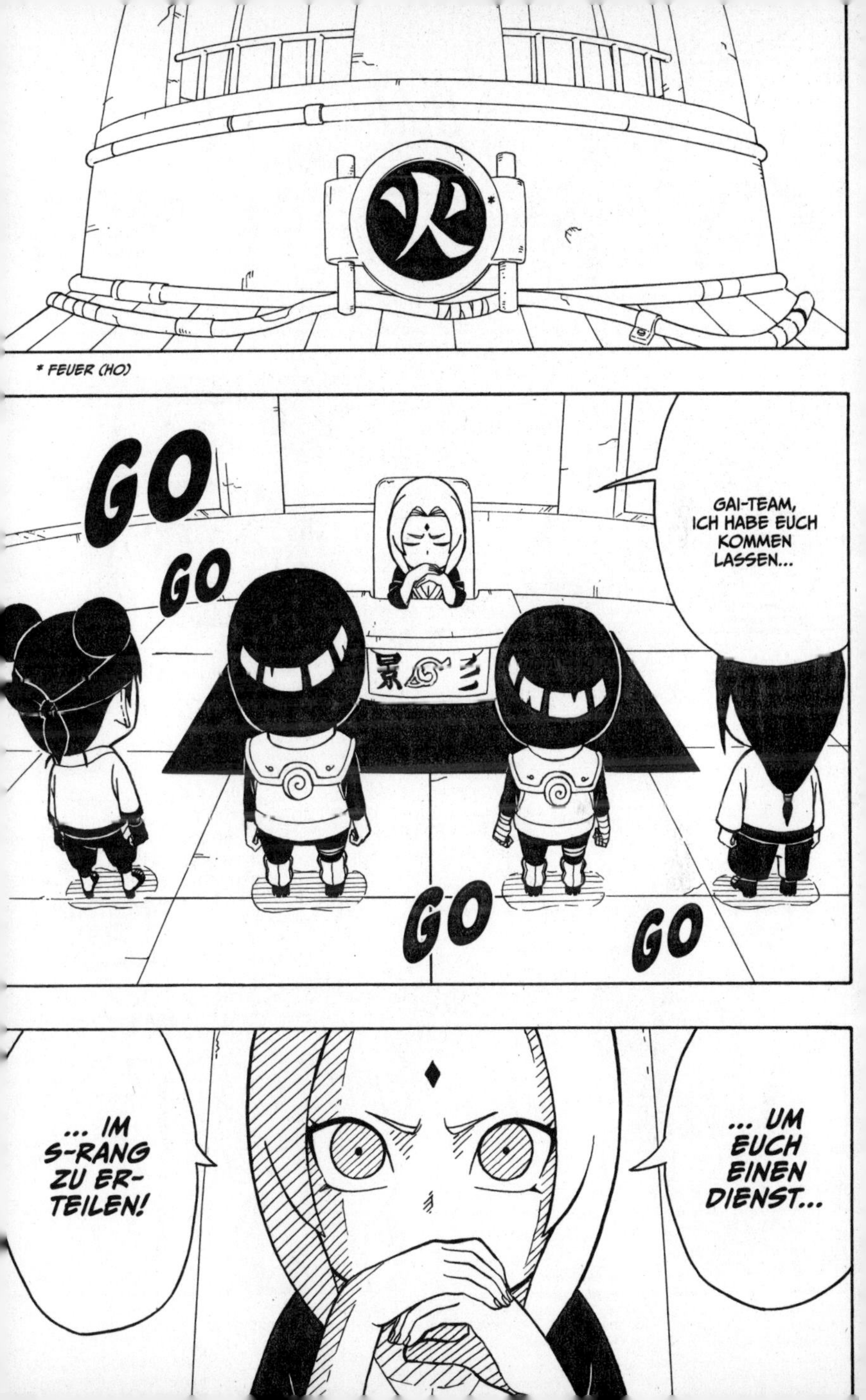
* FEUER (HO)
GO GO
GO GO
GAI-TEAM, ICH HABE EUCH KOMMEN LASSEN...
... UM EUCH EINEN DIENST...
... IM S-RANG ZU ER-TEILEN!

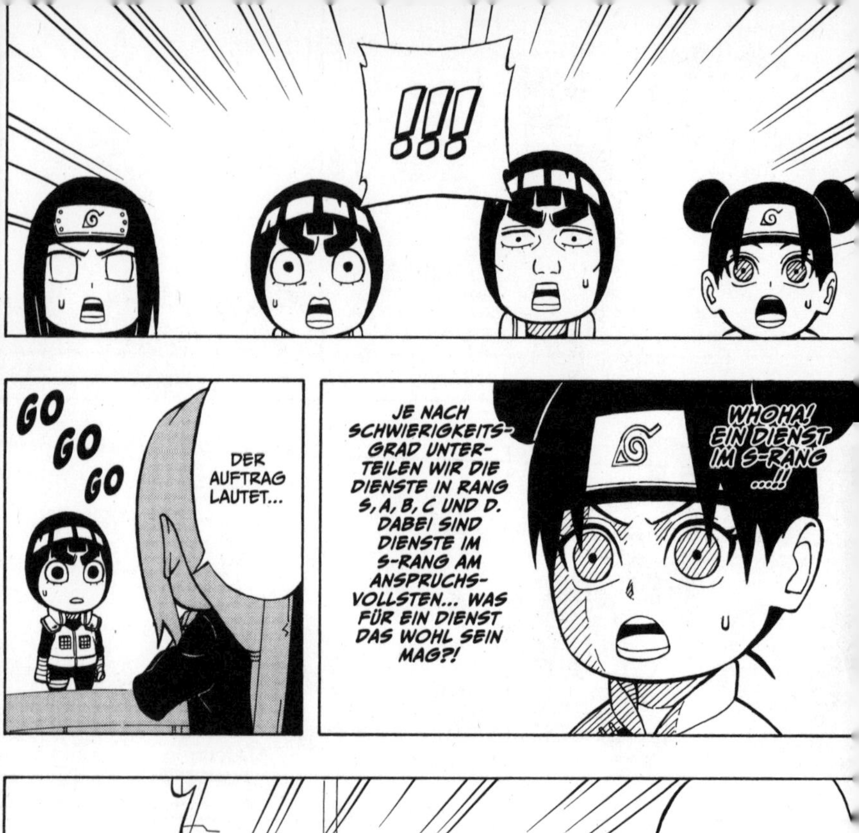

* BLÜTEN BETRACHTEN: TRADITION ZUR BEGRÜSSUNG DES FRÜHLINGS IN JAPAN; HANAMI BEDEUTET »PICKNICK UNTER BLÜHENDEN KIRSCHBÄUMEN«; HIER IN DEUTSCHLAND IST HANAMI ALS KIRSCHBLÜTENFEST BEKANNT.

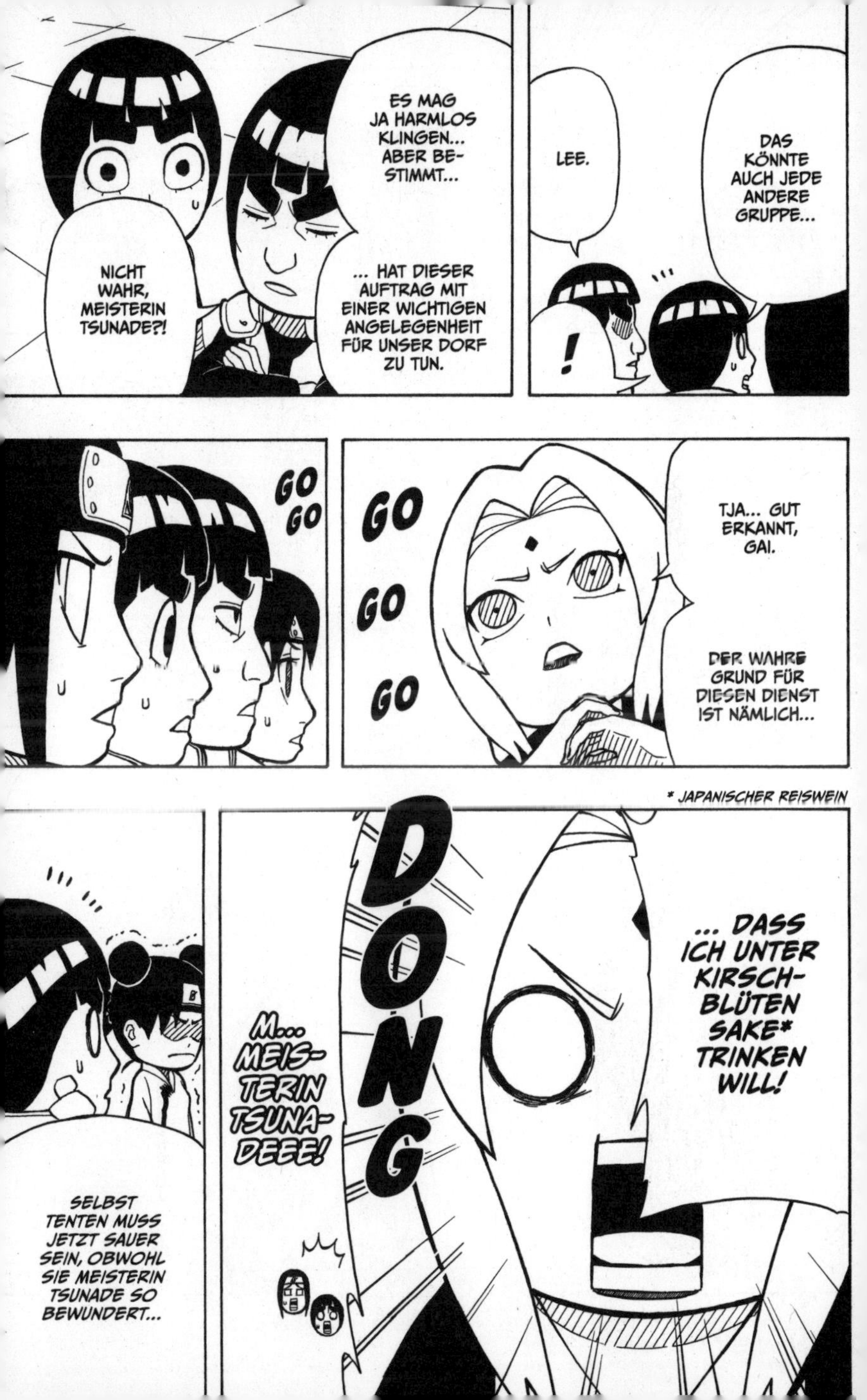
ES MAG JA HARMLOS KLINGEN... ABER BE-STIMMT...
NICHT WAHR, MEISTERIN TSUNADE?!
... HAT DIESER AUFTRAG MIT EINER WICHTIGEN ANGELEGENHEIT FÜR UNSER DORF ZU TUN.
LEE.
DAS KÖNNTE AUCH JEDE ANDERE GRUPPE...
!
GO GO
GO GO GO
TJA... GUT ERKANNT, GAI.
DER WAHRE GRUND FÜR DIESEN DIENST IST NÄMLICH...
* JAPANISCHER REISWEIN
DONG
... DASS ICH UNTER KIRSCH-BLÜTEN SAKE* TRINKEN WILL!
M... MEIS-TERIN TSUNA-DEEE!
SELBST TENTEN MUSS JETZT SAUER SEIN, OBWOHL SIE MEISTERIN TSUNADE SO BEWUNDERT...

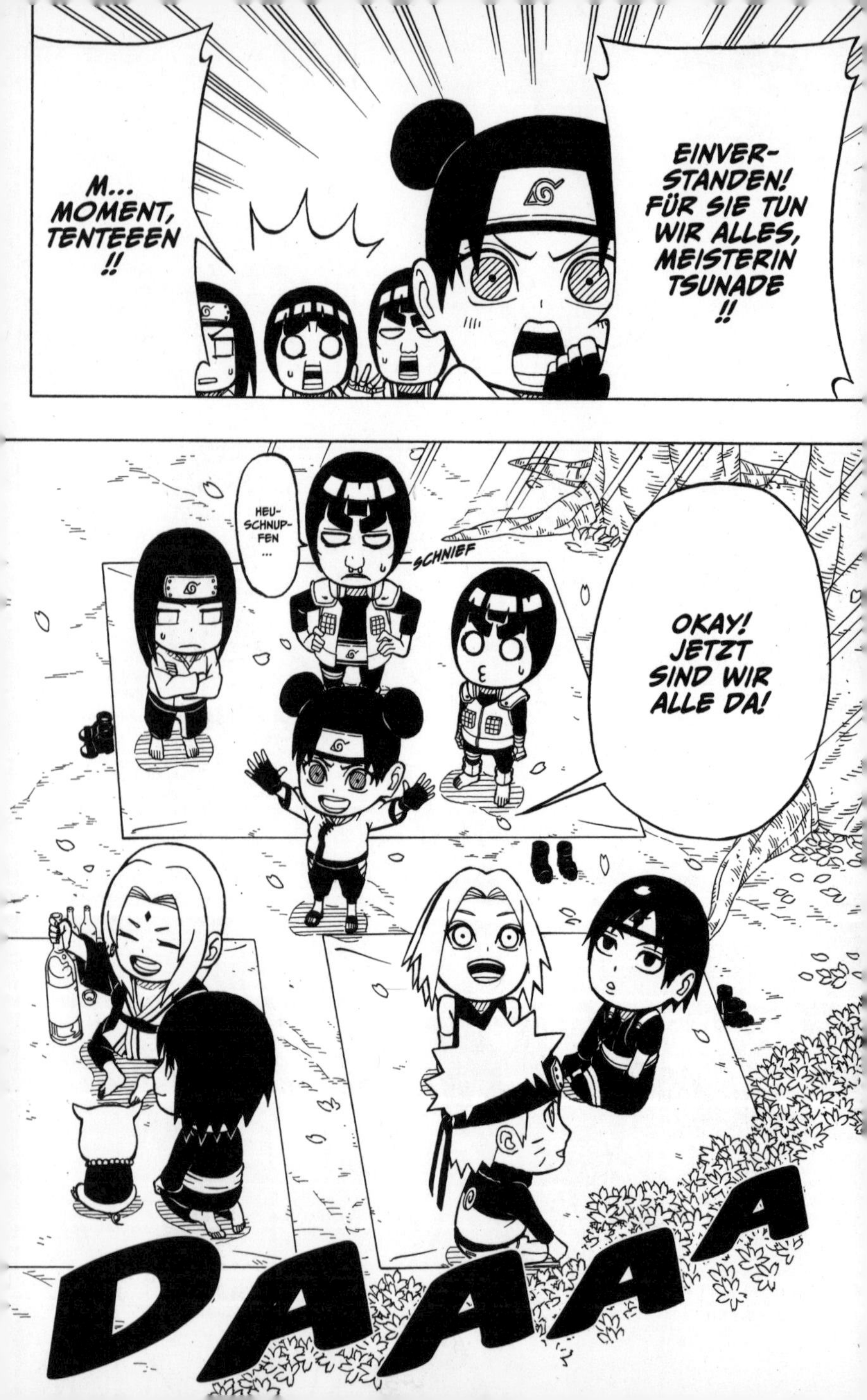

EINVER-STANDEN! FÜR SIE TUN WIR ALLES, MEISTERIN TSUNADE !!
M... MOMENT, TENTEEEN !!
OKAY! JETZT SIND WIR ALLE DA!
SCHNIEF
HEU-SCHNUP-FEN ...
DAAAA

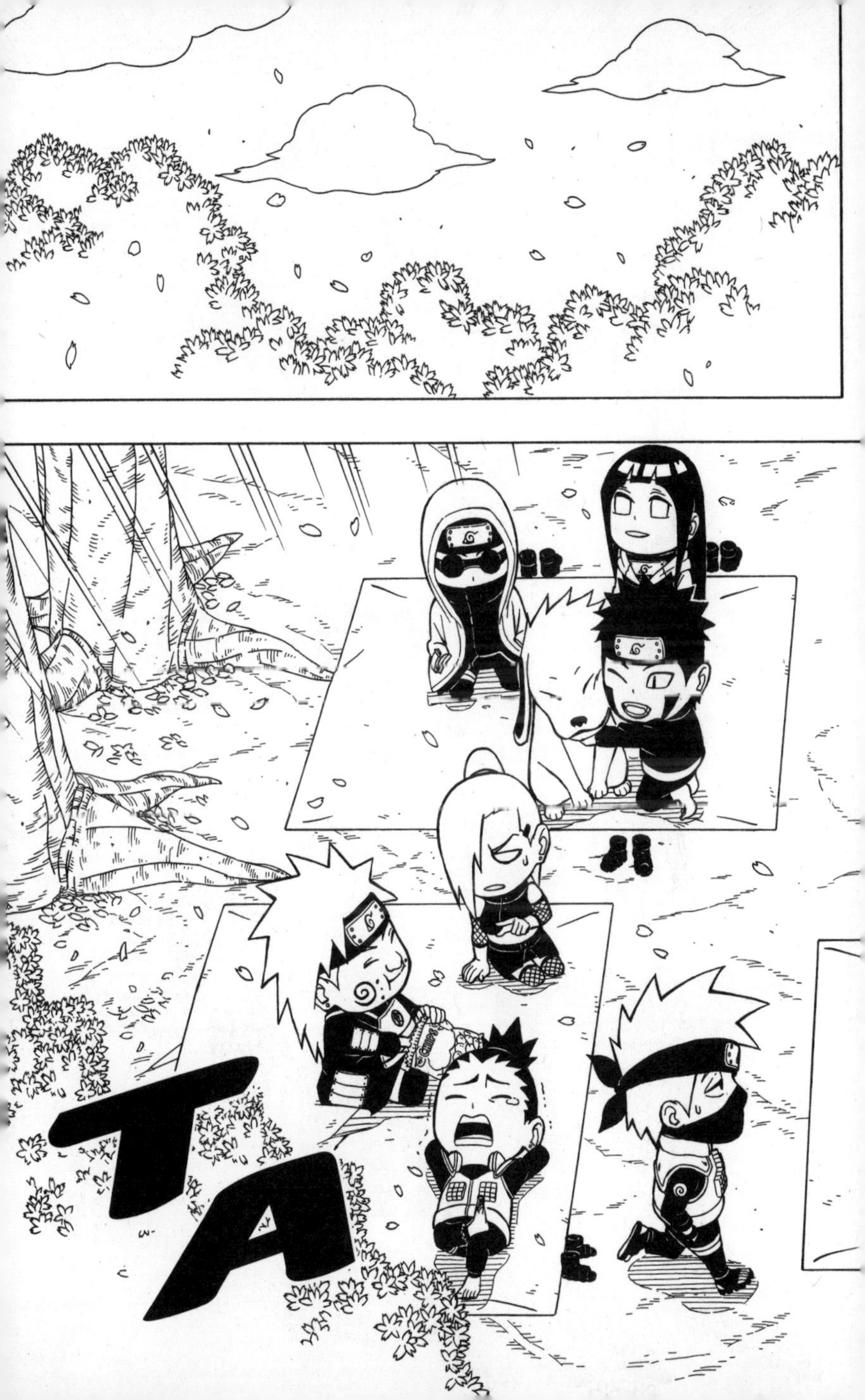
TA
CHIPS

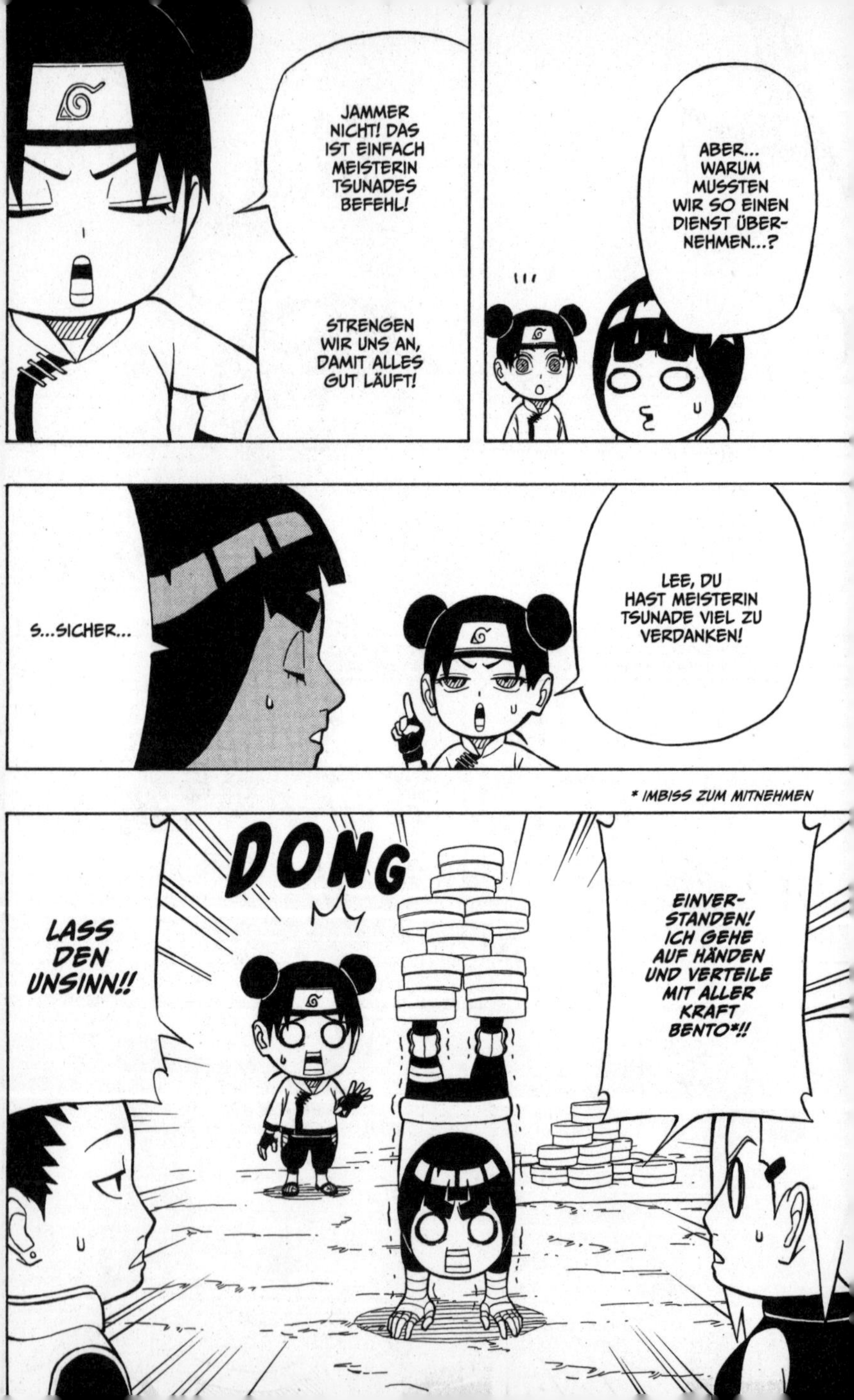

ABER... WARUM MUSSTEN WIR SO EINEN DIENST ÜBERNEHMEN...?
JAMMER NICHT! DAS IST EINFACH MEISTERIN TSUNADES BEFEHL!
STRENGEN WIR UNS AN, DAMIT ALLES GUT LÄUFT!
LEE, DU HAST MEISTERIN TSUNADE VIEL ZU VERDANKEN!
S...SICHER...
* IMBISS ZUM MITNEHMEN
EINVERSTANDEN! ICH GEHE AUF HÄNDEN UND VERTEILE MIT ALLER KRAFT BENTO*!!
DONG
LASS DEN UNSINN!!

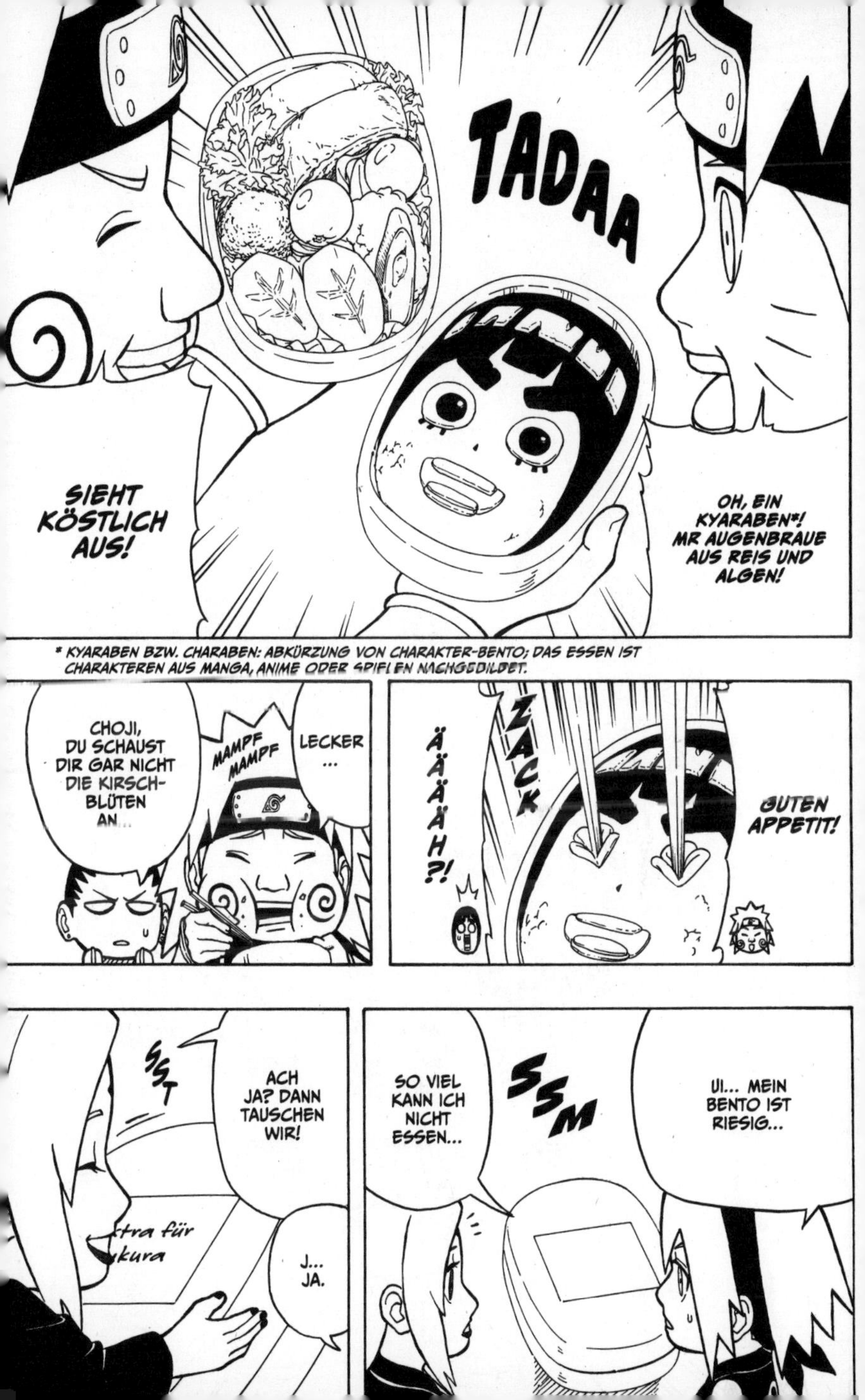

* KYARABEN BZW. CHARABEN: ABKÜRZUNG VON CHARAKTER-BENTO; DAS ESSEN IST CHARAKTEREN AUS MANGA, ANIME ODER SPIELEN NACHGEBILDET.

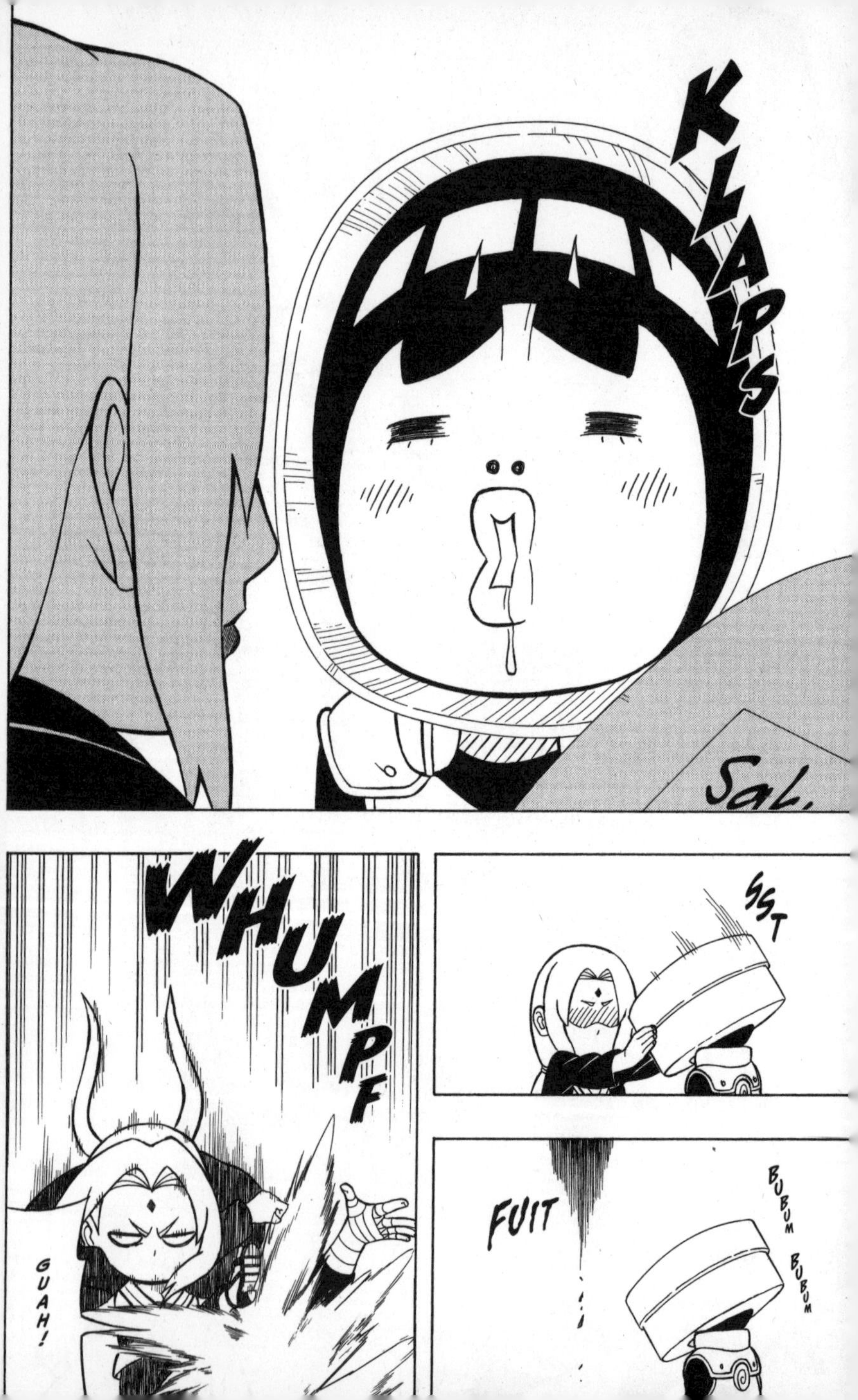
KLAPS
Sal.
SST
WHUMPF
GUAH!
BUBUM BUBUM
FUIT

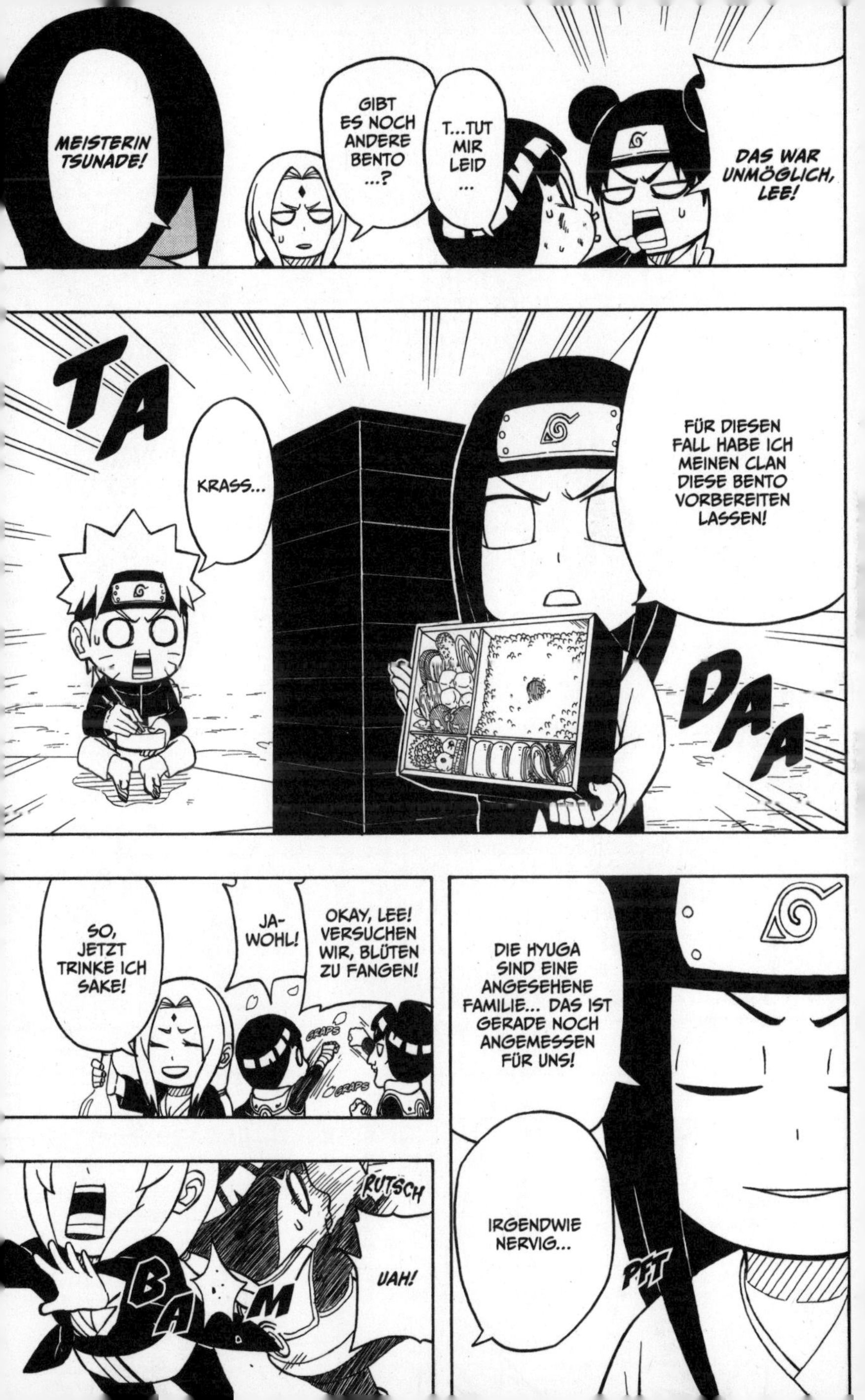
DAS WAR UNMÖGLICH, LEE!
T...TUT MIR LEID ...
GIBT ES NOCH ANDERE BENTO ...?
MEISTERIN TSUNADE!
FÜR DIESEN FALL HABE ICH MEINEN CLAN DIESE BENTO VORBEREITEN LASSEN!
DAA
TA
KRASS...
DIE HYUGA SIND EINE ANGESEHENE FAMILIE... DAS IST GERADE NOCH ANGEMESSEN FÜR UNS!
IRGENDWIE NERVIG...
PFT
OKAY, LEE! VERSUCHEN WIR, BLÜTEN ZU FANGEN!
JA-WOHL!
SO, JETZT TRINKE ICH SAKE!
GRAPS
GRAPS
RUTSCH
UAH!
BAM

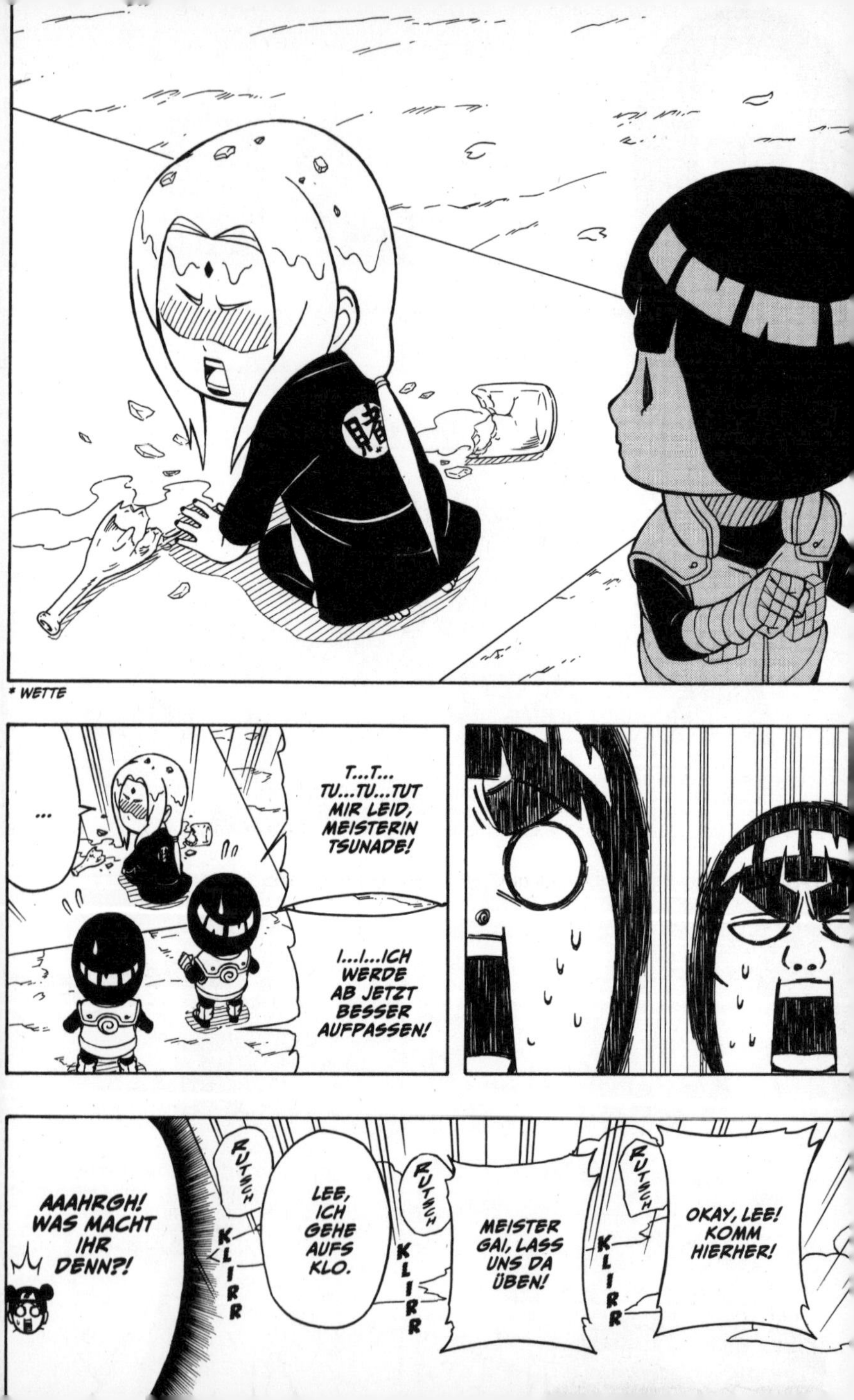
* WETTE
T...T... TU...TU...TUT MIR LEID, MEISTERIN TSUNADE!
I...I...ICH WERDE AB JETZT BESSER AUFPASSEN!
...
OKAY, LEE! KOMM HIERHER!
RUTSCH
KLIRR
MEISTER GAI, LASS UNS DA ÜBEN!
RUTSCH
KLIRR
LEE, ICH GEHE AUFS KLO.
RUTSCH
KLIRR
AAAHRGH! WAS MACHT IHR DENN?!

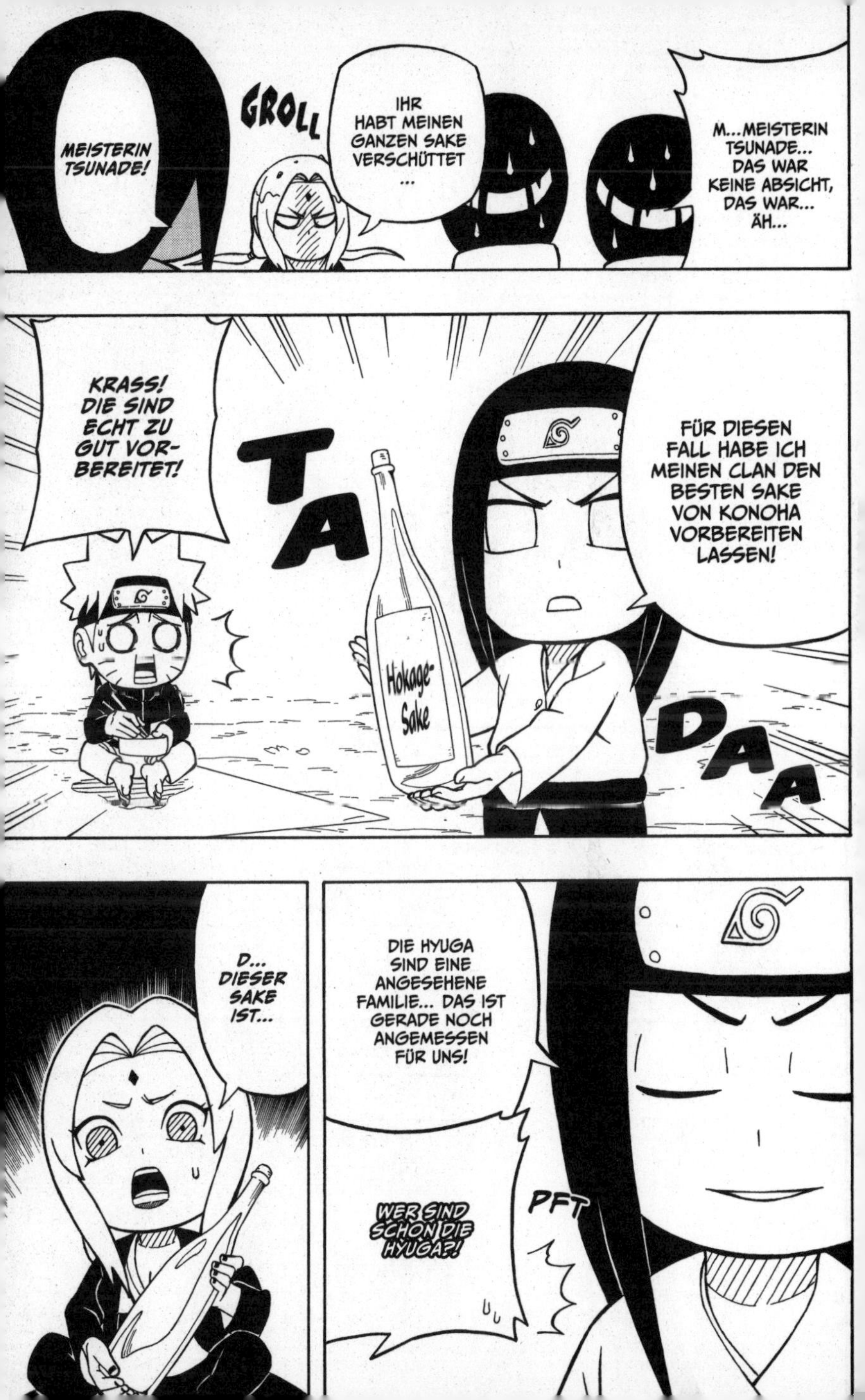
M...MEISTERIN TSUNADE... DAS WAR KEINE ABSICHT, DAS WAR... ÄH...
IHR HABT MEINEN GANZEN SAKE VERSCHÜTTET ...
GROLL
MEISTERIN TSUNADE!
FÜR DIESEN FALL HABE ICH MEINEN CLAN DEN BESTEN SAKE VON KONOHA VORBEREITEN LASSEN!
TADAA
Hokage-Sake
KRASS! DIE SIND ECHT ZU GUT VORBEREITET!
DIE HYUGA SIND EINE ANGESEHENE FAMILIE... DAS IST GERADE NOCH ANGEMESSEN FÜR UNS!
PFT
WER SIND SCHON DIE HYUGA?!
D... DIESER SAKE IST...

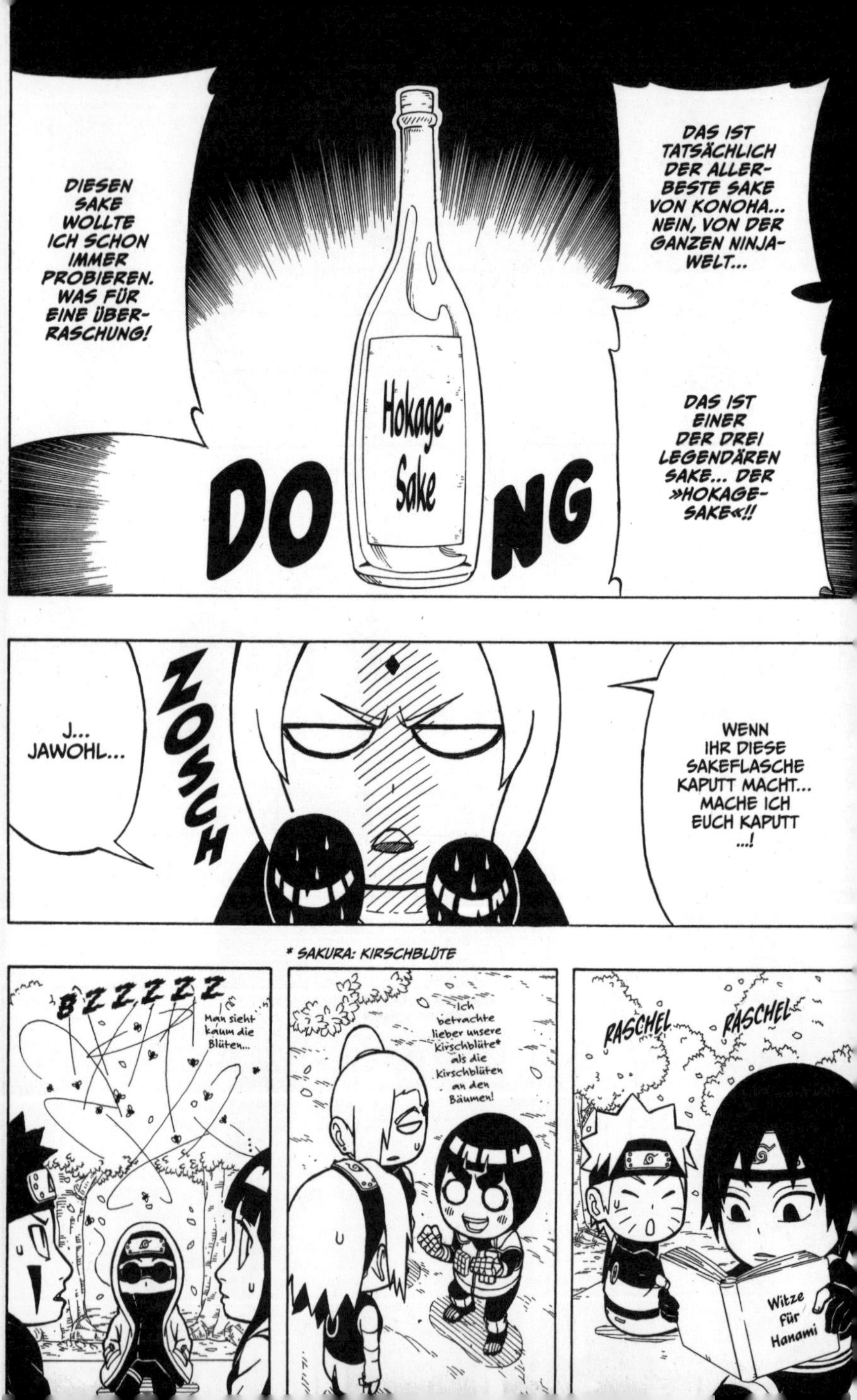
DAS IST TATSÄCHLICH DER ALLERBESTE SAKE VON KONOHA... NEIN, VON DER GANZEN NINJA-WELT...
DAS IST EINER DER DREI LEGENDÄREN SAKE... DER »HOKAGE-SAKE«!!
DIESEN SAKE WOLLTE ICH SCHON IMMER PROBIEREN. WAS FÜR EINE ÜBERRASCHUNG!
Hokage-Sake
DOING
WENN IHR DIESE SAKEFLASCHE KAPUTT MACHT... MACHE ICH EUCH KAPUTT ...!
ZOSCH
J... JAWOHL...
* SAKURA: KIRSCHBLÜTE
RASCHEL
RASCHEL
Witze für Hanami
Ich betrachte lieber unsere Kirschblüte* als die Kirschblüten an den Bäumen!
BZZZZZZ
Man sieht kaum die Blüten...

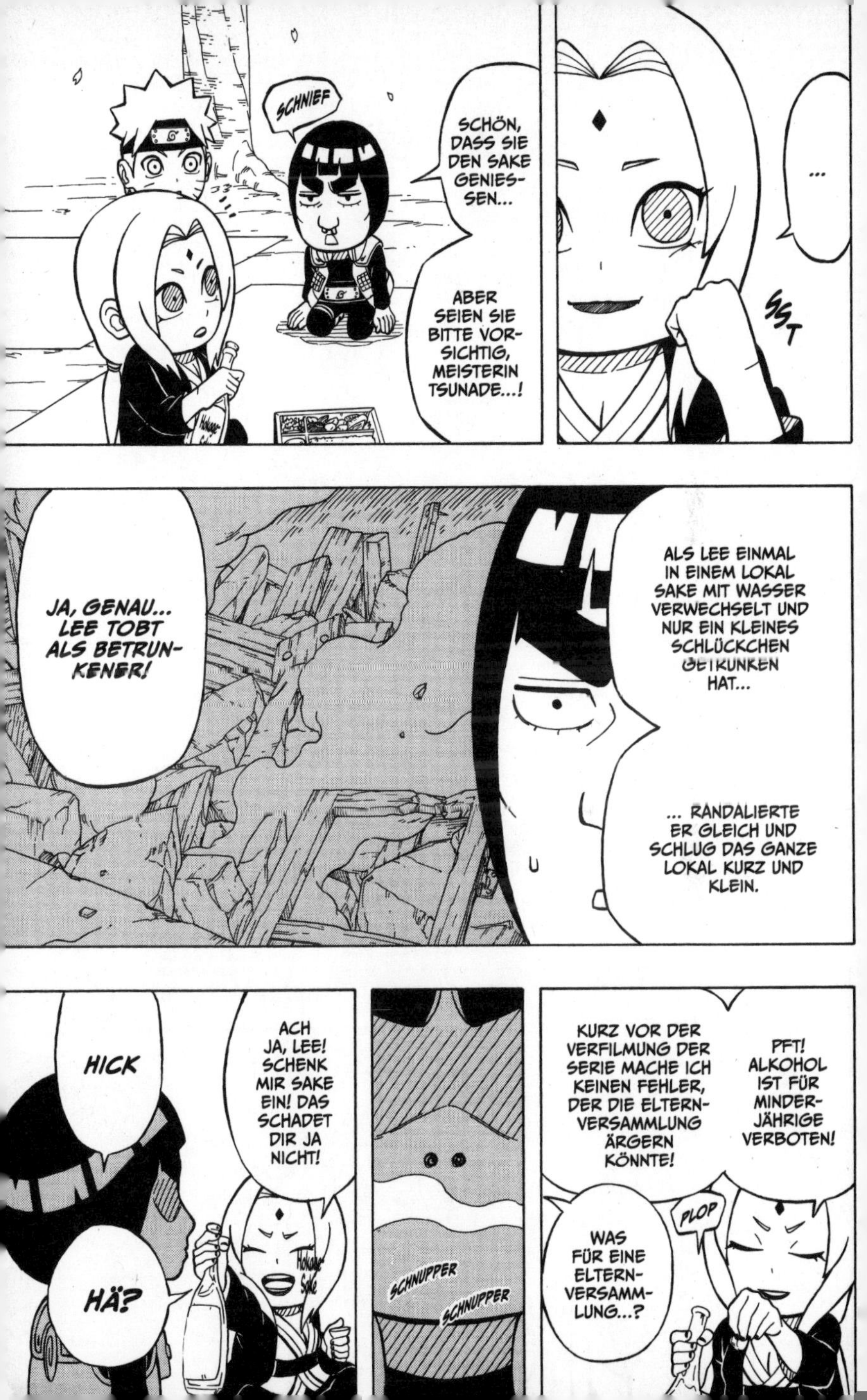
...
SST
SCHNIEF
SCHÖN, DASS SIE DEN SAKE GENIESSEN...
ABER SEIEN SIE BITTE VORSICHTIG, MEISTERIN TSUNADE...!
ALS LEE EINMAL IN EINEM LOKAL SAKE MIT WASSER VERWECHSELT UND NUR EIN KLEINES SCHLÜCKCHEN GETRUNKEN HAT...
... RANDALIERTE ER GLEICH UND SCHLUG DAS GANZE LOKAL KURZ UND KLEIN.
JA, GENAU... LEE TOBT ALS BETRUNKENER!
PFT! ALKOHOL IST FÜR MINDERJÄHRIGE VERBOTEN!
KURZ VOR DER VERFILMUNG DER SERIE MACHE ICH KEINEN FEHLER, DER DIE ELTERNVERSAMMLUNG ÄRGERN KÖNNTE!
PLOP
WAS FÜR EINE ELTERNVERSAMMLUNG...?
SCHNUPPER
SCHNUPPER
ACH JA, LEE! SCHENK MIR SAKE EIN! DAS SCHADET DIR JA NICHT!
Hokage Sake
HICK
HÄ?

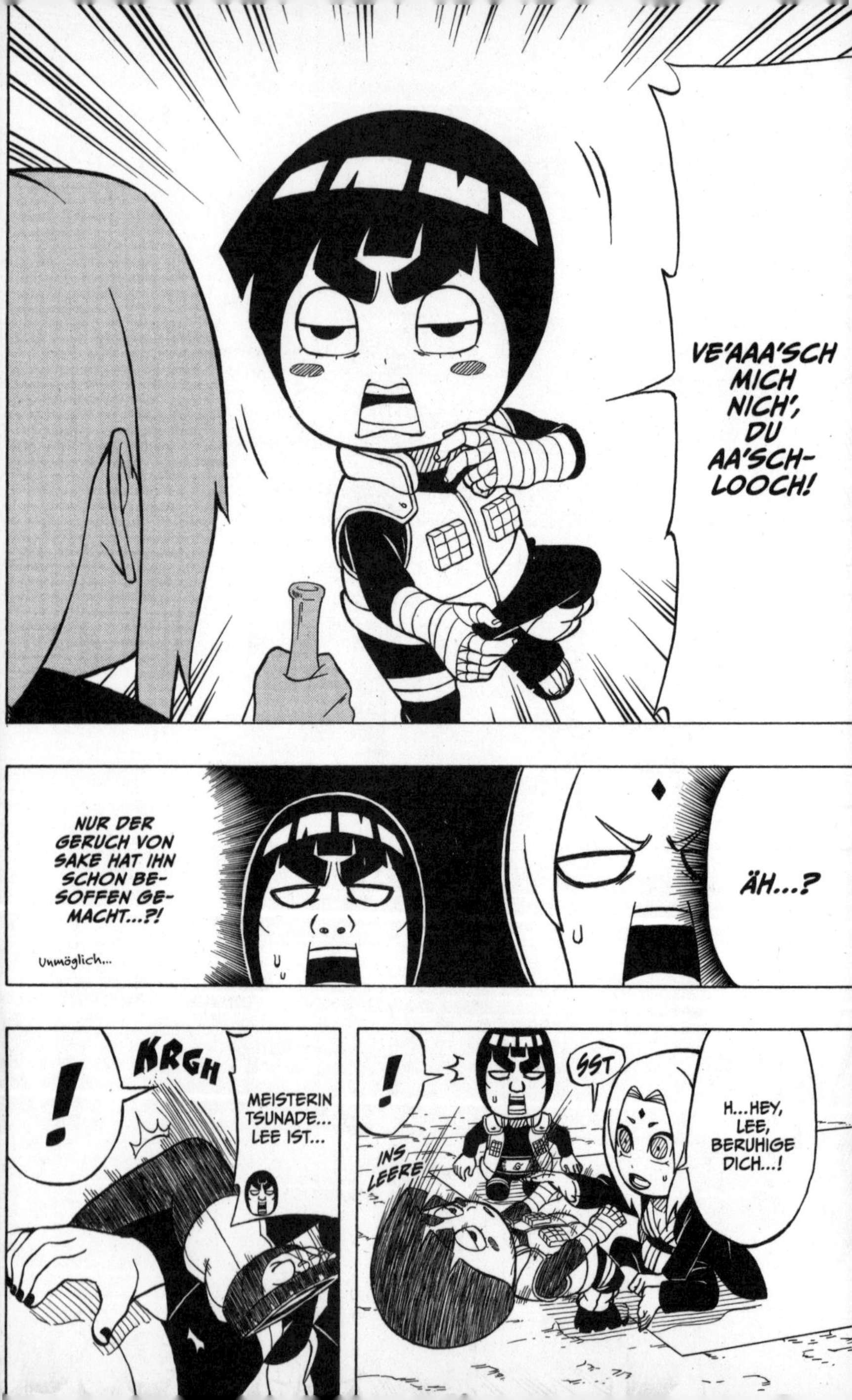
VE'AAA'SCH MICH NICH', DU AA'SCH-LOOCH!
ÄH...?
NUR DER GERUCH VON SAKE HAT IHN SCHON BE-SOFFEN GE-MACHT...?!
Unmöglich...
H...HEY, LEE, BERUHIGE DICH...!
SST
!
INS LEERE
MEISTERIN TSUNADE... LEE IST...
KRGH
!

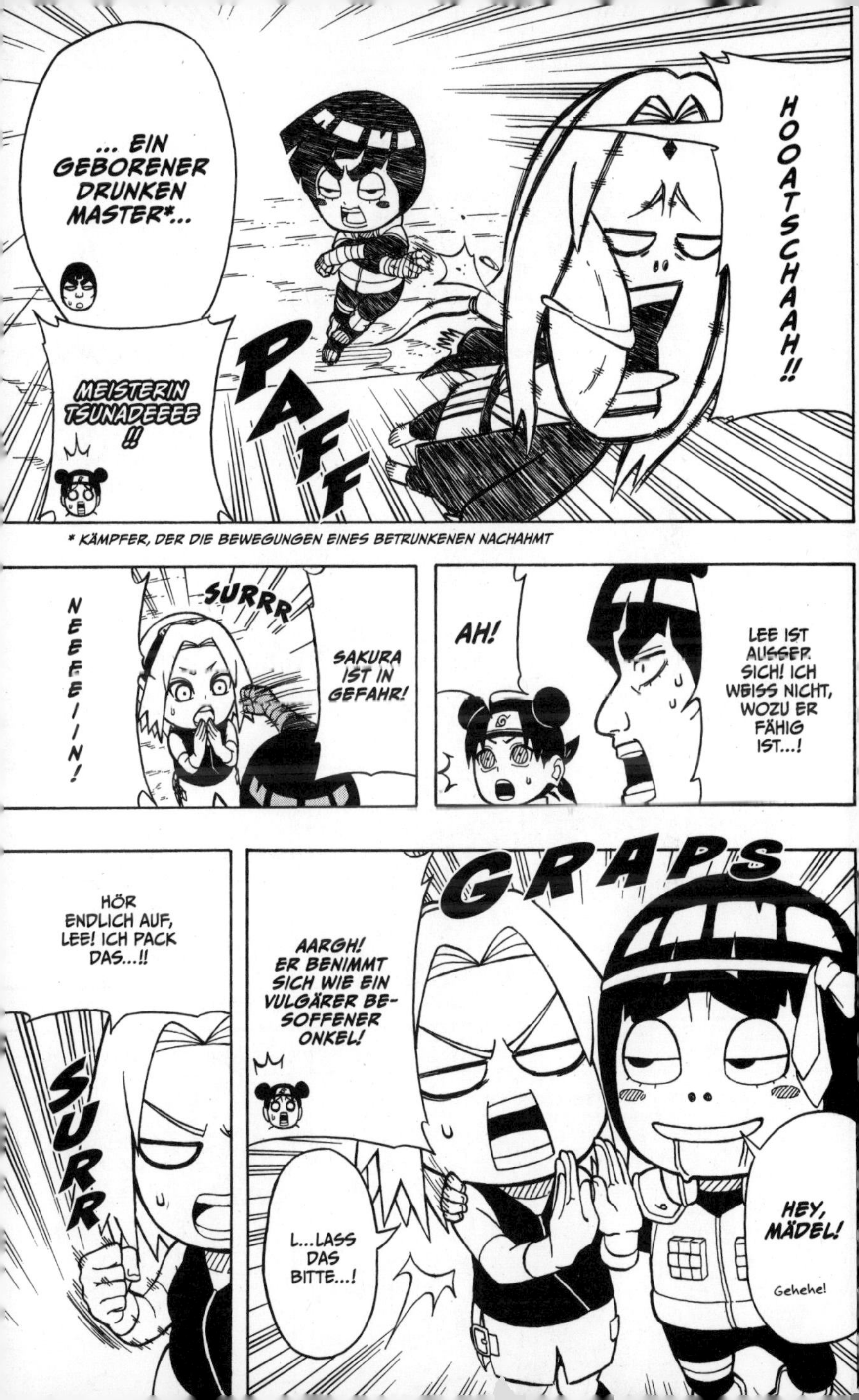

* KÄMPFER, DER DIE BEWEGUNGEN EINES BETRUNKENEN NACHAHMT

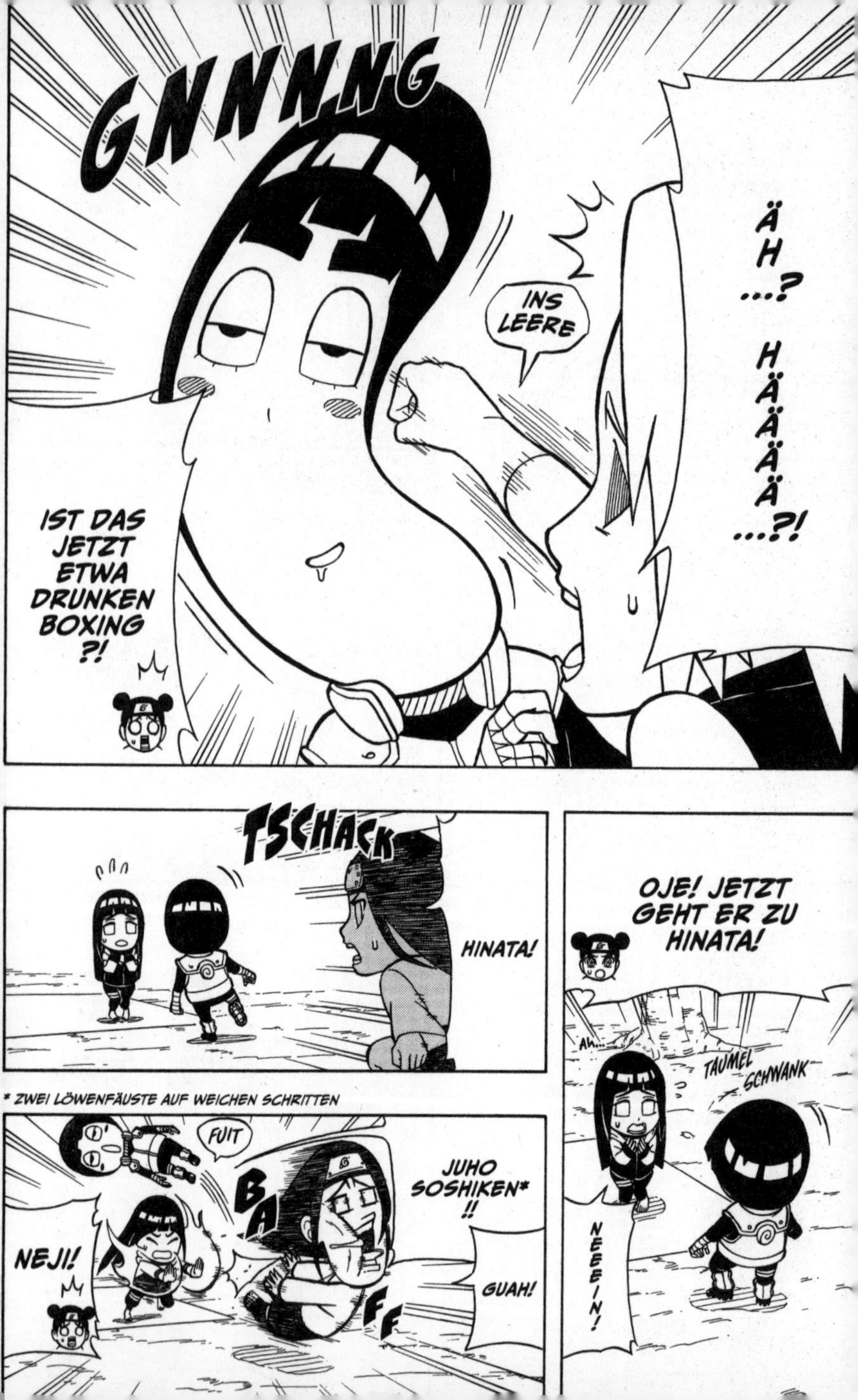
GNNNNG
ÄH ...? HÄÄÄÄ ...?!
INS LEERE
IST DAS JETZT ETWA DRUNKEN BOXING ?!
OJE! JETZT GEHT ER ZU HINATA!
TSCHACK
HINATA!
Ah...
TAUMEL
SCHWANK
NEEEIN!
JUHO SOSHIKEN* !!
FUIT
BA
FF
GUAH!
NEJI!
* ZWEI LÖWENFÄUSTE AUF WEICHEN SCHRITTEN

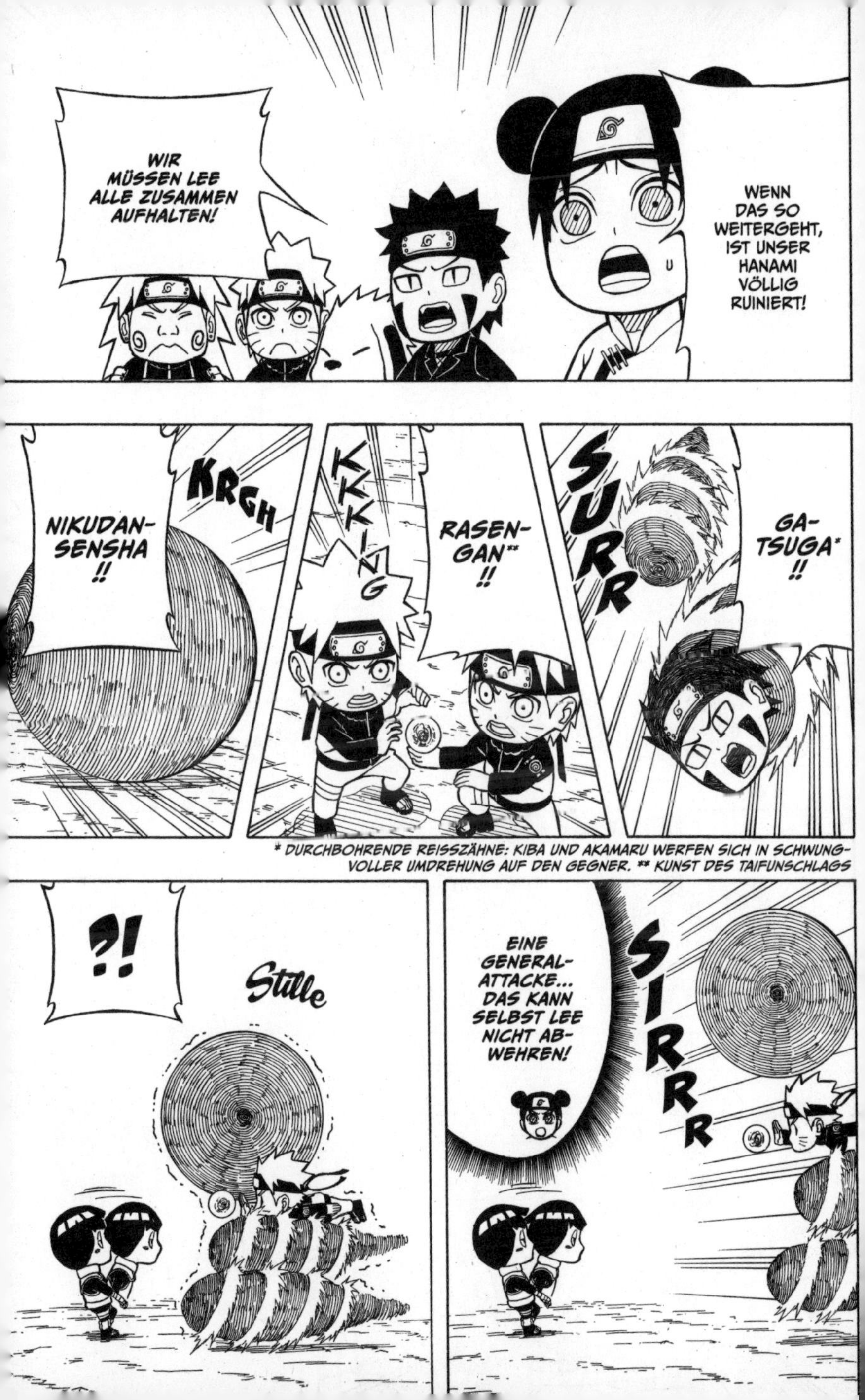
WENN DAS SO WEITERGEHT, IST UNSER HANAMI VÖLLIG RUINIERT!
WIR MÜSSEN LEE ALLE ZUSAMMEN AUFHALTEN!
SURRR
GA-TSUGA* !!
KKKKING
RASEN-GAN** !!
KRGH
NIKUDAN-SENSHA !!
* DURCHBOHRENDE REISSZÄHNE: KIBA UND AKAMARU WERFEN SICH IN SCHWUNG-VOLLER UMDREHUNG AUF DEN GEGNER. ** KUNST DES TAIFUNSCHLAGS
SIRRR
EINE GENERAL-ATTACKE... DAS KANN SELBST LEE NICHT AB-WEHREN!
Stille
?!

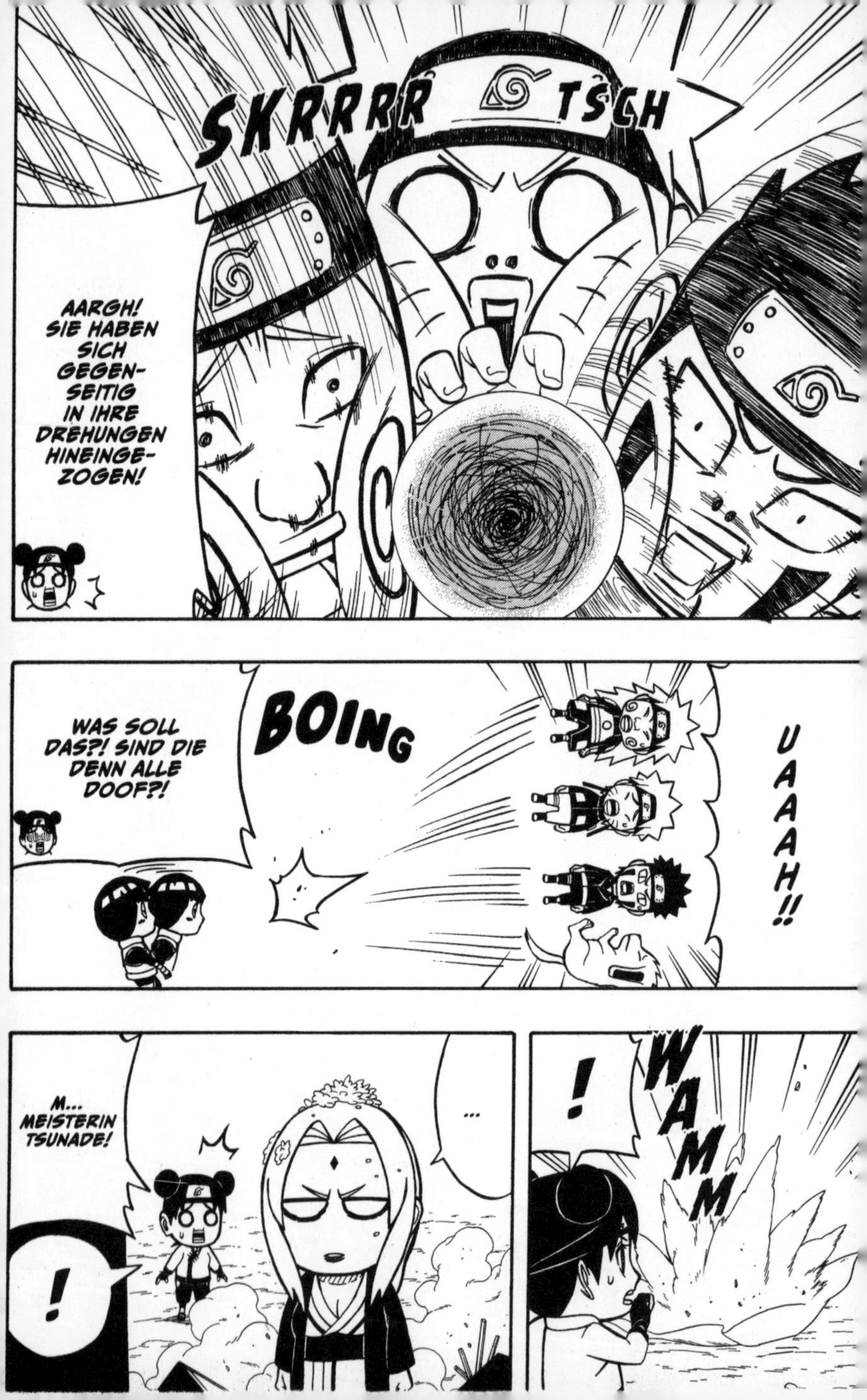
SKRRRR TSCH
AARGH! SIE HABEN SICH GEGEN-SEITIG IN IHRE DREHUNGEN HINEINGE-ZOGEN!
BOING
UAAAAH!!
WAS SOLL DAS?! SIND DIE DENN ALLE DOOF?!
WAMM
!
...
M... MEISTERIN TSUNADE!
!

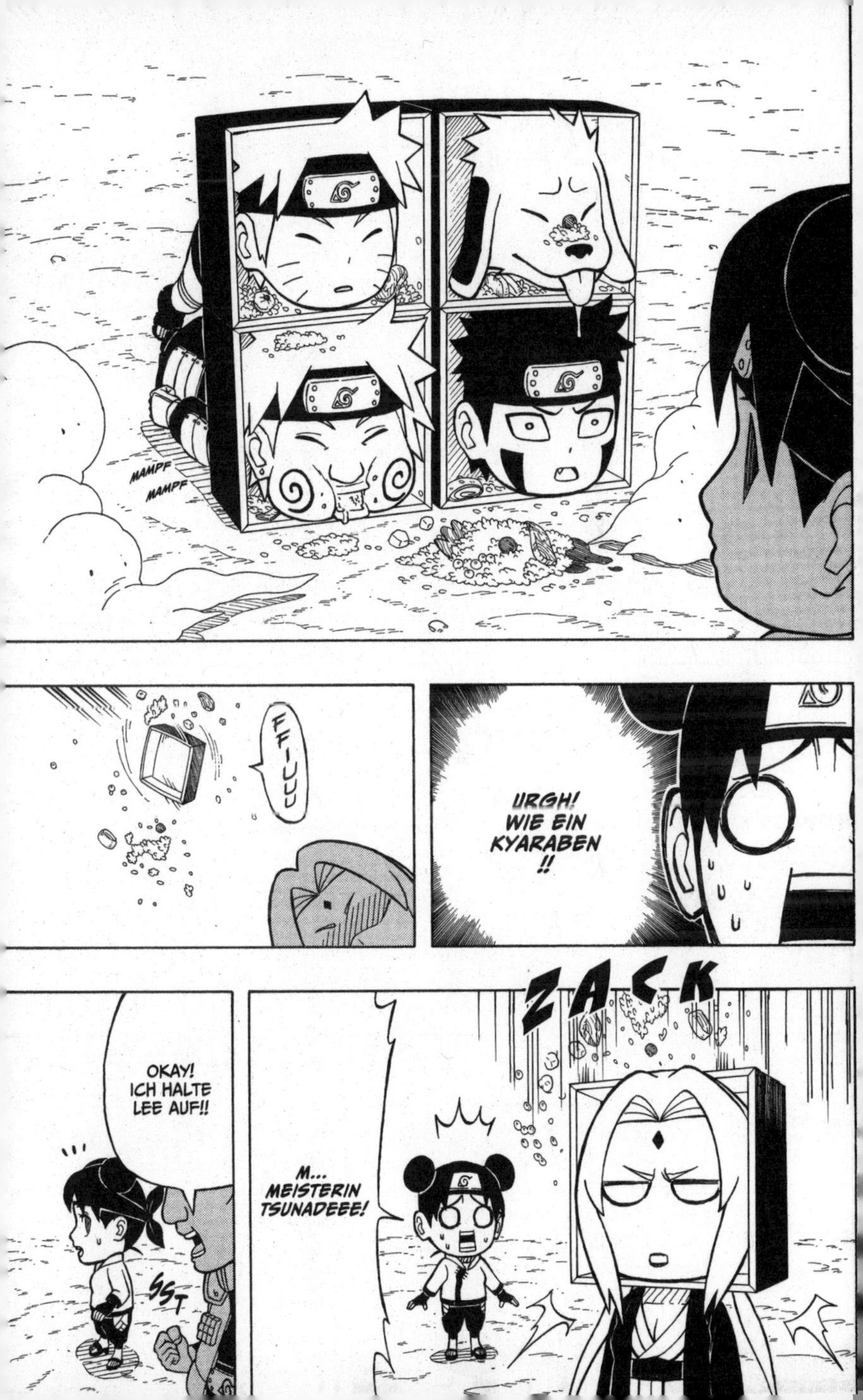
MAMPF
MAMPF
URGH! WIE EIN KYARABEN !!
FFIUUU
ZACK
M... MEISTERIN TSUNADEEE!
OKAY! ICH HALTE LEE AUF!!
SST

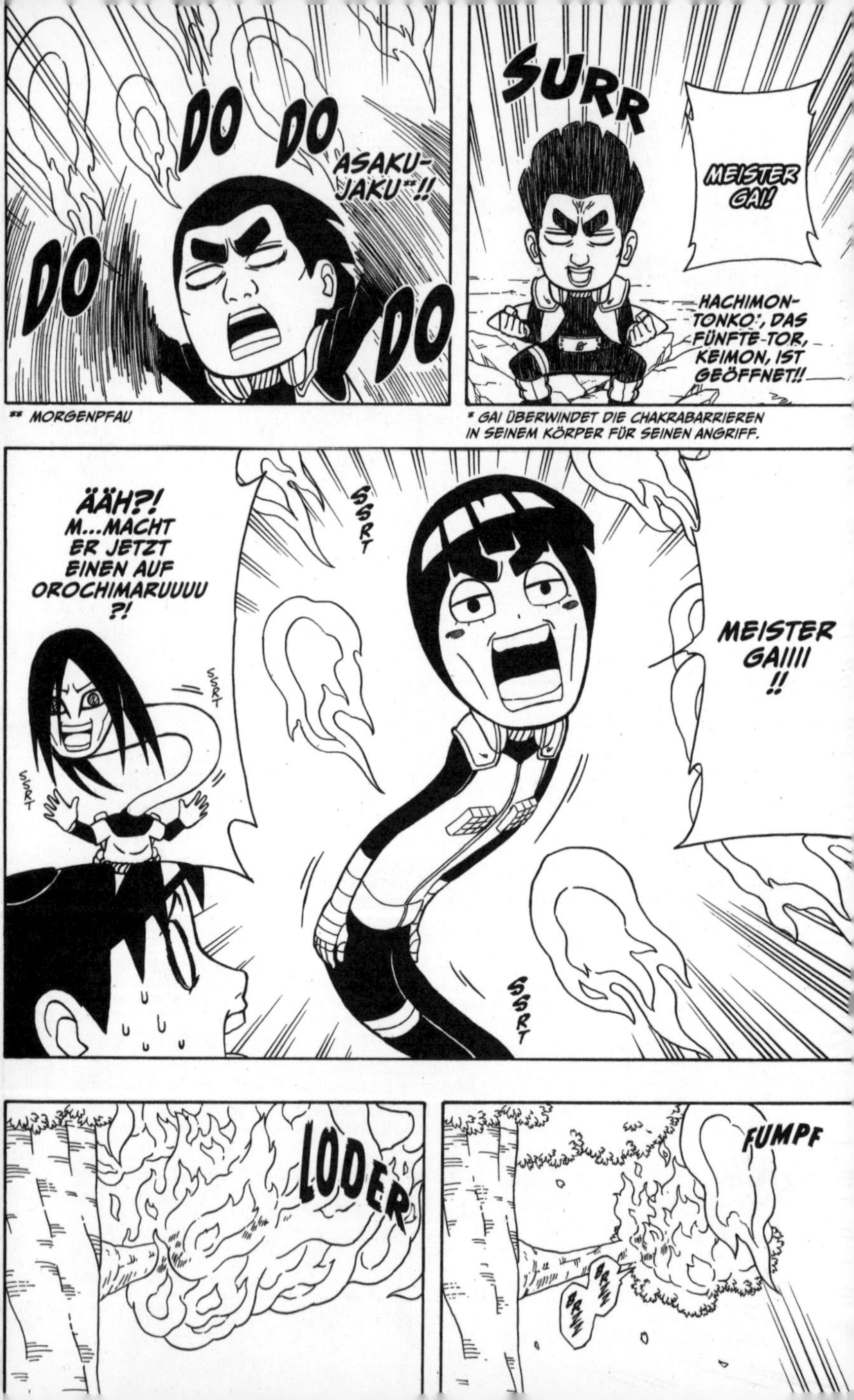

** MORGENPFAU

* GAI ÜBERWINDET DIE CHAKRABARRIEREN IN SEINEM KÖRPER FÜR SEINEN ANGRIFF.

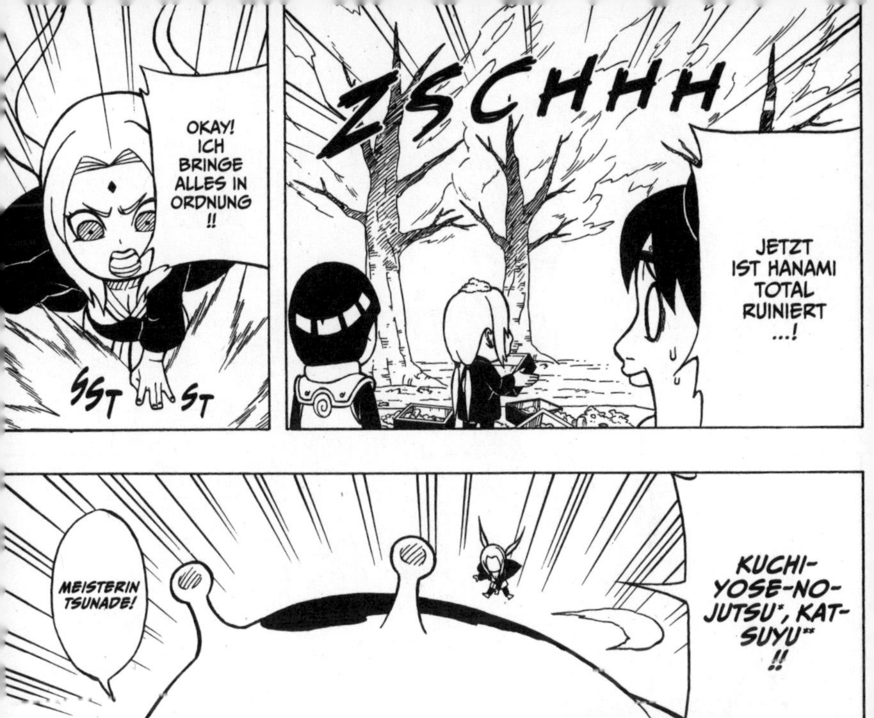

* TIERBESCHWÖRUNG: EIN TIER, MIT DEM MAN EINEN VERTRAG GESCHLOSSEN HAT, WIRD ZUR UNTERSTÜTZUNG HERBEIBESCHWOREN. TSUNADES KUCHIYOSEPARTNER IST DIE NACKTSCHNECKE; ** KATSUYU

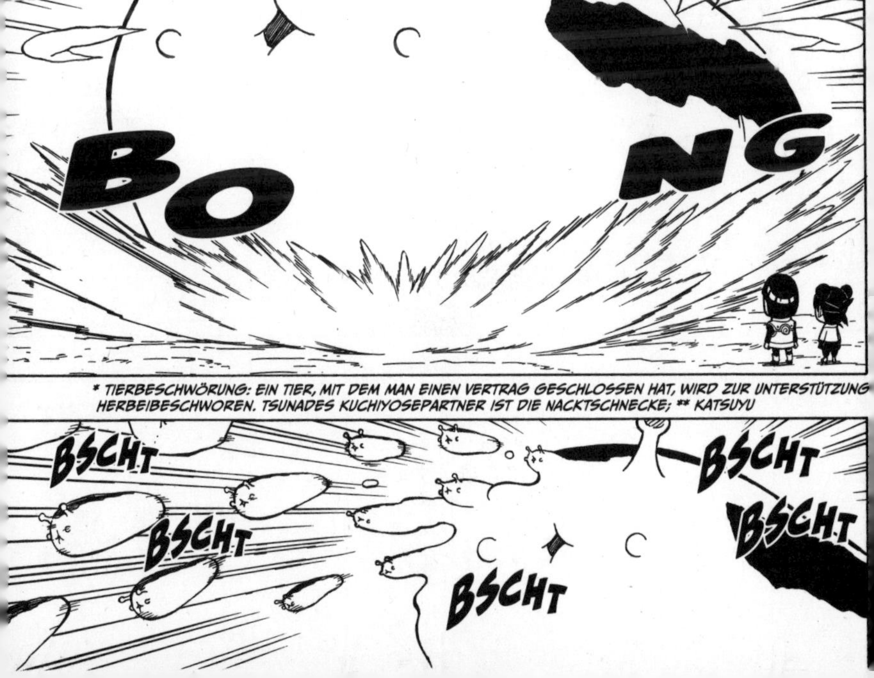

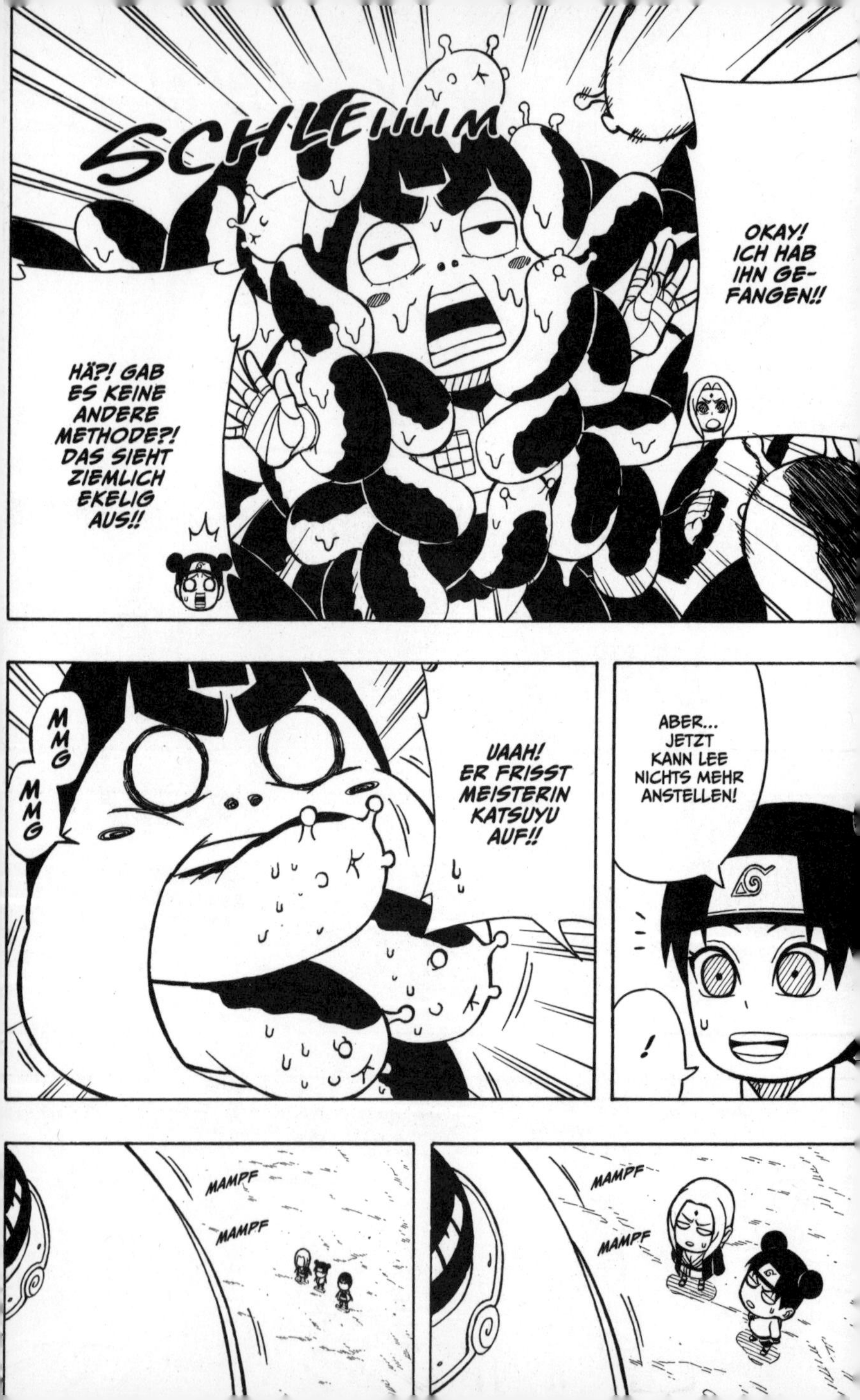
OKAY! ICH HAB IHN GE-FANGEN!!
SCHLEIIIIM
HÄ?! GAB ES KEINE ANDERE METHODE?! DAS SIEHT ZIEMLICH EKELIG AUS!!
ABER... JETZT KANN LEE NICHTS MEHR ANSTELLEN!
UAAH! ER FRISST MEISTERIN KATSUYU AUF!!
MMG MMG
MAMPF
MAMPF
MAMPF
MAMPF

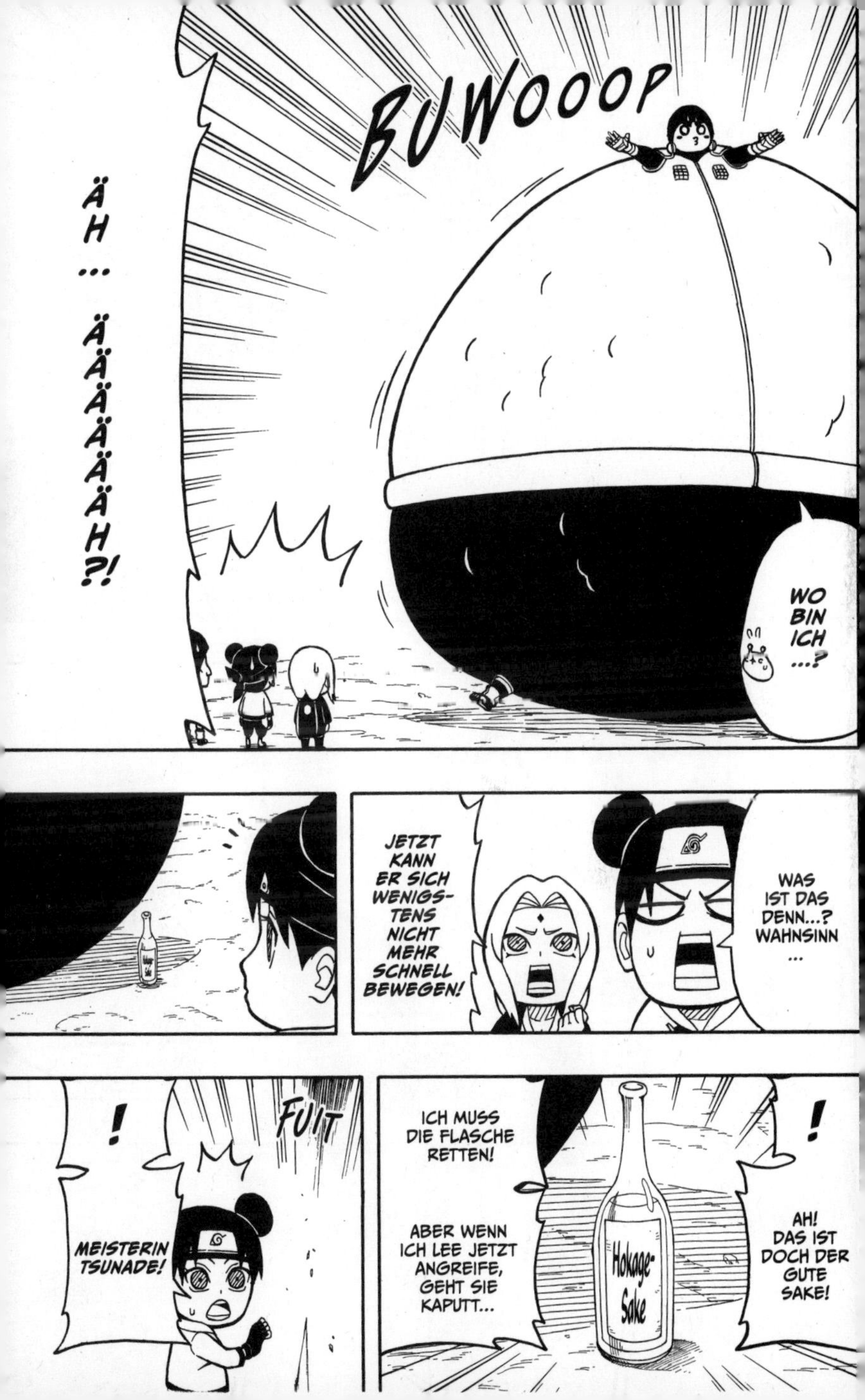
WO BIN ICH ...?
BUWOOOP
ÄH ... ÄÄÄÄÄÄH?!
WAS IST DAS DENN...? WAHNSINN ...
JETZT KANN ER SICH WENIGSTENS NICHT MEHR SCHNELL BEWEGEN!
!
AH! DAS IST DOCH DER GUTE SAKE!
ICH MUSS DIE FLASCHE RETTEN!
ABER WENN ICH LEE JETZT ANGREIFE, GEHT SIE KAPUTT...
Hokage-Sake
FUIT
!
MEISTERIN TSUNADE!

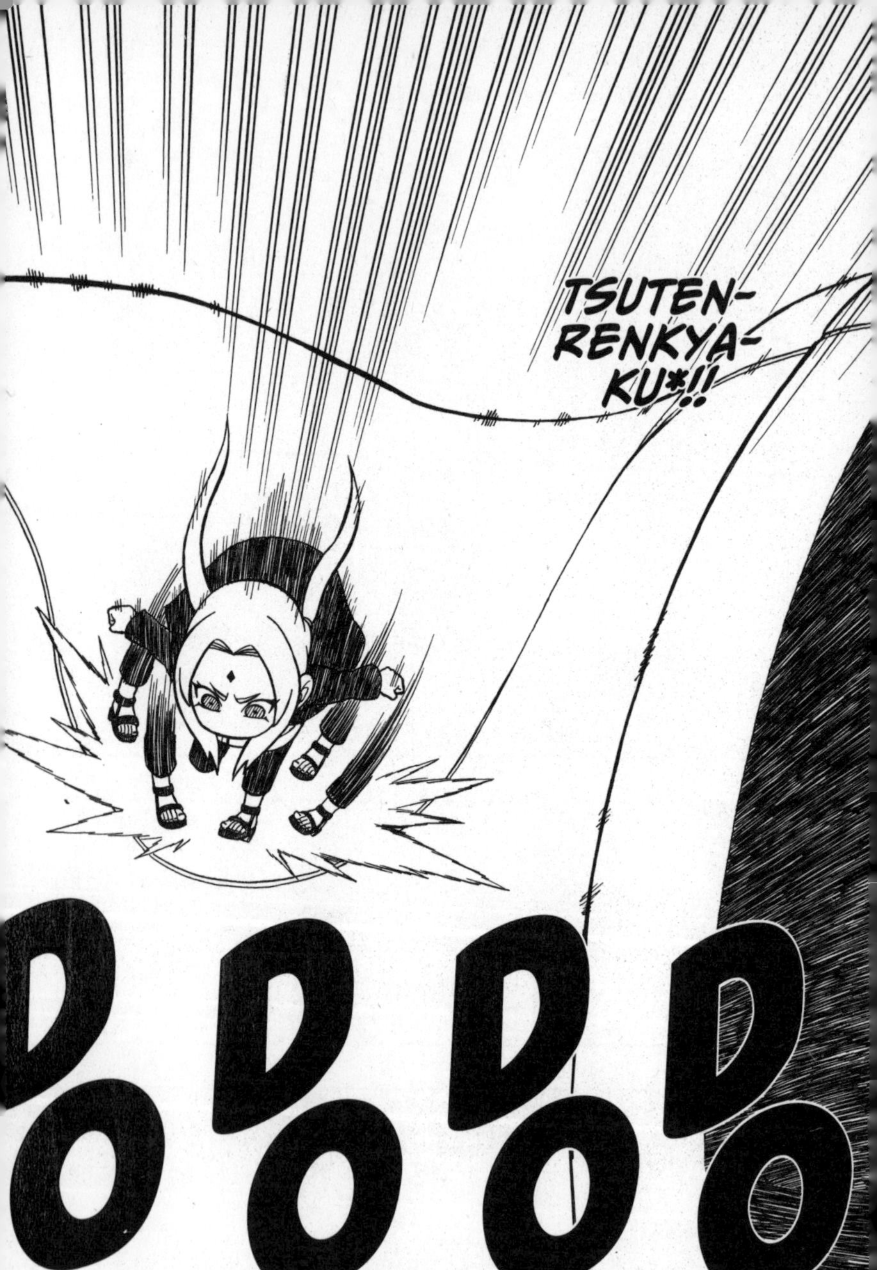

*HARRLICHE SCHMERZENSHIMMELSBEINE: FERSENTRITTE
T GESAMMELTER KÖRPERKRAFT

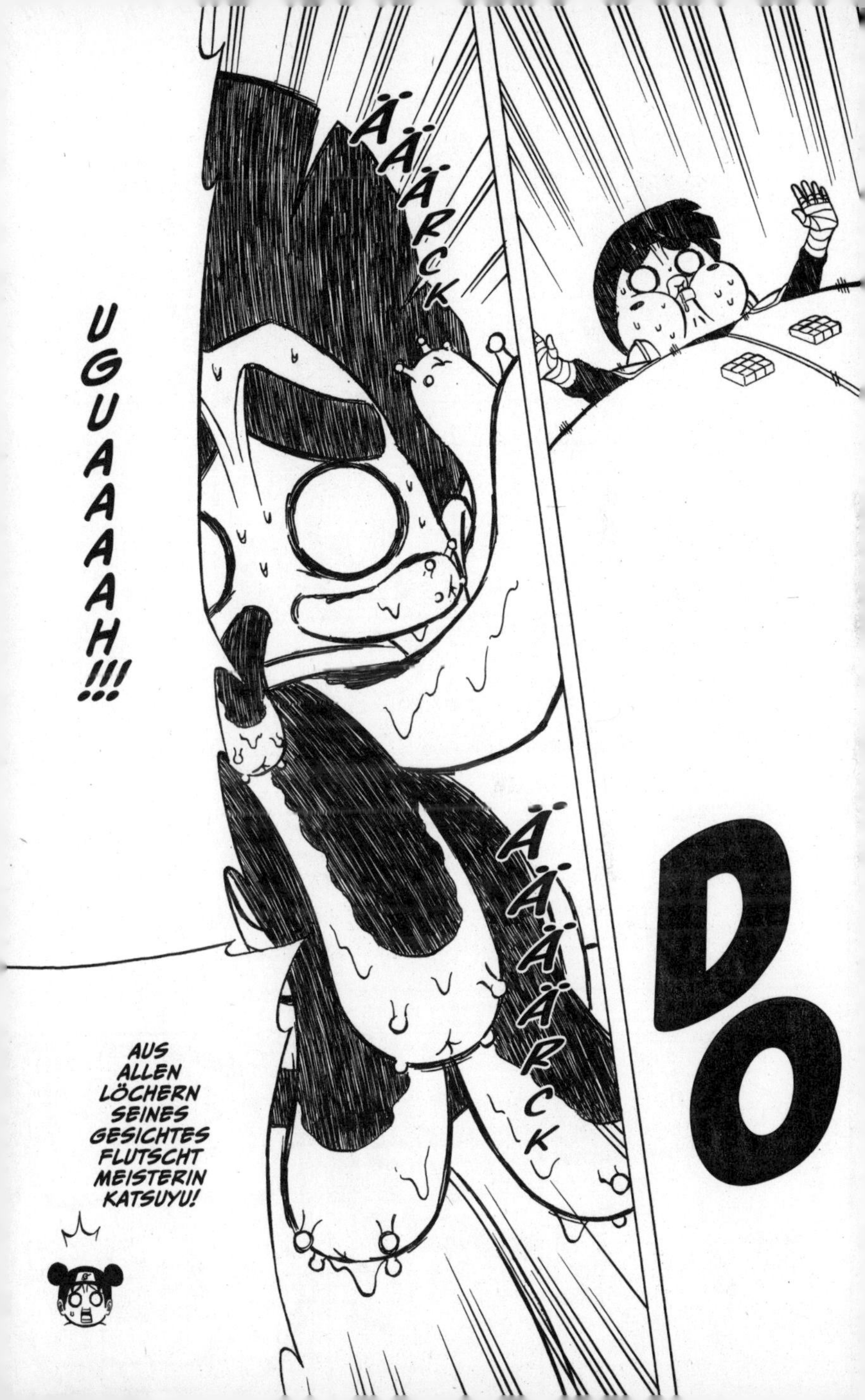
ÄÄÄRCK
UGUAAAAAAH!!!
ÄÄÄÄÄRCK
DO
AUS ALLEN LÖCHERN SEINES GESICHTES FLUTSCHT MEISTERIN KATSUYU!

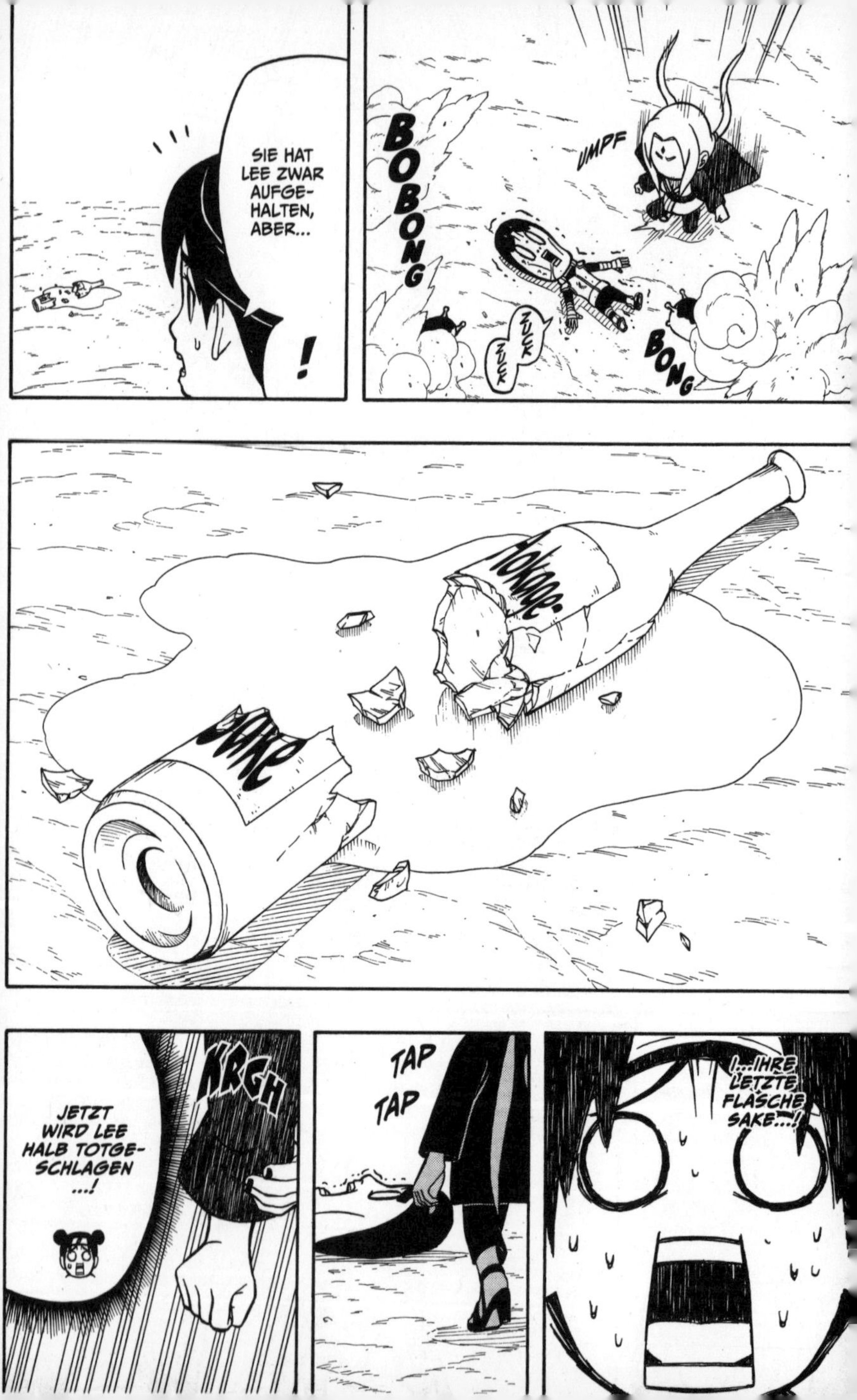
UMPF
BOBONG
ZUCK ZUCK
BONG
SIE HAT LEE ZWAR AUFGE-HALTEN, ABER...
!
Hokage
SAKE
I...IHRE LETZTE FLASCHE SAKE...!
TAP TAP
KRCH
JETZT WIRD LEE HALB TOTGE-SCHLAGEN ...!

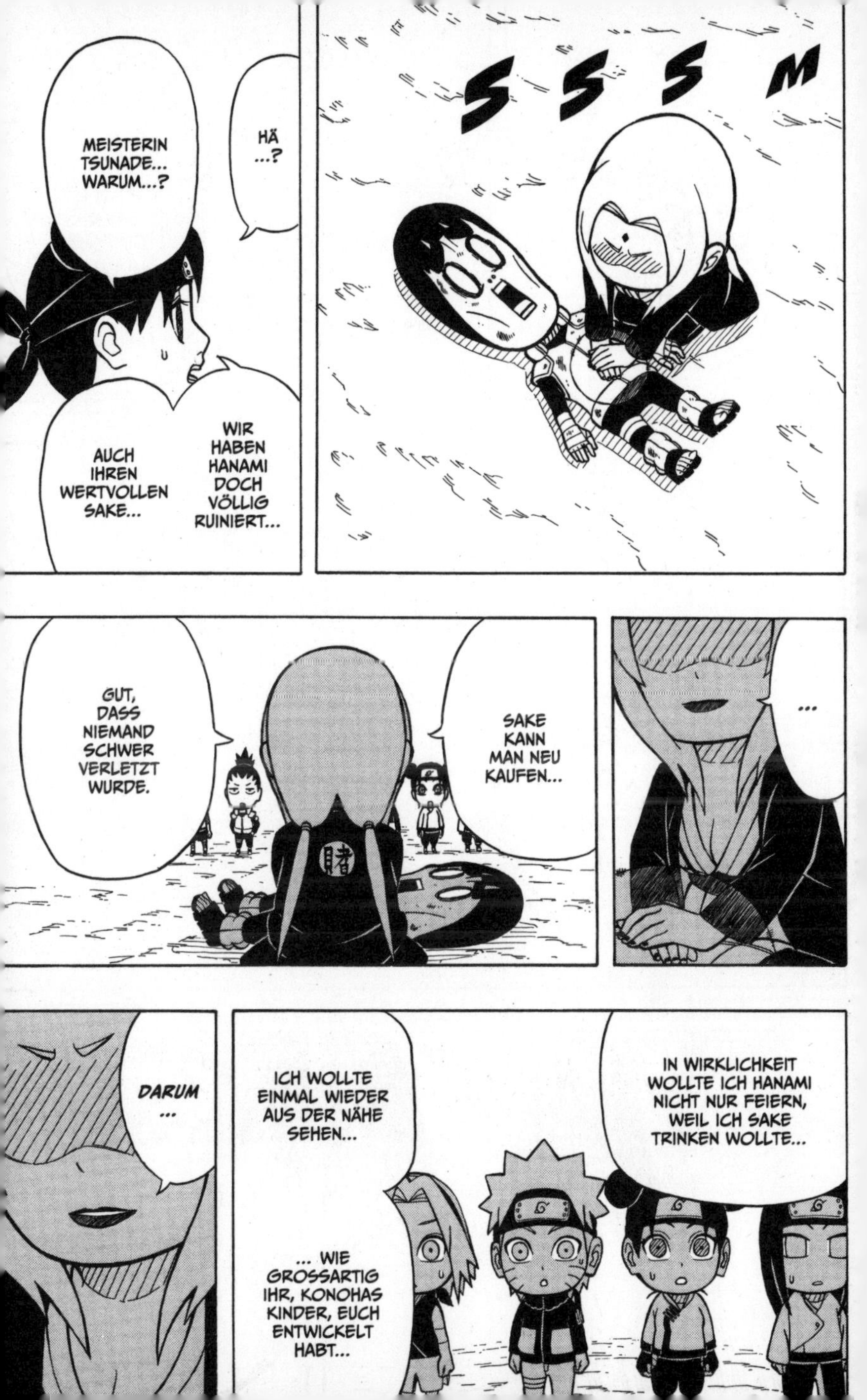
SSSM
HÄ ...?
MEISTERIN TSUNADE... WARUM...?
WIR HABEN HANAMI DOCH VÖLLIG RUINIERT...
AUCH IHREN WERTVOLLEN SAKE...
...
SAKE KANN MAN NEU KAUFEN...
GUT, DASS NIEMAND SCHWER VERLETZT WURDE.
IN WIRKLICHKEIT WOLLTE ICH HANAMI NICHT NUR FEIERN, WEIL ICH SAKE TRINKEN WOLLTE...
ICH WOLLTE EINMAL WIEDER AUS DER NÄHE SEHEN...
... WIE GROSSARTIG IHR, KONOHAS KINDER, EUCH ENTWICKELT HABT...
DARUM ...

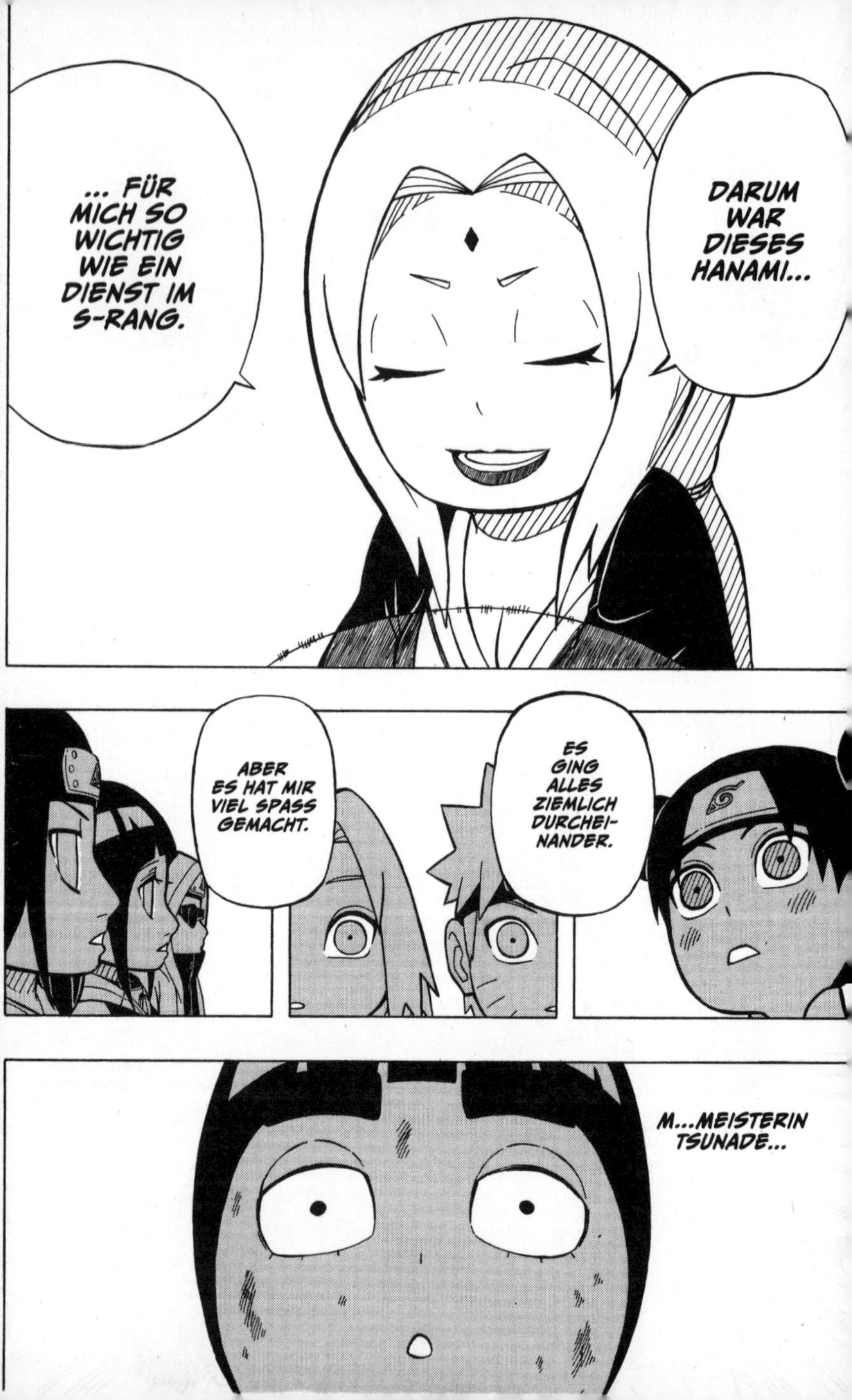
DARUM WAR DIESES HANAMI...
... FÜR MICH SO WICHTIG WIE EIN DIENST IM S-RANG.
ES GING ALLES ZIEMLICH DURCHEI- NANDER.
ABER ES HAT MIR VIEL SPASS GEMACHT.
M...MEISTERIN TSUNADE...

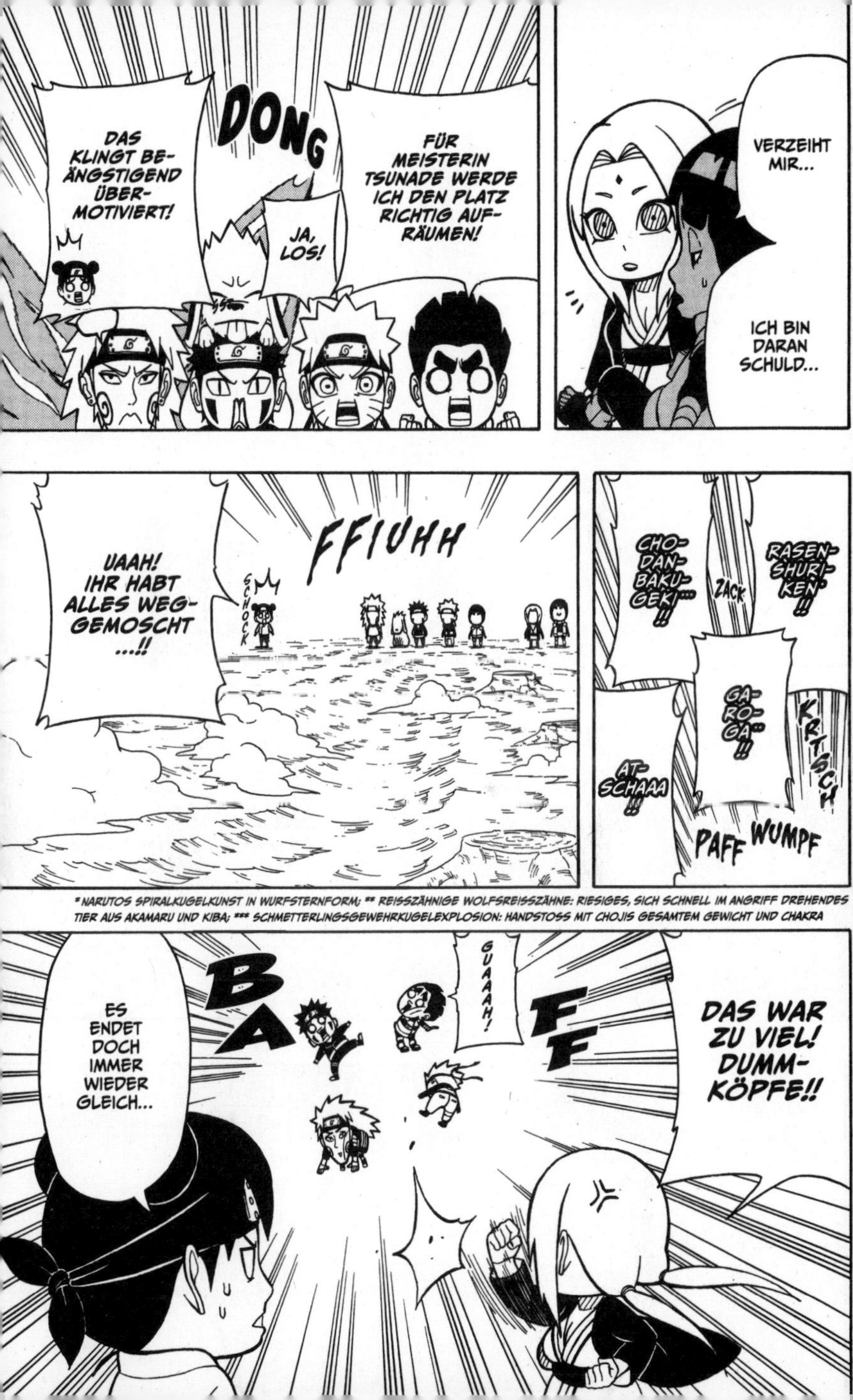

* NARUTOS SPIRALKUGELKUNST IN WURFSTERNFORM; ** REISSZÄHNIGE WOLFSREISSZÄHNE: RIESIGES, SICH SCHNELL IM ANGRIFF DREHENDES TIER AUS AKAMARU UND KIBA; *** SCHMETTERLINGSGEWEHRKUGELEXPLOSION: HANDSTOSS MIT CHOJIS GESAMTEM GEWICHT UND CHAKRA

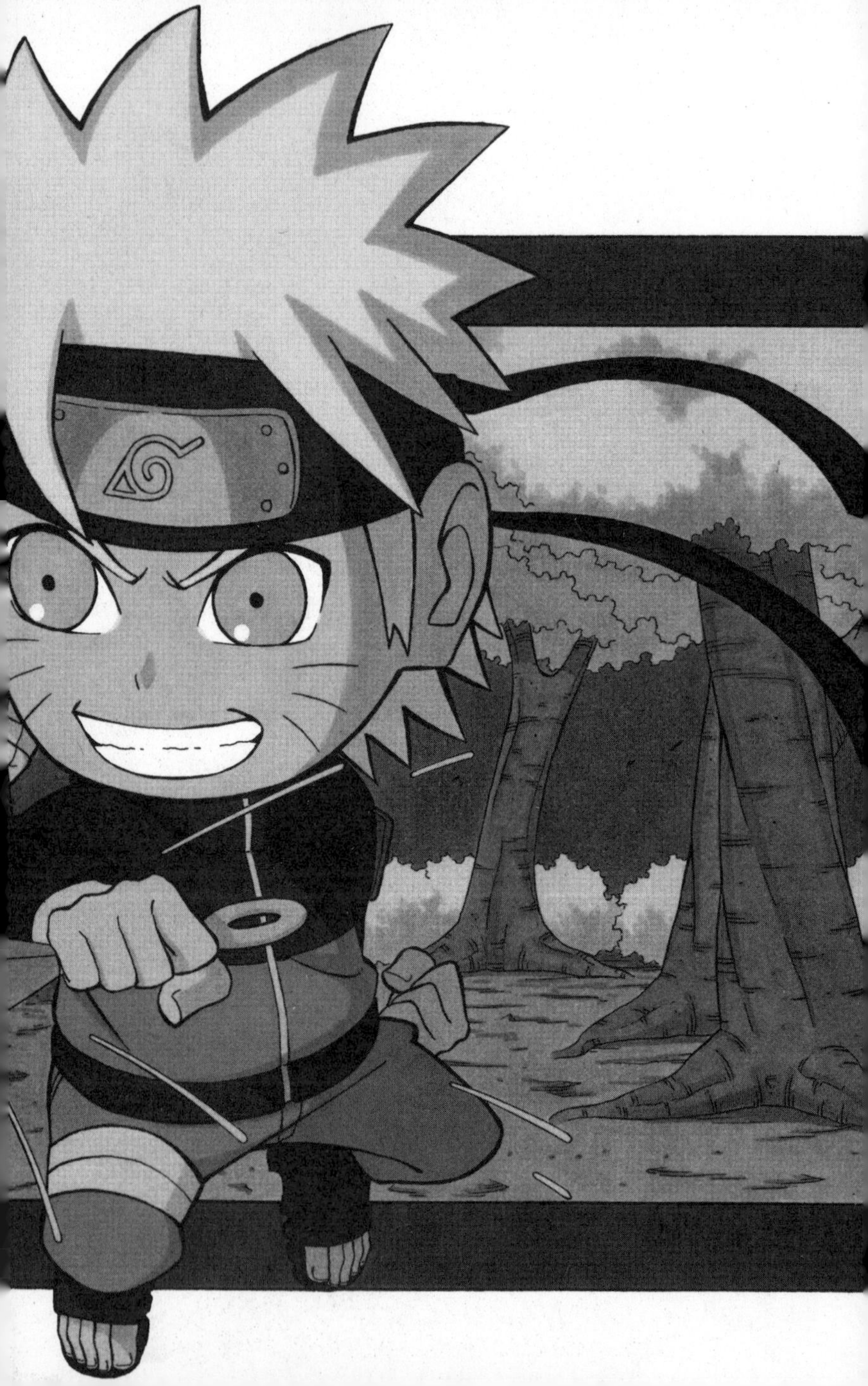

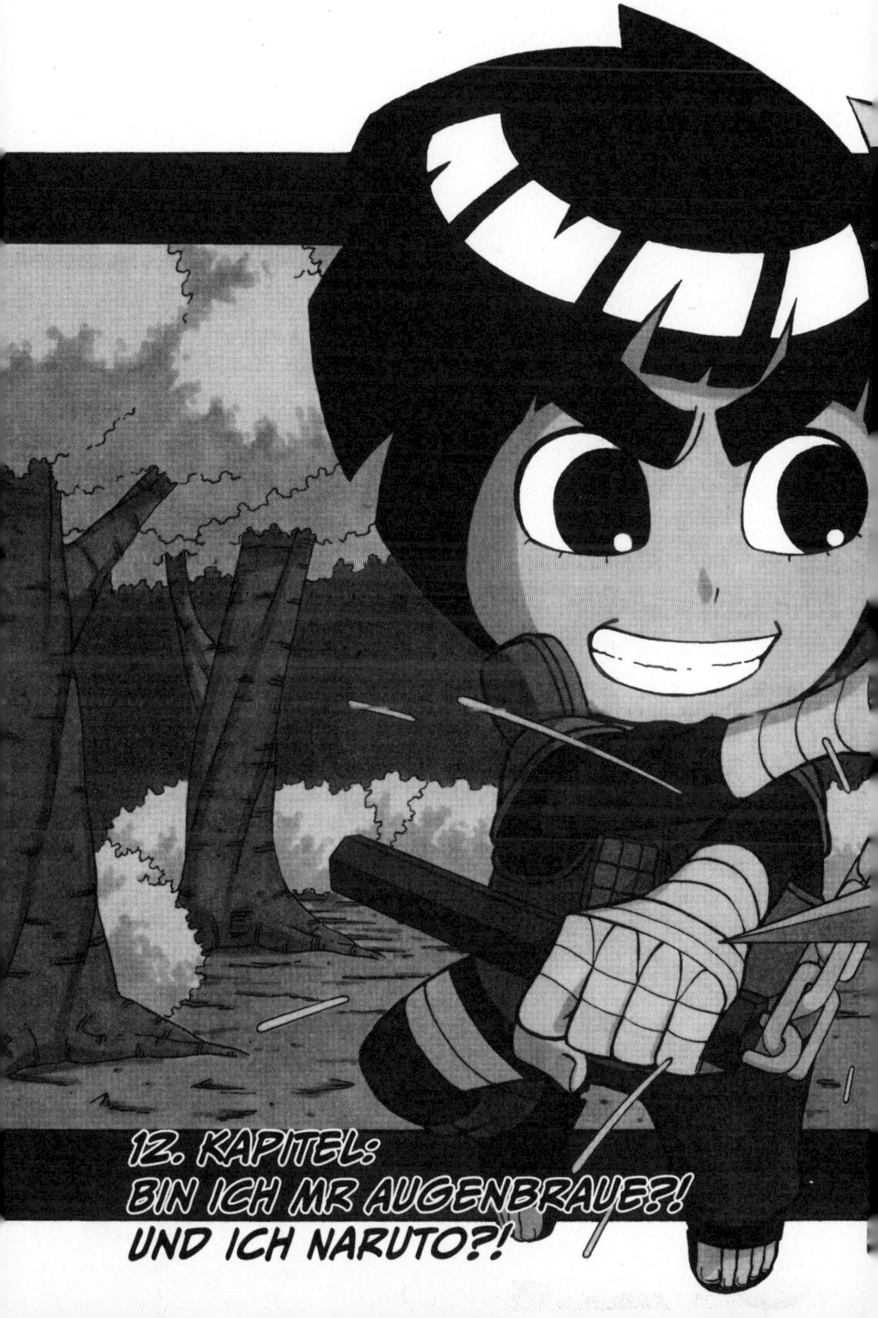
12. KAPITEL:
BIN ICH MR AUGENBRAUE?!
UND ICH NARUTO?!

ROCK LEE

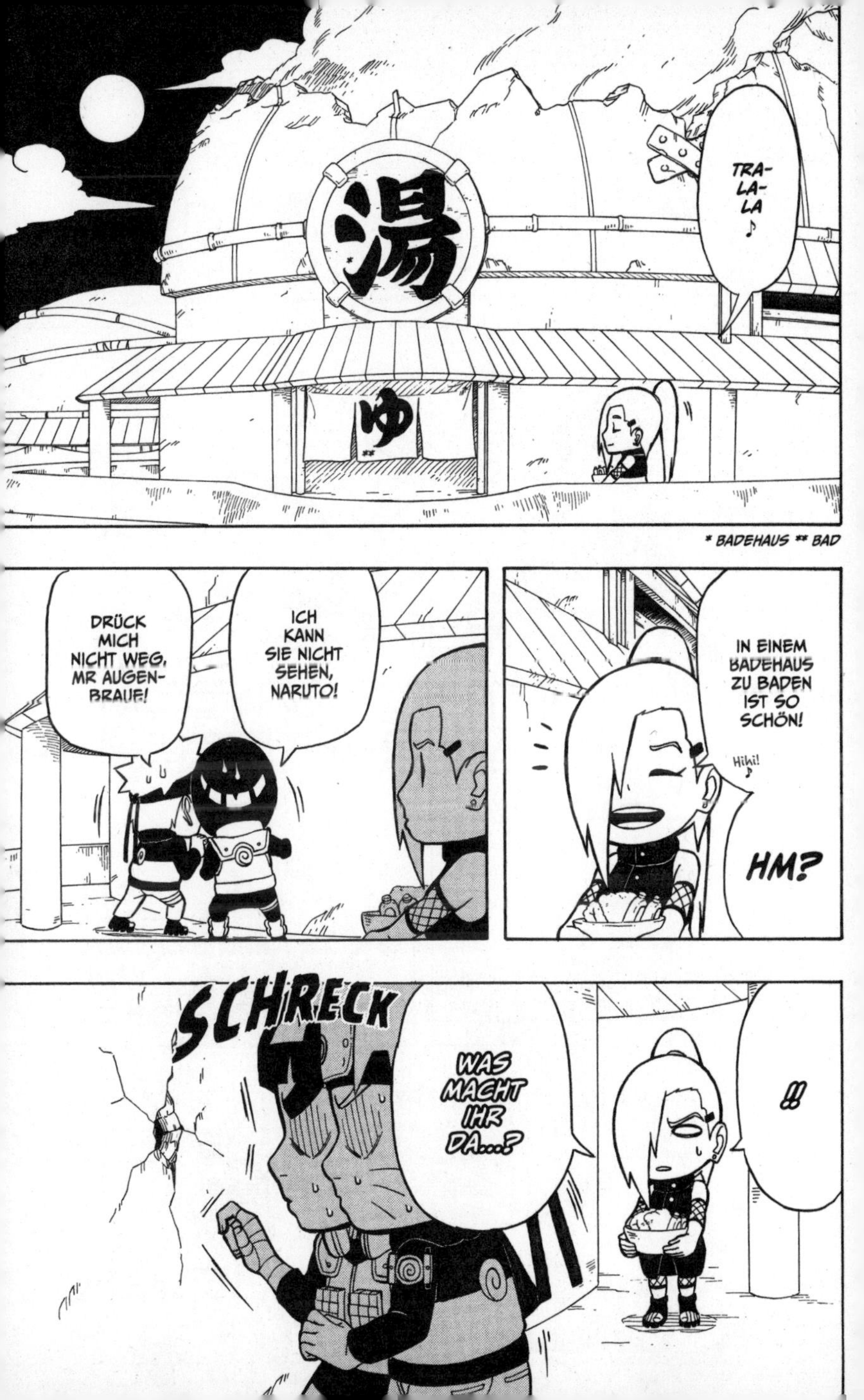
TRA-
LA-
LA ♪
* BADEHAUS ** BAD
IN EINEM BADEHAUS ZU BADEN IST SO SCHÖN!
Hihi! ♪
HM?
ICH KANN SIE NICHT SEHEN, NARUTO!
DRÜCK MICH NICHT WEG, MR AUGENBRAUE!
!!
WAS MACHT IHR DA...?
SCHRECK

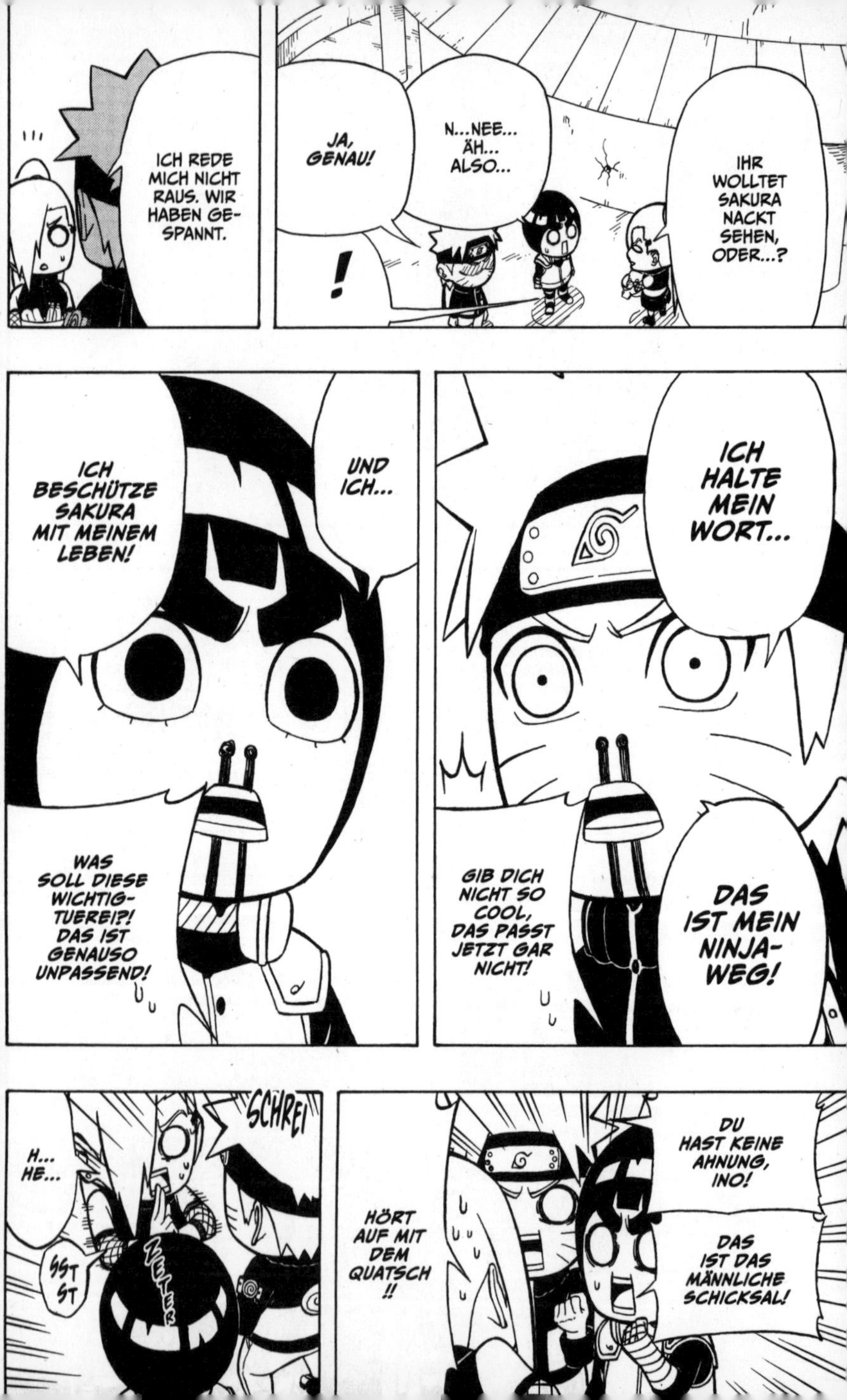
IHR WOLLTET SAKURA NACKT SEHEN, ODER...?
N...NEE... ÄH... ALSO...
JA, GENAU!
!
ICH REDE MICH NICHT RAUS. WIR HABEN GE-SPANNT.
ICH HALTE MEIN WORT...
DAS IST MEIN NINJA-WEG!
GIB DICH NICHT SO COOL, DAS PASST JETZT GAR NICHT!
UND ICH...
ICH BESCHÜTZE SAKURA MIT MEINEM LEBEN!
WAS SOLL DIESE WICHTIG-TUEREI?! DAS IST GENAUSO UNPASSEND!
DU HAST KEINE AHNUNG, INO!
DAS IST DAS MÄNNLICHE SCHICKSAL!
HÖRT AUF MIT DEM QUATSCH!!
SCHREI
H... HE...
ZETER
SST ST

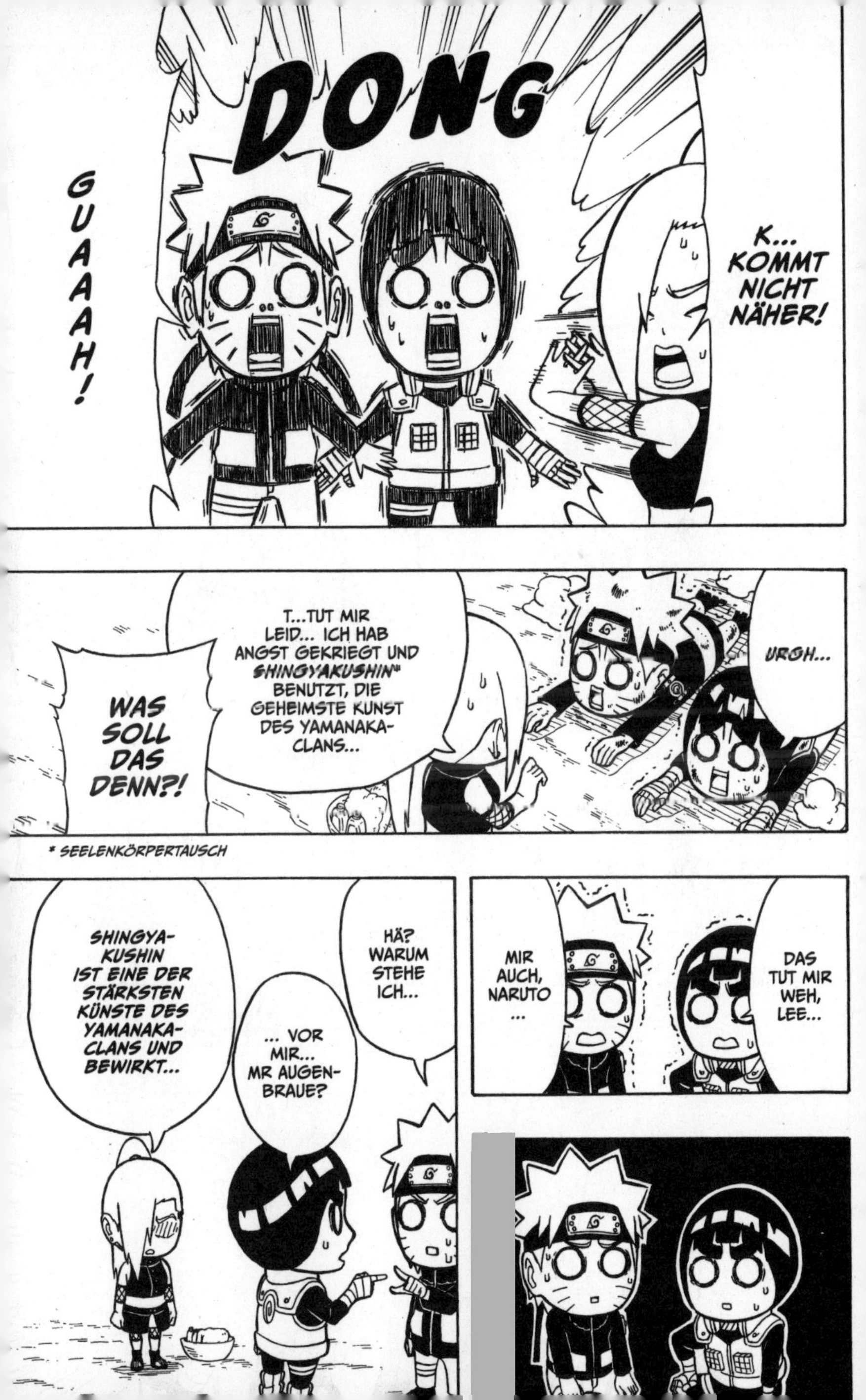
DONG
K... KOMMT NICHT NÄHER!
GUAAAAH!
URGH...
T...TUT MIR LEID... ICH HAB ANGST GEKRIEGT UND SHINGYAKUSHIN* BENUTZT, DIE GEHEIMSTE KUNST DES YAMANAKA-CLANS...
WAS SOLL DAS DENN?!
* SEELENKÖRPERTAUSCH
DAS TUT MIR WEH, LEE...
MIR AUCH, NARUTO ...
HÄ? WARUM STEHE ICH...
... VOR MIR... MR AUGENBRAUE?
SHINGYAKUSHIN IST EINE DER STÄRKSTEN KÜNSTE DES YAMANAKA-CLANS UND BEWIRKT...

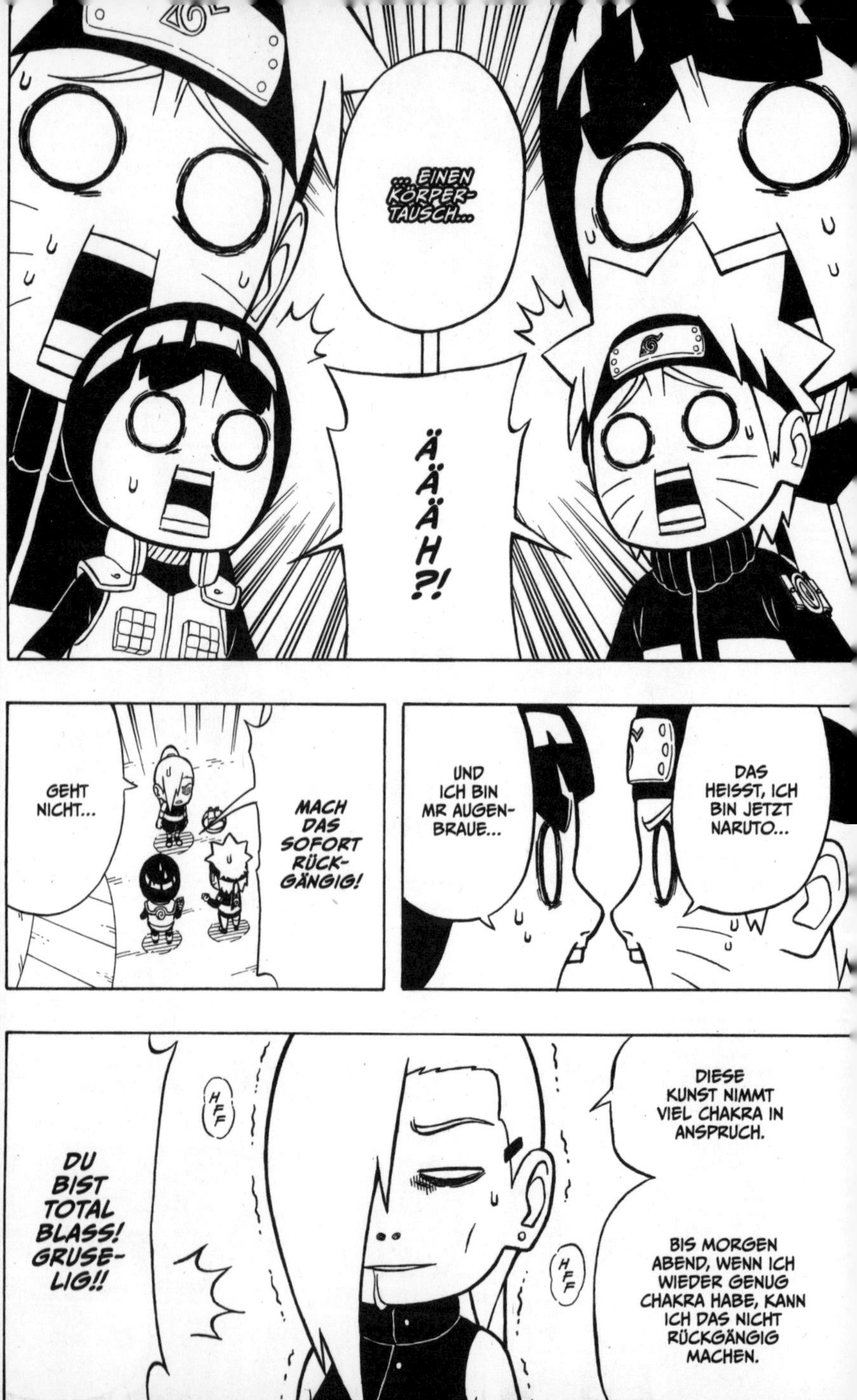
...EINEN KÖRPER-TAUSCH...
ÄÄÄH?!
DAS HEISST, ICH BIN JETZT NARUTO...
UND ICH BIN MR AUGEN-BRAUE...
MACH DAS SOFORT RÜCK-GÄNGIG!
GEHT NICHT...
DIESE KUNST NIMMT VIEL CHAKRA IN ANSPRUCH.
BIS MORGEN ABEND, WENN ICH WIEDER GENUG CHAKRA HABE, KANN ICH DAS NICHT RÜCKGÄNGIG MACHEN.
HFF
HFF
DU BIST TOTAL BLASS! GRUSE-LIG!!

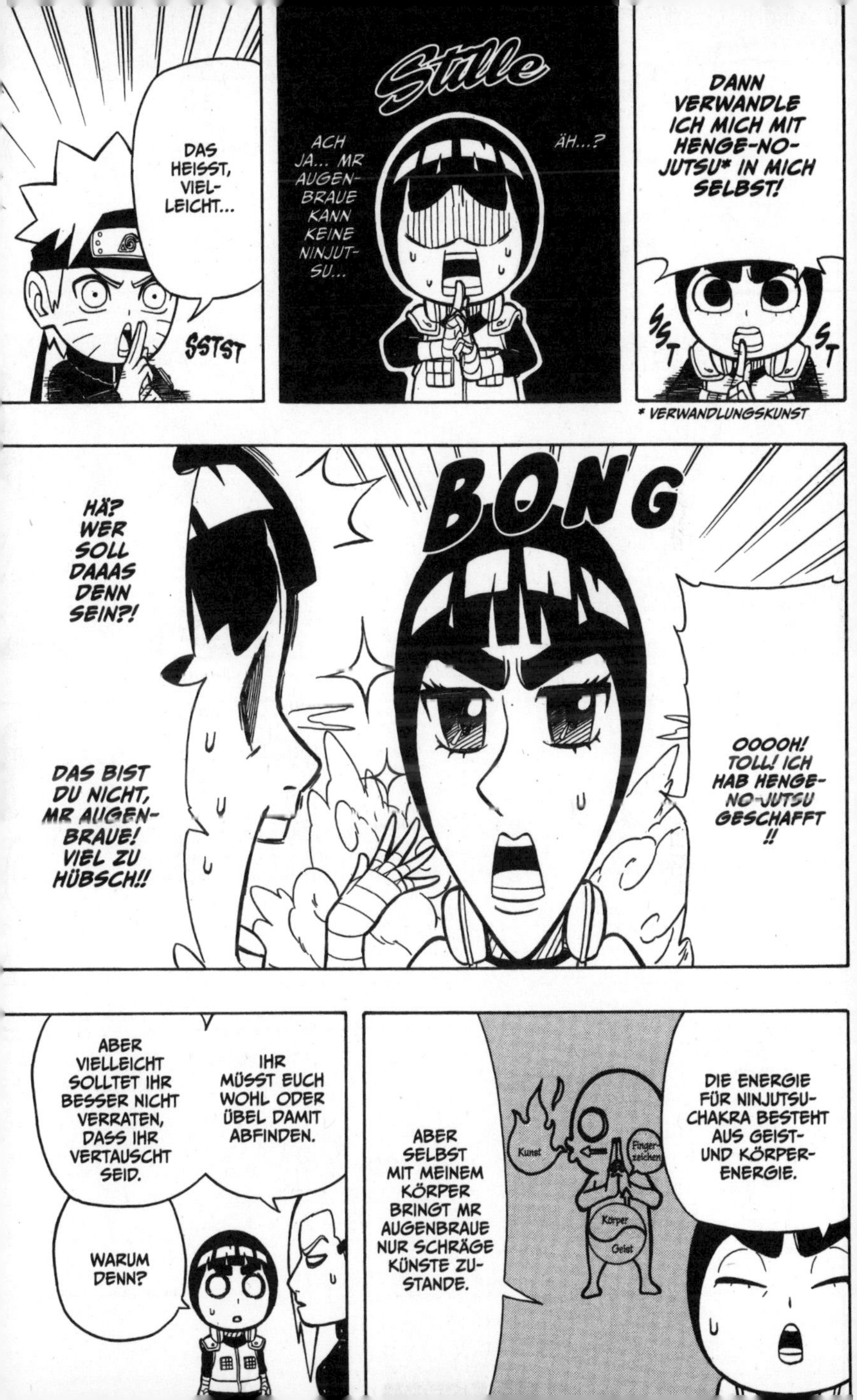

* VERWANDLUNGSKUNST

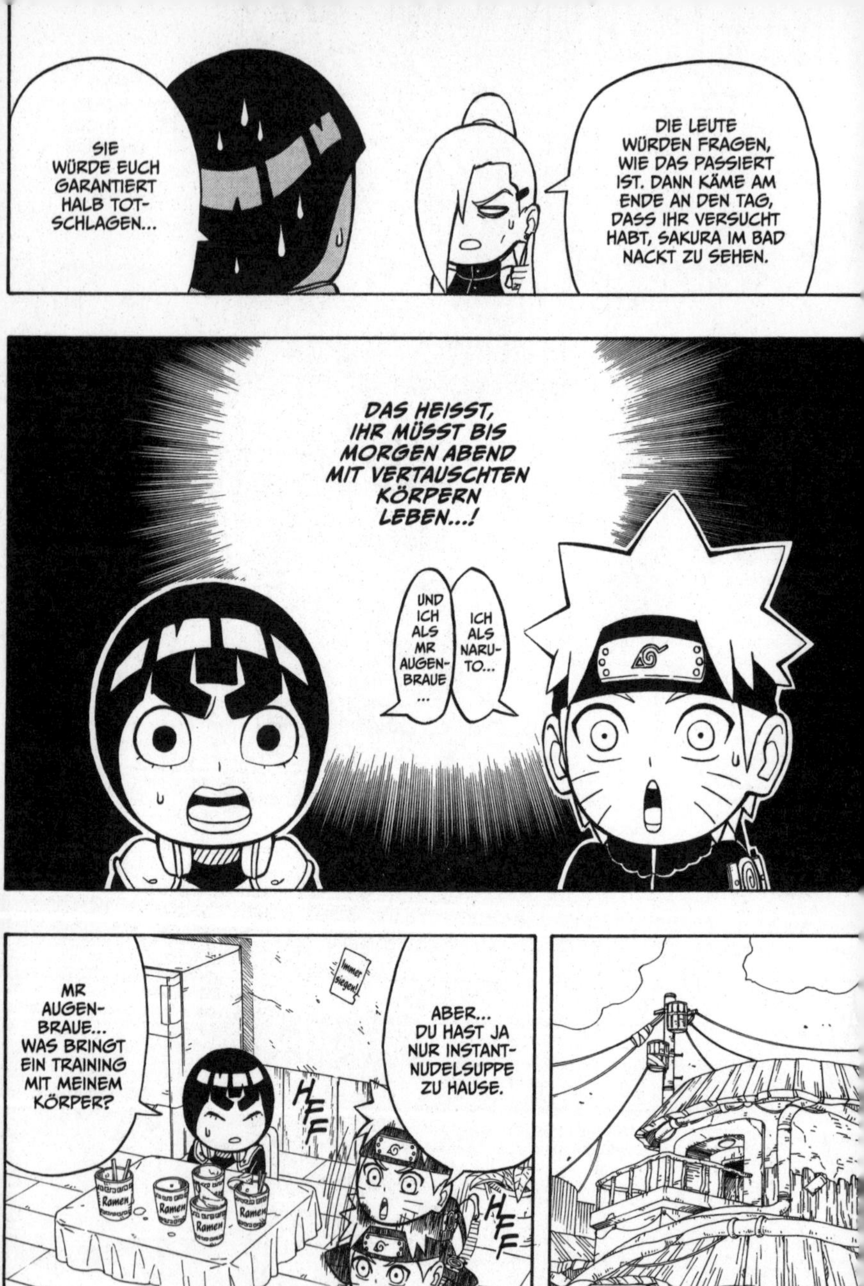

DIE LEUTE WÜRDEN FRAGEN, WIE DAS PASSIERT IST. DANN KÄME AM ENDE AN DEN TAG, DASS IHR VERSUCHT HABT, SAKURA IM BAD NACKT ZU SEHEN.
SIE WÜRDE EUCH GARANTIERT HALB TOT-SCHLAGEN...
DAS HEISST, IHR MÜSST BIS MORGEN ABEND MIT VERTAUSCHTEN KÖRPERN LEBEN...!
ICH ALS NARU-TO...
UND ICH ALS MR AUGEN-BRAUE ...
Immer siegen!
ABER... DU HAST JA NUR INSTANT-NUDELSUPPE ZU HAUSE.
HFF
HFF
MR AUGEN-BRAUE... WAS BRINGT EIN TRAINING MIT MEINEM KÖRPER?
Ramen
Ramen
Ramen
Ramen

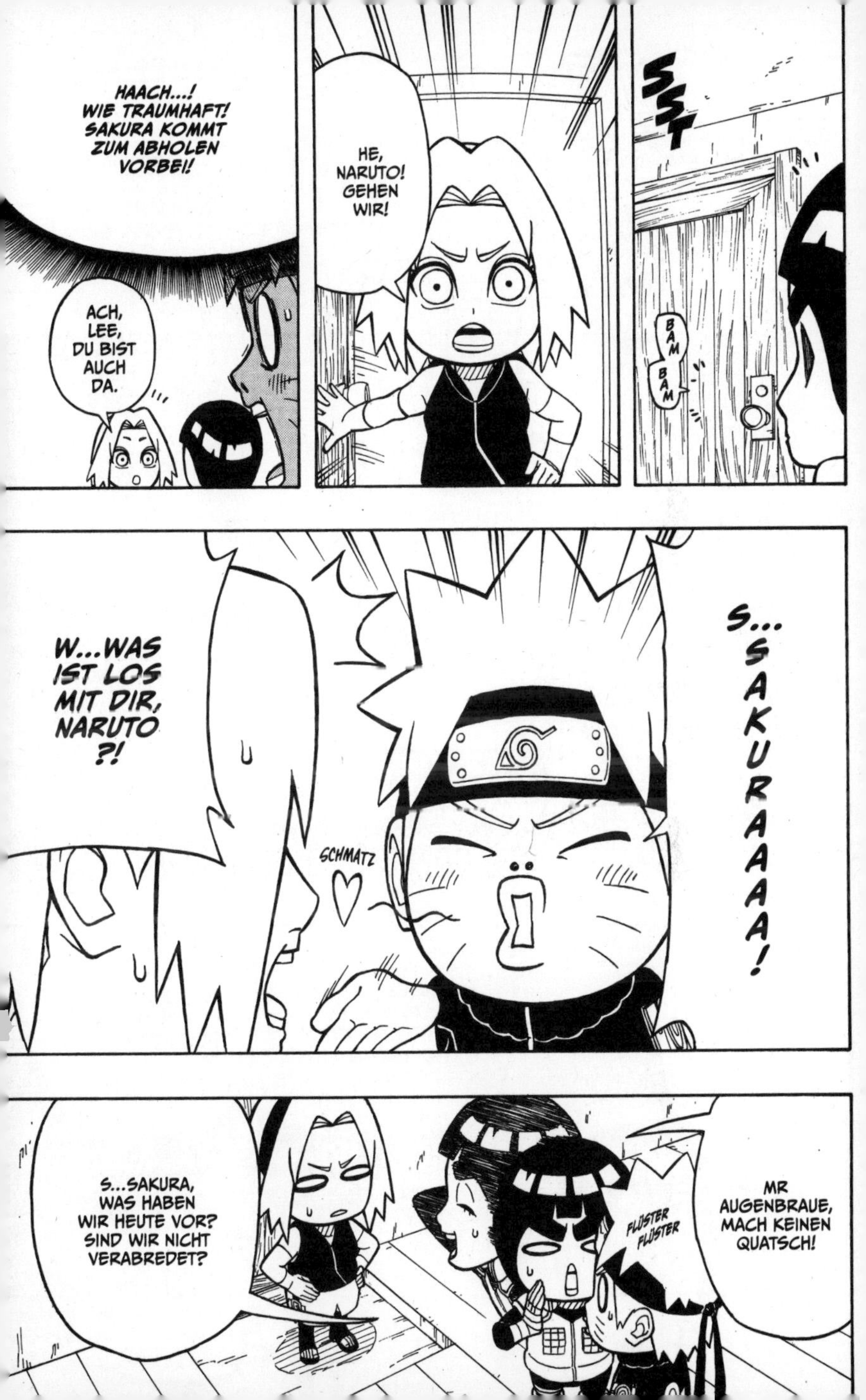
SST
BAM BAM
HE, NARUTO! GEHEN WIR!
HAACH...! WIE TRAUMHAFT! SAKURA KOMMT ZUM ABHOLEN VORBEI!
ACH, LEE, DU BIST AUCH DA.
S... SAKURAAAAA!
SCHMATZ
W...WAS IST LOS MIT DIR, NARUTO ?!
MR AUGENBRAUE, MACH KEINEN QUATSCH!
FLÜSTER FLÜSTER
S...SAKURA, WAS HABEN WIR HEUTE VOR? SIND WIR NICHT VERABREDET?

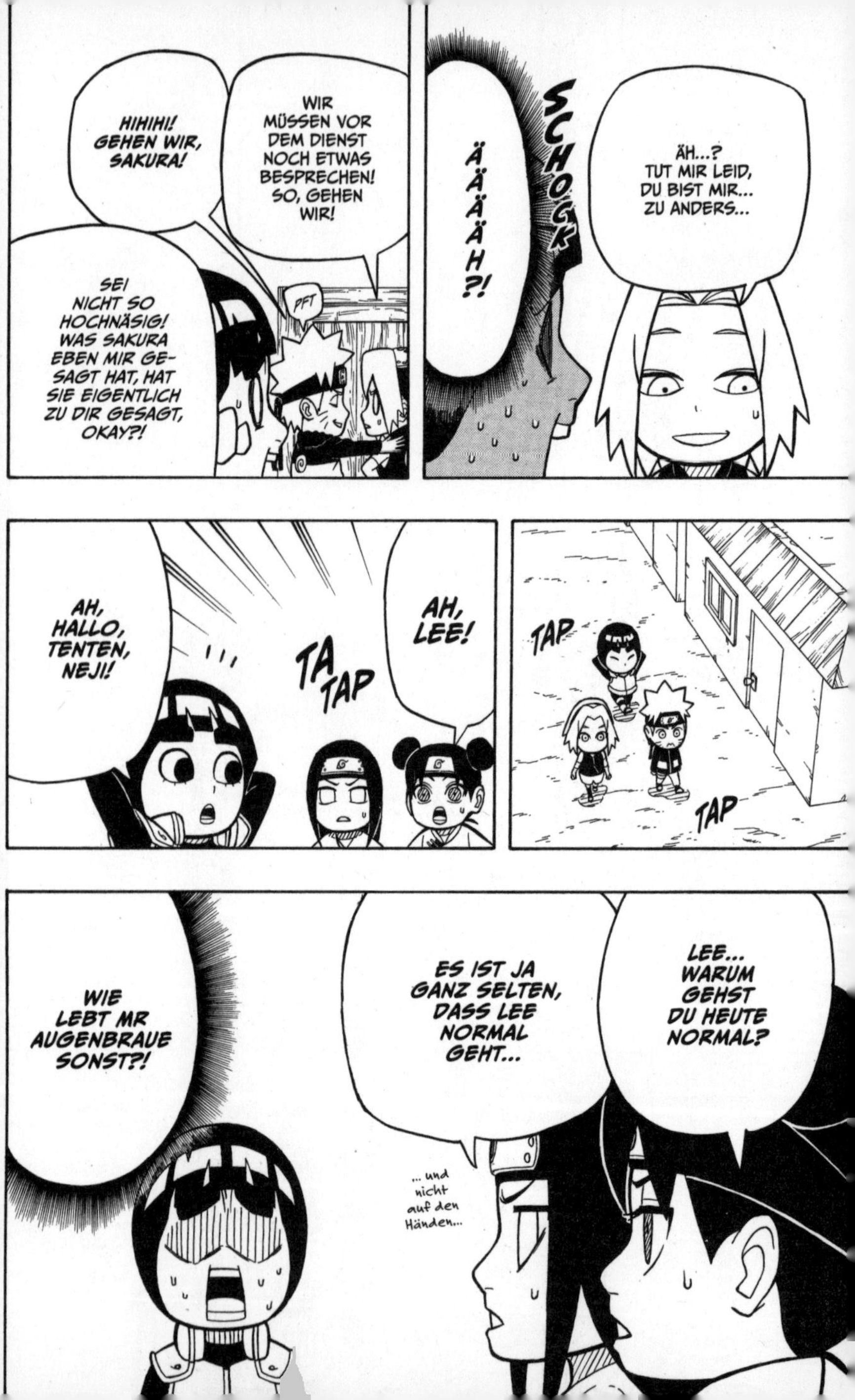

ÄH...? TUT MIR LEID, DU BIST MIR... ZU ANDERS...
SCHOCK
ÄÄÄÄH?!
WIR MÜSSEN VOR DEM DIENST NOCH ETWAS BESPRECHEN! SO, GEHEN WIR!
HIHIHI! GEHEN WIR, SAKURA!
PFT
SEI NICHT SO HOCHNÄSIG! WAS SAKURA EBEN MIR GESAGT HAT, HAT SIE EIGENTLICH ZU DIR GESAGT, OKAY?!
TAP
TAP
AH, LEE!
TA TAP
AH, HALLO, TENTEN, NEJI!
LEE... WARUM GEHST DU HEUTE NORMAL?
ES IST JA GANZ SELTEN, DASS LEE NORMAL GEHT...
... und nicht auf den Händen...
WIE LEBT MR AUGENBRAUE SONST?!

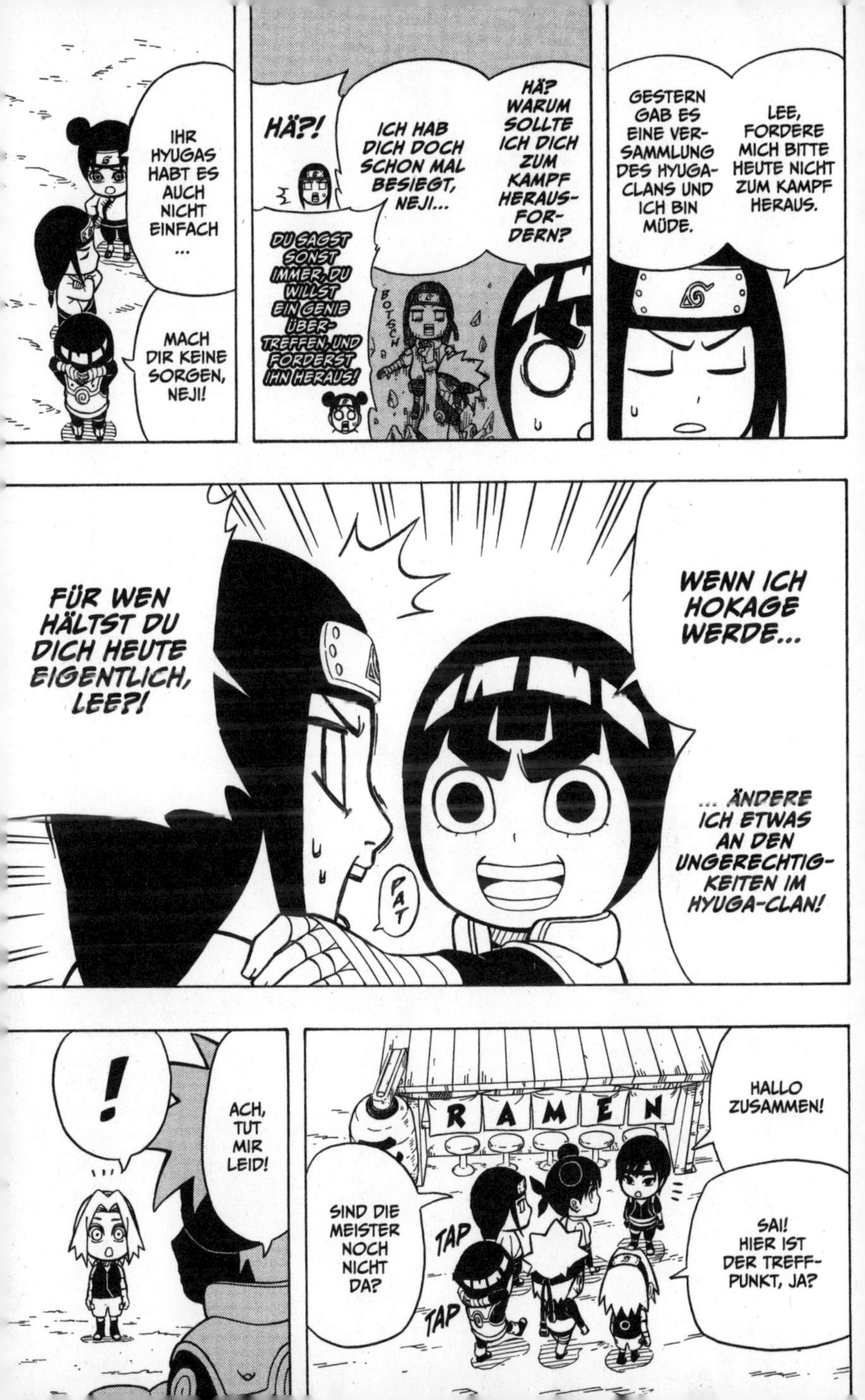
LEE, FORDERE MICH BITTE HEUTE NICHT ZUM KAMPF HERAUS.
GESTERN GAB ES EINE VERSAMMLUNG DES HYUGA-CLANS UND ICH BIN MÜDE.
HÄ? WARUM SOLLTE ICH DICH ZUM KAMPF HERAUSFORDERN?
ICH HAB DICH DOCH SCHON MAL BESIEGT, NEJI...
HÄ?!
DU SAGST SONST IMMER, DU WILLST EIN GENIE ÜBERTREFFEN, UND FORDERST IHN HERAUS!
BOTSCH
IHR HYUGAS HABT ES AUCH NICHT EINFACH ...
MACH DIR KEINE SORGEN, NEJI!
WENN ICH HOKAGE WERDE...
... ÄNDERE ICH ETWAS AN DEN UNGERECHTIGKEITEN IM HYUGA-CLAN!
PAT
FÜR WEN HÄLTST DU DICH HEUTE EIGENTLICH, LEE?!
HALLO ZUSAMMEN!
RAMEN
SAI! HIER IST DER TREFFPUNKT, JA?
SIND DIE MEISTER NOCH NICHT DA?
TAP
TAP
ACH, TUT MIR LEID!
!

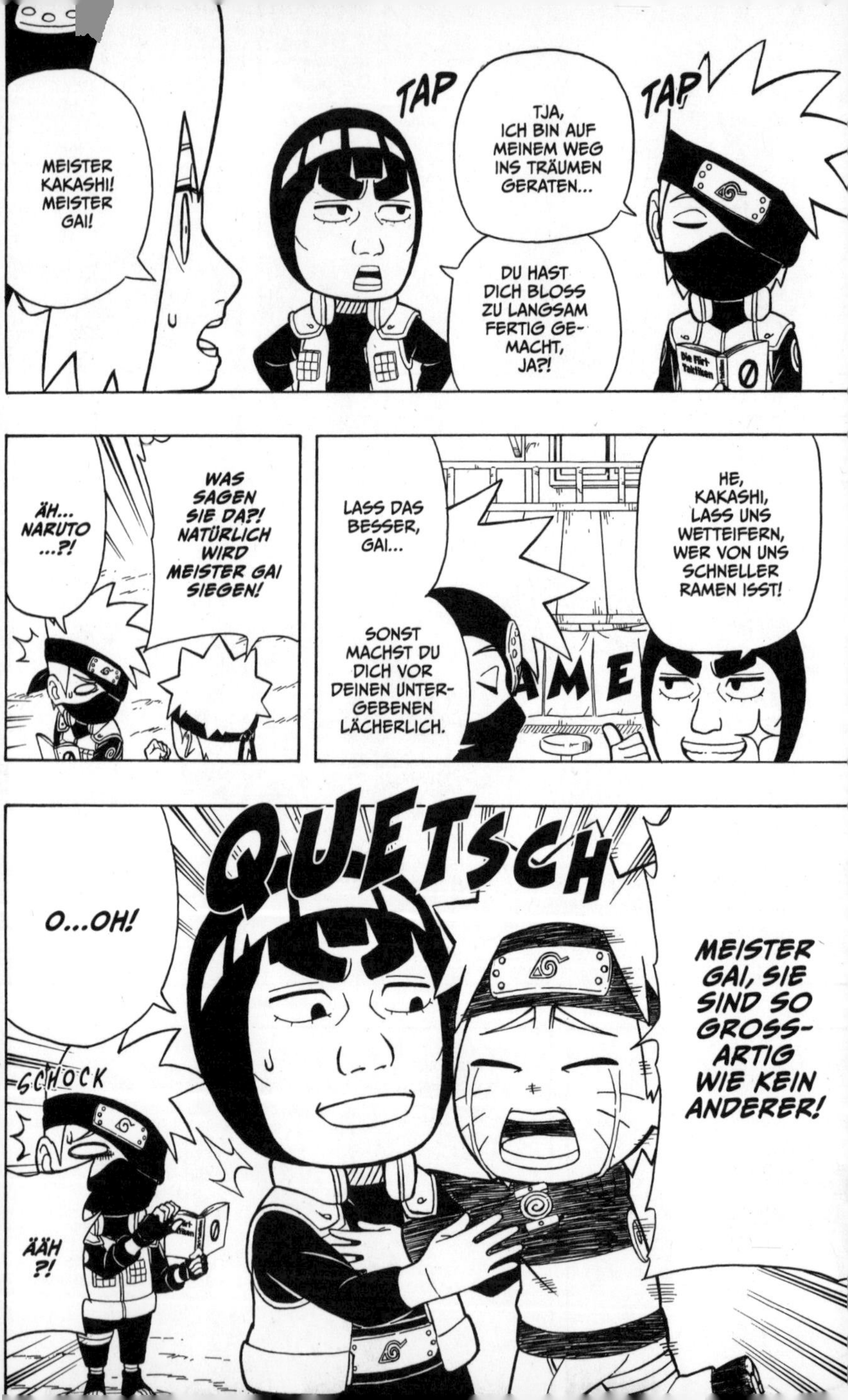
TAP
TAP
TJA, ICH BIN AUF MEINEM WEG INS TRÄUMEN GERATEN...
DU HAST DICH BLOSS ZU LANGSAM FERTIG GE-MACHT, JA?!
MEISTER KAKASHI! MEISTER GAI!
HE, KAKASHI, LASS UNS WETTEIFERN, WER VON UNS SCHNELLER RAMEN ISST!
LASS DAS BESSER, GAI...
SONST MACHST DU DICH VOR DEINEN UNTER-GEBENEN LÄCHERLICH.
WAS SAGEN SIE DA?! NATÜRLICH WIRD MEISTER GAI SIEGEN!
ÄH... NARUTO ...?!
QUETSCH
MEISTER GAI, SIE SIND SO GROSS-ARTIG WIE KEIN ANDERER!
O...OH!
SCHOCK
ÄÄH ?!

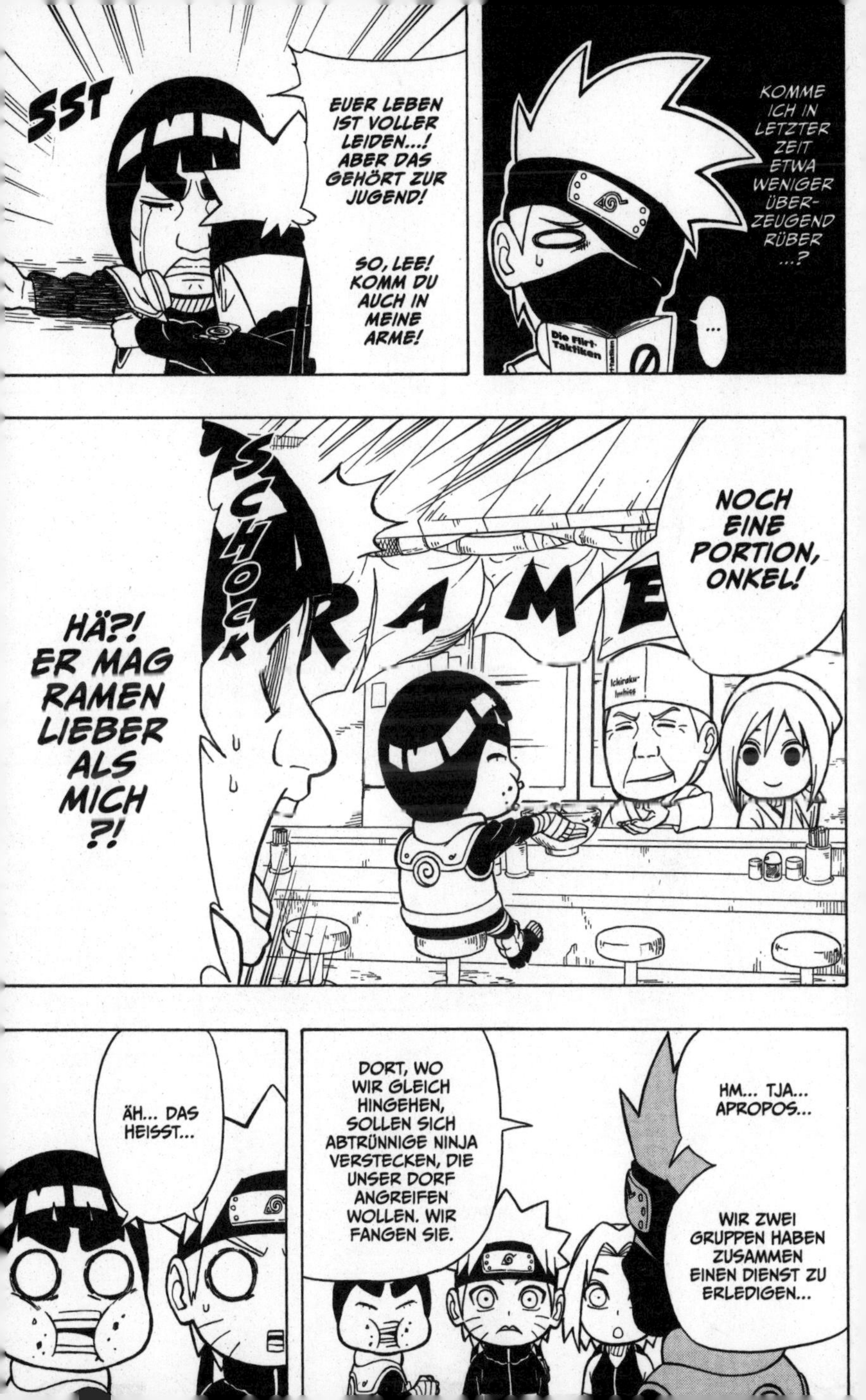
KOMME ICH IN LETZTER ZEIT ETWA WENIGER ÜBERZEUGEND RÜBER ...?
...
Die Flirt-Taktiken
SST
EUER LEBEN IST VOLLER LEIDEN...! ABER DAS GEHÖRT ZUR JUGEND!
SO, LEE! KOMM DU AUCH IN MEINE ARME!
NOCH EINE PORTION, ONKEL!
RAME
SCHOCK
HÄ?! ER MAG RAMEN LIEBER ALS MICH ?!
HM... TJA... APROPOS...
WIR ZWEI GRUPPEN HABEN ZUSAMMEN EINEN DIENST ZU ERLEDIGEN...
DORT, WO WIR GLEICH HINGEHEN, SOLLEN SICH ABTRÜNNIGE NINJA VERSTECKEN, DIE UNSER DORF ANGREIFEN WOLLEN. WIR FANGEN SIE.
ÄH... DAS HEISST...

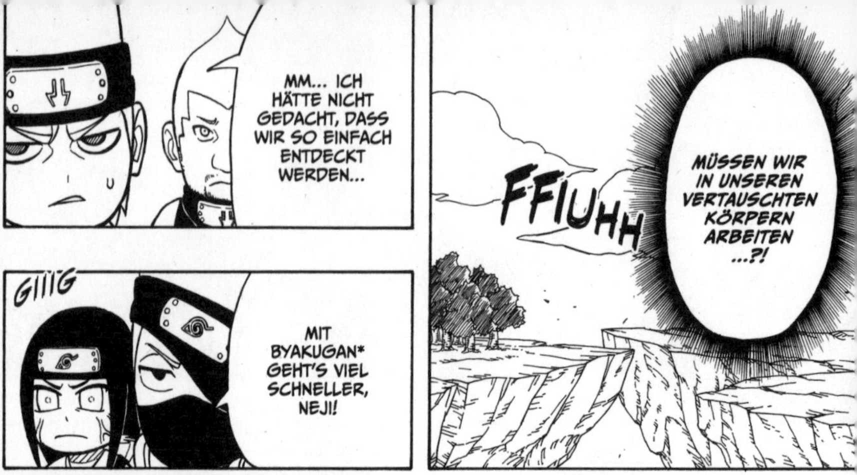

* DIE AUGENKUNST, DIE DURCH KÖRPER UND GEGENSTÄNDE SEHEN LÄSST, IST IM HYUGA-CLAN ERBLICH.

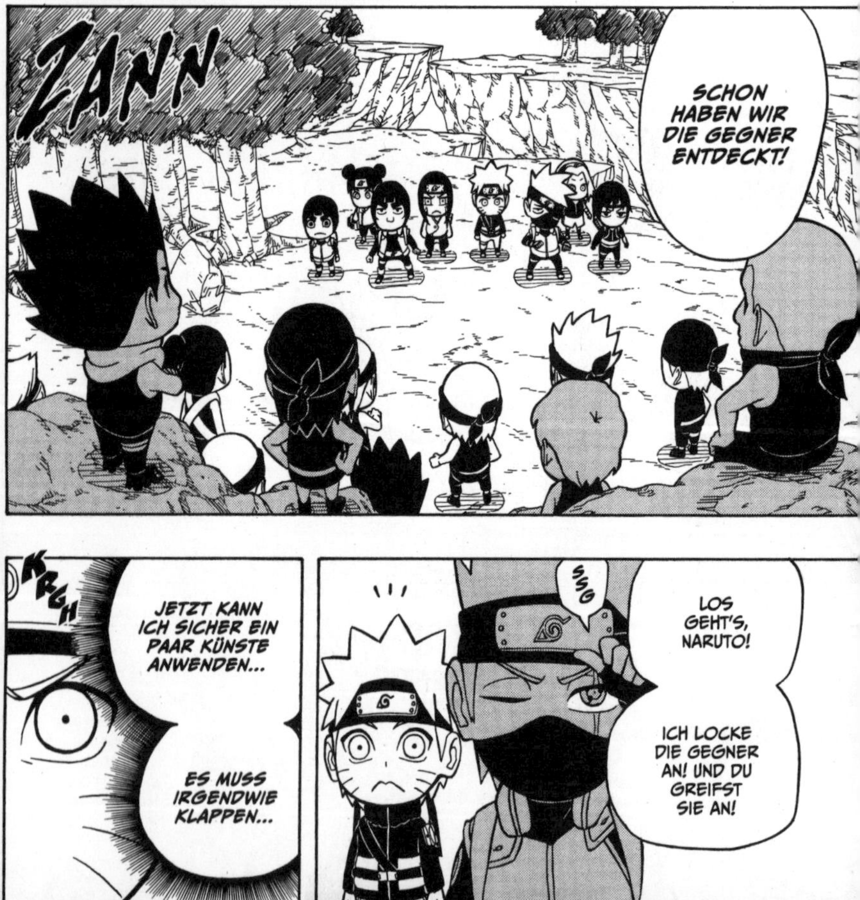

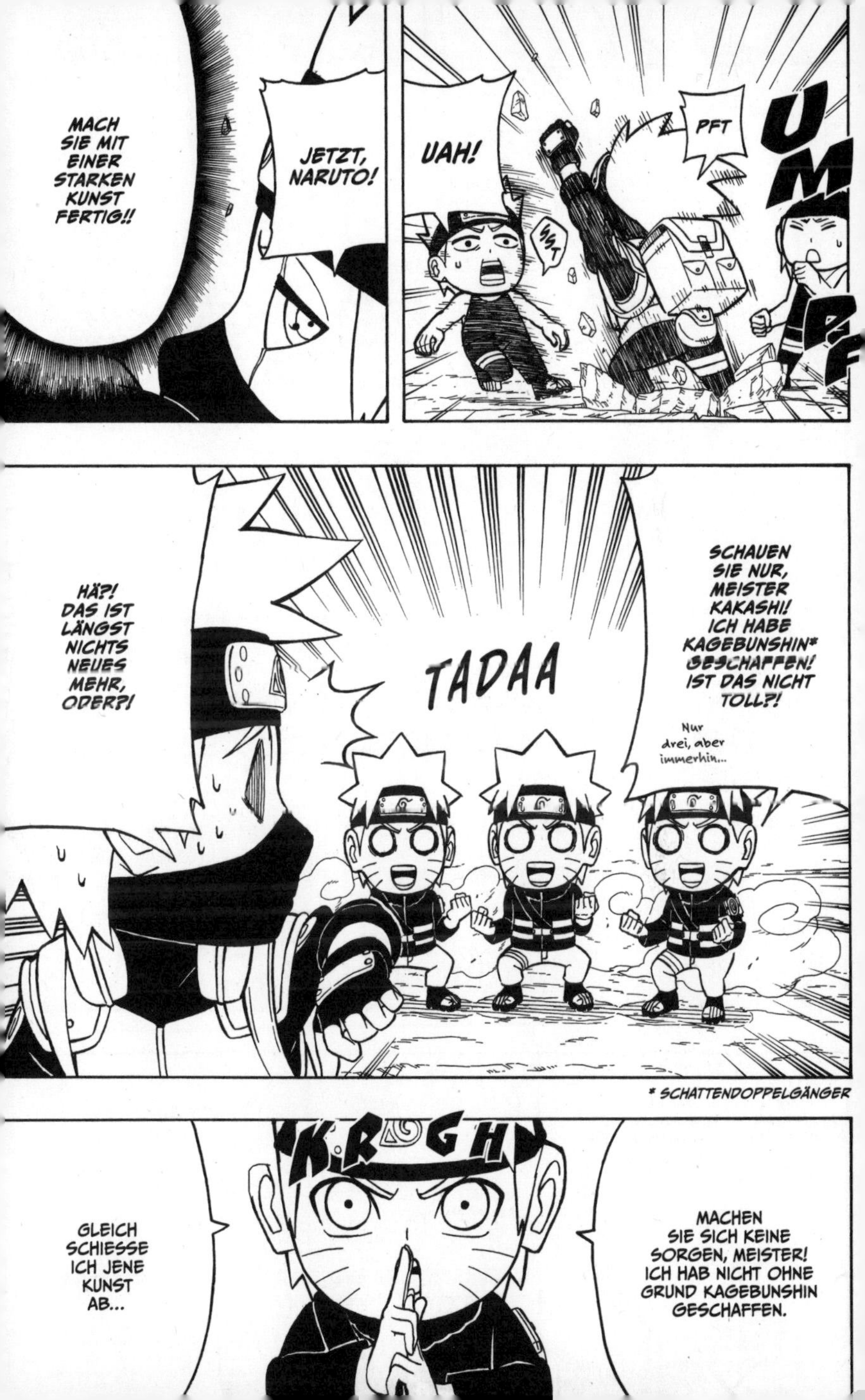
UMPF
PFT
SST
UAH!
JETZT, NARUTO!
MACH SIE MIT EINER STARKEN KUNST FERTIG!!
SCHAUEN SIE NUR, MEISTER KAKASHI! ICH HABE KAGEBUNSHIN* GESCHAFFEN! IST DAS NICHT TOLL?!
Nur drei, aber immerhin...
TADAA
HÄ?! DAS IST LÄNGST NICHTS NEUES MEHR, ODER?!
* SCHATTENDOPPELGÄNGER
KRGH
MACHEN SIE SICH KEINE SORGEN, MEISTER! ICH HAB NICHT OHNE GRUND KAGEBUNSHIN GESCHAFFEN.
GLEICH SCHIESSE ICH JENE KUNST AB...

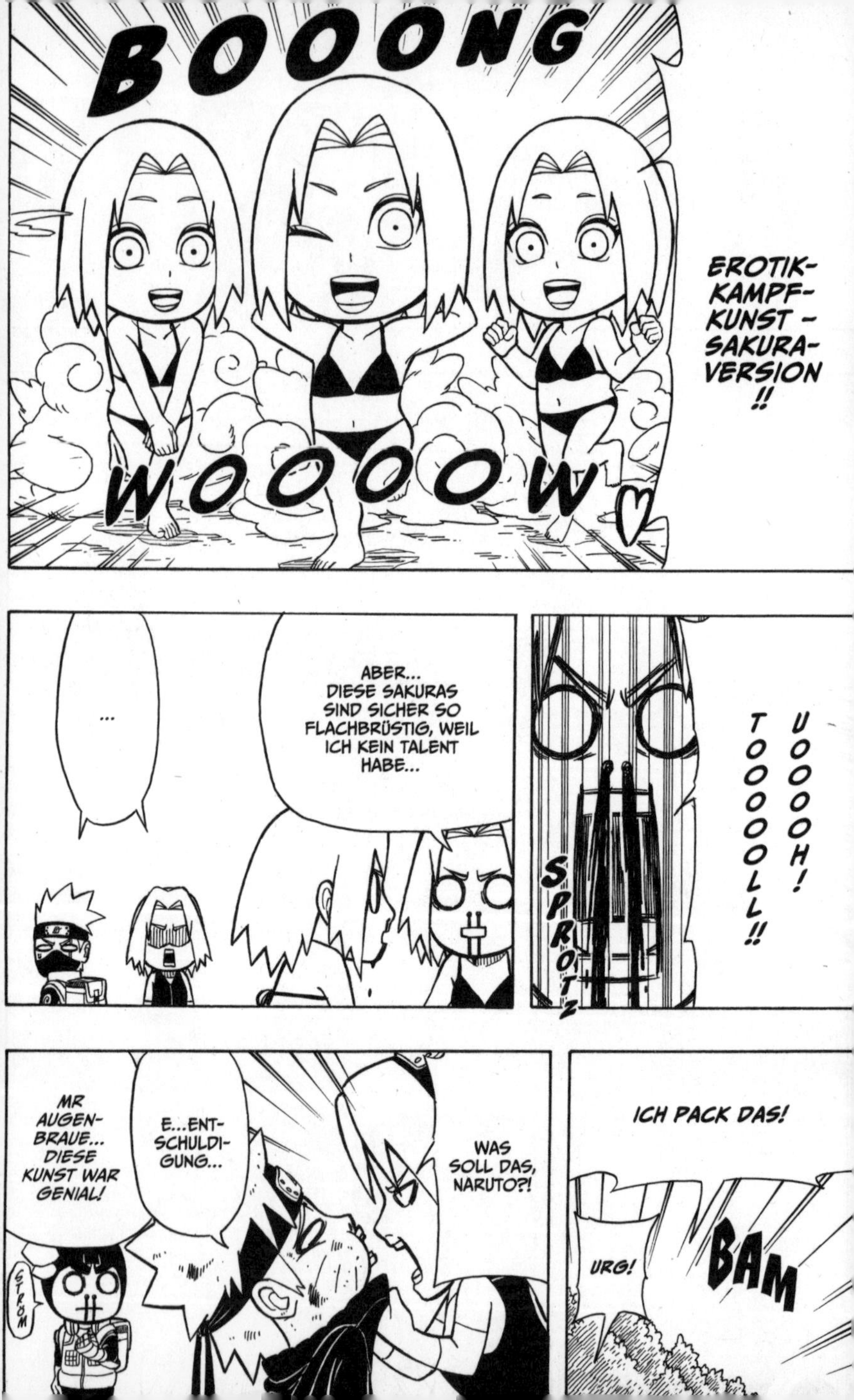
BOOONG
EROTIK-KAMPF-KUNST - SAKURA-VERSION !!
WOOOOOW
UOOOOOH!
TOOOOOOLL!!
SPROTZ
ABER... DIESE SAKURAS SIND SICHER SO FLACHBRÜSTIG, WEIL ICH KEIN TALENT HABE...
...
ICH PACK DAS!
BAM
URG!
WAS SOLL DAS, NARUTO?!
E...ENT-SCHULDI-GUNG...
MR AUGEN-BRAUE... DIESE KUNST WAR GENIAL!
STRÖM

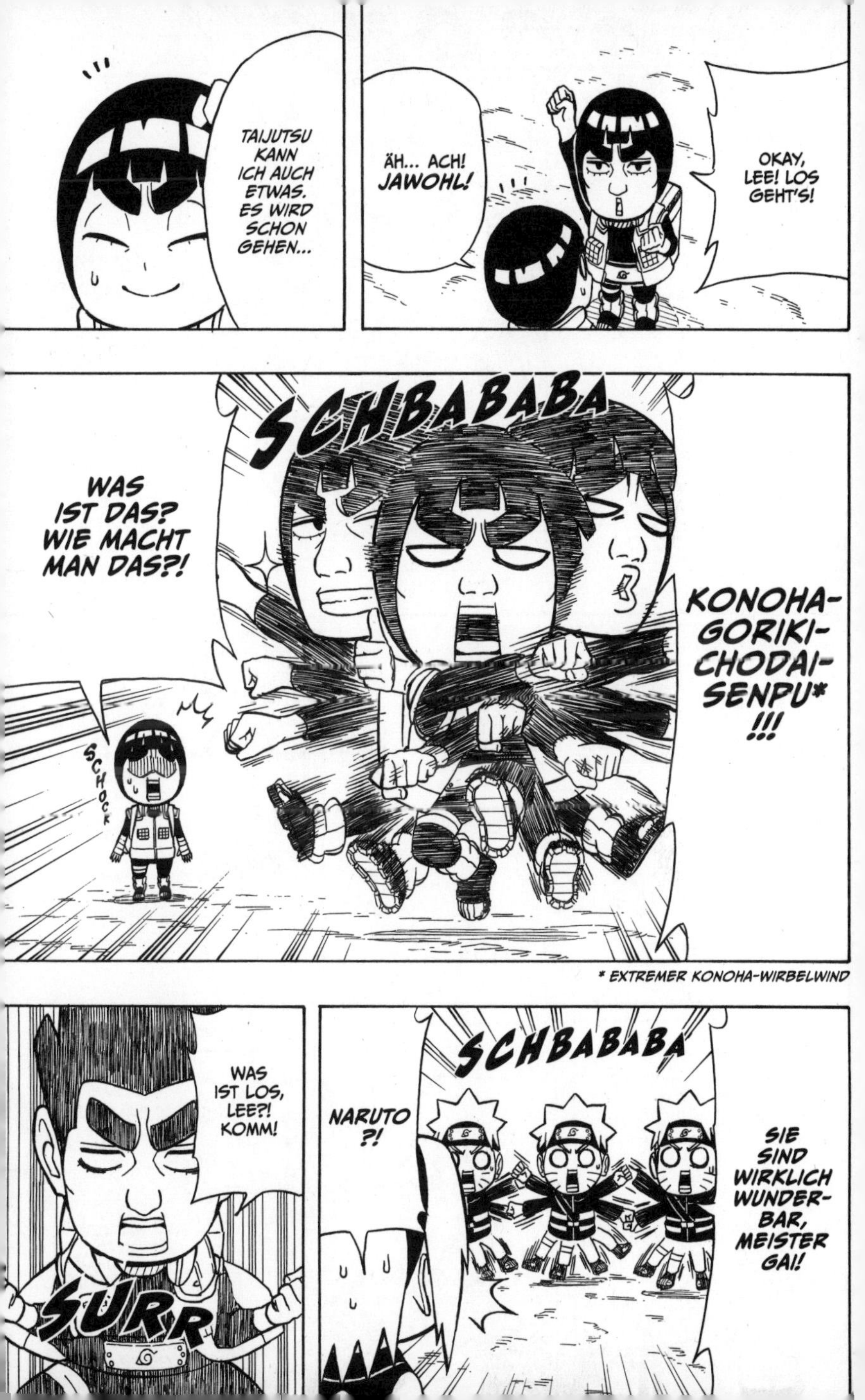
TAIJUTSU KANN ICH AUCH ETWAS. ES WIRD SCHON GEHEN...
ÄH... ACH! JAWOHL!
OKAY, LEE! LOS GEHT'S!
SCHBABABA
WAS IST DAS? WIE MACHT MAN DAS?!
KONOHA-GORIKI-CHODAI-SENPU* !!!
SCHOCK
* EXTREMER KONOHA-WIRBELWIND
WAS IST LOS, LEE?! KOMM!
SURR
SCHBABABA
NARUTO ?!
SIE SIND WIRKLICH WUNDER-BAR, MEISTER GAI!

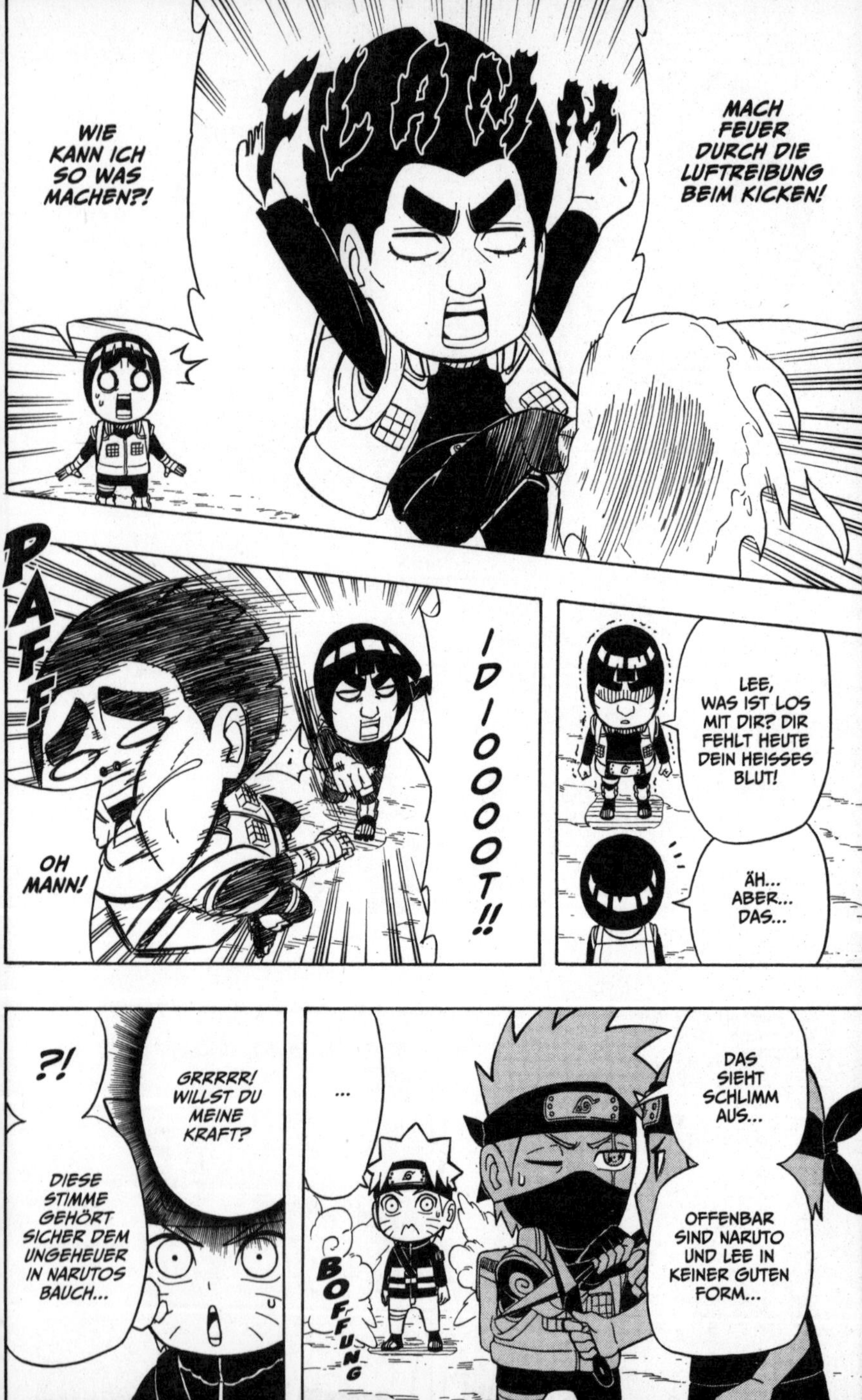
MACH FEUER DURCH DIE LUFTREIBUNG BEIM KICKEN!
FLAMM
WIE KANN ICH SO WAS MACHEN?!
LEE, WAS IST LOS MIT DIR? DIR FEHLT HEUTE DEIN HEISSES BLUT!
ÄH... ABER... DAS...
IDIOOOOOT!!
PAFF
OH MANN!
DAS SIEHT SCHLIMM AUS...
OFFENBAR SIND NARUTO UND LEE IN KEINER GUTEN FORM...
...
BOFFUNG
GRRRRR! WILLST DU MEINE KRAFT?
?!
DIESE STIMME GEHÖRT SICHER DEM UNGEHEUER IN NARUTOS BAUCH...

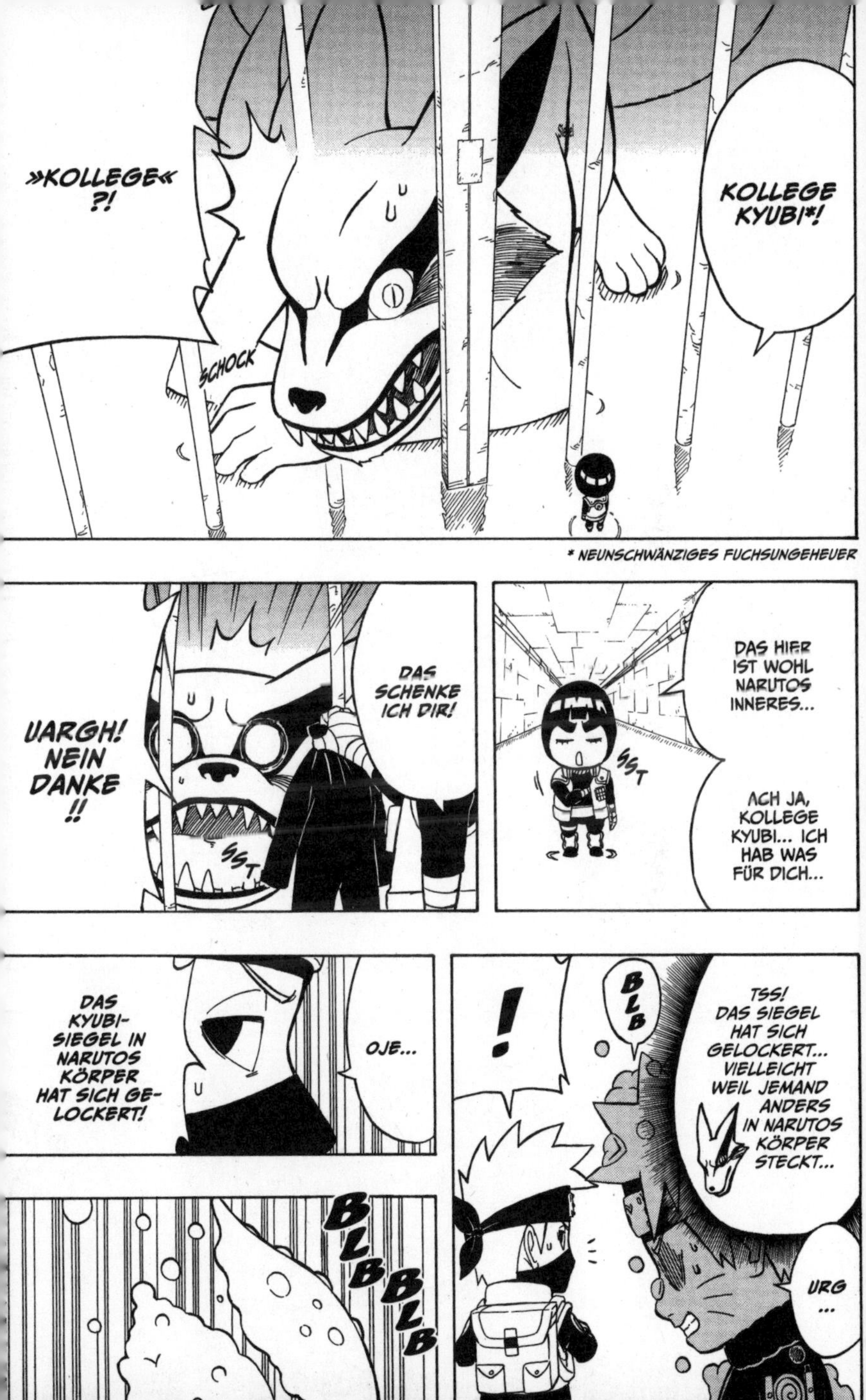
KOLLEGE KYUBI*!
»KOLLEGE« ?!
SCHOCK
* NEUNSCHWÄNZIGES FUCHSUNGEHEUER
DAS HIER IST WOHL NARUTOS INNERES...
SST
ACH JA, KOLLEGE KYUBI... ICH HAB WAS FÜR DICH...
DAS SCHENKE ICH DIR!
UARGH! NEIN DANKE !!
SST
BLB
!
TSS! DAS SIEGEL HAT SICH GELOCKERT... VIELLEICHT WEIL JEMAND ANDERS IN NARUTOS KÖRPER STECKT...
URG ...
OJE...
DAS KYUBI-SIEGEL IN NARUTOS KÖRPER HAT SICH GE-LOCKERT!
BLBBLB

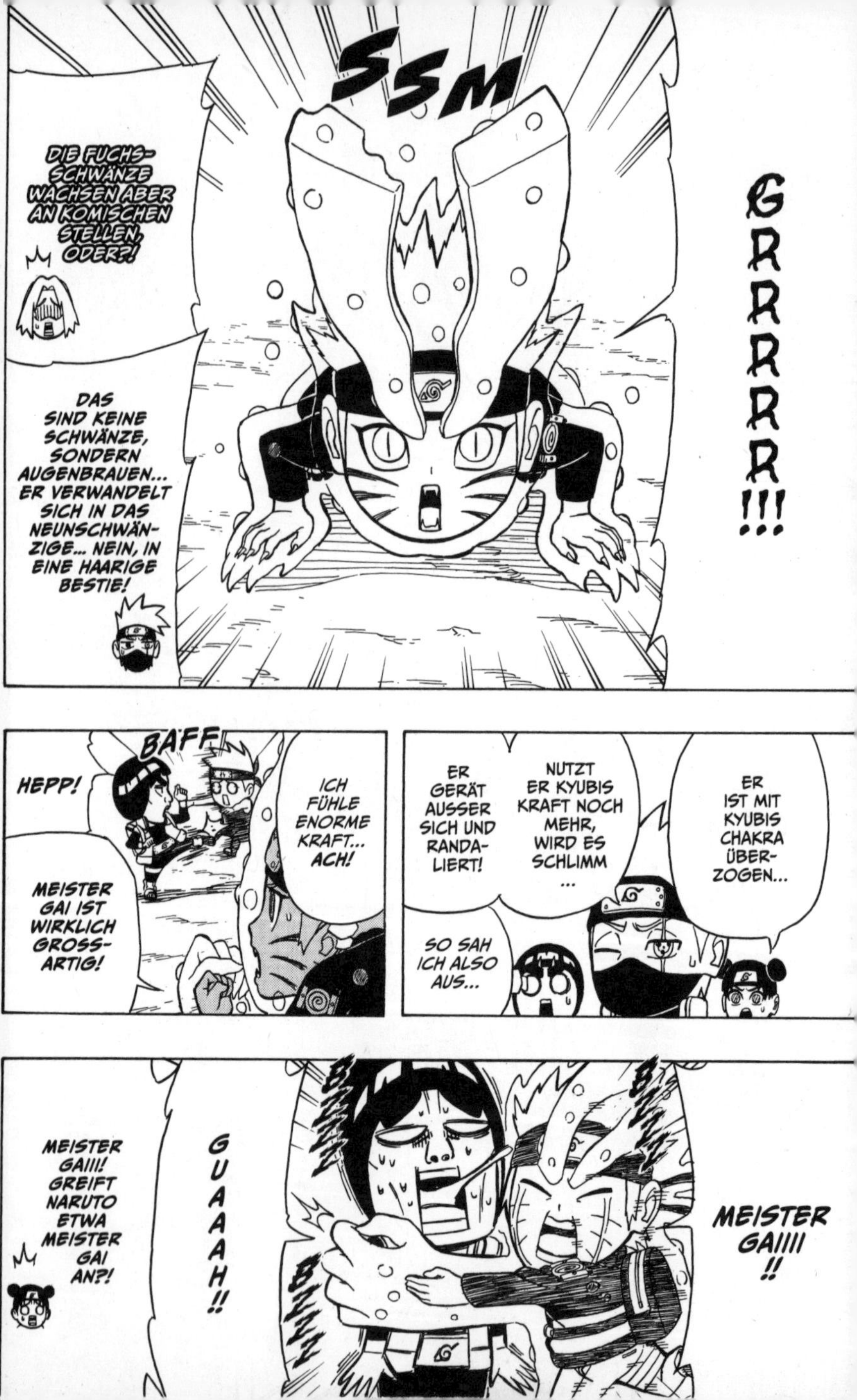
SSM
GRRRRRR!!!
DIE FUCHS-SCHWÄNZE WACHSEN ABER AN KOMISCHEN STELLEN, ODER?!
DAS SIND KEINE SCHWÄNZE, SONDERN AUGENBRAUEN... ER VERWANDELT SICH IN DAS NEUNSCHWÄNZIGE... NEIN, IN EINE HAARIGE BESTIE!
ER IST MIT KYUBIS CHAKRA ÜBERZOGEN...
NUTZT ER KYUBIS KRAFT NOCH MEHR, WIRD ES SCHLIMM ...
ER GERÄT AUSSER SICH UND RANDALIERT!
SO SAH ICH ALSO AUS...
ICH FÜHLE ENORME KRAFT... ACH!
BAFF
HEPP!
MEISTER GAI IST WIRKLICH GROSSARTIG!
MEISTER GAIIII!!
GUAAAAH!!
MEISTER GAIII! GREIFT NARUTO ETWA MEISTER GAI AN?!

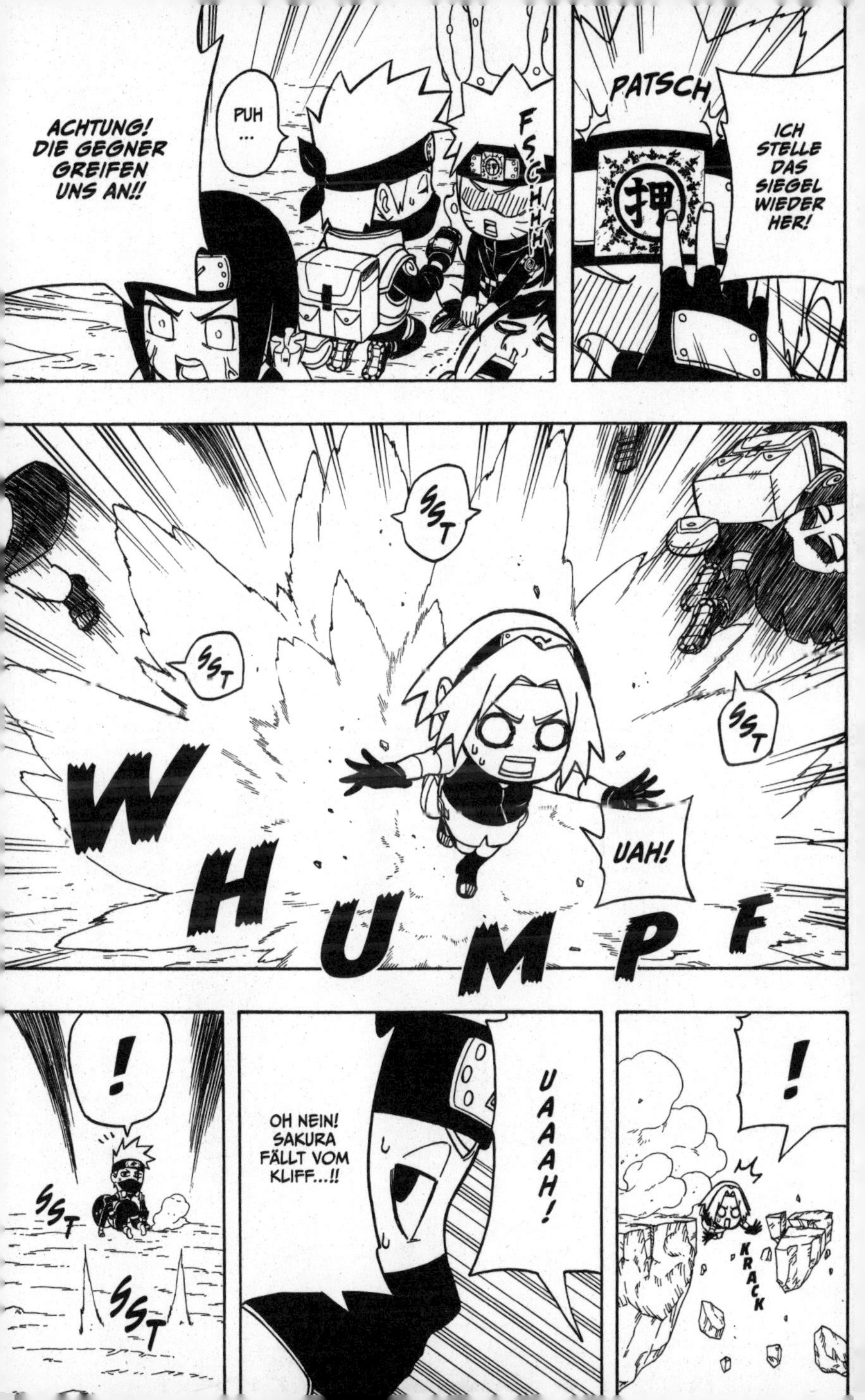

PATSCH
ICH STELLE DAS SIEGEL WIEDER HER!
FSSHHH
PUH ...
ACHTUNG! DIE GEGNER GREIFEN UNS AN!!
SST
SST
SST
UAH!
WHUMPF
!
SST
SST
OH NEIN! SAKURA FÄLLT VOM KLIFF...!!
UAAAAH!
!
KRACK

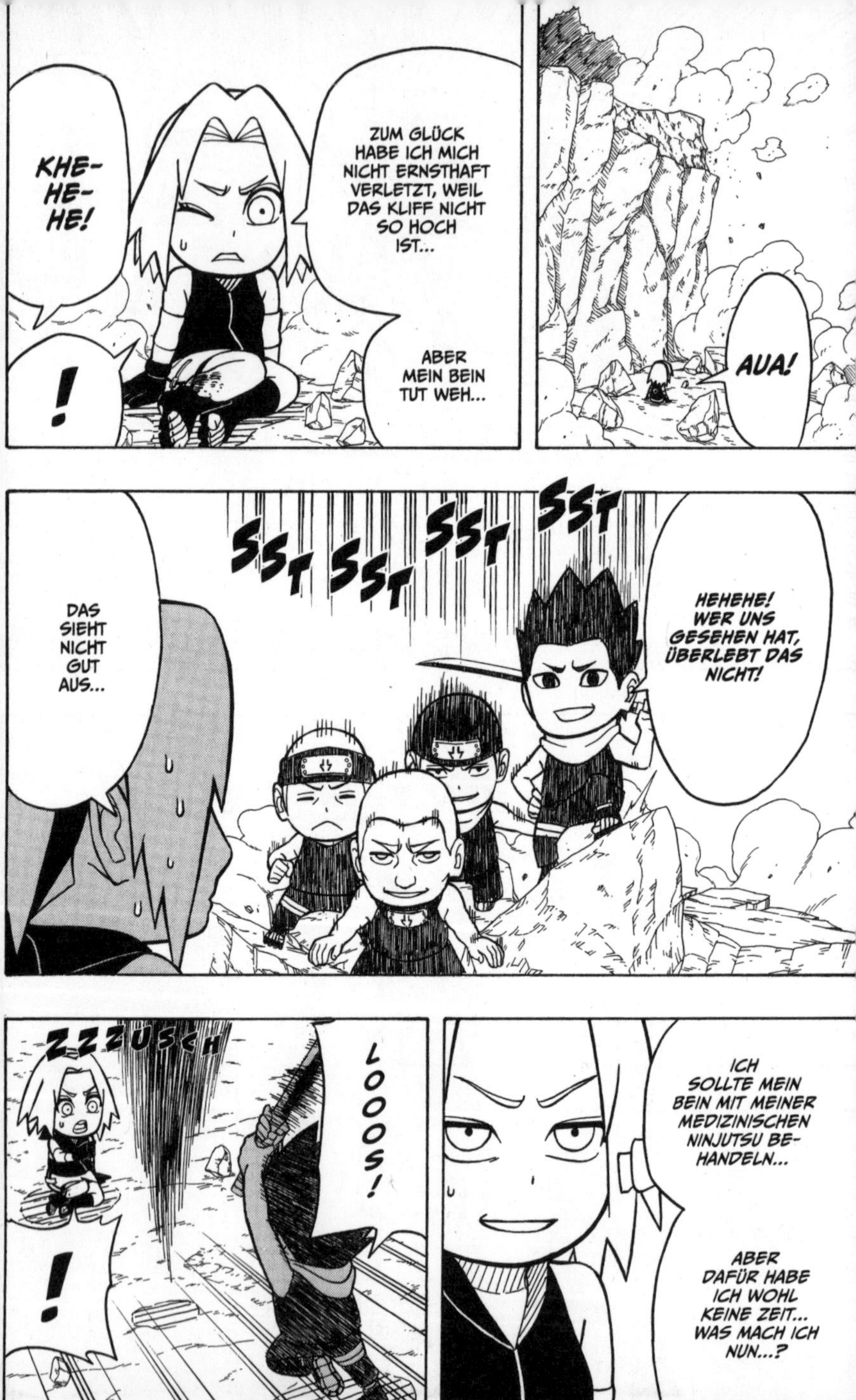
AUA!
ZUM GLÜCK HABE ICH MICH NICHT ERNSTHAFT VERLETZT, WEIL DAS KLIFF NICHT SO HOCH IST...
ABER MEIN BEIN TUT WEH...
KHE-HE-HE!
!
SST SST SST SST
HEHEHE! WER UNS GESEHEN HAT, ÜBERLEBT DAS NICHT!
DAS SIEHT NICHT GUT AUS...
ICH SOLLTE MEIN BEIN MIT MEINER MEDIZINISCHEN NINJUTSU BE-HANDELN...
ABER DAFÜR HABE ICH WOHL KEINE ZEIT... WAS MACH ICH NUN...?
LOOOS!
ZZZUSCH
!

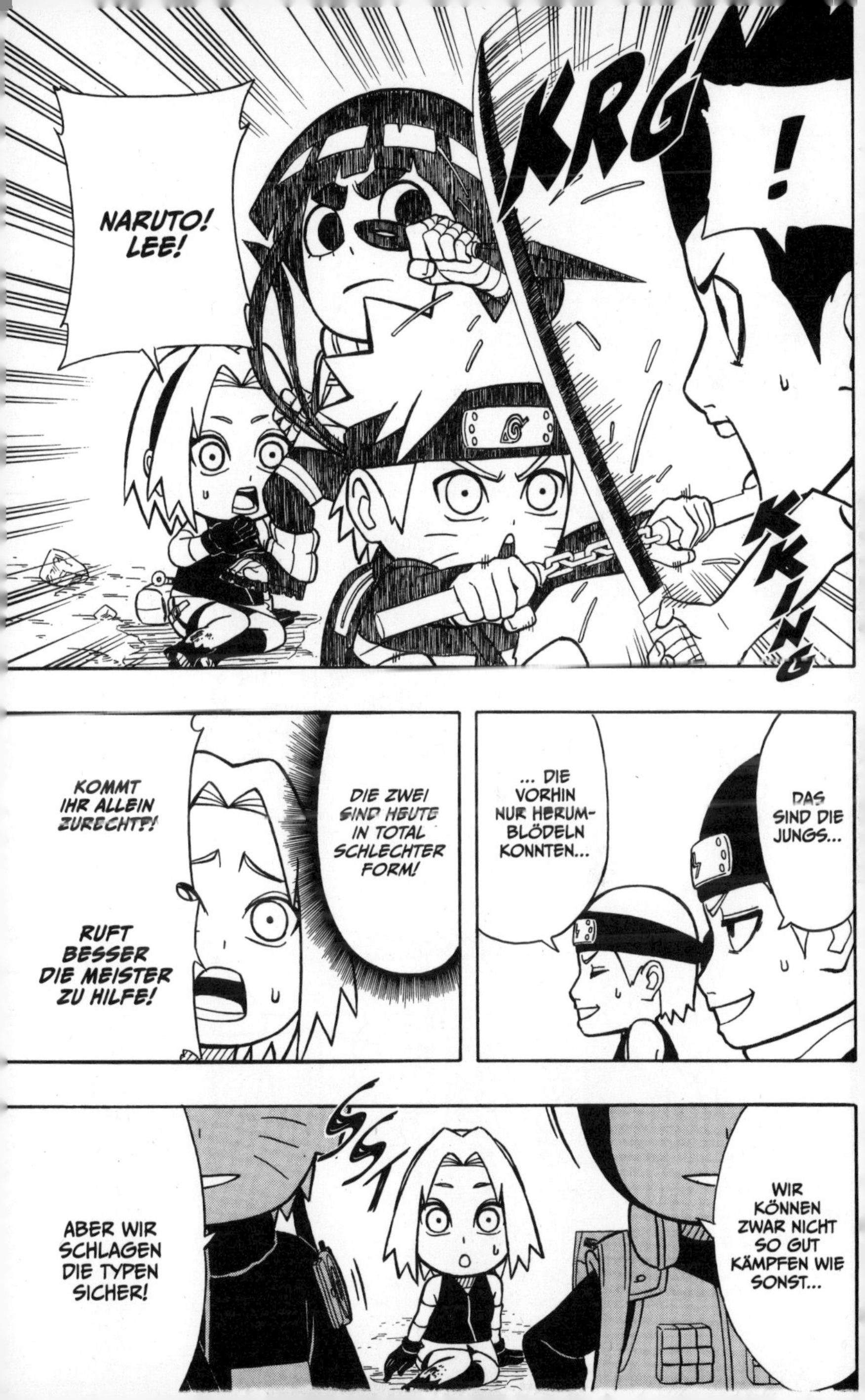
KRG
!
NARUTO! LEE!
KKKING
DAS SIND DIE JUNGS...
... DIE VORHIN NUR HERUMBLÖDELN KONNTEN...
DIE ZWEI SIND HEUTE IN TOTAL SCHLECHTER FORM!
KOMMT IHR ALLEIN ZURECHT?!
RUFT BESSER DIE MEISTER ZU HILFE!
WIR KÖNNEN ZWAR NICHT SO GUT KÄMPFEN WIE SONST...
ABER WIR SCHLAGEN DIE TYPEN SICHER!

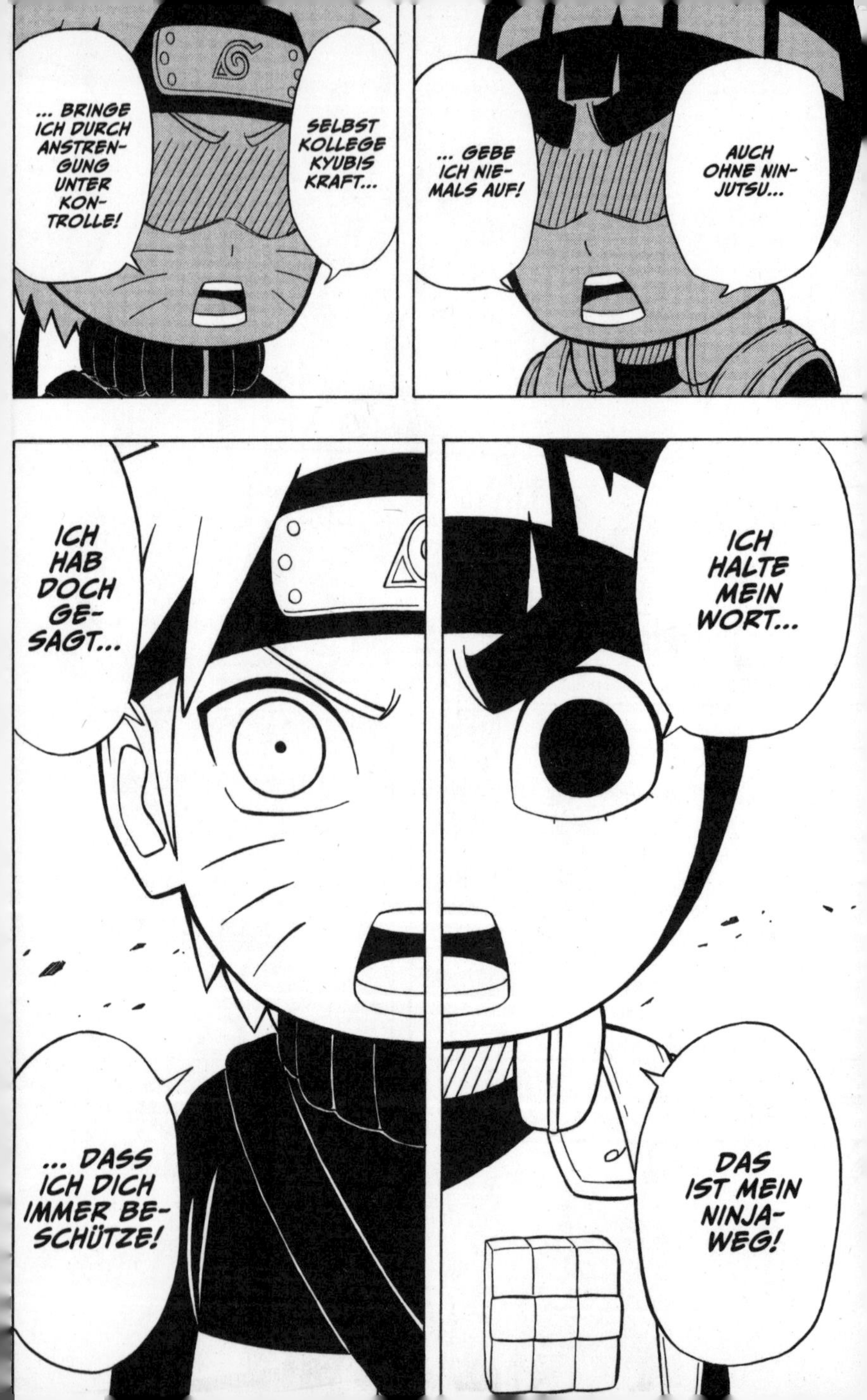
AUCH OHNE NINJUTSU...
... GEBE ICH NIEMALS AUF!
SELBST KOLLEGE KYUBIS KRAFT...
... BRINGE ICH DURCH ANSTRENGUNG UNTER KONTROLLE!
ICH HALTE MEIN WORT...
DAS IST MEIN NINJAWEG!
ICH HAB DOCH GESAGT...
... DASS ICH DICH IMMER BESCHÜTZE!

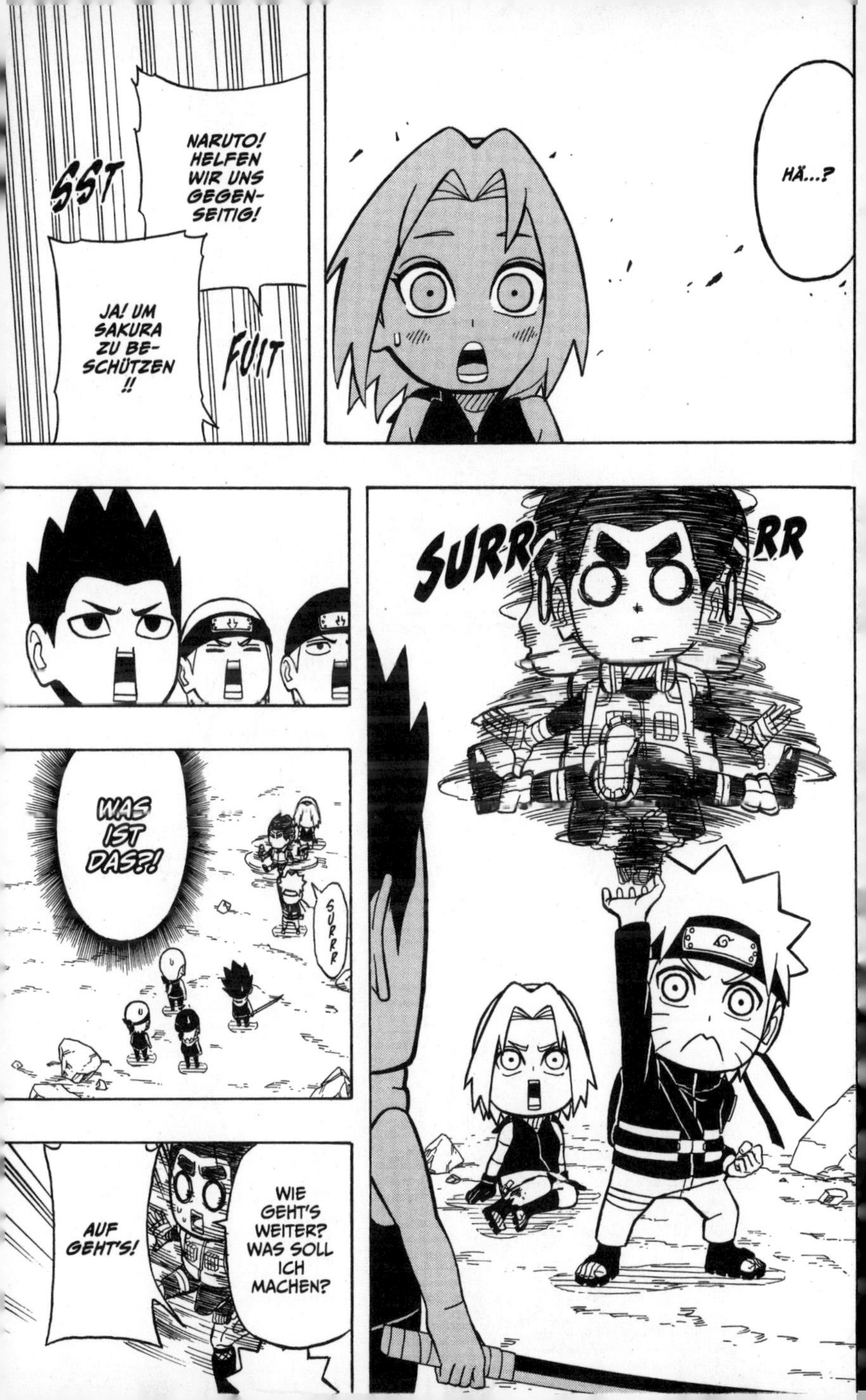

HÄ...?
NARUTO! HELFEN WIR UNS GEGEN-SEITIG!
SST
JA! UM SAKURA ZU BE-SCHÜTZEN!!
FUIT
SURRRR
WAS IST DAS?!
SURRR
WIE GEHT'S WEITER? WAS SOLL ICH MACHEN?
AUF GEHT'S!

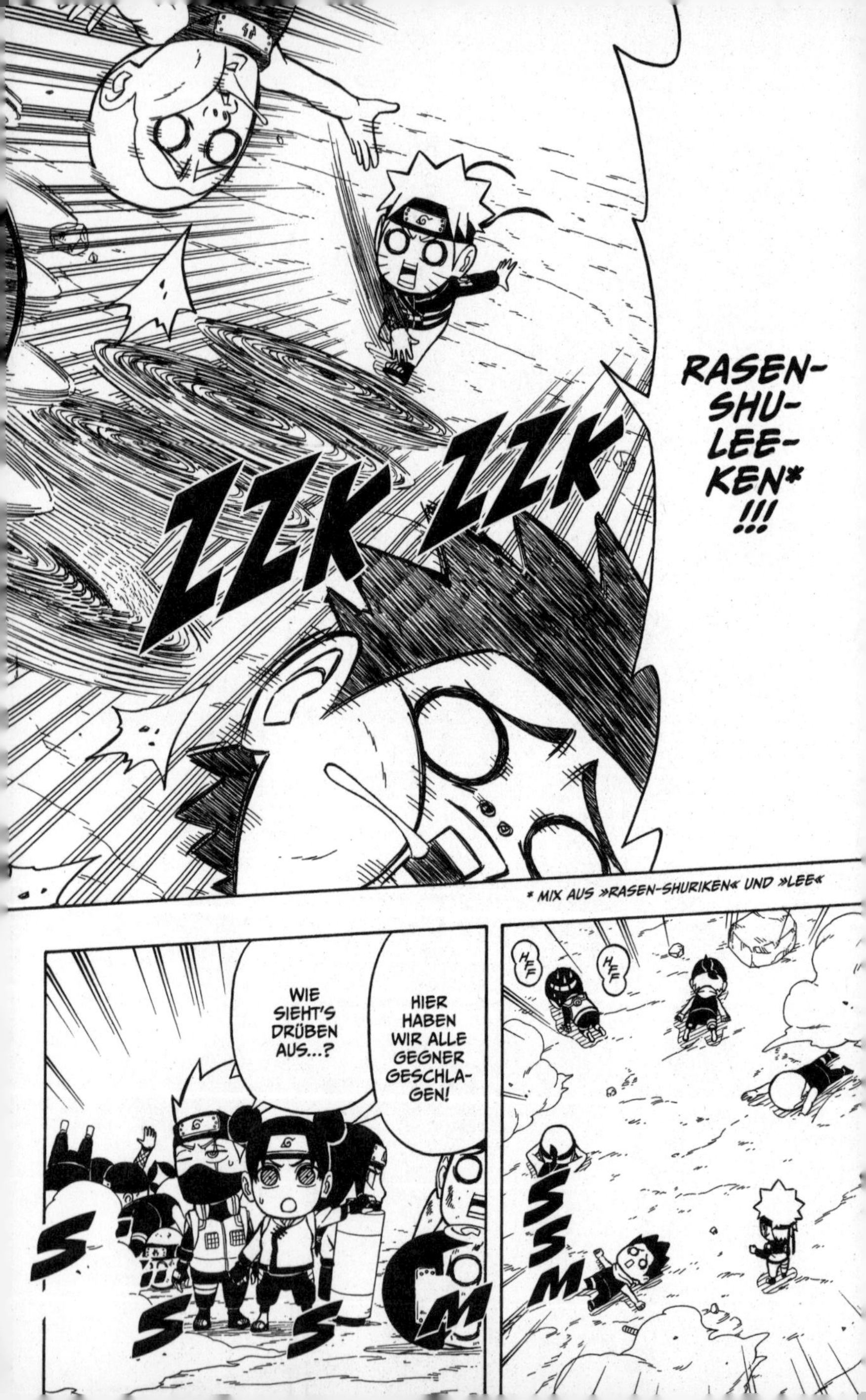

* MIX AUS »RASEN-SHURIKEN« UND »LEE«

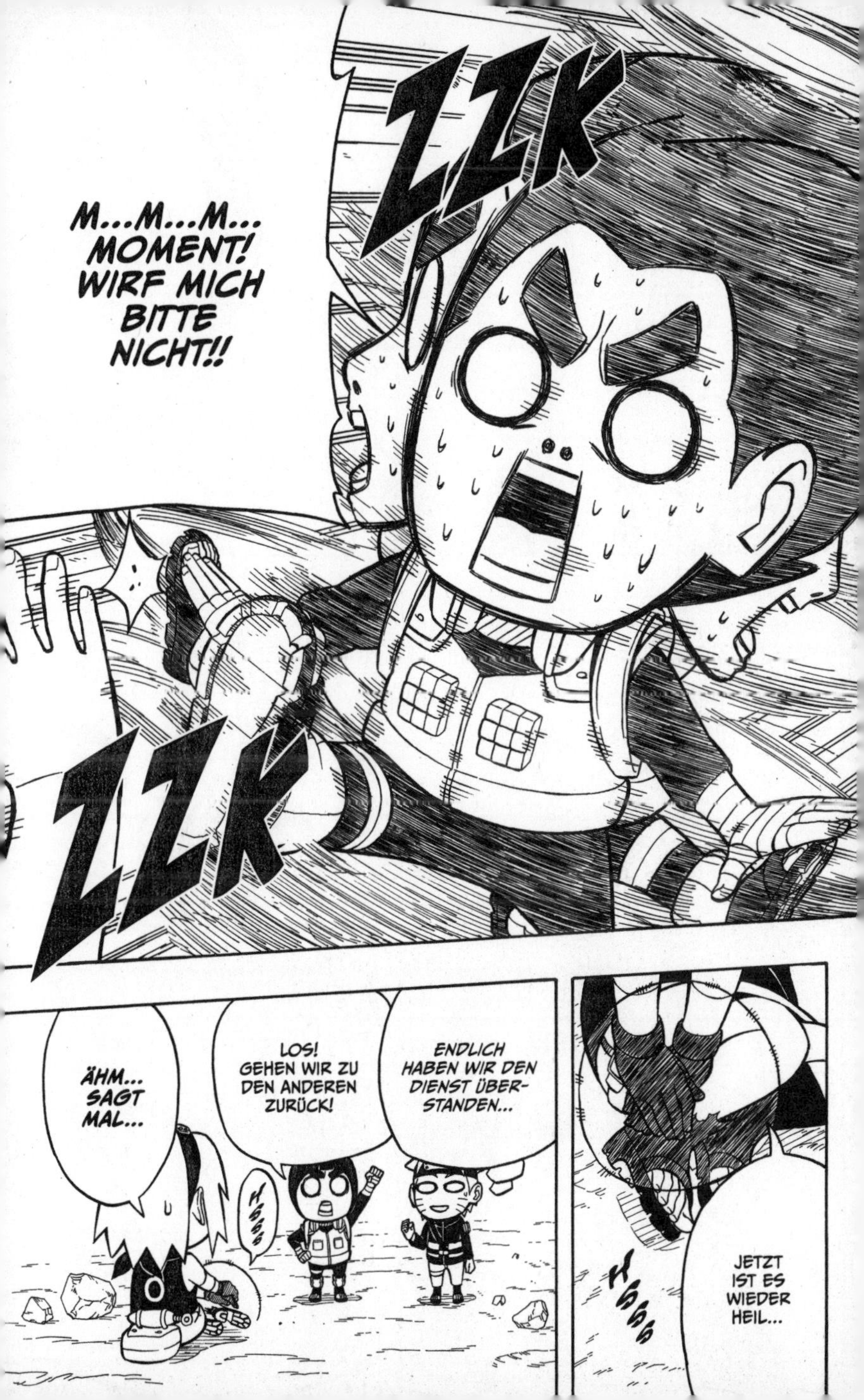
ZZK
M...M...M... MOMENT! WIRF MICH BITTE NICHT!!
ZZK
HSSS
JETZT IST ES WIEDER HEIL...
ENDLICH HABEN WIR DEN DIENST ÜBER-STANDEN...
LOS! GEHEN WIR ZU DEN ANDEREN ZURÜCK!
HSSS
ÄHM... SAGT MAL...

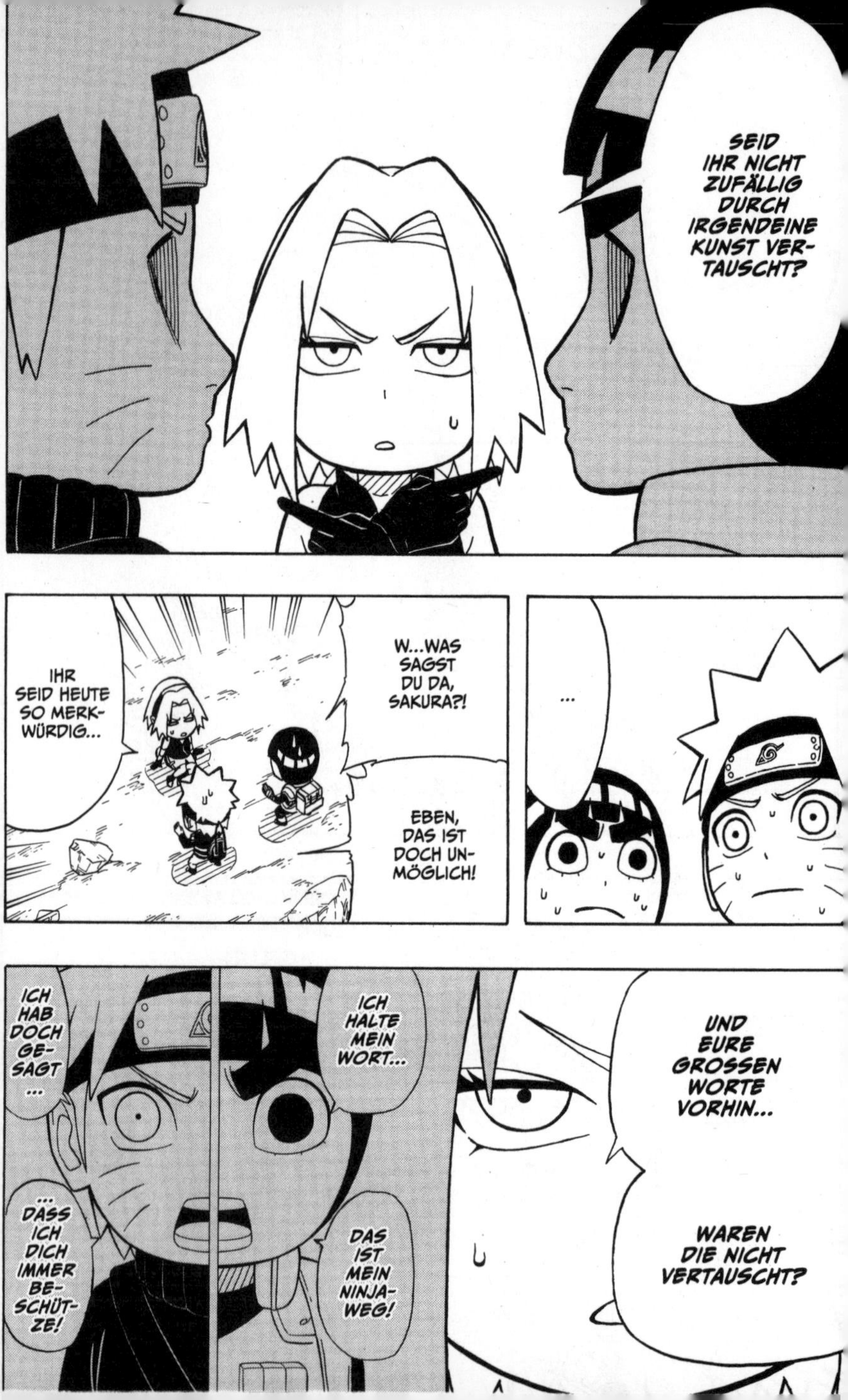
SEID IHR NICHT ZUFÄLLIG DURCH IRGENDEINE KUNST VERTAUSCHT?
...
W...WAS SAGST DU DA, SAKURA?!
EBEN, DAS IST DOCH UNMÖGLICH!
IHR SEID HEUTE SO MERKWÜRDIG...
UND EURE GROSSEN WORTE VORHIN...
WAREN DIE NICHT VERTAUSCHT?
ICH HALTE MEIN WORT...
DAS IST MEIN NINJA-WEG!
ICH HAB DOCH GESAGT...
... DASS ICH DICH IMMER BESCHÜTZE!

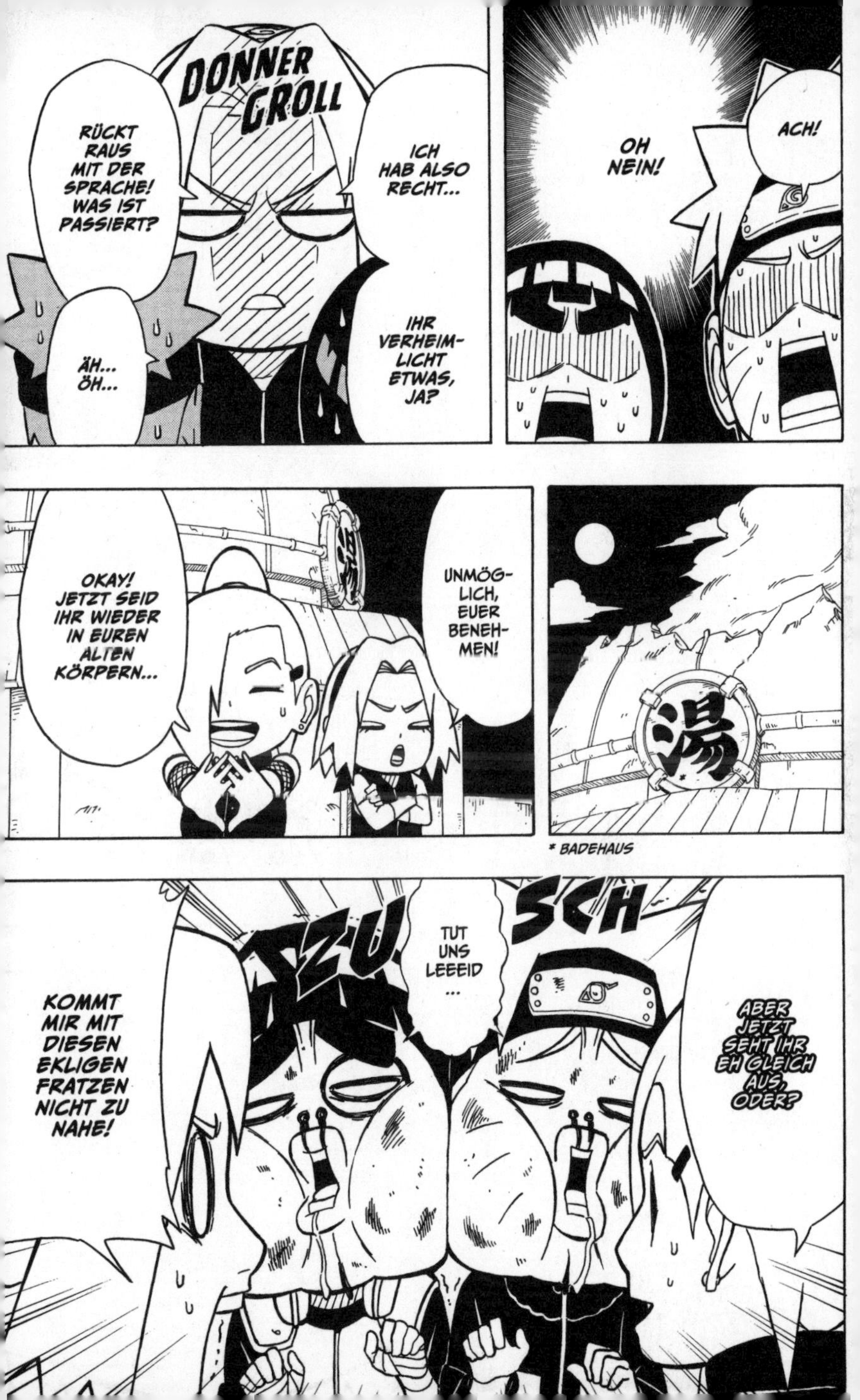
ACH!
OH NEIN!
ICH HAB ALSO RECHT...
IHR VERHEIMLICHT ETWAS, JA?
DONNER GROLL
RÜCKT RAUS MIT DER SPRACHE! WAS IST PASSIERT?
ÄH... ÖH...
湯
* BADEHAUS
UNMÖGLICH, EUER BENEHMEN!
OKAY! JETZT SEID IHR WIEDER IN EUREN ALTEN KÖRPERN...
ABER JETZT SEHT IHR EH GLEICH AUS, ODER?
SCH
TUT UNS LEEEID ...
ZU
KOMMT MIR MIT DIESEN EKLIGEN FRATZEN NICHT ZU NAHE!

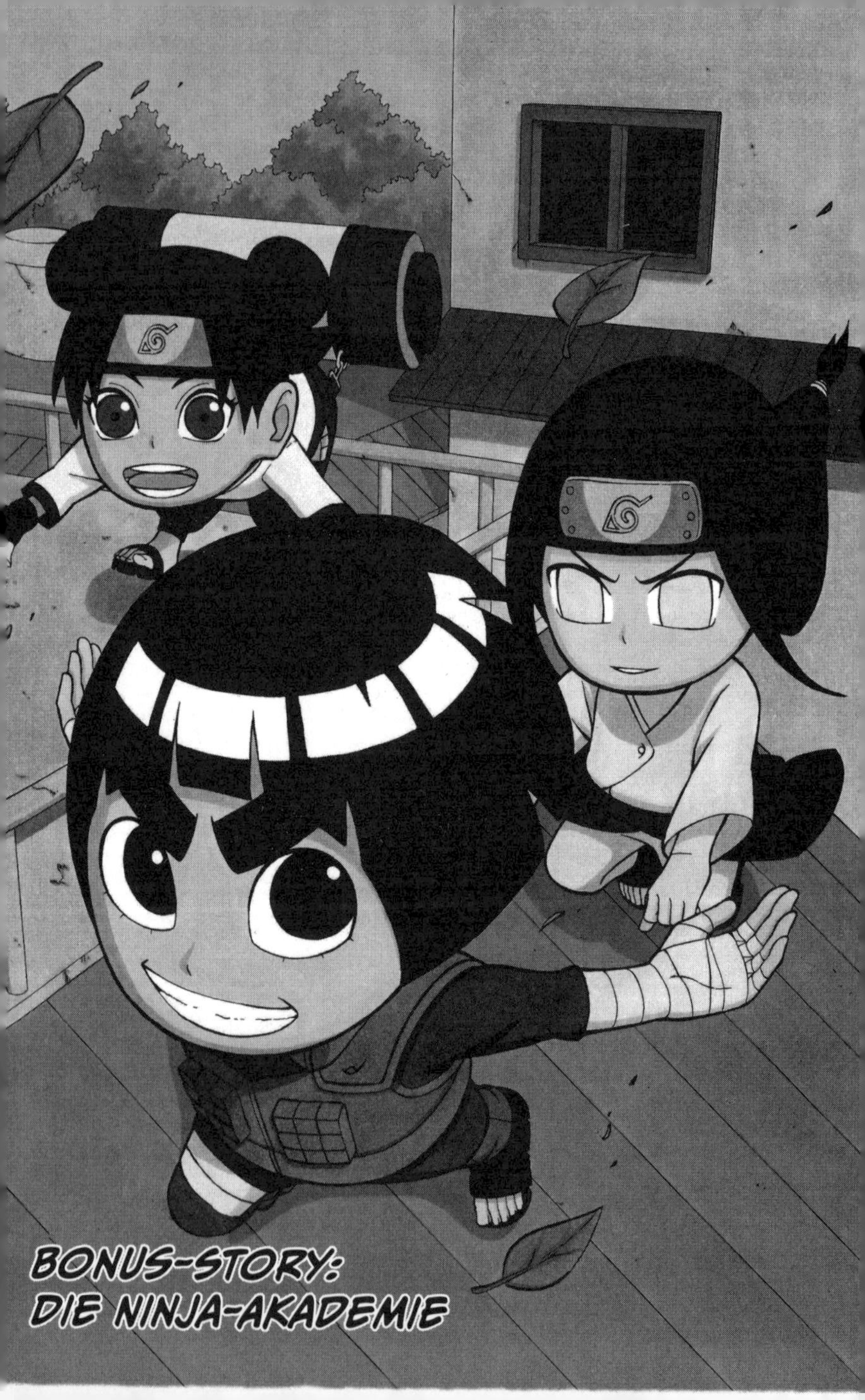
BONUS-STORY:
DIE NINJA-AKADEMIE

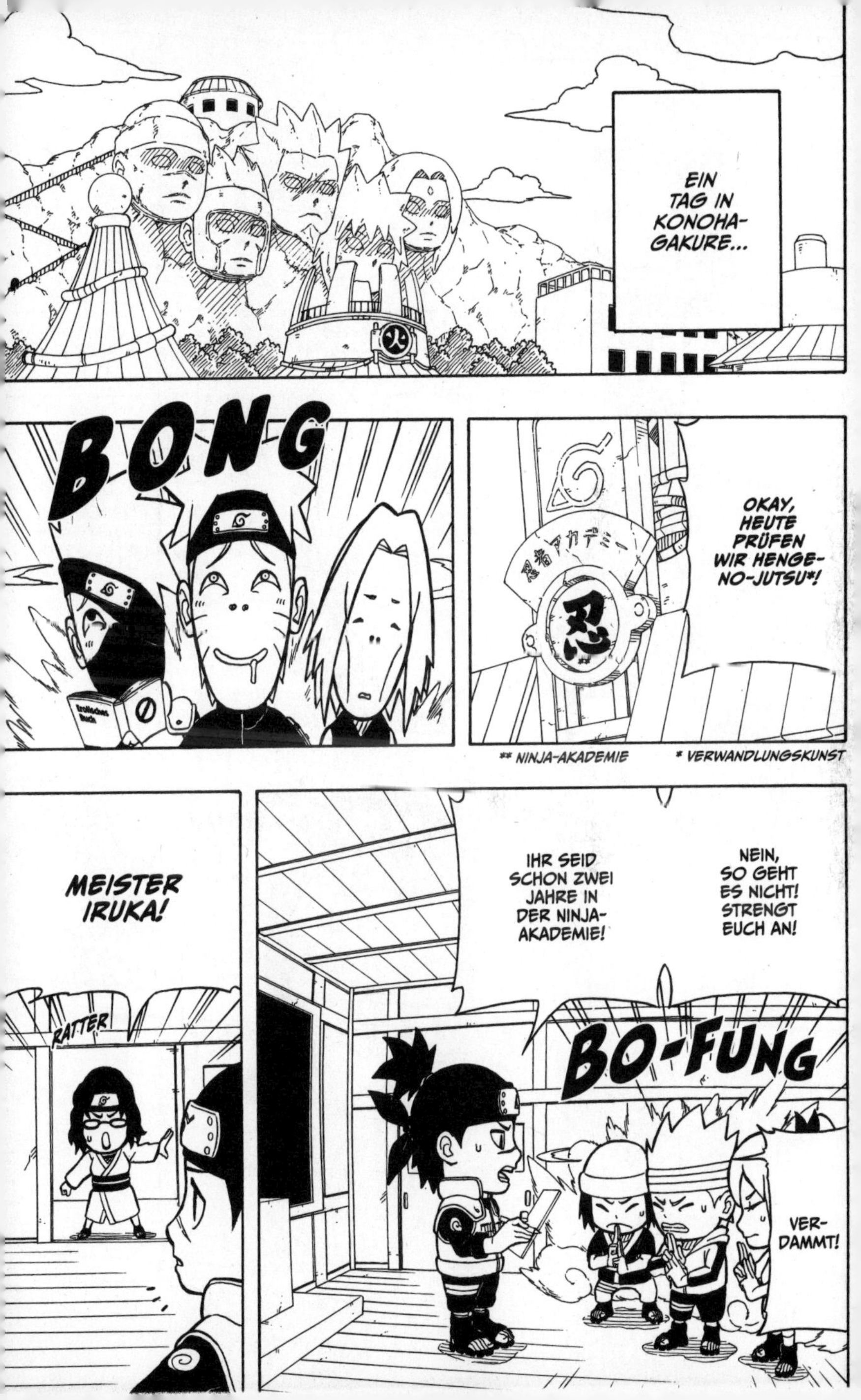
EIN TAG IN KONOHA-GAKURE...
OKAY, HEUTE PRÜFEN WIR HENGE-NO-JUTSU*!
BONG
** NINJA-AKADEMIE
* VERWANDLUNGSKUNST
NEIN, SO GEHT ES NICHT! STRENGT EUCH AN!
IHR SEID SCHON ZWEI JAHRE IN DER NINJA-AKADEMIE!
BO-FUNG
VER-DAMMT!
MEISTER IRUKA!
RATTER

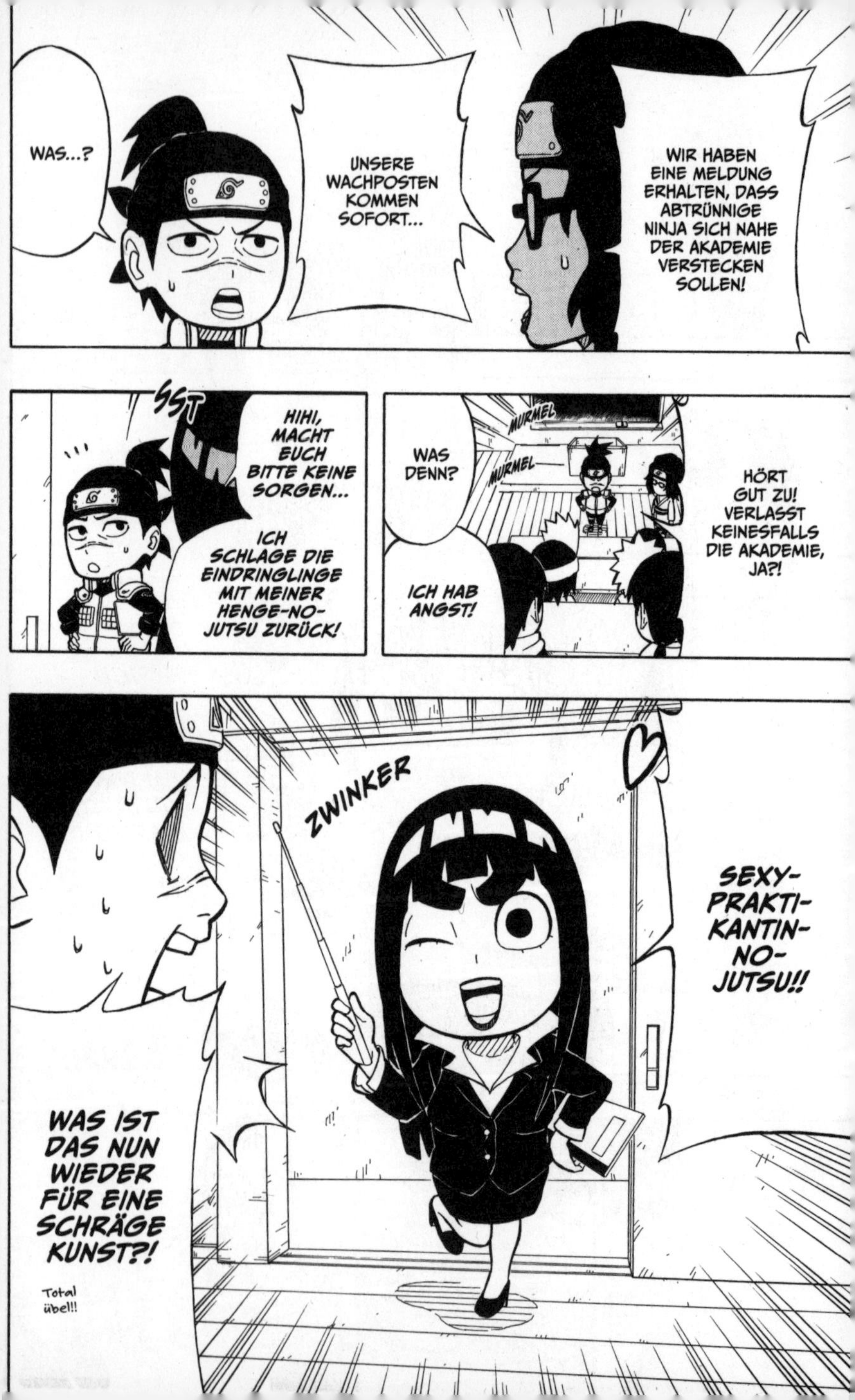
WIR HABEN EINE MELDUNG ERHALTEN, DASS ABTRÜNNIGE NINJA SICH NAHE DER AKADEMIE VERSTECKEN SOLLEN!
UNSERE WACHPOSTEN KOMMEN SOFORT...
WAS...?
HÖRT GUT ZU! VERLASST KEINESFALLS DIE AKADEMIE, JA?!
MURMEL
MURMEL
WAS DENN?
ICH HAB ANGST!
SST
HIHI, MACHT EUCH BITTE KEINE SORGEN...
ICH SCHLAGE DIE EINDRINGLINGE MIT MEINER HENGE-NO-JUTSU ZURÜCK!
ZWINKER
SEXY-PRAKTI-KANTIN-NO-JUTSU!!
WAS IST DAS NUN WIEDER FÜR EINE SCHRÄGE KUNST?!
Total übel!!!

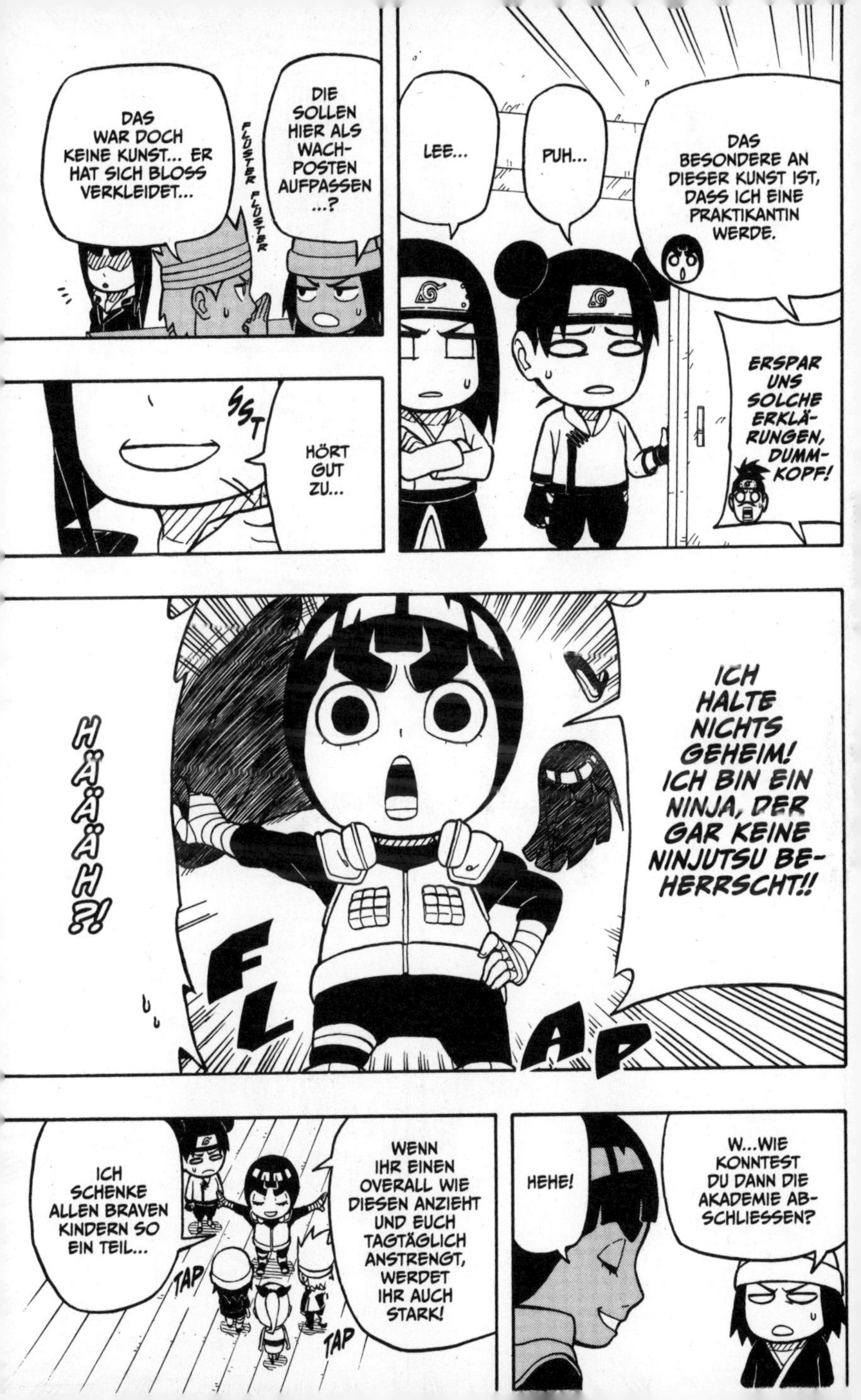

DAS BESONDERE AN DIESER KUNST IST, DASS ICH EINE PRAKTIKANTIN WERDE.
PUH...
LEE...
ERSPAR UNS SOLCHE ERKLÄ-RUNGEN, DUMM-KOPF!
DIE SOLLEN HIER ALS WACH-POSTEN AUFPASSEN ...?
FLÜSTER FLÜSTER
DAS WAR DOCH KEINE KUNST... ER HAT SICH BLOSS VERKLEIDET...
SST
HÖRT GUT ZU...
ICH HALTE NICHTS GEHEIM! ICH BIN EIN NINJA, DER GAR KEINE NINJUTSU BE-HERRSCHT!!
FLAP
HÄÄÄH?!
W...WIE KONNTEST DU DANN DIE AKADEMIE AB-SCHLIESSEN?
HEHE!
WENN IHR EINEN OVERALL WIE DIESEN ANZIEHT UND EUCH TAGTÄGLICH ANSTRENGT, WERDET IHR AUCH STARK!
ICH SCHENKE ALLEN BRAVEN KINDERN SO EIN TEIL...
TAP
TAP

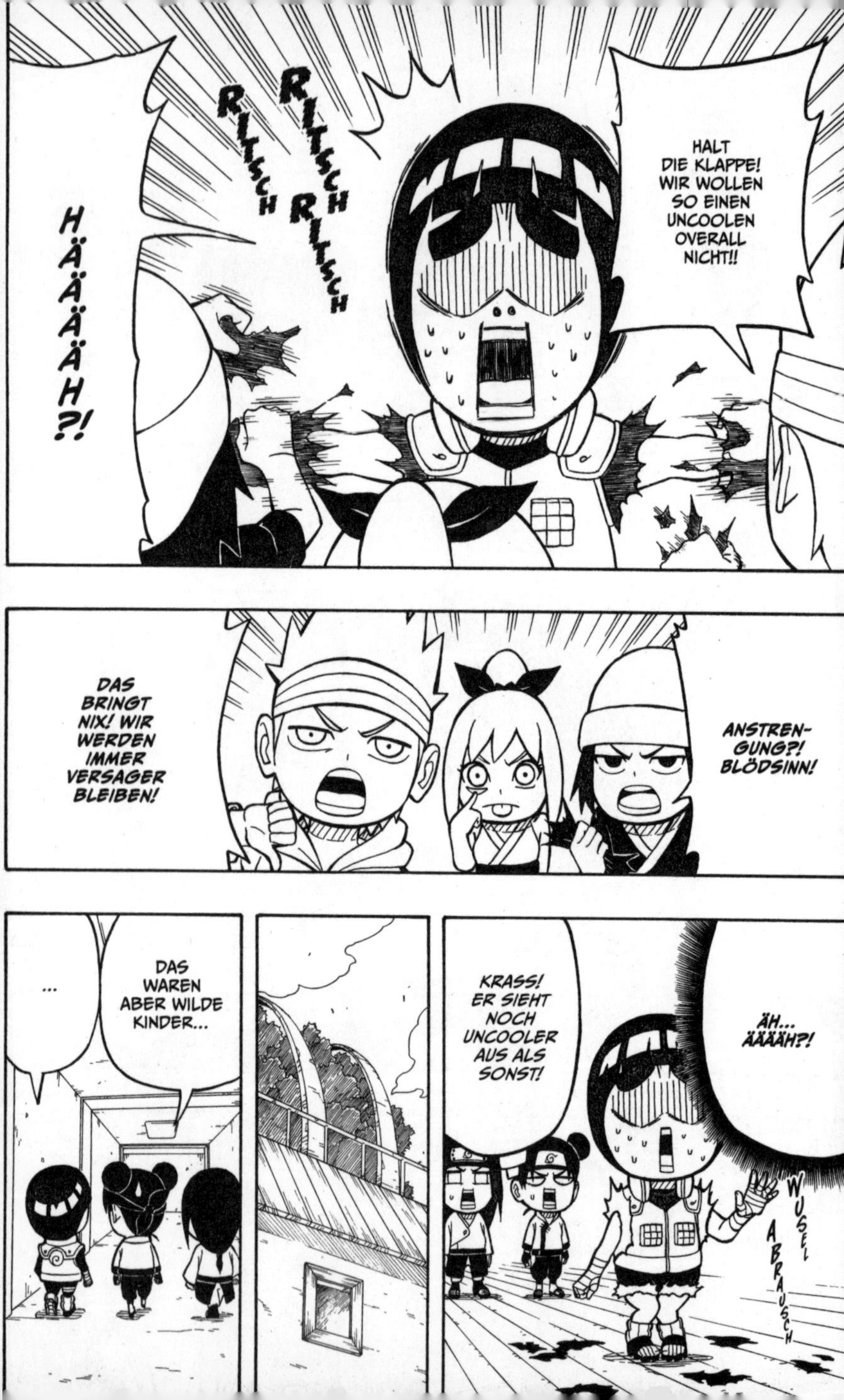
HALT DIE KLAPPE! WIR WOLLEN SO EINEN UNCOOLEN OVERALL NICHT!!
RITSCH RITSCH
RITSCH
HÄÄÄÄH?!
ANSTREN-GUNG?! BLÖDSINN!
DAS BRINGT NIX! WIR WERDEN IMMER VERSAGER BLEIBEN!
ÄH... ÄÄÄÄH?!
KRASS! ER SIEHT NOCH UNCOOLER AUS ALS SONST!
WUSEL
ABRAUSCH
DAS WAREN ABER WILDE KINDER...
...

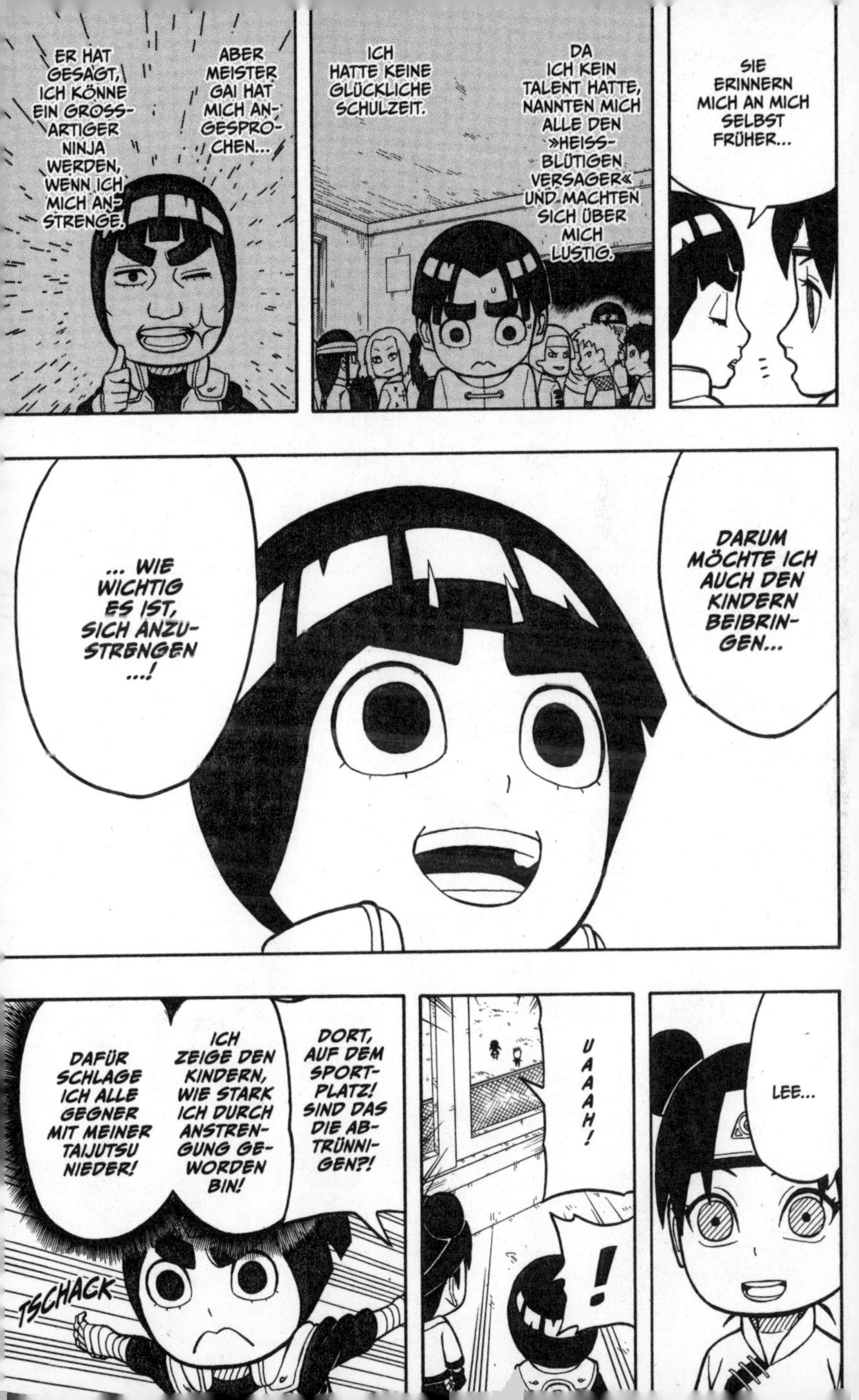
SIE ERINNERN MICH AN MICH SELBST FRÜHER...
DA ICH KEIN TALENT HATTE, NANNTEN MICH ALLE DEN »HEISS-BLÜTIGEN VERSAGER« UND MACHTEN SICH ÜBER MICH LUSTIG.
ICH HATTE KEINE GLÜCKLICHE SCHULZEIT.
ABER MEISTER GAI HAT MICH ANGESPROCHEN...
ER HAT GESAGT, ICH KÖNNE EIN GROSSARTIGER NINJA WERDEN, WENN ICH MICH ANSTRENGE.
DARUM MÖCHTE ICH AUCH DEN KINDERN BEIBRINGEN...
... WIE WICHTIG ES IST, SICH ANZUSTRENGEN ...!
LEE...
UAAAAH!
!
DORT, AUF DEM SPORTPLATZ! SIND DAS DIE ABTRÜNNIGEN?!
ICH ZEIGE DEN KINDERN, WIE STARK ICH DURCH ANSTRENGUNG GEWORDEN BIN!
DAFÜR SCHLAGE ICH ALLE GEGNER MIT MEINER TAIJUTSU NIEDER!
TSCHACK

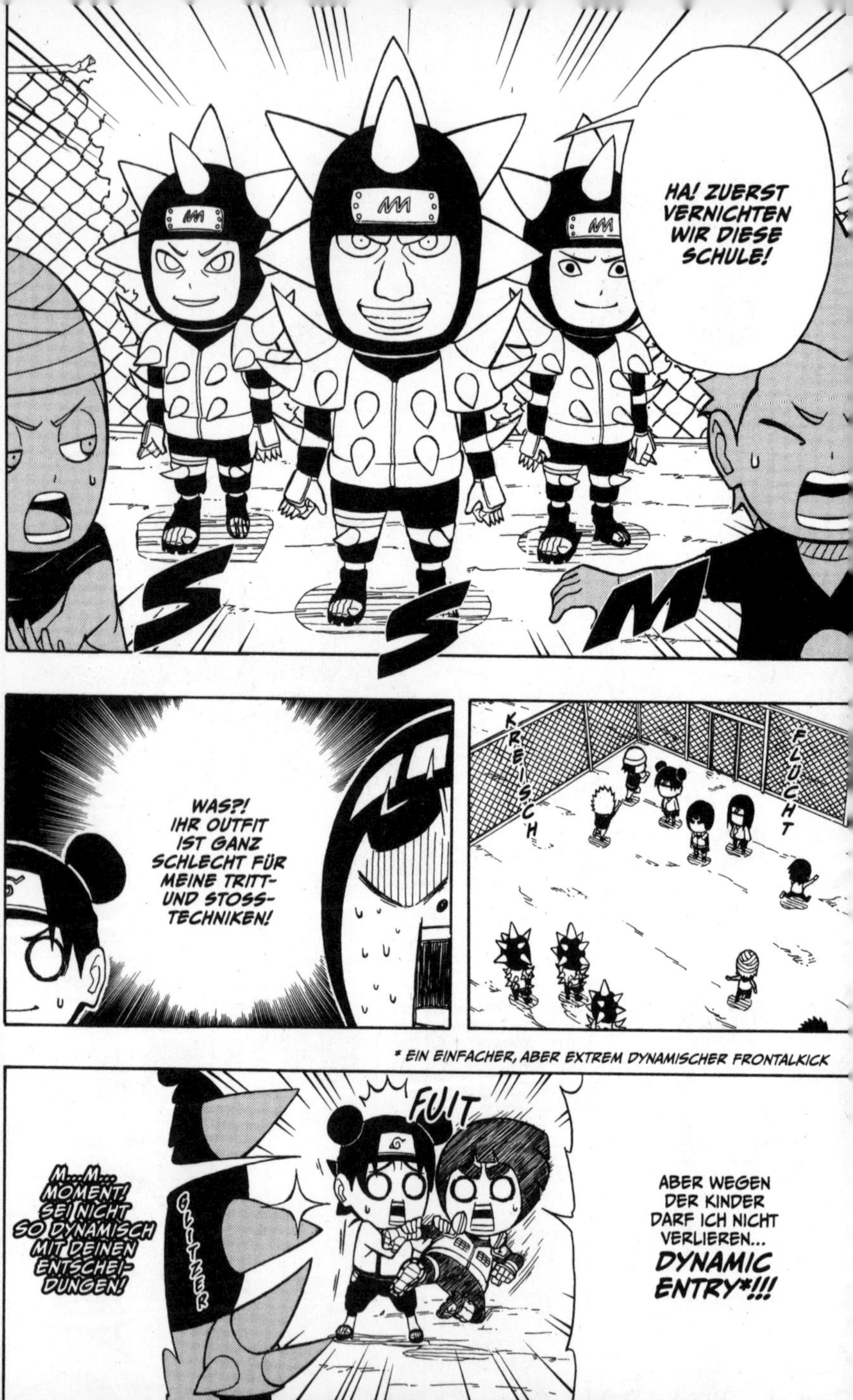

* EIN EINFACHER, ABER EXTREM DYNAMISCHER FRONTALKICK

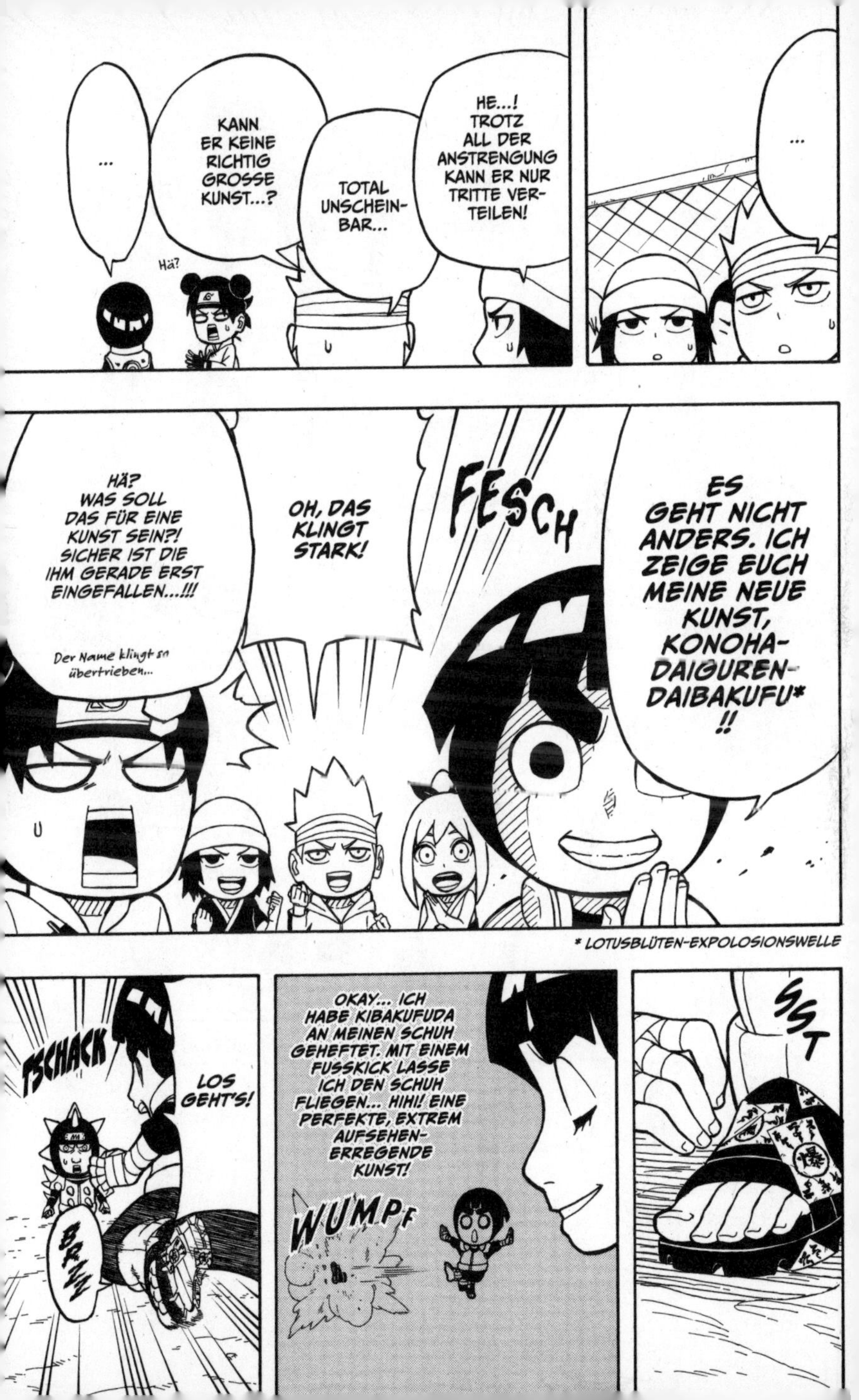

* LOTUSBLÜTEN-EXPOLOSIONSWELLE

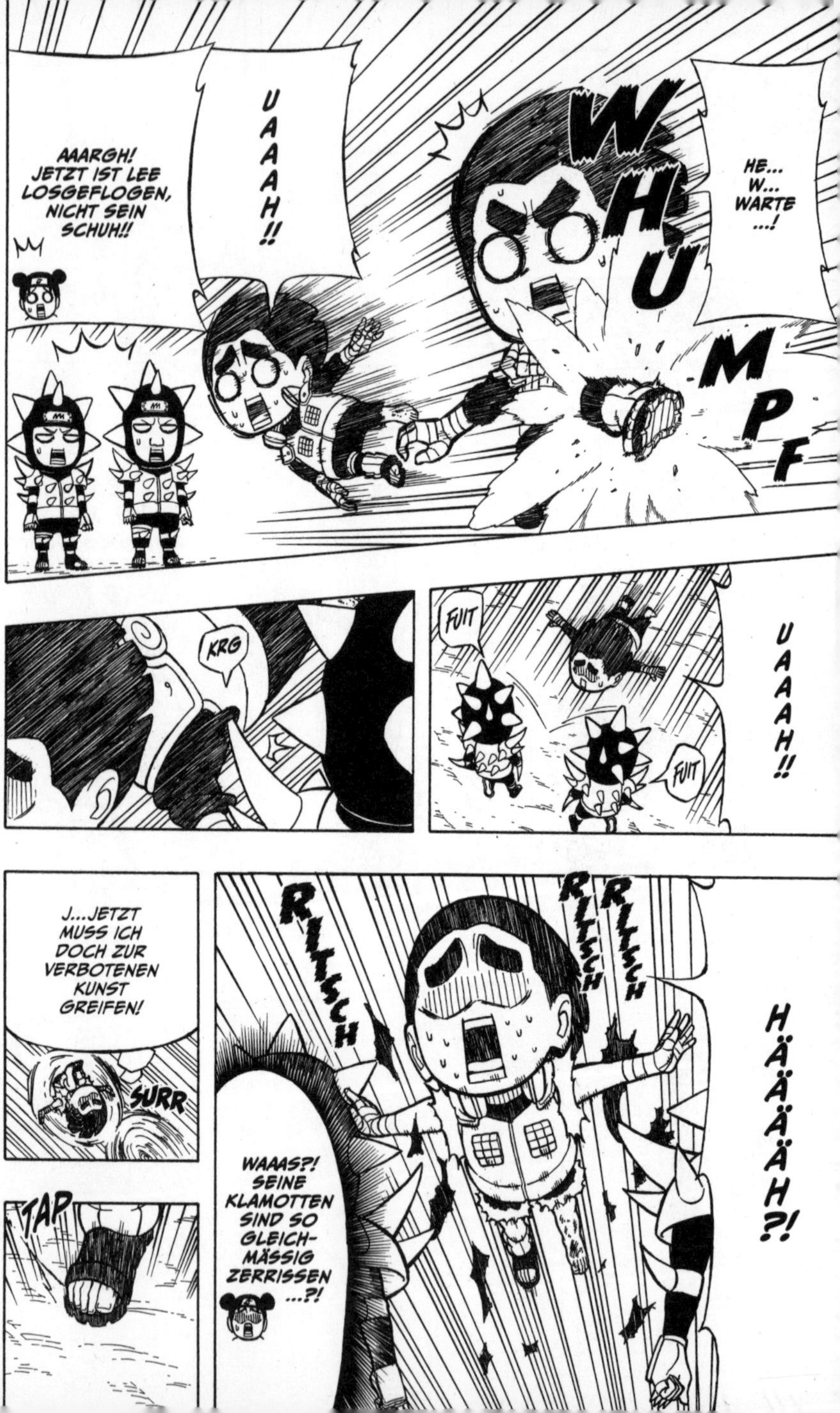
HE... W... WARTE ...!
WHUMPF
UAAAAH!!
AAARGH! JETZT IST LEE LOSGEFLOGEN, NICHT SEIN SCHUH!!
UAAAAH!!
FUIT
FUIT
KRG
HÄÄÄÄÄH?!
RITSCH
RITSCH
RITSCH
WAAAS?! SEINE KLAMOTTEN SIND SO GLEICH-MÄSSIG ZERRISSEN ...?!
J...JETZT MUSS ICH DOCH ZUR VERBOTENEN KUNST GREIFEN!
SURR
TAP

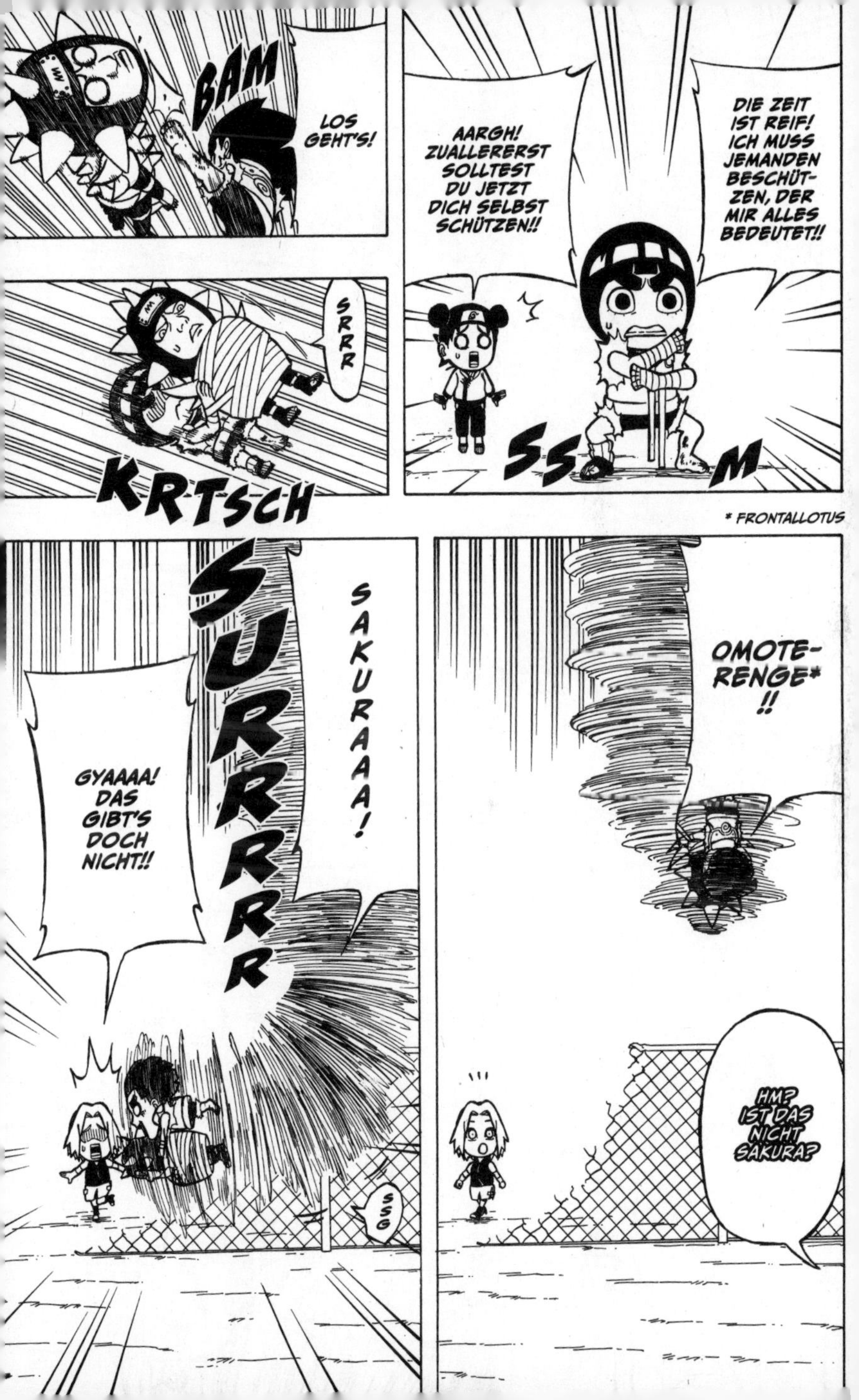
DIE ZEIT IST REIF! ICH MUSS JEMANDEN BESCHÜTZEN, DER MIR ALLES BEDEUTET!!
AARGH! ZUALLERERST SOLLTEST DU JETZT DICH SELBST SCHÜTZEN!!
SSM
BAM
LOS GEHT'S!
SRRR
KRTSCH
* FRONTALLOTUS
OMOTE-RENGE* !!
SAKURAAAA!
SURRRR
GYAAAA! DAS GIBT'S DOCH NICHT!!
SSG
HM? IST DAS NICHT SAKURA?

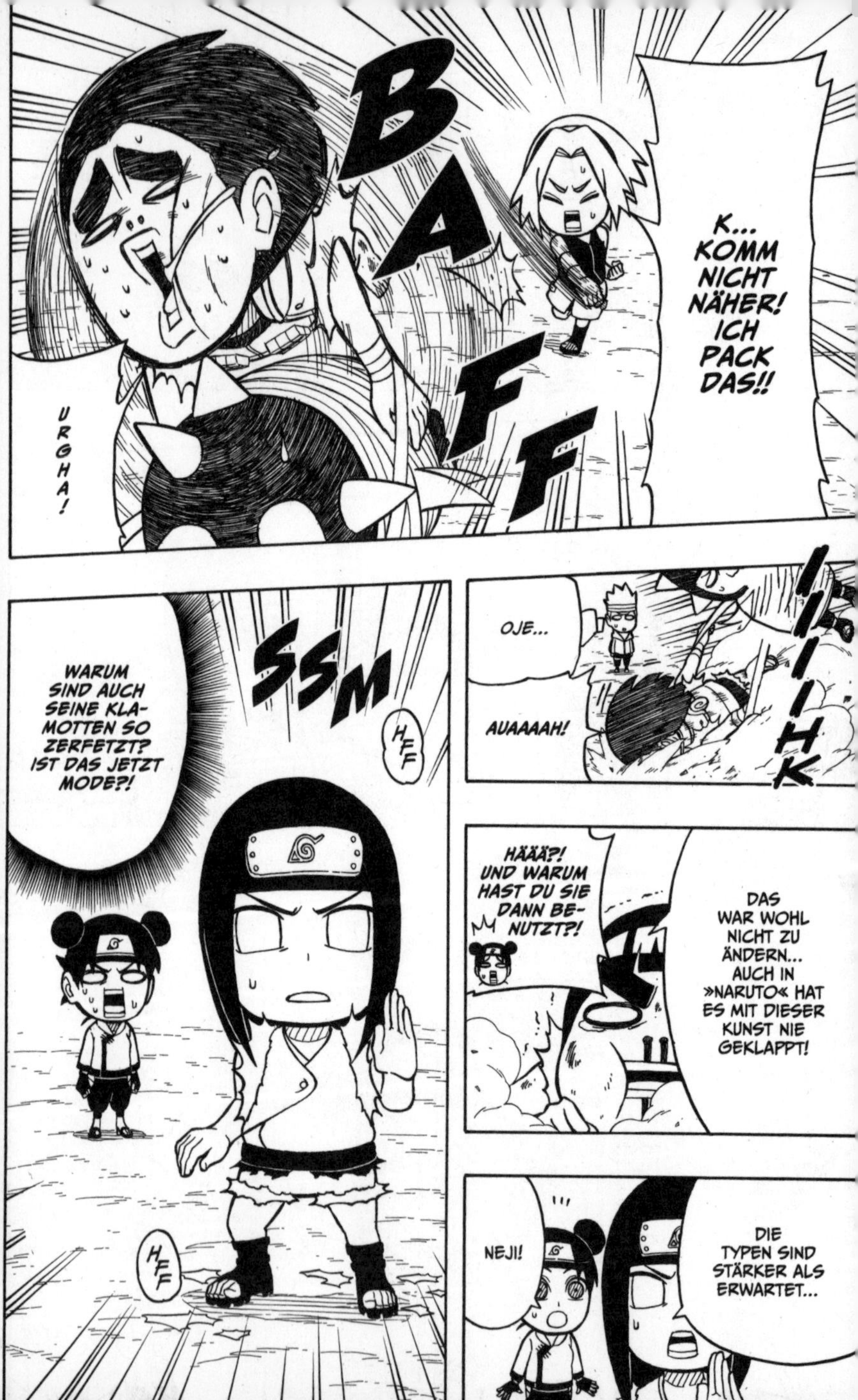
K... KOMM NICHT NÄHER! ICH PACK DAS!!
BAFF
URGHA!
OJE...
AUAAAAH!
SSM
HFF
WARUM SIND AUCH SEINE KLAMOTTEN SO ZERFETZT? IST DAS JETZT MODE?!
HFF
DAS WAR WOHL NICHT ZU ÄNDERN... AUCH IN »NARUTO« HAT ES MIT DIESER KUNST NIE GEKLAPPT!
HÄÄÄ?! UND WARUM HAST DU SIE DANN BENUTZT?!
DIE TYPEN SIND STÄRKER ALS ERWARTET...
NEJI!

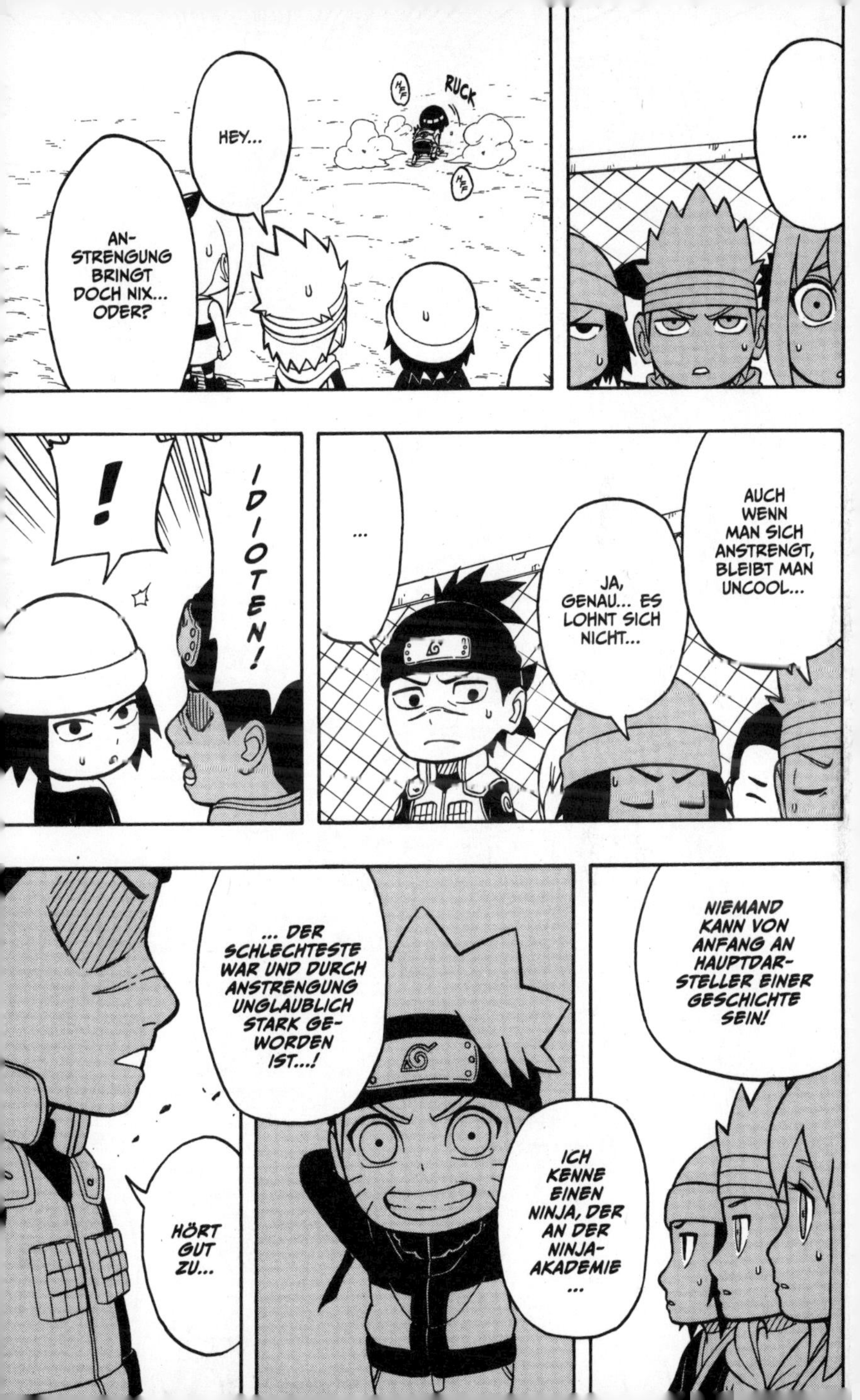
...
RUCK
HEF
HEF
HEY...
AN-STRENGUNG BRINGT DOCH NIX... ODER?
AUCH WENN MAN SICH ANSTRENGT, BLEIBT MAN UNCOOL...
JA, GENAU... ES LOHNT SICH NICHT...
...
IDIOTEN!
!
NIEMAND KANN VON ANFANG AN HAUPTDAR-STELLER EINER GESCHICHTE SEIN!
HÖRT GUT ZU...
ICH KENNE EINEN NINJA, DER AN DER NINJA-AKADEMIE ...
... DER SCHLECHTESTE WAR UND DURCH ANSTRENGUNG UNGLAUBLICH STARK GE-WORDEN IST...!

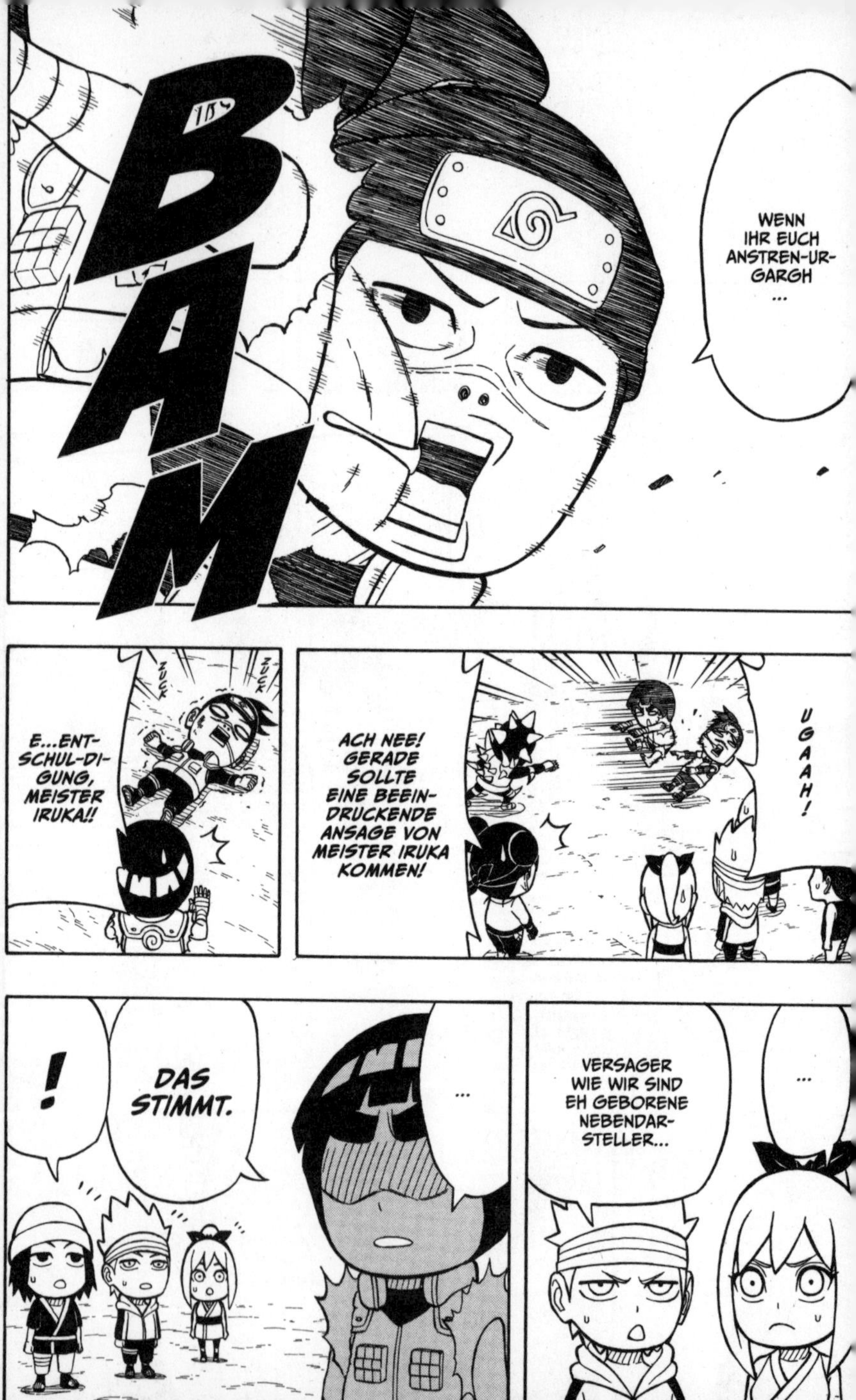
WENN IHR EUCH ANSTREN-URGARGH ...
BAM
UGAAH!
ACH NEE! GERADE SOLLTE EINE BEEINDRUCKENDE ANSAGE VON MEISTER IRUKA KOMMEN!
ZUCK
ZUCK
E...ENT-SCHUL-DI-GUNG, MEISTER IRUKA!!
...
VERSAGER WIE WIR SIND EH GEBORENE NEBENDAR-STELLER...
...
DAS STIMMT.
!

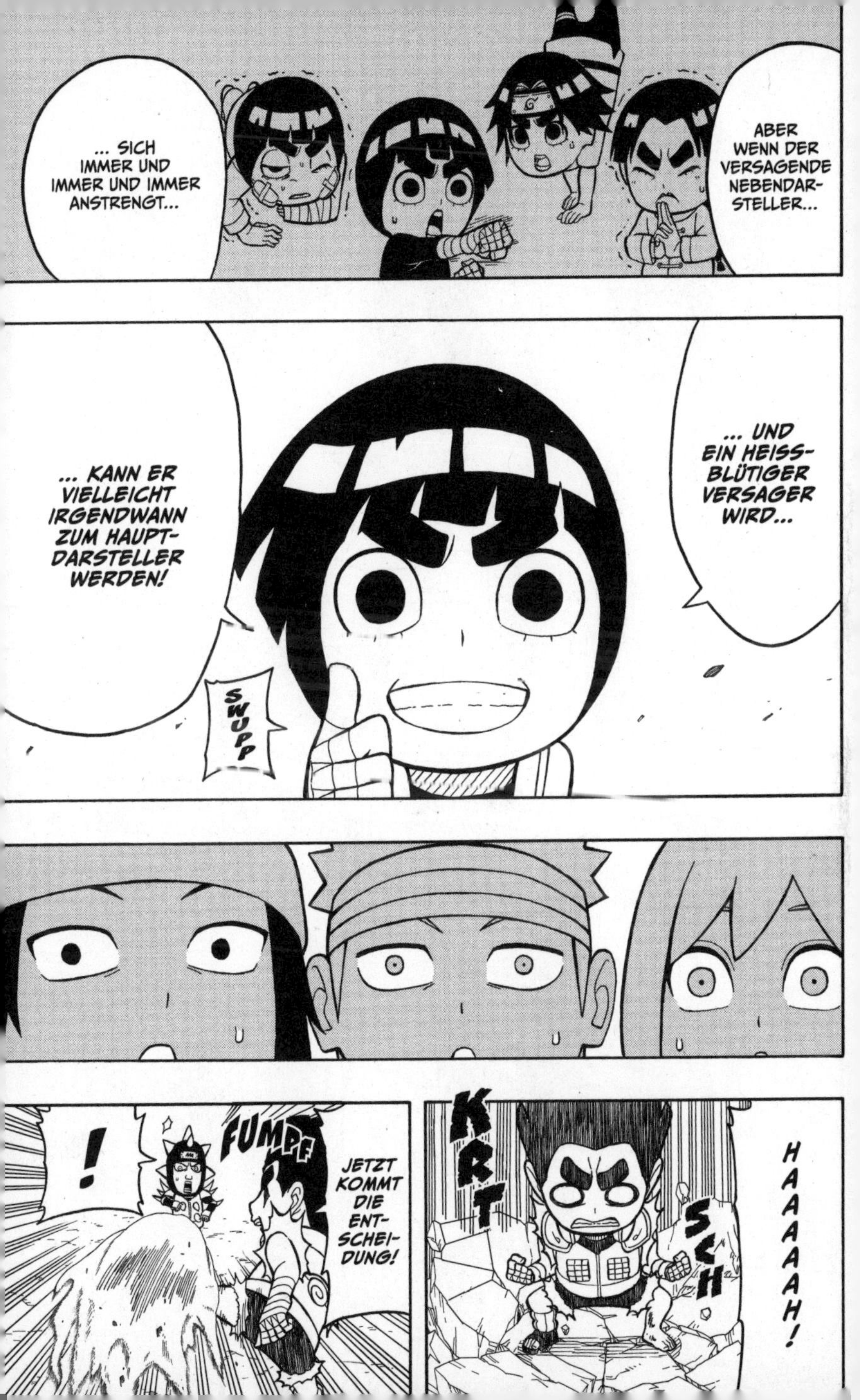
ABER WENN DER VERSAGENDE NEBENDAR-STELLER...
... SICH IMMER UND IMMER UND IMMER ANSTRENGT...
... UND EIN HEISS-BLÜTIGER VERSAGER WIRD...
... KANN ER VIELLEICHT IRGENDWANN ZUM HAUPT-DARSTELLER WERDEN!
SWUPP
HAAAAAAH!
KRT
SCH
JETZT KOMMT DIE ENT-SCHEI-DUNG!
FUMPF
!

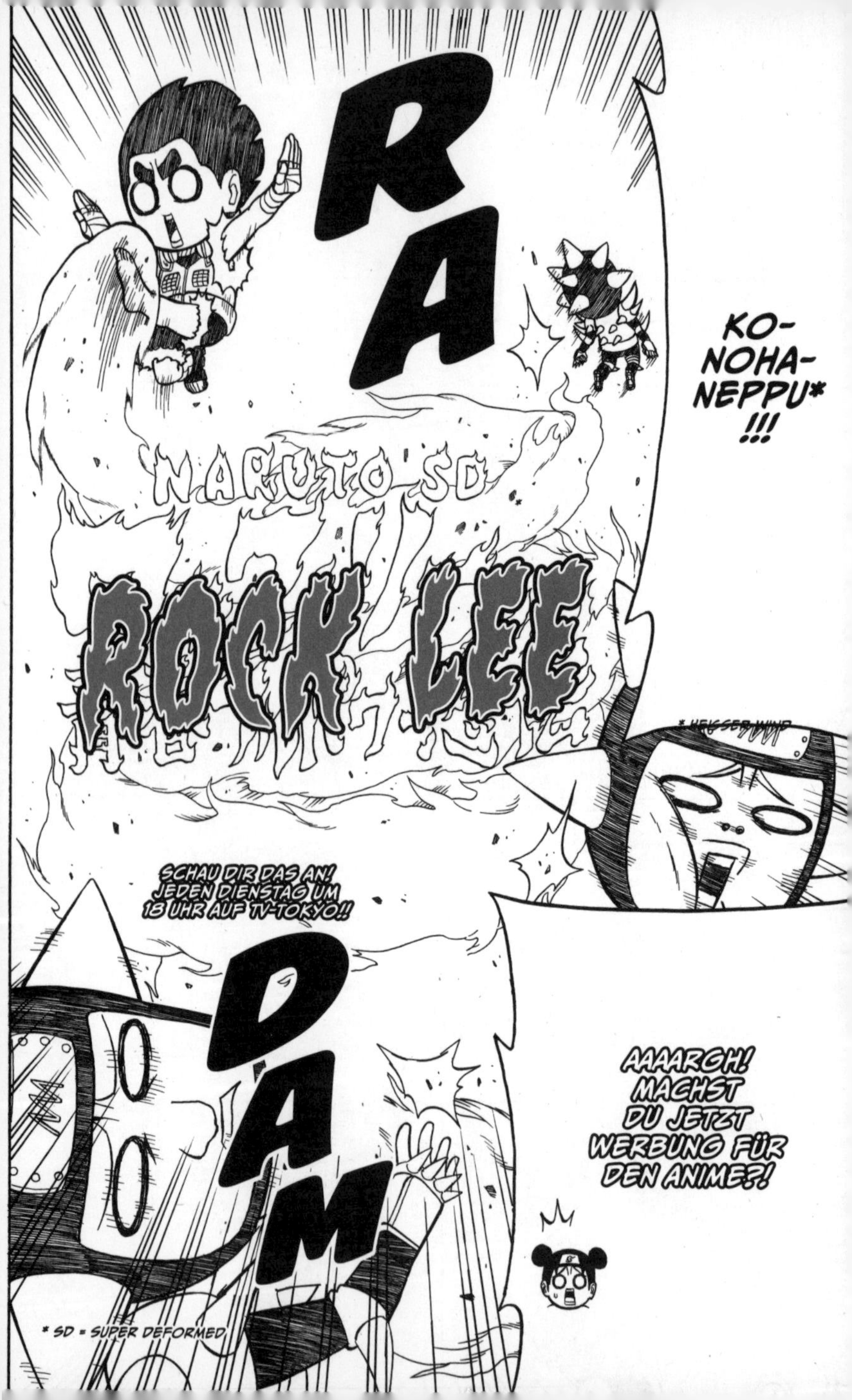
KO-
NOHA-
NEPPU*
!!!
RA
NARUTO SD
ROCK LEE
SCHAU DIR DAS AN!
JEDEN DIENSTAG UM
18 UHR AUF TV-TOKYO!!
AAAARGH!
MACHST
DU JETZT
WERBUNG FÜR
DEN ANIME?!
DAM
* SD = SUPER DEFORMED

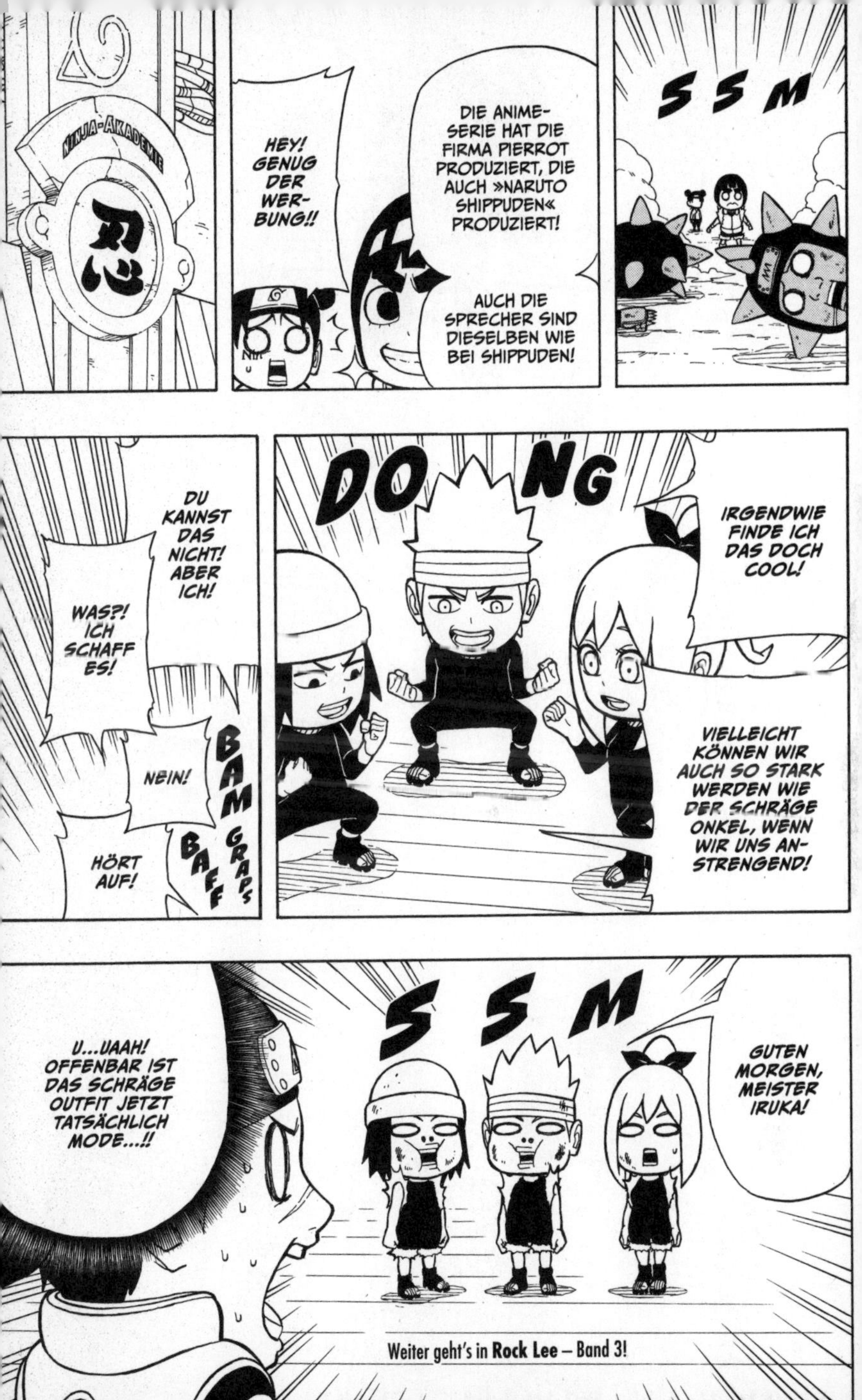

Weiter geht's in **Rock Lee** – Band 3!

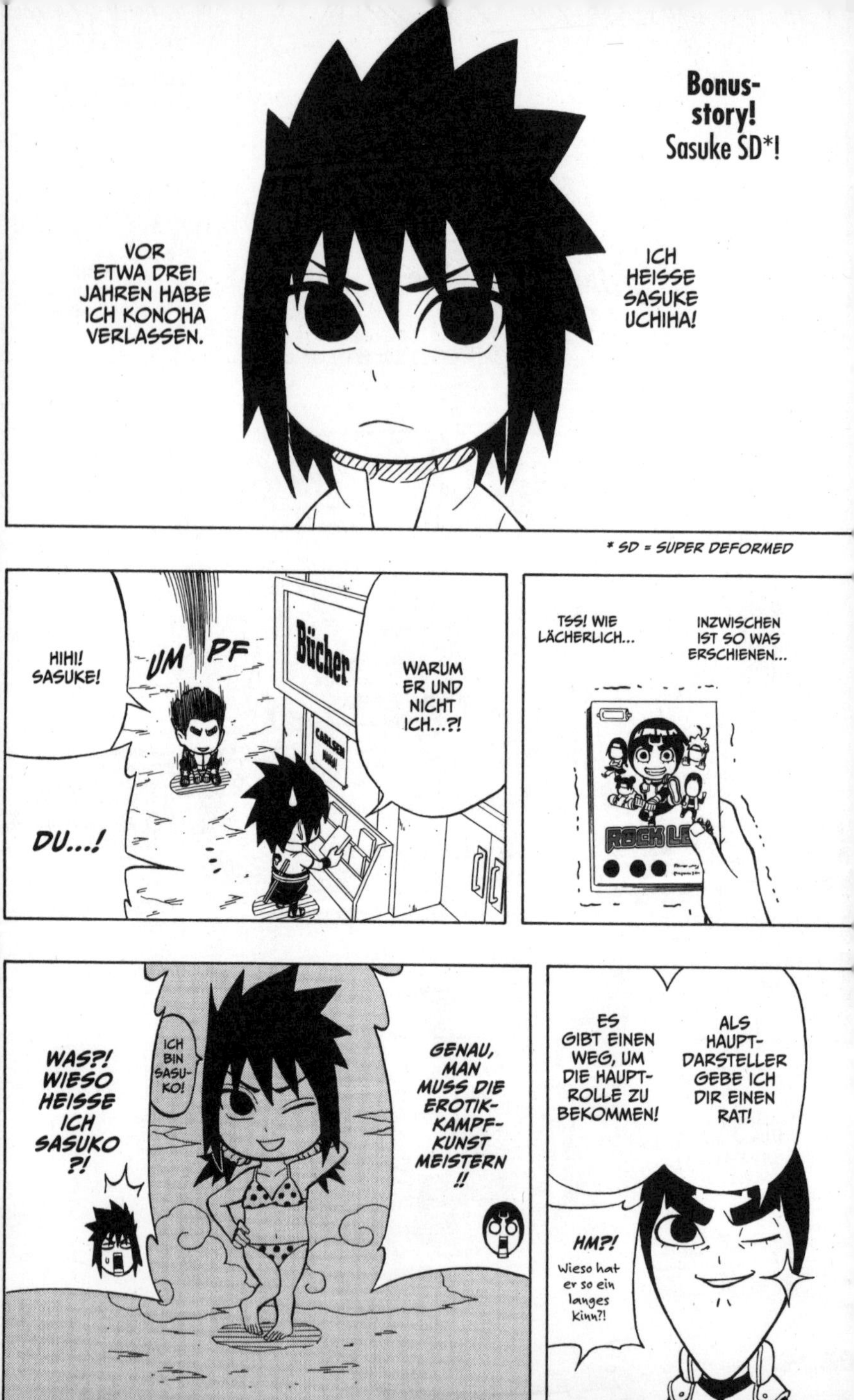
Bonus-story!
Sasuke SD*!
ICH HEISSE SASUKE UCHIHA!
VOR ETWA DREI JAHREN HABE ICH KONOHA VERLASSEN.
* SD = SUPER DEFORMED
INZWISCHEN IST SO WAS ERSCHIENEN...
TSS! WIE LÄCHERLICH...
ROCK LEE
WARUM ER UND NICHT ICH...?!
Bücher
CARLSEN MANGA!
UMPF
HIHI! SASUKE!
DU...!
ALS HAUPTDARSTELLER GEBE ICH DIR EINEN RAT!
ES GIBT EINEN WEG, UM DIE HAUPTROLLE ZU BEKOMMEN!
HM?!
Wieso hat er so ein langes Kinn?!
GENAU, MAN MUSS DIE EROTIK-KAMPFKUNST MEISTERN!!
ICH BIN SASUKO!
WAS?! WIESO HEISSE ICH SASUKO?!

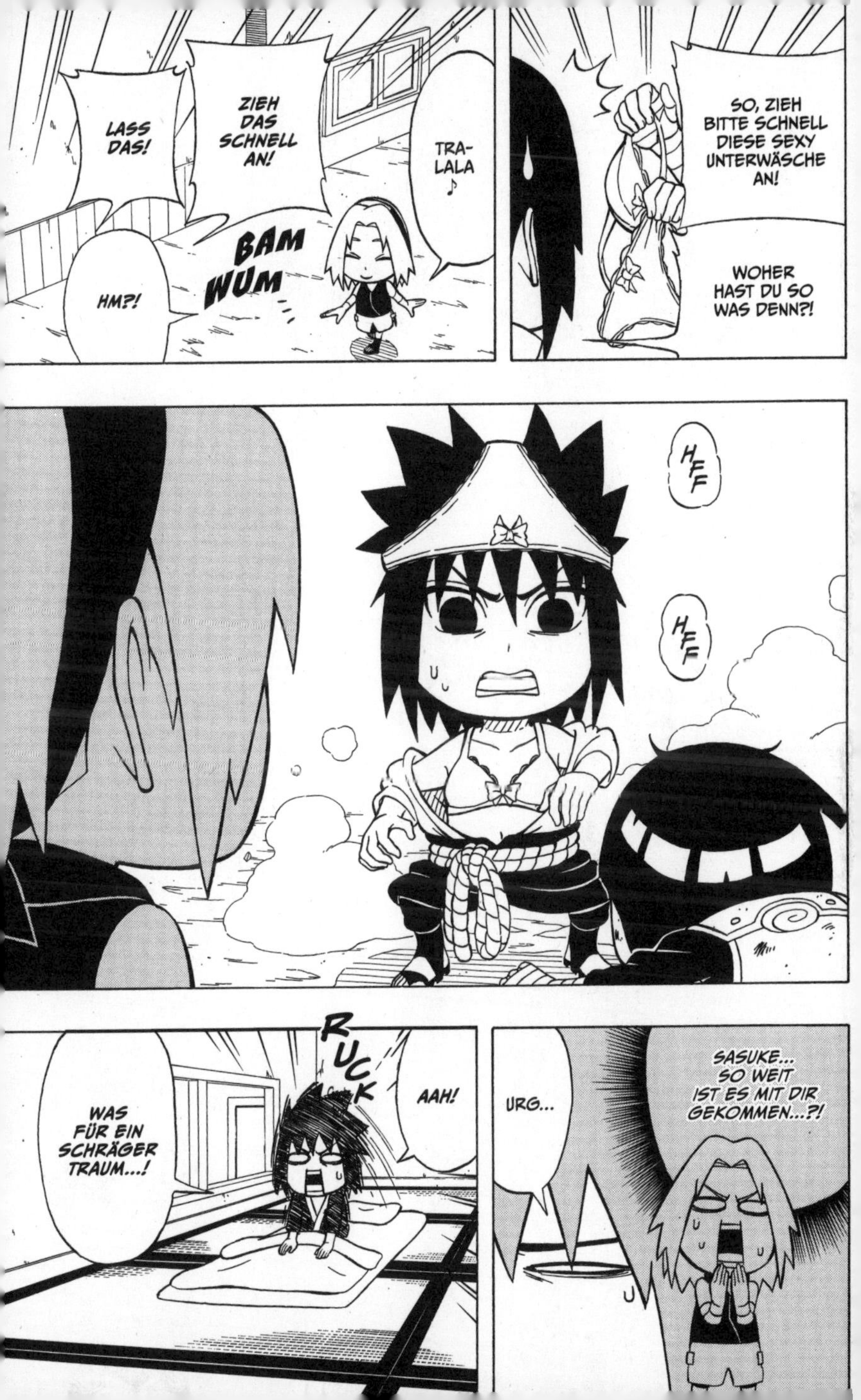
SO, ZIEH BITTE SCHNELL DIESE SEXY UNTERWÄSCHE AN!
WOHER HAST DU SO WAS DENN?!
TRA-LALA ♪
ZIEH DAS SCHNELL AN!
LASS DAS!
BAM WUM
HM?!
HFF
HFF
SASUKE... SO WEIT IST ES MIT DIR GEKOMMEN...?!
URG...
AAH!
RUCK
WAS FÜR EIN SCHRÄGER TRAUM...!

ROCK LEE

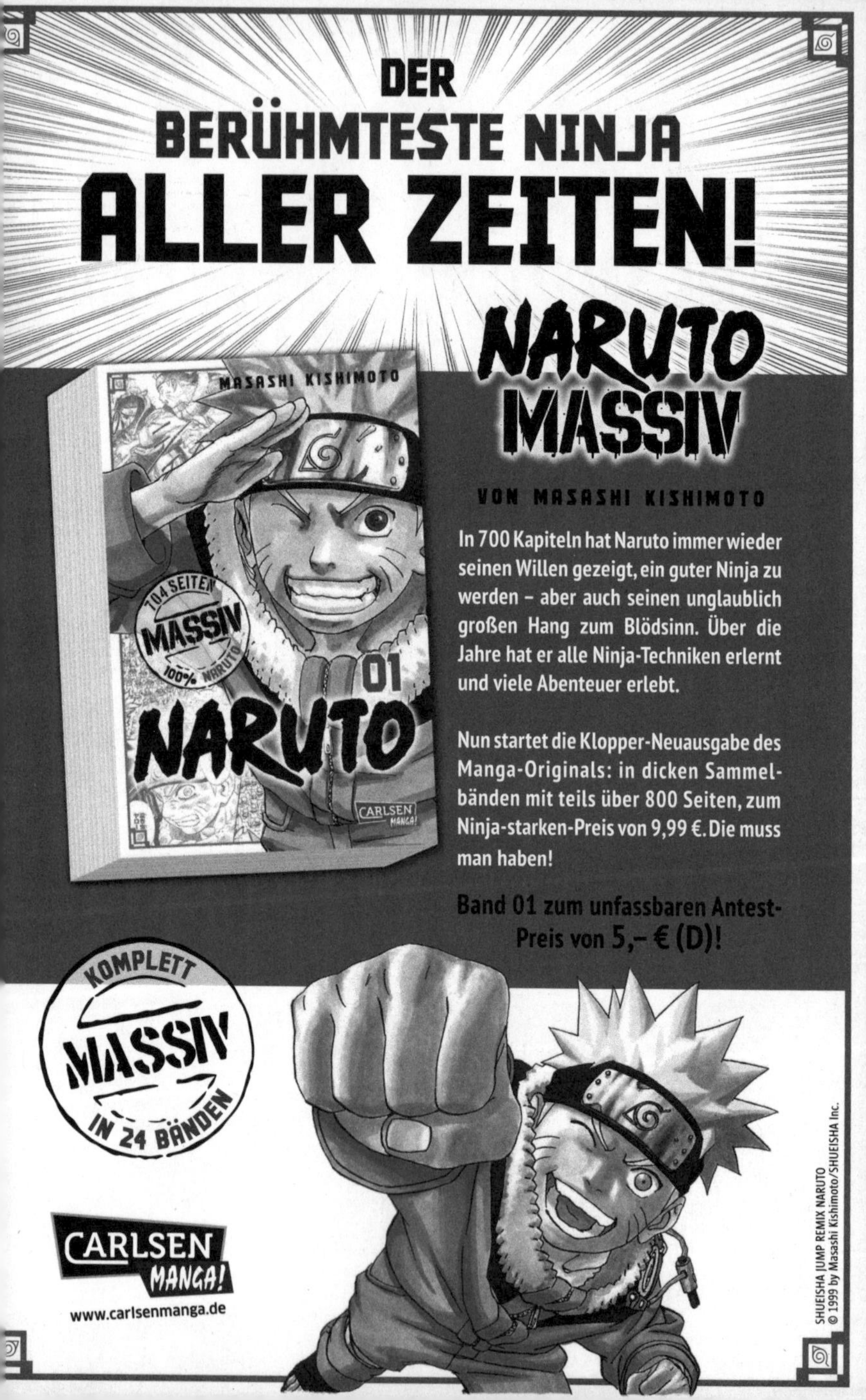
DER
BERÜHMTESTE NINJA
ALLER ZEITEN!
NARUTO
MASSIV
VON MASASHI KISHIMOTO
In 700 Kapiteln hat Naruto immer wieder seinen Willen gezeigt, ein guter Ninja zu werden – aber auch seinen unglaublich großen Hang zum Blödsinn. Über die Jahre hat er alle Ninja-Techniken erlernt und viele Abenteuer erlebt.
Nun startet die Klopper-Neuausgabe des Manga-Originals: in dicken Sammelbänden mit teils über 800 Seiten, zum Ninja-starken-Preis von 9,99 €. Die muss man haben!
Band 01 zum unfassbaren Antest-Preis von 5,– € (D)!
MASASHI KISHIMOTO
704 SEITEN
MASSIV
100% NARUTO
01
NARUTO
CARLSEN MANGA!
KOMPLETT
MASSIV
IN 24 BÄNDEN
CARLSEN MANGA!
www.carlsenmanga.de
SHUEISHA JUMP REMIX NARUTO
© 1999 by Masashi Kishimoto/SHUEISHA Inc.

MASHLE

MAGIC AND MUSCLES

Story and Art by

HAJIME KOMOTO

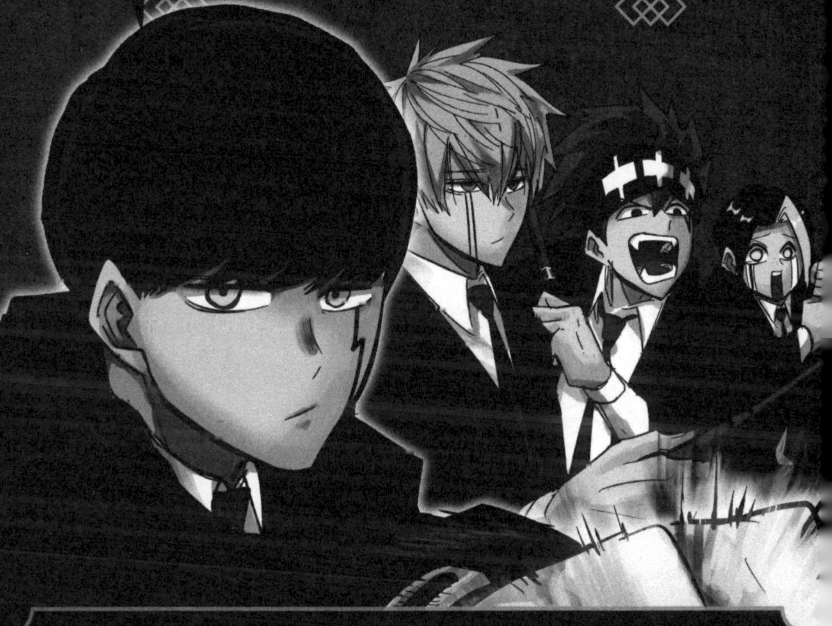

MAGIE IST GUT – MUSKELN SIND BESSER!

Im Reich der Magie wird der soziale Status durch die magischen Fähigkeiten bestimmt. Doch tief im Wald lebt Mash Burnedead, ein junger Mann, der seine gesamte Zeit damit verbringt, seinen Körper zu stählen. Er kann keine Magie benutzen, genießt jedoch ein friedliches Leben mit seinem Vater. Als das herauskommt, geraten beide in Gefahr. Die einzige Lösung: Mash wird in der Magieschule eingeschrieben, wo er die magische Konkurrenz schlagen muss! Wird sich Mash ohne einen Funken Magie und durch reine Muskelkraft einen Weg an die Spitze bahnen können?

CARLSEN MANGA!

www.carlsenmanga.de

carlsen_manga

carlsenmanga

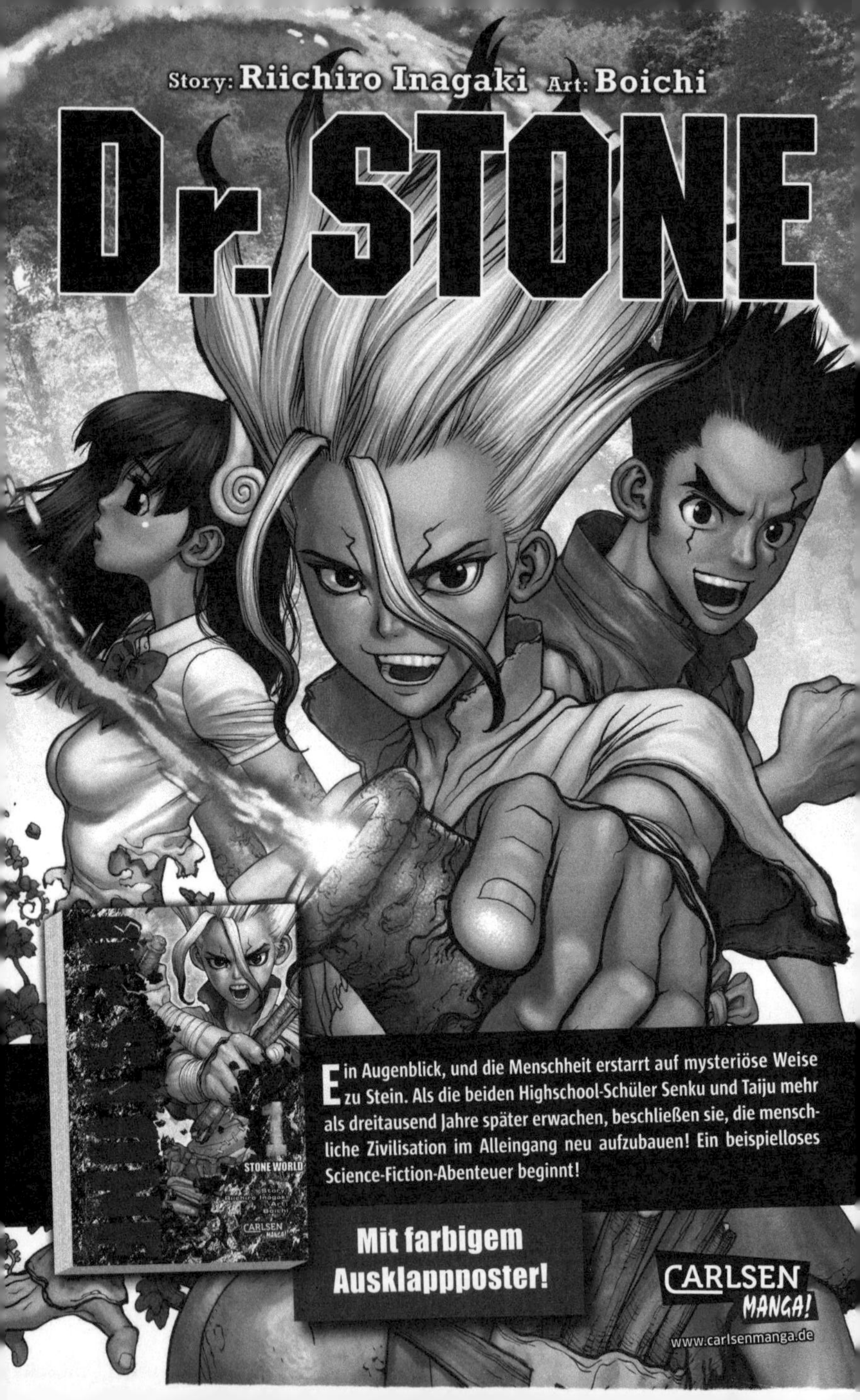
Story: Riichiro Inagaki Art: Boichi
Dr. STONE
STONE WORLD
Ein Augenblick, und die Menschheit erstarrt auf mysteriöse Weise zu Stein. Als die beiden Highschool-Schüler Senku und Taiju mehr als dreitausend Jahre später erwachen, beschließen sie, die menschliche Zivilisation im Alleingang neu aufzubauen! Ein beispielloses Science-Fiction-Abenteuer beginnt!
Mit farbigem Ausklappposter!
CARLSEN MANGA!
www.carlsenmanga.de

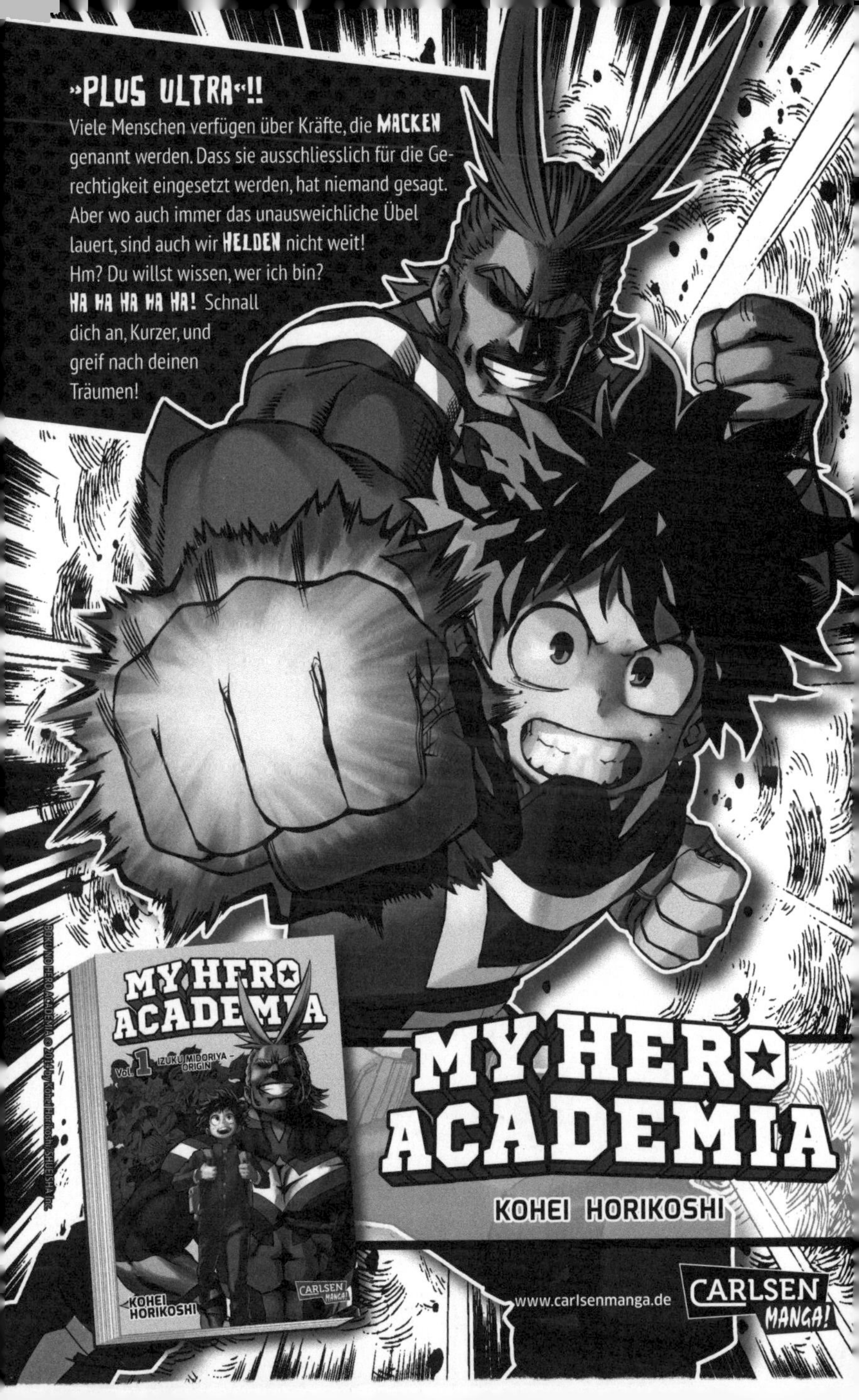

»PLUS ULTRA«!!
Viele Menschen verfügen über Kräfte, die MACKEN genannt werden. Dass sie ausschliesslich für die Gerechtigkeit eingesetzt werden, hat niemand gesagt. Aber wo auch immer das unausweichliche Übel lauert, sind auch wir HELDEN nicht weit! Hm? Du willst wissen, wer ich bin? HA HA HA HA HA! Schnall dich an, Kurzer, und greif nach deinen Träumen!
MY HERO ACADEMIA
Vol. 1 IZUKU MIDORIYA – ORIGIN
KOHEI HORIKOSHI
CARLSEN MANGA!
MY HERO ACADEMIA
KOHEI HORIKOSHI
www.carlsenmanga.de
CARLSEN MANGA!
BOKU NO HERO ACADEMIA © 2014 by Kohei Horikoshi/SHUEISHA Inc.

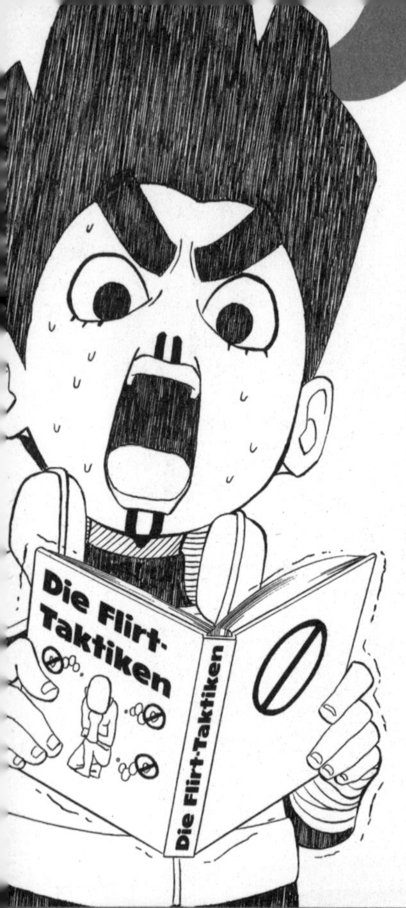

HALT!

ROCK LEE ist ein japanischer Comic, und in Japan wird von »hinten« nach »vorn« und von rechts nach links gelesen. Man muss diesen Manga also »hinten« aufschlagen und Seite für Seite nach »vorn« weiterblättern. Auch die Bilder auf jeder Seite und die Sprechblasen innerhalb der Bilder werden von rechts oben nach links unten gelesen, so wie in der Grafik gezeigt.

Viel Spaß mit **ROCK LEE** und der ganzen Ninja-Bande!

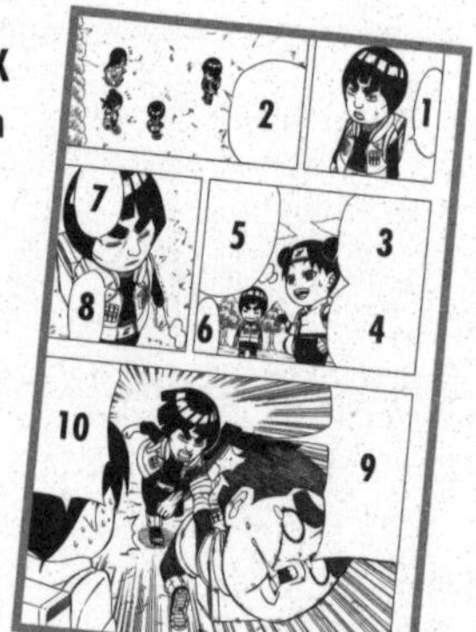

Wir produzieren nachhaltig

- Klimaneutrales Produkt
- Papiere aus nachhaltigen und kontrollierten Quellen
- Hergestellt in Europa

FSC www.fsc.org MIX Papier | Fördert gute Waldnutzung FSC® C083411

Carlsen Manga! News – Jeden Monat neu per E-Mail!
www.carlsenmanga.de
www.carlsen.de

CARLSEN MANGA
Deutsche Ausgabe/German Edition

Aus dem Japanischen von Miyuki Tsuji

First published in Japan in 2010 by SHUEISHA Inc., Tokyo.
German translation rights in Germany, Austria, Luxembourg and German-speaking Switzerland arranged by SHUEISHA Inc. through VME PLB SAS, France.

Grafik: Laura Bartels
Redaktion: Anne Berling
Textbearbeitung: Ina Schiele

ISBN: 978-3-551-79128-3